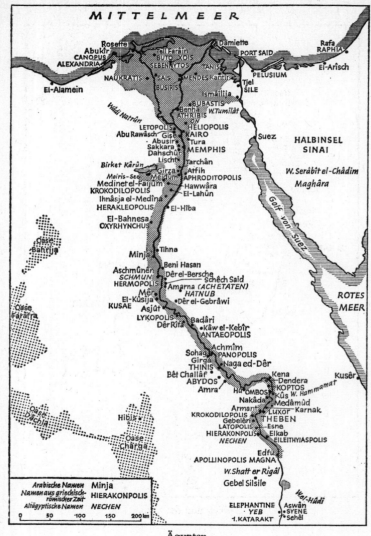

Ägypten

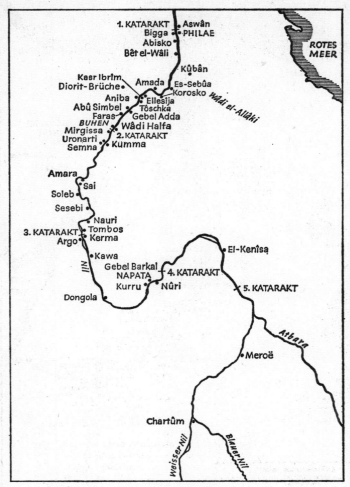

Nubien und der Sudan

Geschichte des Alten Ägypten

Palermostein (Vorderseite), 5. Dynastie
(Aus: H. Schäfer, Ein Bruchstück altägyptischer Annalen,
Abh. d. Kgl. Preuß. Akad. d. Wiss., Phil.-hist. Klasse, 1902, Taf. 1)

Sir Alan Gardiner

Geschichte des Alten Ägypten

EINE EINFÜHRUNG

Mit einer Bildtafel und
17 Abbildungen im Text

Weltbild Verlag

Titel des englischen Originals:
EGYPT OF THE PHARAOS
Autorisierte Übersetzung nach der 3., revidierten
Auflage 1962 von Eckart Kißling

Genehmigte Lizenzausgabe für
Weltbild Verlag GmbH, Augsburg 1994
© by Alfred Kröner Verlag GmbH & Co. KG., Stuttgart
Alle Rechte vorbehalten
Umschlaggestaltung: Peter Engel, München
Gesamtherstellung: Presse Druck Augsburg
Printed in Germany
ISBN 3-89350-723-X

DEM ANDENKEN AN
JAMES HENRY BREASTED

INHALT

Aus dem Vorwort zur englischen Ausgabe XI
Anmerkung zur deutschen Ausgabe XV

EINFÜHRUNG

Die Ägyptologie im Altertum und heute 1
Die ägyptische Sprache und Schrift 19
Das Land, seine Nachbarn und seine natürlichen Hilfsquellen 28
Grundlagen und Wesenszüge der Wissenschaft
vom Alten Ägypten 46
Exkurs: Die Regierungsjahre und die Art und Weise der
    Datierung 72

VON DEN ERBAUERN DER PYRAMIDEN ZU ALEXANDER

Das Alte Reich 75
Aufstieg und Niedergang des Mittleren Reiches 115
Vom Zusammenbruch zum Wiederaufstieg 160
Die thebanische Vorherrschaft 193
Der religiöse Umbruch und die Zeit danach 233
Die Ramessidenzeit: Die 19. Dynastie 272
Die Ramessidenzeit (Fortsetzung): Die 20. Dynastie 311
Ägypten unter der Fremdherrschaft 350
Die letzten Kämpfe um die Unabhängigkeit 389

ZURÜCK ZU DEN ANFÄNGEN

Die Vorzeit 426
Manethos 1. und 2. Dynastie 443
Schlußwort 476

Anmerkungen 478
Anhang: Die ägyptischen Könige nach Manetho, den
Königslisten und den Denkmälern 488
Literaturhinweise 518
Abkürzungsverzeichnis 534
Register 539

AUS DEM VORWORT
ZUR ENGLISCHEN AUSGABE

Wenn ich es unternehme, einen weiteren Leserkreis in den Gegenstand einzuführen, dem ich meine Lebensarbeit gewidmet habe, so entspreche ich damit einem von Kollegen immer wieder an mich herangetragenen Wunsch. Sie klagten darüber, daß von den Werken in englischer Sprache Breasteds große »History of Egypt« längst veraltet sei, und fanden H. R. Halls »Ancient History of the Near East« zu schwierig und zu breit angelegt und deshalb jedenfalls ungeeignet für die, von denen sie um Rat angegangen wurden. Mochten diese Klagen zu der Zeit, da mir mein Plan zum ersten Male durch den Kopf ging, berechtigt sein, so sind sie es angesichts mehrerer vorzüglicher Werke, die in jüngster Zeit in Amerika erschienen sind und die ich ohne Bedenken empfehlen würde, nicht mehr in dem Maße. Und dennoch: das Buch, das ich hier vorlege, unterscheidet sich von diesen Arbeiten sowohl nach seiner Zielsetzung wie nach seinem Inhalt so stark, daß ich glaube, die Hoffnung hegen zu dürfen, es werde bis zu einem gewissen Grade die Lücke füllen, die meine Freunde empfanden. Am Anfang hatte ich nicht so sehr ein festumrissenes Ziel vor Augen als vielmehr zwei Extreme, die ich vermeiden wollte. So war es einerseits entschieden nicht meine Absicht, eine rein populärwissenschaftliche Darstellung zu bieten; lesbare Beschreibungen des an Wundern und Rätseln so reichen Landes der Pharaonen gibt es genug. Es liegt mir fern, sie herabsetzen zu wollen, aber mir schwebte, wie ich noch einmal betonen möchte, etwas anderes vor. Andererseits konnte bei dem Versuch, eine Darstellung des Alten Ägypten in allen seinen Aspekten auf 500 Seiten zusammenzudrängen, nur ein überlanger enzyklopädischer Artikel herauskommen, und es gibt wahrlich nur sehr wenige, die ein Vergnügen daran finden, dergleichen Artikel zu lesen.

In dieser Situation suchte ich mir zu vergegenwärtigen, welche Sehnsüchte mich selbst erfüllten, als ich noch ein Junge war und kurz vor dem Ende meiner Schulzeit stand. Mir wurde wieder lebendig, daß ich schon damals von dem Wunsche beseelt war, Ägyptologe zu werden, und daß sich mein aufkeimendes Interesse fast ebensosehr auf den Gang und die Methoden der Erforschung richtete wie auf das, was es zu erforschen galt. Wie Neneferkaptaḥ in jener demotischen Geschichte hatte ich den Ehrgeiz, die hieroglyphischen Inschriften lesen zu können und mir die Kenntnis davon zu verschaffen, wie dies alte Volk wirklich gesprochen hat. Kunst und Archäologie lagen mit zwar keineswegs völlig fern, interessierten mich jedoch, wie ich bekennen muß, erst in zweiter Linie. Von daher ist es zu erklären, daß das vorliegende Buch vor allem aus der Sicht des Philologen geschrieben ist. Deshalb auch die zahlreichen Zitate aus Originaltexten, bei denen ich etwas freier verfahren bin, als ich es getan hätte, wenn ich mich an fertige Gelehrte hätte wenden wollen. Der mir zur Verfügung stehende Raum gebot eine Beschränkung auf das, was man gemeinhin ägyptische Geschichte nennt. Daß ich mich dabei so ausführlich mit dem beschäftigt habe, was von Manetho in korrupten Exzerpten späterer Chronographen überliefert ist, bedarf für den, der mit der Entwicklung unserer Wissenschaft vertraut ist, kaum der Erklärung: es hat sich noch kein Ägyptologe den Fesseln entwinden können, die ihm der ägyptische Chronist mit seiner Einteilung der ägyptischen Geschichte in 30 Dynastien anlegt, und diese Einteilung wird wohl immer das unentbehrliche Gerippe auch der modernen Geschichtsschreibung bleiben. Schon eher gerechtfertigt wäre eine Kritik an der offensichtlichen Unvollständigkeit der vorliegenden Arbeit, ein Mangel, dessen ich mir wohl bewußt bin, wie aus dem Untertitel hervorgeht. Ich biete hier keine alle Probleme erschöpfend behandelnde Darstellung der Geschichte, aber doch eine Darstellung, von der ich hoffe, daß sie den einen oder anderen dazu anregen wird, in dieses fesselnde Forschungsgebiet tiefer einzudringen. Für diese ernsthaften Leser sind die umfangreichen bibliographischen Hinweise gedacht. Die

Anmerkungen habe ich auf ein Mindestmaß beschränkt, sie sollten nicht den Text überwuchern. Die vollständigen Titel der angezogenen Bücher und Periodica lassen sich leicht dem Abkürzungsverzeichnis am Ende des Buches bzw. dem bibliographischen Anhang entnehmen.

Die Frage, wie die Eigennamen am besten zu umschreiben seien, hat selbst die klassischen Philologen schon oft geplagt. Sie besitzt für die Orientalisten noch weit größeres Gewicht, und unter ihnen sind wiederum die Ägyptologen am schlechtesten daran. Die Hieroglyphenschrift gibt keine Vokale wieder, und deren korrekte Ergänzung aus dem Koptischen oder auf Grund anderer Anhaltspunkte ist nur in wenigen Fällen möglich. Ein mit Mutmaßungen arbeitendes Verfahren läßt sich deshalb nicht vermeiden; irgendwie muß man sich schließlich helfen, denn Umschreibungen ohne Vokale wären für den gewöhnlichen Leser eine Zumutung. Es kommt hinzu, daß die Konsonanten des Ägyptischen durchaus nicht alle in ihrem Lautwert den unseren entsprechen; so kennt die Hieroglyphenschrift zwei Zeichen für h, zwei für k, zwei für kh, zwei für s und sogar vier für t und d und besitzt neben anderen Eigentümlichkeiten – wie das Hebräische und Arabische – einen wichtigen Gutturallaut, das sogenannte ʿayin. Ich habe in zahlreichen Textveröffentlichungen dargelegt, welche Methode, der damit verbundenen Schwierigkeiten Herr zu werden, mir als die vernünftigste erscheint; es erübrigt sich deshalb, auf diese Frage hier nochmals einzugehen. Bei dem vorliegenden Buch entschied ich mich nach reiflicher Überlegung dafür, sämtliche diakritischen Zeichen überall beizubehalten, vor allem in altägyptischen Namen wie Ḥathōr, Amenḥotpe, Maʿkarēʿ; bei griechischen oder gräzisierten Namen schien eine größere Freiheit nicht nur erlaubt, sondern sogar ratsam, so daß Inkonsequenzen wie Horus, Typhōn, Coptos, Elephantinē, Thebes ohne Bedenken in Kauf genommen wurden. Schließlich steht es allen Gelehrten, welche diakritische Zeichen für zu pedantisch halten, frei, sie in ihren Veröffentlichungen wegzulassen. Möglicherweise nicht allgemeine Zustimmung wird eine Neuerung finden, die ich mir erlaubt habe: da feststeht, daß die Femininendung -et, obwohl man sie noch schrieb, schon im Alten Reich nicht mehr gesprochen wurde – im Hebräischen und Arabischen läßt sich eine ähnliche Erscheinung beobachten – habe ich die üblichen Umschreibungen »Punt«, »Wawat« und »Ḥatschepsut« durch »Pwēne«, »Wawaë« und »Ḥashepsowe« ersetzt. Was schließlich die arabischen Ortsnamen anbetrifft, so glaubte ich hier am besten zu tun, wenn ich mich an den Baedeker hielt, dessen hervorragender Bearbeiter in allen Fällen recht hatte, in denen ich ihn habe nachprüfen können*...

Ich habe zum Schluß meinen Dank auszusprechen für die Unterstützung, die ich von den verschiedensten Seiten erfahren habe. Meine kleineren Dankesverpflichtungen sind so zahlreich, daß ich sie hier nicht alle anführen kann; ich hoffe auf Verständnis dafür, daß ich meinen Dank mündlich ausgesprochen habe. In einigen Fällen von Bedeutung fühlte ich allerdings das Bedürfnis, den Rat anerkannter Fachleute einzuholen, und groß ist der Nutzen, den ich aus den Anmerkungen zu den Seiten ziehen konnte, die ich ihnen mit der Bitte um Kritik oder Zustimmung unterbreitet hatte. Ich habe hier insbesondere zu nennen: A. Andrewes, A. J. Arkell, R. Caminos, O. Gurney, W. C. Hayes, K. S. Sandfort und D. J. Wisemann ...

Dies wird aller Voraussicht nach das Letzte sein, womit ich an die Öffentlichkeit trete; so kann ich nur noch die Hoffnung aussprechen, meine Fachgenossen mögen ihr letztes Werk mit derselben Zufriedenheit abschließen wie ich das meine.

---

* Vgl. dazu die Anmerkung zur deutschen Ausgabe

ANMERKUNG
ZUR DEUTSCHEN AUSGABE

Leider war es dem Verfasser nicht mehr vergönnt, das Erscheinen der deutschen Ausgabe seines Buches, das in der Tat sein letztes gewesen ist, zu erleben. Während meiner Arbeit an der deutschen Übersetzung ist er am 19. Dezember 1963 im Alter von 84 Jahren dahingegangen. So sei die deutsche Ausgabe dem Andenken des Mannes gewidmet, der durch sein gewaltiges Lebenswerk zu einem der Größten seiner Wissenschaft geworden ist und der unsere Kenntnis vom Alten Ägypten auf so entscheidende Weise vertieft und erweitert hat.

Durch die gütige Vermittlung von Herrn Professor Dr. Jaroslav Černý, Oxford, – für die ich ihm herzlich danke – war es noch möglich, die Zustimmung des Verfassers, seines langjährigen Freundes, zu einigen Änderungen bei der Umschreibung ägyptischer Eigennamen und Wörter zu erlangen, die mir – bei voller Anerkennung der Grundsätze, die der Verfasser selbst für die Umschreibung der Eigennamen im Vorwort und auf Seite 54 aufgestellt hat – mit Rücksicht auf den deutschen Leser erforderlich schienen. So wurden im *Text* sämtliche Eigennamen in der Form wiedergegeben, die in deutschen ägyptologischen Werken allgemein üblich ist, und die ägyptischen Wörter entsprechend umschrieben, ohne daß dies jeweils angemerkt wäre. In keinem Falle war damit in irgendeiner Weise eine Stellungnahme zu den Umschreibungen des Verfassers verbunden.

Mit den *Königslisten* im Anhang in gleicher Weise zu verfahren schien dagegen nicht vertretbar: in ihnen steckt wertvolle philologische Arbeit, die nicht angetastet werden durfte; im übrigen hat in ihnen der Verfasser die Erkenntnisse verwertet, die er bei der Neubearbeitung des Turiner Königspapyrus (erschienen 1959) gesammelt hatte. Der geringste

Eingriff hätte hier zu Brüchen geführt und auch die Verbindungen zu anderen Veröffentlichungen des Verfassers zerrissen. So finden sich also im Text und in den Listen die Namen der Könige zum Teil in verschiedener Schreibung. In den meisten Fällen sind diese Abweichungen nicht erheblich; wo jedoch der Leser in den Listen die Namen des Textes nur schwer wiedererkennen würde, wurden diese Namen denen des Anhangs in Klammern hinzugefügt. Bei den diakritischen Zeichen glaubte ich mir die Freiheit nehmen zu dürfen, die der Verfasser anderen Autoren zugestand; ich habe sie nur bei einigen ägyptischen Namen und den arabischen Ortsbezeichnungen beibehalten, bei deren Umschreibung im übrigen ein gegenüber dem Baedeker vereinfachtes Verfahren gewählt wurde. – Bei dieser Lösung, die das Gebot der Treue gegenüber dem englischen Original mit den Forderungen in Übereinstimmung zu bringen suchte, die an eine deutsche Übersetzung zu stellen sind, ließen sich freilich Inkonsequenzen nicht immer vermeiden.

Der bibliographische Anhang wurde im Hinblick auf die Bedürfnisse des deutschen Lesers erweitert.

Zu danken habe ich für das Mitlesen der Korrekturen und für wertvolle Hinweise den Herren Dr. Horst Sitta und Dr. Manfred Ullmann sowie dem Verlag für seine Geduld und sein bereitwilliges Eingehen auf meine Wünsche.

Basel, im August 1964

Der Übersetzer

EINFÜHRUNG

Die Ägyptologie im Altertum und heute

Die ersten Schriftsteller, die ihren Landsleuten genauere Kunde von Ägypten und seinen Bewohnern brachten, waren zwei Griechen aus Städten an der Westküste Kleinasiens. Dort lebte im Ionien des 6. vorchristlichen Jahrhunderts ein Menschenschlag, der wißbegieriger war als alle Völker vor ihm. Daß diese Leute sich aber gerade für Ägypten so interessierten, hatte besondere Gründe.

Schon vor der Mitte des 7. Jahrhunderts dienten Ionier und Karer als Söldner im Heer des Saitenkönigs Psammetich I., der den Ehrgeiz hatte, seine Herrschaft über das ganze Niltal auszudehnen. Den Kriegern folgten ohne Zweifel Händler und gewöhnliche Reisende auf den Fersen. Sie hatten dann zu Hause viel von den Wunderdingen zu erzählen, die sie in einem Lande gesehen hatten, das so ganz anders als ihre Heimat war. Ihre Zuhörer werden mit Staunen von einem Land vernommen haben, wo es nur selten regnete und wo die Überschwemmung eines großen Flusses die Fruchtbarkeit der Felder bewirkte. Die Besucher waren in der Erwartung nach Ägypten gekommen, dort viel von dem wiederzufinden, was ihnen von daheim vertraut war. Zahlreiche Namen und Bezeichnungen, die sie Orten und Gegenständen gaben, mit denen sie in Berührung kamen, haften diesen bis zum heutigen Tage an.

Kamen sie von der See her, so fanden sie sich zunächst in einem weitgedehnten Gebiet, dessen Dreiecksform sie an den vierten Buchstaben ihres Alphabets erinnerte. Erreichten sie die Spitze des »Deltas«, so gelangten sie nach der großen Stadt Memphis, deren zweiter Name Hikuptah, »Haus der Seele des (Gottes) Ptah«, Homer auf das Wort Ägypten gebracht haben mag, mit dem er sowohl den Nil wie das von ihm bewässerte Land bezeichnete. Bei Memphis gerieten die Besucher in Erstaunen über die gewaltigen Bauwerke, die sie scherzhafterweise Pyramiden, »Weizenkuchen«, nannten, während im nahen Heliopolis die hohen Monolithe aus Granit ihre Verwunderung erregten; für sie konnten sie keinen passenderen Ausdruck finden als Obelisken, »kleine Spieße«. Eine Strecke nilaufwärts sahen sie, an einem Kanal gelegen, der sich in den Moirissee – das heutige Faijûm – ergoß, ein ausgedehntes, vielräumiges Bauwerk, von dem man ihnen erzählte, ein König Lamares oder Labares – uns heute als Ammenemês III. aus der 12. Dynastie bekannt – habe es als seine künftige Grabstätte errichtet. Sie hielten es für ein zweites Labyrinth, eine Nachbildung der irrgartenähnlichen Anlage des erfindungsreichen Kreters Daidalos. Weiter südlich lag eine bedeutende Stadt, deren Name ihnen die Überzeugung gab, es handele sich um ein Gegenstück zu Abydos am Hellespont, noch weiter stromaufwärts eine Stadt, deren zahlreiche Pylone sie als das hunderttorige Theben des Dichters der Ilias auswiesen. Gerade gegenüber, auf der anderen Seite des Nils, standen am Rande der Wüste Tempel, deren Erbauer – wie im Falle eines großen Heiligtums bei Abydos – durch ihre Namen die Erinnerung an den äthiopischen Helden Memnon wachriefen, den Achilleus vor den Mauern von Troja erschlagen hatte.

Am wunderlichsten war aber wohl die Vorstellung der ionischen Besucher, die von den Ägyptern verehrten Götter und Göttinnen seien dieselben wie ihre eigenen Gottheiten: Kronos, Zeus, Hephaistos, Apollon, Aphrodite und alle anderen. Es befremdete sie allerdings, Zeus – oder Amun (Ammon), wie die Ägypter ihn nannten – als Widder und Apollon, den ägyptischen Horus (Oros), falkenköpfig dargestellt zu finden: für solche Absonderlichkeiten mußte es einen tiefen, geheimnisvollen Grund geben. Die Vielfalt der Wunder Ägyptens und deren unbestreitbar hohes Alter riefen bei den Reisenden von jenseits des Mittelmeers tiefe Ehrfurcht hervor: so entstand der Glaube an die Weisheit der Ägypter, ein Glaube, der fast unangefochten die folgenden 2000 Jahre überdauerte.

Diejenigen unter diesen Reisenden, die an Schärfe der

Beobachtung und an darstellerischen Fähigkeiten die anderen übertrafen, fanden Stoff genug, über den sie schreiben konnten. Dies war bei den Schriftstellern Herodot und Hekataios der Fall. Den älteren der beiden, Hekataios von Milet (um 510 v. Chr.), beschäftigten offensichtlich mehr die Ursachen der Nilüberschwemmung und der Bildung des Deltas sowie die Tierwelt des Landes als dessen Bewohner und ihre Geschichte. Seine »Erdbeschreibung«, in der er alle diese Gegenstände erörtert, ist verloren, doch verdient sie hier wegen ihrer Priorität Erwähnung. Selbst wenn sie die Zeiten überdauert hätte, wäre sie wohl durch das Werk des Herodot von Halikarnass (etwa 484–430 v. Chr.) in den Schatten gestellt worden.

Diesem großen Geschichtsschreiber verdanken wir den ersten umfassenden und unversehrt erhaltenen Bericht über Ägypten. Das zweite – nach der Muse Euterpe benannte – Buch seiner »Historien« ist in den Bericht von dem langen und schweren Kampf zwischen Persern und Hellenen als ein weitschweifiger, anekdotenreicher, äußerst unterhaltsamer Exkurs eingeschoben. Herodot entschuldigt sich für die Länge seines Berichts über Ägypten mit dem Hinweis darauf, daß »es mehr wunderbare Dinge und erstaunliche Werke aufweist als alle anderen Länder«. Herodot war – bald nach 450 v. Chr. – auf seiner Reise bis zum ersten Katarakt gekommen; die heutige Kritik nimmt freilich an, jene Reise habe kaum länger als drei Monate gedauert. Dies mag das Fehlen einer ausführlichen Beschreibung von Theben und seinen Bauwerken erklären, wenn auch andere ähnliche Lücken – wie z. B. die Nichterwähnung der Sphinx – wohl eher seiner Vorliebe für das Wunderliche und rein Unterhaltende zuzuschreiben sind. Diese Eigenschaft läßt ihn des langen und breiten Geschichten wiedergeben, die ihm die einheimischen Dolmetscher und die von ihm irrtümlich für Priester gehaltenen Tempeldiener erzählt hatten. So geht der sowohl im Altertum wie in neuerer Zeit gegen Herodot erhobene Vorwurf der Lügenhaftigkeit vor allem auf seine Beschreibung Ägyptens zurück. Es besteht jedoch kein Grund, seinen guten Glauben in Zweifel zu ziehen, man muß allerdings bei fälschlich als geschichtliche Tatsachen dargebotenen volkstümlichen Überlieferungen vorsichtig sein, ebenso bei unzuverlässigen Zahlenangaben oder bei Behauptungen, die wohl ein Körnchen Wahrheit enthalten, aber übertrieben oder entstellt sind.

Es gibt kaum eine Seite des ägyptischen Lebens, der Herodot nicht sein Interesse zugewandt hätte. Seine Darstellung des ägyptischen Königtums der älteren Zeit ist allerdings dürftig, wenn er auch Min (Menes) als seinen Begründer nennt und die Namen der Erbauer der Pyramiden, Cheops, Chephren und Mykerinos, in nur wenig verstümmelter Form angeben kann. Völlig verkehrt ist es aber, wenn er vor diesen Herrschern statt nach ihnen einen König Sesostris ansetzt, in dem mehrere bei Manetho zur 12. Dynastie gehörende Könige namens Senwosre aufgegangen sind, und wenn er dessen Eroberungen in maßloser Übertreibung bis nach Skythien und Kolchis an der Ostküste des Schwarzen Meeres reichen läßt. Erst die Herrscher seit Psammetich I. (664–610 v. Chr.) behandelt Herodot so zuverlässig, wie man es von einem Autor erwarten möchte, den Cicero den Vater der Geschichte genannt und der als erster die Kunst der Geschichtsschreibung von der poetischen Erzählung erfundener Geschichten unterschieden hat. Auch zur Geographie macht Herodot einige wertvolle Angaben, die allerdings vor allem das Deltagebiet betreffen; südlich des Faijûm nennt er nur wenige Städte, in Ägypten selbst lediglich Chemmis (Achmîm), Theben, Syene, Elephantine und das geheimnisvolle Neapolis. Von den bei ihm erwähnten achtzehn Gauen oder Provinzen läßt sich etwa die Hälfte leicht identifizieren; die Aufzählung enthält aber auch einige Namen, die uns aus anderen Quellen nicht bekannt und die möglicherweise auf ein Mißverständnis zurückzuführen sind. Herodots Darstellung der ägyptischen Religion ist trotz ihrer Ausführlichkeit ziemlich enttäuschend; er erklärt selbst, er wolle sich bei deren Behandlung zurückhalten. Einige ägyptische Gottheiten führt er mit ihren ägyptischen Namen an (Ammon, Bubastis, Isis, Osiris, Oros), zieht in der Regel jedoch die Namen der Gottheiten vor, die ihnen bei den Griechen entsprechen, weil er von der Vorstellung eingenommen ist, die Hellenen hätten nicht nur einen Großteil ihrer religiösen Bräuche, sondern auch die Gottheiten selbst von den Ägyptern entlehnt. Die Beschreibungen lokaler Feste haben uns sicher manche wahren Einzelheiten bewahrt. Sein Werk ist voll von interessanten Angaben aller Art, für die uns andere Quellen fehlen, die eine Nachprüfung ermöglichen würden. Höchst bemerkenswert ist beispielsweise die Aufzählung der Eigenheiten (II, 35/36), in denen sich die Ägypter von allen anderen Völkern unterscheiden. Nur selten läßt sich ihm ein wirklicher Irrtum nachweisen, wie etwa bei der Behauptung, in Ägypten gebe es keine Weinstöcke (II, 77): hier widerspricht Herodot sich selbst (II, 37, 39).

Von den Schriften der folgenden Jahrhunderte über Ägypten ist nur wenig erhalten. Bis zu Platon (428-347 v. Chr.), dessen Werke gelegentlich wertvolle Hinweise enthalten, ist kein anderer Autor von Bedeutung zu nennen. Platon ist zum Beispiel der Name der Göttin Neith von Sais bekannt, auch die Eigenschaften des Thot, des Gottes der Schreibkunst, der Wissenschaft, der Astronomie und des Damespiels, gibt er richtig wieder. Da wir uns hier in erster Linie mit den Autoren noch erhaltener Werke befassen, können wir die verstreuten Bemerkungen in den spärlichen Fragmenten solcher Schriftsteller des 4. Jahrhunderts wie des Hekataios von Abdera übergehen.

Nach der Zeit Alexanders des Großen strömten unter den Ptolemäern griechische Siedler nach Ägypten ein; sie waren viel zu sehr mit Handel und Landwirtschaft beschäftigt, um den fremdartigen Gebräuchen ihrer einheimischen Nachbarn große Beachtung zu schenken. Erst aus der Zeit Caesars hat sich eine Darstellung Ägyptens erhalten. Sie ist etwas länger als die des Herodot, aber weit weniger bedeutend, und steht im ersten Buch der »Historischen Bibliothek« des griechischen Historikers Diodoros Siculus. Diodor hielt sich um das Jahr 59 v. Chr. vorübergehend in Ägypten auf und beruft sich auch mehrfach auf seine eigene Anschauung. Seine Hauptquellen waren jedoch ältere Schriftsteller wie der soeben erwähnte Hekataios von Abdera (um 320 v. Chr.) und der Geograph und Historiker Agatharchides von Knidos (2. Jh.

v. Chr.). Er scheute sich auch nicht, Herodot ausführlich zu benutzen und dennoch in den Chor seiner Kritiker einzustimmen. Die von Herodot und von Diodor behandelten Gegenstände entsprechen sich etwa, aber jeder von beiden hat vielerlei zu berichten, was bei dem anderen fehlt. In ihren schriftstellerischen Fähigkeiten sind sie gar nicht zu vergleichen. Diodor besitzt nicht die Gabe der knappen und individualisierenden Charakterisierung, keinerlei Gespür für eine wirksame Geschichte, was das Werk Herodots zu einem so unschätzbaren Besitz macht. Diodor ist schulmäßig, schwerfällig und trocken, deshalb leicht zu verstehen, aber langweilig zu lesen. Einer kurzen Übersicht über die Entwicklung des Weltalls folgt eine Beschreibung, wie die Ägypter sie sich vorstellten und welche Rolle die Götter dabei spielten. Breiten Raum widmet er der Beschäftigung mit dem Gott Osiris, über den er manche glaubwürdigen und wertvollen Einzelheiten bringt, die leider durch die ganz unägyptische Erzählung seiner kriegerischen Unternehmungen ausgeschmückt werden. Daran schließt sich ein völlig frei erfundener Bericht über die ägyptischen Niederlassungen in Babylonien, Kolchis und Griechenland. Es folgt eine lange Beschreibung des Landes Ägypten, seines Stroms, seiner Tier- und Pflanzenwelt und eine ausführliche Erörterung der Ursachen der alljährlichen Überschwemmung. Nach einem kurzen Abschnitt über die Speisen der Ägypter beschäftigt sich Diodor mit ihrer Geschichte. Menas (Menes) nennt er als den ersten König und tut die Regierungszeiten von zweiundfünfzig Nachfolgern mit der Bemerkung ab, unter ihnen habe sich nichts Besonderes ereignet. Einen sonst nicht nachweisbaren Busiris bezeichnet Diodor als den mythischen Gründer von Theben, das er ausführlich und – an antiken Maßstäben gemessen – erstaunlich genau beschreibt, unter besonderer Hervorhebung des heute als Ramesseum bekannten Grabmals des Osymandias (Ramses' II.). Indem er die Gründung von Memphis derjenigen von Theben und der Regierungszeit des Osymandias folgen läßt, kehrt er freilich das Nacheinander der Ereignisse um, und auch sonst steht sein langer Bericht über die frühe Geschichte ganz offensichtlich in noch größerem Widerspruch zum wirklichen Ablauf der Geschehnisse als der des Herodot, wenn er auch eine Reihe von Königsnamen mit einiger Genauigkeit aufzählt. Unverhältnismäßig lange verweilt Diodor bei den Taten und Erfolgen des Sesoosis (Sesostris), von dem oben schon die Rede war. Von großem Interesse sind insbesondere die letzten dreißig Abschnitte des ersten Buchs, die sich mit ganz verschiedenartigen Gegenständen befassen: mit dem rituell genau geregelten Leben des Königs, mit der Verwaltung der Provinzen und dem Kastenwesen, dem Recht und den Gesetzen, mit der Erziehung, der Medizin und der Tierverehrung, mit Totenbestattung und Totenkult und schließlich mit dem ägyptischen Einfluß auf die Griechen. Aber nur für das 5. und 4. Jahrhundert v. Chr. ist Diodors Darstellung wirklich unentbehrlich: hier ist er als Historiker ebenso zuverlässig wie Thukydides und Xenophon. Vieles, was er über die ältesten Zeiten erzählt, läßt sich nicht an Hand anderer Quellen nachprüfen und ist, da das gesamte Werk eine Kompilation darstellt, von ungleichem Wert. Wir sehen uns hier demselben Problem gegenüber wie bei der Beurteilung aller Schriftsteller des Altertums: wo immer eine bestimmte Behauptung durch einen zuverlässigen äußeren Beweis ihre Bestätigung erfährt, macht diese Bestätigung jene Behauptung in einem gewissen Grade entbehrlich; wo solche Beweise fehlen, bleibt dagegen stets ein Rest von Ungewißheit.

Von dieser Verallgemeinerung muß Strabon teilweise ausgenommen werden. Er stammte von der Schwarzmeerküste, sprach Griechisch und lebte einige Jahre in Alexandria. Um die Jahre 24/25 v. Chr. begleitete er seinen Freund, den römischen Präfekten Aelius Gallus, auf einer Reise bis fast zum ersten Katarakt. Strabons ziemlich kurzer Bericht über Ägypten findet sich im siebzehnten und letzten Buch seiner »Geographie«, weitere Einzelheiten über Ägypten sind über andere Teile des Werkes verstreut. Er beginnt mit einer kurzen Abhandlung über den Nil, an die sich eine ausführliche Beschreibung Alexandrias und des Gebietes östlich davon anschließt. Sein Werk folgt dann topographischen Gesichtspunkten. Mit den Gauen und Städten des Deltas befaßt er sich besonders eingehend. Für diese bevorzugte Behandlung Unterägyptens sind wir Strabon besonders dankbar, weil die ägyptischen Urkunden und Denkmäler hier nur spärlich erhalten sind. Doch Strabons Interesse gilt nicht ausschließlich der Geographie: bei jeder sich bietenden Gelegenheit macht er Bemerkungen zur Geschichte oder teilt uns wichtige Einzelheiten über Bauwerke, Kulte und andere Gegenstände mit. Ein Beispiel für Strabons Genauigkeit ist seine Beschreibung des Brunnens von Abydos, »der in großer Tiefe liegt, so daß man zu ihm durch Gewölbegänge aus Steinen von außerordentlicher Größe und unübertroffener Bearbeitung hinabsteigen muß«. Sie bezieht sich eindeutig auf den Brunnen, den Naville[1] in dem sogenannten Kenotaph Sethos' I. entdeckt hat. Strabon erwähnt auch als erster den tönenden Memnonskoloß bei Theben, eine von zwei gewaltigen Sitzstatuen, die in der Ebene westlich von Luxor noch heute zu sehen sind. Sie ließen bei Sonnenaufgang einen singenden Ton hören, der von vielen vornehmen griechischen und römischen Besuchern[2] wahrgenommen wurde. Strabon berichtet auch von dem Nilmesser bei Elephantine, einem besonders berühmten Exemplar einer Art Treppe, an deren Wand jährlich der höchste Stand des Nils eingetragen wurde. Seine Bemerkungen über Geschichte und Religion sind natürlich mit derselben Vorsicht zu bewerten wie die der schon erwähnten Autoren; aber wo es sich um rein geographische Dinge handelt, ist sein Buch durchaus zuverlässig. Innerhalb des Gebiets des heutigen Ägypten, also bis zur sudanesischen Grenze, etwa 30 km nördlich des Wâdi Halfa, erwähnt er nicht weniger als 99 Städte und Siedlungen, von denen sich heute die Mehrzahl ziemlich genau lokalisieren läßt.

Die enzyklopädische Naturgeschichte von Plinius dem Älteren (23–79 n. Chr.), eine umfangreiche Kompilation aus Werken früherer Autoren, behandelt alle Gegenstände, die nicht von Menschenhand geschaffen sind. Plinius spricht jedoch auch immer wieder von menschlichen Erfindungen und Einrichtungen, und Ägypten kommt dabei nicht zu kurz. Als Kenner der ägyptischen Geographie ist Plinius von Bedeutung, wenn auch von viel geringerer als Strabon und Claudius Ptolemaeus, der um 150 n. Chr. seine »Geographie« schrieb. Was Ägypten und die angrenzenden Gebiete anbetrifft, so besteht sie im wesentlichen aus einer reinen Aufzählung der Gaue und ihrer Hauptstädte und manchmal einiger weiterer Orte. Auf andere Quellen zur ägyptischen Geographie einzugehen, ist um so weniger nötig, als darüber ein vorzügliches englisches Werk von J. Ball unterrichtet.

Auch unseren Bericht über das von griechischen und römischen Autoren über Erscheinungen des alltäglichen Lebens der alten Ägypter und über ihre Geschichte zusammengetragene Wissen brauchen wir hier nicht fortzusetzen. Von der überragenden Bedeutung Manethos wird später die Rede sein.

Wenden wir uns nun den Äußerungen der klassischen und der späteren Autoren über die ägyptische Religion zu. In dem Maße, in dem sich der griechische und später der römische Einfluß in Ägypten verstärkte, übernahm die Priesterschaft mehr und mehr die Pflege des überlieferten Volksglaubens des alten Ägypten; ihr war daran gelegen, die Weisheit und die Geheimlehren ihrer Ahnen zu erhalten und zu vertiefen. Spöttern wie Juvenal (47-127 n. Chr.)[3] war dies ein willkommener Anlaß, über ein Volk herzuziehen, das Katzen und Krokodile verehrte. Aber auch viele der bedeutendsten nachaugusteischen Autoren kamen sich sehr überlegen vor.

Mit dem Verfall des Glaubens an die alten olympischen Götter wurden die Massen Roms und der Provinzen leicht Opfer der religiösen Vorstellungen aus dem Orient. Der Isis-Kult breitete sich nach allen Richtungen des Reiches hin aus, wenn auch die, welche die Göttin am höchsten verehrten, gar nicht recht wußten, was sie mit ihr anfangen sollten. Sehr aufschlußreich als Zeugnis ihrer Verlegenheit ist die Abhandlung des Plutarch von Chaironeia (50-120 n. Chr.) »De Iside et Osiride«. In einigen Kapiteln erzählt er zu Beginn in schlichter Sprache die Geschichte des guten Königs Osiris, der von seinem bösen Bruder Typhon (Seth) heimtückisch ermordet und später von seinem Sohn Horus, den seine Mutter im verborgenen aufgezogen hatte, gerächt wurde. Die Mythe stimmt so, wie sie Plutarch erzählt und wie sie vor ihm schon Diodor erzählt hatte, im wesentlichen mit dem überein, was sich aus ägyptischen Texten erschließen läßt, wenn auch viele Einzelheiten hinzugefügt sind, von denen jedenfalls manche aus verlorenen einheimischen Quellen stammen müssen. Wenn Plutarch sich jedoch auf eine Erklärung einläßt, tritt seine unbewußte Verlegenheit deutlich zutage. Er weist darauf hin, daß die Legende nicht wörtlich genommen werden dürfe; die vielfältigen Formen, in denen die Wahrheit sich offenbare, seien den vielen Farben des Regenbogens als einer Widerspiegelung der Sonne vergleichbar. Einmal setzt er Osiris mit dem Nil gleich (Isis als die Erde ist seine Gemahlin), der dann wieder vom Meer (Typhon) verschlungen wird. Oder Osiris wird als die keimträchtige Feuchtigkeit gedacht, Isis als die Erde und ihr beider Sohn Horus als die jahreszeitlich bedingte feuchte Schwüle des Deltas. Dann wieder verkörpert Typhon die von Horus als dem Regen besiegte Dürre. Andere hielten Typhon für die unbarmherzig herniederbrennende Sonne, Osiris für das feuchte Mondlicht. So reiht sich in diesem Buch eine allegorische Erklärung an die andere. Es läßt sich nicht mit Sicherheit sagen, ob alle diese Deutungen unägyptischen Ursprungs sind, im ganzen tragen sie jedenfalls unverkennbar den Stempel westlichen spekulativen Denkens.

Mit der Ausbreitung des Christentums wurden die heidnischen Gottheiten allmählich verdrängt. Isis fand eine letzte Zuflucht auf der Insel Philae oberhalb des ersten Katarakts, wo ihr Kult erst im 5. Jahrhundert erlosch. Aber auch nach dem Untergang der ursprünglichen Religion Ägyptens blieb der Glaube an das esoterische Wissen ihrer Priester lebendig und wurde noch bestärkt durch Hinweise auf diese »Weisheit Ägyptens« in der Bibel (1. Könige 4, 30) und die außerordentlichen Praktiken ihrer Magier (2. Mose 7; 11,22). Man schenkte noch immer der späten Überlieferung Glauben, wonach frühgriechische Philosophen wie Thales und Pythagoras als Schüler zu Füßen ägyptischer Priester gesessen hätten[4]. Vielleicht den stärksten Einfluß auf das Fortbestehen solcher übertriebener Vorstellungen übte aber das Rätsel der Hieroglyphen aus. Diese Miniaturbilder von Menschen und Tieren, Pflanzen und Himmelskörpern, Häusern und Geräten mußten Symbole tief geheimnisvoller Lehren sein, zumal sie die Wände der großen ägyptischen Tempel bedeckten. Die älteren griechischen Autoren äußerten sich nicht über das Wesen der Hieroglyphen[5], nur Diodor ließ sich über diesen Gegenstand aus (III, 4) und versicherte, sie hätten nicht phonetischen, sondern unzweifelhaft allegorischen Charakter. Chaeremon, der Erzieher Neros, schließt sich dem in einem Buch, von dem nur ein kurzer Auszug erhalten ist[6], an. Das größte Hindernis für die späteren Entzifferer war jedoch das Werk über die Hieroglyphen von einem gewissen Horapollo, einem außerordentlich gebildeten Ägypter des 5. Jahrhunderts v. Chr. Hier eine Stelle aus seinem Werk:

»Wie sie die Seele ausdrücken:

Darüber hinaus wird der Falke wegen der Bedeutung seines Namens für die Seele gesetzt, denn bei den Ägyptern heißt der Falke BAIETH, und diese Bezeichnung bedeutet, wenn man sie zerlegt, Seele und Herz, denn das Wort BAI ist die Seele, und ETH das Herz; und das Herz ist nach ägyptischer Anschauung die Hülle der Seele, so daß die Bezeichnung zusammengesetzt bedeutet ›Seele im Herzen‹.«

In dieser Erklärung stecken richtige Ansätze, denn das ägyptische Wort für »Seele« wurde tatsächlich mit einem Zeichen geschrieben, das einen Vogel darstellt, aber die gegebene allegorische Erklärung ist völlig verfehlt und im höchsten Grade irreführend. Eine Stelle in den Werken des gelehrten Presbyters Clemens von Alexandria (etwa 150–215 n. Chr.)[7] könnte auf eine richtigere Beurteilung des Wesens der Hieroglyphen hindeuten, doch waren seine Äußerungen zu unklar, als daß sie den phantastischen Vorstellungen der Mehrheit hätten entgegenwirken können.

Als in Europa im 7. Jahrhundert das Früh-Mittelalter heraufkam, fiel Ägypten in die Hände der mohammedanischen Eroberer. Das Interesse für die Altertümer Ägyptens erwachte erst wieder mit der Renaissance. Meist waren es Reisende auf dem Wege ins Heilige Land, die sich nach Ägypten wagten, und nur wenige gelangten über die weitere Umgebung von Kairo hinaus. Wer Mut hatte, drang bis nach Sakkara vor und ließ sich zu seinem Ergötzen von bestochenen Einwohnern einige Mumien ausgraben. Die wenigsten brachten neues Wissen von Wert mit nach Hause. Vielleicht der bedeutendste unter ihnen war der Jesuit Cl. Sicard (1677–1727), der erste in gewissem Sinne moderne Forscher, der Aswân erreichte. Er fand Theben wieder und rühmte sich, vierundzwanzig Tempel und über fünfzig mit Malereien und Reliefs geschmückte Felsengräber besucht zu haben. Leider veröffentlichte er nur wenig; sein wichtigster Beitrag war eine Karte, die später d'Anville für seine eigene, 1766 erschienene Karte von Ägypten benutzte. Zu den besten Reisebeschreibungen, die hier erwähnt werden müssen, gehören die des Dänen Fr. L. Norden (1708–1742) und die der Engländer Richard Pococke (1704–1765) und James Bruce (1730–1794). Doch war schon lange vor ihnen eine wirklich wissenschaftliche Monographie über die Pyramiden erschienen, die »Pyramidographia« des Oxforder Astronomen John Greaves (1646). Die fast allen diesen Werken beigegebenen Stiche waren allerdings höchst ungenau. Sehr großen Wert für die Schreibtischgelehrten besaßen die koptischen Manuskripte, die seit dem Beginn des 17. Jahrhunderts nach Europa gelangten. Einige von ihnen, die Pietro della Valle an sich gebracht hatte, kamen in die Hände des gelehrten Jesuiten Athanasius Kircher[8], dessen Werk »Lingua aegyptiaca restituta« (1643) den eigentlichen Beginn einer ernstzunehmenden Erforschung der ägyptischen Sprache in ihrer spätesten Phase darstellt, die mit griechischen Buchstaben und einigen zusätzlichen Zeichen geschrieben wurde. Ohne eine gründliche Kenntnis des Koptischen hätte die spätere Entzifferung der Hieroglyphen keine so raschen Fortschritte gemacht. Leider konnte sich aber auch dieser verdienstvolle Mann nicht von höchst phantastischen Erklärungen der Hieroglyphen freimachen. So bedeutet z. B. der Name des Königs Apries auf einem römischen Obelisken für Kircher[9], daß »man die Gunst des göttlichen Osiris durch heilige Zeremonien und die Dämonen erlangen kann, um durch sie der Geschenke des Nils teilhaftig zu werden«. Außerdem sammelte dieser überaus tüchtige Gelehrte – wie etwas später P. E. Jablonski (1693–1757) und G. Zoega am Ende des 18. Jahrhunderts – in großen Bänden alles, was seine Vorgänger über Ägypten gesagt oder gedacht hatten. Bis zur Erschließung des Landes und der Entzifferung der alten Schriftzeichen ließ sich darüber hinaus kaum ein Fortschritt erzielen.

So sah es, kurz zusammengefaßt und ohne auf Einzelheiten einzugehen, mit der vornapoleonischen Ägyptologie aus, wenn man diese Bezeichnung auf ein Wissensgebiet anwenden kann, das bis dahin noch völlig unkritisch und unwissenschaftlich bearbeitet worden war. Die neue Ära begann mit Napoleons Feldzug nach Ägypten (1798) und mit der Entdeckung des dreisprachigen Steins von Rosette im darauffolgenden Jahr. Dieser Stein trägt einen Beschluß der versammelten ägyptischen Priesterschaft aus dem Jahre 196 v. Chr., den König Ptolemaios V. Epiphanes zu ehren. Der griechische und der demotische Text sind nahezu vollständig erhalten, der hieroglyphische nur zum Teil. Sehr bald wurde klar, daß dieses kostbare Dokument eine viel günstigere Möglichkeit der Entzifferung bot als jeder frühere Fund. Wie diese schließlich gelang, ist schon oft beschrieben worden. Der erste Erfolg war dem schwedischen Diplomaten Åkerblad beschieden, der sich auf die unmittelbar unter den Hieroglyphen stehende Kursivschrift konzentrierte und erkannte, daß es sich bei ihr um das Demotische handelte, von dem Herodot gesprochen hatte (II, 36). Nachdem er durch einen Vergleich mit dem griechischen Text die Stellen bestimmt hatte, an denen Eigennamen standen, konnte er über die Hälfte der Buchstaben des Alphabets lesen und gewann die Überzeugung, daß es sich um die Sprachform handele, die später als das Koptische weiterlebte. Åkerblads Abhandlung erschien im Jahre 1802, aber erst 1814 erfolgte ein weiterer Schritt vorwärts. Diesen machte der berühmte Thomas Young, der die Theorie von der Wellennatur des Lichts aufgestellt hat. Als ein Mann von tiefer Gelehrsamkeit und weitgespannten Interessen war er stets bereit, die Lösung einer neuen schwierigen Frage in Angriff zu nehmen. Er erkannte schnell die engen Beziehungen zwischen dem demotischen und dem hieroglyphischen System, und als er entdeckte, daß sich in dem griechischen Abschnitt viele Wörter wiederholten, gelang die Einteilung des demotischen Teils in 86 Wortgruppen, von denen sich die meisten als richtig erwiesen. Bei den Hieroglyphen ging er von der Tatsache aus – die lange vor ihm schon Guignes und Zoega vermutet hatten –, daß die »Kartuschen« oder »Königsringe« (Abb. 1) die Namen von Königen und Königinnen enthielten und »sehr scharfsinnig, aber auch mit viel Glück, identifizierte er außer der bereits bekannten des Ptolemaios die Kartusche der Berenike

Abb. 1.
Sorgfältig ausgearbeitete Kartusche.
Altes Reich

und zog den richtigen Schluß, daß es sich bei einer weiteren Kartusche um die des Königs Thutmosis aus Manethos 18. Dynastie handele. Er bestimmte ferner in der Hieroglyphenschrift die Zeichen für f und t des Alphabets und das in späten Texten bei weiblichen Namen verwendete ›Determinativ‹ und erkannte an Hand von Varianten in den Papyri, daß verschiedene Zeichen denselben Lautwert hatten, also das Prinzip der Homophonie. Dies alles war mit manchen falschen Schlüssen vermengt, aber die Methode mußte unfehlbar zur endgültigen Entzifferung führen« (Griffith).

Nachdem er keine weiteren Fortschritte erzielen konnte und weil er überdies durch vielerlei andere Arbeiten in Anspruch genommen war, überließ Young die Untersuchung der Hieroglyphen bereitwillig einem glänzend begabten Lehrer in Grenoble. Von früher Jugend an von dem Glauben beseelt, daß er dazu bestimmt sei, das Problem zu lösen, hatte sich Jean François Champollion (1790–1832) selbst auf diese Aufgabe dadurch vorbereitet, daß er sich mit allen klassischen Quellen vertraut machte und sich eine vollkommene Beherrschung des Koptischen erwarb. Lange Zeit blieb ihm die Lösung verborgen, und er war sich noch in dem Jahr, in dem er seine unsterbliche Entdeckung machte, nicht sicher, ob es sich bei den Hieroglyphen nicht doch um eine reine Symbol-Schrift handele. Åkerblad hatte den demotischen Namen des Ptolemaios alphabetisch gelesen, und Champollion hatte trotz seines Schwankens durch die Gleichsetzung von demotischen Zeichen mit Zeichen in der Kartusche nachgewiesen, daß die Hieroglyphen – jedenfalls manchmal – Buchstabenzeichen sein konnten. Den überzeugenden Beweis dafür lieferte ein Obelisk, der offensichtlich einmal auf einem Sockel gestanden hatte, mit griechischen Inschriften zu Ehren von Ptolemaios Physkon und den beiden Königinnen mit Namen Kleopatra. Obelisk und Sockel waren im Jahre 1819 nach England gebracht worden, um den Park von Mr. W. J. Bankes in Kingston Lacy in der Grafschaft Dorset zu schmücken. 1821 ließ Bankes eine Lithographie der griechischen und der hieroglyphischen Inschriften anfertigen, von der ein Exemplar im Januar des darauffolgenden Jahres in die Hände Champollions gelangte. In dieser Inschrift stand neben der Kartusche des Ptolemaios eine zweite, die nur die der Kleopatra sein konnte, da in beiden die Hieroglyphen für p, o und l gerade an den Stellen standen, wo man sie erwarten mußte. Zwar waren die Zeichen für t in beiden Fällen verschieden, doch ließ sich dies durch die Theorie der Homophonie leicht erklären. Den zwei Kartuschen entnahm Champollion dreizehn Buchstabenzeichen für zwölf Laute. Von ihnen ausgehend, identifizierte er bald die hieroglyphisch geschriebenen Namen von Alexander, Berenike, Tiberius, Domitian und Traian und außerdem kaiserliche Titel wie Autokrator, Caesar und Sebastos.

Das Problem war also gelöst, was die griechisch-römischen Kartuschen anbetraf. Aber wie stand es mit denen der weiter zurückliegenden Zeit? Am 14. September 1822 erhielt Champollion von einem Architekten Kopien von Flachreliefs aus ägyptischen Tempeln, die schließlich seine Zweifel zerstreuten. Am Ende einer Kartusche fand er zweimal nacheinander das Zeichen, von dem er auf Grund seines Alphabets wußte, daß es für s stand, und von diesen durch eine rätselhafte Hieroglyphe getrennt, den Kreis für »Sonne«,

mit dem koptischen Lautwert rê. Als er Re-?-s-s las, fiel ihm
der Königsname Ramesses oder Rameses ein. Die Möglichkeit
wurde zur Gewißheit, als er einige Minuten später auf eine
weitere Kartusche stieß, die am Anfang den Ibis des Thot
und am Ende ein s enthielt und zwischen diesen beiden ein
Zeichen, dem er die Lesung m gab[10]. Hier mußte es sich wohl
um den Namen des Königs Thutmosis (in älteren Werken
fälschlich mit Thothmes wiedergegeben) aus Manethos 18.
Dynastie handeln. Die Bestätigung für den Lautwert des
rätselhaften Zeichens fand er auf dem Stein von Rosette;

Abb. 2.

Kartuschen, von denen
Champollion bei seiner
Entzifferung ausgegangen ist:
1 Ptolemaios,
2 Kleopatra,
3 »Geliebt von Amun Ramesses«,
4 Thutmosis

dort bildete es einen Teil der Gruppe, die dem griechischen
Wort für »Geburtstag« entsprach, was auf das koptische misi,
mose »gebären« hindeutete. Von da an brachte jeder Tag
neue Ergebnisse. Da er nun keinen Grund mehr sah, seine Entdeckungen länger zurückzuhalten, trug Champollion am
29. September der Pariser Akademie seine denkwürdige
»Lettre à Mr. Dacier« vor. In diesem Brief erwähnte er bezeichnenderweise die Namen Ramses und Thutmosis nicht,
sondern hielt den Bericht über ihre Entzifferung für seinen
vorzüglichen »Précis du système hiéroglyphique« zurück,
der 1824 erschien. Ausgedehnte Reisen nach Turin und
Ägypten füllten zu einem erheblichen Teil den Rest seines
kurzen Lebens. Ehe er im Alter von 41 Jahren allzufrüh starb,
konnte er noch die ungefähre Bedeutung der meisten historischen Inschriften feststellen. Das Außergewöhnliche von
Champollions Leistung liegt weniger in seiner Entdeckung

selbst, als in dem erstaunlichen Gebrauch, den er von ihr zu machen verstand.

Um den nun gefundenen Schlüssel auch richtig benutzen zu können, waren mehr Material und bessere Abschriften erforderlich; die entfachte Begeisterung sorgte dafür, daß beide Wünsche reichlich in Erfüllung gingen. Champollion selbst wies den Weg: seine Reise nach Ägypten zusammen mit dem Italiener I. Rosselini erbrachte eine umfangreiche Sammlung von Zeichnungen, die in stattlichen Foliobänden veröffentlicht wurde. Eine preußische Expedition unter dem großen Gelehrten Richard Lepsius (1810–1884) übertraf die Bemühungen der Vorgänger noch mit ihren zwölf gewaltigen Bänden der »Denkmäler« (1849–1859). Unterdessen waren auch die Briten nicht müßig gewesen; hier sind vor allem Robert Hay aus Linplum, James Burton und (Sir) John Gardner Wilkinson zu nennen. Diese drei haben – manchmal zusammen, manchmal mit anderen Mitarbeitern – eine unvergleichliche Sammlung von Faksimiles von Reliefs, Malereien und Inschriften zusammengetragen, die heute von um so größerem Wert ist, als viele der Original untergegangen oder schwer beschädigt sind. Von dieser Arbeit in den zwanziger und dreißiger Jahren des vergangenen Jahrhunderts gelangte nur ein geringer Teil zur Veröffentlichung, wenn auch Wilkinsons Nachzeichnungen seinem ausgezeichneten Werk »Manners and Customs of the Ancient Egyptians« (1837) beigegeben waren. In dieselbe Zeit fiel die Gründung der großen Sammlungen ägyptischer Altertümer im Britischen Museum, im Louvre, in Turin, Florenz, Bologna und Leiden, um nur die wichtigsten zu nennen. Hier waren die »Lieferanten« die Generalkonsuln Frankreichs, Englands und Schwedens, Drovetti, Salt und Anastasi. Die von ihnen ausgebeuteten oder angeregten Grabungen waren eigentlich nichts anderes als Plünderungen; doch sollte man sie nicht deswegen tadeln, weil sie wissenschaftliche Methoden außer acht ließen, die damals noch nicht entwickelt waren. Größere und systematische Grabungen führte seit 1850 der Franzose August Mariette (1821–1881) durch, dessen Einfluß auf den Khediven Said Pascha die Gründung des Museums von Boulaq[11] zu danken ist (1858), das sich später zu der gewaltigen Kairoer Schatzkammer entwickeln sollte, die heute der Hauptanziehungspunkt für jeden Ägypten-Reisenden ist. Eine wirklich wissenschaftliche Grabungsarbeit kam jedoch nur langsam in Gang: erst 1884 ging Flinders Petrie, vielleicht der erfolgreichste aller Ausgräber, mit strengeren Methoden an die Arbeit und gab mit der raschen Veröffentlichung seiner Ergebnisse ein – leider zu selten nachgeahmtes – gutes Beispiel. Es würde ermüden und wäre ungerecht gegenüber denjenigen, die unerwähnt blieben, hier auch nur die wichtigsten Ausgräber der jüngsten Zeit aufzuführen. Über die Namen von George Reisner, Herbert Winlock und Howard Carter, den Entdecker des Tutanchamun-Grabes, aber kann nicht hinweggegangen werden.

Die Ehrlichkeit gebietet es hinzuzufügen, daß viel zu viel ausgegraben worden ist und noch gegraben wird; dies gilt insbesondere, wenn die Ergebnisse unveröffentlicht bleiben oder nur unzulänglich veröffentlicht werden. Der im Werden begriffenen Wissenschaft wäre besser gedient, wenn der eindringliche Aufruf des großen Gelehrten Francis Llewellyn Griffith (1862–1934) aus dem Jahre 1889 stärkere Beachtung gefunden hätte, sich mehr den Denkmälern über der Erde zu widmen. Auf seine Anregung geht die Gründung des Egypt Exploration Fund (später Society) im Jahre 1882 zurück, der seine Unternehmungen in Ägypten gleichmäßig auf diese beiden Arbeitsbereiche verteilte. Amerika betrat erst spät das Feld, hat aber die versäumte Zeit mehr als aufgeholt. Die herrlichen Veröffentlichungen der thebanischen Gräber durch das Metropolitan Museum of Art in New York, die zum großen Teil der Hingabe des Engländers N. de G. Davies zu danken sind, werden noch übertroffen durch die Arbeit in den Tempeln, die das Oriental Institute der Universität Chicago geleistet hat, das große archäologische Unternehmen, das wir dem Weitblick von James Henry Breasted (1865–1935) und der Freigebigkeit von John D. Rockefeller jr. verdanken.

Daheim führte eine Anzahl tüchtiger Gelehrter die von Champollion begonnene Arbeit fort. Mit einer im Jahre 1837 veröffentlichten Abhandlung brachte Lepsius endlich die Stimmen derer zum Schweigen, die immer noch nicht an die

Richtigkeit der Entzifferung glauben wollten. Zu den ersten Forschern auf diesem Gebiet gehörten Samuel Birch (1813 bis 1885) und Edward Hincks (1792–1866); etwas später folgten C. W. Goodwin in England, E. de Rougé, F. J. Chabas und Th. Devéria in Frankreich und als der bedeutendste von allen Heinrich Brugsch (1827–1894) in Deutschland. Das Bächlein der ägyptologischen Forschung schwoll allmählich zu einem Strom an, der es heute jedem Gelehrten unmöglich macht, mit allem, was geschrieben wird, Schritt zu halten, wenn er noch selbst etwas zu ihr beitragen will. Unter den Jüngeren erwähnen wir Adolf Erman (1854–1937), der mit seinen Schülern, insbesondere mit Kurt Sethe, die verschiedenen Entwicklungsphasen der Sprache richtig unterschied und für jede von ihnen die Grundlagen zu einer wissenschaftlichen Grammatik legte, und den schon genannten F. Ll. Griffith, der dank seiner instinktiven Begabung als Paläograph Abarten der hieratischen und demotischen Schrift lesen konnte, an denen alle seine Vorgänger gescheitert waren.

Die Universitäten öffneten der neuen Wissenschaft nur langsam ihre Pforten. Für Champollion wurde 1831 ein Lehrstuhl am Collège de France eingerichtet. Göttingen war wohl die nächste Universität, die einen Professor für Ägyptologie berief; die Wahl fiel auf Brugsch (1868). England hielt sich bis 1894 zurück; erst ein Vermächtnis der Romanschriftstellerin Amelia B. Edwards verschaffte Petrie eine Professur am University College in London. Heutzutage gibt es kaum eine größere Universität ohne einen Professor oder Dozenten für dieses Fach.

Die letzten Seiten haben sich leider auf eine Aufzählung von Namen beschränken müssen. Was nun folgt, ist den Erkenntnissen gewidmet, mit denen diese Namen verbunden sind.

Die ägyptische Sprache und Schrift

Die größten Leistungen des Menschen auf seinem Weg zur Kultur waren die »Entdeckung« der Sprache und, mit großem zeitlichem Abstand, die Erfindung der Schrift. Die Verwendung artikulierter Laute setzte den Menschen in den Stand, mit seinen Mitmenschen Gedanken auszutauschen oder Wünsche und Fragen an sie zu richten. Die Schrift, auf derselben Grundlage beruhend, ersetzte hörbare durch sichtbare Zeichen und erweiterte so den Wirkungsbereich menschlicher Mitteilungen räumlich und zeitlich. Im Rahmen dieses Versuchs, die Geschichte einer der ältesten und sicher der glänzendsten aller östlichen Kulturen zu skizzieren, muß ein gedrängter Überblick über die Ausbildung dieser beiden menschlichen Fertigkeiten, soweit sich darüber überhaupt etwas sagen läßt, am Anfang stehen.

Leider liegt der Ursprung der ägyptischen Sprache so weit in der dunklen Vergangenheit zurück, daß man darüber nur wenig Sicheres weiß. Da im allgemeinen darüber Einigkeit besteht, daß die Urbevölkerung Ägyptens ein afrikanisches Volk gewesen ist, läge der Schluß nahe, auch ihre Sprache sei afrikanischen Ursprungs. Und tatsächlich wurden zahlreiche Verwandtschaften mit hamitischen und berberischen Dialekten festgestellt, und zwar nicht nur im Wortschatz, sondern u. a. auch in der Syntax. Andererseits ist die Verwandtschaft mit dem Semitischen (dem Hebräischen, Arabischen usw.) gleichfalls unverkennbar, wenn nicht noch größer. In dieser Hinsicht gingen die Ansichten der Gelehrten weit auseinander, und selbst wenn sich ein gewisses Maß an Übereinstimmung hinsichtlich des Entstehungsraums erreichen ließe, so bliebe noch immer die Frage nach der Entstehungszeit offen. Wir gehen deshalb ohne Umschweife zur Betrachtung der ägyptischen Schrift über, deren Entwicklung sich in ihren Einzelheiten verfolgen läßt.

Die Verzierungen von Vasen und anderen Gegenständen des täglichen Gebrauchs waren eine Art visueller Mitteilung. Diese Funktion wird seit der Verwendung von Menschen-, Tier- und Schiffsbildern noch augenfälliger. Von einer eigentlichen Schrift kann man jedoch erst sprechen, seit deutliche Zeichen hinzugefügt wurden, die eine Umsetzung in Sprachlaute erzwangen. In Ägypten läßt sich diese Neuerung kurz vor der Thronbesteigung des Menes beobachten; sie ist gekennzeichnet durch die erstmalige Verwendung selbständiger kleiner Bilder, die von den sie umgebenden rein figürlichen Darstellungen klar zu unterscheiden waren. Die Bilder geben in beiden Fällen genau dieselben greifbaren Gegenstände wieder, z. B. Waffen, Pflanzen, Tiere, Menschen und sogar die Götter. Die Entstehung der Hieroglyphen, wie man diese Miniaturzeichen nennt, geht auf die Tatsache zurück, daß sich vieles, was die Menschen damals sich mitteilen wollten, nicht sichtbar darstellen ließ, etwa Zahlen, Eigennamen und innere Vorgänge. Diese zusätzliche Eigenschaft erhielt sich – neben anderen – durch die gesamte ägyptische Geschichte. Wenn etwa die Szenen in den Reliefs, was häufig geschah, mit erklärenden hieroglyphischen Beischriften versehen wurden, läßt sich von letzteren eher sagen, daß sie die Reliefs erläuterten als umgekehrt. Dabei durchlief die Schrift jedoch zahlreiche weitere wichtige Entwicklungsstufen, die im folgenden erklärt werden sollen. Schließlich waren kurz vor der Entstehung des Christentums drei verschiedene Arten der ägyptischen Schrift in Gebrauch, während die Griechen als die damaligen Beherrscher des Landes für alle Bedürfnisse des täglichen Lebens ihr eigenes Alphabet benutzten.

Die drei eben erwähnten Arten der Schrift (Abb. 3) werden noch so bezeichnet, wie Champollion und seine Zeitgenossen es taten, obwohl die Bezeichnungen aus verschiedenen Quellen stammen und genaugenommen nur für die griechisch-römische Zeit anwendbar sind. Der Ausdruck »Hieroglyphen«, von Clemens von Alexandria an einer berühmten Stelle (s. oben S. 11) verwendet, bedeutet wörtlich »heilige Eingrabungen« und ist allein deswegen gerechtfertigt, weil sie in den spätesten Zeiten fast ausschließlich für die in die Tempelwände gemeißelten Inschriften Verwendung fanden. Er wird heute für alle noch wirklich bildhaften ägyptischen Schreibarten gebraucht und umfaßt alle Varianten von den fein ausgearbeiteten Zeichen in leuchtenden Farben in den Gräbern bis zu den vereinfachten, mit der Rohrfeder geschriebenen Formen in Papyri religiösen Inhalts (s. unten S. 38/39). Die Hieroglyphen sind natürlich die ursprüngliche Art der Schrift, aus der alle anderen Arten hervorgegangen sind: manchmal werden sie von oben nach unten, manchmal von rechts nach links gelesen, manchmal auch von links nach rechts; so werden sie auch in unseren Grammatiken gesetzt. Wenn die Schreibrichtung von rechts nach links verläuft, blicken die Schriftzeichen nach rechts.

Als »hieratisch« bezeichnete man – nach Clemens – den Schreibstil der priesterlichen Schreiber in religiösen Texten. Er leitet sich von den oben erwähnten abgeschliffenen Hieroglyphen her, doch haben die Ägyptologen die Bezeichnung

Hieroglyphen

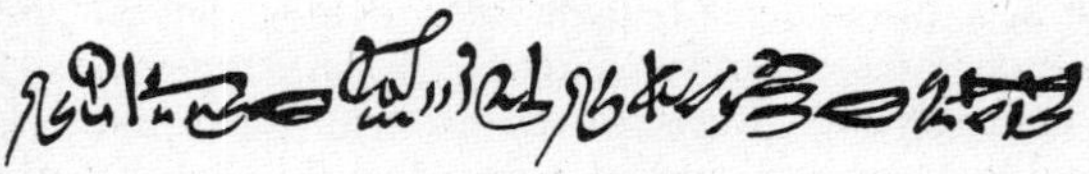

Hieratisch

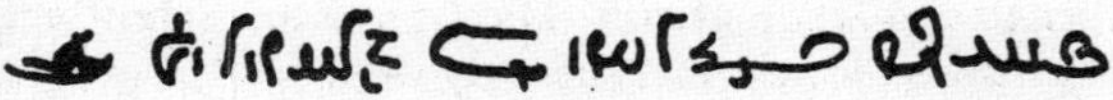

Demotisch

Abb. 3. Die drei wichtigsten Schriftarten

auch auf einige noch stärker verkürzte Schriftarten übertragen, wie sie in literarischen Texten und Geschäftspapieren vorkommen; Ligaturen, d. h. Verbindungen mehrerer Zeichen zu einem, sind häufig, und in der am stärksten kursiv geschriebenen Form werden fast alle außer den Anfangszeichen nur noch durch Striche wiedergegeben. Für den wissenschaftlichen Gebrauch wird das Hieratische gewöhnlich in Hieroglyphen umgeschrieben, dies Verfahren ist allerdings bei besonders extremen kursiven Schreibstilen nahezu unmöglich. Die Schrift läuft normalerweise von links nach rechts.

Für die dritte Art der ägyptischen Schrift – auf dem Stein von Rosette enchorial = einheimisch, von Clemens epistolographisch = Briefschrift genannt – haben die modernen Gelehrten von Herodot die Bezeichnung demotisch = volkstümlich übernommen. Das Demotische entwickelte sich aus dem Hieratischen erst etwa zur Zeit der äthiopischen Dynastie, d. h. seit ungefähr 700 v. Chr. Es zeigt viele Eigentümlichkeiten und verlangt ein intensives Spezialstudium. Zur Zeit der Ptolemäer und Römer war es die normale Schrift des täglichen Lebens und wurde ausschließlich für profane Zwecke verwendet.

Zahlreiche Übergangsformen zwischen den Hieroglyphen und dem Hieratischen verdanken ihre Entstehung dem Streben nach größerer Geschwindigkeit des Schreibvorgangs. Diese ließ sich nur durch eine allmähliche Abschwächung des Bildcharakters der Schrift erreichen, was schließlich die dem Schriftsystem zugrundeliegenden Gesetze in Vergessenheit geraten ließ. Ein anderer bei der Entwicklung der Schrift mitwirkender Faktor war das Material, auf das geschrieben wurde. Die Hieroglyphen waren ihrem ganzen Wesen nach monumental, sie wurden entweder mit dem Meißel in Stein gehauen oder sorgfältig mit Tusche oder Farbe auf eigens dafür vorbereitete Wände gemalt. Die hieratische Schrift war an sich genauso alt wie die Hieroglyphen, fand aber wie das Demotische Verwendung beim Schreiben auf Papyrus, auf mit einem Stucküberzug versehene Bretter, Topfscherben oder Kalksteinsplitter. Als das Christentum allmählich den heidnischen Götterglauben verdrängte, erforderte die Übersetzung biblischer Texte ein leichter verständliches Schriftmittel. So wurde das Koptische eingeführt, das schon (S. 12) als die letzte Phase der ägyptischen Sprache Erwähnung fand. Man schrieb es mit griechischen Buchstaben und einigen zusätzlichen Zeichen aus dem Demotischen. Die koptische Literatur ist reich an griechischen Wörtern, und seinem ganzen Aufbau nach stellt das Koptische mehr einen künstlichen Jargon als einen direkten Abkömmling der alten Sprache dar. Für diesen Sachverhalt sei zum Vergleich auf das moderne palästinensische Hebräisch verwiesen.

Für jede ernsthafte Beschäftigung mit dem alten Ägypten ist eine nähere Kenntnis der Hieroglyphen unbedingt erforderlich, weil allein Champollions Entdeckung ein methodisch und historisch zuverlässiges Bild der ägyptischen Kultur ermöglichte. Es wurde schon angedeutet, daß die Hieroglyphenschrift aus der unmittelbaren bildlichen Darstellung hervorgegangen ist. Insofern ähnelt sie der alten babylonischen Schrift, und es ist nicht ausgeschlossen, daß zwischen beiden wirklich eine Beziehung bestand, indem man von der Möglichkeit gehört und von ihr Gebrauch gemacht hatte, die Laute der Sprache mit Hilfe entsprechend gewählter Bilder mitzuteilen. Die weitere Entwicklung der beiden Schriften verlief freilich völlig verschieden. Die babylonische Keilschrift verlor bald den Charakter einer Bilderschrift, während die ägyptischen Hieroglyphen ihn durch die Jahrhunderte bewahrten und ihn nur in den beiden Entwicklungsformen des Hieratischen und Demotischen – und auch da nur teilweise – verloren. So erklärt es sich, daß viele Zeichen noch das bedeuteten, was sie darstellten, während man natürlich in der mündlichen Rede auch für die dargestellten Dinge ägyptische Wörter hatte. Solche Zeichen heißen Ideogramme; Beispiele sind: 🧍 iaw »alter Mann«, ⊙ rēʿ »Sonne«. Jedoch konnten viele Zeichen, wie etwa ⊏⊐ pōr »Haus« (dies ist sein ideographischer Gebrauch) auch in Wörtern von gleichem Lautbestand Verwendung finden, deren Bedeutung keinerlei Beziehung zu dem hatte, was das Zeichen darstellte. Derartig verwendete Hieroglyphen heißen Phonogramme oder Lautzeichen. So findet sich ⊏⊐ in der hieroglyphischen Schreibung von ⊏⊐\\\\⌒ perj »gehen«, ⊏⊐⚬ projet »Winter«, ⊏⊐\\⌒ peret »Saat«. Wie die hebräische und arabische, so gibt auch die ägyptische Schrift in der Regel keine Vokale wieder, so daß die hier ausnahmsweise ergänzte Aussprache nicht unbedingt sicher ist; sie soll nur denen entgegenkommen, die das wissenschaftlich genauere prj, pr(j)t und prt für unerträglich halten. Aus den drei Beispielen ist ersichtlich, daß ⊏⊐ jedesmal den Konsonantenwert p + r hat und deshalb ein Zweikonsonantenzeichen ist. Das Prinzip dieser Schreibweise entspricht dem eines Rebus oder einer Charade: etwas wird dargestellt, etwas anderes gemeint. Auf diese Weise entwickelten die Ägypter sehr früh ein Alphabet von 24 Buchstaben. Das Zeichen ⊂⊃ z. B. stellt einen Mund dar und bedeutet in Verbindung mit einem einfachen ⊤ Strich auch das Wort rā »Mund«; gleichzeitig aber diente es als Lautzeichen für den Buchstaben r. Andere Zeichen des Alphabets werden später erwähnt werden.

Es gab auch Dreikonsonantenzeichen wie ̍ ntr, ̍ ḫpr. Ein Nachteil des hieroglyphischen Schriftsystems war die unangenehme Eigenschaft seiner kleinen Bilder, weder in ihrem Lautwert noch in ihrer Bedeutung völlig klar zu sein; so konnte das Zeichen ̍ , das die Palette eines Schreibers mit Wassertöpfchen und Behälter für die Rohrfeder darstellt, nicht nur diese vollständige Ausrüstung eines Schreibers – ägyptisch mnḫd – bedeuten, sondern auch die Tätigkeit des Schreibens (sš) selbst, den Schreiber von Beruf und noch verschiedenes andere. Um solche Mehrdeutigkeiten auszuschalten, fügte man ein oder mehrere andere Zeichen hinzu; waren dies Bildzeichen, wie etwa in ̍ sš »Schreiber«, so diente das zusätzliche Zeichen als Determinativ, war es ein phonetisches, wie z. B. in ̍ nfr (oder genauer nfr+f+r) »gut«, »schön« oder wie in ̍ ḫpr (ḫpr+r) »werden«, so spricht man von einem phonetischen Komplement. Es gibt drei Arten von Determinativen: 1. spezifische, wie in dem gerade genannten Wort für »Schreiber«; 2. Gattungsdeterminative; hier grenzt das Zeichen nur ganz allgemein den Bedeutungsbereich ein, so wurde z. B. ̍ , ein schlagender Mann, nicht nur in dem Wort ̍ ḥwi »schlagen«, sondern auch in Wörtern wie ̍ itḥ »ziehen« verwendet; oder auch ʘ »Sonne« in Wörtern wie ̍ hrw »Tag«, ̍ wbn »scheinen«; 3. phonetische – eine seltenere Art –, wie z. B. das Zeichen ̍ , eine Ziege, in dem Tätigkeitswort ̍ ibi »dürsten«, wo es als vollständiges Wort ib »Ziege« vor die Gattungsdeterminative für Wasser und für Tätigkeiten, die mit dem Mund ausgeübt werden, eingeschoben ist.

Zusammenfassend läßt sich sagen, daß die Hieroglyphenschrift der Ägypter ein aus Laut- und Begriffszeichen gemischtes System war. Der folgende kurze Satz mit Umschreibung und Übersetzung mag verdeutlichen, daß die obigen Ausführungen einigermaßen erschöpfend waren.

Ḥd·n·f   r   Niwt ḫr   inw   nb   nfr
Fuhr stromab er in (die) Stadt mit Gaben jeglicher Art guten

Hier sind ⸺, ⸻, ⸺, ⊜, ⌒ und ⌒ Buchstabenzeichen für f, n, r, ḫ, t und d; 𓇋, ⌒ und 𓉐 sind Zweikonsonantenzeichen für in, nb und ḫr, und 𓄤 ist ein Dreikonsonantenzeichen für nfr; das ⌒ r nach 𓉐 ḫr ist ein phonetisches Komplement, und ⸺ f+r nach 𓄤 nfr ebenfalls; ⸺, ⋃, | und ||| sind Determinative, und ⊛ schließlich, das den Grundriß eines Dorfes mit sich kreuzenden Straßen darstellt, ist ein Ideogramm.

Wer sich mit diesen Fragen beschäftigt, darf nicht glauben, daß die Hieroglyphen-Schrift voller Geheimnisse sei. Sie ist eine echte Schrift, die zwar mancherlei Schwierigkeiten, aber auch den Vorzug hat, sowohl das Auge als auch den Verstand anzusprechen. Da sie die Vokale nicht wiedergibt und man sie deshalb nicht aussprechen kann, läge der Schluß nahe, es handele sich gar nicht um eine eigentliche Sprache oder jedenfalls nicht um eine Sprache, die grammatikalischen Regeln folge. Nichts wäre falscher als diese Annahme, wenn auch zuzugeben ist, daß die Unkenntnis der Vokalisation ein ernstes Hindernis darstellt. Die Feinheiten des Tempus und des Modus lassen sich meist nur aus dem Zusammenhang erschließen, weil diese Nuancen häufiger durch Vokalwandel innerhalb des Wortes als durch Praefixe und Affixe vermittelt werden. Auf klassische Philologen, die an einen herkömmlichen Wortschatz gewöhnt sind, mag das Ägyptische leicht verwirrend wirken. Das Koptische hat längst nicht die Hilfe geboten, auf die man glaubte hoffen zu dürfen, während die Determinative für die Festlegung der Wortbedeutungen und für die Worttrennung wertvolle Dienste geleistet haben. Das gleiche gilt für die Darstellungen, die durch die Beischriften erklärt werden sollten. Am wichtigsten aber ist, zumal in historischen Texten und in Erzählungen, die »Logik der Situation«. Im ganzen läßt sich sagen, daß die Übersetzungen in den folgenden Kapiteln einen hohen Grad von Zuverlässigkeit haben; andererseits soll nicht verschwiegen werden, daß mit ihnen freier verfahren wurde als in einer rein fachwissenschaftlichen Veröffentlichung. Fragezeichen wurden weggelassen, verstümmelte oder dunkle Wörter manchmal gewagt wiedergegeben und gelegentlich ganze Sätze unterdrückt. Ein solches Vorgehen schien im Hinblick auf den einführenden Charakter dieses Werkes vertretbar.

Das späteste erhaltene Beispiel der ägyptischen Hieroglyphenschrift – aus dem Jahre 394 n. Chr. – wurde auf der Insel Philae, südlich des ersten Katarakts, entdeckt. Dort hatten die aus anderen Teilen des Landes vertriebenen Isispriester ihre letzte Zuflucht gefunden, und dort hat sich auch ein demotischer Graffito aus dem Jahre 470 n. Chr. erhalten. Es ist mit einiger Sicherheit anzunehmen, daß die Hieroglyphen, wenn auch in veränderter Form, in unserem eigenen Alphabet fortleben. Bei Grabungen in der Nähe der Türkisminen auf der Sinai-Halbinsel stieß Petrie im Jahre 1905 auf eine Anzahl stark beschädigter Inschriften. Sie enthielten offenbar von den ägyptischen Hieroglyphen abgeleitete, aber zur Schreibung einer anderen – möglicherweise semitischen – Sprache verwendete Bildzeichen, höchstens vierzig an der Zahl. Je weniger Zeichen eine Schrift aber verwendet, um so größer ist die Wahrscheinlichkeit, daß es sich um eine Buchstabenschrift handelt. Am meisten fiel an diesen Zeichen auf, daß zumindest sechs von ihnen in ihrem Erscheinungsbild den Bedeutungen von Buchstabenbezeichnungen des hebräischen und griechischen Alphabets entsprachen. Nicht mißzuverstehen war zum Beispiel der Stierkopf ♉, denn aleph (im Griechischen alpha) bedeutet im Hebräischen »Stier«; eine Zickzacklinie ～, die ganz dem ägyptischen ～ für »Wasser« gleicht, mußte unzweifelhaft ein m sein, weil die hebräische Buchstabenbezeichnung mem »Wasser« heißt und sowohl bei den Phöniziern wie bei den Griechen das m eine sehr ähnliche Form hat. Das offene Auge ⌾ der Sinaischrift erinnert an die hebräische Buchstabenbezeichnung ʿajin »Auge«, eine Bedeutung, die sich unschwer in dem Kreiszeichen O dieser beiden Alphabete wiedererkennen läßt.

Am überzeugendsten ist jedoch eine mehrfach wiederkehrende Gruppe von vier Buchstaben ◻ⳍ⸮⼓, die nach demselben Prinzip als Baʿalat gelesen werden könnte. Als man in Baʿalat, »die Herrin«, – der weiblichen Form zu Baʿal – den semitischen Namen der ägyptischen Göttin Hathor erkannte, der Göttin also, die am Fundort besonders verehrt wurde, schien die Entdeckung des Ursprungs unseres eigenen Alphabets kaum zweifelhaft. Leider haben sich die übrigen Inschriften jedoch bisher jedem Versuch einer Übersetzung entzogen. Dies mag zum Teil ihrem verwitterten Zustand zuzuschreiben sein. Bis zur endgültigen Klärung dieser Frage wird es deshalb immer Skeptiker oder Verfechter weniger einleuchtender Theorien geben.

Das Land, seine Nachbarn und seine natürlichen Hilfsquellen

Herodot hat Ägypten das Geschenk des Nils genannt und damit einen Sachverhalt gekennzeichnet, der jedem Kenner des Landes vertraut ist, für die aber, die Ägypten nicht kennen, der Erläuterung bedarf.

Wie die Karte zeigt, gleicht Ägypten einer Lotospflanze, mit dem Niltal als Stengel, dem Delta als Blüte und der Senke des Faijûm als Knospe. Wäre unsere Karte farbig, so würden die Felder in einem leuchtenden Grün und die umgebende Wüste in einem goldenen Braun erscheinen. Die alten Ägypter verwendeten selbst Ausdrücke, die die Aussage Herodots bestätigen: sie nannten Ägypten wegen des von unzähligen Überschwemmungen über das Land verteilten Schlammes, dem es seine Fruchtbarkeit verdankte, ⌂̊ Kēme[1], »schwarzes Land«, während sie die Wüste gelegentlich als ☈̊ Daschre, »rotes Land«, bezeichneten. Der Gegensatz springt in der Tat in die Augen: man kann mit dem einen Fuß auf dem flimmernden Sand und mit dem anderen auf dem fruchtbaren Ackerboden stehen.

In der Mitte fließt der breite Strom, die strahlende Bläue des Himmels widerspiegelnd und oft besprenkelt mit weißen Segeln. Auf beiden Seiten beginnt bald die Wüste; sie bildet besonders auf der Ostseite an vielen Stellen hoch

DAS LAND, SEINE NACHBARN UND HILFSQUELLEN

über den Strom aufragende und so nahe an den Fluß herantretende Klippen, daß kein Raum für Ackerbau bleibt. Wo die Berge zurückweichen, da schimmern sie in der Frühe in rötlichen oder opalisierenden Farbtönen. Fast immer strahlt über Ägypten die Sonne. Sogar in der Nähe des Mittelmeers fällt nur selten Regen (bei Kairo höchsten 40 mm jährlich), bei dem weit entfernten Aswân so gut wie gar keiner. So ist Ägypten mit seinen Ernten völlig von den Nilüberschwemmungen abhängig, die auf die anhaltenden Regenfälle in den tropischen Gebieten weit im Süden zurückzuführen sind. Diese Regenfälle gehen von Juni bis September auf die abessinische Hochebene nieder und lassen den Blauen Nil und den Atbara rasch ansteigen. Bei Aswân, am Ausgang des ersten Katarakts, machen sich die ersten Anzeichen des Ansteigens in der vierten Juniwoche bemerkbar, der Höchststand wird bei Kairo gegen Ende September erreicht. Vierzehn Tage später beginnt die Überschwemmung zurückzugehen, doch erst im April sinkt der Strom wieder auf seinen niedrigsten Stand. Sowohl bei den Daten wie bei der Stärke der Flut kommen beträchtliche Abweichungen vor, und in alten Zeiten bedeutete ein niedriger Nil für einen Teil der Bevölkerung des dicht besiedelten Landes den Hungertod. Eine solche Katastrophe wird heute durch die großen, von europäischen Ingenieuren in den letzten sechzig Jahren bei Aswân, Esna, Asjût, Kairo und an anderen Stellen errichteten Staudämme verhindert. Mit Hilfe dieser Dämme läßt sich die jährliche »Überschwemmung« durch die Stauung und rechtzeitige Ableitung des Wassers in die Kanäle erreichen. Schon von den frühesten Zeiten an hatte man den Fluß in einem gewissen Grade in die Gewalt bekommen: man schüttete, um die Ausdehnung der Flut zu begrenzen, die Ufer auf und durchstach die Deiche, wenn es erforderlich war. Dennoch verwandelte sich bis in das späte 19. Jahrhundert das ganze Niltal in einen einzigen großen See, aus dem Palmenhaine und Dörfer wie Inseln herausschauten, die untereinander nur durch die über dem Wasserspiegel liegenden Wege verbunden waren.

Das heutige Staatsgebiet Ägyptens bildet ein Rechteck, das

größer ist als jedes europäische Land außer der Sowjetunion, dessen 20 Millionen Einwohner[2] aber auf der nur 35 000 km^2 großen Kulturfläche zusammengedrängt leben. Das übrige Land ist Wüste, die sich nach Westen fast ohne Unterbrechung bis zum Atlantik hin ausdehnt. Vom Deltagebiet ist nur die knappe Hälfte Kulturland, während die andere Hälfte aus Brackwasserseen, Sümpfen und tiefliegendem Salzboden besteht, der noch nicht urbar gemacht ist. Von den bei Herodot genannten sieben Nilarmen sind nur zwei übriggeblieben, der westliche, bei Rosette, und der etwas längere östliche, bei Damiette mündende; aber überall gibt es Kanäle. Von den 1200 km des Nillaufs – von Aswân bis zur Mündung bei Rosette – bilden etwa 950 km das eigentliche Niltal; dessen anbaufähige Bodenfläche ist aber auch nicht größer als die des Deltas. Das liegt daran, daß das Tal an keiner Stelle breiter als 25 km ist.

Natürlich sind in einem so langgestreckten Land die Temperaturen nicht einheitlich: Im Delta ist das Klima kaum je unerträglich heiß, bei Aswân den Sommer über nur dank der Trockenheit der Luft überhaupt auszuhalten. Bei Luxor herrscht von Dezember bis Ende März ein Wetter wie in Mitteleuropa im Spätsommer, wenn auch das Thermometer nach Sonnenuntergang rasch fällt. Die Mittagshitze wird gewöhnlich durch den »sanften Hauch des Nordwindes« gemildert, wie die Alten sich ausdrückten. Von März bis Mai kommen jedoch statt seiner häufig von Süden oder Südwesten Sandstürme, die Chamasin. Diese Zeit des Jahres ist fast ebenso ungesund wie der Spätherbst, wenn die Ausdünstungen des von der Überschwemmung getränkten Bodens die Ausbreitung der Ruhr und anderer Krankheiten begünstigen. Immer wurden Skorpione und Schlangen sehr gefürchtet, von diesen waren die Kobra (griech. uraios) und die Hornviper (kerastes) die gefährlichsten. Das durch Millionen von Fliegen verbreitete Trachom war immer eine schwere Plage für Ägypten. Sonst ist das Klima außerordentlich gesund, und die Bewohner haben stets die guten Wirkungen des Nilwassers gepriesen: »Wasser zu trinken aus dem Strudel des Flusses« ist ein in den Inschriften oft wiederkehrender Wunsch.

Isoliert wie Ägypten nun einmal in den fast grenzenlosen Weiten der Wüste lag, war es in hohem Maße auf seine eigenen Hilfsquellen angewiesen. Ein Großteil der Bevölkerung beschäftigte sich mit intensivem Ackerbau, dem freilich während der Spätsommermonate die Überschwemmung für eine Weile Einhalt gebot. Während dieser Zeit verrichtete man Bau- und Handwerksarbeiten. Der reiche Nilschlamm war außerordentlich fruchtbar, konnte aber nur bei unermüdlicher schwerster Arbeit voll ausgenutzt werden. Sobald das Wasser zurückging, wurde zur gleichen Zeit gepflügt und gesät, wobei man zum Pflügen übrigens dasselbe primitive hölzerne Gerät verwendete, das noch zu Beginn dieses Jahrhunderts in Gebrauch war. Sorgfältige Vorkehrungen mußten getroffen werden, um sowohl einer Überflutung vorzubeugen als auch das Wasser in Kanäle zu leiten, damit es über das sonst trockene Land verteilt werden konnte. Zu diesem Zwecke bediente man sich offenbar nur in geringem Umfang des einfachen, heute jedem Besucher des Niltals unter der Bezeichnung »schadûf« vertrauten Wasser-Hebewerks; in Wandmalereien ist es jedenfalls nur selten dargestellt. Ständig waren die Deiche in gutem Zustand zu halten und Kanäle zu graben. Die Erntezeit brachte neue Arbeit: zahlreich sind die erhaltenen Darstellungen vom Schneiden des Korns oder dem Ausreißen des Flachses aus dem Boden, die Szenen mit den Eseln, die das Korn zur Tenne bringen, wo es von Ochsen ausgetreten wird, um schließlich nach dem Worfeln, das vor allem die Aufgabe der Frauen war, auf der Straße oder auf dem Fluß zu den gewölbten Kornspeichern aus Ziegeln transportiert zu werden, in denen es bis zu seiner Verwendung gelagert wurde. Ein nicht geringer Teil der landwirtschaftlichen Erzeugnisse wurde als Steuer einbehalten. Man war immer auf zwei Ernten im Jahr

Abb. 4 Typische Uschebti-Figur

aus, wobei die Sommerernte bedeutend härtere Arbeit verlangte, weil das Wasser fiel.

Wenn auch die Landwirtschaft nun einmal das gemeinsame Los der Bauern war, so war diese Tätigkeit doch den Wohlhabenden verhaßt. In den Gräbern der Reichen finden sich oft Hunderte von kleinen Statuetten, meist aus Fayence oder Holz, die heute allgemein unter ihrem späteren Namen als Uschebti-Figuren, »Antworter«, bekannt sind. Die Bedeutung der älteren Schreibung schawabti ist unsicher. Hier eine gekürzte Übersetzung des magischen Spruches, wie er gewöhnlich auf ihnen geschrieben stand[3]: »Ach, Uschebti, wenn ich aufgerufen werde, wenn bestimmt wird, daß ich irgendeine Arbeit tun muß, die in der Nekropole zu tun ist ... wie nun einmal jeder verpflichtet ist, nämlich die Felder zu beackern oder die Uferbänke zu bewässern oder Sand von dem Osten nach dem Westen zu tragen, dann sollst du sagen: ›Hier bin ich‹.«

Solche Figuren tragen oft Hacke und Korb, um auf die Art der Arbeit hinzuweisen, von der der Grabinhaber, den sie darstellen, durch ihr Einspringen hoffte verschont zu bleiben. Ein bei den altägyptischen Schreibern immer wiederkehrendes Thema ist der Lobpreis ihres eigenen Berufs und die Gegenüberstellung mit dem Elend der anderen Berufe. In folgender Weise wird die Mühsal des kleinen Bauern beschrieben[4]: »Man hat mir erzählt, daß du das Schreiben aufgegeben und es vorgezogen hast zu ..., daß du dein Gesicht auf die Arbeit auf den Feldern gewendet hast und deinen Rücken gegen die Buchstaben. Weißt du nicht mehr, wie es dem Bauern ergeht, der die Festsetzung der Erntesteuer auf sich zukommen sieht, wenn die Schlange schon die Hälfte des Getreides weggetragen und das Nilpferd vertilgt hat, was noch übriggeblieben war? Es wimmelt von Mäusen auf den Feldern. Heuschreckenschwärme fallen ein. Das Vieh frißt darauf los. Die Spatzen bringen dem Bauern Verderben. Was noch auf der Tenne liegt, ist an seinem Ende, es fällt den Dieben in die Hände. Das Ochsengespann ist beim Dreschen und Pflügen zugrunde gegangen. Und nun legt der Schreiber am Ufer an und will die Erntesteuer festsetzen. Die

Gehilfen tragen Stäbe und die Nubier Palmenruten, und sie sprechen: ›Gib dein Korn her‹, wenn auch keines da ist. Der Bauer wird tüchtig durchgeprügelt, er wird gebunden und in den Brunnen geworfen, er wird durchnäßt und mit dem Kopf untergetaucht. Seine Frau ist vor ihm gebunden worden, seine Kinder sind gefesselt. Seine Nachbarn lassen sie im Stich und sind geflohen. So schwindet ihr Korn dahin. Aber der Schreiber steht über jedem. Wer Schreibarbeit leistet, wird nicht besteuert, er muß keine Abgaben leisten. Vergiß das nie!«

Wenn wir nun über die Grenzen des eigentlichen Ägypten hinausschauen, so beginnen wir, dem Beispiel der Alten folgend, im Süden. In der Mitte zwischen Edfu und der Enge von Gebel Silsile, etwa 90 km nördlich von Aswân, ändert sich die Landschaft vollständig. Hier geht der Kalkstein, aus dem Ägypten im wesentlichen besteht, in ein unwirtliches Sandsteingebiet über, das sich 1500 km nach Süden bis in den Sudan hinein ausdehnt. Nur ein kurzes Stück weiter erreicht man unmittelbar nach der langgestreckten Insel Elephantine den ersten Katarakt. Ihn bilden Stromschnellen, die von Gesteinsmassen – rotem oder schwarzem Granit – hervorgerufen werden, die dem Strom den Weg versperren.

Der 1. Katarakt bildete für das pharaonische Ägypten eine natürliche Grenze, wenn auch in ethnischer und physikalischer Hinsicht Nubien eigentlich erst bei Silsile begann. Von der heute überschwemmten Insel Philae bis zu dem längeren und noch eindrucksvolleren zweiten Katarakt südlich des Wâdi Halfa dehnt sich das trostlose Unternubien. Man hat es scherzhaft als ein Land von 300 km Länge und 5 m Breite bezeichnet, was selbstverständlich übertrieben, aber insofern zutreffend ist, als der Wüstensand oder die beherrschenden Felsvorsprünge (diese vor allem bei Kasr Ibrîm auf der Ost- und bei Abu Simbel auf der Westseite) oft unmittelbar an den Fluß heranreichen. Hier und da finden sich dürftige Streifen von Ackerboden, auch Anpflanzungen von Palmen oder Nilakazien (arabisch şunt) oder Dünen bildende Gruppen von Tamarisken. Unternubien ernährt heute kaum 120 000 Bewohner, die ihrer Herkunft und Sprache nach fast alle

Berber sind. Gerade wie zu den Zeiten eines großen Teils ihrer frühen Geschichte sprach die Bevölkerung Unternubiens und des Sudans – von den Ägyptern 𓈖𓉔𓋴𓇋𓅱𓀀𓏥 Nḥsyw »Nehasyu« genannt – eine Sprache, die man ohne Dolmetscher nicht verstehen konnte. In einigen Texten meint die Bezeichnung Nehasyu insbesondere die am Flusse wohnenden Nubier, im Unterschied zu den 𓂅𓏤𓅱𓀀𓏥 Mḏ₃yw 'Medjayu', Wüstenbewohnern von derberem Schlage, die schließlich in Ägypten die Polizisten stellten[5].

Jenseits des zweiten Katarakts ist die Trostlosigkeit womöglich noch größer. Siedlungen gibt es hier nur wenige, und eine Feldbestellung fehlt fast ganz. Während der ägyptischen Geschichte verlief die Grenze eine Zeitlang bei Semna und Kumma, den beiden sich am südlichen Ende des zweiten Katarakts gegenüberliegenden Festungen. Dort begann das Land 𓎡𓄿𓊃 K₃s, später 𓎡𓄿𓏏 K₃š, das Kusch des Alten Testaments, wo es eine sehr verschwommene Bedeutung hat wie bei den Griechen Äthiopien. Das ursprüngliche »Kusch« war ein genau abgegrenztes Gebiet und wird zum ersten Male um 1970 v. Chr. erwähnt, kurz ehe es eine erweiterte Bedeutung erhielt und sich auf das gesamte weiter südlich gelegene Gebiet bezog, darin vergleichbar der viel älteren Bezeichnung 𓅱𓄿𓅱𓄿𓏏 W₃w₃t Wawat, das zunächst auch nur ein Name von begrenzter Bedeutung war, später aber den ganzen Gebietsstreifen zwischen dem ersten und dem zweiten Katarakt umfaßte[6]. Im Laufe der Zeit entstand südlich der beiden eben erwähnten Festungen eine ganze Kette von Siedlungen und Vorposten bis hin zu dem mächtigen Felsen des Gebel Barkal, wo sich später die Hauptstadt eines unabhängigen äthiopischen Königreiches entwickelte (um 750 v. Chr.).

Aber auch dies war noch nicht der äußerste von einer pharaonischen Expedition erreichte Punkt: nahe bei el-Kenîsa, nur 550 km vor Chartûm, befinden sich auf einem mächtigen Quarzblock Grenzinschriften zweier so großer Kämpfer wie Thutmosis' I. und Thutmosis' III. (etwa 1530–1440 v. Chr.)[7]. Hier hört das Interesse des Ägyptologen auf, und wir brauchen den Lauf des Nils bis zu seiner Quelle beim Tanganjikasee

DAS LAND, SEINE NACHBARN UND HILFSQUELLEN 35

nicht weiter zu verfolgen, sondern können uns auf die Feststellung beschränken, daß der gewaltige Strom nach der Vereinigung des Blauen und des Weißen Nil bei Chartûm und der Einmündung des Atbara 320 km nördlich davon keine weiteren Nebenflüsse aufnimmt, bis er sich nach 2700 km in das Mittelmeer ergießt.

Die Westflanke Ägyptens ist heute fast ganz Wüste, doch haben wir eine beträchtliche Austrocknung während der vergangenen 5000 Jahre anzunehmen. Das Gebiet entlang der Mittelmeerküste war jedenfalls zu allen Zeiten bewohnbar und teils Weide-, teils Ackerland. Hier saßen die hellhäutigen, rothaarigen und blauäugigen Menschen, die wir – dem Beispiel der Griechen folgend – Libyer nennen. Dieser Name ist, genau genommen, eine unzutreffende Bezeichnung und ein Anachronismus insofern, als der wichtige Stamm der Libu[8] zum ersten Male während der Regierungszeit von Merenptah (um 1220 v. Chr.) erwähnt wird, als er an der Spitze einer Koalition von Eindringlingen aus viel weiter westlich gelegenen Gebieten stand. In weiter zurückliegenden Zeiten unterschied man zwei Völkerschaften, die Tjehnyu[9] und die Tjemḥu[10], von denen die ersteren möglicherweise ursprünglich der Rasse und Kultur nach mit den Ägyptern des westlichen Deltas identisch waren, wenn sie auch zu allen Zeiten eindeutig als Fremde angesehen wurden. Sie trugen Phallustaschen und steckten sich Federn ins Haar, das ihnen in einer Locke seitlich vom Kopf herabhing. Sie werden wohl niemals sehr zahlreich gewesen sein und bildeten möglicherweise die Bevölkerung der Oasen[11], jener eigenartigen unter dem Meeresspiegel liegenden, von Quellen bewässerten Senken weitab vom Niltal. Sie heißen (von Nord nach Süd): Sîwa, Bahrija, Farâfra, Dâchla und Chârga. Nur die Oase Sîwa war so weit abgelegen, daß sie bis zur Saitenzeit für die Pharaonen ohne Interesse blieb. Die Bevölkerung von allen fünf Oasen zusammen beläuft sich heute auf einige 40000. Auch das Faijûm ist in gewissem Sinne eine Oase, liegt aber viel näher bei Ägypten und wurde schon in grauer Vorzeit vom Nil gefüllt. So entstand ein großer See, dessen Reste noch heute die Birket Karûn bilden, die 40 m unter dem Meeresspiegel liegt. Nach der jüngsten Theorie, die die Untersuchungsergebnisse einer großen Zahl maßgebender Geologen mit den Beobachtungen und Überlieferungen von Herodot in Übereinstimmung zu bringen sucht, sank die Oberfläche des Sees wegen der Versandung des Kanals dann unter Meereshöhe ab, bis ein König der 12. Dynastie den Kanal verbreitern und vertiefen ließ und dadurch den Spiegel des Sees wieder auf eine Höhe mit dem Nil brachte. So bildete sich der berühmte See des Moiris, der »zugleich als Hochflutbecken des Nils und als Wasserspeicher nicht nur die Gebiete Unterägyptens vor den verderblichen Folgen ungewöhnlich hoher Überschwemmungen bewahrte, sondern auch die Wasserführung des Flusses verstärkte, wenn die Überschwemmungszeit vorbei war«[12]. Nach derselben Theorie wurde der Wasserstand des Sees in der frühen Ptolemäerzeit künstlich gesenkt, wodurch dieser an Größe verlor und man einen Teil des bisher unter Wasser stehenden Gebietes trockenlegen konnte. Die Verdunstung hat bewirkt, daß die Birket Karûn noch weiter bis zu ihrer jetzigen Größe schrumpfte. Die einzige heute noch bestehende Verbindung mit dem Nil stellt der in der Nähe von Deirut von ihm abzweigende windungsreiche Bahr Jûsuf dar.

Über das Mittelmeer als die nördliche Begrenzung Ägyptens ist nur zu sagen, daß Ägypten auf dieser Seite erst dann gefährdet war, als der Wagemut von Seeabenteurern wuchs.

Schon früh muß eine Verbindung mit Kreta bestanden haben, denn die minoische Kultur zeigt unverkennbare Spuren ägyptischen Einflusses, doch gibt es für unmittelbare Beziehungen nach Kreta über die See keinerlei Beweise. Im Gegenteil: die ägyptischen Schiffe scheinen es vorgezogen zu haben, sich dicht an die Küste zu halten, denn auch große Seeschiffe wurden, selbst wenn sie auf dem Roten Meer verkehrten, kebenwe, »Byblos-Schiffe«, genannt, nach dem Hafen Gublu oder Byblos am Fuß des Libanon.

Aber vom Osten her war Ägypten höchst verwundbar, wenn auch nur in einem begrenzten Gebiet. Die Route nach oder von Palästina ging quer durch den Norden der Halbinsel

Sinai (von Kantara nach El-Arîsh), ein Weg von etwa 140 km
über eine wasserlose Sandwüste[13]. Doch diese Entfernung genügte
nicht, um die abzuschrecken, die die Not oder die Gier
zu den Fleischtöpfen Ägyptens zog. Es spricht vieles dafür,
daß die pharaonische Kultur dem mesopotamischen Einfluß
Wesentliches verdankt, und wahrscheinlich kamen die Vermittler
auf diesem Wege. Man hat glaubhafte Gründe dafür
vorgebracht, daß sie von Norden in das Niltal gelangt sind,
da das ägypto-semitische Wort für »Westen« im Ägyptischen
zugleich »rechts« bedeutet. Denselben oder den näher an der
See entlangführenden Weg über Pelusium zogen auch die
Armeen der Eroberer Assarhaddon, Kambyses und Alexander
oder in umgekehrter Richtung die Heere einiger ägyptischer
Herrscher. Daß man von dieser Seite Gefahr fürchtete,
zeigt die Erwähnung der Mauern des Herrschers (um 1970
v. Chr.), »errichtet, um die Setyu zurückzuweisen und die
Sandleute zu zermalmen«[14]. Weiter südlich war Ägypten
vor jeder Möglichkeit eines Angriffs sicher, denn dort dienten
der Golf von Suez und außerdem das Rote Meer als Schutz,
und dazwischen lagen Gebirgshöhen, die an manchen Stellen
über 1200 m ansteigen. An dieser Flanke gab es kein Volk,
das einen Einfall hätte erzwingen können. Die Ägypter selbst
fanden jedoch einen Weg von Koptos nach dem Hafen
Kusêr am Roten Meer, von wo aus sie nach ⟨𓊪𓏌𓏏𓈉⟩ Punt[15]
segeln konnten, womit wahrscheinlich das an der afrikanischen
Küste gegenüber Aden gelegene Land der Gewürze,
der Myrrhe und anderer hochgeschätzter Produkte gemeint
ist. Alles in allem befand sich Ägypten in seiner Frühzeit in
einer so glücklichen Isolierung, wie es sie als ein Land, das von
anderen Ländern umgeben war, überhaupt nur haben konnte,
und konnte so seine in höchstem Maße eigenständige Kultur
ausbilden. Auch beeinträchtigten solche günstigen Umstände
seine eigene hohe Meinung von sich selbst in keiner
Weise: die Ägypter hielten sich für die einzigen wirklichen
»Menschen«, für das Volk, das allein zu Recht die Bezeichnung
rôme[16] trug. Von ihren nächsten Nachbarn dachten sie
im allgemeinen geringschätzig und belegten deren Häuptlinge
ohne Ausnahme mit dem Ausdruck »abscheulich«. Von

den Nubiern sagt ein Schreiber des Mittleren Reiches[17]: »Wenn man gegen ihn wütet, zeigt er seinen Rücken; wenn man sich abwendet, wird er wütend. Sie sind keine Menschen, die Achtung verdienen, sie sind Feiglinge und Memmen.«

Ein Schreiber aus etwas früherer Zeit charakterisiert die Asiaten aus dem südlichen Palästina folgendermaßen[18]: »Der elende ʿAam, es steht schlecht mit dem Land, worin er sich aufhält, man hat Sorgen mit dem Wasser, es ist schwierig wegen seiner vielen Bäume, seine Straßen sind beschwerlich wegen der Berge. Er ist nicht seßhaft, er wird immer umhergetrieben, seine Füße sind ständig in Bewegung. Er kämpft schon seit der Zeit des Horus, aber er siegt nie und wurde noch nie besiegt.«

Abb. 5. Papyrus

DAS LAND, SEINE NACHBARN UND HILFSQUELLEN 39

Trotz des in diesen Zeugnissen zutage tretenden Selbstbewußtseins wurde Ägypten immer wieder mit Erfolg überfallen, und in den letzten 1300 Jahren ist seine alte Kultur von der islamischen völlig überlagert worden. Der Grund dafür dürfte wohl darin liegen, daß zwar seine Landwirtschaft immer unermüdliche Anstrengungen verlangte, daß aber die allgemeinen Verhältnisse des Landes nie so waren, daß sie die Ausbildung großer militärischer Tüchtigkeit begünstigt hätten. Die Ägypter unterlagen jedesmal, wenn ihnen ein härteres und kriegerischeres Volk gegenübertrat.

Zu den besten Zeiten seiner Geschichte waren Ägyptens Hilfsquellen unvergleichlich groß. Mit Ausnahme der ganz schlimmen Jahre hatte es Getreide im Überfluß. Dessen wichtigste Arten waren Gerste und Spelz, eine grobkörnige Weizensorte. An Gemüsen gab es vor allem Linsen, Bohnen, Gurken, Lauch und Zwiebeln, an Obst Datteln, Maulbeerfeigen und gewöhnliche Feigen, Persea und vor allem das Himmelsgeschenk der Weintraube. Die Ägypter waren große Blumenliebhaber, und die Wandmalereien ihrer Gräber zeigen als Schmuck der beladenen Speisetische große Blumensträuße. Gäste halten bei Festlichkeiten Lotosblüten an die Nase, während ihnen Dienerinnen Blütenketten um den Hals legen. Die wie ihre weiße Abart üppig in Sümpfen und toten Gewässern wachsende, süß duftende blaue Lotos (Nymphaea caerulea) bot Architekten und Künstlern ein sehr beliebtes Motiv. Abgesehen von ihrem ästhetischen Wert und ihrer mystischen Bedeutung als Symbole des Lebens, spendeten Blumen auch den Honig, den brauchte man, weil das Zuckerrohr fehlte. Flachs wurde in großen Mengen angepflanzt und lieferte den Faden für feinstes Leinen. Ein einzigartiges Produkt Ägyptens war die Papyruspflanze; sie diente zur Herstellung von Seilen und Matten, Sandalen, Kästchen und leichten Booten. Vor allem aber versah ihr Mark, das in dünne Streifen geschnitten wurde, die man nebeneinander und kreuzweise übereinander legte und zu Blättern schlug, die an der Sonne getrocknet wurden, die Schreiber mit einem hervorragenden Schreibmaterial, das später von den Griechen und Römern übernommen wurde; auf den Namen dieser Pflanze geht das Wort

Papier zurück. Einen als bak bezeichneten Baum mit Ölfrüchten haben einige für die Olive halten wollen; er war aber mit größerer Wahrscheinlichkeit die das Ben-Öl spendende moringa[19]. Von der Holzarmut wird später die Rede sein. Die Ägypter hatten große Herden von Haustieren, vor allem einige vortreffliche Züchtungen des afrikanischen Rindes. Rindfleisch war das bevorzugte Fleisch, der Ochse das wichtigste Opfertier; auf dem Felde spannte man ihn vor den

Abb. 6.

Kleine Stele. Mittleres Reich

Pflug. Schafe, Ziegen und Schweine sind in den Grabmalereien oft abgebildet, und häufig rühmen sich die Stifter von Grabstelen[20] der Zahl, die sie von ihnen besaßen. Ziegen und – seltener – Schweine wurden zum Eintreten der Saat verwendet, müssen aber bestimmt auch zur Nahrung gedient haben, obwohl man anscheinend von ihnen – und auch von Fischen – in diesem Zusammenhang nicht gerne sprach. Auch die Schafe hielt man wohl zu diesem Zweck, verbot doch der Aberglaube die Verwendung ihrer Wolle für die Kleidung. Schließlich gab es schon im pharaonischen wie im heutigen Ägypten keinen nützlicheren Vierbeiner als den Esel, sowohl für die Einbringung der Ernte wie für die Beförderung von Menschen. Das Pferd tritt erst in der späten Hyksos-Zeit (um

1600 v. Chr.) in Erscheinung. Es wurde damals aus Asien vor allem als Zugtier für den Streitwagen eingeführt. Das Kamel war eine noch viel spätere Erwerbung.

Große Scharen von Gänsen und Enten bevölkerten die Bauernhöfe. Soviel über die Pflanzen und Tiere, soweit sie zu den Annehmlichkeiten des Lebens in pharaonischer Zeit beitrugen, und nun zu den »unbelebten« Quellen des ägyptischen Wohlstands.

Den prächtigen Kalkstein aus Mittelägypten und vor allem aus den Brüchen von Tura, gegenüber den Pyramiden von Gise, verwendete man beim Bau sämtlicher Tempel und Gräber der frühen Zeiten, soweit sie nicht aus sonnengetrockneten Ziegeln errichtet oder in die Felsenhänge gehauen wurden. Es ist einigermaßen verwunderlich, daß der viel weniger gefällige Sandstein ihn seit dem Neuen Reich (um 1500 v. Chr.) verdrängte.

Die kostbareren und weniger leicht zu bearbeitenden Steine blieben den Sarkophagen der Könige und der Adligen vorbehalten sowie den Toren und Säulen ihrer Gräber und Heiligtümer. Am meisten bevorzugt wurde von ihnen der schimmernde rote Granit vom ersten Katarakt, der auch eine andere, grauschwarze Sorte lieferte, die kaum weniger beliebt war. Wie sehr man die gemeinhin unter dem Namen Basalt bekannte, in der östlichen Wüste auf der Höhe von Koptos gebrochene Grauwacke schätzte, geht aus den Felseninschriften des Wâdi Hammamât[21] hervor. Weiter nördlich befinden sich einige Brüche des herrlich durchscheinenden Alabasters, der jedoch mehr für Krüge und Gefäße aller Art und Größe als für Bauzwecke Verwendung fand. Vom Gebel el-Ahmar nordöstlich von Kairo kam der rötliche Quarzit, die härteste und eine der schönsten Steinarten, bei deren Bearbeitung die Ägypter immer größtes Können bewiesen. Erst verhältnismäßig spät wurde etwa 60 km nordwestlich von Abu Simbel das Diorit-Vorkommen entdeckt, aus dem die herrliche Statue des Chephren im Kairoer Museum gehauen ist[22]. Andere schöne Steine aus den Randgebieten Ägyptens waren Breccie, Jaspis, gewöhnlichem und Kiesel-Schiefer. Nirgends auf der Welt hat es je geschicktere Steinmetzen als die Ägypter gegeben, und die Vollkommenheit der unzähligen in der Stufenpyramide gefundenen Vasen, Krüge, Platten usw. ist ein fast ebenso großes Wunder wie die große Pyramide selbst.

Alle diese genannten Werkstoffe kamen entweder aus dem Niltal selbst oder aus der Wüste im Umkreis von einigen Tagesmärschen. Wohl mochte es für ein so erfinderisches Volk nicht schwierig sein, auch noch die größten Blöcke bis zum Nil zu schleifen, aber dann waren sie vielleicht noch einige hundert Kilometer von der Stelle entfernt, wo sie gebraucht wurden. Höchst segensreich war für das ägyptische Wirtschaftsleben der Nil. Alle weiten Reisen innerhalb des Landes geschahen zu Schiff, und auf den Schiffsbau verstand sich dies alte Volk geradeso gut wie auf alle anderen Fertigkeiten. Doch für ihn benötigte man zunächst einmal Holz, und gerade daran fehlte es. Vielleicht waren die Verhältnisse nicht ganz so schlimm, wie es manchmal dargestellt wird. Denn wenn sich auch das Klima im Niltal während 5000 Jahren nicht verändert hat, so erhöhte sich doch der Nutzeffekt der Bewässerung, und dort, wo sich heute nur Felder ausdehnen, mögen einmal sehr viel mehr Bäume gewachsen sein als heutzutage. Mehr wegen der Beschaffenheit als wegen der geringen Menge des vorhandenen Holzes war der Mangel fühlbar. So war z. B. die zu allen Zeiten in Ägypten verbreitete Dattelpalme außer für die Bedachung für Bauzwecke so gut wie unverwendbar, und mit dem ganz anderen Holz der Dumpalme verhielt es sich nicht viel besser. Daher die Bedeutung der ständigen, bereits erwähnten Fahrten nach Byblos. Die Texte sind voller Hinweise auf das Holz ʿasch, das man vom Libanon herbeischaffte. Es ist üblich geworden, die Übersetzung dieses Wortes mit »Zeder« anzuzweifeln und durch »Pinie« zu ersetzen. Aber wenn man den jüngsten, allerdings nicht ganz eindeutigen Äußerungen der Fachleute glauben soll, so müssen wir uns vielleicht damit zufriedengeben, daß wir nicht ungenauer sind als Plinius, wenn wir bei seiner Verwendung der Bezeichnung »Zeder« bleiben, wo mit der Wacholder und andere Nadelbäume gemeint sind. Um nur eine der ältesten Erwähnungen in unseren Texten anzuführen, so wurden in einem einzigen Regierungsjahr des

Königs Snofru der 6. Dynastie (um 2620 v. Chr.) 40 seetüchtige Schiffe mit ʿasch nach Ägypten gebracht[23]. Doch wir lesen auch von Schiffen aus Akazienholz, die in Unternubien gebaut worden waren, um große Granitblöcke für die Pyramide des Königs Merenrê durch den ersten Katarakt zu befördern[24]. Und bei einer anderen Gelegenheit wird sogar von einem an der Küste des Roten Meeres für eine Expedition nach Punt gebauten Schiff berichtet[25].

Schon seit unvordenklichen Zeiten galt der Besitz von Gold als gleichbedeutend mit Reichtum, und in seinem Besitz an Gold übertraf Ägypten bei weitem alle seine Nachbarn. Die östliche Wüste war an diesem kostbaren, dort sowohl im Schwemmsand und Schwemmkies als auch in Adern in den Quarzfelsen vorkommenden Metall so reich, daß man es jahrhundertelang nicht nötig hatte, nach ihm weiter südlich als auf der Höhe von Koptos zu suchen. Erst als die Bergwerke dort allmählich ausgebeutet waren oder die Erzgewinnung zu schwierig wurde, legte man in Unternubien neue an. Ein Papyrus im Turiner Museum zeigt die Route zu einem der Goldvorkommen; er ist mit Sicherheit die älteste Karte der Welt[26]. Wo das Silber herkam, ist rätselhaft. Ägypten verfügte selbst – soweit bekannt – zu keiner Zeit über natürliches Silber oder über Silbererz, wenn auch alles ägyptische Gold in verschieden hohen Anteilen Silber enthielt. Es ist jedoch kein Verfahren nachweisbar, mit dessen Hilfe die Völker des Altertums Silber von Gold hätten scheiden können. Man hat deshalb vermutet, es habe sich bei dem in ältesten Texten mit ḥadj (»Weißgold«) bezeichneten Metall in Wirklichkeit um eine natürliche Legierung von solcher Blässe gehandelt, daß man sie für ein anderes Metall als Gold hielt.

Die Griechen nannten diese Gold/Silber-Legierung Elektron, und die Ägyptologen benützen diesen Ausdruck für das hieroglyphische Wort djam, das jedoch nur ein etwas gewählterer Ausdruck für »Gold« (ägyptisch nub) zu sein scheint. Fest steht jedenfalls, daß ḥadj später reines Silber meinte, und seit der 18. Dynastie (16. Jh. v. Chr.) wird von ihm ständig gesagt, es komme aus Syrien, Babylonien und dem Land der Hethiter in Kleinasien. Vielleicht wurde es am Ende doch schon auch in den frühesten Zeiten eingeführt.

Beim Kupfer liegt ebenfalls manches im dunkeln. Es wurde bereits in vorgeschichtlicher Zeit recht vielseitig verwendet und war seit Menes für Werkzeuge und Waffen unentbehrlich. In der östlichen Wüste finden sich auch Kupfererze wie Malachit und Chrysocolla, doch nicht in solcher Menge, daß sie die Bedürfnisse – es sei denn der frühesten Zeit – hätte befriedigen können. Aber auf der Sinai-Halbinsel gab es ausgedehnte Bergwerke, nicht weit von den beiden Orten (Wâdi Maghara und Serabît el-Châdim) entfernt, wo zahlreiche Inschriften von den ägyptischen Türkis-Expeditionen berichten. Es ist merkwürdig, daß nur Türkis erwähnt wird, doch kann aus mancherlei Gründen das ägyptische Wort mafke kaum etwas anderes bedeutet haben. Seit der 18. Dynastie heißt es von Syrien, es sende Tribute an Kupfer, und etwas mag wohl auch von Zypern und aus Kilikien gekommen sein.

Mit Sicherheit wurde Eisen für Werkzeuge bis fast zum 1. Jahrtausend v. Chr. nicht verwendet, und der im Grabe des Tutanchamun gefundene reichverzierte Dolch mit eiserner Klinge zeigt, wie kostbar dieses Metall auch damals noch war. Perlen aus Meteoreisen fanden sich in einem vorgeschichtlichen Grabe bei Girza, und auch später wird das vereinzelte Vorkommen von Eisen meteorischen oder anderen Ursprungs erwähnt, allerdings so selten, daß wir hier darauf nicht einzugehen brauchen. Diese notwendigerweise kurze und unvollständige Betrachtung des ägyptischen Wohlstands braucht auch mit Blei und Zinn sich nicht zu befassen. Darüber unterrichtet zuverlässig das Standardwerk von A. Lucas.

Ägypten besaß keine eigentlichen Edelsteine in unserem Sinne. Für Schmucksachen mußten Lapislazuli, Türkis, Amethyst, Karneol und ähnliche Steine genügen, aber höchst meisterhaft und geschickt war der Gebrauch, den man von diesen weniger strahlenden, aber nicht minder begehrenswerten Steinen zu machen verstand. Schon früh beherrschte man die Kunst der Herstellung glasierten Steinguts und von jedem Sammler wird die blaue und grüne Fayence Ägyptens hoch geschätzt. Glas ließ sich weniger leicht herstellen, deshalb kommen Glaserzeugnisse weit seltener vor, doch sind aus der 17. und 18. Dynastie schöne Vasen in die Museen gelangt.

Bei einem Land, in dem die Naturschätze so überreich vorhanden waren und sich früh eine so hohe Kunstfertigkeit ausgebildet hatte, war es nur natürlich, daß vieles als Tauschobjekt bei den Nachbarn sehr begehrt war. Zahlreich sind die vor allem in den Gräbern der Vornehmen in Theben gefundenen Darstellungen von Syrern, Nubiern und sogar

Abb. 7.

Typischer Skarabäus

Kretern, wie sie dem König fremdländische Schätze darbringen. Diese werden stets als Tribute oder Geschenke hingestellt, aber man kann nur schwer den Verdacht unterdrücken, daß sie gewöhnlich mit Gold bezahlt werden mußten. Nubien lieferte immer Ebenholz und Elfenbein, außerdem Leopardenfelle, Giraffenschwänze, Straußenfedern, Affen usw. Punt war, wie wir gesehen haben, das Land der Myrrhe und der Gewürze. Phantastisch geformte Vasen, Schwerter, Helme, Streitwagen und ledernes Zaumzeug kamen aus Syrien. Viele Gegenstände sind offensichtlich minoischen Ursprungs und wurden manchmal tatsächlich von Kretern mit kunstvoll verzierten Röcken und wunderlichen Löckchen gebracht. Eine besonders ergreifende Form der Tributleistung bestand darin, daß man kleine Kinder als Geiseln zurückließ. Aber über das hinaus, was die mit den Ägyptern in unmittelbarer Berührung stehenden Völker zu Ägyptens Wohlstand beitrugen, gab es noch Materialien, die aus viel weiterer Ferne kamen. Skarabäen[28] und andere Gegenstände aus Lapislazuli wurden bei Ausgrabungen oft gefunden, und kein anderer Edelstein wird in Inschriften häufiger erwähnt als er. Doch für ihn liegen die nächsten Vorkommen in Abessinien und Afghanistan. Bei dem, was man als Bernstein bezeichnet hat, mag es sich um bearbeitetes Harz gehandelt haben, doch das schöne pechschwarze, unter dem Namen Obsidian bekannte Mineral ist ein guter Beleg für unsere Ansicht: verschiedene Theorien behaupten, es sei aus Abessinien oder Armenien gekommen – in Zeiten, die jenseits der geschichtlichen Erinnerung liegen, ging der Handel über weitere Räume als man gemeinhin annimmt.

Grundlagen und Wesenszüge der Wissenschaft vom Alten Ägypten

Die Nachfolger Champollions sahen sich zunächst der Aufgabe gegenüber, die genaue Reihenfolge der vorptolemäischen Könige festzulegen. Ihre Entzifferungen führten sehr bald zu einer – jedenfalls teilweisen – Rehabilitierung des ägyptischen Priesters Manetho. Die Achtung, die man Herodot und Diodor schuldig zu sein glaubte, hatte bis dahin verhindert, daß man die weit zuverlässigeren Angaben des gelehrten Zeitgenossen der ersten beiden Ptolemäer (323–245 v. Chr.) entsprechend würdigte.

Manetho hatte eine Chronik der ägyptischen Könige verfaßt, von der, außer einigen immer wieder gedruckten Auszügen bei dem jüdischen Historiker Josephus (um 70 n. Chr.), nur ein entstellter Abriß in den Werken der christlichen Chronographen Sextus Julius Africanus (frühes 3. Jh. n. Chr.) und Eusebius (frühes 4. Jh. n. Chr.) erhalten ist. Auch ein viel späterer Kompilator, Georg der Mönch, genannt Syncellus (um 800 n. Chr.), hat viel zur Überlieferung beigetragen.

In Manethos Werk war die gesamte ägyptische Geschichte nach der Herrschaft der Götter und Halbgötter in einunddreißig Dynastien königlicher Familien eingeteilt, beginnend mit Menes und endend mit der Eroberung Ägyptens durch Alexander den Großen in Jahre 332 v. Chr. Trotz aller Mängel hat diese Einteilung in Dynastien in der ägyptologischen Literatur so fest Fuß gefaßt, daß sie wohl nicht wieder aufgegeben wird. So, wie das Buch auf uns gekommen ist, ist es voll gröbster Ungenauigkeiten. Sie treten am häufigsten auf in der 18. Dynastie, für die uns heute die Namen und ihre genaue Reihenfolge auf Grund sicherer Quellentexte auf Denkmälern bekannt sind. Africanus und Eusebius stimmen oft untereinander nicht überein: so weist z. B. Africanus der 22. Dynastie neun Könige zu, Eusebius nur drei. Manchmal erfahren wir nur die Anzahl der Könige einer Dynastie (so bei der 7. bis 10. und der 22.) und den Ort ihrer Herkunft. Die Namen der Könige sind oft unglaublich verstümmelt: der Name Sesostris' I. aus der 12. Dynastie wird z. B. in der Form Sesonchosis dem des tausend Jahre jüngeren Königs Scheschonk angeglichen. Die Angaben über die Dauer der Regierungszeiten unterscheiden sich in beiden Versionen häufig und weichen ebenso oft von den schließlich ermittelten Zahlen ab. Und selbst nachdem Philologen und andere Kritiker ihr Bestes getan haben, bleibt der wiederhergestellte Manetho voller Unvollkommenheiten. Noch bedenklicher ist neben der Verwendung zuverlässiger Berichte seine kritiklose Verwertung volkstümlicher Erzählungen ohne jeden historischen Wert, wie die von Josephus übernommene Geschichte von Amenophis und den Aussätzigen und die einigen Königen zugeschriebenen phantastischen Begebenheiten zeigen. Trotz allem beherrscht sein Buch noch die Ägyptologie, und vielleicht stehen weitere Überraschungen bevor, wie jene einige Jahre zurückliegende, zufällige Entdeckung des Namens eines bis dahin unbekannten Königs Nephercheres, den er der 21. Dynastie zuschreibt, auf einem kleinen Fundgegenstand aus Tanis.[2]

In der Verteidigung Manethos ging Champollion selbst voran. In der zweiten Auflage seines berühmten Précis teilte er 1828 mit, er habe auf verschiedenen Denkmälern die Kartuschen von Manethos Königen Achoris, Nepherites, Psammetich, Osorkon, Scheschonk, Ramses, Thutmosis (wegen der beiden letzteren vgl. oben S. 16) sowie von Amenophis, dem griechischen Memnon, gefunden. An Hand von Manethos Werk konnten sie an den Stellen, an die sie gehören, eingereiht werden. Aber das war nicht alles, was Champollion entdeckt hatte. Seine zahlreichen Erfolge und die wenigen ihm unterlaufenen Versehen bilden eine faszinierende, aber schwer zu entwirrende Geschichte. Trotz der Unmenge des heute zur Verfügung stehenden Materials bleiben noch zahlreiche Zweifel an der Reihenfolge der Regierungszeiten, vor allem in den Abschnitten der ägyptischen Geschichte, die wir als die erste und zweite Zwischenzeit kennenlernen werden, und dann wieder zwischen der 21. und 24. Dynastie. Hier helfen manchmal Inschriften weiter, die sich über Regierungszeiten mehrerer Könige er-

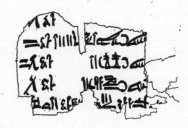

Bruchstück aus dem Turiner Königspapyrus

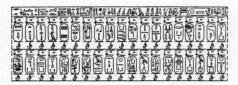

Ausschnitt aus der Liste von Abydos

Ausschnitt aus der Tafel von Sakkara

Abb. 8. Proben aus den drei wichtigsten Königslisten

DIE GRUNDLAGEN DER ÄGYPTOLOGIE

strecken; die wertvollste Unterstützung bedeuten aber die Königslisten. Von ihnen soll nun die Rede sein[2].

In dem sogenannten Turiner Königspapyrus (Abb. 8) haben wir die Reste einer echten Chronik vor uns, die Manetho – wie er uns durch Africanus und Eusebius überliefert ist – auffällig gleicht. Angeblich soll dieser hieratische Papyrus ungefähr aus der Regierungszeit Ramses' II. (1290 bis 1224 v. Chr.) so gut wie vollständig erhalten gewesen sein, als Drovetti (S. 17) ihn erwarb. Als Champollion an die Sichtung der unerschöpflichen Fülle der in das Turiner Museum gelangten Papyrus-Fragmente ging, fand er von dieser wertvollsten aller ägyptischen Urkunden lediglich etwa fünfzig, in vielen Fällen stark beschädigte Fragmente vor, die nur 80 bis 90 Königsnamen enthielten. Zwei Jahre später machte sich der deutsche Gelehrte Gustav Seyffarth, der den Ergebnissen Champollions mißtraute, von neuem an die Sammlung und – soweit dies überhaupt möglich war – Zusammenfügung aller Fragmente. Dabei verließ er sich nur auf die Papyrusfasern und den Verlauf der Schriftzeilen auf der Vorder- und Rückseite und erzielte dadurch bemerkenswerte Resultate, die allerdings seither noch beträchtlich verbessert werden konnten.

Die Chronik begann, wie Manetho, mit den Göttern und Halbgöttern, denen sie Regierungszeiten von ungeheurer Länge zuschrieb. Sie stimmt auch darin mit Manetho und den klassischen Autoren überein, daß sie Menes zum Begründer des ägyptischen Königtums macht. Im übrigen ist die Urkunde eine reine Aufzählung von Königsnamen mit Angabe der Regierungs- und der Lebenszeit.

Die Eintönigkeit dieser Liste wird nur gelegentlich durch eine Gesamtsumme unterbrochen, die denselben Zweck verfolgt wie Manethos Einteilung in Dynastien. Die Einschnitte, bei denen eine neue Familie beginnt, stimmen allerdings hier und dort nicht immer überein, während die Anzahl der aufgeführten Könige bei beiden annähernd dieselbe ist; für die ersten sechs Dynastien enthält der Turiner Königspapyrus 52 Namen, Manetho 49. Für die 12. Dynastie bieten beide sieben Namen. Nach dieser Dynastie folgt eine lange

Aufzählung unbedeutender, von Manetho namentlich nicht einzeln angegebener Könige. Die für die folgende Zeit immer dürftiger werdenden Fragmente enthalten einige Namen der als Hyksos bekannten fremden Eindringlinge (vgl. unten S. 170), aber auch einige so phantastische Namen, daß es unwahrscheinlich ist, daß es Könige gegeben hat, die wirklich so geheißen haben.

Im Laufe der Zeit sind weitere, Manetho und den Turiner Königspapyrus ergänzende Königslisten zum Vorschein gekommen. Von ihnen ist die wichtigste die sogenannte Königsliste von Abydos[3] (Abb. 8) auf den Wänden des großen Tempels, der zu den eindrucksvollsten Sehenswürdigkeiten für den Besucher Ägyptens gehört. Die Darstellung zeigt König Sethos I. (1309-1291 v. Chr.) zusammen mit seinem ältesten Sohn Ramses, wie er 76 Ahnen Opfer darbringt; diese sind nicht in Person abgebildet, sondern werden symbolisch durch Kartuschen mit ihren hieroglyphisch geschriebenen Namen repräsentiert. Auch hier steht Menes wieder am Anfang der Liste.

Die 1861 in dem Grab des Aufsehers der Arbeiten namens Tjuneroy bei Memphis gefundene Tafel von Sakkara[4] enthielt ursprünglich die Kartuschen von 57 früheren Königen, die von Ramses II. verehrt werden. Durch eine Beschädigung der Wand sind aber heute nur noch etwa 50 Namen erhalten.

Die Königsliste von Karnak[5] in dem großen thebanischen Tempel aus der Zeit Thutmosis' III. (1490-1436 v. Chr.) enthielt 61 Namen, von denen im Zeitpunkt ihrer Entdeckung (1825) 48 noch ganz oder teilweise lesbar waren. Diese Liste, die deshalb bemerkenswert ist, weil sie eine Reihe von in anderen Listen nicht vorkommenden Herrschern angibt, hat andererseits den Nachteil, daß sie die Könige nicht in ihrer wirklichen Reihenfolge aufführt.

Der mit diesen drei Listen verfolgte Zweck verlangte keine Vollständigkeit, nur die legitimen oder der Verehrung für würdig gehaltenen Könige fanden Aufnahme. Aus diesem Grunde wurden die Hyksos-Herrscher ebenso übergangen wie der Ketzerkönig Achenaten und seine drei unmittelbaren Nachfolger. Es kommen aber auch Besonderheiten in der

Auswahl der Namen vor, die sich einer Erklärung entziehen. So ist es zwar verständlich, daß die Königsliste von Karnak auf die 11. Dynastie und dann wieder auf die Vorgänger von Amosis (Ahmose I.), der die Hyksos vertrieb, besonderes Gewicht legte, weil diese Herrscher aus thebanischen Familien hervorgegangen waren. Doch warum nennt die Königsliste von Abydos eine Reihe von unbedeutenden Königen der 8. Dynastie, die Manethos Überlieferer nicht für der Erwähnung wert hielt, während die ebenfalls unbedeutenden Herrscher der 13. und 14. Dynastie übergangen werden? Es ist auch nicht recht ersichtlich, weshalb die Tafel von Sakkara die ersten fünf Könige der 1. Dynastie wegläßt und ihre Reihe mit Miebis beginnt. Zu bedauern ist schließlich, daß die jüngste Königsliste aus der Zeit Ramses' II., des großen Sohnes und Nachfolgers Sethos' I., stammt, weil das Ende der 19. Dynastie schwierige Probleme bietet und den Dynastien 21 bis 23 noch schwerer beizukommen ist. Die einzig wirklich bedeutende und den Königslisten vergleichbare Quelle aus späterer Zeit besteht in einer Aufzählung von Königen neben einer langen Reihe memphitischer Priester, die sich alle der Zugehörigkeit zu ein und derselben Familie rühmen: hier gehört der früheste König dem Ende der 11., der späteste, Scheschonk, der 22. Dynastie an[6].

Die Gleichsetzung der in den Königslisten enthaltenen mit den von Manetho genannten Namen wurde zunächst oft durch die schon von Champollion erkannte Tatsache erschwert, daß die meisten Könige nicht nur eine, sondern zwei Kartuschen besaßen. So gibt die Liste von Abydos oft den religiösen oder Thronnamen an, während Manetho den weltlichen oder Geburtsnamen bevorzugt. Diese Schwierigkeit ließ sich nach der Auffindung von Inschriften, in denen beide Kartuschen nebeneinander standen, allmählich überwinden. In der Blütezeit der pharaonischen Kultur war die vollständige Königstitulatur noch umfangreicher und bestand aus fünf verschiedenen Namen[7]. Eine Gedenkstele aus der Regierungszeit des größten ägyptischen Eroberers beginnt folgendermaßen: »Leben dem Horus ›Starker Stier, erschienen in Theben‹, die beiden Herrinnen ›Dauernd in seiner Königsherrschaft wie Rê am Himmel‹, der Gold-Horus ›Mächtig an Kraft, heilig in seinen Erscheinungen‹, der König von Unter- und Oberägypten ›Mencheperrê‹, der Sohn des Rê ›Dhutmose, Herr der Wahrheit‹, geliebt von Amun-Rê, der herrscht in Ipt-swt (Karnak), möge er leben in Ewigkeit! Der König selbst erteilte Befehl...« usw. Diese auf den ersten Blick unverständliche, bombastische Ausdrucksweise verliert etwas von ihrem Geheimnis, wenn man weiß, daß die fünf Elemente vor den jeweiligen individuellen Namen (in Anführungszeichen) allen Pharaonen gemeinsame Attribute oder Titel sind. Sie bezeichnen, mit Ausnahme des vierten, die Beziehung des Pharaos zu einer oder mehreren Gottheiten. So bedeutet »Horus ›Starker Stier, erschienen in Theben‹«, daß Thutmosis III. – man verwendet statt Dhutmose gewöhnlich diese Namensform Manethos – die Wiederverkörperung des Falkengottes in diesem ganz bestimmten Aspekt war. Der dem seltsamen Titel ›Die beiden Herrinnen‹ (ägyptisch nbtj, in Hieroglyphen 𓎟) folgende zweite Name weist auf die besondere Eigenschaft seines Trägers hin, daß er sich als unter dem Schutz von Nechbet und Edjo, der Geiergöttin und der Uräusschlange, der beiden Schutzherrinnen von Unterägypten, stehend ansehen durfte. ›Mencheperrê und ›Dhutmose, Herr der Wahrheit‹ sind von allen fünf die einzigen in Kartuschen geschriebenen Namen; der erste wurde oben als der Thronname bezeichnet, der zweite ist der Geburtsname. Vor dem Thronnamen stehen die Hieroglyphen 𓇓 (nswt bjtj), die auf einem babylonischen Täfelchen mit insibja[8] wiedergegeben und auf dem Stein von Rosette richtig mit »König der Länder von Ober- und Unterägypten« übersetzt sind. Der durch 𓇳 eingeleitete Name weist den König als den »Sohn des Sonnengottes« aus; diesen Namen trug der König vor der Thronbesteigung.

Es ist eine Eigentümlichkeit des Horusnamens, daß er sehr häufig senkrecht in einem mit reicher Gliederung versehenen Rechteck geschrieben wurde, wie sie für die Ziegelbauten aus der frühesten Zeit charakteristisch ist. Dieses Rechteck (ägyptisch serech) stellt offenbar die Wiedergabe der Front des Palastes dar, von dem der König in seiner Eigenschaft als

Wiederverkörperung des Horus Besitz ergriff; der Falke hockt oben auf dem Serech (Abb. 9).

Bei dieser Gelegenheit sei auch die Bezeichnung »Pharao« erklärt. Sie ist aus der Bibel auf uns gekommen; in der Josephsgeschichte und in den Büchern Mose wird sie ganz allgemein als Ausdruck für den herrschenden ägyptischen

Abb. 9.
Serech des Königs Amosis

König gebraucht. Das 2. Buch der Könige spricht von einem Herrscher der 26. Dynastie als von »Pharao Neko«, fügt also den Eigennamen hinzu, wie dies auch in der einheimischen Literatur seit der 22. Dynastie gelegentlich geschah. Wenn man die Bezeichnung Pharao für einen König vor der 23. Dynastie gebraucht, so ist dies ein Anachronismus, und die Bildung eines Plurals »Pharaonen« ist erst recht unhaltbar. Dennoch werden wir deswegen eine so bequeme Benennung nicht aufgeben und haben sie sogar im Titel dieses Buches verwendet. Das ägyptische Wort per-ʿ3, geschrieben ⌑, bedeutet nichts anderes als »großes Haus« und war eine der vielen Bezeichnungen für den königlichen Palast. Während der Regierungszeit von Thutmosis III. gebrauchte man sie zum ersten Male für den König selbst, geradeso wie man einstens von der Regierung des Sultans der Osmanen in Konstantinopel als von der »Hohen Pforte« zu sprechen pflegte. Von dort gelangte das Wort »Pharao« über das Hebräische in unseren Wortschatz.

Wer von den Lesern dieses Buches schon einige Kenntnisse

der Ägyptologie mitbringt, wird bei der Durchsicht der Königslisten am Ende dieses Buches sicher bei einer ganzen Reihe von Namen über eine von der gewöhnlichen abweichende Umschreibung erstaunt sein. Das ist zu bedauern, läßt sich aber nicht vermeiden, ja ist in einem gewissen Grade wünschenswert. Auf jeden Fall ist es ein Beweis dafür, daß die ägyptologische Wissenschaft auf der einen Seite ständig Fortschritte macht, sich andererseits aber dagegen sträubt, sie bei den Transskriptionen zu berücksichtigen, auch wenn diese nachweislich ungenau sind. Die übliche Umschreibung Thothmes anstelle von Thutmosis, wie in diesem Buch, oder von Thotmoses, wie bei Breasted, ist ein Verstoß gegen die Sprache, der unbarmherzig ausgemerzt werden sollte. Es ist hier nicht der Ort, die in diesem Buch verwendeten Umschreibungen zu rechtfertigen. Es genüge die Feststellung, daß von dem Grundsatz ausgegangen wurde, durch Manetho eingeführte Formen dann zu verwenden, wenn sie dem hieroglyphischen Lautbestand einigermaßen entsprechen, und im übrigen, wo dies nicht zutrifft, Umschreibungen zu gebrauchen, welche die aus dem Koptischen sich ergebenden Regeln der Vokalisierung und Betonung gebührend berücksichtigen. Um es noch einmal deutlich zu sagen: nur in den seltensten Fällen, insbesondere wo eine Schreibung in babylonischer Keilschrift erhalten ist, kennen wir die wirkliche zeitgenössische Aussprache. Doch selbst wenn die Königslisten und sämtliche erhaltenen »Hilfs«quellen ausgewertet sind, weist das für die ägyptische Geschichte unentbehrliche Gerüst der Dynastien noch beklagenswerte Lücken und manche Unsicherheiten auf. Muß man dies schon von dem »Skelett« sagen, um wieviel mehr gilt es von dem »Fleisch und Blut«, das es umgeben sollte. Mit Inschriften historischen Inhalts von einiger Länge verhält es sich wie mit Inselchen in einem erst zum Teil kartographisch aufgenommenen Meer. Die Bedeutung vieler Könige läßt sich nur aus der Anzahl der Stelen[9] und Skarabäen[10] mit ihren Namen abschätzen. Man darf auch nicht vergessen, daß wir es mit einer jahrtausendealten Kultur zu tun haben, von der nur geringe Überbleibsel erhalten sind. Was stolz als ägyptische Geschichte ausgegeben wird, ist nicht viel mehr als eine Sammlung von Bruchstücken und Fetzen.

Ein Grund für die Dürftigkeit des echten historischen Materials verdient besondere Hervorhebung. Neun Zehntel aller ägyptischen Ausgrabungen wurden auf der Wüstenhochfläche vorgenommen, wo die alten Ägypter ihre »Häuser der Ewigkeit« errichteten und der trockene Sand auch sonst sehr vergängliche Dinge erhielt. Auf diesen Umstand ist es zurückzuführen, daß die meisten Funde überwiegend Begräbnis-Charakter haben. Die Wohnungen der Lebenden waren mit Absicht aus weniger dauerhaftem Material gebaut und lagen inmitten der Felder. Die Städte und Dörfer, die sich heute noch an ihrer Stelle befinden, sind auf den Trümmern früherer Jahrhunderte erbaut. Fielen die Häuser aus Lehmziegeln in sich zusammen, dann ersetzte man sie durch neue. So stieg das Niveau immer höher über den Wasserspiegel während der Überschwemmungszeit hinaus an. Daher die Bezeichnungen Kôm und Tell – arabisch »Erdhügel« –, die in modernen ägyptischen Namen so häufig vorkommen. Es ist ganz aussichtslos, zwischen neuzeitlichen Hütten und in feuchtem Boden oder an Stellen zu graben, wo das Wasser leicht hinkommt. Die Feuchtigkeit ist in der Tat die Hauptursache dafür, daß Papyrusurkunden so selten sind, und darüber hinaus das größte Hindernis, mit dem die Ausgräber stets zu kämpfen hatten. Deswegen hat sich der Aufwand für die Arbeit im Deltagebiet selten gelohnt. Die Ungleichheit unserer Kenntnis der beiden Landeshälften ist ein Faktor, den man nie außer acht lassen sollte. Diese Verallgemeinerung gilt jedoch nicht ohne Ausnahmen: Bubastis und Tanis sind wichtige Städte im Norden und haben bedeutende Ergebnisse gebracht, wenn auch fast nur an steinernen Denkmälern, die der Wirkung des Wassers widerstanden haben. Ebenso befinden sich im Süden die prächtigen Tempel von Luxor und Karnak nicht weiter als einen Steinwurf vom Nil entfernt auf fruchtbarem Boden; aber bei Karnak waren auch Legrains große Funde im Jahre 1905, die viele Hunderte von herrlichen beschrifteten Figuren zutage förderten, nur durch ein Verfahren möglich, von dem Maspero scherzhaft als von einem »Fischen nach Statuen« sprach.

Es wäre schön, wenn die Dürftigkeit des zur Verfügung stehenden Materials wenigstens durch seine Güte wettgemacht würde. Leider ist dies nicht der Fall. Um aber dem Einwand zu begegnen, das hier entworfene Bild sei ungebührlich düster gemalt, sei sogleich hinzugefügt, daß die ägyptischen Berichte durch die Lebendigkeit des Ausdrucks und den Reichtum ihres menschlichen Empfindens die der anderen orientalischen Kulturen weit übertreffen. Hier wird allein ihre Zulänglichkeit aus der Sicht des Historikers in Zweifel gezogen.

Wirkliche Geschichte ist nicht vorstellbar ohne die Kenntnis der Beziehungen der Menschen untereinander. In Ägypten selbst bieten die Quellen aus arabischer Zeit ein fast ununterbrochenes Schauspiel von erbitterten Feindseligkeiten, von Fehden zwischen Familien und Sekten, von Gewalt und Blutvergießen – um nur die düsteren Seiten zu erwähnen. In pharaonischer Zeit kann es nicht anders gewesen sein: jedenfalls haben wir die glatten Geschichten von guten Taten, die sich fast alle gleichen, mit Vorsicht hinzunehmen.

Daß wir etwas von dem Streit zwischen der Königin Hatschepsut und ihrem jugendlichen Mitregenten Thutmosis III. wissen, und daß wir den Aufstieg der Herrscher verfolgen können, die die 12., 18., 19. und 22. Dynastie einleiteten und die alle, wenn nicht Soldaten, so doch kämpferisch veranlagt waren, beruht weniger auf der unmittelbaren Aussage von Dokumenten als vielmehr auf Schlußfolgerungen. Die Kenntnis der Verschwörungen, die König Ammenemês I. das Leben kosteten und die das Leben Ramses' III. zumindest bedrohten, verdanken wir im ersten Falle beiläufigen Erwähnungen in zwei verschiedenen literarischen Texten und im zweiten der Erhaltung eines zeitgenössischen Papyrus, in dem das Schicksal der Verbrecher festgehalten ist. Ganz allgemein läßt sich sagen, daß alles Dunkle und jeder Fehlschlag im Leben des Pharaos sorgsam unterdrückt wurden, so daß uns gerade die Einzelheiten fehlen, die einer wirklichkeitsgetreuen Geschichtsschreibung erst Farbe und Anschaulichkeit verleihen. Es wirkt fast wie ein Witz, daß uns, während die individuellen Züge und die persönlichen Schicksale auf diese Weise mit Bedacht verhüllt wurden, von einer ganzen Anzahl Könige die mumifizierten Körper noch erhalten sind[11]. Nur ein einziges Mal, bei Achenaten, gegen Ende der 18. Dynastie, vermitteln die Inschriften und Reliefs ein unmittelbares Bild von einer Persönlichkeit, die sich von ihren Vorgängern deutlich abhebt. Aber die sehr voneinander abweichenden Urteile über diesen religiösen Neuerer bestätigen nur das, worauf hier abgezielt wird, daß nämlich das Bild der Herrscher, wie es aus den von ihnen hinterlassenen Dokumenten hervortritt, im wesentlichen einseitig und unwirklich ist.

Dabei hängt die Anzahl der erhaltenen historischen Texte auch noch von dem Grade des Wohlstandes ab, dessen Ägypten sich jeweils erfreute. Es gibt zwei große »Zwischenzeiten«, die das Alte Reich (4.–6. Dynastie) vom Mittleren (11. und 12. Dynastie) und das Mittlere vom Neuen Reich (18.–20. Dynastie) trennten, worauf dann vier Jahrhunderte fremden Einflusses folgten, bis unter den Herrschern von Sais (26. Dynastie) der Wiederaufstieg einsetzte. Während dieser drei unruhigen Zeitabschnitte sind die Denkmäler spärlich und sagen sehr wenig aus; erst wenn neue Familien starker Herrscher an die Macht kamen, werden die Berichte von Ereignissen etwas häufiger. Im Alten Reich fehlen offizielle Berichte über die Taten der Pharaonen völlig: die Könige waren Götter, viel zu erhaben und zu mächtig, als daß ihnen an der Mitteilung ihrer Taten an ihre Untertanen etwas gelegen hätte. Ihre Pyramiden genügten als Zeugnis ihrer Größe. Dasselbe gilt, wenn auch in geringerem Maße, von der mächtigen 12. Dynastie, die uns, als ihre nahezu einzigen Staatsurkunden, nur den Bericht über die Erbauung eines Tempels bei Heliopolis durch Sesostris I.[12] und die Grenzstele aus der Gegend des zweiten Katarakts mit der schon erwähnten (S. 38) verächtlichen Beschreibung der nubischen Feinde hinterlassen hat. Die Könige der 18. und der zwei folgenden Dynastien waren viel eher geneigt, sich verherrlichen zu lassen, was ohne Zweifel mit ihrer Abstammung von unbedeutenden Provinzfürsten zusammenhängt, die – wie wir noch sehen werden – von Anfang an nichts dagegen hatten, die wichtigsten Ereignisse ihres Wirkens in Stein verewigt zu sehen. Die auf königlichen Befehl in den Tempeln aufgestellten Gedenkstelen werden erst seit der späten 17. Dynastie häufig und verschwinden wieder mit dem Ende der 20. Dynastie. Der Bereich dessen, worüber berichtet wurde, war begrenzt; die wichtigsten Anlässe sind die Erbauung von Heiligtümern besonders verehrter Gottheiten oder die Unterdrückung von Aufständen in den Nachbarländern. Es erregt Verdacht, daß der Rahmen der Berichte stets derselbe bleibt: der Pharao versammelt seine Höflinge um sich und fragt sie um Rat; sie antworten mit überschwenglicher Schmeichelei oder erteilen einen Ratschlag, den ihr Gebieter unmöglich befolgen kann. Nun entwickelt er seinen klugen Plan. Nur selten läßt sich bezweifeln, daß das berichtete Geschehnis sich etwa so zugetragen hat, doch erfuhr es durch die Art der Darstellung sicher manche Verzerrungen. Hier haben wir ein Beispiel für einen der hervorstechendsten Züge der ägyptischen Mentalität: für die seltsame Liebe zur Tradition im Gegensatz zum Gegenwärtigen, einen Konservativismus im Ausdruck, wie er in der Welt ohne Beispiel ist. Kein anderes Volk hat je eine größere Verehrung für das gezeigt, was sie »die Zeit der Vorfahren« oder »die Zeit des Gottes« oder »das erste Mal« nannten. Gelegentlich führte diese Liebe zum Althergebrachten und Typischen zu völliger Verfälschung. Jeder ägyptische König wurde sowohl in den alten Schriften wie auf den Tempelreliefs als Eroberer dargestellt. Das Vorbild dafür stammte oft aus frühester Zeit. Die Wiedergabe des Pharaos, der eine Gruppe von Fremden am Schopf gepackt hält, um ihnen den Schädel zu zertrümmern, hat z. B. ihr Urbild auf der berühmten Palette des Narmer aus der Zeit zu Beginn der 1. Dynastie, nur daß dort statt mehrerer ein einzelner Gefangener abgebildet ist. Eine solche Stilisierung der Wirklichkeit wurde manchmal auf die Spitze getrieben: Wer glaubt schon daran, daß der achtzehnjährige Tutanchamun je seinen Streitwagen geradenwegs mitten in ein feindliches Heer gelenkt und mit den Pfeilen seines Bogens zwanzig Feinde getötet habe oder daß er ohne jede Hilfe ein ganzes Rudel Löwen erlegte? Dies sind aber die Szenen auf der herrlich bemalten Truhe aus dem berühmten Grab. Die

Verwirrung wird noch größer, weil sich mit dem erwähnten Charakterzug ein Mangel an Pietät gegenüber den Schöpfungen der Vorfahren verband. Es haben nicht nur manche Könige ohne Bedenken Steine aus den Bauwerken ihrer Vorgänger gebrochen, was das Verschwinden vieler wertvoller Inschriften hinter den Wänden der Tempel zur Folge hatte, die sie als ihre eigenen ausgaben; sie fanden auch nichts dabei, sich in Wirklichkeit von anderen vollbrachte Heldentaten oder fromme Handlungen zuzuschreiben. In dem Totentempel des Königs Sahurê aus der 5. Dynastie ist eine Schar kriegsgefangener libyscher Häuptlinge abgebildet und auch die Zahl des erbeuteten Viehs genau angegeben[13] – ganz die gleiche Szene findet sich in dem Pyramidentempel Pepis II. aus der 6. Dynastie[14], wo die libyschen Fürsten sogar dieselben Namen tragen. Diese Szene wiederholt sich in einem weit entfernten nubischen Tempel des äthiopischen Königs Taharka (um 690 v. Chr.) ein drittes Mal[15]. Aus viel späterer Zeit haben sich Schlachtendarstellungen von Ramses III. in Karnak als getreue Kopien früherer Schilderungen herausgestellt, die auf Ramses II. zurückgehen[16], geradeso wie das Verzeichnis der Opfergaben in Medînet Habu nur eine Wiederholung aus dem Ramesseum[17] ist. Diese Art der Entlehnung ist nicht auf Denkmäler der königlichen Familien beschränkt. In Theben enthalten die Gräber dreier verschiedener Wesire genau dieselbe mahnende Anweisung bei ihrer Ernennung[18]. Man braucht kaum zu betonen, daß die Wahrscheinlichkeit äußerst gering ist, daß verschiedene Pharaonen dieselben Worte gebraucht haben sollten, selbst wenn nur eine verhältnismäßig kurze Zeit dazwischen lag.

In mancherlei Hinsicht sind die Berichte in den Gräbern der Vornehmen und der Leute geringeren Standes, die eine außergewöhnliche Förderung erfahren hatten, weniger konventionell und aufschlußreicher als Berichte über die Taten des Herrschers. Doch solche Texte sind keineswegs alltäglich. Von den Mastabas des alten Reiches bei Gise und Sakkara[19] und den Felsengräbern der 18. Dynastie erwähnt nicht eines unter zwanzig irgendwelche Ereignisse aus dem Leben des Toten. Andererseits sind die langen Aufzählungen von

Ehrentiteln fast immer dieselben: Kein Volk war je so erpicht auf äußere Anerkennung und so dem Prunken mit schmückenden Beiwörtern verfallen. Es läßt sich natürlich nicht leugnen, daß sich viele der gefundenen Titel wirklich auf bestimmte Tätigkeiten in der Verwaltung bezogen. Autobiographische Inschriften verweilen meist bei der Ausführung königlicher Befehle oder bei den von aufeinanderfolgenden Herrschern verliehenen Würden. Eine ständig wiederkehrende Phrase aus früher Zeit lautet: »Ich handelte so, daß Seine Majestät mich dafür lobte.« Noch häufiger jedoch sind gleichlautende Phrasen, mit denen die Tugenden des Grabinhabers gerühmt werden: »Ich gab Brot dem Hungrigen und Kleider dem Nackten«, oder auch: »Ich wurde geliebt von meinem Vater, gelobt von meiner Mutter und war freundlich zu meinen Brüdern.«

In späterer Zeit nehmen solche Beteuerungen eine viel wortreichere Gestalt an und atmen den Geist des Edelmuts und der Güte und unterscheiden sich in ihrer Haltung nicht wesentlich von den christlichen Tugenden. Die Mitbürger eines einflußreichen Mannes konnten bei ihm zu jeder Zeit Recht und Schutz suchen. Ein Beispiel einer häufig vorkommenden Versicherung ist: »Ich bewahrte den Armen vor dem, der mächtiger war als er.«

Es besteht kein Grund, daran zu zweifeln, daß im günstigsten Fall solche Beteuerungen genau der Wahrheit entsprachen; schlimmstenfalls bekunden sie Grundsätze, für die man wenigstens ein Lippenbekenntnis ablegte. Ein weiteres Motiv für Berichte dieser Art war die oft ausgesprochene Erwartung, Grabbesucher könnten sich durch solche augenfällige Vortrefflichkeit beeindrucken und dazu bewegen lassen, etwas zu opfern oder wenigstens das übliche Gebet zu sprechen. Um den allgemeinen Ton und den Charakter dieser halbhistorischen Texte zu veranschaulichen, sei hier ein besonders interessanter Brief des jugendlichen Königs Pepi II. von einer Mauer im Grabe des Prinzen Harchuf bei Aswân[20] wiedergegeben: »Du hast gesagt in diesem Deinem Brief, daß Du einen Zwerg der Gottestänze aus dem Land der Horizontbewohner mitgebracht hast, einen gleichen Zwerg[21], wie ihn der Siegelbewahrer Bawerded aus Punt mitgebracht hat zur Zeit des Asosi. Du hast zu Meiner Majestät gesagt, daß niemals einer wie er von irgendeinem anderen mitgebracht worden ist, der vordem das Land Jam besucht hat. Wahrlich, ich weiß, daß Du tust, was Dein Herr liebt und lobt! Wahrlich, Du verbringst Tag und Nacht, indem Du Dich für mich sorgst... Meine Majestät wird Deine zahlreichen, trefflichen Wünsche erfüllen, so daß es noch dem Sohn Deines Sohnes zum Wohle gereicht, und daß alle Leute, wenn sie davon hören, was Meine Majestät für Dich getan hat, sagen werden: ›Gibt es etwas, was dem vergleichbar ist, was für den einzigen Begleiter Harchuf getan wurde, als er von Jam zurückkehrte, wegen seiner Wachsamkeit, welche er bewies, indem er tat, was sein Herr liebte, lobte und befahl?‹ Komme sogleich stromab zur Residenz! Eile Dich und bringe diesen Zwerg mit Dir... Wenn er hinabgeht mit Dir in das Schiff, stelle zuverlässige Leute bereit, die um ihn sind auf dem Deck, paß auf, daß er nicht ins Wasser fällt! Laß auch zuverlässige Leute um ihn herum in seiner Kabine die Nacht verbringen und schaue zehnmal nach in der Nacht. Meine Majestät wünscht diesen Zwerg zu sehen mehr als alle Erzeugnisse des Minenlandes und von Punt!«

In Verbindung oder abwechselnd mit solchen Erzählungen persönlicher Schicksale stoßen die Inschriften auf den Wänden von Gräbern aus dem Alten Reich gelegentlich Verwünschungen gegen mögliche Grabschänder aus oder halten letztwillige Verfügungen fest, die dem Grabinhaber die für das Fortleben nach dem Tode nötigen Totenopfer sichern sollen. Aber auch ungewöhnliche Beweise königlicher Gunst sind ein beliebtes Thema. Aus diesen Berichten erfahren wir beiläufig, daß allein der König den Granit und den feinen weißen Kalkstein vergeben konnte, den die Vornehmen für die Eingänge ihrer Mastabas benötigten. Gelegentlich ist auch von Speisen die Rede, die an der königlichen Tafel übrigblieben und die entweder unter die Höflinge verteilt oder den Ka-Priestern (»Seelen-Dienern«) für die Opfertische der Abgeschiedenen überlassen wurden[22]. Bezeichnenderweise beginnt die Begräbnisformel, die sich in fast jedem mit

Inschriften versehenen Grabe wiederfindet, mit den Worten: ḥtp di nsw »eine Gabe, die der König gibt«[23]. Derselbe Ausdruck wurde – wenn auch weniger häufig – in bezug auf die dem Bedachten noch zu Lebzeiten zuteil gewordenen königlichen Gunsterweise verwendet. Offensichtlich griff zur Zeit des Alten Reiches die Macht des Pharaos tief in jeden Lebensbereich ein. Die seiner Person erwiesene Verehrung war im höchsten Maße befremdend. Ein Priester erzählt, er habe einmal den König begleitet, dabei sei unbeabsichtigt das Zepter des Königs gegen seinen Fuß gestoßen. Zu seiner großen Erleichterung habe aber sein Gebieter davon abgesehen, ihn zu schlagen[24]. Andere hohe Staatsbeamte prahlen damit, ihnen sei erlaubt worden, den Fuß ihres Herrschers zu küssen statt des Bodens vor ihm[25]. Abgesehen von diesen Grabinschriften befinden sich die einzigen anderen Berichte auf Stein aus dieser Epoche in Steinbrüchen und Bergwerken; dazu kommen Graffiti auf den Felsen am Wege dorthin und schließlich einige königliche Erlasse in Tempeln, wie denen von Koptos und Abydos, durch die deren Priesterschaft von der Steuer befreit und vor willkürlicher Entlassung aus ihren Ämtern geschützt wurde. Papyri haben sich nur sehr wenige erhalten, vor allem Rechnungen und Reste von Briefen[26]. Über die Annalen des Palermosteines wird später zu sprechen sein. Im übrigen sind wir für die Kenntnis des Alten Reiches ganz auf archäologisches Material angewiesen. Die unumschränkte Macht des Pharaos ist unverkennbar. Die Pyramiden sind in ihrer Größe ein Zeugnis des Selbstbewußtseins ihrer Erbauer. Im Tode wie im Leben liebte es der König, seine Vornehmen um sich zu versammeln, und die weitläufigen Straßen der Mastabas um die königlichen Grabstätten geben Zeugnis von der straffen Zentralisation zu jenen Zeiten.

Nicht ohne guten Grund wurde bei dieser kurzen Kennzeichnung der ägyptischen Geschichte zur Verdeutlichung vor allem auf die Verhältnisse im Alten Reich zurückgegriffen. In diesem Zeitabschnitt sind die charakteristischen Züge der pharaonischen Kultur am klarsten erkennbar. Die eigentlich schöpferische Zeit lag in den vorangegangenen Jahrhunderten, doch diese sind wegen des Fehlens geschriebener Quellen stumm. Auch im Mittleren und Neuen Reich bleibt der allgemeine Eindruck solcher Berichte, die man im strengen Sinne historische nennen könnte, derselbe: da ist noch immer die Selbstzufriedenheit der Schreiber, die augenfällige Vorliebe für das bildhaft Anschauliche, die besondere Betonung eimaliger Ereignisse, dies alles begleitet und zusammengehalten durch die Aufzählungen von Titeln und Tiraden des Selbstlobs. Doch nun kommt eine Fülle von anderem Material hinzu, so daß die Quellen für den Historiker reichlicher fließen: Erzählungen, Weisheitslehren, juristische Urkunden, Briefe und Rechnungen. Diese Vermehrung des zur Verfügung stehenden Materials hängt mit der einleuchtenden Tatsache zusammen, daß die Wahrscheinlichkeit der Erhaltung von Papyrusurkunden und anderen Dokumenten um so geringer ist, je älter sie sind. Die wenigen erhaltenen Papyri des Alten Reiches sind zudem noch äußerst brüchig. Was den Inhalt der Urkunden des Mittleren Reichs anbelangt, so hatten die eben gemachten Erfahrungen des Bürgerkrieges und das Eindringen von Fremden dazu beigetragen, den heiteren Optimismus zu dämpfen, wie er alle Berichte des Alten Reiches durchdringt; mehr darüber wird später zu sagen sein.

Fragt man nach den brauchbarsten historischen Quellen, so mag die Antwort als ein Widerspruch in sich erscheinen: sie finden sich in der ägyptischen erzählenden Literatur, wo die Schreiber die wirklichen Verhältnisse schildern und ihrem Empfinden mit einer Ungezwungenheit freien Lauf lassen konnten, wie sie dort unmöglich war, wo es vor allem auf Schönfärberei ankam. Diese Behauptung braucht hier nicht mit Beispielen belegt zu werden; sie werden uns im folgenden immer wieder begegnen.

Der Schluß dieses Kapitels muß sich noch mit dem schwierigen Problem der Chronologie beschäftigen. Hätten die Ägypter bei der Datierung ihrer Inschriften oder Papyri eine fortlaufende Zeitrechnung verwendet wie wir oder wie die Mohammedaner seit der Flucht des Propheten von Mekka nach Medina, so gäbe es keine ernsthaften chronologischen Probleme. Unglücklicherweise wurde aber seit der 11.

Dynastie jeder König nur nach den Jahren seiner eigenen Regierungszeit gezählt, und für die frühesten Dynastien ergeben sich darüber hinaus weitere Schwierigkeiten. Diese Art der Zeitrechnung wäre für uns noch nicht weiter schlimm, wenn wir nur in der glücklichen Lage wären, die genaue Reihenfolge aller Pharaonen und bei jedem die höchste Jahreszahl seiner Regierung zu kennen; dann ließe sich das zeitliche Verhältnis eines jeden Dokuments zu unserer eigenen Zeitrechnung durch eine einfache Addition, durch »gegißtes Besteck« ermitteln. Offensichtlich kam auf diesem Wege Manetho zu seinen Gesamtzahlen, weil er dort, wo er bei einer Dynastie ins einzelne geht, bei jedem König genau die Regierungsjahre angibt. In den Anfängen der Ägyptologie wurden die Angaben Manethos mit einer kindlichen Leichtgläubigkeit übernommen, die sich nur mit dem Fehlen oder der Dürftigkeit zuverlässigeren Materials entschuldigen läßt, und noch heute gibt es gewisse Gelehrte, die sich von dieser falschen Berechnungsweise nicht ganz freigemacht haben. Es braucht hier nicht wiederholt zu werden, was über die Unzuverlässigkeit Manethos – jedenfalls in seiner uns überlieferten Form – bereits festgestellt wurde. Aber es ist doch interessant, Manethos Zahlenangaben für die gesamte ägyptische Geschichte mit den heute allgemein anerkannten zu vergleichen. Für die ersten elf Dynastien gibt er 2300 Jahre an, für die Zeit von der 12. bis zur 19. Dynastie 2121 Jahre und 1050 Jahre für die Zeit von der 20. Dynastie bis zum Tode des Darius, der von Alexander dem Großen besiegt wurde, der dann an seine Stelle trat. Dies ergibt insgesamt etwa 5800 Jahre von Menes bis Christi Geburt und weicht damit von der Gesamtzahl von höchstens 3200 Jahren, die ein so bedeutender Historiker wie Eduard Meyer für denselben Zeitraum zugestehen wollte, erheblich ab.

Von viel größerem Wert für die Chronologie ist der Turiner Königspapyrus (vgl. oben S. 49), oder er wäre es, wenn er zeitlich weiter reichte und besser erhalten wäre. In ihm sind nicht nur die Jahre jeder Regierungszeit angegeben, sondern auch die über die vollen Regierungsjahre hinausgehenden Monate und Tage. Es ist ganz offensichtlich, daß der Kompilator nicht nur über fast lückenlose, sondern – im Ganzen gesehen – auch über ziemlich genaue und zuverlässige Quellen verfügte. Von den Zahlenangaben für die 12. Dynastie hat sich gezeigt, daß sie völlig mit dem übereinstimmen, was sich aus zeitgenössischen Dokumenten ermitteln ließ. Die wenigen Gesamtsummen des Turiner Papyrus wurden offensichtlich nur durch »gegißtes Besteck« gewonnen. Sie bilden die Grundlage für die am Schluß dieses Kapitels ausgesprochenen Vermutungen. Ob die Quellen des Kompilators mit den in Inschriften seit der 18. Dynastie erwähnten gnwt identisch sind, ist unsicher. Dieses Wort weist eindeutig auf irgendwelche historische Quellen hin und wird von den Gelehrten gewöhnlich mit »Annalen« übersetzt. Bis zum Beginn dieses Jahrhunderts hatte kein Ägyptologe ein Beispiel solcher »Annalen« erkannt, bis dann Heinrich Schäfer in Zusammenarbeit mit Ludwig Borchardt und Kurt Sethe die wahre Natur des schon erwähnten Palermosteins bestimmte.

Das Hauptstück dieses überaus wichtigen Dokuments ist nach der Hauptstadt Siziliens benannt, wo es heute aufbewahrt wird, ein unscheinbares Stück Diorit von etwa 43 cm Höhe und 30 cm Breite. Es ist nur ein Fragment; andere Bruchstücke, die zu demselben Exemplar oder zu einem anderen gehörten, das ihm in den Größenverhältnissen und in der Anordnung genau glich, wurden später entdeckt und befinden sich zum größten Teil im Kairoer Museum. Der Text der Vorderseite ist auf der Bildtafel zu sehen; er setzt sich auf der Rückseite fort. Wir haben uns das Ganze als eine freistehende rechteckige Stele vorzustellen, die in einem Tempel so aufgestellt war, daß man sie von vorn und von hinten betrachten konnte. Beide Seiten waren waagerecht in Register oder Reihen eingeteilt, diese wieder senkrecht in Felder, von denen jedes eine besondere Eintragung enthielt. Die oberste Reihe der Vorderseite führte nur die Namen der vorgeschichtlichen Herrscher auf. Von ihnen wußte man wahrscheinlich über die Dauer ihrer Regierungszeit und über ihre Taten nichts mehr. In den übrigen Reihen ist jedes Feld nicht – wie in der ersten – vom linken Nachbarfeld durch einen

Strich, sondern durch das Zeichen ⸦ für »Jahr« getrennt. Zwischen den Reihen befindet sich stets ein Querstreifen, in dem der Name des Königs steht, auf den sich die Felder darunter beziehen; gewöhnlich steht auch der Name der Mutter des Königs dabei. Unter jedem Feld ist die Höhe der Nilüberschwemmung des jeweiligen Jahres angegeben. Daraus läßt sich ersehen, daß es sich bei dem – vollständigen – Dokument um einen von Jahr zu Jahr fortschreitenden Bericht über alle auf seinen beiden Seiten genannten Könige gehandelt hat. Der erste Herrscher in der zweiten Reihe war ohne Zweifel Menes, der letzte am Fuß der Rückseite wohl Neuserrê, der sechste König der 5. Dynastie, obwohl der letzte auf dem Stein erhaltene Name dem dritten König Neferirkarê gehört. Die hieroglyphischen Eintragungen innerhalb der Felder teilen ein oder mehrere wichtige Ereignisse des bestimmten Jahres mit, und zwar Ereignisse, durch die man das Jahr kennzeichnen und an denen man es sich merken konnte. Während in der zweiten bis fünften Reihe der Vorderseite jedes Feld nur eine Schriftsäule mit eng zusammengedrängten Zeichen enthält, werden in der sechsten Reihe die Felder so breit, daß drei oder vier solche Säulen in ihnen Platz haben. Auf der Rückseite sind die einzelnen Felder sogar noch breiter, so daß auch die Zahl der berichteten Ereignisse viel größer ist. Dafür gibt es zwei Erklärungen: Entweder waren die Ereignisse der weiter zurückliegenden Jahrhunderte in Vergessenheit geraten, oder sie wurden im Vergleich zu den bemerkenswerten Begebenheiten der jüngst vergangenen Zeit für weniger wichtig gehalten. Wie auch immer, ohne allen Zweifel hätten uns die Inschriften – wenn wir in der glücklichen Lage wären, den Annalenstein unversehrt zu besitzen – gerade über die Leistungen der Vergangenheit unterrichtet, die die Herrscher der 5. Dynastie der Nachwelt überliefern wollten. Sie legten vor allem auf die Erwähnung religiöser Feste, auf die Errichtung von Götterstatuen, auf gelegentliche Siege über fremde Völkerstämme, auf Expeditionen nach Mineralien und die Errichtung von Tempeln und Palästen Wert. Hier interessiert nur ihre Bedeutung für die Chronologie. Wie wertvoll für den Historiker die vollständige Stele gewesen wäre, läßt sich

DIE GRUNDLAGEN DER ÄGYPTOLOGIE 67

leicht vorstellen. Geht man davon aus, daß die Kenntnisse des ägyptischen Chronisten richtig gewesen sind, dann wüßten wir mit Sicherheit die genaue Reihenfolge aller Könige von Menes bis auf Neuserrê und von jedem von ihnen die genaue Zahl der Regierungsjahre. Vor allem aber hätte eine einfache Zusammenzählung der Felder die Summe der Regierungsjahre der ersten fünf Dynastien ergeben. Doch auch in seinem gegenwärtigen bruchstückhaften Zustand ist der Stein für chronologische Zwecke noch recht brauchbar, wie sich später noch zeigen wird. Er umfaßt allerdings nur einen kleinen Abschnitt der gesamten Geschichte, wie ja auch der Turiner Königspapyrus gerade die große Thutmosidenzeit nicht erreicht. Von jener Zeit an wären wir bei der Aufstellung einer zuverlässigen Chronologie vollends in Verlegenheit, wenn uns nicht eine ganz andere Methode helfen könnte, die nun erklärt werden soll.

Es erscheint seltsam, wenn man sich vergegenwärtigt, daß es ausgerechnet ein weiterer Mangel ist, der uns weitergeholfen hat. Doch diesmal liegt er nicht in dem schlechten Zustand der zur Verfügung stehenden historischen Urkunden, sondern in einer Unvollkommenheit des altägyptischen Kalenders. Seit unvordenklichen Zeiten hatte das bürgerliche Jahr der Ägypter 365 Tage und war in drei Jahreszeiten[27] zu je vier Monaten mit dreißig Tagen eingeteilt, zu denen noch fünf Tage, die sogenannten Epagomenen, kamen. Da aber das astronomische Jahr in Wirklichkeit etwas mehr als $365^{1/4}$ Tage umfaßt, war der Neujahrstag des bürgerlichen Kalenders in jedem fünften Jahre dem Ereignis, das den Beginn des astronomischen Jahres bezeichnete, um einen vollen Tag voraus. Da es einen eingefügten Tag wie in unserem Schaltjahr nicht gab, hatte dieser Kalender das astronomische Jahr nach etwa 120 Jahren um einen ganzen Monat überholt, und das Auseinanderklaffen der beiden Kalender wurde immer schlimmer, bis der in einem Papyrus aus ramessidischer Zeit folgendermaßen beschriebene Zustand erreicht war: »Der Winter fällt in den Sommer, die Monate sind verkehrt, die Stunden sind in Verwirrung«. Das dreisprachige Dekret von Kanopus (um 237 v. Chr.) liefert ein gutes Zeugnis dafür, daß

die Ägypter bei ihrer angeborenen konservativen Haltung
diesen Zustand nie durch einen Schalttag abzuhelfen suchten,
denn in jenem Dekret verkündete Ptolemaios III. Euergetes
die Einführung eines eigenen Festtages nach den fünf Epagomenen; er wollte dadurch verhindern, daß »die nationalen
Feste, die im Winter gefeiert werden, im Sommer gefeiert
würden, da die Sonne sich alle vier Jahre änderte, und daß
andere Fest, die jetzt im Sommer gefeiert werden, in der Zukunft im Winter gefeiert würden, wie es sich früher schon
ereignet hatte.«

Die von Ptolemaios unternommene Reform schlug fehl,
und es lief alles so weiter wie seither, bis Augustus im Jahre
30 v. Chr. den Ägyptern den Julianischen Kalender mit
365$^{1}/_{4}$ Tagen aufzwang. Doch auch dann wurde das »griechische Jahr«, wie man es nannte, von den Ägyptern unbeachtet
gelassen; es wurde erst nach der Annahme des Christentums
übernommen.

Natürlich renkte sich das Verhältnis des bürgerlichen
Kalenders zum astronomischen Jahr nach $4 \times 365 = 1460$
Jahren von selbst wieder ein, nachdem jedes astronomische
Ereignis der Reihe nach einmal auf jeden Tag des bürgerlichen
Kalenders gefallen war. Man hat durch verschiedene Theorien
zu erklären versucht, weshalb gerade der strahlende Sirius
(der Hundsstern, den die Ägypter mit ihrer Göttin Sopdet –
der griechischen Sothis – gleichsetzten) als ein brauchbarer
Ausgangspunkt zur Bestimmung des geeignetsten Datums für
den Neujahrstag angesehen wurde. Vielleicht hatte man die
Beobachtung gemacht, daß der Nil zu derselben Zeit besonders schnell zu steigen begann, da der Sirius, nachdem er
längere Zeit unsichtbar gewesen war, sich kurz vor Sonnenuntergang am Himmel zum erstenmal wieder beobachten
ließ. Jedenfalls galt dies von den Astronomen heute als der
heliakische Frühaufgang des Sirius und von den Ägyptern
als »das Heraufkommen der Sothis« bezeichnete Ereignis als
der eigentliche Neujahrstag (wpt-rnpt), mit dem der
»erste Monat der Überschwemmungszeit (die erste Jahreszeit), erster Tag« des bürgerlichen Kalenders eigentlich immer
hätte zusammenfallen sollen. Wir wissen von Censorinus,

daß der heliakische Frühaufgang und der Neujahrstag des bürgerlichen Kalenders im Jahre 139 n. Chr. zusammenfielen. Von daher läßt sich für die Jahre 1317 v. Chr. und 2773 v. Chr. ebenfalls ein solches Zusammentreffen errechnen. In hieroglyphischen Inschriften haben sich zwei Berichte von Aufgängen des Sirius, nämlich aus einem nicht näher bezeichneten Regierungsjahr Thutmosis' III. (am 28. Tag des 11. Monats)[28] und aus dem 9. Jahr Amenophis' I. (am 9. Tag des 11. Monats) gefunden; dasselbe ist für das 7. Jahr Sesostris' III. (für den 16. Tag des 8. Monats) in einem Papyrus aus dem Tempel von El-Lahun im Faijûm angegeben. Wenn man diese Daten mit den zuvor genannten in Beziehung setzt, so ergeben sich als die entsprechenden Jahre 1469, 1536 und 1877 v. Chr. Aus technischen Gründen bestehen bezüglich der Genauigkeit dieser Jahresangaben geringe Meinungsverschiedenheiten: als jüngste Alternative zu der genannten Jahreszahl 1877 v. Chr. wird das Jahr 1872 v. Chr. angenommen. Im übrigen scheint man sich einig zu sein.

Es kann hier nicht der Versuch gemacht werden, im einzelnen darzustellen, wie die Ägyptologen das Problem der Bestimmung der Daten der Pharaonen seit der 18. Dynastie, zu der Amenophis I. und Thutmosis III. gehörten, in Angriff genommen haben. Es genüge die Bemerkung, daß sich bezüglich der meisten Herrscher innerhalb enger Grenzen Übereinstimmung erreichen ließ. Für die letzten tausend Jahre haben sich gelegentlich Synchronismen mit Ereignissen in anderen Ländern des Vorderen Orients gefunden, die eine Verwertung der Forschungsergebnisse der Nachbargebiete ermöglichten. Der zweiten Zwischenzeit, dem dunklen Abschnitt zwischen der 12. und 18. Dynastie, werden aus verschiedenen Gründen nur wenige Jahrhunderte zugestanden. Hier zeigte sich immer eine große Schwierigkeit, weil der Turiner Königspapyrus für diese Zeit über hundert Könige nennt, für zweihundert Jahre eine viel zu große Zahl. Da jedoch die für die meisten Könige angegebenen Zahlen selten drei Jahre überschreiten und sich in den Kolumnen mit diesen Zahlen nirgends eine Gesamtsumme findet, steht der Annahme einer gleichzeitigen Regierung vieler dieser Könige nebeneinander in verschiedenen Teilen des Landes nichts entgegen. Die andere Möglichkeit bestünde darin, daß man das Sothisdatum der 12. Dynastie um ganze 1460 Jahre zurückverlegte. Diese Lösung wurde lange von Sir Flinders Petrie befürwortet. Der Mangel an Denkmälern und verschiedene archäologische Erwägungen sprechen jedoch entschieden gegen diese Ansicht. Es wird deshalb sicher das beste sein, das Jahr 1872 v. Chr. als das früheste einigermaßen sichere Datum der ägyptischen Geschichte anzunehmen.

Wer von echtem Wissensdrang beseelt ist, wird sich nicht zufriedengeben ohne nicht wenigstens den Versuch unternommen zu haben, die möglichen Jahreszahlen von Menes zu ermitteln. Die sich aus dem Palermostein ergebenden Schlüsse sind zu kompliziert, als daß sich hier mehr als kurze Andeutungen machen lassen. Der Augenschein der Reihen am Fuß der Rückseite macht es wahrscheinlich, daß der Stein ursprünglich etwa neunmal so breit war wie das jetzt noch im Museum von Palermo aufbewahrte Bruchstück. Geht man bei der Ermittlung der auf die Reihen zwei bis fünf der Vorderseite, d. h. die ersten beiden Dynastien, entfallenden Jahre hiervon aus, so ergibt sich etwa ein Zeitraum von 450 Jahren. Man kann nicht oft genug an die Bedenklichkeit solcher Berechnungen erinnern. Und auch, wer die absolute Zuverlässigkeit des Turiner Königspapyrus annimmt, klammert sich in Wirklichkeit an einen Strohhalm. Andererseits wurde sein unbezweifelbarer Wert oft zu gering beurteilt. Seine nüchternen Zahlen sollten eher Vertrauen als Verdacht einflößen, wie wir zu zeigen versuchen werden. Die Ergänzung der abgebrochenen Gesamtsumme am Ende der 6. Dynastie ist umstritten; daß sie für den Zeitraum von Menes bis zu jenem Punkt der ägyptischen Geschichte 955 Jahre angab, kann jedoch nicht zweifelhaft sein. Dann folgten achtzehn unbedeutende Herrscher, deren erster Achthoes von Herakleopolis (9. Dynastie) war. Fast alle ihre Namen und die Gesamtsumme ihrer Regierungsjahre sind verloren. Hier kann man zwischen Eduard Meyers Schätzung auf 200 und einer geringeren auf etwa 100 Jahre wählen. Es folgte die 11. Dynastie mit sechs Königen, für deren vier letzte Regierungszeiten von 49, 8, 51 und 12 – insgesamt also 120 – Jahren erhalten sind. Da die Herrschaft der beiden ersten Könige bestimmt von kurzer Dauer war, müssen wir die angegebene Gesamtzahl von 143 Jahren für die ganze Dynastie hinnehmen. Hier liegt eine kleine paläographische Schwierigkeit, die sich aber durch das obige Argument beseitigen läßt. Was die 12. Dynastie anbelangt, so haben wir schon das Jahr 1872 v. Chr. als das 7. Regierungsjahr von Sesostris III. angenommen; dies und der völlig eindeutige Befund der Denkmäler aus der Zwischenzeit ergeben ungefähr 1991 v. Chr. als das Jahr der Thronbesteigung Amenemmês' I., des Begründers der Dynastie. Addiert man diese Zahlen, so erhält man für Menes und den Beginn der 1. Dynastie 1991+143+100 (oder 200)+955 = 3189 (oder 3289) v. Chr., ein Datum nahe bei 3197 v. Chr., für das Eduard Meyer schließlich eintrat.

Die gegenüber dieser Berechnung verbleibenden Zweifel richten sich offensichtlich in erster Linie gegen die Gesamtsumme von 955 Jahren für die 1. bis 6. Dynastie im Turiner Königspapyrus und geben zu einer etwas näheren Prüfung Anlaß. Über die Angabe von 1497 Jahren bei Africanus kann man ohne weiteres hinweggehen; die größere Zuverlässigkeit des ramessidischen Papyrus ist unbestreitbar. Für die Könige der 1. bis 6. Dynastie sind 51 Felder vorgesehen, was einen Durchschnitt von $18^{1}/_{2}$ Regierungsjahren für jeden König ergibt. Für die 1. und 2. Dynastie haben Ausgrabungen die Namen von 17 Königen ans Licht gebracht, während der Turiner Königspapyrus 18 nennt, die Liste von Abydos 15 und Manetho ebenfalls 17. Da der Palermostein diesen Dynastien (vgl. oben) 450 Jahre zuwies, würde sich eine durchschnittliche Regierungszeit von 27 Jahren ergeben, eine ziemlich hohe, aber nicht unmögliche Zahl. Von den 21 im Turiner Papyrus als zur 3. bis 5. Dynastie gehörend aufgeführten Königen sind nur von acht die Namen, aber von allen, mit Ausnahme von vieren, die Regierungsjahre erhalten. In zwei Fällen, in denen man bisher 10 gelesen hat, wird man wohl 20 oder 30 lesen müssen. Die Summe der übrigen 15 beträgt 208 Jahre, so daß etwa 14 Jahre auf jeden kommen. Es ist jedoch erstaunlich, daß bei Djoser, dem Erbauer der Stufenpyramide mit ihrem weiten Tempelbezirk, nur 19 und bei Cheops, dem Schöpfer der größten aller Pyramiden, nur 23 Jahre angesetzt sind. Schließlich folgten in der 6. Dynastie dem neunzigjährigen Pepi II. acht unbedeutende Herrscher, deren letzte vier sich in 5½ Jahre teilen. Hier gleichen sich die kurzen und die langen Regierungszeiten wieder aus, so daß die Summe von 181 Jahren für 14 Könige, um die es sich handelt, ganz annehmbar erscheint.

Diese Erörterungen waren nicht umsonst, wenn sie die innere Folgerichtigkeit des Turiner Königspapyrus und die Vernünftigkeit seiner Angaben gezeigt haben. Die Vorsicht verbietet jedoch blindes Vertrauen einem einzelnen Papyrus aus einer unkritischen Zeit gegenüber; es ist deshalb nicht verwunderlich, daß zahlreiche Ägyptologen Bedenken geäußert haben. Wir jedenfalls können uns schwerlich dazu verstehen, ein so niedriges Datum wie das Jahr 2850 v. Chr. als den Beginn der 1. Dynastie anzunehmen, wie das Alexander Scharff auf der Grundlage der gleichermaßen unsicheren babylonischen Chronologie vorgeschlagen hat. Wir halten vielmehr die Zeit um 3100 v. Chr. für wahrscheinlicher und geben ihr den Vorzug, wobei wir allerdings nach beiden Seiten einen Spielraum von 150 Jahren zugestehen. Aber vielleicht wird sich sogar dieses Zugeständnis eines Tages als unzureichend erweisen.

Exkurs:

Die Regierungsjahre und die Art und Weise der Datierung[29]

Vor einem halben Jahrhundert bemerkte Kurt Sethe, daß bei der Zählung der Regierungsjahre eines Pharaos in der Gruppe für »Jahr« nicht – wie früher angenommen – das Zeichen ☉ für »Sonne« als das übliche Determinativ bei Wörtern mit zeitlicher Bedeutung, sondern ein anderes Zeichen ☺, gelesen sp (Koptisch ⲥⲟⲡ) verwendet wurde, das ursprünglich ein selbständiges Wort mit der Bedeutung »Fall von...«, »...mal« (bei Zahlenangaben) war. Das genauere Studium von Inschriften, insbesondere des Palermosteins, brachte unerwartet Licht in diesen Ausdruck für »Regierungsjahr«[30]. Elfenbeintäfelchen aus der 1. Dynastie ergaben, daß die Jahre einer Regierungszeit ursprünglich überhaupt nicht durchgezählt wurden, daß man sie sich vielmehr wie in Babylonien an einigen hervortretenden Ereignissen merkte. Um die Mitte der 2. Dynastie war die Zählung des gesamten ägyptischen Rinderbestandes ein solch hervorstechendes Ereignis. Da aber diese amtliche Zählung alle zwei Jahre vorgenommen wurde, mußte man eine Zahl hinzufügen, um zu bezeichnen, um die wievielte Zählung es sich in einem beliebigen Jahre handelte. So wurde auf dem Palermostein das 8. Regierungsjahr des Königs Ninutjer mit »viertes Mal (sp) der Zählung« bezeichnet. Inschriften der 4. bis 6. Dynastie lassen durch eine ausführlichere Form der Datierung erkennen, worum es sich bei solchen Zählungen handelte. So beginnt eine Stele aus der Regierungszeit von Neferirkarê (5. Dynastie): »Jahr des vierzehnten Mals der Zählung aller Ochsen und allen Kleinviehs«, während sich unter der Regierung des Königs Asosi gegen Ende derselben Dynastie die Datierung findet: »Jahr nach dem vierten Male der Zählung« ... usw. Diese Datierungen beziehen sich offensichtlich auf das 28. bzw. 9. Regierungsjahr dieser beiden Könige. Bald wurde das Wort »Zählung« gelegentlich weggelassen, so daß dann bloß noch »Jahr des n-ten Mals« geschrieben wurde. Nunmehr ließ sich nur noch aus zeitgenössischen Datierungen mit der Formel »Jahr nach ...« entnehmen, daß die Zählung auch weiterhin alle zwei Jahre abgehalten wurde. Beispiele mit »... nach ...« kommen bis spät in die Zeit Pepis II., eines der letzten Könige der 6. Dynastie, vor. Man muß deshalb davon ausgehen, daß das ganze Alte Reich hindurch eine Datierung »Jahr des 24. Mals« oder eine ähnliche das 48. Regierungsjahr bezeichnet. Es steht jedoch ebenso fest, daß seit der 11. Dynastie nichts anderes als »Regierungsjahr« bedeutet, und die darauf folgende Zahl das wirkliche Regierungsjahr bezeichnet; wenn zu dieser Zeit überhaupt noch Viehzählungen durchgeführt wurden, dann müssen sie jährlich stattgefunden haben.

Wichtig ist in diesem Zusammenhang die Bedeutung der Thronbesteigung für den Kalender. Während der längsten

Zeit der ägyptischen Geschichte begann jedes Regierungsjahr am Neujahrstag, d. h. am 1. Tag des 1. Monats der Überschwemmungszeit (vgl. oben S. 67). Da jedoch der Vorgänger auf dem Thron einige Monate und Tage über den Beginn seines letzten Regierungsjahres hinaus gelebt hatte, bestand das 1. Regierungsjahr des Nachfolgers nur aus dem von dem letzten Regierungsjahr des Vorgängers noch bestehenden Rest. Nimmt man beispielsweise an, ein Pharao sei am 25. Tag des 4. Monats der Sommerzeit seines 32. Regierungsjahres gestorben, so umfaßte das 1. Regierungsjahr seines Sohnes nur die 5 Tage bis zum Monatsende und die fünf Epagomenen, insgesamt also zehn Tage. Man kann diesen Sachverhalt auch so kennzeichnen, daß jeder König bei seiner Datierung den Rest des letzten Regierungsjahres seines Vorgängers für sich verwendete, so daß wir in der Chronologie für den verstorbenen König des obigen Beispiels 31 Regierungsjahre ansetzen müssen. Während der Zeit der großen Thutmosiden und Ramessiden (18. bis 20. Dynastie) trat jedoch eine Änderung ein: jeder König zählte nun seine Regierungsjahre vom Kalendertag seiner Thronbesteigung an. Die Folgen dieser Neuerung sind erstaunlich: Fiel z. B. eine Thronbesteigung auf den 25. Tag des 3. Monats, so wäre das Datum »6. Jahr, 3. Monat der Überschwemmung, 23. Tag« jener Regierungszeit um 361 Tage später gewesen als »6. Jahr, 3. Monat der Überschwemmungszeit, 27. Tag«.[31] Dieser widersinnige Zustand mußte für einen Schreiber, der mehrere datierte Dokumente in eine genaue zeitliche Ordnung bringen wollte, sehr hinderlich sein; er ist ebenso lästig für den modernen Historiker, der die Ereignisse eines bestimmten Jahres in ihrer richtigen Reihenfolge wiedergeben will. Es ist deshalb zu wünschen, daß es gelingen möge, für jeden König des Neuen Reiches den Tag seiner Thronbesteigung genau zu bestimmen. Kurz vor der Saitenzeit (26. Dynastie) kehrte man zu der alten Methode zurück, Regierungsjahr und bürgerliches Jahr stimmten nun wieder miteinander überein.

VON DEN ERBAUERN DER PYRAMIDEN
ZU ALEXANDER

Das Alte Reich

Die allgemeinen Ausführungen des letzten Kapitels könnten bei einem Neuling völlige Verwirrung hinterlassen, wenn ihnen nicht sogleich ein klarer Bericht über den Gang der Ereignisse folgte. Dabei wird es sich allerdings nicht vermeiden lassen, die Behandlung der vordynastischen Zeit und der ersten beiden Dynastien zunächst zurückzustellen, weil diese weit zurückliegenden Zeiten Fragen aufwerfen, die zu umstritten sind, als daß es sinnvoll wäre, sie schon hier zu erörtern. Wir beginnen deshalb mit der 3. Dynastie, die mit den drei folgenden das Alte Reich bildet. Sie ist die Zeit der großen Pyramiden, deren lange, auf der Höhe von Kairo beginnende Kette sich entlang der westlichen Wüste hinzieht. Der erste König der 3. Dynastie war der späteren Generationen unter dem Namen Djoser bekannte Herrscher, dessen Bedeutung als des Begründers einer neuen Epoche in dem Turiner Papyrus durch die ungewöhnliche Verwendung roter Tusche hervorgehoben ist. Djosers bedeutendste Leistung war die hoch über die Stadt Memphis hinausragende Stufenpyramide bei Sakkara. Sie ist ein massives, in sechs ungleichen Stufen zu einer Höhe von etwa 60 m ansteigendes Bauwerk. Ganz Ägypten gewährt keinen gewaltigeren Eindruck als den Blick auf den Komplex von Bauten, deren Mittelpunkt die früheste der Pyramiden bildet; er wurde erst verhältnismäßig spät ausgegraben und wiederhergestellt. Die Bewunderung für diese Anlage gebührt aber wahrscheinlich weniger Djoser selbst als seinem berühmten Baumeister Imhotep (gr. Imuthes), dessen späteres Ansehen als Weiser und Heilkundiger schließlich zu seiner Vergöttlichung und zu seiner Gleichsetzung mit dem griechischen Halbgott Asklepios führte. Nicht ohne Grund schreibt Manetho dem Imhotep die

Erfindung der Steinbauweise zu; Djosers großes Totenmal ist in der Tat als erstes Bauwerk ganz aus Stein errichtet. Die Gräber der Könige der vorangegangenen Dynastien waren Ziegel-Mastabas, bei denen – abgesehen von den Fußböden und einigen anderen Bauteilen – nur in geringem Umfang Granit oder Kalkstein zur Verwendung gekommen waren. Auch die Stufenpyramide war ursprünglich als Mastaba geplant, wenn auch quadratisch und nicht rechteckig, erhielt aber später ihre jetzige, einmalige Gestalt durch nach und nach erfolgende Änderungen des Planes. Die Untersuchung des Labyrinths der unterirdischen Gänge führte zur Entdeckung einiger Wände mit blauen, Matten nachahmende Fayencekacheln und an anderer Stelle zur Auffindung von Tausenden von verstreut herumliegenden herrlich geformten Vasen und Schalen aus Alabaster, Breccie, Schiefer und anderen prächtigen Steinen. Einige Flachreliefs stellen den König in zeremonieller Haltung dar. Ihre außerordentliche Feinheit beweist dieselbe technische Meisterschaft der Bildhauer jener Zeit, wie wir sie in der erhabenen Sitzstatue des Djoser erkennen, die ebenfalls zu den Funden gehörte. In dem wüsten Trümmerfeld um die Pyramide kamen Baulichkeiten eines bis dahin unbekannten Typs ans Licht. Abgesehen von den Tempelkammern an der Nordseite für den täglichen Opferdienst und andere Kulthandlungen und einer Reihe von offensichtlich für die Feier des Sed-Festes, des Tages der Wiederkehr der Thronbesteigung des Königs, bestimmten Schreinen wurden verschiedene eindrucksvolle Bauwerke freigelegt, deren Verwendungszweck nicht bekannt ist, bzw. sich nur vermuten läßt. Die überall verwendeten kleinen Kalksteinblöcke unterscheiden sich auffallend von dem kyklopischen Mauerwerk, das die folgende Dynastie bevorzugt verwendete. Offensichtlich stand der Baumeister noch stark unter dem Einfluß der Ziegelbauweise der vorangegangenen Zeit und erkannte noch nicht die Möglichkeiten des Bauens mit Stein. Besonders seltsam wirken die steinernen halbgeöffneten Türen, Nachahmungen von hölzernen Türen aus früherer Zeit. Hier kommen zum ersten Male kanellierte und gerippte Säulen vor, einige von ihnen mit herabhängenden Blättern, nach dem Vorbild einer heute offensichtlich ausgestorbenen Pflanze[1]. Diese Säulen sind jedoch noch in die angrenzende Wand einbezogen, als habe man sie für zu schwach gehalten, um als Stützen zu dienen. Der ganze Bezirk ist von einer gewaltigen, reich gegliederten und mit Befestigungen versehenen Mauer aus feinstem Kalkstein umgeben, deren Länge von Norden nach Süden 548 m und von Osten nach Westen 278 m beträgt.

Indem wir ein rätselhaftes Gebäude an der südwestlichen Ecke der Einfriedung übergehen, dessen Unterbau den Eindruck eines zweiten Grabes für Djoser erweckt, nur in kleinerem Maßstab, wenden wir uns nun den Gräbern der übrigen Könige der 3. Dynastie zu. Großes Aufsehen erregte die Freilegung einer zweiten, sehr ähnlichen Pyramide etwas weiter südwestlich durch Zakaria Goneim seit 1951. Auch hier wieder ein riesiger Bezirk, umgeben von einer starken Mauer aus Kalkstein, die fast die gleichen Züge trägt, aber geschaffen ist mit einem Blick für Sparsamkeit, was sie als Wiederholung aus etwas späterer Zeit ausweist. Dieser Schluß wird nicht nur durch die Wahl eines ungünstigeren Platzes und die Verwendung größerer Mauerblöcke, sondern auch durch den Umstand nahegelegt, daß Goneims Pyramide anders als die Stufenpyramide nicht das Ergebnis von Unschlüssigkeiten und Änderungen darstellt, sondern offensichtlich von Anfang an als solche geplant wurde. Die Ausgrabungen sind noch nicht beendet, und es bleibt abzuwarten, ob nach der Enttäuschung über einen leer vorgefundenen Sarkophag schließlich doch noch irgendein wesentlicher Teil der königlichen Grabausstattung zum Vorschein kommt. Es sind zum mindesten deutliche Anzeichen dafür vorhanden, daß das Grabmal nicht unbenutzt geblieben war; die Siegelabdrücke auf einigen Lehmverschlüssen verraten, daß der Grabinhaber ein König namens »Horus Sechem-chet« gewesen war. Hayes hat nachgewiesen, daß dies der auf einem Relief im Wâdi Maghâra (Sinai) genannte Name ist, das man bisher Semempses aus der 1. Dynastie zugeschrieben hatte. Es stellt eine überzeugende Bestätigung seiner Ansicht dar, daß das erwähnte Relief als zu einer Gruppe von Berichten über

Türkisexpeditionen gehörend erkannt wurde, die alle in die 3. Dynastie fallen. Nicht nur Djoser war auf diesen Reliefs dargestellt, sondern auch ein Pharao namens Sanacht, der sich bei Bêt Challâf in Oberägypten in nächster Nachbarschaft von Djoser befindet, indem beide Könige dort nebeneinander große Ziegelmastabas (Scheingräber?) gehabt zu haben scheinen[2]. Die Pyramide des Sanacht – wenn er überhaupt eine gehabt hat – ist unbekannt; Lauer hat vermutet, daß er jung starb und die Mastaba, aus der die Stufenpyramide herauswuchs, ursprünglich für ihn bestimmt war. Eine weitere Pyramide, deren Zugehörigkeit zur 3. Dynastie nach ihrem Typus heute mit Recht angenommen werden darf, wurde 1900 von Barsanti bei Sâwijet el-Arjân, einige Kilometer südlich von Gise, entdeckt und ist unter der Bezeichnung Schichtpyramide bekannt[3]. Dieses Bauwerk war so stark zerstört, daß man seine Pyramidennatur ernsthaft in Zweifel gezogen hat; es wird einem sonst fast unbekannten Pharao zugeschrieben, dessen Name Chaba sich auf Steingefäßen in der näheren Umgebung fand. Die letzte und späteste in dieselbe Kategorie einzuordnende Pyramide liegt einige Kilometer südlich von Sakkara bei Mêdûm, nicht weit vom Eingang zum Faijûm entfernt. Heute, wo sie ihrer Verkleidung völlig beraubt ist, bietet sie den Anblick eines riesigen Turms mit schrägen Seitenwänden und zwei großen Stufen unterhalb der Spitze. Graffiti in dem kleinen und schlichten Tempel an ihrem Fuß zeigen, daß man sie in der 18. Dynastie dem Snofru zuschrieb, dem ersten König der 4. Dynastie, doch sind, aus später zu erörternden Gründen, die Ägyptologen in diesem Punkt verschiedener Meinung. Geht man davon aus, daß die 3. Dynastie mit Djoser begann, so kann sie nur vier, allenfalls fünf Herrscher umfaßt und – nach dem Turiner Königspapyrus – nur einen Zeitraum von höchstens fünfundfünfzig Jahren eingenommen haben. Die neunzehn Jahre, die Djoser zugezählt werden, erscheinen als eine für die Vollendung eines so riesigen Bauwerks wie des seinen viel zu kurze Zeit. Manethos 29 Jahre wären schon eher annehmbar, wenn nur seine 3. Dynastie nicht neun Könige (deren sämtliche Namen bis auf Tosorthros, Djoser, nicht zu identifizieren sind) mit einer Gesamtregierungszeit von 214 Jahren zählte. Die Königslisten von Abydos und Sakkara bestätigen die Zahl von vier Königen des Turiner Papyrus, enthalten aber bei den angegebenen Namen verwirrende Widersprüche. Insbesondere bestehen Zweifel über die Stellung von Nebkarê[4], den die Liste von Sakkara nach Djosers Nachfolger mit dem ähnlich klingenden Namen Djoser-teti einreiht, während die Liste von Abydos anstatt seiner die sonst unbekannten Könige Sedjes und Neferkarê nennt. Der Turiner Papyrus und die Liste von Sakkara stimmen darin überein, daß sie Huni zum unmittelbaren Vorgänger von Snofru machen; dies wird durch einen bekannten literarischen Text bestätigt[5]. Was den Kundigen zunächst in Erstaunen setzt, ist das Fehlen in den Königslisten von Sechem-chet, Chaba und Sanacht, die oben als Namen von Königen der 3. Dynastie erwähnt wurden. Der Grund liegt in der zu ihrer Zeit noch befolgten alten Übung, die Könige bei ihrem Horusnamen (vgl. oben S. 52) statt bei ihrem Thronnamen zu nennen, der bis zur Regierungszeit des Snofru eine geringere Bedeutung hatte und erst seit dieser Zeit mit einer Kartusche umgeben wurde. Es ist deshalb mehr als wahrscheinlich, daß diese drei Könige sich hinter den Kartuschen der Königslisten verbergen. Dies ist mit Bestimmtheit bei Djoser der Fall, der in der Stufenpyramide und in Bêt Challâf immer der »Horus Netjriche« genannt wird. Der Name Djoser kommt zum ersten Male, und zwar als der nbtj-Name[6] des Königs, auf einer etwas jüngeren Elfenbeinplatte vor, aber endgültige Gewißheit über die Identität von Netjriche mit dem Djoser der Hieroglyphen und dem Tosorthros bei Manetho ergab sich erst aus einer langen Felseninschrift aus ptolemäischer Zeit auf der Insel von Sehêl im ersten Katarakt[7]. Diese Inschrift berichtet, der König Netjriche Djoser habe bei dem Weisen Imhotep Rat gesucht, als er sich wegen der seit sieben Jahren auf dem Lande lastenden Hungersnot in tiefer Sorge befand. Von ihm erfuhr er, daß die Nilüberschwemmung sich unter der Aufsicht des widderköpfigen Gottes Chnum von Elephantine befinde, den Djoser deshalb durch die Schenkung eines langen, noch in griechischer Zeit als Dodekaschoinos bekannten, Landstreifens in Obernubien zu besänftigen gesucht habe. Es ist häufig erörtert worden, welcher echte historische Gehalt dieser späten Urkunde zuzuerkennen ist; jedenfalls erscheint es unwahrscheinlich, daß der Pharao schon zu so früher Zeit über dieses große Landstück frei verfügen konnte.

An Überresten aus der Zeit der 3. Dynastie ist außer einigen Blöcken von einem durch Djoser bei Heliopolis[8] erbauten Tempel nichts weiter zu nennen, so daß wir nun zu der Zeit übergehen können, die den Höhepunkt der ägyptischen Geschichte darstellt. Wären die vier großen Pyramiden alles, was die 4. Dynastie an Leistungen aufzuweisen hat, so müßte man sie gleichwohl als in allen Zeiten und Ländern unübertroffene Verkörperungen zielbewußter Macht und höchsten technischen Könnens ansehen. Die Ausgrabungen der letzten sechzig Jahre haben unsere Auffassung der Pyramide wesentlich geändert. Sie ist nicht mehr nur ein für sich stehender geometrischer Bau aus Quadermauerwerk, aufgetürmt über dem Grab des Königs; sie ist, genauer gesagt, auch nicht nur ein gewaltiges Grab mit quadratischer Grundfläche und vier gleichen dreieckigen Seitenwänden, die sich in der Spitze treffen. Sie erscheint uns heute vielmehr als der Mittelpunkt einer gewaltigen Bestattungsanlage, die außer der Pyramide drei verschiedene Teile umfaßte[9]. Dicht am Rande der Wüste, mit dem Blick auf das bebaute Land, so daß er während der Überschwemmungszeit zu Schiff erreichbar war, lag in der Regel ein Taltempel von bescheidener, wenn auch durchaus stattlicher Größe. Von ihm führte ein oft mehr als 450 m langer gedeckter Aufweg zu dem eigentlichen, auf der Ostseite an den Tempel unmittelbar angebauten Totentempel, wo eine »Scheintür« oder eine Stele, die durch eine Nische einen Eingang vortäuschte, es dem verstorbenen Monarchen ermöglichte, herauszutreten und von den reichlichen Speisen der Totenstiftung zu genießen. Die Wände aller drei Teile des Bauwerks konnten mit Reliefs und Inschriften geschmückt sein, die die Tätigkeiten der verschiedenen Stände, die Taten des Königs, sowie das zu seinen Ehren vollzogene alltägliche und das Fest-Ritual darstellten. Nahe bei der seinen ruhten unter kleineren Pyramiden die Gemahlinnen und Töchter des Königs. Die Pyramidenform war das ausschließliche Vorrecht der Angehörigen der königlichen Familie; sie unterschied sich in Größe und äußerer Erscheinung deutlich von den flachen Mastabas der Blutsverwandten des Königs, der Höflinge und Beamten, die sich um sie herum scharten und wie in einer gutgeplanten Stadt in richtigen Straßen angeordnet sein konnten.

Kein sichtbares Symbol hätte augenfälliger das Ehrfurcht einflößende Verhältnis zwischen dem gewöhnlich als ⲛⲧⲣ ꜥ3 »der große Gott« oder ⲛⲧⲣ nfr »der gute Gott« bezeichneten allmächtigen Herrscher und denen zum Ausdruck bringen können, die einmal seine Diener und seine Verehrer gewesen waren. Eine Eigentümlichkeit, die in letzter Zeit in zunehmendem Maße das Interesse auf sich gezogen hat, sind die hölzernen Boote in natürlicher Größe, die auf mehreren Seiten der Pyramide jedes für sich in besonderen überdachten Mulden liegen; solche Boote sind schon aus der Zeit der 1. Dynastie gefunden worden[10]. Man hat oft angenommen, sie hätten es dem König ermöglichen sollen, im Gefolge des Sonnengottes über den Himmel zu fahren, da sie aber in allen vier Himmelsrichtungen angetroffen wurden, ist es wahrscheinlich, daß sie es einfach dem Bewohner der Pyramide ermöglichen sollten zu reisen, wohin es ihm beliebte, geradeso wie er es zu Lebzeiten zu tun pflegte[11].

Manethos 4. Dynastie beginnt mit einem König, dessen Name verderbt als Soris wiedergegeben ist. Mit ihm muß Snofru gemeint sein, der schon als Nachfolger von Huni erwähnt wurde. Weil seine Gemahlin – von der noch die Rede sein wird – den Titel »Tochter des Gottes« trug, hat man vermutet, daß Huni ihr Vater war und Snofru seinen Thron der Heirat mit ihr verdankte. Ganz gleich, wie sich das verhalten mag, die Bedeutung dessen, was von seinen Taten überdauert hat, und die Tatsache seiner späteren Vergöttlichung in den Türkisminen des Sinai machen es verständlich, daß man ihn als den Begründer einer neuen Epoche ansah. Durch einen glücklichen Zufall haben der Palermostein und das große Bruchstück in Kairo Berichte aus sechs seiner vierundzwanzig oder mehr Regierungsjahre bewahrt. Neben der Erbauung vieler Schiffe und der Herstellung von Türen und Statuen für seinen Palast wird ein Feldzug gegen ein nubisches Land erwähnt, von dem er 7000 Gefangene und 200000 Stück Vieh mitgebracht haben soll, außerdem ein Feldzug gegen die Tjehnyu-Libyer mit ebenfalls sehr wertvoller, wenn auch geringerer Beute. Von noch größerem Interesse ist aber das schon erwähnte Eintreffen von 40 Schiffen mit Zedernholz, wohl von Byblos am Fuße des Libanon. Alle anderen denkbaren Taten des Königs verblaßten sicher im Vergleich zu den mächtigen Denkmälern, die er sich selbst errichtete und die noch heute bei Dahschûr, etwa 7 km südlich von Sakkara, zu sehen sind. Es muß ungewöhnlich erscheinen, daß ein und derselbe König sich zwei so gewaltige Pyramiden und noch dazu so dicht beieinander erbaut haben soll, und doch wird diese Tatsache durch ein Dekret aus der Zeit Pepis I. bezeugt, das ihre Dienerschaft von bestimmten Frondiensten befreit, zu denen weniger glückliche Untertanen des Pharaos verpflichtet waren. Die Stele mit diesem Erlaß[12] wurde in einem Trümmerhaufen gefunden, der möglicherweise der Taltempel der nördlichen Steinpyramide von Dahschûr gewesen ist, die deshalb fast mit Sicherheit Snofru gehörte. Ausgrabungen in jüngster Zeit haben ergeben, daß die zweite Steinpyramide etwa 4 km weiter südlich, ebenfalls die seine war. Da man sich schwer vorstellen kann, daß er drei Pyramiden errichtete, hat man die Pyramide bei Mêdûm versuchsweise Huni zugeschrieben, wenn auch Snofru für ihre Vollendung verantwortlich gewesen sein mag. Der Augenschein führt jedoch zu dem befremdlichen Schluß, daß Snofru drei Pyramiden besessen hat. Die südliche der beiden Pyramiden bei Dahschûr ist unter der Bezeichnung Knickpyramide bekannt, wegen des ins Auge fallenden geringeren Böschungswinkels ihrer oberen Hälfte. Praktisch genau denselben Winkel hat ihre nördliche Nachbarin von unten an; sie wird deshalb von beiden die jüngere sein. Beide haben eine Höhe von etwa 95 m und sind sich auch im Inneren mit ihren hohen, mit Kragsteinen versehenen Grabkammern ähnlich. Die Ausgrabungen von Ahmed Fachrî[13] bei der Stufenpyramide haben in ihrem Taltempel wunderbare Reliefs freigelegt: Sie zeigen Opferträgerinnen, die die Totenstiftungen für Snofru in den verschiedenen Gauen Oberägyptens personifizieren. Diese sind in der später stets eingehaltenen Reihenfolge aufgeführt. Von einer ursprünglich ebenfalls genannten Reihe unterägyptischer Gaue ist nur ein kleiner Rest erhalten. Diese Szenen sind deshalb von großer Bedeutung, weil sie zeigen, daß sich schon in dieser frühen Zeit das verzweigte Verwaltungssystem auszubilden begann, das sich bis in die griechisch-römische Zeit erhalten sollte.

Snofru galt nach seinem Tode als ein vorbildlicher, wohltätiger und heiterer Herrscher[14]. Die Reihe der Pyramiden wurde dann zunächst in nördlicher Richtung bis Gise, fast gegenüber von Kairo, fortgesetzt; danach baute man – mit nur einer einzigen Ausnahme – südlich von Dahschûr weiter. Die Pyramiden von Gise als eines der sieben Weltwunder zu bezeichnen, bedeutet fast eine Verkleinerung, weil die Große Pyramide[15] in ihrem Volumen jedes uns bekannte von Menschenhand errichtete Bauwerk hinter sich läßt und in ihrer Höhe (etwa 146 m) von ganz aus Stein errichteten Bauwerken nur durch die Turmspitze des Ulmer Münsters übertroffen wird. Wie schon erwähnt, werden die Namen der Erbauer dieser drei auf dem Wüstenplateau von Gise diagonal zueinander stehenden Riesen von Herodot als Cheops, Chephren und Mykerinos angegeben, und wenn diese Namen auch sehr ungenau sind, so rechtfertigt doch die Vertrautheit mit ihnen die weitere Verwendung. Die Große Pyramide ist schon oft und ausführlich beschrieben worden, deshalb sei hier nur erwähnt, daß ihre Anlage im Inneren zwei durchgreifende Änderungen des Plans verrät. Der endgültige enthielt die großartige, schräg nach oben zum eigentlichen Bestattungsraum, einer heute unter der Bezeichnung Königskammer bekannten gewaltigen Halle aus Granit, führende Galerie. Drei kleine Pyramiden auf der Ostseite waren für die Gemahlinnen des Königs bestimmt, große Mastabas vor ihnen für seine Hauptsöhne. Der Totentempel ist heute vollständig zerstört; einige Blöcke mit Reliefs gehörten möglicherweise zum Aufweg[16].

Aus dem Leben des Erbauers ist, von dem steinernen Zeugnis seiner unumschränkten Macht abgesehen, wenig bekannt. Seine Kartusche mit dem Namen Chufu, oder vollständiger Chnumchufu, wurde in verschiedenen Steinbrüchen, in den Gräbern seiner Verwandten und seiner Vornehmen und in schriftlichen Urkunden aus späterer Zeit gefunden. Aber von diesen zahlreichen Erwähnungen kann mit Ausnahme derjenigen im Grabe seiner Mutter Hetep-heres kein zeitgenössischer Bericht echten historischen Wert beanspruchen. Im Februar 1925 untersuchte die Expedition der Harvard Universität unter der Leitung von Georg Reisner den Bezirk unmittelbar vor der Ostseite der großen Pyramide und stieß dabei auf den sorgfältig verborgenen Eingang zu einem Grabschacht, an dessen unterem Ende die zusammengefallene, aber vollständige Grabausstattung dieser Gemahlin des Snofru und Mutter des Cheops gefunden wurde[17]. Die Wiederherstellung der Möbel erforderte viele Jahre geduldiger Arbeit, aber am Ende war das Museum in Kairo um eine Sammlung von Stücken reicher, die in ihrer reinen Schönheit und mit ihren gefälligen Maßen nicht ihresgleichen haben. Für eine ausführliche Beschreibung des mit goldenen Beschlägen und Einlegearbeiten verzierten Bettes, des Tragsessels, der Schleiertruhe und der übrigen Schätze dieses einzigartigen Fundes ist hier nicht der Ort, aber bei den Rätseln, die dieser Fund aufgibt, müssen wir einen Augenblick verweilen. Obwohl die eingewickelten Eingeweide der Königin in einem Alabasterkästchen von der Art gefunden wurden, wie sie zu jener Zeit manchmal für diesen Zweck verwendet wurden, entdeckte man von ihrem mumifizierten Körper, als der Deckel des Sarkophags gehoben wurde, keine Spur. Die von Reisner zur Erklärung dieser ungewöhnlichen Tatsache rekonstruierte düstere Geschichte muß man bei ihm selbst nachlesen. Bei dem gegenwärtigen Stand unserer Kenntnisse läßt sich lediglich sagen, daß offensichtlich die Mumie unter strengster Geheimhaltung und so, daß sie gegen weitere Belästigungen geschützt war, ein zweites Mal bestattet wurde. Es sei hinzugefügt, daß die verwandtschaftlichen Beziehungen der Gemahlinnen und Kinder des Cheops von

Reisner und seinem Mitarbeiter Stevenson Smith zwar mit
äußerstem Scharfsinn und Geschick rekonstruiert worden
sind, aber das Ganze ist doch zu spekulativ, als daß wir uns
hier damit befassen könnten. Es gibt auch keinen zuverlässigen
Anhaltspunkt, der uns ein Urteil über die Länge der Regierungszeit von Cheops erlaubte. Diese gibt der Turiner
Königspapyrus mit 23 Jahren an, Manetho schreibt ihm,
vielleicht nur vermutungsweise, nicht weniger als 63 Jahre zu.

Dasselbe mag von Manethos 66 Jahren für den zweiten Nachfolger von Cheops, den Erbauer der zweiten
Pyramide, gelten[18]. Herodot hat ihm, wie wir gesehen haben,
den Namen Chephren gegeben. Im Vertrauen darauf haben
alle Ägyptologen seine Kartusche als Chaʿfrēʿ gelesen, doch hat
vor einigen Jahren Ranke beachtliche Gründe dafür vorgebracht, daß die beiden Elemente des aus mehreren Bestandteilen zusammengesetzten Namens umzukehren und Raʿchaʿef
zu lesen seien[19]. Wenn dies zutrifft, so müssen wir annehmen,
daß die richtige Aussprache später in Vergessenheit geraten
und eine andere an ihre Stelle getreten war, die sich an
die geschriebene Reihenfolge der beiden Bestandteile hielt.
Da jedoch Rankes Vermutung noch nicht die Billigung aller
Ägyptologen gefunden hat, bleibt man am besten bei dem
althergebrachten Namen Chephren. Die Bedeutung von
Chephrens Leistung als Pyramidenerbauer ist ganz zu Unrecht durch die seines Vaters Cheops verdunkelt worden: sowohl in der Grundfläche wie in der Höhe besteht zwischen
ihren beiden Grabmälern kein erheblicher Unterschied, die
zweite Pyramide erscheint sogar, weil sie auf einem höheren
Niveau steht, größer. Der erbrochene Sarkophag aus poliertem Granit steht noch an seinem Platz in der Grabkammer,
aber die Räuber haben keinerlei Spuren von ihrem einstigen
Besitzer zurückgelassen. Wesentliche Überreste der drei
die Pyramidenanlage bildenden Teile sind noch vorhanden.
Die nervorstechendste Eigenheit an Chephrens Totentempel
ist die ungeheure Größe der bei seiner Erbauung verwendeten
Kalksteinblöcke; sie sind die größten, die aus dem alten Ägypten überhaupt bekannt sind. Alle Reliefs, die sich vielleicht
hier und in dem Aufweg befunden haben, sind untergegan-

gen, mit Ausnahme vielleicht einiger Bruchstücke. Auch in dem Taltempel wurden keine gefunden; dort hätte auch ein solcher Schmuck nur die Schönheit der glatten Wände aus rotem Granit beeinträchtigt. So wie er noch heute erhalten ist, gehört dieser früher einmal fälschlich Tempel der Sphinx genannte Taltempel zu den Sehenswürdigkeiten der Gegend um Gise, die die tiefste Ehrfurcht hervorrufen. Die weiten Hallen spiegeln mit ihren schmucklosen Quaderpfeilern den einfachen, aber deshalb um so eindrucksvolleren ästhetischen Maßstab dieser frühen Zeit wider. Hier wurde auch neben anderen Statuen von Chephren jene wunderbare aus Diorit gefunden, die sicher zu den größten aus dem Altertum erhaltenen Meisterwerken der Bildhauerkunst gehört.

Unmittelbar nordöstlich der Pyramide befindet sich die Sphinx[20], in den Vorstellungen der Völker aller Jahrhunderte die Verkörperung ungelösten Geheimnisses und dunkler Wahrheit. Heute, wo dies riesenhafte Abbild eines menschenköpfigen Löwen von dem umgebenden Sand völlig befreit ist, ist viel von seinem verborgenen Zauber verschwunden. Aber das Rätsel seines Ursprungs bleibt. Die größte Wahrscheinlichkeit scheint die Ansicht für sich zu haben, daß Chephren sie aus einem niedrigen Felsvorsprung dicht bei seinem Aufweg hauen und so ein Denkmal von sich selbst in dem doppelten Aspekt als Mensch und Löwe schaffen ließ. Sie war zweifellos nicht die erste ihrer Art und sollte nicht nur zu einem immer wiederholten Element der ägyptischen Baukunst, sondern auch zu einem Schmuckmotiv werden, das sich über die ganze Welt ausbreitete. Die Ägypter selbst fragten nicht nach dem historischen Ursprung gerade der Sphinx von Gise; sie sahen in ihr den Gott Hor-em-achet, »Horus in dem Horizont« (griechisch Harmachis), aber bestimmt auch eine Verkörperung des Königs. Es spricht viel für die Annahme von Battiscombe Gunn, daß das Wort $\Sigma \phi i \gamma \xi$ von 𓄑𓊪𓋹𓈖𓎛 šsp ʿnḫ »lebendes Bild« abgeleitet ist, von einem Begriff, zu dem an sich der Zusatz »des Herrn des Weltalls« oder »des (Gottes) Atum« gehört, der auch manchmal vorkommt. Seltsamerweise übergeht Herodot die Sphinx völlig; außer Plinius[21] erwähnt sie kein klassischer Autor.

Von Ereignissen aus Chephrens Regierungszeit läßt sich nicht mehr sagen als bei Cheops. Die von Herodot (II, 124, 128) wiedergegebene Tradition, diese beiden Könige seien grausame und gottlose Tyrannen gewesen, war möglicherweise nur eine Folgerung aus den ungeheueren Frondiensten, die sie ihren unglücklichen Untertanen aufbürdeten. Der gegen sie erhobene Vorwurf der Gottlosigkeit wird aber durch große Granitblöcke aus Bubastis widerlegt, die ihre Namen tragen und offensichtlich zu einem Tempel gehörten. Zwischen diesen beiden Königen regierte Djedefrê, der den Thron nur acht Jahre innehatte. Aus nicht erkennbaren Gründen wählte er für seine Pyramide einen Standort einige Kilometer nordwestlich von Gise; dort wurden bei Abû Rawâsch die Reste der unvollendeten Pyramide freigelegt[22]. Auch zwischen Chephren und Mykerinos schob sich eine kurze Regierung eines oder zweier Könige ein, wenn die Angabe von 18 (oder 28?) Regierungsjahren im Turiner Papyrus sich auf den letzteren bezieht. Mykerinos oder Menkaurê (diese Umschreibung entspricht dem hieroglyphischen Lautbestand besser) gehört die dritte Pyramide bei Gise[23], die viel kleiner ist, aber mit ihren gigantischen Nachbarn an Pracht gewetteifert hätte, wenn der Plan, sie ganz mit rotem Granit zu verkleiden, verwirklicht worden wäre. Das Werk blieb jedoch unvollendet, und die Verwendung von rohen Ziegeln für große Teile des Aufwegs und den Taltempel legt Zeugnis ab von dem unerwarteten Tode ihres Besitzers. Es läßt sich nicht sagen, auf welche Weise Mykerinos gestorben ist und wieweit die Äußerung Herodots zutrifft, er sei, ganz im Gegensatz zu seinen zwei großen Vorgängern, ein frommer und wohltätiger König gewesen. Die gründliche Untersuchung seines Pyramidengeländes durch Reisner und seine Mitarbeiter wurde durch die Auffindung herrlicher Statuen belohnt. Die schönste von ihnen ist vielleicht die lebensgroße, heute zu den kostbarsten Schätzen des Bostoner Museums gehörende Doppelstatue von Mykerinos und seiner königlichen Gemahlin aus Schiefer. Man fand auch eine Reihe viel kleinerer Bildwerke aus Schiefer, Dreiergruppen, die Mykerinos zwischen Hathor und einer Gaugöttin zeigen; von diesen mag es ursprünglich nicht weniger als zweiundvierzig gegeben haben, aber nur vier sind unversehrt erhalten geblieben.

Nach dem Tode von Mykerinos zerfiel die Dynastie sehr rasch. Seine Pyramide wurde in aller Eile von Schepseskaf zu Ende geführt und ausgestattet. Schepseskaf war in der 4. Dynastie der einzige von den Zeitgenossen und der Liste von Abydos als legitim anerkannte Nachfolger. Die Liste von Sakkara nennt noch drei weitere, deren Namen aber nicht erhalten sind und die deshalb nicht mit den von Manetho angegebenen verglichen werden können. Daß um diese Zeit etwas Außergewöhnliches geschehen sein muß, wird durch die Tatsache angedeutet, daß sich Schepseskaf Sakkara-Süd zu seinem Begräbnisplatz ausersah und sich nicht eine Pyramide, sondern ein Grabmal bauen ließ, dessen äußere Form – abgesehen von den schrägen Wänden – genau einem für diese Zeit typischen Sarkophag mit gewölbter Decke und überstehenden Enden gleicht[24]. Dieses unter den Bewohnern jenes Gebiets als die Mastabat el-Faraûn bekannte Grab wurde wenig später bei Gise in einem Grabmal nachgeahmt, das manchmal als die unvollendete oder vierte Pyramide bezeichnet wird[25]. Ausgrabungen haben gezeigt, daß dieses zwischen den Aufwegen der Pyramiden von Chephren und Mykerinos gelegene Grabmal einer Königinmutter namens Chentkaus gehörte, deren Kult durch die ganze 5. Dynastie hindurch blühte. Über die Inschrift auf ihrer riesigen Scheintür besteht Streit: Junker glaubt ihr entnehmen zu können, daß Chentkaus sich tatsächlich den Titel »König von Ober- und Unterägypten« angemaßt habe, den während der ganzen ägyptischen Geschichte nur drei Frauen für sich in Anspruch genommen haben. Es ist jedoch auch eine andere Übersetzung philologisch haltbar, nach der sie die Mutter zweier und nicht nur eines Königs war[26]. Jedenfalls scheint Einigkeit darüber zu bestehen, daß sie die Stammutter der 5. Dynastie gewesen ist, wenn sich diese Ansicht auch im Widerspruch zu der in einer Geschichte aus dem späten Mittleren Reich enthaltenen Überlieferung befindet, nach der die drei ersten Könige Drillingskinder der Frau eines einfachen Priesters des Rê in der Stadt Sachebu im Delta waren[27].

DAS ALTE REICH

Welchen Ursprung die 5. Dynastie auch gehabt haben mag, es kann kein Zweifel daran bestehen, daß sie gewandelte und höchst individuelle Züge trägt. In der eben erwähnten Geschichte war dem ältesten Sohn des Ruddjedet vorhergesagt, er werde Hoherpriester des Sonnengottes Rê in On werden, der großen, den Griechen als Heliopolis bekannten Stadt, die heute ein nördlicher Vorort von Kairo ist. Es gibt keine Beweise dafür, ja es besteht nicht einmal die Wahrscheinlichkeit, daß Userkaf, der erste König der Dynastie, jemals dieses Amt innehatte; es steht aber fest, daß unter seiner Regierung die Priesterschaft von Heliopolis einen noch nie dagewesenen Einfluß auszuüben begann. Der Palermostein hat außer von Landschenkungen und Opfern für den Sonnengott Rê, seine Tochter Hathor und die rätselhaften Wesen mit der Bezeichnung B3w 'Iwnw »die Seelen von On« kaum etwas zu berichten. Man muß sich jedoch vergegenwärtigen, daß dieser gesteigerte Sonnenkult nicht die Ausschließlichkeit besaß wie mehr als tausend Jahre später der des Achenaten; auch die Göttinnen von Ober- und Unterägypten erhielten, neben anderen Gottheiten, ihre Opfer. Die beherrschende Rolle des Sonnengottes kommt auch in einer Weiterentwicklung der Königstitulatur zum Ausdruck. Bis dahin war der Name des Rê nur in den Kartuschen von Djedefrê, Chephren und Mykerinos vorgekommen. In der 5. Dynastie wurde er ein fester Bestandteil des Namens, wie sich aus der Aufzählung seiner neun Könige in ihrer als gesichert anzusehenden Reihenfolge ergibt: Userkaf, Sahurê, Neferirkarê (Kakai), Schepseskarê (Isi?), Raneferef, Neuserrê (In), Menkauhor, Djedkarê (Asosi), Onnos. Die hier in Klammern hinzugefügten, gleichfalls in Kartuschen geschriebenen Namen wurden schließlich die Geburtsnamen der Könige, während der mit Rê gebildete Name der Thronname war. Noch bedeutsamer ist, daß der Titel s3 Rˁ »Sohn des Rê«, der sich nur ganz ausnahmsweise bei zweien der drei genannten Herrscher der 4. Dynastie fand, ein häufiger Zusatz in oder vor der Kartusche zu werden begann und schließlich eine feste Stellung zwischen dem Thron- und dem Geburtsnamen erlangte. Ein Beispiel für die endgültige Form der Königstitulatur wurde auf S. 51

erläutert. Ebenfalls sehr auffällig ist das Aufkommen einer völlig neuen Art von Baudenkmälern, die, soweit ersichtlich, eine eigene Schöpfung der 5. Dynastie darstellt und nach der Regierung des 8. Königs dieser Dynastie wieder aufgegeben wurde. Diese neuen Anhänger des Sonnenkultes werden wohl ihr Unvermögen empfunden haben, bei der Verehrung ihres Gottes die gleiche Pracht zu entfalten wie die Herrscher der 4. Dynastie bei der Verehrung ihrer eigenen Person, denn sie verlegten ihre Bautätigkeit in das Gebiet einige Kilometer südlich von Gise, wo man nicht so leicht Vergleiche anstellen konnte. Als in den Jahren 1898–1901 eine Grabung der Deutschen Orientgesellschaft unter der bewährten Leitung des Architekten Ludwig Borchardt eine lange unter der Bezeichnung Pyramide von Righa bekannte Erhebung bei Abu Gurâb untersuchte, entdeckte man unter ihr einen großen Sonnentempel, den man mit einleuchtenden Gründen für eine Wiederholung des Tempels des Rê-Atum in Heliopolis gehalten hat. Die Gesamtanlage ähnelt einem normalen Pyramidenkomplex mit einem Taltempel, einem zur Höhe hinaufführenden Aufweg und einem auf der Höhe selbst gelegenen Bauwerk, das der Pyramide und dem eigentlichen Verehrungstempel entspricht. Der wesentliche Unterschied besteht darin, daß sich anstelle der Pyramide auf einem quadratischen Sockel von der Form einer gestutzten Pyramide ein ziemlich gedrungener Obelisk ∆ erhebt. Dieser Obelisk erinnert an einen sehr alten, ⌐ ⌐ bnbn benannten Stein bei Heliopolis (etymologisch vielleicht als »der Strahlende« zu erklären), der sicher einen Strahl oder die Strahlen der Sonne symbolisierte. Von sechs der neun Könige der 5. Dynastie weiß man, daß sie Sonnenheiligtümer dieser Art gebaut haben, wobei jedes seinen eigenen Namen, wie »Freude des Rê«, »Horizont des Rê«, »Feld des Rê«, trug. Nur zwei dieser Tempel konnten wirklich lokalisiert werden, der des Userkaf, der gegenwärtig von Borchardts Schüler Heinrich Ricke ausgegraben wird, und der des Neuserrê, den Borchardt selbst gründlich untersucht hat[28]. Hier wurde der Sonnengott, wie es seiner Natur entsprach, unter freiem Himmel verehrt.

Zu Füßen des Sockels des Obelisken befand sich eine erhöhte Terrasse und in deren Mitte ein großer Alabasteraltar. Nördlich davon schloß sich an einen weiten Platz, auf dem Ochsen geschlachtet wurden, eine Reihe von Magazinen an. Die Plattform, auf der der Obelisk stand, erreichte man durch einen langen gedeckten, an der südlichen Seite der Terrasse entlangführenden Gang. Er war mit herrlichen bemalten Reliefs geschmückt: einige stellten die Jahreszeiten mit der Tier- und Pflanzenwelt dar, deren Schöpfer der Sonnengott war, andere das Sed-Fest, die in regelmäßigen Abständen gefeierte Erneuerung des Königtums, bei dem die Götter der beiden Landeshälften sich versammelten, um dem Pharao zu huldigen. Es muß im Ablauf der Kulthandlungen ein erregender Augenblick gewesen sein, wenn die Priester aus dem Dämmer des Ganges in das strahlende Sonnenlicht hinaustraten, das ihr Gott verbreitete.

Diese merkwürdigen Bauwerke haben schwierige Probleme aufgeworfen. Daß jeder König auf ein prächtiges Grab für sich selbst bedacht war, ist verständlich, selbst wenn wir Heutigen uns über den ungeheuren Aufwand der Pyramiden immer wieder wundern müssen. Es ist aber nicht recht zu begreifen, weshalb ein König nach dem anderen ein Sonnenheiligtum von fast gleicher Größe errichtete, um seinem Sohnesverhältnis zu dem Sonnengott Ausdruck zu verleihen. Die Anspannung aller materiellen Kräfte muß ungeheuer gewesen sein, um so mehr, als alles dafür spricht, daß auch nach dem Tode des Vorgängers seine Opferstiftungen nicht vernachlässigt wurden. Es ist deshalb nicht erstaunlich, daß die Last dieser angehäuften Verpflichtungen für Asosi schließlich zu groß wurde, und man zu seiner Zeit die Opfer einstellte. Viel Scharfsinn wurde in den letzten Jahren auf diese und andere mit den Sonnenheiligtümern zusammenhängende Fragen verwendet[29], doch wegen des Fehlens unmittelbarer Zeugnisse nur mit geringem Erfolg.

Der Untersuchung des Sonnenheiligtums des Neuserrê ließ Borchardt die systematische Freilegung der Pyramiden der 5. Dynastie folgen, die bei Abusîr, etwa 2 km weiter südlich, dicht beieinander liegen. Aber ehe wir uns mit ihnen beschäftigen, sind noch ein paar Worte über die Pyramiden dreier Könige dieser Dynastie zu sagen, die sich für ihre Grabmäler ein noch weiter südlich, ganz in der Nähe der Stufenpyramide bei Sakkara gelegenes Gebiet ausgewählt hatten. Von der in mancherlei Hinsicht ungewöhnlichen Grabstätte des Userkaf, die in saitischer Zeit als Steinbruch und Friedhof gedient hatte, wurden nur noch Trümmer gefunden. Sie war mit herrlichen Flachreliefs geschmückt gewesen, deren eindrucksvollstes Bruchstück eine Vogeljagdszene ist, die vielleicht ähnlichen Darstellungen in jüngeren Gräbern zum Vorbild gedient hat[30]. Der bedeutendste Fund aber war der Kopf einer Kolossalstatue des Königs aus rotem Granit, der sich heute im Museum von Kairo befindet. Man hat errechnet, daß das Standbild, wenn es sich bei ihm um eine Sitzstatue gehandelt hat, etwa 3,50 m groß gewesen sein muß[31]. Die beiden Ausgräber der Pyramide des Djedkarê Asosi sind vorzeitig verstorben und haben leider keine Aufzeichnungen über ihre Ausgrabungstätigkeit hinterlassen. Möglicherweise spielte sie sich in der Nähe jener Gegend ab, aus der 1893 eine große Zahl von bis heute noch unveröffentlichten und über zahlreiche Museen verstreuten Papyrusfragmenten ans Tageslicht gelangte. Sie sind alle in die Regierungszeit des Asosi datiert, beziehen sich aber sämtlich auf die zur Totenstiftung des früheren Königs Neferirkarê Kakai gehörenden Güter und ihre Verwaltung. Unter den Papyri befinden sich Urkunden über die täglichen Zahlungen an die Oberpriester und »Propheten«[32] und an die Pächter der Sonnenheiligtümer; andere betreffen die Übertragung von Einkünften an das Pyramidenvermögen Neferirkarês und die Opfergaben für seine Statuen und die der Königinmutter Chentkaus. Diese Urkunden sind wegen der Seltenheit von Dokumenten aus dieser Zeit von größtem Wert. Dabei bedarf es eines eingehenden Studiums, um die schwer lesbaren Handschriften zu entziffern und ihren genauen Inhalt zu bestimmen. Die Pyramide des letzten Königs, Onnos, ist kleiner als alle seiner Vorgänger, war aber reicher an interessanten Funden. Der etwa 667 m lange Aufweg war mit Reliefs von feinster Arbeit geschmückt[33], deren Darstellungen sehr mannigfaltig und ganz ungewöhnlich sind: sie stellen beispielsweise den Schiffs-

DAS ALTE REICH

transport der für den Bau des Verehrungstempels benötigten Palmsäulen und Architrave aus Granit von Aswân dar. Andere Szenen zeigen Arbeiter bei den verschiedensten handwerklichen Tätigkeiten. Am merkwürdigsten und schwersten zu erklären sind aber Darstellungen von abgezehrten Menschen, die offensichtlich Hungers sterben.

Die Einrichtung der Pyramiden im Innern ist ebenso ungewöhnlich. Für den Ägyptologen am interessantesten ist aber die Tatsache, daß die Wände der Grabkammer und der Vorhalle mit den ältesten aus dem pharaonischen Ägypten erhaltenen religiösen Texten bedeckt sind. Diese in horizontalen Zeilen geschriebenen Texte enthalten Sprüche, die das Wohlergehen des Königs im Jenseits sichern sollten. Man nennt sie, weil sie sich nicht nur hier, sondern auch in den Pyramiden von vier Königen der 6. Dynastie und an anderen Stellen gefunden haben, Pyramidentexte.

Kehren wir nun zu den von Borchardt bei Abusir ausgegrabenen Pyramiden von Sahurê, Neferirkarê und Neuserrê zurück. Von ihnen blieb die Pyramide des Neferirkarê unvollendet, den unteren Teil des Aufweges verwendete Neuserrê für seine eigene Anlage. Da eine vollständige Veröffentlichung der Pyramide des Onnos fehlt, verdeutlicht man sich die Eigentümlichkeiten der Grabdenkmäler der 5. Dynastie am besten an der Pyramide des Sahurê. Sie bleiben an Größe weit hinter den Pyramiden von Cheops und Chephren zurück, stehen ihnen aber an Schönheit keineswegs nach. Wucht und abweisende Einfachheit sind hier Anmut und künstlerischer Durchbildung gewichen, ähnlich wie bei der Entwicklung von der Romanik zur Gotik. In der 5. Dynastie wurden die schmucklosen rechteckigen Pfeiler durch Säulen ersetzt, die Bündel von Papyrusstengeln darstellen oder mit Kapitellen geschmückt sind, die die Blätter der Dattelpalme nachbilden. Höchst erstaunlich ist die Fülle von Reliefs auf allen Wänden der Anlage, obwohl große Teile von späteren Generationen geplündert wurden, die gierig nach dem Kalkstein griffen, den sie für ihre eigenen Bauten gebrauchen konnten. Von der Pracht des Gesamteindrucks gewinnt man eine Vorstellung, wenn man bedenkt, daß die Fußböden oft aus poliertem Basalt bestanden und die Plastiken aus schimmerndem weißem Kalkstein auf Sockeln von rotem Granit ruhten. Eine ganz ungewöhnliche Neuerung der Pyramidenanlage des Sahurê war eine 300 m lange kupferne Abwasserleitung, die den ganzen Aufweg hinablief. Die Reliefdarstellungen sind äußerst vielseitig. Leider besitzen wir sie nicht mehr in ihrer Gesamtheit, sonst würden sie das Tun und Trachten des Königs mit einer Lebendigkeit schildern, wie dies keine geschriebene Darstellung vermöchte. Eine der erhaltenen nicht dem Alltagsleben gewidmeten Szenen zeigt z. B. den Pharao, wie er von dem Gott Chnum willkommen geheißen und von der Geiergöttin von Nechen (Hierakonpolis) gesäugt wird. Auf anderen Reliefs sind Opferträger zu sehen, die verschiedene Erscheinungen der Natur verkörpern: das Meer, das Getreide oder abstrakte Begriffe wie die Freude. Ganz im Gegensatz zu solchen begrifflichen Themen stehen die Szenen einer Wüstenjagd und Reste einer Hetze auf Nilpferde im Fluß, wenn auch gerade hier der Bildvorwurf schon konventionell geworden sein mag und sich nicht mit Sicherheit sagen läßt, ob Sahurê selbst diese sportlichen Neigungen besaß. Bei früherer Gelegenheit (S. 59) wurde schon der Feldzug nach Libyen mit seiner unermeßlichen Beute und der Gefangennahme der fremden Fürsten und ihrer Familien erwähnt. Als Bild noch viel eindrucksvoller ist eine große Darstellung von Schiffen aus Syrien mit Seeleuten und Asiaten an Bord, die ihre Arme zur Huldigung gegen den Pharao erheben. Der Anlaß mag wohl eine Expedition nach dem Libanon wegen des kostbaren Holzes seiner Wälder gewesen sein. Die Ausgrabungen bei Byblos durch Montet und Dunand haben Steingefäße mit den Namen zahlreicher Könige des Alten Reiches zu Tage gefördert, unter denen sich vermutlich auch der von Sahurê befindet. Es ginge zu weit, wollte man Byblos als eine ägyptische Kolonie bezeichnen, aber die ägyptischen Abgesandten waren dort jedenfalls immer willkommen. Diese Küstenstadt besaß auch einen Tempel der Hathor, die der einheimischen semitischen Göttin Astarte gleichgesetzt wurde. Das Bild mit den Schiffen erinnert daran, daß die beiden einzigen auf dem Palermostein erwähnten weltlichen Unternehmungen der Könige der 5. Dynastie der Bericht einer Fahrt nach Byblos wegen Türkis und einer Fahrt nach Punt sind, wo Weihrauch und andere Spezereien herkamen.

Abgesehen von dem schon genannten Feldzug nach Libyen und dem Krieg in Asien, in dem Uni (vgl. unten S. 101 f.) den Oberbefehl innehatte, scheinen sämtliche Unternehmungen des Alten Reichs im Ausland materielle Gründe gehabt zu haben. Sie sollten dem Herrscher die zur Betätigung seiner Bauleidenschaft benötigten Werkstoffe beschaffen, den Luxus seines Hofes steigern und die Bedürfnisse der von ihm verehrten Götter erfüllen.

Der 4. Dynastie wird heute allgemein eine Dauer von 160, der 5. eine von allenfalls 140 Jahren zugestanden. Diese Zahlen erscheinen im Vergleich zu den großen Leistungen, die sie vollbracht haben, niedrig. Aber offensichtlich wird man sie noch weiter heruntersetzen müssen[34], denn es besteht kein Grund, an der Wahrhaftigkeit eines Höflings zu zweifeln, der sich rühmt, er sei durch sechs Könige von Djedefrê bis Sahurê ausgezeichnet worden, oder der Glaubwürdigkeit eines königlichen Prinzen zu Mißtrauen, der sich der gleichen Gunst erfreuen durfte, allerdings erst seit Djedefrês Nachfolger Chephren[35]. Inzwischen hatten sich allerdings die Quellen, auf denen unsere Kenntnis dieser Epoche beruht, auffallend geändert. Die Schweigsamkeit und Verschlossenheit der frühen Mastabas war dem in keinem anderen Land des Altertums in diesem Maße anzutreffenden Verlangen gewichen, fast jeden Bereich des täglichen Lebens zu beschreiben und bildlich darzustellen. Verfehlt wäre natürlich die Ansicht, die Bildhauer oder ihre Auftraggeber hätten jemals die Nachwelt im Auge gehabt. Ganz abgesehen von dem Bestreben, etwas Schönes zu schaffen, wie es jeder künstlerischen Tätigkeit innewohnt, war hier die Vorstellung maßgebend, solche bildlichen Darstellungen könnten es dem Grabherrn ermöglichen, sich auch nach dem Tode all der schönen Dinge zu erfreuen, die er auf Erden genossen hatte. Auf diese Entwicklung ist etwas näher einzugehen. In der frühen 4. Dynastie wurden die Totenriten in kleinen Kapellen aus Ziegeln vollzogen, die an die Nordseite der Mastabas angebaut waren. Der einzige Hinweis auf die Person und die Wünsche des Grabinhabers war eine Stele aus Stein, die ihn sitzend vor einem Speisetisch darstellte; hieroglyphische Beischriften zählten die Speisen und Getränke auf, die er zu sich zu nehmen gedachte, die Arten von Leinen, die für seine Kleider und das Bettzeug bestimmt waren, und die Gefäße und Möbel, die er für seinen Haushalt benötigte. Aber von dieser Bescheidenheit in der Ausstattung gibt es Ausnahmen. Bei Mêdûm befinden sich Gräber aus der Zeit des Snofru[36], die die Tätigkeiten auf dem Anwesen eines reichen Adligen darstellen: das Bauen von Booten, Fischfang und Vogelfang mit der Falle, das Pflügen, das Schlachten von Ochsen usw. Etwa aus derselben Zeit stammt eine Reihe von Inschriften, die die glücklichen Geschicke eines einflußreichen Magnaten aus dem Delta namens Metjen[37] berichten, der uns erzählt, wie er zu dem Erbteil seines Vaters noch viel Land hinzuerwarb, sich ein schönes Haus baute, einen großen, mit einer Mauer umgebenen Garten anlegte, und wie ihm zahlreiche verantwortungsvolle Ämter übertragen wurden. Andere hieroglyphische Inschriften aus der folgenden Generation befassen sich mit ganz verschiedenartigen Themen: der Entlohnung der Ka-Priester für den ständigen Totendienst nach dem Tode des Grabeigentümers, einer letztwilligen Verfügung eines Sohnes des Chephren bezüglich der Aufteilung seiner Ländereien[38], der dankbaren Bestätigung der Anteilnahme des Pharaos an der Errichtung eines Grabes[39]. Solche Texte können kaum als historische bezeichnet werden, sie werfen aber Licht auf die Kultur jener Zeit, sind allerdings, das sei noch einmal betont, außerordentlich selten. Erst mit dem Heraufkommen der 5. Dynastie nehmen bildliche Darstellungen und schriftliche Berichte an Zahl stark zu. Vielleicht wurde man sich allmählich bewußt, daß der Pharao trotz seines Anspruchs, ein Gott zu sein, auch nur ein Mensch war, der seine Vornehmen gar nicht so sehr überragte. Die zahlreichen Geschenke und Zugeständnisse, die der Herrscher machen mußte, um die Macht zu behalten, legten schon die Grundlagen zu einem Feudalstaat.

Man ging nun daran, im Innern des Mastabablocks Kammern wie in den Häusern der Wohlhabenden einzubauen. Das berühmte Grab des Ti[40] besaß beispielsweise zwei große Säulenhallen, einen langen Gang, eine große Vorratskammer und eine eindrucksvolle Vorhalle. Hier bietet sich auf den Reliefs eine noch weit größere Vielfalt an Jagdszenen; es gibt kaum einen Bereich des täglichen Lebens, der nicht dargestellt ist. Auf den Wänden des Grabes kann man den Grabherrn auf dem Wege bei der Beaufsichtigung seiner Bäcker, Brauer, Winzer, Köche, Bildhauer, Zimmerleute oder Goldschmiede begleiten oder neben ihm sitzen, um sich an Musik und Tanz zu erfreuen, oder ihm bei einem Brettspiel zuschauen. Manchmal schleichen sich lustige Einzelheiten in diese Bilder ein: Ein Affe zerzaust einem Kranich die Federn oder beißt einen Diener ins Bein. Und die hieroglyphischen Beischriften begleiten jede Szene, indem sie Fetzen der Unterhaltung wiedergeben, die zwischen den Leuten, die da beschäftigt sind, hin und her geht – alles dies widerspricht ganz und gar der landläufigen Vorstellung, die alten Ägypter hätten ihre Gedanken einzig auf das Leben nach dem Tode und auf die Mumifizierung gerichtet. Jeder Ägyptologe weiß, daß es nie ein Volk gegeben hat, das dem Leben mehr zugetan, das fröhlicher und lebenslustiger gewesen wäre. Ein sympathischer Zug ist es auch, daß die Ägypter offensichtlich ihre Frauen gleichberechtigt behandelten: Reliefs und Statuen zeigen die Gattin, wie sie den Ehemann an der Hüfte umfaßt, und die kleine Tochter wird mit derselben Zärtlichkeit dargestellt wie der kleine Sohn.

Nach Onnos schiebt der Turiner Königspapyrus eine Gesamtsumme der Jahre von der Thronbesteigung des Menes bis zu ihm ein; unglücklicherweise ist die Zahl verloren, aber die Tatsache, daß dort eine Eintragung stand, ist insofern wertvoll, als sie zeigt, daß die Ägypter hier ein großes Zeitalter für zu Ende gegangen hielten. Manetho stimmt damit überein. Er beginnt seine 6. Dynastie mit sechs memphitischen Königen an derselben Stelle und nennt als ihren ersten König einen Othoes, bei dem es sich offensichtlich um den in den Königslisten von Abydos und Sakkara als den Nachfolger von Onnos angegebenen Teti handelt. Manetho nennt seltsamerweise – und sicher unrichtig – Elephantine als den Ursprungsort der 5. Dynastie; er hat aber recht, wenn er die nächste Dynastie als memphitisch bezeichnet, weil die Pyramiden aller ihrer Herrscher nur wenige Kilometer voneinander entfernt bei Sakkara liegen. So hat auch die ▭ Mn-nfr »(Pepi) dauert und ist gnädig« genannte Pyramide des dritten Königs dieser Dynastie, Pepis I., der großen Stadt Memphis in der Flußebene auf der Höhe von Sakkara ihren Namen gegeben. Es ist nicht ersichtlich, weshalb gerade Teti als der Begründer einer neuen Dynastie angesehen wurde, aber etwa um dieselbe Zeit fällt uns zum ersten Male eine tiefgreifende Veränderung im Wesen des ägyptischen Königtums auf. Vorbei war es mit der straffen Zentralisation der vorangegangenen Zeiten, als es das höchste Streben eines jeden Vornehmen war, ein Grab im Schatten der Pyramide seines Herrschers zu erhalten. Die Großzügigkeit des Pharaos gegen seine Günstlinge fand nun ihren Lohn: Es begann nicht nur der Reichtum des Königs dahinzuschwinden, der seiner Vornehmen war derart angewachsen, daß sie an Macht und Einfluß mit ihm wetteifern konnten. In der Nähe jeder größeren Stadt in der Provinz entstanden stattliche Friedhöfe, wo nicht nur die örtlichen Fürsten, sondern auch ihre bevorzugten Diener ihre Mastabas und Felsgräber mit einem Abglanz der Pracht auszustatten suchten, wie sie in der königlichen Residenz üblich war. Wir brauchen hier nur die Gräber zu erwähnen, die bei Sâwijet el-Amwât, Mêir, Dêr el-Gebrâwi, Achmîm, Dendera, Edfu und Aswân freigelegt und aufgenommen wurden[41]. Sogar bei Theben fanden sich einige Gräber, obwohl die überragende Stellung, die dieser Ort dereinst einnehmen sollte, noch in ferner Zukunft lag. Wenn sich auch eine feste Provinz-Aristokratie ausgebildet hatte, so darf man sich doch die Pharaonen der 6. Dynastie keineswegs als Schwächlinge vorstellen. Im Gegenteil: zu ihnen gehörten einige der größten Herrscher der ganzen ägyptischen Geschichte, wenn man nach dem häufigen Vorkommen ihrer Kartuschen und nach den erhaltenen Zeugnissen ihrer Tatkraft und ihres Unternehmungsgeistes urteilen darf. Es trifft zu, daß ihre Denkmäler in künstlerischer Hinsicht mit den Leistungen der vorangegangenen Generationen nicht wetteifern können und an Neuschöpfungen wenig zu bieten haben. Die Ausführung ihrer Pyramiden ist ausgesprochen liederlich, so daß die meisten von ihnen in formlose Trümmerhaufen zusammengefallen sind. Auch die religiöse Leidenschaft, die alle Anstrengungen der 5. Dynastie auf die Verehrung des Sonnengottes richtete, ist verschwunden; an ihre Stelle tritt die Sorge um das Wohlergehen des Gottes Osiris, mit dem, wie wir noch sehen werden, der verstorbene König nun gleichgesetzt wurde, als das einzige Anliegen der Pyramidentexte auf den Wänden ihrer Grabkammern. Man mag, vielleicht nicht ganz zu Unrecht, einwenden, die hier geschilderte Entwicklung könne nur allmählich verlaufen sein, und unser Urteil sei dadurch beeinflußt, daß die Dokumente der 5. Dynastie im Vergleich zu denen der 6. an Zahl so gering sind. So besitzen wir aus Abydos ein vereinzeltes Befreiungs-Privileg, zahlreichen anderen aus späterer Zeit ähnlich[42], das von Neferirkarê der Priesterschaft jenes Ortes gewährt wurde. Die allgemeine Tendenz ist ganz unverkennbar: Wenn der König auch bedeutende Leute aus der Provinz zu großen Gaufürsten in ihren Provinzen ernannte, wie z. B. den Ibi im Vipergau[43], so wollte er doch an der Erbauung der lokalen Tempel und der Befreiung der von ihnen Abhängigen von lästigen Pflichten beteiligt bleiben. So wurden, um nur einige Beispiele zu geben, von Teti und Pepi II. in Abydos[44] bzw. Koptos[45] Befreiungen erteilt; bei Bubastis befinden sich Reste eines von Pepi I. errichteten Heiligtums[46], Pepi I. führte auch wichtige Bauvorhaben in Heliopolis[47] durch, dessen Gott demnach nicht übergangen wurde, wenn auch seine Bedeutung etwas gesunken war. Noch in ptolemäischer Zeit erinnerte man sich im Tempel von Dendera dieses Königs als seines Stifters[48]. Bei Hierakonpolis wurden zwei Kupferstatuen von ihm gefunden, die schönsten aus dem Alten Reich erhaltenen Metallarbeiten[49]. Wenn auch in der 6. Dynastie die Provinzen eine immer größere Bedeutung erlangten, so gab es doch noch Würdenträger genug, deren

Ämter die Erwerbung eines Grabes nahe der Residenz verlangten. Die Ausgrabungen von Loret, Quibell und Firth rund um die Pyramide des Teti haben zahlreiche solche Gräber zum Vorschein gebracht[50]. Sein Wesir (und Schwiegersohn) Mereruka besaß dort eine der schönsten Mastabas überhaupt[51]. Ein Hoherpriester von Memphis, Sabu, rühmt sich des Schutzes, den er seiner Majestät gewährt habe, wenn er bei zeremoniellen Anlässen zu ihm in die Barke stieg[52]. Ein anderer Hoherpriester desselben Namens gibt seinem Gefühl des Stolzes über seine Ernennung Ausdruck[53]. Ein Beamter erzählt, wie er nach Tura geschickt wurde, um Kalkstein für einige Bauvorhaben zu holen[54]. Daran, daß Teti zwei Gemahlinnen hatte, erinnern die große Mastaba der Chuye bei Memphis und die in der Nähe liegende Pyramide der Iput[55]; diese Königin war die Mutter Pepis I., der dafür Sorge trug, daß die ungestörte Verwaltung ihres Scheingrabes bei Koptos gesichert war[56]. Von Tetis eigenen Taten ist nichts bekannt, und es läßt sich deshalb nicht sagen, ob etwas Wahres an dem Bericht von Manetho ist, er sei von seiner eigenen Leibgarde ermordet worden.

Die Regierungszeit seines Nachfolgers Userkarê war offensichtlich ohne größere Bedeutung; sein Name ist nur aus der Liste von Abydos und von zwei Rollsiegeln bekannt. Die Vorstellung von Größe, die der Name von Merirê Pepi I. wachruft, beruht nicht auf einem erhaltenen imposanten Denkmal, sondern vielmehr auf der üppigen Fülle und weiten Verbreitung der Inschriften, die ihn erwähnen. Bemerkenswert ist auch die schon erwähnte Tatsache, daß Memphis nach seiner Pyramide genannt wurde und daß man noch Jahrhunderte später Pepis I. in Verehrung gedachte. Seine Regierung war offensichtlich von langer Dauer. Manetho, dessen Zahlenangaben für diese Dynastie offenbar zuverlässiger sind als für jede andere, erkennt ihm dreiundfünfzig Jahre zu. Eine Expedition zu den Alabasterbrüchen bei Hatnub[57] ist in das Jahr der 25. Viehzählung datiert, also in das 50. Regierungsjahr, da zu jener Zeit die Zählung nur alle zwei Jahre durchgeführt wurde. Dieselbe Felseninschrift und ebenso andere im Wâdi Hammamât[58] erwähnen die erste Begehung des Sed-Festes, das wohl in seinem 30. Regierungsjahr gefeiert wurde. Pepi war stolz auf dieses Jubiläum und verewigte es auf Alabastervasen, die sich heute im Louvre und in anderen Museen befinden. Keine zufriedenstellende Erklärung läßt sich für die zuverlässig belegte Änderung seines ursprünglichen Geburtsnamens Nefersahor in Merirê[59] geben. Der Horusname Meri-t3wi »Geliebt von den beiden Ländern« mag ausdrücken, wonach er wirklich gestrebt hat. Eine großzügige Lebensauffassung scheinen seine beiden Ehen zu zeigen; er hat, zweifellos nacheinander, zwei Töchter eines lokalen Erbprinzen namens Chui, dessen Heimat Abydos[60] gewesen zu sein scheint, geheiratet. Beide Töchter trugen denselben Namen Merirê-ʿanch-naś, und wenn wir der Inschrift, die dies berichtet, glauben dürfen, so wurde die eine die Mutter von Pepis I. Nachfolger Merenrê und die andere die Mutter von dessen Nachfolger Pepi II., während ihr beider Bruder Djaʿu das hohe Amt eines Wesirs bekleidete. Diese Verbindung zu den Provinzen scheint ganz dem Geist der Zeit zu entsprechen.

Im letzten Kapitel glaubten wir betonen zu sollen, wie bedeutungslos aus der Sicht des Historikers die meisten autobiographischen Inschriften des Alten Reiches sind. Hier können wir glücklicherweise ein Beispiel bieten, das wenigstens eine teilweise Ausnahme darstellt. Ein unscheinbarer Steinsplitter aus einem Grab bei Abydos berichtet vom Aufstieg des Uni, eines Mannes von niederer Herkunft, in eine der höchsten Stellungen im Staate[61]. Nach einer Dienstzeit als Beamter geringeren Ranges unter Teti wurde er ein »Freund« (šmr) oder Günstling von Pepi I.; diese Würde war mit einem Priesteramt in der Pyramidenstadt verbunden. Er gewann das Vertrauen des Königs so rasch, daß er danach zum Richter ernannt wurde. In dieser Eigenschaft erging an ihn die Aufforderung, als einziger Beisitzer des Wesirs Fälle von Hochverrat zu verhandeln, die im königlichen Harem und in den »Sechs Großen Häusern« vorgekommen waren. Nachdem er diese wichtige Aufgabe erfüllt hatte, hielt er sich für berechtigt, um Unterstützung bei der Ausschmückung seines Grabes zu bitten, ein Wunsch, der ihm vom König gern gewährt wurde: »Seine Majestät veranlaßte, daß der Siegelbewahrer des Gottes (𓌞𓂢𓊹 śd₃wti ntr) hinüberfuhr über den Nil mit einem Trupp von Schiffsleuten unter seinem Kommando, um mir diesen Sarkophag aus Tura zu holen. Er kehrte mit ihm zurück auf einem großen Lastschiff der Residenz nebst seinem Deckel, einer Scheintür, einem Türsturz, zwei Türpfosten und einer Platte für das Trankopfer. Niemals war dasselbe getan worden für irgendeinen Diener ...« Die folgenden Abschnitte sind so hochinteressant und in ihrer Ausdrucksweise so typisch ägyptisch, daß sie hier ohne Kürzungen wiedergegeben seien:

»Während ich (nur) ein Richter war, machte mich Seine Majestät zum einzigen Freund und zum Aufseher der Pächter des Palastes, und ich setzte vier Aufseher des Palastes ab, die dort waren; und ich handelte zu Seiner Majestät Zufriedenheit beim Geleitgeben, beim Bereiten von des Königs Weg und beim Einnehmen von Ämtern bei Hofe; ich tat alles so, daß Seine Majestät mich dafür über alle Maßen lobte.

»Als es zu einem Geheimprozeß kam in des Königs Harem gegen die Königin, ließ mich Seine Majestät hingehen, um (die Sache) allein anzuhören, ohne daß dort irgendein Wesir oder irgendein Beamter zugegen war, nur ich allein, wegen meiner Vortrefflichkeit und weil ich fest eingepflanzt war in das Herz Seiner Majestät und weil Seine Majestät Vertrauen zu mir hatte. Ich war es, der es schriftlich niederlegte, allein mit einem Richter, obwohl mein Rang der eines Aufsehers der Pächter des Palastes war. Niemals zuvor hatte einer wie ich eine Geheimsache aus dem Harem des Königs gehört, aber mich ließ Seine Majestät sie hören, weil ich vortrefflich war in dem Herzen Seiner Majestät über jeden seiner Beamten hinaus, über jeden seiner Adligen hinaus, über jeden seiner Diener hinaus.

»Als Seine Majestät eine Strafe über die Asiaten und die Sandbewohner verhängte, bildete Seine Majestät ein Heer von einigen Zehntausenden aus dem ganzen (Land) Oberägypten, von Elephantine im Süden bis Medjneye[62] im Norden, aus Unterägypten, von den beiden Seiten des Hauses[63] in ihrer Gesamtheit, aus Sedjer, aus Chen-sedjru, von Irtje-Nubiern, Medja-Nubiern, Jam-Nubiern, Wawat-Nubiern,

Kaau-Nubiern; und aus dem Lande der Tjemhu schickte mich
Seine Majestät fort an der Spitze dieses Heeres. Da waren
Grafen, Siegelträger des Königs von Unterägypten, einige
Freunde des Palastes, Häuptlinge und Oberhäupter von Städten
Ober- und Unterägyptens, Aufseher der Dometscher[64],
Aufseher der Propheten Ober- und Unterägyptens und
Aufseher der Tempelabhängigen an der Spitze der Truppen
von Ober- und Unterägypten und der Städte und Dörfer,
über die sie herrschten, und der Nubier dieser Fremdländer.
Ich war es, der sie befehligte, obwohl mein Amt (nur) das
eines Aufsehers der Pächter des Palastes war, weil ich gut
geeignet dazu war, jemanden am Streit mit seinem Genossen
zu hindern, jeden von ihnen davon abzuhalten, einem Wanderer Brot oder Sandalen wegzunehmen, einen jeden von ihnen
daran zu hindern, ein Lendentuch aus irgendeinem Dorf zu
entwenden, einen jeden von ihnen davon abzuhalten, irgend
jemandem eine Ziege zu stehlen. Ich schickte sie ab von
Nördliche Insel, Tor des Imhotep und Bein des Hor-Nebmaat,
obwohl ich (nur) dieses Ranges war ... Da wurde mir die
Anzahl dieser Truppen enthüllt, obwohl sie niemals zuvor
irgendeinem Diener enthüllt worden war.«

An dieser Stelle wird Uni auf einmal poetisch, ein einzigartiger Zug dieser Inschrift:

»Dieses Heer kehrte heim in Frieden, es hatte das Land der
    Sandbewohner verheert,

Dieses Heer kehrte heim in Frieden, es hatte das Land der
    Sandbewohner ausgetilgt,

Dieses Heer kehrte heim in Frieden, es hatte seine ummauerten Siedlungen niedergerissen,

Dieses Heer kehrte heim in Frieden, es hatte seine Feigenbäume und Weinreben niedergehauen,

Dieses Heer kehrte heim in Frieden, es hatte Feuer geworfen
    in alle seine fürstlichen Häuser,

Dieses Heer kehrte heim in Frieden, es hatte Truppen erschlagen in ihm, einige Zehntausende,

Dieses Heer kehrte heim in Frieden, es hatte sehr viele
    Truppen weggeführt als Kriegsgefangene,

Und Seine Majestät lobte mich deswegen über alle Maßen.«

Darauf folgt in Prosa der Bericht von Unis fünfmaliger
Aussendung, damit er sich mit den aufsässigen Sandbewohnern beschäftige, danach die Schilderung eines Aufstandes an
der »Nase der Gazelle«, vermutlich dem Gebiet des Karmels.
Indem er zu Schiff mit seinen Truppen nach der Rückseite
der Höhenzüge im Norden des Landes der Sandbewohner
übersetzte, während sich die andere Hälfte des Heeres auf der
hohen Wüstenstraße näherte, gelang es Uni, alle Aufrührer
zu fangen und zu töten.

Unis Autobiographie geht nun zu Merenrês Regierung
über, woraus sich ein schwer zu lösendes Problem ergibt. Es
wurde bereits erwähnt, daß Uni schon unter der Regierung
von Teti ein untergeordnetes Amt innegehabt hatte; die oben
verwerteten Zeugnisse schienen für Pepi I. eine Regierungszeit
von über fünfzig Jahren zu ergeben. Von der Annahme ausgehend, daß Merenrê seinem Vater erst nach dessen Tod auf
den Thron folgte, müßte Uni sonach mehr als sechzig Jahre
alt gewesen sein, als er in die Dienste des neuen königlichen
Gebieters überging. Unter Merenrê erwarteten ihn jedoch
weitere schwierige Aufgaben – Aufgaben, von denen man sich
kaum vorstellen kann, daß sie einem Mann in so weit vorgeschrittenem Alter übertragen wurden. Diese Unstimmigkeit
würde, wenn nicht völlig überwunden, so doch gemildert,
wenn sich erweisen ließe, daß Merenrê als Mitregent Pepis I.
schon seit einigen Jahren an der Regierung beteiligt gewesen
war, so daß königliche Befehle im Namen eines jeden von
ihnen ergehen konnten. Für eine solche Mitregentschaft fand
sich tatsächlich ein gewisser, wenn auch etwas schwacher Anhaltspunkt. Zu Beginn der Regierung Merenrês scheint Uni
lediglich Kammerherr und Sandalenträger gewesen zu sein,
aber es dauerte nicht lange, bis er zum Vorsteher von Oberägypten befördert wurde. Als Inhaber dieses äußerst wichtigen Verwaltungsamtes in der südlichen Hälfte Ägyptens
hatte er alle für die Residenz bestimmten Steuern einzunehmen
und die damit verbundenen Arbeiten zu erledigen. Dies tat er
zweimal hintereinander. Dann wurde er zu einem entlegenen
Steinbruch in Nubien geschickt, um einen Sarkophag und
eine kostbare Spitze für die Pyramide des Königs zu holen

und bei Elephantine Türen von rotem Granit und andere Teile für dasselbe Bauwerk zu beschaffen. Alle diese Aufträge erledigte er auf ein und demselben Zuge. Wie erschöpft er auch gewesen sein mag, er mußte doch sogleich zu den Alabasterbrüchen bei Hatnub aufbrechen, um dort eine große Opfertafel hauen zu lassen, deren Transport den Bau eines Schiffes von 30 m Länge und 15 m Breite erforderlich machte. Es war eine erstaunliche Leistung, daß er sich dieses höchst mühsamen Auftrags innerhalb von drei Wochen entledigte, und noch dazu während des dritten Sommermonats, wo der Strom seinen niedrigsten Stand hatte. Doch schon erwartete ihn eine neue gewaltige Aufgabe: die Herstellung von fünf schiffbaren Rinnen durch den ersten Katarakt und der Bau von sieben Schiffen aus Akazienholz, das von den Häuptlingen verschiedener nubischer Gaue geliefert wurde. Nach einer so langen verdienstvollen Laufbahn erscheint es recht hart, daß Uni gehalten war, alle seine Erfolge der Macht und Willensstärke seines Herrschers zuzuschreiben. Aber vielleicht hätte er niemals eine so hohe Stellung erlangt, wenn ihm nicht auch eine gute Portion Unterwürfigkeit eigen gewesen wäre.

Aus dieser Erzählung geht zugleich hervor, daß Ägypten an seiner nordöstlichen Flanke mit weit größeren Schwierigkeiten zu kämpfen hatte als an seiner südlichen Grenze. Wenn auch die Feinde hier in der Regel mit dem Ausdruck ḥriw-šʿ, wörtlich »die auf dem Sande sind«, bezeichnet werden, so wäre es doch ein Irrtum, anzunehmen, damit seien nur die armen Nomaden der Sinai-Halbinsel gemeint gewesen; um diese zu vertreiben, hätte es wohl nicht einer Armee von Tausenden bedurft. Sofern die Erwähnung von Feigenbäumen und Weinreben in Unis Poem nicht überhaupt als reine Erfindung abzutun ist, muß sie sich jedenfalls auch auf einen bedeutenden Teil Südpalästinas bezogen haben, und wahrscheinlich hat die Vermutung am meisten für sich, daß es sich bei dem euphemistisch als Aufstand bezeichneten Vorgang in Wirklichkeit um die erste Welle des asiatischen Ansturms gehandelt hat, der etwas mehr als hundert Jahre später über Ägypten hinwegging und eine immer wiederkehrende Bedrohung während seiner Geschichte geblieben ist.

Es war nur natürlich, daß die Beziehungen zu Nubien friedlicher waren. Hier lagen die Vorteile, die sich aus einem freundschaftlichen Verkehr ziehen ließen, auf beiden Seiten. Nubien war die Quelle verschiedener hochgeschätzter Güter, die anderswo nicht erhältlich waren[65]. Die Nubier waren ihrerseits von ihren reicheren und zivilisierteren Nachbarn stark abhängig. Sie brauchten vor allem Getreide, wenn dies auch in dem einzigen Bericht über die von den Ägyptern zum Tausch mitgeführten Güter nicht genannt ist. In diesem werden aufgezählt: »Öl, Honig, Kleider, Fayence und alle Arten von Dingen«[66]. Erst sehr viel später gingen die Ägypter daran, Unternubien zu kolonisieren. Es zeugte von ihrem Weitblick, daß sie Elephantine als Südgrenze annahmen, indem sie klar erkannten, daß es sich bei dem Land jenseits des ersten Katarakts um keinen erstrebenswerten Besitz handele und ihre Bedürfnisse sich am besten von Fall zu Fall durch Expeditionen befriedigen ließen[66a]. Schon in der 4. Dynastie ließ Cheops Diorit aus einem Steinbruch nordwestlich von Toschka[67] holen, wo man auch die Kartuschen mehrerer seiner Nachfolger fand, jedoch liegt bis zur 6. Dynastie Schweigen über den Einzelheiten aller solcher Unternehmungen. Einige Klauseln eines Schutzdekrets Pepis I. zugunsten der Diener der beiden Pyramiden des Snofru[68] untersagen den »friedlichen Nubiern«, womit vermutlich Polizisten wie die Medjayu späterer Zeiten gemeint waren, gegen sie vorzugehen. Daß Uni, wie wir gesehen haben, für seine asiatischen Feldzüge Soldaten unter verschiedenen nubischen Stämmen anwerben konnte, zeigt, wie bereitwillig diese die Gelegenheit ergriffen, in die Dienste eines Landes zu treten, das so viel angenehmer war als ihre Heimat – eine Erscheinung, die sich heute bei den in Ägypten häufig als Köche, Diener usw. beschäftigten Berbern wiederholt. Im ersten Jahr seiner Regierung suchte Merenrê das Gebiet des ersten Katarakts persönlich auf, um die Huldigungen der Häuptlinge der Medja, Irtje und Wawat[69] entgegenzunehmen. Abgesehen von den soeben erwähnten Fakten wüßten wir wenig über den Umgang der Ägypter der 6. Dynastie mit Nubien, besäßen wir nicht die Inschriften, die mehrere aufeinanderfolgende Fürsten von Elephantine in die Wände ihrer Gräber gegenüber von Aswân haben meißeln lassen. Diese Fürsten waren vermutlich ihrer rassischen Herkunft nach selbst halbe Nubier; auf jeden Fall verstanden sie die Sprache oder die Sprachen der Stämme, die sie auf höheren Befehl aufzusuchen hatten. Sie scheinen auch robuster und für Reisen ins Ausland geeigneter gewesen zu sein als die meisten ägyptischen Adligen, denn Punt und Byblos werden als Orte erwähnt, nach denen einer dieser Fürsten immer wieder ausgesandt wurde[70], während ein anderer[71] den Auftrag erhielt, aus dem »Lande der Asiaten« – vermutlich irgendwo am Roten Meer – die Leiche eines ägyptischen Beamten herbeizuschaffen, der mitsamt seinen Leuten beim Bau eines Schiffes für eine Fahrt nach Punt erschlagen worden war. Es steht fest, daß trotz der an sich guten Beziehungen auch in Nubien ernsthafte Unruhen ausbrechen konnten, denn Pepinacht, aus dessen Grab die Schilderung der eben erwähnten Begebenheit stammt, hatte zuvor folgendes berichtet: »Die Majestät meines Herrn schickte mich aus, die Länder der Wawat und der Irtje zu plündern. Ich handelte zur Zufriedenheit meines Herrn und tötete eine große Zahl dort, die Kinder des Häuptlings und tapfere Hauptleute des Heeres. Und ich brachte von dort nach der Residenz eine große Zahl von Gefangenen, indem ich an der Spitze vieler starker und kühner Soldaten war.«

Vielleicht ist die aufschlußreichste dieser Aswân-Inschriften die mit dem Brief über den Tanzzwerg, der oben (S. 60/61) wiedergegeben wurde. Sie beginnt wie gewöhnlich mit Titeln und Lobpreisungen des Fürsten und Aufsehers der Dolmetscher Harchuf und fährt dann fort[72]: »Er sagte: Die Majestät des Merenrê, meines Herrn, schickte mich zusammen mit meinem Vater, dem einzigen Freund und Lese-Priester Iri nach Jam, um den Weg zu öffnen nach diesem Lande. Ich tat es in sieben Monaten und brachte von ihm alle Arten von guten und seltenen Geschenken mit und wurde hoch gelobt deswegen. Seine Majestät schickte mich ein zweites Mal allein. Ich brach auf der Straße nach Elephantine auf und kehrte zurück von Irtje, Mecher, Tereros und Irtjetj in dem Zeitraum von acht Monaten. Ich kehrte zurück und brachte Geschenke aus diesem Land in sehr großer Zahl, und niemals zuvor war dergleichen nach diesem Lande gebracht worden. Ich kehrte zurück durch die Gegend in der Nähe des Hauses des Häuptlings der Satu und Irtje. Ich hatte diese Länder geöffnet. Niemals hatte man es gefunden, daß es getan wurde von irgendeinem Freund und Aufseher der Dolmetscher, der zuvor nach Jam gegangen war. Seine Majestät schickte mich ein drittes Mal nach Jam. Ich brach auf aus dem thinitischen Gau auf der Oasenstraße und fand, daß der Häuptling von Jam nach dem Tjemeh-Land gegangen war, um die Tjemeh nach der westlichen Ecke des Himmels zu schlagen. Ich ging weiter in seiner Verfolgung nach dem Tjemeh-Land, und ich stellte ihn zufrieden [73], so daß er alle Götter pries wegen des Herrschers. [Ich schickte einen Boten fort (?) . . .] Jam . . . um zu unterrichten Seine Majestät Merenrê, meinen Herrn, [daß ich gegangen war nach dem Tjemehland] und zufriedengestellt hatte den Häuptling von Jam. [Ich kehrte zurück (?)] in das südliche Ende von Irtje und das nördliche Ende von Satu, und ich fand den Häuptling von Irtje, Satu und Wawat, [diese drei Länder?] vereinigt alle zu einem, und kehrte zurück mit dreihundert Eseln, die beladen waren mit Weihrauch, Ebenholz, ḥknw-Öl, ś3t, Leopardenfellen, Elefantenzähnen und Wurfhölzern und allen guten Dingen. Da nun der Häuptling von Irtje, Satu und Wawat sah, wie stark und zahlreich die Truppe von Jam war, die mit mir zur Residenz zurückkehrte samt den Soldaten, die mit mir ausgeschickt worden waren, entließ mich dieser Häuptling, und er gab mir Ochsen und Ziegen und führte mich über die Höhen von Irtje wegen der Umsicht, die ich bewiesen hatte über die jedes Freundes und Aufsehers der Dolmetscher hinaus, der zuvor nach Jam geschickt worden war. Da nun dieser bescheidene Diener stromab fuhr zur Residenz, ließ man zu mir kommen den einzigen Freund und Aufseher der beiden Bäder, Chuni, indem er mich einholte mit Schiffen, beladen mit Dattelwein, Kuchen, Brot und Bier. Der Fürst, Siegelbewahrer des Königs von Unterägypten, einziger Freund, Lesepriester, Siegelbewahrer des Gottes, Vertrauter der (königlichen) Befehle, Harchuf.«

DAS ALTE REICH

Diese mit den Titeln und dem Namen des Grabeigentümers endende Schilderung[74] wurde hier vollständig wiedergegeben, um eine bessere Vorstellung von der Ausdrucksweise und den Schwierigkeiten einer sogenannten autobiographischen Inschrift des Alten Reiches zu vermitteln. Das Hauptproblem liegt in der Identifizierung der verschiedenen erwähnten nubischen Gebiete. Wo lag vor allem Jam, der Endpunkt von Harchufs Zügen? Es scheint, als habe man dieses Gebiet zu Recht südlich des zweiten Katarakts angenommen, unmöglich läßt es sich aber mit Kerma jenseits des dritten Katarakts gleichsetzen, das in der 12. Dynastie eine vorgeschobene Garnison im Herzen des Sudan wurde.

Was die anderen Gebiete anbetrifft, so dehnte sich Wawat vom ersten Katarakt ein ziemliches Stück nach Süden, Irtje wurde endgültig in der Gegend von Tomâs, auf halbem Wege nach Wâdi Halfa, festgelegt und das von Uni, aber nicht von Harchuf erwähnte Medja in der näheren Umgebung des zweiten Katarakts.

Merenrê regierte etwas länger als zehn Jahre; ihm folgte sein Halbbruder Pepi II. Der neue König muß damals noch ein Knabe gewesen sein, denn sowohl der Turiner Königspapyrus als auch Manetho geben eine Regierungszeit von über neunzig Jahren an. Zu Beginn seiner Regierung scheint er unter der Vormundschaft seiner Mutter gestanden zu haben, da sie in dem Bericht einer Expedition nach dem Sinai im vierten Regierungsjahr neben ihm genannt[75] ist. Papyrusfragmente aus später Zeit[76] berichten, Pepi sei mehrfach dabei ertappt worden, wie er mitten in der Nacht einem seiner Generale lange heimliche Besuche abstattete – eine Geschichte ganz nach dem Geschmack Herodots. Einige der auf den letzten Seiten erwähnten nubischen Unternehmungen fallen in seine Regierungszeit, von der trotz ihrer Länge sonst nur wenig bekannt ist. Jedenfalls hatte er reichlich Zeit, sich dem Bau seiner Pyramide in Sakkara-Süd zu widmen, die an Größe jede seiner unmittelbaren Vorgänger übertraf und dank der bewunderungswürdigen Ausgrabungen G. Jéquiers eine klarere Vorstellung von einem Pyramidenkomplex des Alten Reiches ermöglicht als die Nachbaranlagen.

Neben diesem Bauwerk ist nur an die schon erwähnten
Immunitätsdekrete zu erinnern und an die »Autobiographie«
eines Fürsten des 8. und 12. Gaues von Oberägypten
namens Djau, in der dieser sich damit großtut, er habe seinem
Vater ein schönes Begräbnis zuteil werden lassen und die
nötigen Mittel dazu vom König erhalten[77] – ein zu dürftiges
Material, als daß es einen Historiker zufriedenstellen könnte.
Wer aber zwischen den Zeilen aller solcher Inschriften zu
lesen versteht, dem kann der allmähliche Verfall des Königtums
nicht entgehen, der ohne Zweifel zum Teil auf die
mangelnde Energie des Herrschers selbst zurückzuführen ist.

Wie wir gesehen haben, ließ der Turiner Königspapyrus
Pepi II. noch acht Könige folgen, ehe er die Gesamtsumme
von 181 Jahren für die ganze Zeit seit Teti erreichte. Von diesen
Nachfolgern Pepis sind lediglich die Namen von vier erhalten,
während die Regierungszeiten von fünf der acht
Könige zusammen nur zehn Jahre betragen. So ging die
6. Dynastie offenbar mit einer ganzen Reihe von unbedeutenden
Königen zu Ende, die man wohl alle als zu dieser Dynastie
gehörend ansehen würde, wenn nicht Manetho die 6. Dynastie
mit der Königin Nitokris hätten enden lassen, die es – wie
die letzte Herrscherin der 12. Dynastie, Sobeknofrurê, – verstanden
hatte, den Pharaonenthron an sich zu reißen. Von
Nitokris sagt Manetho, sie sei »die edelste und lieblichste der
Frauen ihrer Zeit« gewesen, und Herodot (II, 100) verdanken
wir die Geschichte, sie habe Selbstmord begangen, nachdem
sie sich an den Ägyptern dafür gerächt hatte, daß diese ihren
Bruder ermordet hatten, um sie an seiner Stelle auf den Thron
zu bringen. Im Turiner Königspapyrus war Nitokerti (wie ihr
Name dort geschrieben wird) entweder der zweite oder der
dritte Pharao nach Pepi II. Es läßt sich nicht bezweifeln, daß
sie wirklich gelebt hat, doch kann sie kaum mit der Königin
Neith identisch gewesen sein, deren Pyramide Jéquier bei
Sakkara[78] entdeckte, denn diese Königin war die älteste Tochter
von Pepi I. und kann allenfalls zu Beginn von Pepis II.
langer Regierung eine seiner Gemahlinnen geworden sein.
Über die noch verbleibenden Nachfolger Pepis II. wird im
nächsten Kapitel zu handeln sein. Hier ist über das Ende der

6. Dynastie lediglich zu sagen, daß unmittelbar auf den Tod des hochbetagten Königs offensichtlich dynastische Wirren gefolgt sind und daß es, wie in der 12. Dynastie, einer Königin für kurze Zeit gelang, Vorteile aus der Situation zu ziehen.

Es ist leicht einzusehen, daß ohne eine starke und durchorganisierte Verwaltung die ungeheuren Leistungen des Alten Reiches in Baukunst und bildender Kunst niemals hätten erreicht werden können; doch sind unsere Quellen so hoffnungslos unzureichend, daß sich aus ihnen eine zusammenhängende Darstellung nicht entwickeln läßt. Es sind wohl kühne Versuche unternommen worden, den in den Gräbern so überreich vorhandenen Titeln Leben und Wirklichkeit zu verleihen, es ist jedoch zuzugeben, daß deren Ergebnisse in hohem Grade unsicher sind. Hier sei deshalb lediglich der Versuch einer ganz kurzen Skizze unternommen, die weniger bei den Schwierigkeiten als bei den gesicherten Ergebnissen verweilt.

Es bedeutet einen wesentlichen Mangel, daß bis zur 6. Dynastie unsere Quellen fast ausschließlich aus dem Gebiet von Memphis stammen, wo sich der Hof befand; von dieser Zeit an kommen allerdings auch aus Oberägypten wertvolle Beiträge. Über dem Delta liegt während der Blütezeit der ägyptischen Geschichte undurchdringliches Schweigen. Es wirkt sich ferner sehr nachteilig aus, daß wir die genaue Bedeutung der Dualität bei der Bildung von Titeln wie »Aufseher der beiden Kornkammern«, »Aufseher der beiden Kammern des Schmuckes des Königs« nicht kennen. Gewöhnlich werden sie als Überbleibsel aus der Zeit unmittelbar nach der Vereinigung der beiden Königreiche von Ober- und Unterägypten erklärt. In jüngster Zeit hat sich freilich eine neue Theorie ausgebreitet, wonach es eine solche Vereinigung nie gegeben und die erwähnte Dualität nur in der Vorstellung der Ägypter existiert habe, die auf der so verschiedenen Beschaffenheit der beiden Landeshälften beruhte. Nach unserer Überzeugung trifft die erstere Erklärung im großen ganzen zu, aber auch dann bleibt noch die Frage offen, ob es während des Alten Reiches nicht zwei voneinander unabhängige Kornkammern für das Delta und für das Tal gegeben hat und ob wir wirklich davon auszugehen haben, daß eine durchgehende Trennung der Verwaltung von Ober- und Unterägypten nicht bestand. Es scheint jedenfalls, als ob es keinen genauen Parallelismus, keine völlige Übereinstimmung in den beiden Landeshälften gegeben habe. Oberägypten war ja im wesentlichen ein Agrarland, das Delta ein Weideland; wir wissen, daß das Vieh regelmäßig zur Weide auf die Wiesen Unterägyptens getrieben wurde. Als ein Beispiel für die Verschiedenheit der Ämter in den beiden Ländern mag vielleicht der Titel 𓇓𓏏 imj-r šmʿw »Vorsteher von Oberägypten« dienen, für den sich jedenfalls im Alten Reich kein entsprechender Titel im Delta gefunden hat, obwohl im Mittleren Reich der Titel 𓇓𓏏 imj-r tꜣ-mḥw »Vorsteher von Unterägypten« häufig vorkommt; dabei wissen wir allerdings nicht, wann dieses Amt eingerichtet wurde. Die Erklärung des Titels »Vorstehr von Oberägypten« ist äußerst schwierig. Man hat – vermutlich zu Recht – behauptet, dies Amt sei in der 5. Dynastie geschaffen worden, um die Eintreibung der Steuern in den südlichen Gauen sicherzustellen und der wachsenden Macht des Provinzadels entgegenzuwirken, aber mit Sicherheit wird gegen Ende der 6. Dynastie dieser Titel häufig an diese Adligen als ein reiner Ehrentitel verliehen, wo nicht von ihnen als vererbliches Recht in Anspruch genommen. Man hat viel darüber gestritten, in welchen Fällen die Titel sich jeweils auf wirkliche Verwaltungstätigkeiten bezogen und wann sie nur Ehrentitel waren, doch die Entscheidungen darüber scheinen oft sehr willkürlich gewesen zu sein. Ein ähnliches Problem ist im Zusammenhang mit einem noch höheren Würdenträger, nämlich keinem geringeren als dem Wesir, aufgetaucht. Der Träger des Titels 𓇓𓏏 tꜣty, was etwa mit »Wesir« wiederzugeben ist, war zu allen Zeiten der ägyptischen Geschichte der einflußreichste Staatsbeamte, in der Tat nach dem Pharao der zweitmächtigste Mann. In der 4. Dynastie war in der Regel einer der königlichen Prinzen Wesir, doch ging das Amt später in die Hände irgendeines Adligen von hervorragender Tüchtigkeit über, und im Laufe der Zeit wurde es schließlich erblich. Vor einem halben Jahrhundert noch hielt sich die feste Überzeugung, das Wesirat sei stets nur mit einer Person verbunden gewesen, doch mußte diese Ansicht schließlich aufgegeben werden, als sich in Karnak ein Relief aus der Regierungszeit Thutmosis' III. aus der 18. Dynastie fand, das zwei verschiedene Wesire für Ober- und Unterägypten zeigt. Eine Generation später brachte der Totentempel Pepis II. Darstellungen ans Licht, die für das Ende der 6. Dynastie ebenfalls dieses Nebeneinander zu verraten schienen; eingehendere Studien haben aber dann das Vorhandensein so vieler Träger dieses Titels ergeben, daß man heute annimmt, es habe neben den beiden Wesiren für das Tal und für das Delta noch weitere gegeben, die den Titel nur ehrenhalber erhalten oder ihn angenommen hatten. Dieser Befund erscheint verwirrend, doch ist das letzte Wort in dieser Sache noch nicht gesprochen.

In verschiedenen Gräbern der 18. Dynastie hat sich eine genaue Aufzählung der Tätigkeitsbereiche des Wesirs gefunden, es läßt sich jedoch nicht sagen, welche dieser Funktionen auch im Alten Reich schon mit dem Wesirat verbunden waren. In diesen Aufzeichnungen wiederum wird eines Titels keine Erwähnung getan, der in der Titulatur der frühen Wesire eine hervorragende Stellung einnimmt, nämlich des Titels imj-r k3t nbt nt nsw »Oberaufseher aller Arbeiten des Königs«. Es ist unwahrscheinlich, daß von den Wesiren selbst eine größere Anzahl geschickte Baumeister und Bildhauer gewesen sind wie Imhotep, aber es gehörte jedenfalls zu ihren Aufgaben, diese Arbeiten tatkräftig zu unterstützen. Die Inschrift des Uni zeigt den Wesir als den höchsten Richter, und diese Stellung spiegelt sich auch in dem häufig wiederkehrenden Beinamen »Prophet der Maat«, d. h. der Göttin der Wahrheit, wider. Er rühmte sich, für alle Gesuchsteller ein Ohr zu haben; denen war ersichtlich mehr daran gelegen, daß sie ihre Beschwerden abladen durften, als daran, daß diesen abgeholfen wurde.

Alle königlichen Befehle scheinen durch die Hand des Wesirs gegangen zu sein, um von den Schreibern seines Büros ausgefertigt zu werden. Er war es auch, der die Kuriere mit den Befehlen an die Vorsteher der entfernten Städte und Dörfer ausschickte. Frondienste und Besteuerung waren allen obliegende Pflichten, es sei denn, der König habe einer lokalen Priesterschaft davon Befreiung erteilt. Über die verschiedenen Zweige der Staatsverwaltung sind wir sehr schlecht unterrichtet, die Erwähnungen der ḥwt-wrt 6, der »sechs Großen Häuser«, beweisen jedoch die strenge Aufgliederung der Verwaltung.

Der Hof erforderte, wie sich denken läßt, eine Vielzahl von Beamten. Unter den šnyt, Höflingen, »die den König umgeben«, werden die in der höchsten Gunst stehenden šmrw »Freunde« genannt; und neben solchen, die diese Stellung ohne Qualifikation erlangten, wurden andere außerdem mit dem Titel »einziger« oder »einzig geliebter« bedacht. Zweifelhaft ist ebenfalls die ursprüngliche Bedeutung des Titels irj-ḫ nsw; er wurde später als »Bekannter des Königs« verstanden, doch wendete man die Bezeichnung offenbar auf Angehörige des Pharaos an, die nicht seine leiblichen Kinder waren. An Beamten, die für die Person des Königs selbst zu sorgen hatten, gab es Sandalenträger, Träger der Gewänder und Kronen, Barbiere und Ärzte, letztere manchmal hochspezialisiert als Augenärzte, Magenärzte und dergleichen. Ein Heer von Dienstboten war in Küche und Speisesaal beschäftigt, während Diener einer etwas höheren Stellung an der königlichen Tafel für Ordnung sorgten. Was von ihr übrigblieb, verteilte ein eigener Beamter mit dem Titel ḥrj-wḏb »der über dem ist, was zurückgeht«[79]. Der Herrscher verfügte natürlich auch über seine eigenen Schreiber, die seine Briefe und Befehle schrieben, welche dann in seiner Gegenwart gesiegelt wurden. Auch die Kulthandlungen, deren Mittelpunkt der König war, hatten ihr eigenes Personal, von dem hier nur der ḥrj-ḥbt, der »Vorlese-Priester«, erwähnt sei.

Was über die Tendenz zur Vererblichkeit der höheren Verwaltungsämter gesagt wurde, gilt auch von den Inhabern mehr untergeordneter Posten. Es war einer ihrer sehnlichsten Wünsche, »weiterzugeben ihre Ämter an ihre Kinder«. Auf allen Stufen des Verwaltungsapparates legte man auf Beförderung den größten Wert, und worauf auch immer sie wirklich beruhen mochte, sie wurde stets der Gunst des

Königs zugeschrieben. Es gibt zwei Bücher der Weltklugheit mit Ratschlägen für aufstrebende Verwaltungsbeamte, aus denen sich über die für den Aufstieg erforderlichen Qualitäten viel entnehmen läßt. Das eine ist nur noch Fragment[80], aber die Lehre des Wesirs Ptahhotep[81], der unter Asosi während der 5. Dynastie gelebt hat, sind mit Recht berühmt geworden. Die Grundtugenden waren Gehorsam gegen den Vater und den Vorgesetzten, dazu die Fähigkeit, unter allen Umständen zu schweigen, Takt und gutes Benehmen im gesellschaftlichen Verkehr, Zuverlässigkeit beim Überbringen von Mitteilungen und eine schon fast an Kriecherei grenzende Bescheidenheit. Wenn die Zivilbeamten des Alten Reiches diese Tugenden wirklich besaßen, würde dies viel zur Erklärung des Erfolges eines Staatsapparates beitragen, der zu den am besten durchgebildeten der Welt gehört hat.

Aufstieg und Niedergang des Mittleren Reiches

Für die erste Zwischenzeit, wie man den Abschnitt von der 6.–12. Dynastie nennt, ist Manetho – so wie er uns in Werken von Geschichtsschreibern überliefert ist, die ihn benutzt haben – am wenigsten glaubwürdig. Der 7. Dynastie gehören nach ihm 70 Könige memphitischer Herkunft an, die nur 70 Tage regiert haben. Seine 8. Dynastie, gleichfalls aus Memphis, hat 27 Könige mit 146 Regierungsjahren. Die 9. und 10. Dynastie stammen beide aus Herakleopolis; mit je 19 Königen umfassen sie zusammen einen Zeitraum von 594 Jahren. Zur 11. Dynastie, aus Diospolis oder Theben, gehören 16 Könige, denen er die bescheidene Dauer von 43 Regierungsjahren zumißt.

Dies sind die Angaben von Africanus; die Zahlen, die uns Eusebius bietet, sind etwas weniger phantastisch, besitzen aber genauso wenig Glaubwürdigkeit. Für den gesamten Zeitraum wird nur ein einziger König, Achthoes, namentlich erwähnt; er wird der 9. Dynastie zugezählt. Von ihm berichten die Quellen, er habe alle seine Vorgänger an Grausamkeit weit übertroffen, sei schließlich aber in geistige Umnachtung verfallen und von einem Krokodil getötet worden. Diese als historische Tatsache gebotene Schauergeschichte ähnelt auffällig den schon erwähnten Legenden um Cheops, Pepi II. und Nitokris. Daß Achthoes wirklich gelebt hat, läßt sich allerdings nicht bezweifeln. Trotz aller Mängel gibt uns Manetho immerhin einen Rahmen, in den sich die Ergebnisse der Forschung recht gut einfügen, wie die fünf sich teilweise überschneidenden Entwicklungsphasen zeigen, die im folgenden ausführlich behandelt werden sollen: 1. der jähe Zerfall der alten memphitischen Zentralgewalt unmittelbar nach dem Ende der überlangen Regierungszeit Pepis II.; 2. die durch den Zusammenbruch des Königtums ausgelösten blutigen Wirren, die völlige Anarchie und die Rivalitäten zwischen den Feudalherren in der Provinz, den »Gaufürsten«, wozu möglicherweise auch das Einsickern von Asiaten in das Deltagebiet mit beigetragen hat; 3. das Emporkommen eines neuen Pharaonengeschlechts mit einem Achthoes an der Spitze, das seine Residenz in Herakleopolis hatte; 4. die stetig wachsende Bedeutung Thebens unter einer noch tatkräftigeren kriegerischen Fürstenfamilie, deren erste vier Prinzen den Namen Intef (Antef in älteren Darstellungen der ägyptischen Geschichte) tragen, während die drei übrigen Mentuhotep heißen; 5. ein Bürgerkrieg zwischen ihnen und den Herakleopoliten, aus dem Mentuhotep I. als Sieger hervorging, der die beiden Länder wieder vereinigt und dem Mittleren Reich den Weg bereitet hat – das dann von Ammenemês I. (12. Dynastie), einem der bedeutendsten ägyptischen Könige überhaupt, eingeleitet worden ist.

1. Unser letztes Kapitel beschäftigte sich mit den acht unbedeutenden Nachfolgern Pepis II., die im Turiner Königspapyrus das Ende der 6. Dynastie bezeichnen. Die Liste von Abydos nennt an Stelle dieser acht nicht weniger als 18 Könige und macht dann einen großen Sprung zu den letzten Herrschern der 11. Dynastie. Es ist nicht leicht, einen der in der Liste von Abydos verzeichneten Namen mit den vieren in Übereinstimmung zu bringen, die als einzige in dem Turiner Königspapyrus erhalten sind, doch erscheint es als wahr-

scheinlich, daß die viertletzte Kartusche den Vornamen jenes Ibi des Turiner Königspapyrus enthielt, dessen unbedeutende Pyramide Jéquier bei Sakkara[1] entdeckt hat. Das Wiederauftreten des Namens Neferkarê, des Thronnamens Pepis II., als Name für sich oder als Bestandteil eines Doppelnamens bei nicht weniger als sechs Königen der Abydosliste zeigt, wie stark von diesen unbedeutenden Herrschern noch ihre Zusammengehörigkeit mit den so ehrwürdigen Königen der 6. Dynastie empfunden wurde. Aber das eindringlichste Zeugnis ihrer kurzlebigen Herrschaft sind wohl einige Inschriften, die von Raymond Weill 1910/11[2] in Koptos entdeckt wurden. Unter den Trümmern eines Bauwerks aus römischer Zeit fand sich eine Anzahl sorgsam aufbewahrter Kalksteinplatten mit Erlassen in Hieroglyphenschrift; einige sind in die Regierungszeit Pepis II. datiert. Die meisten von ihnen sollten den Tempel des Min und seine Priesterschaft vor Eingriffen und vor der Heranziehung zur Fronarbeit schützen. Unter diesen Dekreten befinden sich weitere acht, die offenbar alle an demselben Tag im ersten Regierungsjahr eines Königs Neferkauhor ausgefertigt sind, des vorletzten Königs in der Aufzählung der Abydosliste. Sie waren sämtlich an den Wesir Schemai gerichtet, und jede der königlichen Anweisungen betraf entweder ihn selbst oder einen Familienangehörigen von ihm. Ein Erlaß bestätigte ihn in seinem Amt als Wesir in allen 22 Gauen Oberägyptens, während ein anderer die Ernennung seines Sohnes Idi zum Gouverneur in den sieben südlichsten Gauen Oberägyptens enthält. Ein drittes Dekret verleiht der Gemahlin des Schemai, Nebye[3], die als »die älteste Königstochter« bezeichnet wird, den Vorrang vor allen anderen Frauen. Noch bemerkenswerter ist vielleicht ein viertes Stück mit ins einzelne gehenden Festsetzungen für den Totenkult der beiden Ehegatten in allen Tempeln des Landes. Nirgendwo findet sich in diesen Texten der geringste Hinweis auf Unruhen oder politische Wirren; andererseits können wir zwischen den Zeilen das ängstliche Bemühen des Königs lesen, einen besonders einflußreichen Mann Oberägyptens sich gewogen zu erhalten.

2. So ist es wahrscheinlich, daß alle Könige, die nach Ma-

netho zur 7. und 8. Dynastie gehören, nur einen verhältnismäßig kurzen Zeitraum in Anspruch nehmen, vielleicht nicht mehr als ein Vierteljahrhundert. Es läßt sich nicht genau sagen, zu welchem Zeitpunkt etwa Unruhen ausgebrochen sind, aber daß sie ausgebrochen sind, kann nicht bezweifelt werden, und es besteht Grund zu der Annahme, daß sie mit oder ohne Unterbrechung bis tief in die Zeit der 11. Dynastie angedauert haben. Es ist das Bild von nichts anderem als einer Revolution, das uns in einem der eigenartigsten und wichtigsten Stücke der altägyptischen Literatur, soweit sie die Geschicke der Zeiten überdauert haben, erhalten ist. Dieser überaus zerstückelte Papyrus in der Sammlung in Leiden ist zeitlich frühestens in die 19. Dynastie anzusetzen, aber das von dem Zustand des Landes vermittelte Bild ist unmöglich der Phantasie eines Erzählers zuzutrauen; es paßt auch in keinen anderen Abschnitt der ägyptischen Geschichte als in den unmittelbar nach dem Ende des Alten Reiches. Der Anfang ist unglücklicherweise verloren, und deshalb sind die Umstände nicht erkennbar, unter denen der Erzähler seine weitschweifige Rede hält. Eine Reihe kurzer Abschnitte beschreibt zunächst die Wirren, in die das Land durch die Umtriebe von Abenteurern niederer Herkunft und in das Deltagebiet eindringender Asiaten gestürzt worden war. Einige Beispiele mögen genügen, um Stil und Inhalt der Erzählung zu kennzeichnen:

»Der Bogenschütze ist bereit. Der Übeltäter ist überall. Es gibt keinen Mann mehr von gestern. Man geht aus zum Pflügen mit seinem Schild. Ein Mann erschlägt seinen Bruder, den Sohn seiner Mutter. Leute sitzen in den Büschen, bis der Reisende kommt, der von der Nacht überrascht worden ist, um sein Gepäck zu plündern. Der Räuber besitzt Reichtümer. Die Kästen von Ebenholz werden aufgebrochen. Das kostbare Akazienholz wird zerhackt.« Die allgemeine Umwälzung hat das Verhältnis von reich und arm umgekehrt: »Der, der nichts besaß, ist nun ein Mann des Reichtums. Eine jede Stadt sagt: laßt uns den Mächtigen unter uns unterdrücken. Der arme Mann ist voller Freude. Der, der kein Joch Ochsen hatte, besitzt jetzt eine ganze Herde. Die, welche Kleider besaßen, sind jetzt in Lumpen. Gold und Lapislazuli, Silber und Türkis sind um den Hals der Sklavinnen gelegt. Die Sklavinnen sind frei mit ihrer Zunge. Wenn die Herrin spricht, ist es den Dienern ein Ärgernis. Die Kinder der Fürsten werden gegen die Wände geschlagen.«

Diese beliebig gewählten Beispiele mögen der geängsteten Vision eines sich seiner Haut wehrenden Adligen entsprungen sein, doch es gibt andere Beschreibungen der politischen Verwirrung dieser Zeit, der Verhöhnung der Gesetze und der Zerstörung der öffentlichen Ämter und Archive, die nicht gut aus der Luft gegriffen sein können. Sogar die Person des Königs scheint der Gewalt ausgeliefert gewesen zu sein, obwohl die Stelle, die das offenbar besagt, nicht eindeutig ist. Noch größeres Gewicht haben einige Stellen, die die Rolle bestätigen, die Fremdlinge bei der Begrenzung des eigentlichen ägyptischen Gebietes auf Unterägypten gespielt haben; die Städte Thinis und Elephantine werden ausdrücklich erwähnt. Den langen Abschnitten mit sehnsüchtigen Wehklagen folgen Ermahnungen zum Festhalten am Glauben und an frommen Bräuchen, und sie sind es, die den Titel »Mahnworte eines ägyptischen Weisen« rechtfertigen, unter dem dies ganze Werk bekannt ist. Die Meinungen darüber, wie die verbleibenden Teile des Buches zu verstehen sind, gehen auseinander. Einige erblicken in ihnen einen Hinweis auf Pepi II., der in sehr hohem Alter starb und dem ein Kind auf den Thron folgte, das noch klein und unverständig war. Wenn aber wirklich auf diese Ereignisse angespielt wird, müssen sie für den Verfasser in der Vergangenheit gelegen haben; jener König, auf den der Weise Ipuwer wegen seiner Schwäche und Trägheit Vorwürfe häufte, müßte dann zu den letzten Königen der memphitischen Dynastie gehört haben. Wie dem auch sein mag, die Zuverlässigkeit des Bildes von Ägypten während der ersten Zwischenzeit in dem Leidener Papyrus ist unbestreitbar. Hier vernehmen wir zum ersten Male in der ägyptischen Literatur den Ton von verzweifeltem Pessimismus, der von den Schreibern der folgenden Jahrhunderte auch dann ständig angeschlagen wurde, als die Verhältnisse gar keinen Anlaß mehr dazu boten.

Wir haben uns deshalb vorzustellen, daß das memphitische Königreich schwächer und schwächer wurde, bis es nicht mehr länger imstande war, die Lehenstreue der weiter stromauf residierenden Gaufürsten zu erzwingen. Direkte Nachrichten aus dem Delta hören nun völlig auf. Expeditionen nach dem Türkis des Sinai finden nicht mehr statt; sie werden erst mit dem Heraufkommen der 12. Dynastie wiederaufgenommen. Wenn ein rohes Rollsiegel mit der Kartusche des Chendi[4] und ein Skarabäus[5] mit dem Namen des Tereru wirklich den Königen gehören, die in der Abydosliste so heißen, so wäre das ein Hinweis dafür, daß sie sich sogar für so belanglose Gegenstände syrischer Hände bedienen mußten. Vielleicht wurden im äußersten Süden die Verhältnisse am schwersten in Unordnung gebracht. Wie sich aus der beiläufigen Erwähnung eines Königs Neferkarê in einem Felsengrab in Moalla, einige 30 km südlich von Luxor, ergibt, gehören die Inschriften des Grabherrn Anchtifi zu den frühesten Berichten dieses Zeitabschnitts. Jener Anchtifi war der »große Häuptling (oder Gaufürst) des Gaues von Nechen«, des dritten oberägyptischen, mit Hierakonpolis gegenüber von Elkab als Hauptstadt. Er erzählt, Horus von Edfu, der Gott des nächst südlichen (2.) Gaues, habe ihn gebeten, wieder Ordnung zu schaffen; er habe daraufhin das Gaufürstenamt übernommen und die Ruhe in diesem Gebiet so vollständig wiederhergestellt, daß ein Mann den Totschläger seines Vaters oder seines Bruders umarmt hätte. Zahlreich sind die Beispiele von Anchtifis Tapferkeit, die er in kurzen Kraftsprüchen beschreibt, die zwischen Lobesworte über seine eigenen Tugenden eingestreut sind. Als seine Hauptstreitmacht hatte er die »tapfere Truppe von Hefat«, bei dem es sich entweder um Moalla selbst oder um eine nicht weit davon entfernte Stadt handelte. Da ist die Rede von Kämpfen dieser Truppe mit Theben und Koptos, deren vereinigte Heere die Festungen von Armant angegriffen hatten. Anchtifis Erwähnungen seiner kriegerischen Erfolge sind sehr dunkel; wenn man ihnen jedoch trauen darf, so brachte er es fertig, die Einwohner von Theben-Ost und -West in Schach zu halten; wir haben es hier auf alle Fälle mit einer Zeit zu tun, als die Dynastie der

Intefs sich noch nicht ihre unüberwindliche Vormachtstellung geschaffen hatte. Aufschlußreicher als alle Anspielungen auf tapfere Taten ist die wiederholte Erwähnung von Hungerjahren; Anchtifi rühmt sich, er habe in ihnen außer seiner eigenen auch anderen Städten Korn geschenkt oder geliehen und seine Wohltätigkeit habe sich fast bis nördlich von Dendera erstreckt. Wir brauchen die Behauptung »der ganze Süden starb an Hunger, jeder verzehrte seine eigenen Kinder« nicht zu ernst zu nehmen, aber fast gleichzeitige Inschriften anderer Fürsten betonen immer wieder den Mangel an Getreide, einen Mangel, der vermutlich ebensosehr auf der Unmöglichkeit einer ungestörten Feldbestellung wie auf wiederholt niedrigen Wasserständen des Nils beruhte. Hier sei bemerkt, daß der erbärmliche Zustand Oberägyptens sich deutlich in der Unbeholfenheit seiner künstlerischen Leistungen widerspiegelt; offensichtlich hatte die ägyptische Kultur ihren tiefsten Stand erreicht.

3. Was den Aufstieg des »Hauses Achthoes« anbetrifft, so tappen wir fast völlig im dunkeln. Herakleopolis ist das moderne Ihnâsja el-Medîna, eine Stadt auf dem Westufer des Nils, gegenüber von Beni Suêf, 100 km südlich von Memphis. Nicht die geringste Spur hat sich an Ort und Stelle erhalten, die seine frühe Bedeutung erkennen ließe; aber Manethos Beschreibung der 9. und 10. als herakleopolitanische Dynastien wird durch andere Zeugnisse hinreichend gestützt.

Was seinen Achthoes anbelangt, so stellte sich heraus, daß nicht weniger als drei verschiedene Könige diesen Namen für ihre zweite Kartusche gewählt haben. Der König, von dem zwar nicht mit Sicherheit feststeht, aber mit Wahrscheinlichkeit anzunehmen ist, daß er von diesen dreien der erste war, legte sich den Namen »Meriibtaui« (»Geliebter des Herzens der beiden Länder«) als seinen Horusnamen zu, und um seinen Anspruch zu betonen, stand er nicht an, sich mit einer vollen Königstitulatur zu versehen. Um sich zu einer solchen Höhe erheben zu können, muß er einen ungewöhnlich starken Charakter besessen haben, doch alles, was an Überresten seine Existenz bezeugt, sind ein kupfernes Feuerbecken im

Louvre, ein Spazierstock aus Ebenholz von Mêr und einige andere gleichfalls belanglose Gegenstände[6]. Ein zweiter Achthoes, mit Thronnamen Wahkarê, ist von einem schön verzierten Sarg aus El-Bersche bekannt, wo seine Kartusche versehentlich anstelle der des eigentlichen Grabherrn, des Haushofmeisters Nefri, geschrieben worden zu sein scheint[7]. Ein dritter König dieses Namens, Achthoes Nebkaurê, wird lediglich durch ein Gewicht aus Petries Ausgrabungen bei Er-Retâba[8] und durch seine Erwähnung in einem der wenigen vollständig erhaltenen ägyptischen Romane bezeugt. Dieser Roman erzählt die Geschichte eines Bauern aus der entlegenen Oase des Wâdi Natrûn, dem auf dem Wege nach Herakleopolis sein Esel und seine Waren geraubt worden waren; er schüttete seine Klagen vor dem Herrn des Diebes mit solcher Beredsamkeit aus, daß man ihn zurückhielt, um seine Bitten, Vorwürfe und Verwünschungen zur Ergötzung des Herrschers aufzuzeichnen.

In dem Turiner Königspapyrus waren ursprünglich nicht weniger als achtzehn Herrscher als zu derselben königlichen Familie gehörig aufgezählt, der Name Achthoes kommt darunter zweimal vor, beide Male geht ihm auffälligerweise ein Neferkarê (s. oben) voran, während alle benachbarten Namen teils verloren, teils beschädigt sind oder sich nicht mehr identifizieren lassen.

Den zuverlässigsten Eindruck der Herakleopolitenzeit vermitteln einige Gräber in Asjût. Große Lücken im Text und die noch unzureichende Kenntnis der ägyptischen Sprache – zwei Mängel, die auch sonst das Verständnis vieler hieroglyphischer Quellen stark beeinträchtigen – mindern freilich den Wert auch der Inschriften dieser drei Gräber. Trotzdem sind sie recht aufschlußreich. Der älteste der drei Grabinhaber hätte sich wohl kaum den Namen Achthoes beigelegt, wenn er nicht ein Parteigänger der Herakleopoliten gewesen wäre. Seine Jugend scheint in eine Zeit verhältnismäßiger Ruhe gefallen zu sein. Er erzählt, er habe zusammen mit den Kindern des Königs das Schwimmen gelernt und sei schon als Dreikäsehoch, kaum 50 cm groß, zum Gaufürsten gemacht worden. Obwohl er erwähnt, daß er ein Regiment Rekruten angeworben habe, sind die Leistungen, deren er sich vor allem rühmt, seine Bewässerungsarbeiten und die Förderung der Landwirtschaft. Er schließt seinen wichtigsten Bericht mit den Worten: »Herakleopolis pries Gott um meinetwillen«; so pflegten die Ägypter Dankbarkeit auszudrücken.

In dem zweiten, etwas jüngeren Grabe, brüstet sich ein Fürst Tefibi mit seiner unparteiischen Wohltätigkeit und damit, seine Soldaten hätten das Gefühl der Sicherheit verbreitet: »Wenn die Nacht kam, pries mich der, der auf der Straße schlief. Er war wie ein Mann in seinem eigenen Hause.«

Auch die südlichen Gaue waren in Bewegung geraten, vermutlich standen sie unter der Führung von einem der frühen Träger des Namens Intef. Tefibi berichtet von einem Kampf mit ihnen, und wenn auch, was die folgenden Halbzeilen berichten, zum Dunkelsten dieser Geschichte gehört, an der alles dunkel ist, so läßt sich doch an dem erfolgreichen Ausgang dieses Kampfes nicht zweifeln. Im Grab seines Sohnes, wieder eines Achthoes, findet sich der offenste Bericht über den Bürgerkrieg. Zweimal erwähnt er einen herakleopolitanischen König Merikarê, von dem noch die Rede sein wird. Dem aus nicht ersichtlichen Gründen in der zweiten Person angeredeten Fürsten Achthoes wird das Verdienst zugesprochen, er habe selbst den König veranlaßt, stromauf zu fahren: »... er hellte den Himmel auf, das ganze Land (war) mit ihm, die Fürsten von Oberägypten und die Magnaten von Herakleopolis; das Gebiet der Herrin des Landes war gekommen, um den Einfall abzuwehren, die Erde bebte ... alle Menschen sind verstört, die Städte ..., Furcht ist in ihren Gliedern. Die Beamten des Großen Hauses sind unter der Furcht und die Günstlinge unter der Macht von Herakleopolis.« Offenbar hatte die Flotte des Königs Schashotep, eine Stadt ein Stück unterhalb von Asjût, erreicht und war dann unter Jubel zur Residenz zurückgekehrt. Aus Dankbarkeit für einen so außergewöhnlichen Erfolg ließ der König an dem Tempel des Upuaut, des Schakalgottes von Asjût, umfangreiche Erneuerungsarbeiten vornehmen.

Wenn in diesen wirren Zeiten überhaupt ein Teil Ägyptens einigermaßen friedlich war, dann sicher das Gebiet auf dem

halben Wege zwischen Memphis und Theben. Zahlreiche
Friedhöfe der Zentralprovinzen, wie die von Beni Hasan[9] und
Achmîm[10], haben eine ziemlich reiche Grabausstattung gelie-
fert. Es sind keine schöneren Sarkophage aus dieser Zeit ans
Tageslicht gekommen als die von El-Bersche[11], dem dama-
ligen Begräbnisplatz der »Großen Häuptlinge« des Hasen-
gaues (des 15. oberägyptischen), dessen Verwaltungszentrum
Schmun, das spätere Hermopolis und heutige El-Aschmûnên,
war. Dort hatte ein neues Fürstengeschlecht die Macht errungen und die Gaufürsten des Alten Reichs verdrängt, deren
Gräber bei Schêch Saîd, etwas weiter südlich, gelegen hatten.
Diese Orte befanden sich zwar im Herrschaftsbereich des
herakleopolitanischen Königreichs, doch sind eigenartige
Zeugnisse zu Tage gekommen, aus denen hervorgeht, daß die
Loyalität ihrer Herrscher gegenüber der Sache des Nordens
nicht ganz aufrichtig war. Auf den Wänden der Gräber finden
sich freilich keine irgendwie verräterischen Andeutungen, dafür aber in Menge in den Alabasterbrüchen von Hatbub, ein
Stück vom Nil entfernt in der östlichen Wüste. Eine Unzahl
hier gefundener mit Tusche geschriebener Graffiti überhäuft
die Gaufürsten mit schmeichlerischen Beiworten und begleitet
ihre Namen mit Wunschformeln, wie »möge er leben in
Ewigkeit« oder »der Schutz des Lebens sei um ihn wie Rê in
Ewigkeit«, Formeln, die in früherer wie späterer Zeit ausschließlich dem Pharao vorbehalten waren. Noch eigenartiger
berührt es, daß diese Graffiti nach Regierungsjahren nicht der
jeweiligen Könige, sondern der Gaufürsten selbst datiert
sind. Unter den frühesten werden einem 30, einem anderen 20
Regierungsjahre zugeschrieben, ein sicheres Anzeichen dafür,
daß sie weniger durch Unruhen gestört wurden als die süd-
licheren Gaufürsten, wo die miteinander rivalisierenden
Königreiche sich schließlich auf dem Schlachtfeld gegenüber-
traten. Ganz im Gegensatz dazu betonen die Inschriften die
Ergebenheit gegenüber »dem Hause des Königs«, wobei
allerdings mit Ausnahme eines einzigen, sonst unbekannten
Herrschers, Merihathor, die Namen der jeweiligen Könige
sorgsam unterdrückt werden. Falsch wäre jedoch die Vorstellung, die Lobsprüche enthielten keinerlei Hinweise auf

Bürgerkrieg und Blutvergießen. Ein Fürst scheint sogar auf einen Kampf mit seinen eigenen Untertanen[12] anzuspielen, freilich ist – wie gewöhnlich – auch hier die Ausdrucksweise so verschwommen, daß wir über ihre genaue Bedeutung nicht sicher sind. Ebensowenig können wir offensichtliche Widersprüche auflösen, wie z. B. in einem Falle, wo ein Schiffskapitän, der unter Fürst Neheri lebte, erzählt, er sei in Angelegenheiten des Königs bis nach Elephantine im Süden und bis zum Papyrusdickicht des Deltas[13] unterwegs gewesen, eine bei den politischen Verhältnissen jener Zeit sicher unmögliche Leistung.

Es ist schließlich noch ein literarisches Werk zu erwähnen, das wohl mehr Licht in eine bestimmte Phase der herakleopolitanischen Herrschaft gebracht hätte als alle erhaltenen Zeugnisse zusammen, wenn es in einem weniger zerfallenen und beschädigten Zustand auf uns gekommen wäre. Der Text ist in drei Papyri enthalten, die sich in Leningrad, Moskau und Kopenhagen befinden. Sie stammen frühestens aus dem Ende der 18. Dynastie und sind sämtlich voller Lücken und Dunkelheiten aller Art. Es handelt sich um ein Buch mit klugen Ratschlägen an den König Merikarê, der uns schon in den Gräbern von Asjût begegnete. Der Name des Verfassers ist nicht erhalten, vielleicht kommt einer der Träger des Namens Achthoes in Frage, allerdings nicht der erste. Möglicherweise wäre bei besserer Erhaltung der Anfangsteil von allen der interessanteste gewesen; er gibt Anweisungen, wie man mit aufrührerischen, aber populären Vasallen am besten zu verfahren hat. Großer Nachdruck ist auf die Kunst der guten und überzeugenden Rede gelegt, und die Nachahmung der alten Vorbilder wird dringend empfohlen. Aber auch in die Zukunft zu schauen sei ratsam – eine Haltung, der die Adligen dieser Zeit sich besonders rühmen. Es sei weise, die Reichen zu begünstigen, weil sie der Bestechung weniger leicht zugänglich seien als die Armen, vor allem aber seien Gerechtigkeit und Güte gegenüber den Bedrückten wichtig, denn nach dem Tode komme der Tag des Gerichts, an dem die Taten eines Menschen, auch wenn sie weit zurückliegen, vergolten werden, wie sie es verdienen. Die Vermehrung der jungen Truppen und ihre Begabung mit Feldern und mit Vieh sind offensichtlich kluge Vorsichtsmaßregeln. Nichts ist jedoch wichtiger als der Gottesdienst und die Erbauung von Denkmälern zu Ehren der Götter. Bedauerlicherweise sind gerade die Abschnitte, die sich mit konkreten Ereignissen beschäftigen, am dunkelsten, und gelegentlich haben Gelehrte, die sie mit größter Kühnheit verwerteten, die Grenze des philologisch Vertretbaren überschritten. Dennoch ist die Behauptung des königlichen Ratgebers, er habe Thinis »wie ein Wolkenbruch« erobert, unmißverständlich ausgedrückt. In demselben Abschnitt scheint er jedoch sein Bedauern ausgesprochen zu haben über die von ihm verursachte Verwüstung dieser Gegend, die von ganz Ägypten die heiligste war. Dieser so weit nach Süden reichende Streifzug der Herakleopoliten bewirkte offenbar einen vorübergehenden Waffenstillstand zwischen den Kriegsführenden, denn nun »stehst du gut mit dem Südland; die Lastträger kommen zu dir mit Gaben..., der rote Granit (von Aswân) kommt zu dir ungehindert«. Noch weit erstaunlicher sind die Stellen, die sich mit Merikarês Beziehungen zum Delta und mit den asiatischen Barbaren im Osten beschäftigen. Es findet sich auch ein Hinweis auf Djed-esut[14], das Gebiet um die Pyramide des Teti bei Sakkara, und da in jener Gegend tatsächlich zahlreiche Priester erwähnt sind, die den Totenkult dieses an sich herakleopolitanischen Herrschers versahen, ist erwiesen, daß er dort bestattet worden sein muß. Seine Pyramide wurde allerdings nie gefunden. Die oben (S. 38) wiedergegebene Kennzeichnung der Asiaten verrät mindestens, daß er in enger Berührung mit ihnen gestanden hat. Das Buch schließt mit Ermahnungen zum Fleiß, mit dem ernsten Hinweis auf die mit der Königswürde verbundenen Verpflichtungen und mit der Mahnung, daß Gott, obwohl seine Macht verborgen ist, dennoch die Geschicke der Menschen lenkt, da er der Schöpfer und Herr aller ist. Die letzten Worte lauten: »Siehe, ich habe dir die besten meiner inneren Gedanken gesagt, stelle sie unerschütterlich vor dein Angesicht!«

4. Während des Alten Reiches war Theben, das später die südliche Hauptstadt und unter den ägyptischen Städten nach

Memphis die wichtigste werden sollte, nur ein unbedeutendes Dorf auf dem östlichen Nilufer. Damals war es von den vier innerhalb der Grenzen des vierten oberägyptischen Gaues gelegenen Gemeinwesen tatsächlich noch das bescheidenste. Die drei anderen waren Tôd, 35 km südwestlich, Hermonthis (Armant), gegenüber von Tôd auf dem anderen Flußufer, und Medâmûd, nördlich von Theben am Rande der östlichen Wüste. Alle vier pflegten den Kult des kämpferischen, falkenköpfigen Gottes Month und errichteten schließlich zu seinen Ehren stattliche Tempel. Weshalb gerade Theben (ägyptisch Wise) die drei Nachbarstädte so weit überflügelte, läßt sich nicht sagen; vielleicht hat die Schönheit seiner Lage den Ausschlag gegeben – man wird in ganz Ägypten vergeblich eine Landschaft von solcher Herrlichkeit suchen. Die westliche Wüste wird nicht weit von den Feldern durch den gewaltigen Steilabfall des Kurn beherrscht, unter dessen stolzer Höhe kleinere Erhebungen der Anlage von Felsgräbern unübertreffliche Möglichkeiten boten. Nördlich davon windet sich, fast gegenüber dem Tempel des Month von Karnak, die lange und enge Schlucht der Bîbân el-Molûk, »der Tore der Könige«, in das Gebirge, an deren Ende die Herrscher des Neuen Reiches ihre versteckten Gräber in den Felsen hauen ließen. Etwa 2 km südlich davon trennt eine weniger tiefe, aber weiter geöffnete Einbuchtung Kurna und Dra Abu'n-Naga; sie heißt nach einem in koptischer Zeit dort gegründeten Kloster Dêr el-Bahri. Auf dem Ostufer zieht sich hinter einer weiten Ebene leuchtender Felder eine Bergkette hin, hinter der die Sonne in ihrer ganzen Pracht aufgeht. Für den heutigen Reisenden gewinnt Theben an Anziehungskraft wegen der leichten Zugänglichkeit und der guten Erhaltung seiner zahlreichen Denkmäler – Vorzüge, die, von den Pyramiden und den um sie herumliegenden Mastabas abgesehen, der Umgebung von Memphis leider fehlen.

Von den vielen heute zwischen den Häusern des Dorfes Kurna liegenden Gräbern stammen nur drei aus dem Alten Reich und nur eines gehört einem »großen Vorsteher der Gaue«. Es ist so klein und unansehnlich, daß es sich bei dem

Grabherrn wohl nur um einen Mann von geringer Bedeutung gehandelt hat. Die Leichtigkeit, mit der Anchtifi von Moalla die Gegend um Armant und jenseits davon überrannte, beweist, daß das thebanische Gebiet erst wesentlich später seine führende Stellung unter den Gauen des Südens einzunehmen begann. Der Anstoß hierzu ging von einem später Intef der Große genannten Adligen aus, der aus Iku stammte und auf einer anderen Stele als »Erbfürst« bezeichnet ist. Er war offensichtlich der Begründer der als 11. Dynastie gezählten Herrscherfamilie und mit dem »Erbfürsten Intef« identisch, der in der ungeordneten Aufzählung von Königen gleichen Namens in der bereits erwähnten Königsliste von Karnak (S. 50) enthalten ist. Drei Stelen können vielleicht mit Recht den Anspruch darauf erheben, zeitgenössische Berichte dieses Fürsten zu sein; auf zweien von ihnen wird er oder ein Träger des gleichen Namens als der »Große Vorsteher von Oberägypten« bezeichnet, auf der dritten als »Großer Vorsteher des thebanischen Gaues«. Man wird aber wohl besser nur einen Vorfahren des gleichen Namens annehmen. Auf jeden Fall dürfen wir uns Intef-ʿ3 (»Intef der Große«) als einen Mann vorstellen, der sich im Süden Gebiete weit über seine Metropole hinaus unterwarf, aber noch nicht so weit ging, sich königliche Titel beizulegen.

Der Intef, der als erster seinen Namen mit einer Kartusche umgab, hat keine zeitgenössischen Denkmäler hinterlassen und ist, wenn wir von einer ziemlich zweifelhaften Erwähnung in der Tafel von Karnak absehen, lediglich bekannt von einem sehr aufschlußreichen, im Tempel von Tôd[15] entdeckten Relief aus der Regierungszeit von Nebhepetrê Mentuhotep. Auf ihm opfert der Herrscher dem Month, wobei hinter ihm die Lokalgöttin Tjenenti steht. Ihr folgen drei Könige, die sicher in rückläufiger Reihenfolge die unmittelbaren Vorgänger Mentuhoteps waren; jeder von ihnen trägt in einer Kartusche Titel und Namen »Sohn des Rê Intef«; auf einem Block über dieser Stelle werden sie jedoch durch verschiedene Horusnamen unterschieden: der des dritten (unmittelbar hinter der Göttin Tjeneti) ist verloren, der des zweiten heißt Wah-anch, der des ersten Seher-taui. So war also Seher-taui

»der die beiden Länder beruhigt« der erste königliche Intef und entweder ein Sohn oder ein anderer Abkömmling des Erbfürsten gleichen Namens. Winlock[16] hat, möglicherweise zu Recht, vermutet, daß ihm das nördlichste von drei großen Gräbern eines besonderen Typus gehörte, die in dem felsigen Vorgelände zwischen dem Monthtempel von Karnak und dem Anfang des Tals der Königsgräber freigelegt wurden. Diese Gräber heißen Saff-(»Reihen«)Gräber: sie sehen so aus, als hätten sie drei mit Portikos geschmückte Eingangsfronten. Wahrscheinlich waren sie die Grabstätten der ersten drei Intefs. Fest steht jedenfalls, daß eines von ihnen, wohl das mittlere, Horus Wah-anch Intef II. gehörte. Seltsamerweise findet sich nämlich eine Erwähnung dieses Grabes in einem Papyrus aus der Regierungszeit Ramses' IX. (um 1115 v. Chr.) mit dem amtlich vorgeschriebenen Rundgang zur Überprüfung der Königsgräber, deren Beschädigung durch Grabräuber man fürchtete[17]. Es heißt dort: »Das Pyramidengrab des Königs Si-Rê In-ʿ3, welches sich nördlich des Vorhofs des Hauses des Amenhotep befindet und dessen Pyramide in sich zusammengefallen ist auf ihm; und seine Stele ist vor ihm aufgestellt, und das Bild des Königs steht auf dieser Stele mit seinem Hund namens Behka zwischen seinen Füßen. Geprüft am heutigen Tage: es wurde unversehrt gefunden.«

Mariette fand 1860 den unteren Teil eben dieser Stele, auf der allerdings nicht nur ein, sondern fünf Hunde abgebildet waren. Bedauerlicherweise wurde das Grab der Zerstörung durch die Einheimischen überlassen, doch sind die Reste seiner Inschriften noch immer von großem Interesse. Wahanch berichtet zunächst von der Erbauung oder Wiederherstellung einiger Tempel und erzählt dann, wie er seine nördliche Grenze im zehnten oberägyptischen Gau (dem von Aphroditopolis) festlegte. Er habe das ganze Gebiet von Abydos in Besitz genommen und alle seine Gefängnisse geöffnet. Diese Ausdehnung seines Herrschaftsbereichs findet sich auf den Denkmälern mehrerer seiner hohen Staatsbeamten bestätigt, von denen das schönste einem Kanzler Tjetji gehört[18], der mit sicher übertriebenen Worten vor allem seinem Stolz darauf Ausdruck verleiht, daß ihm die Aufsicht über den gewaltigen Schatz übertragen wurde, der seinem Herrn nicht nur aus Ober- und Unterägypten, sondern auch als Tribut von den Häuptlingen der Wüstenvölker zugetragen worden war. Von Wah-anchs eigener Grabstele erfahren wir, daß sie in seinem 50. Regierungsjahr errichtet wurde. Diese lange Dauer seiner Regierungszeit beweist ebenso wie ähnliche Andeutungen in den Inschriften der Fürsten des Hasengaues bei Hatnub die jedenfalls in dem unter seinem Einfluß stehenden Landesteil herrschenden friedlichen Zustände. Diese mußten natürlich der Ausbildung künstlerischer Fertigkeiten günstig sein, und so läßt sich auch beobachten, wie die Bildhauer der thebanischen Reliefs mittlerweile einen eigenen, höchst individuellen und gefälligen Stil, besonders in der Form der Hieroglyphen, ausbildeten. Neben dieser künstlerischen Geschicklichkeit finden sich jedoch andere Stelen von sehr roher Arbeit, ein Anzeichen dafür, daß die wiederaufblühende Kultur noch nicht überall ihre innere Sicherheit wiedererlangt hatte.

Wah-anch selbst und seine Nachfolger zögerten nicht länger, sich den stolzen Titel »König von Ober- und Unterägypten« beizulegen. Es mußten freilich erst einige Jahre vergehen, ehe dieser Titel den wahren Verhältnissen entsprach. Als nächster König folgte Si-Rê Intef, der den Horusnamen Nachtneb-tep-nefer »der Starke, Herr des guten Anfangs« annahm[19]. In diesem Zusammenhang ist darauf hinzuweisen, daß diese mit Bedacht gewählten Namen eine größere Bedeutung haben, als man ihnen gemeinhin zugesteht. Wenn sie nicht historische Tatsachen festhalten, so lassen sie jedenfalls ein angestrebtes Ziel erkennen. Beispiele für beide Möglichkeiten werden uns am Ende dieses Kapitels beschäftigen. Intef III. war für mehrere Jahrhunderte der letzte Träger dieses Namens; von seinen Taten weiß man lediglich, daß er das verfallene Grab eines vergöttlichten Fürsten Hekajeb bei Aswân wiederhergestellt hat.

5. Auf Intef III. folgte der erste von mehreren Pharaonen, die statt des Familiennamens Intef den Namen Mentuhotep »Month ist zufrieden« führten - und zufrieden konnte Month wohl sein, bezeugt doch Mentuhoteps lange Regierungszeit

von 51 Jahren die Wiedervereinigung ganz Ägyptens unter einem Herrscher nach langen Jahren des Streites. Die Person dieses großen Königs begann erst vor verhältnismäßig kurzer Zeit aus ihrem Dunkel hervorzutreten. Heinrich Stock verdanken wir die Erkenntnis, daß drei verschiedene Königstitulaturen, die alle den Namen Mentuhotep enthalten und die man bis dahin drei verschiedenen Königen zugeschrieben hatte, sich in Wirklichkeit auf ein und denselben Herrscher beziehen und in jeder Titulatur nur eine Stufe seines Aufstiegs festgehalten ist[20]. Ein so radikaler Wechsel der Titulatur ist in der gesamten ägyptischen Geschichte wohl einmalig, findet aber seine Rechtfertigung in den folgenschweren Ereignissen, die sich in ihr widerspiegeln. Zu Beginn seiner Regierung verzichtete Mentuhotep wie die früheren Herrscher seines Hauses auf einen Thronnamen und nannte sich schlicht Horus Sanch-ib-taui »der das Herz der beiden Länder leben läßt«, d. h. vielleicht soviel wie: der ihre Hoffnungen wieder erweckt. Unter den wenigen Denkmälern mit Berichten aus dieser Phase erwähnt eine Stele im Britischen Museum eine Revolte in Thinis in seinem vierzehnten Regierungsjahr, die möglicherweise das Vorrücken des Königs nach Norden auslöste. In der nächsten Phase fügte Mentuhotep seinem Familiennamen häufig den Thronnamen Nebhepetrê hinzu und führte gleichzeitig den Horusnamen Nebhedj »Herr der weißen Krone«. Vermutlich sollte dieser Name auf seine nun festgegründete Herrschaft über Oberägypten hindeuten. Aus dieser Periode sind keine datierten Denkmäler erhalten, doch spricht der Horusname wohl für sich. Spätestens mit dem 39. Regierungsjahr, vermutlich aber schon früher, änderte er den Horusnamen in Sem-taui »Einiger der beiden Länder«, während der weiterhin Nebhepetrê zu lesende Thronname seltsamerweise mit dem Zeichen des Ruders ⌇ statt mit dem unbestimmbaren Zeichen ⩙ geschrieben wurde. Wegen dieses letzteren Zeichens hat man den endgültigen Thronnamen fälschlich als Nebcherurê gelesen und einem dritten Mentuhotep zugeschrieben. Im Gegensatz zu den meisten Historikern werden wir also in der 11. Dynastie statt von fünf nur von drei Trägern des Namens Mentuhotep ausgehen.

Über die Kämpfe, durch die Mentuhotep I. die Doppelkrone wiedergewann und der Anarchie im Innern ein Ende bereitete, die schließlich zur Bildung zweier getrennter Königreiche im Norden und im Süden geführt hatte, ist nichts Genaues bekannt. Ein von Winlock bei Theben entdecktes Grab barg die Leichen von sechzig Soldaten, die in einer Schlacht, wohl nicht weit von der Hauptstadt entfernt, gefallen waren. Vermutlich mußte man stromauf- und stromabwärts kämpfen. In dem kleinen Tal von Schatt er-Rigâl, etwa 4 km südlich des Gebel Silsile, befindet sich ein eindrucksvolles Felsrelief: Mentuhotep I. in Begleitung seines Kanzlers Achthoes, seiner Mutter Iah und seines Vaters Intef III., dicht daneben die Namen vieler seiner Höflinge. Dieser in das 39. Jahr datierte Besuch geschah vermutlich nur gelegentlich einer königlichen Rundreise, die der Demonstration seiner Macht diente. Bei Abisko[21], nur ein Stück weit südlich des ersten Katarakts, hat ein Soldat auf den Felsen die Bemerkung gekritzelt, er habe seinen königlichen Gebieter auf einem Feldzug begleitet, möglicherweise bis Wâdi Halfa. Die Rolle Nubiens während der vorangegangenen Zeit liegt ziemlich im dunkeln. Mit aller Zurückhaltung hat man einen gelegentlich erwähnten König Wadjkarê mit einem denselben Thronnamen führenden König auf einem Dekret in Koptos[22] identifiziert. Außerdem kommt ziemlich häufig ein Intef mit voller Königstitulatur[23] vor, der sich jedoch nicht in die 11. Dynastie einordnen läßt, wie wir sie aus Ägypten selbst kennen. Schwierig zu erklären ist auch das in einem Grab in Asjût[24] gefundene Modell eines Zuges nubischer Soldaten und die Erwähnung von Männern aus Medja und Wawat unter den Gefolgsleuten eines Fürsten des Gaus von Hermopolis bei Hatnub[25]. Offenbar standen also nubische Kontingente im Dienst des herakleopolitanischen Bundes.

Dem Graffito des Soldaten bei Abisko verdanken wir auch die Mitteilung, daß König Nebhepetrê (also Mentuhotep, vgl. S. 131), »das ganze Land eroberte und die Asiaten von Djati zu erschlagen sich vornahm«. Die Befriedung ganz Ägyptens muß vor dem 46. Regierungsjahr abgeschlossen gewesen sein, denn eine Turiner Stele[26] aus diesem Jahre besagt: »Ein guter Weg war gewiesen von Month, indem er die beiden Länder dem Herrscher Nephepetrê gab.«

Noch vor dem Ende der Regierung konnte sogar ein Siegelbewahrer des Gottes, Achthoes, eine ausgedehnte Reise in fremde Länder unternehmen und viel wertvolles Metall und verschiedenartige Edelsteine mitbringen; aber alle derartigen Unternehmungen brachten mancherlei Streitigkeiten mit den Bewohnern mit sich, die siegreich bestanden sein wollten[27].

Ein so mächtiger Herrscher konnte sich nicht wie seine Vorgänger mit einem Saff-Grab zufriedengeben. Er suchte sich als Platz für sein Grabmal die von Steilhängen eingefaßte Bucht von Dêr el-Bahri aus; eine eindrucksvollere Umgebung läßt sich nicht vorstellen. Auch hier ist wieder, wie so oft in der ägyptischen Geschichte, festzustellen, daß man den Plan änderte, ehe man sich zu der endgültigen Form des herrlichen Grabmals durchrang, die dann ausgeführt wurde. Eine der geheimnisvollen Eigentümlichkeiten ist ein als Bâb el-Hosân[28] bekanntes tunnelähnliches Scheingrab, das im Zeitpunkt seiner Entdeckung durch Howard Carter einen leeren Sarg, einen Kasten mit dem Namen Mentuhoteps I. und eine in feines Leinen gehüllte Statue enthielt. Kaum weniger rätselhaft sind sechs Schreine für königliche Damen, Königinnen und Konkubinen, die später in die rückwärtige Wand der Wandelhalle aufgenommen wurden; sie sind teilweise in sie eingelassen, und von jedem Schrein führte ein eigener Schacht zu einer Kammer, die einen schön geschmückten Sarg enthielt, und hier fanden sich Teile der Titulatur von Nebhepetrê in der Form, die, nach der Lage des Fundes zu schließen, offensichtlich die frühere war. Von dem durch Naville und Hall freigelegten Tempel, mit dem die Baumeister Mentuhoteps I. seinen Ruhm zu verewigen gedachten, zeugen nur noch geringe Reste von der einstigen Größe. In ihm verbanden sich Überkommenes und Neues in glücklichster Weise. Wie bei den Pyramiden des Alten Reiches führte ein langer Aufweg vom Tal herauf; eine Neuerung war der Hain von Sykomoren und Tamarisken im inneren Teil des großen Hofs. Eine Rampe unterbrach die untere, an ein Saff-Grab erinnernde

Kolonnade von vierkantigen Pfeilern und führte hinauf zu einer Terrasse mit einem ähnlichen Säulenumgang an der Front und beiden Seiten. Ein Durchgang führte in einen gedeckten Säulensaal, auf dessen Dach ein starkes Podest eine Pyramide von ziemlich bescheidenen Abmessungen trug. Am Ende eines nach Westen in eine Einbuchtung des Berges hineingebauten schmaleren Hofes befand sich abermals eine Säulenhalle und ein kleines Heiligtum. Dieser Tempel des Mentuhotep wäre eine ganz einmalige Schöpfung geblieben, hätte nicht in der 18. Dynastie Königin Hatschepsut neben ihm ein noch eindrucksvolleres Bauwerk errichtet, in dem manche seiner Ideen aufgenommen und weiterentwickelt sind. Wohl mehr wegen dieses sichtbaren Zeichens seiner Pracht als wegen seiner kriegerischen Erfolge wurde Nebhepetrê Jahrhundetre später als Schutzherr der thebanischen Nekropole verehrt; er war auch seit der 8. Dynastie der erste König, der für würdig gehalten wurde, in die Königslisten von Abydos und Sakkara aufgenommen zu werden. In den Felsenhängen rund um seinen Totentempel befinden sich wie in einer Honigwabe die Gräber seiner Höflinge, die Winlock für das Metropolitan Museum in New York systematisch ausgegraben hat. Hier waren z. B. der Wesir Ibi und der überall anzutreffende Kanzler Achthoes bestattet. Höchstes Interesse erregten die in einem Grabe gefundenen köstlichen Modelldarstellungen so alltäglicher Beschäftigungen wie Weben, Brauen und das Zählen von Vieh. In ihnen entfaltet sich das Leben jener Zeit mit einer die Szenen der Reliefs noch übertreffenden Lebendigkeit und führt uns die Kultur des alten Ägypten mit einem Realismus vor Augen, wie er in allen anderen vergangenen Kulturen ohne Beispiel ist.

Mit Mentuhotep I. ist wohl die erste Zwischenzeit als zu Ende gegangen anzusehen. Bei der Behandlung dieses fünf Phasen durchlaufenden Zeitabschnittes (S. 115f.) wurde nicht außer Betracht gelassen, daß diese Phasen sich überschneiden. Da der Umfang dieser Überschneidungen sich nicht abschätzen läßt und die Dauer der verschiedenen Entwicklungsstadien ungewiß ist, läßt sich keine zusammenhängende Darstellung geben. An zahlreichen Versuchen dazu hat es nicht gefehlt, doch gehen sie meist über das hinaus, was sich beweisen läßt. So wissen wir nicht, wann nach den letzten Abkömmlingen der memphitischen Dynastien der Aufstieg von Herakleopolis begann oder welches die genauen Daten von Anchtifi von Moalla sind. Ebenso dunkel ist die zeitliche Stellung von Merikarê, obwohl die an ihn gerichtete »Lehre« ihn mit dem in den Gräbern von Asjût beschriebenen Bürgerkrieg in Verbindung bringt. Die Feststellung eines Djari, der unter Wah-anch Intef II. lebte, er habe »mit dem Haus des Achthoes im Westen von Thinis gefochten«, scheint zwar eine Brücke über drei der Entwicklungsstufen hinweg zu schlagen, aber wer weiß, ob es sich bei diesem Konflikt um jenen in der »Lehre« erwähnten handelt. Auch ist der Ausdruck »Haus des Achthoes« höchst verschwommen. Die eigentliche Schwierigkeit der Behandlung dieser Zeit liegt in der Chronologie, und wenn auch die neuesten Forschungen darin übereinstimmen, daß die Zeitspanne von Nitokris bis zum Ende der Regierung Mentuhoteps mit 200 bis 250 Jahren anzuschlagen sei, so ist dies kaum mehr als eine Vermutung[29]. Der Turiner Königspapyrus bietet keine Hilfe, weil die Gesamtsumme der 18 Könige der herakleopolitanischen Dynastien und ihrer Nachfolger verloren und die Möglichkeit einer Überschneidung mit der 11. Dynastie offenbar nicht in Betrachtung gezogen ist.

Am Ende der ruhmreichen Regierung Mentuhoteps I. schien nichts darauf hinzudeuten, daß die Macht seiner Familie sich bald dem Ende zuneigen sollte. So verhielt es sich aber. Der Turiner Papyrus gesteht Sanchkarê Mentuhotep II. zwölf Regierungsjahre zu, macht ihn aber – darin nicht ganz genau – zum letzten Herrscher der 11. Dynastie. Ähnlich ist in den Königslisten von Abydos und Sakkara Sanchkarê der unmittelbare Vorgänger von Sehetepibrê Ammenemês I., dem Begründer der 12. Dynastie und damit des Mittleren Reiches. Über zahlreiche Orte Oberägyptens verstreute Blöcke mit Inschriften zeigen Sanchkarê als Erbauer von Tempeln und Kapellen. Eine lange Inschrift aus seinem achten Regierungsjahr auf einer Felswand des Wâdi Hammamât berichtet, wie sein Haushofmeister Henu dorthin ausgeschickt wurde, um Steine für Statuen zu brechen, die für diese Heiligtümer bestimmt waren[30]. Henu erzählt, er sei mit 3000 wohlausgerüsteten Soldaten von Koptos aufgebrochen, nachdem eine Polizeitruppe die Straße von Rebellen freigemacht habe. Auf dem Weg zum Roten Meer grub er zahlreiche Brunnen; zuvor hatte er eine Flotte erwähnt, die ausgeschickt worden war, um Myrrhe von Punt zu holen. Erst auf dem Rückweg von dieser Fahrt brach man die Steine. Der Begräbnisort von Sanchkarê wirft einige Fragen auf. Dêr el-Bahri wird im Süden von der gewaltigen Höhe des Schêch Abd el-Kurna flankiert; südlich von ihm befindet sich eine Einbuchtung, die jener ähnlich ist, die sich Mentuhotep für sein Grabmal wählte, nur längst nicht so malerisch. Hier lassen sich noch Spuren eines gewaltigen Aufwegs erkennen und die Anfänge eines schräg nach unten führenden Korridors. Nach Winlock[31] wurde das Ende dieses Ganges in aller Eile zu einer Grabkammer erweitert und dann zugemauert. Auf jeden Fall muß Sanchkarê irgendwo in dieser Gegend bestattet worden sein, weil sich hoch oben an den beide Täler beherrschenden Felsen die Graffiti von Totenpriestern finden, die den Kult dieser beiden Könige mit Namen Mentuhotep versahen.

In den Fragmenten des Turiner Papyrus folgt Sanchkarê eine Zeit von sieben herrscherlosen Jahren. Wahrscheinlich fiel in sie ein dritter, später nicht mehr als legitimer Pharao angesehener König Mentuhotep. Dieser Nebtauirê Mentuhotep III. ist außer von einem bei Lischt aufgefundenen Bruchstück einer steinernen Schale[32] nur von zwei Steinbrüchen bekannt, nach denen er Expeditionen ausgeschickt hatte. Drei Graffiti aus seinem ersten und eines aus seinem zweiten Regierungsjahr berichten von der Suche eines Beamten nach Amethyst im Wâdi el-Hûdi[33], etwa 30 km südöstlich von Aswân. Wesentlich aufschlußreicher ist jedoch eine Gruppe von Felsinschriften in den schon mehrfach erwähnten Grauwackebrüchen des Wâdi Hammamât. Hierher sandte in seinem zweiten Regierungsjahr Nebtauirê seinen Wesir Amenemhet; er mußte ihm dort einen großen Sarkophag holen[34]. Ob wirklich fast 20000 Mann die Expedition begleiteten, mag zu bezweifeln sein, es besteht aber kein Anlaß, der Erzählung zweier wundersamer Ereignisse zu mißtrauen, die sich während ihres kurzen Aufenthaltes dort ereignet haben sollen. Anschaulich wird von einer Gazelle berichtet, die sich furchtlos im Angesicht der Arbeiter näherte und ihr Junges gerade auf dem zum Sargdeckel ausersehenen Stein warf[35]. Acht Tage später ging ein heftiger Wolkenbruch nieder, der auf einen Brunnen von 5 auf 5 m, der mit Wasser voll bis zum Rande war, aufmerksam werden ließ[36]. Den nüchternen Historiker interessiert mehr die Person des Wesirs Amenemhet, denn es scheint fast sicher, daß er der nachmalige König Ammenemês I. war (um ihn bei Manethos Namen zu nennen). Er hat sich vermutlich in einem geeigneten Augenblick gegen seinen königlichen Gebieter verschworen und – vielleicht nach einigen Jahren der Wirren – an seiner Stelle den Thron bestiegen. Die noch nicht lange zurückliegende Entdeckung einer Inschrift der 18. Dynastie vom dritten Pylon in Karnak unterstützt diese Vermutung; sie nennt nach Nebhepetrê und Sanchkarê einen »Vater des Gottes« Senwosre (Sesostris), der seinem Titel nach nur der nichtkönigliche Vater Ammenemês' I. gewesen sein kann[37]. Die 12. Dynastie (1991–1786 v. Chr.) bestand, wie wir noch sehen werden, aus einer Reihe von Königen mit den Geburtsnamen Amenemhet oder Senwosre, wobei diese beiden Namen fast während der ganzen 12. Dynastie sich abwechselten. Abgesehen von den erwähnten, durchaus haltbaren Vermutungen sind über den Begründer der neuen Dynastie mehr persönliche Einzelheiten bekannt als über jeden anderen Pharao, wobei bezeichnenderweise die Quellen unserer Kenntnisse weniger die offiziellen Berichte sind, als vielmehr Werke der Romanliteratur. Im Leningrader Museum befindet sich ein Papyrus, dessen einziger Zweck die Verherrlichung dieses Herrschers ist und der deshalb während seiner Regierungszeit oder kurz danach verfaßt worden sein muß. Es wird dort von König Snofru (S. 81) erzählt, er habe Zerstreuung gesucht und deshalb seine Höflinge aufgefordert, einen geeigneten Mann dafür aufzutreiben. Da wurde ihm ein Lesepriester aus Bubastis namens Neferti empfohlen. Als Snofru von ihm lieber etwas über die Zukunft als über die Vergangenheit zu hören wünschte, erging sich jener Priester in einer Beschreibung der kommenden Wirren, die lebhaft an das in den schon erwähnten »Mahnworten« (S. 118/119) gemalte Bild erinnern. Doch schließlich werde das Heil erscheinen: »Ein König des Südens wird kommen, Ameni mit Namen, der Sohn einer Frau aus Ta-Sti, ein Kind von Chen-nechen. Er wird die weiße Krone empfangen, er wird die rote Krone tragen. Die Menschen dieser Zeit werden sich freuen, der Sohn eines Jemand wird seinen Namen machen für alle Ewigkeit.«

Hier wird auf die nichtkönigliche Abkunft Ammenemês' I. deutlich genug hingewiesen, denn die Formel »Sohn eines Jemand« war die übliche Art, einen Mann vornehmer, aber nicht fürstlicher Abkunft zu bezeichnen. Ta-Sti ist der Name des ersten oberägyptischen Gaues mit der Hauptstadt Elephantine, dessen Bevölkerung ohne Zweifel zum Teil der nubischen Rasse angehörte. Ameni ist eine gut verbürgte Abkürzung von Amenemhet, den Manetho, wie schon erwähnt, in Ammenemês gräzisierte. Amenemhet bedeutet »Amun ist an der Spitze«. Diese Erwähnung des Gottes Amun wirft ein noch ungelöstes Problem auf. Bis dahin war, wie wir gesehen haben, der Hauptgott des thebanischen Gaues der kriegerische Falkengott Month, doch überflügelte mit dem Heraufkommen der neuen Dynastie der menschenköpfige Amun ihn sehr rasch; dieser verschmolz wiederum bald mit dem Sonnengott Rê, um schließlich unter dem Namen »Amun-Rê, König der Götter« die Hauptgottheit ganz Ägyptens zu werden. Kurt Sethe hat mit einleuchtenden Gründen vorgetragen, Amun sei von Hermopolis übernommen worden; andererseits wurde er aber auch schon in früher Zeit mit dem in dem Nachbargau von Koptos verehrten ithyphallischen Fruchtbarkeitsgott Min gleichgesetzt. Es gibt aber auch dafür einen schwachen Anhaltspunkt, daß Amun in Theben schon vor der Mitte der 11. Dynastie bekannt war; deshalb läßt sich die Möglichkeit der thebanischen Abstammung des Königs, der den Namen des Gottes in seinen eigenen aufnahm, nicht ausschließen. Er und sein Sohn Sesostris I. fuhren fort, Theben durch ihre Baudenkmäler auszuzeichnen[38], obwohl sie für ihre Residenz in kluger Einsicht eine günstigere Gegend zwischen Delta und Oberägypten wählten. Hier, bei Lischt, errichteten sie auf dem Westufer ihre Pyramiden und umgaben sie mit den Mastabas ihrer Beamten. Die dürftigen Reste untersuchte nach einer ersten Ausgrabung durch J.-E. Gautier und G. Jéquier noch einmal gründlich das Metropolitan Museum of Art in New York. In der Vorstellung späterer Generationen wurde Lischt – ägyptisch It-taui, »der die beiden Länder in Besitz nimmt«, – die typische Königsresidenz nicht nur der 12. Dynastie, obwohl die Stadt nach dem Ende des Mittleren Reiches nur noch eine geringe Rolle spielte.

Die Einstellung der neuen Dynastie gegenüber der vorangegangenen war etwas zwielichtig. Daß Ammenemês I. sich selbst für den Begründer einer neuen Epoche hielt, geht deutlich daraus hervor, daß er den Horusnamen Uhem-mesut »der die Geburten wiederholt«, annahm; dies ist eine von der monatlichen Wiedergeburt des Mondes hergeleitete Metapher. Andererseits sehen wir Sesostris I. Intef dem Großen, dem in Iku geborenen Stammvater der 11. Dynastie[39], eine Statue weihen und einen Altar dem Sanchkarê Mentuhotep, mit dem die Königslisten die 11. Dynastie beschließen[40]. Wenn Ammenemês überhaupt je Streit mit der Familie der Mentuhotep gehabt hat, dann allenfalls mit dem nur kurze Zeit regierenden Nebtauirê. So hat Manetho nicht ohne jeden Grund Ammenemês zwischen diesen beiden Dynastien eingereiht. Entscheidend ist jedoch der Turiner Königspapyrus: er beginnt mit den Königen von It-taui einen neuen Abschnitt. Für die 12. Dynastie ist dieser Papyrus bemerkenswert zuverlässig; er gibt sogar die Länge der Regierungszeiten genau an. Auch Manetho gebührt in diesem Zusammenhang ein Wort des Lobes. Freilich irrt er sehr, wenn er die 12. Dynastie als diospolitanisch (thebanisch) kennzeichnet; denn das Neue und Bemerkenswerte an ihr, das sie von allen anderen unterscheidet, ist gerade, abgesehen von der festen inneren Geschlossenheit als einer einzigen Familie, ihre Übersiedlung nach einer Gegend weit im Norden.

An der Größe von Sehetepibrê Amenemhet (Ammenemês I.) kann man nicht zweifeln, sonst hätten sein Sohn und seine späteren Nachkommen die Macht nicht volle zweihundert Jahre aufrechterhalten können. Die einzelnen Könige haben fast alle lange regiert, und die Denkmäler nehmen an Zahl ungeheuer zu – sichere Anzeichen für den Wohlstand und die geordneten Verhältnisse des Landes. Die Könige der 12. Dynastie bauten eine Fülle neuer Tempel und ließen andere erweitern, wenn sich auch in der Regel von ihnen nur vereinzelte Blöcke erhalten haben; die Überreste wurden zerstört oder beseitigt, um jüngeren Bauten Platz zu machen. Auch Stelen von Privatleuten sind sehr zahlreich, besonders in Abydos, das wegen des berühmten Grabes des Osiris ein Wallfahrtsort war. Ganz offenkundig strebte Ammenemês I. danach, sich, wie die Pharaonen des Alten Reiches, die Alleinherrschaft zu sichern. Hier bestand jedoch ein bedeutender Unterschied. Bisher konnte von der völligen Beseitigung der Macht der Gaufürsten noch keine Rede sein. Dabei dürfen wir zwar nicht in allen Teilen des Landes dieselben Bedingungen voraussetzen, doch zeigen die großartigen Wandmalereien in den Felsgräbern von Beni Hasan die »Großen Vorsteher« des Antilopengaus (des 16. oberägyptischen) als kleine Herrscher in ihrem eigenen Reich. Dort sind eine Menge Beamte abgebildet, deren Titel an Amtsträger des königlichen Palastes erinnern: Haushofmeister, ein Oberaufseher der Gerichtshalle, der Schatzkammer und des Arbeitshauses, Schatzmeister und sogar ein Hauptmann des Heeres. Und natürlich fehlen auch Überbringer ausländischer Tribute nicht. Das Grab des Gaufürsten Chnumhotep, eines Günstlings Ammenemês' I., zeigt bunt gekleidete, mit Federn geschmückte Libyer, die Herden von Ziegen vor sich her treiben. In dem Grab eines Enkels gleichen Namens, der nicht mehr das Gaufürstenamt erlangte, sondern nur noch die Gewalt über ein viel kleineres Gebiet, sind Asiaten zu sehen, die Augentusche als Geschenk bringen. Eine lange und wichtige Inschrift im Grabe des letzteren gibt ein beredtes Zeugnis von der Vererblichkeit dieser fürstlichen Würden und zeigt, daß einige Leute sie der Verheiratung mit Töchtern der Nachbargaue verdankten. Und doch findet sich nirgends der Versuch, die Abhängigkeit aller dieser Würden von dem Willen und der Gunst des Königs zu verbergen. Von der ersten durch Ammenemês vorgenommenen Verleihung an den Begründer der Gaufürstenfamilie, Chnumhotep I., heißt es[41], daß er »ihn zum Erbfürsten ernannte, zum Grafen und Statthalter der östlichen Wüsten in Menat-Chufu. Er machte seinen südlichen Grenzstein fest und sicherte seinen nördlichen wie den Himmel. Er teilte den großen Fluß über der Mitte, seine östliche Hälfte gehörte (dem Bezirk) Horizont-des-Horus bis zur östlichen Wüste, als Seine Majestät kam, um die Ungerechtigkeit auszutilgen, aufgestiegen wie Atum selbst, und um wiederherzustellen, was er zerstört gefunden hatte, was ein Ort sich angeeignet hatte von dem anderen; und um jeden Ort die Grenze mit dem (Nachbar-)Ort wissen zu lassen, indem ihre Grenzsteine gesichert wurden wie der Himmel und ihre Wasser kenntlich gemacht entsprechend dem, was geschrieben stand und was sich als in Übereinstimmung erwies mit dem, was in der alten Zeit gewesen war, durch die Stärke seiner Liebe zum Rechten.«

Die große Leistung des Begründers der Dynastie lag also in der vollständigen Umgestaltung des Landes. Für die Pracht seines eigenen Hofstaates und die Aufrechterhaltung seiner Verwaltung war er auf reiche Hilfsquellen angewiesen. Ameni, den sein Sohn Sesostris I. als Nachfolger von Chnumhotep zum Gaufürsten ernannt hatte, berichtet[42]: »Ich verbrachte Jahre als Herrscher in dem Antilopengau, und alle Dienste für das Haus des Königs wurden durch mich besorgt. Ich gab Stabsaufseher den Gütern des Antilopengaues, 3000 Ochsen kamen auf jedes, und ich wurde gelobt deswegen in dem Hause des Königs in jedem Jahr der (Vieh-)Zählung. Ich lieferte alles, was sie erzeugten, an das Haus des Königs ab, und es gab keinen Fehlbetrag gegen mich in irgendeinem seiner Büros.« Ameni fährt fort, er habe trotz der strengen Anforderungen, die seine Treue gegenüber dem König ihm auferlegte, seinen Gau mit unerschütterlicher Gerechtigkeit verwaltet, er habe die Tochter des armen Mannes und die Witwe geschont, die Armut vertrieben und das Land mit solchem Fleiß bestellt, daß auch in einem Mangeljahr keiner zu hungern brauchte. Offensichtlich hatte sich ein Gleichgewicht zwischen der Macht des Königs und dem Ehrgeiz der Fürsten herausgebildet: Ägypten war zu dieser Zeit durch und durch ein Feudalstaat wie nie zuvor oder jemals später. Dennoch finden sich Hinweise, daß für die Aufrechterhaltung der königlichen Gewalt sorgfältige Maßnahmen erforderlich waren. Wahrscheinlich war Ammenemês I. bei seiner Thronbesteigung schon von mittleren Jahren. In seinem 20. Regierungsjahr ernannte er seinen ältesten Sohn Sesostris I. zum Mitregenten; beide regierten noch zehn Jahre gemeinsam. Dies von ihm zum ersten Male angewendete Verfahren wurde während der ganzen Dynastie beibehalten. Vielleicht war diese Übung nicht einmal eine Neuerung; es haben sich nämlich Anhaltspunkte dafür gefunden, daß Pepi I. aus der 6. Dynastie möglicherweise einen ähnlichen Weg eingeschlagen hatte. In weniger gehobenen Kreisen hielt es jedenfalls ein Herr von Wohlhabenheit und von Stand in vorgerückten Jahren für geraten, sich eine »Stütze des Alters« zu nehmen, wie man diese Stellung anschaulich nannte. Im Falle des Königtums ergab sich jedoch eine nicht leicht zu überwindende Schwierigkeit. Wenn die gemeinhin gebilligte Auffassung von dem ägyptischen Königtum zutrifft, so vererbte sich die göttliche Natur des Falkengottes Horus von Sohn zu Sohn; mit dem Tode hörte der König auf, eine Verkörperung des Horus zu sein, um nun Osiris zu werden. Eine gleichzeitige Regierung zweier Verkörperungen des Horus lief dieser Anschauung zuwider, doch scheint dies die Ägypter nicht weiter gestört zu haben. In religiösen Dingen spielte die Vernunft nur eine geringe Rolle, und die Gleichsetzung oder die Verdoppelung von Gottheiten verlieh ihrer Theologie einen geheimnisvollen Zauber.

Für das Ende der Regierung Ammenemês' I. geben zwei literarische Werke ein übereinstimmendes und offensichtlich zutreffendes Bild. Beide Schöpfungen erlangten in den ägyptischen Schulen große Beliebtheit und wurden noch Jahrhunderte später wieder und wieder abgeschrieben, wobei allerdings die Ungenauigkeit immer mehr zunahm. Einmal wird der Tod Ammenemês' I. in einem Traum beschrieben. Er erscheint seinem Sohn und Nachfolger Sesostris I., um ihm gute Ratschläge zu erteilen. Er warnt ihn vor zu großer Vertraulichkeit mit seinen Untertanen und erinnert ihn eindringlich an sein eigenes Schicksal: »Es war nach dem Abendessen, als die Nacht hereingebrochen war, ich gönnte mir eine Stunde der Erholung und lag auf meinem Bett. Ich war müde und mein Herz begann dem Schlummer zu folgen. Plötzlich wurden Waffen geschwungen, und man sprach von mir, während ich blieb wie eine Schlange der Wüste. Ich erwachte, um zu kämpfen, und war ganz allein. Ich fand, daß es ein Anschlag der Leibwache war. Hätte ich mich beeilt mit Waffen in meiner Hand, dann hätte ich die Feiglinge zurückgetrieben. Aber es gibt keinen Starken in der Nacht. Keiner kann allein kämpfen. Es gibt keinen erfolgreichen Ausgang ohne Beschützer.«

Dies weist eindeutig auf die Verschwörung hin, durch die Ammenemês ums Leben kam. Eine Erinnerung an dies Ereignis, wenn auch fälschlich in Verbindung mit einem anderen König, hat sich noch in Manethos Behauptung erhalten, Ammenemês II. sei von seinen Eunuchen ermordet worden. Was dann folgte, wird in dem wohl größten Werk der ägyptischen Literatur, der berühmten Geschichte des Sinuhe, berichtet. Hier die entsprechende Stelle ungekürzt: »30. Jahr, 3. Monat der Überschwemmungszeit, 7. Tag, der Gott stieg empor zu seinem Horizont, der König von Ober- und Unterägypten Sehetepibrê, er entfernte sich zum Himmel und vereinigte sich mit der Sonnenscheibe, der Leib des Gottes ging auf in dem, der ihn gemacht hatte. Schweigen war in der Residenz, die Herzen waren in Trauer, die großen Tore waren geschlossen, die Höflinge saßen da, mit dem Kopf auf den Knien, die Menschen wehklagten laut. Seine Majestät hatte aber ein Heer nach dem Lande der Tjemeh (Libyer) geschickt, sein ältester Sohn war dessen Befehlshaber, der schöne Gott Sesostris. Er war ausgeschickt worden, um die Fremdländer zu zerschmettern und die Bewohner des Tjehnu-Landes zu Gefangenen zu machen. Jetzt aber kehrte er zurück und hatte lebende Gefangene mitgebracht von den Tjehnu und allerlei Arten von Rindvieh ohne Zahl. Und die Freunde des Palastes schickten nach der Westseite, um den Königssohn das Ereignis wissen zu lassen, das sich in den königlichen Gemächern zugetragen hatte, und die Boten fanden ihn auf dem Wege und erreichten ihn zur Abendzeit. Er zögerte nicht einen Augenblick, der Falke flog davon mit seinen Gefolgsleuten, ohne es sein Heer wissen zu lassen. Aber auch nach den Königskindern, die ihn in seinem Heer begleiteten, hatte man ausgeschickt, und man hatte nach einem von ihnen gerufen...«

Sinuhe, ein junger Mann, der am Hof aufgewachsen war, stand zufällig in der Nähe, als das Staatsgeheimnis gemeldet wurde. Es erschreckte ihn derart, daß er kopfüber die Flucht ergriff und erst in Palästina innehielt, wo er sich die Gunst des Fürsten von Oberretjenu erwarb. So erregend die Geschichte auch im übrigen ist, es kann ihr hier nicht weiter nachgegangen werden; jedenfalls läßt sich von ihr sagen, daß sie auf Tatsachen beruht.

An dieser Stelle mag eine zusammenfassende Betrachtung der Beziehungen Ägyptens zu seinen nordöstlichen Nachbarn während der 12. Dynastie angebracht sein. Die Weissagung des Neferti (S. 137) hatte noch stärker als die bereits angeführten ähnlichen Werke auf die Einfälle von Asiaten (Aamu) in das Delta hingewiesen und, wie die Geschichte des Sinuhe, die »Mauern des Herrschers« erwähnt, »gemacht, um die Setyu zurückzuweisen und die Sanddurchwanderer zu zermalmen«[43]. Der genaue Verlauf dieser von Ammenemês I. errichteten Mauern ist nicht bekannt, doch genügt ihre zweimalige Erwähnung, um die Gefahr deutlich zu machen, deren man sich aus jener Richtung noch immer versah. Vorderhand waren die Beziehungen noch ganz freundschaftlich. Gegen das Ende der Dynastie, unter Ammenemês III., unterstützte ein Bruder des Fürsten von Retjenu die Ägypter in den Türkisminen von Serâbît el-Châdim auf der Sinaihalbinsel[44], doch diese Bergwerke lagen bestimmt nicht in Retjenu selbst. Oberretjenu mag sich im Norden bis in die Höhe von Byblos erstreckt haben. Von den erwähnten beiden Zeugnissen scheint das eine den Schluß nahezulegen, daß ein einziger mächtiger Herrscher fast ganz Palästina in der

Hand hatte; dem widerspricht jedoch das andere. Die Ägypter neigten, besonders in den frühen Zeiten, dazu, alle Fremden als ihre natürlichen Feinde anzusehen. Neuere hochinteressante Funde haben die Namen von Herrschern und von Orten zutage gefördert, die in hieratischer Schrift auf rote Tonscherben gekritzelt waren oder auf Kalksteinfigürchen, welche gefangene Fürsten mit auf den Rücken gebundenen Armen darstellten. Die meisten Ortsnamen lassen sich nicht identifizieren, möglicherweise befinden sich unter ihnen Askalon und Sichem. Die Ägypter jener Zeit hofften offenbar, daß die diesen Gegenständen innewohnende magische Kraft ihre Feinde vernichten würde, ohne daß sie zu den Waffen zu greifen brauchten. Die Stele des Nesmonth[45] aus der Zeit der gemeinsamen Regierung von Ammenemês I. und Sesostris I. zeigt, daß dieser Heerführer sich gegen die asiatischen Nomaden behaupten und ihre Bollwerke zerstören mußte, doch läßt sich nicht sagen, wie weit in feindliches Gebiet hinein sich seine Unternehmungen erstreckten. Später begab sich König Sesostris III. selbst nach Norden, um die Asiaten zu vernichten, und erreichte das Gebiet von Sekmem; in ihm wollen die meisten Ägyptologen Sichem in dem samaritanischen Hügelland wiedererkennen[46]. Hier tat sich einer seiner Krieger namens Sobekchu durch erstaunliche Heldentaten hervor, von denen er auf seiner Stele erzählt. Andere ähnliche Berichte besitzen wegen ihrer Unbestimmtheit keinen historischen Wert. Als Gesamteindruck ergibt sich, daß es in Palästina damals überwiegend kleinere Stämme oder Gemeinwesen gegeben hat, die jeweils von einem eigenen unbedeutenden Fürsten beherrscht wurden. Sehr viel weiter nördlich gibt es für das Vordringen Ägyptens zur Zeit des Mittleren Reiches gewichtige Anhaltspunkte, und ein so erfahrener Archäologe wie Sir Leonard Wolley vertrat die Ansicht, nur die Annahme planmäßiger Feldzüge könne die Vielzahl der Funde aus der 12. Dynastie erklären. Zwei Könige von Byblos erhielten wertvolle Geschenke von Ammenemês III. bzw. Ammenemês IV.[47] und bei Tôd entdeckte man einen reichen Schatz von Gegenständen aus Gold, Silber und Lapislazuli von eindeutig mesopotamischer oder ägäischer

Arbeit und mit den Kartuschen von Ammenemês II.[48]. Sie waren vermutlich Geschenke der Herrscher von Byblos. Bei Katna, nördlich von Homs, wurde eine Sphinx mit dem Namen einer Tochter Ammenemês' II. ausgegraben[49], ähnliche Sphingen sowie die private Stele eines auch aus anderen Quellen bekannten Wesirs wurden bei Ugarit, in der Nähe des späteren Laodicea, gefunden[50]. Die nördliche Grenze für solche Funde ist Atchana[51], nicht weit von der Mündung des Orontes entfernt. Wegen des Fehlens schriftlicher Hinweise sind wir bezüglich der Bedeutung dieser und ähnlicher Entdeckungen notwendigerweise auf Vermutungen angewiesen. In diesem Zusammenhang ist allerdings auf die immer häufigere Erwähnung asiatischer Sklaven auf Stelen und in Papyri hinzuweisen, wenn sich auch nicht sagen läßt, ob es sich bei ihnen um Kriegsgefangene handelte, oder ob sie von sich aus nach Ägypten gekommen waren[52].

Die magischen Praktiken, deren man sich bediente, um der Feindseligkeit der nordöstlichen Nachbarn Ägyptens entgegenzuwirken, verwendete man auch im Süden; doch sind hier wieder die Namen der Stämme hoffnungslos dunkel. Auf der anderen Seite ist das epigraphische und archäologische Material für die Beziehungen der Pharaonen der 12. Dynastie zu Nubien und dem Sudan wesentlich umfangreicher. Die Fragmente aus der Regierungszeit Mentuhoteps I. fanden bereits Erwähnung; eines von ihnen, das noch stärker beschädigt ist als die übrigen, scheint die Angliederung von Wawat und den umliegenden Oasen an Oberägypten zu fordern[53]. Seit Ammenemês I. kommen Berichte von größerer Bestimmtheit häufiger vor. Um diese Zeit hatte eine neue, den Archäologen als C-Gruppe bekannte Rasse in Unternubien festen Fuß gefaßt; bei ihr handelte es sich nicht um Neger, mit denen die Ägypter erst in der 18. Dynastie in Berührung kamen[54]. Die allgemeine Bezeichnung für die Bevölkerung Nubiens blieb wie bisher Nehasju, ein Name, der uns durch die Phinehas (»die Nubier«) der Bibel vertraut und der noch in dem modernen jüdischen Familiennamen Pincus erhalten ist. Jetzt findet sich jedoch zum ersten Male die geographische Bezeichnung Kusch, die im Neuen Reich einen von Wawat getrennten Verwaltungsdistrikt meint, der südlich des zweiten Katarakts lag, während es im Alten Testament etwa Äthiopien entspricht[55]. Zu allen Zeiten war die nördliche Grenze von Wawat der erste Katarakt in der Gegend von Schellâl. Die südliche Grenze während der 12. Dynastie ist unsicher, mag aber – wie später – bei Wâdi Halfa verlaufen sein. Sicher können wir Ammenemês I. das Verdienst zuschreiben, Unternubien unterworfen zu haben. Eine Inschrift aus seinem 29. Regierungsjahr bei Korosko berichtet von seinem Erscheinen, »um Wawat zu vernichten«[56]. Unter seinem Sohn und Mitregenten Sesostris I. wurde Wâdi Halfa fest behauptet und dort eine Garnison eingerichtet. Eine von einem General Mentuhotep aufgestellte gewaltige Sandsteinstele[57] zeigt den Gott Month von Theben – also noch nicht Amun! –, wie er Sesostris Kriegsgefangene aus verschiedenen sudanesischen Ländern, mit Kusch an der Spitze, zuführt. Daß jetzt nicht mehr ein reines Eroberungsstreben das Hauptmotiv war, ergibt sich mit Deutlichkeit aus der Schilderung des schon erwähnten Gaufürsten des Antilopengaues Ameni am Eingang seines Grabes in Beni Hasan[58]. Er beschreibt, wie er in Vertretung seines hochbetagten Vaters stromauf gesegelt sei »und bis jenseits von Kusch gelangte und das Ende der Erde erreichte«. Diesmal befand sich Sesostris selbst an der Spitze seines Heeres, das von diesem Feldzug ohne jede Verluste zurückkehrte. Danach begleitet Ameni seinen Namensvetter, den ältesten Sohn des Königs – zweifellos den späteren Ammenemês II. –, um Schätze von Gold für Seine Majestät zu holen. Für die erfolgreiche Ausführung dieses Auftrags erntete er im königlichen Palast hohes Lob. Im Alten Reich wird Gold aus Nubien nie erwähnt. Wahrscheinlich waren in der 12. Dynastie die Bergwerke in der östlichen Wüste ausgebeutet oder die Bedürfnisse der Pharaonen gestiegen. Jedenfalls wurde seit dem Mittleren Reich Nubien das Goldland schlechthin. Aber Gold war nicht das einzige, was man in jenem Gebiet suchte; eine Reihe hochgeschätzter Güter aus dem Sudan fand schon Erwähnung (S. 45). Das meiste erwarb man im Tauschhandel mit den Eingeborenen, wobei die Medjaju von jenseits der Grenze beim zweiten Katarakt besonders genannt sind. Trotzdem ist es verständlich, daß man in ständiger Furcht vor einer Invasion aus dem Süden lebte, und wenn nun auch häufiger Expeditionen nach Obernubien und in die umliegenden Wüsten unternommen wurden, so waren sie doch fast jedesmal ein Wagnis, und von einer Besiedlung konnte so gut wie keine Rede sein. Ein Papyrus[59] zählt nicht weniger als dreizehn Festungen zwischen Elephantine und Semna am Anfang des zweiten Kataraktes auf. Die meisten von ihnen haben sich identifizieren lassen und konnten aufgenommen werden. Die nördlich von Wâdi Halfa lagen in der Ebene und waren offensichtlich dazu bestimmt, über die eingeborene Bevölkerung zu wachen. Nicht weniger als sieben Festungen liegen innerhalb des Bereichs der sich über etwa 65 km hinziehenden zweiten Stromschnelle, meist auf Anhöhen, einige auch auf Inseln. Diese Festungen dienten offensichtlich Verteidigungszwecken, wie sich aus Namen wie »Zurückweisen der Feinde«, »Bändigung der Wüsten« ergibt. Es sind weitläufige Anlagen mit starken Ziegelmauern, geräumig genug, um zahlreiche Beamte und Schreiber und eine starke Garnison aufzunehmen. Bei den meisten läßt sich der genaue Zeitpunkt der Erbauung nicht mehr feststellen, doch kann kein Zweifel daran bestehen, daß Sesostris III. sich höchst energisch darum bemühte, seine Oberherrschaft in dieser Richtung auszudehnen. Er war es, der seinen Namen »mächtig ist (König) Chakaurê« der Festung Semna am Anfang des 2. Katarakts gab, die der Festung Kumma auf dem Ostufer gerade gegenüberlag; beide schützten vereint das Land und die Schiffswege. Aus Sesostris' III. eigenen Worten geht hervor, daß hier die endgültige Grenze Ägyptens verlief. Die oben erwähnte große Stele (S. 38), auf der er seine geheimen Befürchtungen durch seine abschätzige Beschreibung der Nubier zu verdecken sucht, schließt mit den Worten: »Was anbetrifft einen jeden Sohn von mir, der diese Grenze halten wird, die Meine Majestät gemacht hat, der ist mein Sohn und wurde mir geboren ... aber der, welcher sie zerstören wird und es unterläßt, für sie zu kämpfen, der ist nicht mein Sohn und wurde mir nicht geboren.« In seinem achten Regierungsjahr segelte er stromauf, »um das abscheuliche Kusch zu vernichten«, und befahl, um seinen eigenen Schiffen die Durchfahrt zu erleichtern[60], die Herstellung einer Rinne in der Nähe der Insel Sehêl im ersten Katarakt. Eine Inschrift in Semna aus demselben Regierungsjahr zeigt jedoch, daß strengste Maßnahmen gegen das Vordringen von Nubiern in nördlicher Richtung getroffen wurden[61]: »Südliche Grenze, errichtet im achten Jahr..., um jeden Nubier am Passieren stromab, zu Lande oder zu Schiff, zu hindern, (ebenso) irgendwelche Trupps von Nubiern, ausgenommen alle Nubier, die kommen werden, um in Iken[62] Handel zu treiben oder zu irgendeinem guten Geschäft, das man mit ihnen machen kann.«

Wie streng diese Kontrolle gehandhabt wurde, ergibt sich aus in der frühen 13. Dynastie von Semna nach der thebanischen Hauptstadt gesandten Berichten, von denen zahlreiche Abschriften[63] in einem im Britischen Museum aufbewahrten, stark zerstörten Papyrus erhalten sind. Sie zeigen, daß sogar die geringsten Bewegungen der Medjaju-Leute gemeldet wurden; die fast täglichen Rapporte enden mit der stereotypen Formel: »Alle Angelegenheiten des Königshauses sind sicher und in Ordnung; alle Angelegenheiten des Herrn sind sicher und in Ordnung.«

Jahrhunderte später wurde Sesostris III. in ganz Nubien als Gott verehrt. Bei Manetho verschmolz er mit seinem Vorgänger Sesostris II. Wie bedeutend ihre Eroberungen auch gewesen sein mögen, es ist schwer verständlich, wie selbst die Siege von ihnen beiden zusammengenommen das Bild jenes welterobernden Helden entstehen lassen konnten, wie es von Diodor und Herodot entworfen wird. Noch aus einem weiteren Grund haben die frühen Ägyptologen sich dagegen gesträubt, den halb legendären Sesostris mit dem vierten und fünften König der 12. Dynastie zu identifizieren. Die hieroglyphische Schreibung des Geburtsnamens bzw. der zweiten Kartusche dieser beiden Könige schien die Lesung Usertsen zu bieten, die sich bei allem philologischen Scharfsinn nicht mit Manethos Sesostris in Verbindung bringen ließ. Kurt Sethe[64] hat als erster nachgewiesen, daß in dem Geburtsnamen der Name einer Gottheit umgestellt war, wie uns das früher schon einmal begegnet ist (S. 85), und daß deshalb die richtige Lesung Se-n-Wosre lautete, nämlich »Mann der Wosre, der mächtigen Göttin«. Der Übergang von Senwosre zu Sesostris ist nicht allzu groß und steht außer jedem Zweifel. Es ist noch eine Entdeckung zu erwähnen, die sich nur schwer mit der Festlegung der südlichen Grenze bei Semna durch Sesostris III. in Übereinstimmung bringen läßt. Bei Kerma[65], eine kurze Strecke südlich des dritten Katarakts und über 160 km vom zweiten stromauf, hat der amerikanische Archäologe George Reisner ein festungsähnliches Bauwerk und einen Friedhof entdeckt, der wohl schon mit dem Beginn der 12. Dynastie belegt wurde. Eine Inschrift Ammenemês' III. gibt die Anzahl der für die Wiederherstellung dieses Vorpostens benötigten Ziegel an und nennt ihn »Mauern des Ammenemês«; andere Funde machen es wahrscheinlich, daß es sich bei dem Erbauer um Ammenemês I. gehandelt hat. Es kamen sogar Alabastervasen mit dem Namen Pepis I. (6. Dynastie) zutage, doch diese gelangten wahrscheinlich erst viel später als Handelsgut dorthin. Die hier entdeckten Friedhöfe sind in ihrer Art ganz unägyptisch, ebenso die aufgefundenen Töpferwaren, die Fayence, die Knochen-Einlegearbeiten und die Waffen. Die Gräber sind alle große runde Tumuli, völlig verschieden von den gleichzeitigen ägyptischen Mastabas. Die Toten waren nicht mumifiziert und lagen auf der Seite; Frauen und Diener hatte man getötet und mit ihrem Herrn bestattet, als sollten sie ihm auch im Jenseits dienen[66]. In einem der Gräber hat sich eine herrliche Statue des Hapdjefai, der damals vielleicht Gouverneur war, und eine andere seiner Frau gefunden. Von diesem Mann ist aus seinem Grab in Asjût im 13. oberägyptischen Gau bekannt, daß er unter Sesostris I. gelebt hat. Bestand hier vielleicht eine ständige Handels- und Gewerbeniederlassung? Aber wie konnte sie sich behaupten, wo doch, wie die Festungen im Gebiet des zweiten Katarakts vermuten lassen, das weiter stromauf gelegene Land an sich feindlich war? Die Bedürfnisse der Architekten, Bildhauer und Juweliere verlangten eine immer gründlichere Ausbeutung der

Wüsten und der Ägypten umgebenden Länder, und wo immer Felsen die Gelegenheit dazu boten, berichten Inschriften die Namen der königlichen Emissäre. Der Basalt des Wâdi Hammamât, der Alabaster von Hatnub und der Diorit aus der Gegend nordwestlich von Abu Simbel wurden intensiver denn je abgebaut, das Wâdi el-Hûdi lieferte weiterhin Amethyst. Auf der Sinaihalbinsel wurden in großem Stil bei Serâbit el-Châdim neue Bergwerke eröffnet; es entstand dort auch ein Tempel der Hathor, der »Herrin des Türkises«. Die Beziehungen zu Palästina wurden bereits erörtert, über die problematischeren zu Kreta bleibt noch ein Wort zu sagen. Hier, wo die minoische Kultur blühte, haben sich zwar nur wenige ägyptische Gegenstände gefunden[67], aber in Ägypten selbst sind bei Hawwâra und an anderen Orten im Zusammenhang mit Funden aus der 12. Dynastie bunt dekorierte Töpferwaren unzweifelhaft kretischen Ursprungs zutage gekommen, deren Glanzstück eine von Garstang bei Abydos gefundene, heute im Ashmolean Museum aufbewahrte herrliche Schale ist. Die verzwickte Frage, ob es sich bei Keftiu um den ägyptischen Namen für Kreta und um die Entsprechung zu dem biblischen Caphtor handelt, ist noch stark umstritten[68]. Weit im Südosten trieben ägyptische Expeditionen noch immer einen lebhaften Handel mit Punt und der Somaliküste. Aus dem Wâdi Gasûs, etwas nördlich von dem Hafen Kusêr am Roten Meer, stammt eine Stele aus dem 28. Regierungsjahr Ammenemês' II. mit dem Bericht einer solchen Expedition[69]. Eine andere Stele aus dem 1. Regierungsjahr seines Nachfolgers weist mit den Worten »Errichtung seiner (des Königs) Denkmäler in dem Lande des Gottes« augenscheinlich auf ein ähnliches Unternehmen hin. Eigenartigerweise hat man der Frage, um welchen Gott es sich hier gehandelt haben mag, nur geringe Aufmerksamkeit geschenkt; der Ausdruck »das Land des Gottes« findet sich nicht nur hier, sondern auch im Zusammenhang mit Expeditionen nach Asien, und da diese oft von einem Beamten mit dem Titel »Siegelbewahrer des Gottes« oder »Kanzler« angeführt wurden, wird es sich bei dem erwähnten Gott um den Pharao selbst gehandelt haben. Man hätte sich dann als die zugrunde liegende Vorstellung seinen vermessenen Anspruch zu denken, die Schätze aller Fremdländer gehörten ihm.

Wenn sich auch Ammenemês I. die Gegend von Lischt (It-taui) für seine Pyramide ausersah und Sesostris I. die seine neben ihr errichtete, so zogen doch die übrigen Herrscher der 12. Dynastie andere Orte vor. Ammenemês II. kehrte nach Dahschûr zurück, in die Nähe der beiden gewaltigen Bauten des Snofru. Die in sich zusammengesunkenen, 1894[70] von J. de Morgan untersuchten Ruinen zeigen, abgesehen von der Bauweise, keine Besonderheiten, und nur aus den dicht daneben liegenden Mastabas ergab sich der Name ihres Besitzers. Was den nächsten König, Sesostris II., dazu bestimmte, seine Pyramide etwa 50 km weiter südlich und etwa 15 km vom Nil entfernt zu bauen, läßt sich nur vermuten. Dieser Platz von El-Lâhûn liegt gerade nördlich von der Stelle, wo der wichtige, Bahr Jûsuf genannte Kanal sich nach Westen wendet, um in die Senke des Faijûms (S. 35f.) einzutreten. Dieser äußerst fruchtbaren Gegend Ägyptens hatte Sesostris I. seine besondere Aufmerksamkeit zugewandt und bei Ebgîg ein geheimnisvolles Monument von etwa 15 m Höhe aufstellen lassen, das man immer als einen Obelisken beschrieben hat, das aber wohl auf seiner Spitze eine Statue des Königs trug[71]. Ob er oder einer seiner Nachfolger die von Herodot und Strabon erwähnte Verbesserung der Bewässerungsanlagen vornahm, läßt sich nicht sagen, jedenfalls wurde seit dieser Zeit die Umgebung des berühmten Moirissees eine von den Pharaonen gern aufgesuchte Gegend, die hier ihrer Leidenschaft für Fischfang und Vogeljagd frönen konnten[72].

Die Pyramide von Sesostris II.[73] weist eine Neuerung auf, die in zwei anderen Pyramiden dieser Dynastie nachgeahmt wurde. Die Erfahrung hatte gezeigt, wie schwer man sich vor Räubern retten konnte, solange sich der Zugang zur Grabkammer an seiner üblichen Stelle auf der Nordseite der Umkleidung befand. Der Baumeister der Pyramide, Sesostris' II., entschloß sich deshalb, den Zugang an eine Stelle außerhalb der Pyramide zu verlegen[74]. Diese Maßnahme erwies sich für den gedachten Zweck jedoch als unzureichend: als man schließlich die Grabkammer erreichte, zeigte sich, daß sie gewissenlos geplündert worden war. Von der ursprünglichen, gewiß reichen Grabausstattung waren nur ein gewaltiger roter Granitsarg und eine alabasterne Opfertafel übriggeblieben. Der Baumeister hatte aber immerhin erreicht, daß es Flinders Petrie Monate mühseliger Arbeit kostete, bis er auf den senkrechten Schacht zu dem ins Innere führenden Gang stieß. Ein ähnlicher Zeitaufwand war erforderlich, als fünf Jahre später (1894) J. de Morgan die Pyramiden Sesostris' III. und Ammenemês' III. bei Dahschûr untersuchte. Auch hier hatten die Grabräuber die Erbauer überlistet und damit zugleich jede Hoffnung der modernen Archäologen zunichte gemacht, ein unversehrtes Pharaonengrab zu finden. Einen gewissen Trost boten immerhin die herrlichen Funde an Schmuck in den Schachtgräbern königlicher Prinzessinnen innerhalb der Umfassungsmauer der Pyramidenbezirke von Dahschûr und (1914) El-Lâhûn. Der Brustschmuck und die Kronen, die Armbänder und Kolliers mit vielen in Gold gefaßten Halbedelsteinen wie Lapislazuli, Amethyst, Karneol und Feldspat zeugen von höchster künstlerischer Meisterschaft und gehören zu den kostbarsten Schätzen der Sammlungen in Kairo und New York. Wenn sie auch nicht mehr die keusche Schlichtheit der wenigen erhaltenen Stücke des Alten Reiches besitzen, so sind sie doch ganz frei von der Überladenheit des im Grabe von Tutanchamun gefundenen Schmuckes.

Bei Ammenemês III. stoßen wir wieder auf die seltsame Erscheinung, daß ein Pharao mehr als eine Pyramide besaß. Er ließ sich außer dem Grabmal bei Dahschûr noch ein zweites bei Hawwâra errichten, einige Kilometer westlich von El-Lâhûn. Auch hier waren wieder ausgeklügelte Vorkehrungen getroffen worden, um etwaige Plünderer irrezuführen, und Petries Anstrengungen (1886), die Grabkammer zu erreichen, waren nicht minder groß als die bei El-Lâhûn in den folgenden Jahren. Der Totentempel der Pyramide von Hawwâra bildete jenes Labyrinth, das Herodot, Diodor und Strabon so ausführlich beschrieben haben. Die zugleich mit der Pyramide flüchtig und dann noch einmal 1911 von Petrie untersuchte Umgebung erwies sich als ein von Kalksteinsplittern übersätes Gelände; dürftige Reste trugen die Namen von Ammenemês III. und der Königin Sobeknofrurê, von der wir noch hören werden. Die Ausdehnung dieses Gebiets und seine quadratischen Abmessungen schließen die Möglichkeit aus, es könnte sich bei diesem Totentempel um einen vom üblichen Typus gehandelt haben. So darf man in der Tat davon ausgehen, daß die Berichte der klassischen Autoren etwa den Kern der Sache treffen. Herodot (II, 148) spricht von dem Bauwerk als von einem sogar die Pyramiden übertreffenden Wunder, und Strabon (XVII, 1, 37) beschreibt es als eine Anlage mit zahlreichen, durch winklige Gänge untereinander verbundenen Höfen, durch die kein Fremder hindurchfinden konnte. Wie das ägyptische Bauwerk zu der Bezeichnung Labyrinth kam, wurde bereits erklärt (S. 2). Hier sind noch zwei »Pyramiden« zu erwähnen, die Herodot (II, 149) aus dem Moirissee herausschauen sah; so sagt er wenigstens. Zweifellos handelt es sich bei ihnen um die beiden kolossalen Sitzfiguren Ammenemês' III., die Petrie bei Bijahmu[75] aus dem See herausragen sah. Diese Riesen müssen mit Sockel 18 m hoch gewesen sein und standen vermutlich in einem Hof in der Nähe eines Deichs. In ganz Ägypten fand sich kein ähnliches Denkmal, es sei denn, man wolle den schon erwähnten »Obelisken« von Ebgîg als ein solches ansehen.

Wie schon erwähnt, kommen in der Provinz die großen Gräber, wie sie zu Beginn der Dynastie anzutreffen waren, nach der Regierung von Sesostris III. nicht mehr vor. Eduard Meyer hat daraus, wahrscheinlich mit Recht, den Schluß gezogen, dieser Herrscher habe den Feudalstaat, wenn nicht beseitigt, so doch tiefgreifend umgeformt. Das gewaltige Anwachsen der königlichen Macht läßt sich gar nicht übersehen. Lobeshymnen preisen die Tugenden von Sesostris III.[76] und Ammenemês III.[77]. Letzterer regierte über 45 Jahre, und sein Nachfolger Ammenemês IV. – nach dem Turiner Königspapyrus – neun Jahre, drei Monate und 27 Tage; die späteste Erwähnung (auf dem Sinai) stammt allerdings aus seinem 6. Jahr. Die Dynastie schloß mit einer Königin Sobeknofrurê, die Manetho möglicherweise zu Recht als die Schwester des letzten Ammenemês bezeichnet. Der Turiner Königspapyrus gibt bei ihr drei Jahre und zehn Monate an, und während sie in der Liste von Abydos nicht aufgeführt ist, nennt sie die Tafel von Sakkara mit ihrem Thronnamen Sobekkarê als die Nachfolgerin von Ammenemês IV.[78]. Auf einem Rollsiegel im Britischen Museum führt sie eine fast vollständige Königstitulatur. Es scheint festzustehen, daß sie, jedenfalls für eine gewisse Zeit, gemeinsam mit Ammenemês III. – vermutlich ihrem Vater – regierte; ebenso sicher ist, daß Ammenemês IV. eine Weile Mitregent Ammenemês' III. war. Für eine Mitregentschaft von Ammenemês IV. und Sobeknofrurê fehlt hingegen jeder Anhaltspunkt[79]. Aus solchen Fakten Schlüsse ziehen zu wollen, wäre gefährlich; immerhin läßt sich mit einiger Wahrscheinlichkeit sagen, daß Sobeknofrurê aus einem Familienzwist als Siegerin hervorgegangen zu sein scheint. Damit hätte zum zweiten Male in der ägyptischen Geschichte eine Frau die Thronfolge angetreten, indem sie sich selbst zum »König von Ober- und Unterägypten« machte – aber diesem anormalen Zustand konnte keine lange Dauer beschieden sein. Auf Sobeknofrurê folgte – wie auf Nitokris – eine Reihe von Königen, von denen keiner, soweit ersichtlich, länger als drei Jahre regiert hat. So sank das ruhmreiche Mittlere Reich schließlich in sich zusammen.

Von der großen Zahl privater Stelen, die sich mit Sicherheit der 12. Dynastie zuweisen lassen, werfen leider nur wenige Licht auf besondere Ereignisse oder die herrschenden Zustände. Nur gelegentlich sind sie datiert, die meisten begnügen sich mit dem immer gleichbleibenden Wunsch nach »allen guten und schönen Dingen, von denen der Gott lebt«, gefolgt von dem Titel und dem Namen des Grabherrn und der Aufzählung seiner Familienmitglieder. Recht häufig werden Worte des Lobes hinzugefügt, doch oft sind solche Aussprüche wie »wahrhaft geliebt von seinem Herrn« oder »einer, der treu blieb dem Weg dessen, der ihn schmückte« alles, was wir über den betreffenden Toten erfahren. Ist es eine falsche Vorstellung, daß die Hand des Herrschers nun noch schwerer auf seinen gehorsamen Untertanen lastete als bisher und daß unter der neuen Autokratie der Personenkult mit Absicht unterdrückt wurde? Man muß sich andererseits vor Übertreibungen hüten; deshalb seien hier einige Quellen angeführt, die verschiedene Seiten des Lebens jener Zeit beleuchten; Kühnere mögen sie zu einem umfassenden Bild zusammenfügen.

Ein Roman ist auch hier die farbigste Quelle: Nichts Anschaulicheres läßt sich denken als der Bericht von Sinuhes Rückkehr nach Ägypten. Nach einem an Ehrungen reichen Leben in Palästina hatte ihn die Sehnsucht ergriffen, im Lande seiner Geburt bestattet zu werden, und er schrieb deshalb einen demütigen Bittbrief an den regierenden König Sesostris I. Da ihm seine überstürzte Flucht schon seit Jahren verziehen war, wurde er an der Grenze von Schiffen eingeholt, die mit Geschenken reich beladen waren. Nach der Ankunft in It-taui wurde er sogleich, noch über und über mit Staub bedeckt und ungeschoren, in das königliche Kabinett geführt, wo der Herrscher ihn mit einigen freundlichen Worten willkommen hieß, die er vor Aufregung kaum verstehen konnte: »Die Königskinder wurden hereingeführt. Dann sagte Seine Majestät zu der königlichen Gemahlin: ›Sieh, dies ist Sinuhe, der als ein Aam zurückgekehrt ist, als ein Abkömmling des Setyuvolkes‹. Sie stieß einen lauten Schrei aus, und die Königskinder kreischten alle miteinander. Und sie sagten zu Seiner Majestät: ›Das ist er nicht wirklich, o König, mein Herr!‹ Und seine Majestät sagte: ›Doch, er ist es wirklich!‹«

In dieser Geschichte kommen wir der Wirklichkeit näher als wohl in jedem anderen Stück der altägyptischen Literatur, doch können wir uns leider mit ihr hier nicht weiter beschäftigen.

Die in die Wände des Grabes des Fürsten Hapdjefai in Asjût eingemeißelte Inschrift gewährt einen flüchtigen Einblick in das Rechtswesen. Hier sind die Paragraphen der mit der Priesterschaft des lokalen Tempels geschlossenen Verträge ausführlich festgehalten[80]. Hapdjefai hatte sich einen »Seelendiener« ausbedungen, der nach seiner Bestattung den Totenkult versehen sollte, und ihn mit Land, Leibeigenen und

Vieh ausgestattet, um ihm für die gewissenhafte Erfüllung seiner Pflichten einen Anreiz zu bieten. Man kann die komplizierten Klauseln dieser Verträge nicht lesen, ohne sich klarzumachen, daß strenge Regeln über das Eigentum ihnen zugrunde lagen, z. B. die Unterscheidung zwischen dem, was dem Fürsten kraft Erbschaft und dem, was ihm kraft seines Amtes gehörte. Wichtige Einblicke in die innere Tempelverwaltung ließen sich durch ein gründliches Studium der Unmenge von Papyri gewinnen, die in einer Kammer der Pyramidenstadt El-Lâhûn entdeckt wurden. Als Beispiel sei hier ein Dokument angeführt, in dem die täglichen Leistungen an einzelne Vorsteher des Tempels[81] festgehalten sind: der Oberpriester an ihrer Spitze erhielt 16 Laib Brot verschiedener Größe und acht Krug Bier. Die Leistungen an die Tempelvorsteher[82] machten jedoch nur ein Sechstel der Tageseinkünfte des Tempels aus, von denen der Hauptteil für die »Seelendiener« bestimmt war, wobei wir nicht wissen, für wessen »Seelendiener«. Ein anderes für die Kenntnis der Verwaltung bedeutsames Papyrusfragment wurde in Haraga, einer nur einige Kilometer entfernten Niederlassung der 12. Dynastie, gefunden[83]. Diese Urkunde enthält Aufzeichnungen über die mit der Feldvermessung und der Steuerfestsetzung verbrachten Tage und berichtet darüber an den Oberaufseher des Landes des Norddistrikts. Es würde ganz der ägyptischen konservativen Haltung entsprechen, wenn die Aufzählung der Pflichten des Wesirs[84] in verschiedenen Inschriften in Gräbern der 18. Dynastie sich wirklich auf die Verhältnisse vor vier Jahrhunderten bezöge; wir können dessen allerdings nicht sicher sein. Die Dürftigkeit des zur Verfügung stehenden Materials und der Stand unserer Forschungen machen jeden Versuch einer Zusammenschau sehr fragwürdig.

Das Ergebnis von Petries Durchforschung des Gebiets von El-Lâhûn erwies sich als außergewöhnlich wertvoll; es gab die Überreste einer in allen Teilen aus derselben Zeit stammenden Stadt frei, die eine überraschend ausgebildete Stadtplanung verriet. Hier fanden sich auch Möbel und Geräte und im pharaonischen Ägypten fast einmalige Schmuck-

formen. Die Häuser der Reichen, die wie die der Armen aus
Ziegeln errichtet waren, besaßen alle einen von Säulen umgebenen
Innenhof mit einem Wasserbecken aus Kalkstein in
der Mitte. »Das Dachwerk bestand gewöhnlich aus Balken, die
mit Strohbündeln belegt und mit Lehm verputzt waren; es
sind aber auch zahlreiche gewölbte Dächer aus Ziegelmauerwerk
erhalten, manche vollständig, von anderen nur der
untere Teil. Die Eingänge waren stets gewölbt und in Ziegelmauerwerk
ausgeführt, und wir wissen nun sicher, daß der
Rundbogen nicht nur bekannt war, sondern von den frühen
Ägyptern auch ständig verwendet wurde[85].« Eine Mauer
umgab die Stadt auf drei Seiten und ließ die südliche zur Nilebene
hin offen. Innerhalb der Mauer lief eine Hauptstraße
um einen Häuserblock, während kleine Nebenstraßen
zwischen den Häusern hindurchführten.

Abgesehen von der später in dem Tempel selbst gefundenen
Masse von Tempelrechnungen und Briefen befassen sich die
aus vielen Häusern zusammengetragenen Papyri mit den verschiedenartigsten
Gegenständen. Die schwierige Arbeit ihrer
Entzifferung war eine der hervorragenden Leistungen des
großen Gelehrten F. Ll. Griffith. Ein medizinischer Papyrus
beschäftigt sich beispielsweise mit Frauenleiden, ein veterinärmedizinisches
Fragment mit Tierkrankheiten. Auch letztwillige
Verfügungen befinden sich darunter, denen wir entnehmen,
daß ein Mann so ziemlich alles vermachen konnte,
was ihm beliebte, nicht nur sein Haus und seine bewegliche
Habe, sondern auch ein Amt, wie z. B. das eines Vorstehers
einer Phyle der Laienpriester. In einem anderen Falle wurden
einer Frau neben anderen Gegenständen vier Aamu, asiatische
Sklaven, hinterlassen. Solche Urkunden mußten förmlich
vor Zeugen errichtet und im Hause des Registrators hinterlegt
werden. Auch Zählungen der Haushalte wurden vorgenommen
und in ähnlicher Weise festgehalten. Mit einem
Wort, das geschäftige Leben dieses bedeutenden städtischen
Gemeinwesens war durch genaue Verwaltungsvorschriften
geregelt, von deren Umfang und innerem Zusammenhang
die erhaltenen Bruchstücke nur einen unvollkommenen
Eindruck gewähren.

Auch sonst beleuchtet hier eine Grabwand und dort eine Stele eine Seite des Lebens, von der bisher noch nicht die Rede war. So erzählt ein Beamter, er sei nach den Oasen geschickt worden, um einige Ausreißer aufzuspüren[86]. In Bersche stellt eine berühmte Szene den Transport einer Kolossalstatue an ihren Aufstellungsort dar: 172 junge Soldaten aus dem Hasengau sind bei diesem Unternehmen beschäftigt[87]. Soldaten von hervorragender Tapferkeit erhielten wohl auch vom König wertvolle Geschenke, vielleicht einen Dolch oder einen Bogen mit goldenen Verzierungen. Sobekchu, der sich in Palästina hervorgetan hatte (S. 145), wurde nicht nur damit, sondern darüber hinaus noch mit 60 Leibeigenen belohnt. Wichtige Missionen wurden besonders bewährten Beamten anvertraut. So sandte Sesostris III. seinen Oberschatzmeister Ichernofer nach Abydos; er hatte dort den Osiristempel mit herrlichen Möbeln mit Einlegearbeiten in Gold, Silber und Lapislazuli auszustatten; während seines Aufenthaltes leitete er die dramatischen Aufführungen, die das tragische Leben des ermordeten Gottes darstellten[88].

Am Ende dieses Kapitels ist schließlich auf einige der wichtigeren Denkmäler dieser Zeit hinzuweisen, die der Zerstörung entgangen sind. In Heliopolis steht noch ein einzelner Obelisk, der Zeugnis ablegt von dem großen Tempel, den Sesostris I. hier erbaute[89], wie in einer schon erwähnten ledernen Urkunde berichtet ist[90]. In Karnak konnten schimmernde Kalksteinblöcke, die später bei der Errichtung des dritten Pylons verwendet worden waren, wieder zu einem kleinen, aber anmutigen Jubiläumskiosk desselben Königs zusammengefügt werden. Vielleicht hat es ein von den Italienern bei Medînet Mâdî im Faijum freigelegter bescheidener Tempel nur seiner Entlegenheit zu verdanken, daß er besser erhalten ist als ähnliche Heiligtümer an anderen Orten. Es ist unmöglich, die Kunst der 12. Dynastie hier gebührend zu würdigen, deshalb sei nur darauf hingewiesen, daß sie sich von allem Vorangegangenen unterscheidet, was sogar ein ungeübtes Auge bemerkt. Die überkommenen festen Regeln und die verschiedenen Vorbilder sind zwar dieselben – und doch bestehen deutlich erkennbare Unterschiede. Man beachte insbesondere den Ernst und die Entschlossenheit der Gesichtszüge in den Steinbildwerken der Pharaonen; die erhabensten Meisterwerke sind der Obsidiankopf Ammenemês' III. (früher in der Sammlung Macgregor)[91] und die Statuette desselben Königs in Moskau.

Vom Zusammenbruch zum Wiederaufstieg

Da die Zeit selbst in ihrem Ablauf keine Einschnitte kennt, kann nur ein bedeutendes Ereignis oder eine Folge von Ereignissen es rechtfertigen, von einer bestimmten Regierung zu sagen, sie habe eine neue Epoche eingeleitet. Weshalb man die 12. Dynastie gerade mit Sobeknofru (oder Sobeknofrurê, wie sie in späteren Quellen heißt) für zu Ende gegangen hielt, wird sich wohl nie ergründen lassen; der Turiner Königspapyrus, die Königsliste von Sakkara und Manetho stimmen in dieser Annahme jedenfalls überein, während die Liste von Abydos von Ammenemês IV. direkt zum ersten König der 18. Dynastie überspringt. Da die Daten von Amosis I. (Ahmose), dem Begründer der 18. Dynastie, ziemlich genau feststehen, ist für die zweite Zwischenzeit, deren Probleme sich noch schwerer lösen lassen als die der ersten, die Spanne von 1786–1575 v. Chr. anzunehmen.

Ehe wir uns mit Einzelheiten beschäftigen, erscheint es nützlich, daß wir uns vergegenwärtigen, daß der Ablauf dieser beiden düsteren Zeitabschnitte etwa derselbe war: beide beginnen mit einer chaotischen Aufeinanderfolge unbedeutender einheimischer Herrscher, beide Male unterwandern Eindringlinge aus Palästina das Delta und sickern sogar in das Niltal ein, hier wie dort ist die Befreiung einer entschlossenen thebanischen Fürstenfamilie zu danken, die zunächst den Zwistigkeiten im Innern ein Ende bereitete und dann die Fremden vertrieb, um schließlich eine neue Ära ungeheurer Machtentfaltung und großen Wohlstandes einzuleiten.

Es wurde schon kurz angedeutet (S. 69), mit welch gewaltigen Schwierigkeiten eine Darstellung hier verbunden ist; auf sie ist nun näher einzugehen. Wir beginnen wie gewöhnlich mit Manetho. Nach ihm war die 13. Dynastie diospolitanischen (thebanischen) Ursprungs und umfaßte 60 Könige mit 453 Regierungsjahren; die 14. Dynastie kam aus Xois, dem heutigen Sachâ im Zentrum des Deltas, und hatte 76 Könige mit 184 oder, nach einer anderen Lesung, mit 484 Regierungsjahren. Bei der 15. bis 17. Dynastie weichen Africanus und Eusebius voneinander ab, während durch den jüdischen Historiker Josephus ein viel einfacherer Bericht überliefert ist, der den Eindruck eines wörtlichen Auszugs aus Manethos Werk zu erwecken sucht. Für unsere Darstellung müssen die von Africanus gelieferten Daten genügen. Seine 15. Dynastie besteht aus sechs fremden, sogenannten Hirten- oder Hyksoskönigen, deren Herrschaft 284 Jahre dauerte, die 16. war ebenfalls eine Dynastie von 32 Hirtenkönigen, die zusammen 518 Jahre regierten. In der 17. Dynastie schließlich herrschten 43 Hirtenkönige und 43 thebanische Könige nebeneinander insgesamt 151 Jahre. Die Addition dieser Zahlen – bei der für die 14. Dynastie die niedrigere von 184 Jahren angenommen sei – ergibt 217 Könige mit einer Gesamtregierungsdauer von 1590 Jahren. Dieser Zeitraum beträgt das Siebenfache von dem, der sich aus der Annahme des Sothisdatums des El-Lâhûn-Papyrus (S. 69) zwingend ergibt. Wollte man andererseits von 1786 v. Chr. als dem Endjahr der 12. Dynastie abgehen[1], so würde das die Preisgabe des einzigen festen Anhaltspunktes bedeuten, was schwerwiegende Folgen für die Geschichte nicht nur Ägyptens, sondern des gesamten Mittleren Ostens haben würde.

Von den drei Königslisten in den Baudenkmälern führt nur die aus Karnak Könige jener Zeit an. Die unversehrte Liste mag an die 30 Namen gezählt haben, von denen die Hälfte durch die Erwähnung auf Überresten – Baublöcken, Stelen oder dergleichen, meist aus der Gegend von Theben – verbürgt ist. Unglücklicherweise sind diese Namen zwischen andere von Königen des Alten oder Mittleren Reiches so willkürlich eingestreut, daß sich keine zuverlässige Reihenfolge gewinnen läßt.

Dagegen ist der Turiner Königspapyrus trotz seines bruchstückhaften Zustandes eine sehr wertvolle Quelle[2]. So, wie

Ibscher ihn wieder zusammengefügt hat, sind auf den Papyrusfragmenten die Könige von der 13. bis weit hinein in die 18. Dynastie über sechs Kolumnen verteilt, von denen jede bis zu 30 Eintragungen enthielt. Es wäre jedoch verfehlt, annehmen zu wollen, die vollständige Urkunde habe nicht weniger als 180 verschiedene Könige aufgezählt: die Kolumnen 10 und 11 sind recht unsichere Größen, und einige der in ihnen und in Kolumne 9 aufgezählten Namen machen einen ziemlich verdächtigen Eindruck. Nur noch etwa 60 Namen sind so gut erhalten, daß sie sich mit Sicherheit identifizieren lassen, und nur etwa ein Drittel von ihnen wird durch andere Denkmäler verbürgt. Andererseits begegnet uns auf Denkmälern eine große Zahl von Namen, die in diese Zeit gehört haben müssen, die sich aber aus irgendwelchen Gründen – einige wegen des unvollständigen Zustands dieser Urkunde – im Turiner Königspapyrus nicht wiederfinden. Unendliche Mühe hat man auf die Sammlung dieses Materials und auf den Versuch verwendet, die einzelnen Regierungen in die richtige zeitliche Reihenfolge zu bringen. Dabei hat man die Stileigentümlichkeiten von Skarabäen mit Königskartuschen, die äußere Erscheinungsform und die Bildung der Namen selbst sowie andere gleich dürftige Anhaltspunkte mitverwertet. Aber selbst wenn alle Möglichkeiten ausgeschöpft sind, bleiben die Ergebnisse Hypothesen, mit denen sich kaum arbeiten läßt.

Wir werden uns deshalb hier im wesentlichen mit einer Untersuchung des Turiner Königspapyrus selbst begnügen. Ganz offensichtlich hielt der ramessidische Kompilator sich für fähig, die etwa 100 ihm bekannten Königsnamen in einer einzigen fortlaufenden Kette aufzuzählen, und zwar mit genauer Angabe der jeweiligen Regierungszeit. In 29 Fällen sind die Jahresangaben erhalten; sie ergeben – ohne die überzähligen Monate und Tage – 153 Jahre. In dieser Summe eingeschlossen sind sechs Könige (einige von ihnen werden später noch genannt), von denen jeder länger als zehn Jahre regiert hat, und deren Gesamtregierungsdauer 101 Jahre beträgt; dabei ist allerdings nicht in allen Fällen die Lesung der Zahlenangaben so gesichert, wie es zu wünschen wäre. Es blieben dann für die übrigen 23 Könige nicht mehr als 52 Jahre, was durchschnittlich für jeden nur wenig mehr als zwei Jahre ergeben würde. Auffälligerweise stammen die Jahresangaben der wenigen datierten Denkmäler jeweils überwiegend aus dem 1., 2. oder 3. Regierungsjahr. Bedenkt man die im letzten Kapitel getroffene Feststellung, daß in Ägypten lange Regierungszeiten ein sicheres Anzeichen für das Wohlergehen des Landes sind, so läßt sich hier umgekehrt sagen, daß während der Zeit, die im Turiner Königspapyrus Manethos 13. und 14. Dynastie entspricht, das Land sich in einem Zustand schrecklicher Verwüstung und Unordnung befunden haben muß; in rascher Folge lösten die Herrscher einander ab, und so mancher endete durch Mord.

Zwei-, wenn nicht gar dreimal[3] vermerkt der Turiner Königspapyrus ein Interregnum, in einem Falle von sechs Jahren Dauer. An vier verschiedenen Stellen[4] findet sich eine Wendung, die Eduard Meyer ohne stichhaltigen Grund als Zeichen für das Heraufkommen einer neuen Dynastie angesehen hat, wohl aber kommen zweimal Eintragungen vor, die eine voraufgehende Dynastie zusammenfassen. Von weit größerer Bedeutung als das vereinzelt dastehende »(Summe), fünf Könige ...« in 11. 15 ist ein schon Seyffarth bekanntes und von Botti wiederentdecktes unnummeriertes Fragment, das Ibscher und Farina in der Mitte von Kolumne 10 einfügten. Unmittelbar auf eine Zeile, die zu ergänzen ist »(Häuptling eines fremden Landes) Chamudi« folgt die Angabe: »(Summe, Häuptlinge eines) fremden Landes, sechs, ergibt 108 Jahre«. Dies sind offensichtlich die von Africanus im Zusammenhang mit Manethos 15., 16., und 17. Dynastie erwähnten Usurpatoren. Doch von ihnen später, hier soll uns lediglich die Chronologie beschäftigen. Die soeben angeführte Eintragung zwingt zu dem Schluß, daß der Turiner Papyrus in verschiedenen Teilen des Landes nebeneinander regierende Dynastien aufführt, ohne daß sich der Kompilator dieser Tatsache bewußt war. Zieht man nämlich diese 108 von den 211 Jahren ab, die für die zweite Zwischenzeit allenfalls anzusetzen sind, so hätten sich 100 oder mehr Könige in einem Zeitraum von etwa einem Jahrhundert zusammengedrängt.

Das ist natürlich völlig unmöglich, wenn man die oben erwähnten 101 Jahre für die sechs Könige berücksichtigt. Es ergibt sich also, daß diese 108 Regierungsjahre der Hyksosherrscher nicht einfach in dieser Weise abgezogen werden können, sondern daß sie sich auf eine Herrschaft irgendwo im Delta beziehen müssen. Die andere Möglichkeit, die von allen modernen Ägyptologen angenommen wird, ist deshalb die, daß die Aufzählung des Turiner Königspapyrus eine ganze Anzahl von Königen enthielt, die zwar gleichzeitig, aber vermutlich in weit voneinander entfernten Teilen Ägyptens regiert haben. Manetho war dieser Sachverhalt, wie sich aus seiner Erwähnung von Xois ergibt, nicht ganz unbekannt, obwohl auch er seine Dynastien als aufeinanderfolgend betrachtete. Unglücklicherweise läßt sich nur selten ein König des Turiner Papyrus auf ein begrenztes Gebiet festlegen. Möglicherweise beschränkte sich die Gewalt des Herrschers mit Namen Mermescha »der General« (6. 21) auf den äußersten Norden, weil er außerhalb des Turiner Papyrus nur von zwei bei Tanis gefundenen Statuen bekannt ist; Gleiches mag von Nehasy, dem »Nubier«, gelten (8. 1), der trotz seines Namens ins Delta gehört zu haben scheint. Es ist vielleicht bezeichnend, daß zwar die Hälfte der Könige der Kolumne sechs Denkmäler oder sonstige Überreste in Oberägypten hinterließ, aber nur sehr wenige von den Königen der übrigen Kolumnen gefunden wurden. Es zeigt sich, wie sehr wir bei einer Materie wie der vorliegenden auf Vermutungen angewiesen sind.

Mit viel Scharfsinn hat man versucht, die Könige dieser Zeit anders als im Turiner Papyrus geschehen zu gruppieren, und es wäre gewiß ungerecht, wollte man alle diese Versuche als verfehlt abtun. Die Reihenfolge der Namen im Turiner Königspapyrus hat sich jedoch offensichtlich nirgends als definitiv falsch erwiesen. In den folgenden Betrachtungen wird von ihr nur wegen des Fehlens einer zuverlässigeren Grundlage ausgegangen.

Über die ersten beiden Herrscher der 13. Dynastie ist jedenfalls kein Zweifel möglich: es sind Sechemrê-chutaui und Sechemkarê, die letzten in den El-Lâhûn-Papyri erwähnten Könige und auch die letzten, unter deren Regierung die Wasserstände des Nil bei Semna registriert wurden. Sie herrschten zusammen nicht länger als zehn Jahre, dann folgte das schon erwähnte sechsjährige Interregnum. Daß sie ihre Herrschaft über das ganze Land ausübten, vom Faijûm bis zum zweiten Katarakt und darüber hinaus, ist sicher, und die Tatsache, daß ersterer den Namen Amenemhet-Sobekhotep und letzterer den Namen Amenemhetsonbef als Thronnamen wählte, zeigt, wie verzweifelt sie sich an die Hoffnung klammerten, als legitime Nachfolger der 12. Dynastie anerkannt zu werden. Diese Hoffnung findet einen noch leidenschaftlicheren Ausdruck in dem Namen von Sanchibrê, dem 6. König dieser Dynastie, der sich nur mit dem pompösen Namen Ameni-Intef-Amenemhet zufriedengab. Ihm unmittelbar voraus ging ein Emporkömmling mit dem plebejischen Thronnamen Efni »er ist der meine«; sechs Stellen weiter erscheint ein König mit dem gleichermaßen gewöhnlichen Namen Renseneb – er hatte den Thron nur vier Monate inne. Auffallenderweise wählten nicht weniger als sechs Könige dieser Zeit den Namen Sobekhotep »Sobek ist zufrieden«, der auf den in der Kartusche der Königin Sobeknofrurê zum ersten Male geehrten Krokodilgott des Faijûms hinweist. In der Zeit, die wir als die 17. Dynastie bezeichnen werden, tragen Könige und Königinnen den Namen Sobekemsaf »Sobek ist sein Schutz«: man hielt also auch damals noch den Nilgott für irgendwie mit der Monarchie verbunden. Zu jener Zeit bestand freilich die Verbindung mit dem Faijûm schon nicht mehr, und es läßt sich die Tendenz erkennen, die Gottheit mit einem anderen Krokodilopolis, 25 km südlich von Theben, in Zusammenhang zu bringen[5]. Diese Kontinuität im Namengebrauch wurde gelegentlich – und vermutlich zu Recht – als Beweis für die kurze Dauer der zweiten Zwischenzeit herangezogen, allerdings sind andere Erscheinungen, wie die unbedeutenden Veränderungen in der Kunst und an den uns erhaltenen Gebrauchsgegenständen, ein mindestens ebenso zwingender Beweis dafür.

An dieser Stelle wollen wir die ermüdende Betrachtung der kurzlebigen Könige dieses Zeitabschnittes vorübergehend unterbrechen und uns mit einem Dokument beschäftigen, das mitten ins tägliche Leben hineinführt. Es handelt sich um einen vor hundert Jahren im Grabe eines Schreibers des königlichen Harems in Dra Abu'n-Naga[6] entdeckten Papyrus. In ihm sind die Rechnungen des thebanischen Hofes für einen Zeitraum von zwölf Tagen im 3. Regierungsjahr eines der Könige mit Namen Sobekhotep enthalten und die Ein- und Ausgänge an Brot, Bier, Gemüse usw. von Tag zu Tag peinlich genau aufgezeichnet. Bei den Staatseinkünften werden zwei Quellen unterschieden. Da waren an erster Stelle die festen für den Unterhalt der Frauen des Königs, der höheren Staatsbeamten und dergleichen erforderlichen Leistungen. Diese wurden zusammen durch drei Verwaltungsstellen (wʿr.t) beschafft, nämlich durch die »Verwaltung des Kopfes Oberägyptens«, das »Büro der Abgaben des Volkes« und das Schatzamt, wobei die erstere fast zweimal soviel aufbrachte wie jede der beiden anderen. Dazu kamen in zweiter Linie ziemlich ansehnliche, ägyptisch inw genannte Lieferungen; dieser Ausdruck wird in anderem Zusammenhang für »Tribute« oder für »Ehrengaben« verwendet, die für außerordentliche Anlässe, z. B. Festessen für die Hauptwürdenträger und die Vorsteher des sonderbaren »Hauses der Ammen« oder als Belohnung für besondere Dienste bestimmt waren. Diese zweite Art der Einkünfte, für die der Wesir oder ein anderer hoher Beamter verantwortlich gewesen sein wird, schwankte in ihrem Umfang sehr: sie konnte fast soviel wie die erste ausmachen oder auch absolut nichts, so daß sich über ihre Höhe keine allgemeinen Angaben machen lassen. Auf der anderen Seite erfahren wir, daß der tägliche Verbrauch der königlichen Hofhaltung fast 2000 Laib Brot und verschiedene andere Brotsorten und zwischen 60 und 300 Krug Bier betrug. Fleisch scheint es nur bei besonderen Gelegenheiten gegeben zu haben. Auf Geheiß des Königs hatte der Tempel des Amun pro Tag 200 Laib Brot beizusteuern, wie wir zu unserer Überraschung erfahren. Die tatsächlich zur Verteilung gelangten Mengen schwankten etwas, je nachdem, was vom Vortage übriggeblieben war. Diesem erstaunlichen Text lassen sich die interessantesten Einzelheiten entnehmen; er wäre noch ergiebiger, wenn ihm nicht die üblichen Mängel anhafteten: schlechte Beschaffenheit und Schwierigkeiten bei der Entzifferung. So erstreckten sich beispielsweise die Schaustellungen einer kleinen Truppe von Medja-Nubiern über vierzehn Tage. Ihr gehörten zwei Häuptlinge an, zu denen sich später noch ein dritter gesellte; sie waren gekommen, um ihre Aufwartung zu machen. Diese Barbaren sind anscheinend jedoch nicht zu dem großen Festschmaus in der Säulenhalle des Palastes gebeten worden, an dem einschließlich der Musikanten nicht weniger als 60 Gäste teilnahmen; die Königin und die Schwestern des Königs waren allerdings bei dieser Veranstaltung nicht zugegen, die den Höhepunkt des Festes des Gottes Month von Mêdamûd (S. 127) am Vorabend des Tages bildete, an dem das Götterbild nach seinem Besuch in der Hauptstadt wieder in seine Heimat zurückgebracht wurde. Alle aufgeführten Gäste waren Männer, mit dem Wesir, dem Oberbefehlshaber des Heeres und dem Aufseher der Felder an der Spitze. An anderer Stelle ist der Empfang der führenden Leute von Hermonthis und Kusae, etwa 40 km nördlich von Asjût, bei Hofe erwähnt; dabei ist bedeutsam, daß um diese Zeit die Erwähnung von feudalen Fürstentümern oder von Gauen völlig aufgehört hat und daß an ihrer Stelle Städte genannt werden. Deshalb ist das bis dahin richtig mit »Fürst«, »Graf« wiederzugebende Wort ḥꜣ.ti-ꜥ von nun an am besten mit »Bürgermeister« zu übersetzen.

Der Wesir Anchu, der mehr als einmal die Reihe der Beamten anführt, die auf königliche Anweisung Lebensmittelgaben erhielten, ist auch aus verschiedenen anderen Quellen bekannt. Unter ihnen befindet sich ein Papyrus im Brooklyn Museum[7] mit einem an ihn gerichteten schriftlichen Befehl eines Königs, der damals schon wenigstens fünf Jahre regierte. Derselbe Papyrus führt noch einen weiteren, allgemein als Sobekhotep III. anerkannten König an; dieser hat mehr persönliche Erinnerungen an sich hinterlassen als irgendeiner der unbedeutenden Herrscher jener unruhigen Zeiten. Doch der Zusammenhang zwischen den beiden erwähnten Königen ist dunkel. Anchu kommt auch auf zwei Stelen im Louvre[8] vor, die von den umfangreichen Wiederherstellungsarbeiten

in dem Tempel von Abydos durch einen hohen Priester aus
der dortigen Umgebung namens Amenisoneb berichten.
Diese wurden unter der Regierung des Chendjer vorgenommen, eines Königs mit fremdländisch klingendem Geburtsnamen und möglicherweise auch von fremdländischer Herkunft. Nun hat Jéquier[9] 1931 eine kleine Pyramide bei
Sakkara als einem König Chendjer gehörend identifiziert, der
allerdings bedauerlicherweise einen von dem auf der Stele
im Louvre abweichenden Thronnamen führt. Gab es also
zwei Könige namens Chendjer, einen im Norden und einen
im Süden? Es scheint doch wohl die Vermutung näher zu
liegen, daß ein und derselbe Monarch im Gebrauch seines
Thronnamens gewechselt hat. Dies Problem ist kennzeichnend für die Schwierigkeiten, die diese Epoche bietet. Der
König Chendjer von Sakkara ist mit Sicherheit im Turiner
Königspapyrus aufgeführt (6. 20), und wenn, wie angenommen wird, mit der Eintragung vier Stellen weiter unten
Sobekhotep III. gemeint war, so hätten wir die ungewöhnliche Erscheinung, daß ein Mann das Wesirat unter fünf
ephemeren und vielleicht feindlichen Herrschern innehatte. W. C. Hayes hat den Beweis dafür geliefert[10], daß
sich während der 13. Dynastie (etwa Kolumne 6 des Turiner
Königspapyrus) die Residenz der Pharaonen noch in Lischt
befand, wenn auch der Hof manchmal nach Theben übersiedelte. Die oben erwähnte Pyramide und die Tatsache,
daß der Sohn des Wesirs, der Amenisoneb bei seinen Unternehmungen in Abydos unterstützte, nach Beendigung der
Arbeiten nach Norden fuhr, unterstützen diese Annahme.

Nach dem Turiner Papyrus folgte Sobekhotep III. ein
König Neferhotep (6. 25) mit einer Regierungszeit von elf
Jahren. Denkmäler von ihm sind – wie bei seinem Vorgänger –
verhältnismäßig zahlreich. Viele Felsinschriften am 1. Katarakt bestätigen offenbar seinen Besuch, und eine im Wâdi
Halfa gefundene Schmuckplatte aus Speckstein scheint
wenigstens nahezulegen, daß sein Einfluß sich bis dorthin
erstreckte. Noch interessanter ist ein im weit entfernten
Byblos an der syrischen Küste aufgefundenes Relief, auf dem
ihm ein lokaler Fürst huldigt[11]. Sein Porträt ist durch eine

hübsche Statuette im Museum von Bologna erhalten[12]. Für den Erforscher der Inschriften ist jedoch eine von Mariette in Abydos entdeckte und wegen ihres stark beschädigten Zustands an Ort und Stelle zurückgelassene Stele am bedeutsamsten[13]. Der allgemeine Sinn ist trotz der Unvollständigkeit der allein verfügbaren Abschrift noch klar. Diese Stele ist das zweitälteste und umfangreichste Beispiel jener erwähnten (S. 58) Gattung von Königsinschriften. Der König wird bei der Beratung mit seinen Hofbeamten dargestellt: er trägt ihnen seinen Wunsch vor, Statuen des Gottes Osiris und der Götterneunheit in ihrer wahren Gestalt anzufertigen, und bittet sie, alte Bücher zu seiner Einsichtnahme zu beschaffen, in denen dergleichen beschrieben sei. Die Höflinge pflichten mit üblicher Unterwürfigkeit bei. Ein Beamter wird nach Abydos gesandt, um den Weg vorzubereiten. Er trifft Zurüstungen für eine Prozession, bei der Osiris in seiner heiligen Barke erscheint; dann kommt der König selbst und überwacht höchstpersönlich die Anfertigung der Gottesbilder und nimmt an der Vernichtung seiner Feinde im mimischen Spiel teil. Der Rest des Textes ist der frommen Verehrung der Gottheit gewidmet und enthält Verwünschungen gegen alle, die künftig das Andenken an einen so großen königlichen Wohltäter beeinträchtigen sollten.

Diesem Neferhotep – es scheint noch einen zweiten gegeben zu haben, der sich jedoch nicht einordnen läßt – folgte ein Sihator (6. 26), der den Thron nur drei Monate innehatte. Dann kam ein Bruder von Neferhotep, ein Sohn derselben nichtköniglichen Eltern, Chaneferrê Sobekhotep, in der Zählung der vierte seines Namens (6. 27). Die Dauer der Regierungszeit dieses Königs ist wegen einer Lücke im Text nicht bekannt, doch ist eine Stele aus seinem 8. Regierungsjahr erhalten[14], und nach der Zahl der von ihm gefundenen Denkmäler zu urteilen, war er offensichtlich ein mächtiger Herrscher. Es läßt sich schwer sagen, welche Schlüsse aus der Tatsache zu ziehen sind, daß auf der Insel Argo[15], etwas südlich von Kerma, eine Statue ohne Kopf von ihm gefunden wurde, vor allem, weil eine Inschrift im Britischen Museum auf Feindseligkeiten in diesem Gebiet anspielt[16]. Reichte der Unternehmungsgeist dieses Königs der 13. Dynastie so weit, daß er seine Handelsagenten bzw. seine Soldaten bis in das Gebiet jenseits des 3. Katarakts vorschickte? Einem fünften Sobekhotep (7. 1) werden vom Turiner Papyrus nur vier Jahre zugezählt; ihm folgten Wahibrê-Iajeb (7. 2) mit zehn und Merneferrê (7. 3) mit 23 Regierungsjahren. Kaum etwas außer einer Stele, einem Türsturz und einigen Skarabäen erinnert noch an diese beiden letzten Könige. Da sie es aber verstanden, sich die Treue ihrer Untertanen für so lange Zeit zu erhalten, können sie nicht unbedeutend gewesen sein. Nach einem sonst nur von einer Stele und einem Skarabäus bekannten Merhotep mit dem Geburtsnamen Inai (7. 4) senkt sich das Dunekl über die historischen Ereignisse und läßt wenig mehr als die Namen der Könige erkennen, über die man sich an Hand der Liste im Anhang unterrichten mag.

Wir haben uns nun mit der wichtigen Frage der unter der Bezeichnung Hyksos bekannten Herrscher zu befassen. Über diese Fremdlinge gibt der jüdische Historiograph Josephus in seiner polemischen Schrift »Gegen Apion« angeblich ein wörtliches Zitat aus Manethos Werk: »Tutimaios. In seiner Regierungszeit, aus welchem Grunde, weiß ich nicht, vernichtete uns ein Sturm Gottes; und unerwartet zogen aus den Gebieten des Ostens Eindringlinge von dunkler Abkunft siegesgewiß gegen unser Land. Mit aller Gewalt nahmen sie es ohne Kampf leicht in Besitz, und nachdem sie die Herrscher des Landes überwältigt hatten, brannten sie unsere Städte unbarmherzig nieder, zerstörten die Tempel der Götter bis auf den Grund und behandelten alle Eingeborenen mit grausamer Feindseligkeit, töteten manche und führten von anderen Frauen und Kinder in die Sklaverei. Schließlich ernannten sie einen aus ihren Reihen zum König, dessen Name war Salitis. Er hatte seinen Sitz in Memphis, erhob Tribute von Ober- und Unterägypten und ließ stets an den günstigsten Plätzen Garnisonen zurück... Im sethroitischen Gau fand er eine Stadt sehr vorteilhaft gelegen auf der Ostseite des Nilarms von Bubastis, nach einer uralten religiösen Überlieferung Auaris genannt. Diesen Ort baute er wieder auf und befestigte ihn mit starken Mauern... Nach einer Regierung von 19

Jahren starb Salitis; und ein zweiter König Bnon folgte nach und regierte 44 Jahre. Nach ihm kam Apachnan, der 36 Jahre und sieben Monate regierte, dann Apophis mit 61 und Iannas mit 50 Jahren und einem Monat, dann schließlich Assis mit 49 Jahren und zwei Monaten. Diese sechs Könige, ihre ersten Herrscher, waren immer mehr und mehr darauf erpicht, den ägyptischen Stamm auszurotten. Ihr Volk wurde allgemein Hyksos genannt, das heißt »Königshirten«, denn hyk bedeutet in der heiligen Sprache »König« und sos ist im allgemeinen Sprachgebrauch der Hirte.«

Danach gibt Josephus auf Grund einer anderen Handschrift eine andere Ableitung der Bezeichnung Hyksos, nach der sie »Gefangenen-Hirten« bedeutet, das ägyptische Wort hyk sei ein Ausdruck für »Gefangener«. Dieser Etymologie gibt er auf Grund der, auch von zahlreichen Ägyptologen geteilten Annahme den Vorzug, die biblische Geschichte vom Aufenthalt der Israeliten in Ägypten und dem folgenden Exodus habe in der Besitzergreifung und Vertreibung der Hyksos ihre historische Grundlage[17]. Tatsächlich ist keine dieser Etymologien richtig, wenn es auch für beide durchaus linguistische Gründe geben mag. Das Wort Hyksos stammt ohne Zweifel von der Bezeichnung ḥḳꜣ-ḫꜣś.t »Herrscher eines fremden Hügellandes« her, die seit dem Mittleren Reich für Beduinen-Schêchs gebraucht wird. Auf Skarabäen mit diesem Titel, allerdings mit dem Plural »Länder«, finden sich verschiedene Könige, die unbezweifelbar Hyksos waren. Den entscheidenden Beweis liefert aber, wie wir gesehen haben, der Turiner Königspapyrus. Dabei ist wichtig, daß sich dieser Ausdruck lediglich auf die Herrscher bezieht, nicht, wie Josephus meint, auf den ganzen Volksstamm. Moderne Gelehrte sind in dieser Hinsicht oft fehlgegangen; einige haben sogar behaupten wollen, es habe sich bei den Hyksos um einen besonders kämpferischen Stamm gehandelt, der zunächst Syrien und Palästina unterworfen und sich dann einen Weg nach Ägypten hinein erzwungen habe. Nichts rechtfertigt eine solche Ansicht, selbst wenn Manethos Worte sie zu stützen scheinen. Zwar übten schon seit einigen Jahrhunderten fremde Völkerstämme einen zunehmenden Druck

auf Syrien aus; zu ihnen gehörten als erste die Churriter aus
dem Raum des Kaspischen Meeres. Sie bahnten den Hethitern
den Weg, die ihnen gegen Ende des 16. Jahrhunderts von
Nordwesten folgten. Doch diese Bewegungen können nur
unbedeutende Auswirkungen auf die ägyptische Grenze gehabt
haben. Das Eindringen eines bis dahin unbekannten
Volksstammes in das Delta ist ausgeschlossen; man hat eher an
ein Einsickern von Palästinensern zu denken, die froh waren,
in einer friedlicheren und fruchtbaren Umgebung Zuflucht
zu finden. Viele dieser Palästinenser – wenn nicht die Mehrzahl
– waren Semiten. Skarabäen der Zeit erwähnen Häuptlinge
mit Namen wie Anat-her, Jakob-her, und ganz gleich,
was die Silbe -her bedeuten mag, Anat war eine weit bekannte
semitische Göttin; auch die eingebürgerte Ansicht, der andere
Name erinnere an Jakob, den Stammvater Israels, läßt sich
nur schwer widerlegen[18]. Es ist sicher aussichtslos, die irreführende
Verwendung des Wortes Hyksos als eine Bezeichnung
für einen eigenen Stamm unterdrücken zu wollen;
man sollte sich dann aber vergegenwärtigen, daß die Ägypter
selbst diese unerwünschten Eindringlinge gewöhnlich Aamu
nannten, was nicht ganz genau mit »Asiaten« wiedergegeben
wird, und womit man schon viel früher die palästinensischen
Kriegsgefangenen bezeichnete oder auch Mietlinge, die sich
als Sklaven nach Ägypten verdingten. Wieviel ist von der
Darstellung des Josephus historisch haltbar? Schon sein
allererstes Wort wirft ein Problem auf: der Name Tutimaios
ist nur eine gelehrte Emendation, und selbst wenn sie zuträfe,
sprächen doch schwerwiegende phonetische Gründe gegen
eine Identifizierung des Namensträgers mit einem König
Didimose, von dem man weiß, daß er in diese Zeit gehört
hat. Von den auch von Africanus – allerdings in etwas abweichender
Form – genannten sechs Hyksoskönigen findet
sich lediglich Apophis mit Sicherheit in hieroglyphischen
Texten wieder. Es sind sogar verschiedene Könige mit dem
Geburtsnamen Apopi bekannt; sie tragen die Thronnamen
Akenenrê, Awaserrê und Nebchepeschrê; letzterer war vermutlich
von geringerer Bedeutung, jedenfalls blieb ihm die
volle Königstitulatur, deren sich die beiden anderen erfreuten,

versagt. Mit ihrem Namen versehene Gegenstände sind selten, doch zeigen sie wenigstens soviel, daß jedenfalls Akenenrê und Aweserrê als echt ägyptische Herrscher angesehen wurden. Ein Granitaltar des Akenenrê war geweiht »als sein Denkmal seinem Vater Seth, dem Herrn von Auaris«, und eine in Tanis ausgegrabene Statue des Königs Mermescha erwies sich als von ihm usurpiert. Über Aweserrê ist später mehr zu sagen, hier sei aber eine von ihm seinem Schreiber geschenkte Palette erwähnt, für die sich dieser mit dem dankbaren Beiwort »das lebende Bild des Rê auf Erden« erkenntlich zeigte. Noch interessanter erscheint die Datierung des großen mathematischen Papyrus Rhind des Britischen Museums in sein 33. Regierungsjahr. Recht unsicher, aber nicht ausgeschlossen, ist wohl die Identifizierung von Manethos König Iannas mit einem »Herrscher der Fremdländer Chajan«, der auf einigen Skarabäen zu finden ist, auf denen er gelegentlich allerdings auch als »der Sohn des Rê Seweserenrê« bezeichnet wird. Geburtsname und Thronname stehen auf dem Deckel eines von Evans in Knossos auf Kreta gefundenen Alabastergefäßes in einer einzigen Kartusche vereint, und der Thronname Seweserenrê befindet sich auch auf der Brust einer bei einem Händler in Bagdad gekauften kleinen Sphinx. Eine bei Bubastis aufgefundene Statue des Mittleren Reiches erwies sich – ähnlich wie die des Akenenrê bei Tanis – als von ihm usurpiert; hier führt er den Horusnamen »der die Länder umarmt« und erklärt sich dünkelhaft als »geliebt von seinem (eigenen) Ka«, seiner »Seele«. Auf einen bei Gebelên gefundenen Block mit seinem Namen wird später zurückzukommen sein. Auf diese schwache Beweisgrundlage haben einige Gelehrte die Vermutung gestützt, Chajan habe sich ein alle die genannten Orte umspannendes »Weltreich« geschaffen. Diese Annahme läßt sich als phantastisch abtun, immerhin scheint er möglicherweise zugleich Stammesfürst in Palästina und ägyptischer König gewesen zu sein. Auf jeden Fall ist er einer von den sechs »großen« Hyksos.

Völlig anders ist eine Reihe weiterer Herrscher zu beurteilen, deren einzige Zeugnisse, Skarabäen und Rollsiegel, aus so entlegenen Gebieten wie Südpalästina und dem Vorposten Kerma im Sudan herstammen. Ihr Anspruch, ebenfalls als Hyksoskönige zu gelten, ergibt sich bei einigen, z. B. bei Anat-her und Semken, aus der Annahme des Herrschertitels; bei anderen, die, wie Merwoser und Maʿajebrê, ihre Namen in Kartuschen schrieben oder sich überheblich als »Sohn des Rê« bezeichneten, zeigt schon der Stil der Gegenstände, auf denen sie genannt sind, wie unbegründet ihr Anspruch war. Kein Denkmal und keine Felseninschrift bestätigt ihre Herrschaft, und die weite Verbreitung von Skarabäen mit ihren Namen ist als Zeugnis für die Ausdehnung und die Stärke ihrer Herrschaft völlig wertlos.

Man unterscheidet üblicherweise zwei Gruppen von Hyksos: eine Gruppe mit den von Manetho genannten sechs Königen, und eine andere, zu der die schwer faßbaren Gestalten gehören, von denen hier die Rede ist[19]. Die zweite Gruppe bedarf einer Erläuterung, die später versucht werden soll; auf jeden Fall nahmen sie zu keiner Zeit die Stellung von Pharaonen ein, die man ihnen gelegentlich zugestanden hat. Es wurde bereits angedeutet, daß Manethos sechs Hyksoskönige wohl mit den sechs in dem so überaus wichtigen Fragment des Turiner Königspapyrus erwähnten »Herrschern der Fremdländer« zu identifizieren sind. Man hat immer wieder behauptet, auch am Ende der Kolumne 9 seien zwei Hyksosherrscher genannt, und bei einem von ihnen handele es sich um Manethos Bnon; dabei hatte man jedoch das Hieratische falsch gelesen; im übrigen spricht die Tatsache, daß sie in Kartuschen eingeschlossene Thronnamen besitzen, entschieden gegen diese Annahme. Die von dem Kompilator des Turiner Papyrus (S. 163) angegebene Gesamtsumme zeigt mit Sicherheit, daß ihm nur sechs und nicht mehr Hyksos bekannt waren. Er wird sie in seine Liste der ägyptischen Könige nur widerstrebend und nur deshalb aufgenommen haben, weil sie zu bekannt waren, als daß er sie einfach hätte übergehen können. Es ist deshalb unsere Ansicht, daß es nur sechs eigentliche Hyksoskönige gegeben hat, und die ihnen zugewiesenen 108 Jahre scheinen diese Annahme zu unterstützen. Wie wir gesehen haben, lag zwischen dem Ende der 12. Dynastie und der Thronbesteigung des Ahmose (Amosis), des Begründers der 18. Dynastie und Vertreibers der Hyksos, ein Zwischenraum von 211 Jahren. Wenn man das Ende der Fremdherrschaft im 4. Regierungsjahr des Ahmose ansetzt und die 108 von den sich ergebenden 215 Jahren abzieht, so würden für Manethos 13. und 14. Dynastie nur 107 Jahre verbleiben. Eine zeitliche Erstreckung der Besetzung Ägyptens tief in die 14. Dynastie hinein, scheint wegen der weit ausgreifenden Herrschaft des Neferhotep nicht möglich, dessen Einflußbereich im Norden – wie wir gesehen haben – bis nach Byblos reichte. Wir ziehen daraus den Schluß, daß für mehr als die sechs Hyksoskönige, die stark genug waren, den Pharaonenthron an sich zu reißen, gar kein Raum ist. Ihre Bezeichnung als »ihre ersten Herrscher« durch Manetho erscheint deshalb irreführend, und seine 16. und 17. Dynastie – insofern die letztere von Hirtenkönigen spricht – sollten unberücksichtigt bleiben.

Ein weiteres überzeugendes Indiz ergibt sich aus der Tatsache, daß zu Manethos »ersten Herrschern« ein Apophis gehörte; es wird sich zeigen, daß so auch der Hyksosherrscher hieß, gegen den Ahmoses Bruder und direkter Vorgänger Kamose zu kämpfen hatte. Die Herrschaft dieser sechs Könige reichte also vom Beginn bis zum Ende der Fremdherrschaft. Nicht zu unterschätzen ist auch das Zeugnis einer bereits erwähnten (S. 51) Stele aus später Zeit mit einer langen Reihe memphitischer Priester, welche versichern, sie hätten bereits seit der 11. Dynastie von Generation zu Generation Priesterdienste versehen. Wie bei Genealogien so häufig der Fall, so sind auch die von diesem an sich wertvollen Dokument gemachten Angaben nicht ganz zuverlässig; an der Richtigkeit der Reihenfolge der Herrscher ist jedoch nicht zu zweifeln. Unmittelbar vor Ahmose I. findet sich ein Apophis, der seinerseits auf einen sonst unbekannten Scharek – sicher einen der letzten Hyksos – folgt. Sechs Stellen vor Scharek wird ein Aken als der unmittelbare Nachfolger eines Königs Ibi bezeichnet; sein Name weist ihn als reinblütigen Ägypter aus, und aller Wahrscheinlichkeit nach handelt es sich bei ihm um den in der Mitte der Kolumne 7 des Turiner Papyrus genannten König. Diesen Aken mit dem auf S. 172 genannten Akenenrê Apophis zu identifizieren, wäre aber recht gewagt; eine solche Identifizierung würde ein gut Teil des trockenen ägyptischen Humors voraussetzen, denn so, wie der Name des Aken auf der Stele geschrieben ist, bedeutet er »Starker Esel«, während Akenenrê »groß und stark ist Rê« heißt. Wie sich das auch verhalten mag, am bedeutsamsten erscheint wohl an dieser memphitischen Stele, daß sie die gesamte Hyksoszeit umfaßt und deshalb nicht mehr als sechs Regierungszeiten – deren normale Dauer allerdings vorausgesetzt – vor Augen gehabt haben kann.

Ebenso schwer ist die Frage zu beantworten, wie es sich mit Manethos Glaubwürdigkeit verhält, wenn er überhaupt nichts von den thebanischen Fürsten berichtet, die schließlich die fremden Eindringlinge vertrieben haben. Da die Beschäftigung mit diesem Punkt einigen Nutzen verspricht, werden wir den Vorwurf, es handele sich um Belanglosigkeiten, gelassen hinnehmen und uns mit der Folge von Herrschern etwas eingehender befassen, die wohl die ganze zweite Hälfte der zweiten Zwischenzeit ausgefüllt haben. Etwa ein Dutzend Könige sind hier in Betracht zu ziehen. Dabei ist es für den von Manetho ausgeübten Einfluß bezeichnend, daß man noch heute ernsthaft darüber streitet, wie viele und welche dieser Herrscher der 16. und wieviele der 17. Dynastie zuzurechnen seien. Nur selten läßt sich die genaue Reihenfolge bestimmen, und – wie bei der 11. Dynastie – einen gemeinsamen Stammvater anzugeben, ist völlig unmöglich.

Wir beginnen am besten mit einem in der Liste von Karnak und möglicherweise auch im Turiner Königspapyrus (11.1) erwähnten König Rahotep. Auf einer zerbrochenen Stele aus Koptos[20] sprechen ihn seine Höflinge mit der üblichen Schmeichelei an; in einer Inschrift aus Abydos[21] berichtet einer seiner Beamten von Erneuerungsarbeiten an einer Mauer des Osiristempels. Dieser Rahotep ist auch in einer Geschichte aus viel späterer Zeit erwähnt. Bei dem im Turiner Papyrus nächstfolgenden König, dem 16 Regierungsjahre zugeschrieben werden, handelte es sich möglicherweise um jenen Sobekemsaf, dessen 7. Regierungsjahr in einem von Lepsius im Wâdi Hammamât[22] entdeckten Graffito genannt ist. Ein Stück weiter lesen wir von einem Nebirierau, dessen Bedeutung auf eine in seine Regierungszeit datierte große Stele[23] zurückzuführen ist, die sich zwar nur mit Privatangelegenheiten zweier Beamter befaßt, aber auf Befehl des Königs als dauerhaftes Protokoll im Tempel von Karnak aufgestellt wurde. Offenbar hatte ein gewisser Kebsi sehr beträchtliche Schulden gemacht – etwa 60 deben Gold, ungefähr 25 000 bis 30 000 Mark in heutigem Geld –, und zwar bei einem Verwandten in hoher Stellung namens Sobeknacht; da er sie nicht zurückzahlen konnte, willigte er ein, seinem Gläubiger sein Amt als Bürgermeister der wichtigen Stadt Elkâb nebst dessen Einkünften zu übertragen. Der Hauptteil der Inschrift setzt auseinander, wie Kebsi zu seinem Amt gekommen war; sie enthält im übrigen sämtliche Einzelheiten der mit der Übertragung zusammenhängenden Rechtshandlungen, über das Büro des Wesirs und den zum Schluß von beiden Vertragspartnern geschworenen Eid. Manches bleibt dunkel, trotzdem beleuchtet dieses Dokument wie keine zweite aus pharaonischer Zeit erhaltene Urkunde einen Fall aus dem ägyptischen Verwaltungsverfahren.

Der größte Teil unserer Kenntnisse von den unbedeutenden Königen der folgenden Zeit beruht auf Funden am Felsenhang des Dra Abu'n-Naga westlich von Theben. Um die Ausgrabungen in jenem Gelände und die Zusammenstellung und Verarbeitung aller brauchbaren Angaben aus anderen Quellen hat sich vor allem durch seine bewunderungswürdigen Forschungen der Amerikaner H. Winlock[24] verdient gemacht. Im frühen 19. Jahrhundert hatten Plünderungen durch Araber auf das Grab eines Pharaos aufmerksam gemacht, der den altehrwürdigen, in der 11. Dynastie gebräuchlichen Namen Intef angenommen hatte; sein vergoldeter Sarg gelangte schließlich in das Britische Museum. Wie bei verschiedenen anderen Särgen dieser Zeit ist die Mumie des Königs in ein gefiedertes Gewand gehüllt. Zwei weitere Könige dieser Periode mit Namen Intef sind von ähnlichen, heute im Louvre befindlichen Rîschi-Särgen bekannt; sie waren Brüder und einer der beiden hatte seinen Sarg von seinem Bruder erhalten. Es ist nicht ausgeschlossen, daß es sich bei dem Intef, dessen Sarg sich in London befindet, um den aus Inschriften in Abydos[25] und Koptos[26] bekannten Nubcheperrê gehandelt hat. In Koptos fand sich auch ein anderer ungewöhnlicher Text: ein Erlaß über die Entfernung eines aufsässigen Tempelbeamten namens Teti, Sohn des Minhotep, aus seinem Amt unter der Androhung, daß jeder künftige König oder jeder sonstige Amtsträger von Einfluß, der ihm oder seiner Familie oder seinen Abkömmlingen verzeihen sollte, mit einer entsprechenden Strafe zu rechnen habe. Nun trifft es sich, daß das Grab dieses Königs Nubcheperrê eines von denen war, die eine etwa 500 Jahre später durch Ramses IX. eingesetzte Beamtenkommission inspiziert und für unversehrt befunden hatte. Diese Kommission hatte Fälle von Grabräuberei zu untersuchen, die der Bürgermeister von Theben, Pesiur, zur Anzeige gebracht hatte, um seinen Kollegen auf dem Westufer eins auszuwischen[27]. Auf Grund der Angaben des berühmten Papyrus Abbott im Britischen Museum hat Winlock angenommen, daß nicht nur die Kommission in Erfüllung der ihr übertragenen Aufgabe in nord-südlicher Richtung vorging, sondern daß auch die Gräber der betreffenden Könige nacheinander in dieser Reihenfolge von Norden nach Süden angelegt worden waren. Wenn das zutreffen sollte, so müßte sich möglicherweise auch die Reihenfolge mehrerer dieser Pharaonen genau bestimmen lassen. Nachforschungen an Ort und Stelle bestätigten die Schlußfolgerungen Winlocks; es fanden sich Reste einiger unbedeutender Pyramiden, deren nördlichste die des Nubcheperrê war. Das nächst südliche Grab gehörte vielleicht einem der beiden Könige namens Intef. Dann folgt die einzige Pyramide, deren Plünderung vermerkt ist, die des Königs Sechemrê-sehedtaui Sobekemsaf. Die Entdeckung der fehlenden Hälfte des Papyrus mit dem Gerichtsverfahren gegen die Räuber war eine aufregende Geschichte[28]. Der Anführer der Räuberbande, Amenpnufe, sagt hier aus, wie er und seine Komplizen sich den Weg in das Grab erzwangen, die vorgefundenen Särge des Königs und seiner Gemahlin Nubchaes des Gold- und Silberschmuckes und der Juwelen beraubten und alles übrige verbrannten. Man hat Zweifel an der Zuverlässigkeit dieses Geständnisses geäußert; sicher haben wir davon auszugehen, daß Amenpnufe seine Aussagen nicht in der

gewandten Form machte, die sie bei der Niederschrift durch
den Schreiber erhielten: man wird mit Stockschlägen nicht
gespart und Satz für Satz aus ihm herausgeholt haben[29]. Nach
dem Papyrus Abbott gehörten die beiden nächsten Gräber,
die zu inspizieren waren, zwei gleichnamigen Königen Sekenenrê
Ta'a. Das ist höchst unwahrscheinlich; wenn auch
beider Geburtsname Ta'a gewesen sein mag, so wird doch
nur der zweite den Thronnamen Sekenenrê[30] geführt haben.
Mit ihm erreichen wir nun fast das Ende der 17. Dynastie und
die Vertreibung der Hyksos. Eine Geschichte[31], von der nur
der Anfang erhalten ist, bringt diese thebanischen Könige mit
den zu derselben Zeit regierenden Hyksos in Verbindung;
und wenn sie auch ganz und gar ein Phantasiegebilde ist,
so gibt doch ihr Hintergrund vielleicht ein recht zutreffendes
Bild. Der Eingangsabschnitt lautet: »Nun ereignete es sich,
daß das Land Ägypten in schrecklicher Not war, und es gab
keinen Herrscher als König zu der Zeit. Und es geschah, daß
König Sekenenrê Herrscher der südlichen Stadt[32] war ...
während der Häuptling Apophis in Auaris war und das ganze
Land Tribute an ihn leistete in Fülle, und ebenso mit allen
guten Dingen Timuris[33]. Damals nahm König Apophis sich
Sutech[34] als Herrn und diente keinem Gott, der in dem
ganzen Lande war, außer Sutech. Und er baute einen Tempel
von trefflicher und dauerhafter Arbeit neben dem Hause des
Königs Apophis und erhob sich jeden Tag, um dem Sutech
das tägliche Opfer darzubringen, und die Beamten seiner
Majestät trugen Blumengewinde, genauso wie es getan wird
im Tempel des Prê-Harachti.«

Die Geschichte erzählt dann weiter, der Hyksosherrscher
habe eine Beschuldigung gegen Sekenenrê vorbringen wollen
und sich auf die absurde Beschwerde verlegt, die Nilpferde
bei Theben vollführten bei Nacht einen derartigen Lärm, daß
er nicht schlafen könne. Das Folgende ist verloren, doch endete
der Streit gewiß mit einem Sieg des Sekenenrê, wenn auch
nicht durch Waffengewalt. Sein Gegner war vermutlich derselbe
Apophis, der uns wieder als Feind seines Nachfolgers
Kamose begegnen wird. Dessen Grab konnte zwar noch nicht
endgültig lokalisiert werden, Winlock war aber in der Lage,

seinen Standort ungefähr anzugeben. Von größerer Bedeutung ist aber, daß wir seine Mumie besitzen[35]. Im 10. Regierungsjahr des Königs Siamun der 21. Dynastie[36] hatten die Plünderungen in der thebanischen Nekropole einen derartigen Umfang angenommen, daß man alle erreichbaren königlichen Särge mit ihren Mumien zusammentrug und in das Grab der Königin Inhapi bei Dêr el-Bahri überführte, wo sie 1881 entdeckt wurden – eine archäologische Sensation ohnegleichen, selbst in der an solchen Ereignissen so reichen Geschichte der Ägyptologie[37]. Hier fanden sich nicht nur die Särge, sondern auch die mumifizierten Körper vieler der größten Pharaonen der 18. bis 20. Dynastie, wenn auch ihres Schmuckes an Juwelen und Edelmetallen beraubt. Der Leichnam des Sekenenrê war wie im Todeskampf zusammengekrümmt und wies an Kopf und Nacken schreckliche Verletzungen auf. Einige haben deshalb vermutet, er sei im Kampf mit den Hyksos gefallen, doch fehlt dafür jeder Beweis; er kann kaum älter als 30 Jahre geworden sein.

Wenn wir nun zu Josephus und seinem Zitat aus Manetho zurückkehren, so fällt auf, daß ihm die Feste Auaris, die die Hyksos sogleich nach ihrem Einfall zu ihrer Hauptstadt gemacht hatten, gut bekannt war. Nach dem Bericht des jüdischen Historikers lag sie in dem als sethroitischer Gau bekannten östlichen Teil des Deltas. Die Meinungen über die wirkliche Lage von Hauare – wie Auaris auf ägyptisch heißt – gehen auseinander. Die meisten Gelehrten[38] halten Auaris für den älteren Namen der später so wichtigen Stadt Tanis, andere[39] sprechen sich für eine Lage bei Kantîr, etwa 18 km südlich davon, aus. In Auaris verehrten die Hyksos den fremden, tiergestaltigen Gott Seth, der in Tempelreliefs und an anderen Stellen als 𓊃 abgebildet ist. Er wurde bereits (S. 9) als der Widersacher und Mörder des guten Gottes Osiris erwähnt, doch die Hyksos ignorierten diesen Aspekt, wie man das freilich in diesem entlegenen Winkel des Deltas schon seit frühester Zeit getan hatte[40]. Ihre Darstellung des Seth – der nun in babylonischer Form geschrieben wurde, als hätte man ihn Sutech gesprochen – trug, im Gegensatz zum einheimischen Vorbild, mehr asiatischen Charakter und wies in Gewandung und Haarschmuck eine ausgeprägte Ähnlichkeit mit dem semitischen Gott Baal auf. Dafür, daß die Hyksos ihn allen anderen Göttern Ägyptens vorzogen, gibt es eine Fülle von Zeugnissen, doch der schwerwiegende Vorwurf, sie hätten jene Götter gering geachtet und verfolgt, ist unberechtigt. Im Zusammenhang mit dem Seth – oder Sutech – der Hyksos ist möglicherweise eine Stele von chronologischem Wert, die Mariette bei Tanis entdeckte und wieder vergrub und die von P. Montet[41] abermals ausgegraben wurde. Über der hieroglyphischen Inschrift stellt eine Szene Ramses II. beim Opfer für Seth Nubti dar, also für den Seth von Onbo oder Ombos, wie sein oberägyptischer Ursprungsort heißt. Der Text berichtet dann, wie der Vater Ramses' II., Seti – der nachmalige Pharao Sethos I., der aber zu jener Zeit lediglich Militärbefehlshaber und Wesir war –, im 400. Jahr dieses Gottes zu ihm gekommen sei, um ihm zu huldigen. Die daraus gezogene Folgerung, diese Inschrift beziehe sich auf das Erscheinen der Hyksos in Auaris, hat viel für sich, und da dies Jubiläum wohl in der Regierungszeit des Haremhab (um 1330 v. Chr.) begangen wurde, wäre die erste Besetzung jenes Ortes in das Jahr 1730 v. Chr., also 60 Jahre nach dem Beginn der zweiten Zwischenzeit, anzusetzen. Bringt man diese Zahlen zu den schon erörterten in Beziehung, so ergibt sich, daß die Hyksos Auaris schon mehr als 50 Jahre besetzt gehalten hatten, ehe einer von ihnen sich stark genug fühlte, wie ein rechtmäßiger Pharao aufzutreten. In diesem Zusammenhang ist bedeutsam, daß man sich des Zeitpunkts der Gründung von Tanis noch zu viel späterer Zeit erinnerte: 4. Mose 13, 22 heißt es: »Hebron aber war sieben Jahre gebaut vor Zoan in Ägypten«; dies scheint die Gleichsetzung von Tanis und Auaris zu bestätigen, doch ist die Bedeutung dieser Stelle sehr umstritten.

Keine Entdeckung der letzten Jahre hat unter den Ägyptologen größeres Aufsehen erregt, als die 1954 in Karnak ausgegrabene Stele mit der ausführlichen Aufzählung der von Sekenenrês Nachfolger Kamose gegen den Hyksoskönig Aweserrê Apophis[43] getroffenen militärischen Maßnahmen. Fast 50 Jahre zuvor war durch Lord Carnarvons Ausgrabungen eine hieratisch beschriebene Tafel mit dem Bericht über die frühen Stadien dieser Auseinandersetzung zutage gekommen. Zunächst hatten einige darin lediglich eine rein literarische Arbeit sehen wollen, da erwies 1935 ein Fund einiger zerbrochener Fragmente in Karnak die Carnarvon-Tafel als die Abschrift eines Schreibers von einer in jenem Tempel aufgestellten echten historischen Inschrift[44]. Eine vollständige Veröffentlichung aller drei Dokumente durch Labib Habachi steht noch aus; seinen Bemühungen ist die Auffindung der so gut wie unversehrten Stele vor allem zu danken. Es läßt sich aber jetzt schon absehen, daß sie einfach die Fortsetzung des in dem hieratischen Text enthaltenen Berichtes darstellt. Hier folgt eine gekürzte freie Wiedergabe des Kernstücks: »Im dritten Jahr des mächtigen Königs in Theben, Kamose, den Rê als den wirklichen König ernannt hatte und dem er wahrlich Macht gegeben hatte. Seine Majestät sprach in seinem Palast zu der Versammlung seiner Großen, die in seinem Gefolge waren: ›Ich wüßte gerne, wozu diese meine Stärke nütze ist, wenn ein Herrscher in Auaris ist und ein anderer in Kusch, und ich herrsche gemeinsam mit einem Asiaten und einem Nubier, jeder im Besitz seines Teiles dieses Ägyptens, und ich kann nicht vorübergehen an ihm bis nach Memphis. Siehe, er hält Schmun[45], und kein Mensch hat Ruhe vor der Plünderung wegen der Abhängigkeit von den Setyu. Ich werde ringen mit ihm und ihm den Leib aufschlitzen. Es ist mein Wunsch, Ägypten zu befreien und die Asiaten zu vernichten.‹ Da sprachen die Großen seiner Ratsversammlung: ›Siehe, alle sind den Asiaten ergeben bis nach Kusae. Wir sind ungestört in unserem Teil Ägyptens. Elephantine ist stark, und der mittlere Teil ist auf unserer Seite bis nach Kusae[46]. Männer bestellen für uns die besten Stücke ihrer Länder. Unser Vieh weidet in den Papyrusmarschen. Korn wird geschickt für unsere Schweine. Unser Vieh wird nicht weggenommen.‹«

Die Höflinge geben schließlich zu, daß es unter bestimmten Voraussetzungen ratsam sein könnte, zum Angriff zu schreiten, doch Kamose äußert seinen Unwillen über ihren bedächtigen Rat und gibt seine Entschlossenheit kund, ganz

Ägypten wiederzugewinnen. Die Schilderung fährt dann in der ersten Person fort: »Ich fuhr stromab mit Macht, um die Asiaten zu vernichten auf den Befehl des Amun, des Gerechten der Ratschläge; meine tapfere Armee vor mir wie der Atem des Feuers, Scharen von Medja-Nubiern oben auf unseren Kajüten, um die Setyu auszukundschaften und ihre Ortschaften zu zerstören. Ost und West waren im Besitz ihres Besten, und die Armee war versehen mit Dingen überall.«

Kamose scheint zunächst einen Trupp Medjaju zur Bestrafung eines Teti abkommandiert zu haben. Er war der Sohn eines Pepi und offensichtlich ein einflußreicher Ägypter, der sich in Nefrusi[47] festgesetzt und es zu einem Schlupfwinkel der Asiaten gemacht hatte. Die Überwältigung dieses Feindes schob man aber bis zum nächsten Morgen auf: »Ich verbrachte die Nacht auf dem Schiff, mein Herz war froh. Als die Erde hell wurde, war ich auf ihm wie ein Falke. Es kam die Zeit der Parfümierung des Mundes[48], und ich vernichtete ihn, ich schleifte seine Mauern, ich erschlug seine Leute und ließ seine Frau hinabgehen zum Flußufer. Meine Soldaten waren wie Löwen mit ihrer Beute, mit Sklaven, Vieh, Milch, Fett und Honig, und teilten ihren Besitz auf.«

Nach einigen weiteren dunklen Sätzen bricht der hieratische Text ab; wo die Geschichte auf der jüngst entdeckten Stele fortfährt, befindet sich Kamose schon kurz vor der Festung Auaris und überschüttet seine Feinde mit Schmähungen und Drohungen. Die Abfolge der Ereignisse wird in großer Ausführlichkeit und in ziemlich schwülstiger Redeweise geschildert. Hier können nur einige hervorstechende Stellen angeführt werden. Apophis wurde offensichtlich aus Mittelägypten vertrieben, denn unter Kamoses Worten findet sich die Behauptung: »Dein Herz ist vernichtet, verächtlicher Asiate, der gewöhnt war zu sagen: ›Ich bin Herr, und es gibt keinen gleich mir von Schmun und Pi-Hathor[49] bis hinab nach Auaris‹.«

Mit welcher Grausamkeit der thebanische Krieger gegen seinen eigenen Landsmann vorging, ergibt sich aus seinen Worten: »Ich schleifte ihre Städte und brannte ihre Orte nieder, sie wurden zu roten Ruinen gemacht für immer,

wegen des Schadens, den sie in diesem Ägypten angerichtet hatten; sie hatten sich selbst zu Sklaven der Asiaten gemacht und hatten Ägypten im Stiche gelassen, ihre Herrin.«
Darauf folgt unmittelbar ein höchst bedeutsamer Abschnitt: »Ich fing einen Kurier von ihm ab hoch oben über der Oase, der in südlicher Richtung unterwegs war nach Kusch mit einer geschriebenen Eilmeldung, und ich fand auf ihr diese geschriebene Mitteilung des Herrn von Auaris: ›Ich, Aweserrê, der Sohn des Rê, Apophis, grüße meinen Sohn, den Herrn von Kusch. Weshalb hast Du Dich zum Herrn gemacht, ohne es mich wissen zu lassen? Hast Du denn (nicht) gesehen, was Ägypten gegen mich getan hat, der Herrscher, der in ihm ist, Kamose, der Mächtige, indem er mich aus meinem Lande vertrieb, wo ich ihm doch gar nichts getan habe – ganz genauso wie er gegen Dich gehandelt hat; er suchte sich die beiden Länder aus, sie zu verwüsten, mein Land und das Deinige, und er hat sie zerstört. Komm, fahre sogleich nordwärts und sei nicht furchtsam! Sieh, er ist hier bei mir ... Ich werde ihn nicht gehen lassen, ehe Du eingetroffen bist. Dann werden wir die Städte dieses Ägypten unter uns aufteilen.‹«

Aus dieser Stelle ergibt sich die erstaunliche Tatsache, daß der Apophis, gegen den Kamose kämpfte, eben jener Aweserrê war, dessen Name auf einer Tempelwand in Gebelên zusammen mit dem des Chajan[50], den wichtigsten Beweis dafür liefert, daß die Hyksos überhaupt so weit nach Süden vorgedrungen waren. Der ganze Inhalt dieser langen Inschrift macht deutlich, daß der Herrschaftsbereich dieses – vermutlich letzten – Apophis sich niemals über Schmun hinaus erstreckte, abgesehen von einer ganz vorübergehenden Besetzung Gebelêns (Pi-Hathors); und es gibt auch keinerlei Beweise dafür, daß dies jemals bei einem anderen Stammesgenossen der Fall gewesen wäre.

Der Anfang der Carnarvon-Tafel hatte die bis dahin unbekannte Existenz eines abgesonderten kuschitischen Königreichs enthüllt; diese finden wir hier bestätigt. Darüber hinaus sind unlängst einige Stelen aus Wâdi Halfa ans Tageslicht gekommen; ägyptische Soldaten hatten sie gestiftet, die zu jener Zeit im Solde des »Herrn von Kusch«[51] ge-

standen haben. Aber die Höflinge des Kamose hatten doch bei
ihrer Antwort behauptet, Elephantine werde noch fest gehalten, und offensichtlich hatte auch Kamose bezüglich seiner
nubischen Nachbarn im Augenblick keinerlei Befürchtungen,
ebensowenig wie wegen irgendeiner anderen Gegend nördlich des ersten Katarakts bis nach Schmun. Sein ganzes Trachten war einzig auf die Vertreibung der Asiaten gerichtet.
Der Schluß der kürzlich aufgefundenen Stele spricht von
Kamoses triumphaler Rückkehr in die Residenz, wo ihn die
Volksmassen, außer sich vor Freude, begrüßten. Doch das
Schicksal hatte nicht ihn zum endgültigen Besieger der
Hyksos ausersehen: diese Ruhmestat sollte seinem Nachfolger Ahmose I. (Manethos Amosis) vorbehalten bleiben,
den spätere Jahrhunderte deshalb als den Begründer der
18. Dynastie verehrten. Einzelheiten des Falles von Auaris
sind in einer Inschrift festgehalten, die in die Wand des Grabes
des Kriegers Ahmose, des Sohnes der Abana[52], in Elkâb eingehauen ist. Schon in jungen Jahren war dieser Mann an die
Stelle seines Vaters Baba getreten, der unter Sekenenrê gedient hatte. Seine eigene lange militärische Karriere begann
unter Ahmose, als der König zum Angriff gegen den Feind
nach Norden segelte. Wegen seiner Tapferkeit von einem
Schiff zum anderen befördert, kämpfte er schließlich zu Fuß
in Gegenwart des Königs und erhielt bei verschiedenen Gelegenheiten nicht nur seine männlichen und weiblichen Gefangenen als Belohnung, sondern auch die unter der Bezeichnung »Gold der Tapferkeit« bekannte Auszeichnung. Die Belagerung der Hyksosfestung scheint keine so leichte Aufgabe
gewesen zu sein; ihr folgte eine weitere, nicht weniger als
drei Jahre dauernde Belagerung von Scharuhen, einem Ort im
südwestlichen Palästina, der auch im Alten Testament erwähnt ist (Josua 19, 6). Weiter scheint Ahmose auf seinem
Feldzug nach Palästina nicht gekommen zu sein, denn er
hatte sich noch mit dem nubischen Thronräuber und mit
ein paar auf oberägyptischem Gebiet zurückgebliebenen Rebellen auseinanderzusetzen. Sein treuer Begleiter aus Elkâb
war überall an seiner Seite und berichtet bei allen Schlachten
von schrecklichem Gemetzel und von weiteren, ihm zuteil

gewordenen Belohnungen, darunter einigen Feldern in seiner Heimatstadt. Ähnliche Waffentaten erzählt, wenn auch sehr viel kürzer, ein jüngerer Verwandter aus demselben Ort namens Ahmose Pennecheb, dessen Laufbahn als aktiver Soldat und Hofbeamter sich über nicht weniger als fünf Regierungen erstreckte[53]. Es gibt an anderer Stelle Beweise dafür, daß König Ahmose alle seine Soldaten ausgesprochen großzügig behandelte, wie ihnen das auch durchaus zukam. Die ihm von Manetho zugeschriebenen 25 Jahre dürften wohl zutreffen. Sein Sohn und Nachfolger Amenophis I. (hieroglyphisch Amenhotep) führte die Politik seines Vaters, allerdings mit einer Abwandlung, fort: bisher richtete sich das Streben lediglich auf die Wiederherstellung Ägyptens in seinen anerkannten Grenzen, nun tauchte das Verlangen auf, »die Grenzen auszudehnen«, eine Redewendung, die bis dahin kaum, nur einige Male in der 12. Dynastie, vorkommt, nun aber ständig gebraucht wird. Amenophis beschäftigte sich vor allem mit Nubien; in den Feldzügen gegen dies Land spielten die beiden Krieger aus Elkâb wieder eine hervorragende Rolle. Der Sohn der Abana rühmt sich, er habe den König stromauf geleitet und seinen königlichen Gebieter nach der Gefangennahme des fremden Herrschers in zwei Tagen wieder zurück nach Ägypten gebracht[54]. Wenn dies zutrifft, kann sich der König aber nicht sehr weit vorgewagt haben. Man beschloß nun endgültig, Nubien zu kolonisieren. Unter seiner Regierung kommt zum ersten Male der Titel vor, der schließlich in der Form »Königssohn von Kusch« feste Gestalt annahm. Schon unter Ahmose begegnet der künftige Vizekönig Turi als »Befehlshaber von Buhen« (Wâdi Halfa); unter Amenophis wird er als «Königssohn« bezeichnet, welchem Titel später der eines »Aufsehers der südlichen Länder« hinzugefügt wurde. Wenn auch sein eigentlicher Name Ahmose war, und Turi nur eine Art Spitzname, so besteht doch keinerlei Grund zu der Annahme, er oder ein anderer Träger des Titels seien wirklich Söhne des regierenden Pharaos gewesen. Um diese Zeit kommt in Elkâb, das so tüchtige Soldaten hervorgebracht hat, wie wir gesehen haben, ein rätselhafter Titel »erster Königssohn von

Necheb« (Elkâb) vor[55]. Man kann sich kaum des Gedankens erwehren, daß diese Benennung etwas mit der jener langen Reihe nubischer Vizekönige zu tun hat, um so mehr, als zwei Jahrhunderte später Nechen (Hierakonpolis, gerade gegenüber von Elkâb) als nördlichster Punkt ihrer Amtsgewalt bezeichnet wird[56].

Schauen wir zurück auf das, was die zeitgenössischen Quellen über die demütigende Besetzung durch die Hyksos verlauten lassen, so finden wir in Manethos von Josephus wiedergegebenem Bericht Zutreffendes und Falsches zu etwa gleichen Teilen. R. Weill[57] hat als erster auf die Verfälschung hingewiesen, die auf eine bestimmte Art der erzählenden Literatur zurückgeht, die zum anerkannten Bestand der ägyptischen Geschichtsschreibung geworden war: eine Zeit der Trostlosigkeit und der Anarchie wird in übertrieben grellen Farben gemalt, gewöhnlich, um dann einen Herrscher zu preisen, dem man die Befreiung des Landes zuschrieb. Manethos Darstellung bedeutet die letzte Stufe eines Prozesses der Geschichtsklitterung, der in der auf den Sieg des Ahmose folgenden Generation seinen Anfang nahm. Nur 80 Jahre nach der Vertreibung des Feindes beschrieb die Königin Hatschepsut[58] ihre Usurpation in fast derselben Manier, wie sie uns in der Geschichte von Sekenenrê und Apophis entgegentritt, und weitere Parallelfälle finden sich später unter Tutanchamun, Merenptah und Ramses IV. Es ist einfach unglaubhaft, daß ein starkes Heer von asiatischen Invasoren wie ein Sturm über das Delta gekommen sein und, nachdem es Memphis besetzt hatte, den einheimischen Ägyptern alle nur denkbaren Grausamkeiten zugefügt haben sollte. Die wenigen Überreste der Herrschaft der Hyksoskönige deuten eher auf das ernste Bemühen hin, die Einheimischen für sich zu gewinnen und die Eigenheiten und den Pomp der schwachen von ihnen vertriebenen Pharaonen nachzuahmen. Hätten sie sich sonst die hieroglyphische Schreibweise zu eigen gemacht und sich Namen zugelegt, die mit dem Namen des Sonnengottes Rê gebildet wurden? Die Behauptung, sie hätten Tribute sowohl von Ober- wie von Unterägypten erhoben, muß zumindest bezweifelt werden. Auch die Ansicht, die Hyksos hätten über das ganze Land geherrscht, ist eine Illusion, die schließlich durch Kamoses große Inschrift endgültig zerstört wurde; aus dieser Inschrift geht klar hervor, daß die Hyksos niemals über Gebelên hinaus vorgedrungen sind, und sie läßt sogar vermuten, daß sie wenig später gezwungen waren, ihre Südgrenze nach Schmun zurückzunehmen. Noch vor der Entdeckung dieser Stele hatte Säve-Söderbergh[59] aus den Reden der Hofbeamten auf der Carnarvon-Tafel geschlossen, daß sich ein wesentlicher Teil der Bevölkerung mit der Besetzung durch die Asiaten abgefunden und sich zwischen Einheimischen und Fremden ein Verhältnis herausgebildet hatte, aus dem beide Seiten Nutzen zogen. Die vollständige Stele gewährt nun einen tieferen Einblick und bestätigt jene Ansicht; wahrscheinlich hatte der starke Mann aus Theben größeren Schaden angerichtet als die Hyksos. Solange nicht weitere Funde das Gegenteil beweisen, haben wir davon auszugehen, daß die thebanischen Fürsten in ihrem eigenen Gebiet die Macht stets in der Hand behalten hatten, wenn sie auch für kurze Zeit in die Rolle widerspenstiger Vasallen gezwungen worden waren.

Die Hyksos hinterließen in der materiellen Kultur Ägyptens eine Reihe von Veränderungen[60]. Sie machten die Ägypter vor allem mit dem Pferd und dem von Pferden gezogenen Streitwagen bekannt, zwei Neuerungen, die in der künftigen Geschichte des Landes eine wichtige Rolle spielten: während es nicht erwiesen ist, daß Pferd und Streitwagen zu dem Erfolg der Asiaten wesentlich beigetragen haben, waren sie für die Ägypter selbst bei ihren späteren Feldzügen von großer Bedeutung. Und das, was man sonst nur als ein nationales Unglück bezeichnen kann, brachte den Ägyptern zugleich neue Arten von Dolchen, Schwertern und Bronzewaffen und den starken zusammengesetzten asiatischen Bogen. In diesem – wie zuzugeben ist – mehr philologischen als archäologischen Werk wäre es unangebracht, auf die von den Fremden eingeführte neue Festungsbauweise einzugehen; und was die in diesem Zusammenhang häufig erwähnte Töpferware von Tell el-Jahûdîja anbetrifft, so möge sich der Leser über sie in einschlägigen Werken unterrichten. Wir haben zum Schluß noch unser Versprechen einzulösen, etwas über die unbedeutenden Hyksos zu sagen, die nur von Skarabäen und Rollsiegeln bekannt sind.

Es ist möglich, daß es sich bei ihnen um frühe Angreifer gehandelt hat, die schon die Hoffnung hegten, die Oberherrschaft zu erlangen – ein Ziel, das dann freilich erst die Dynastie Chajans und der Apophis-Könige wirklich erreichte. Oder aber jene kleinen Gegenstände waren sämtlich palästinensischen Ursprungs und bezogen sich auf unbedeutende Herrscher, die sich die Pharaonentitel ohne jede Berechtigung angemaßt hatten. Doch das sind reine Vermutungen. In diesem Zusammenhang ist noch einmal darauf hinzuweisen, daß es Manethos 16. Dynastie offenbar nicht wirklich gegeben hat und daß seine 17. Dynastie sich nur als zusammenfassende Bezeichnung der in ihr genannten thebanischen Fürsten halten läßt.

Die thebanischen Erretter Ägyptens bildeten einen festgefügten Familienverband, in dem die Frauen eine ganz außergewöhnliche Rolle spielten – sei es wegen ihrer persönlichen Vorzüge, sei es weil sie als Vermittlerinnen der Herrschaft angesehen wurden. Letzteres kann jedoch bei Tetischeri, einer der frühesten dieser Königinnen, nicht der Fall gewesen sein: Wie sich der Beschriftung auf Resten ihrer in dem großen Versteck von Dêr el-Bahri gefundenen Mumienhülle entnehmen läßt, war sie die Tochter bürgerlicher Eltern[61]. Von ihr sind zwei Statuetten bekannt, die beide aus ihrem thebanischen Grab herstammen müssen. Einer von Petrie in Abydos entdeckten Stele verdanken wir interessante Einzelheiten über jenes Grab und über die Verwandtschaftsbeziehungen der Königin[62]. Auf diesem Denkstein ist König Ahmose mit seiner Gemahlin Ahmose-Nofretiri sitzend zu sehen, wie sie sich Gedanken darüber machen, welche Wohltaten er seinen Ahnen erweisen könnte: »Seine Schwester[63] sprach und antwortete ihm: ›Warum wurden diese Könige ins Gedächtnis zurückgerufen? Was ist in dein Herz gekommen?‹ Des Königs eigene Person sprach zu ihr: ›Ich habe ins Gedächtnis zurückgerufen die Mutter meiner Mutter und die Mutter meines Vaters, die große Königsgemahlin und Königsmutter, Tetischeri, die Dahingeschiedene. Eine Grabkammer und ein Grabgewölbe von ihr befinden sich in diesem Augenblick auf dem Boden der Gaue von Theben und von Abydos; doch ich habe dies zu dir gesagt, weil meine Majestät den Wunsch hatte, für sie eine Pyramide und eine Kapelle in dem geheiligten Lande zu machen, dicht bei dem Grabmal Meiner Majestät.‹ .... Also sprach Seine Majestät, und diese Dinge wurden sogleich ausgeführt.«

Hieran ist vor allem bemerkenswert, daß König Ahmose seine eigenen Eltern als die Kinder derselben Mutter und desselben Vaters bezeichnet – ein klassisches Beispiel für die Geschwisterehe. Nun sind diese Eltern bekannt: die Mutter des Ahmose war Ahhotep, und diese wiederum war die Gemahlin des Sekenenrê Ta'a II. Aller Wahrscheinlichkeit nach war deshalb Tetischeri die Gemahlin von Ta'a I., dessen Grab wie das von Ta'a II. unter der Regierung von Ramses IX. inspiziert und für unversehrt befunden wurde. Von dem weiteren Schicksal Ta'as II. war bereits die Rede. Über Ta'a I. ist weiter nichts bekannt; als seinen Thronnamen hat man Senachtenrê angenommen.

Die Königin Ahhotep, die Gemahlin Ta'as II., gelangte zu noch größerer Berühmtheit als ihre Mutter. Ein mächtiger in Karnak gefundener Denkstein[64] überhäuft zunächst ihren Sohn Ahmose, den Stifter der Stele, mit Lobpreisungen und ruft dann alle Untertanen zu ihrer Verehrung auf. In dieser seltsamen Stelle der Inschrift wird sie als diejenige gerühmt, die den Soldaten wieder Mut eingeflößt und dem Bürgerkrieg Einhalt geboten habe. Spielt dies auf eine gefährliche Situation nach dem Tode des Kamose an, in dem man wahrscheinlich den früh verstorbenen älteren Bruder des Ahmose zu erblicken hat? Das Grab des Kamose[65] war das letzte in der Reihe der von den ramessidischen Beamten untersuchten Gräber, doch wurde seine Mumie später samt Sarg an einen Platz ein stückweit südlich des Eingangs zum Königsgräbertal gebracht, wo Mariettes Arbeiter sie 1857 gefunden haben. Sein Sarg war nicht vergoldet, sondern gehörte zu dem sonst für nicht-königliche Tote dieser Zeit verwendeten Typus der Rîschisärge. Der schlecht mumifizierte Körper zerfiel sogleich nach seiner Entdeckung zu Staub; an ihm fand sich neben anderem Schmuck ein kostbarer Dolch, der heute in Brüssel aufbewahrt wird.

Etwas mehr als ein Jahr später stieß eine andere Gruppe von Fellachen, die ein Gebiet ganz in der Nähe jener Stelle durchsuchte, auf Ahhoteps eigenen Sarg mit ihrer Mumie; dieser waren herrliche Schmucksachen beigegeben, die heute zu den größten Kostbarkeiten des Museums in Kairo gehören. Abgesehen von einigen Stücken mit dem Namen des Kamose, handelte es sich bei ihnen um ein Geschenk ihres Sohnes Ahmose, dessen Kartusche die meisten von ihnen aufweisen. Ahhotep muß eine alte Dame von achtzig oder mehr Jahren gewesen sein, als sie im zehnten Regierungsjahr Amenophis' I. ihrem Haushofmeister Kares Belohnungen zuteil werden ließ[66]. Schon viele Jahre zuvor war sie gezwungen worden, ihre besonders begünstigte Stellung der Gemahlin des Ahmose, Ahmose-Nofretiri, einzuräumen. Nach der Anzahl der zeitgenössischen und der Inschriften aus späterer Zeit zu urteilen, in denen der Name der jungen Königin vorkommt, muß sie eine Berühmtheit erlangt haben, die in der gesamten ägyptischen Geschichte fast ohne Beispiel war. Ihre Titel einer Königstochter und Königsschwester lassen vermuten, daß sie eine Tochter des Kamose und somit auch die Nichte ihres Gemahls gewesen ist[67]. In einem nicht genannten Jahr seiner Regierung übertrug oder verkaufte ihr Ahmose das Amt des zweiten Propheten des Amun in Karnak; es sollte ihr und ihren Abkömmlingen gehören bis in alle Ewigkeit[68]. Auf einem Denkstein aus den Kalksteinbrüchen bei Tura ist sie hinter ihrem Gemahl bei der Eröffnung einer neuen Abbaustraße in seinem 22. Regierungsjahr dargestellt[69]. Von den Ochsen, die den Schlitten mit dem großen Block ziehen, heißt es, sie seien auf dem asiatischen Feldzug erbeutet worden. Die Lage des Grabes von Ahmose ist nicht bekannt, doch sind sein Sarg und seine Mumie aus dem Versteck bei Dêr el-Bahri ans Tageslicht gekommen[70]. Nach seinem Tode schloß sich Ahmose-Nefretiri immer mehr an ihren Sohn Amenophis I. an, dessen Grab hoch oben auf den Felsenhöhen südlich des Königsgräbertals entdeckt wurde[71]; möglicherweise teilte er es mit ihr, wie den Totentempel unmittelbar südlich davon im Tal[72]. Die Särge von beiden und ihre Mumien – ob es sich wirklich um Ahmose-Nofretiris Mumie handelt, ist allerdings nicht ganz sicher – gehörten mit zu dem Fund in der großen Cachette[73].

Die zu dieser Zeit nicht nur bei den Königen, sondern auch unter Privatleuten so häufig vorkommenden Namen Ahmose und Ahhotep werfen ein Problem auf, das sich nicht befriedigend lösen läßt. Diese Namen bedeuten »der Mond ist geboren« und »der Mond ist zufrieden« und setzen einen Mondkult in dem Ort voraus, aus dem die Herrscher der 17. Dynastie hervorgingen. In Karnak stand an dritter Stelle der thebanischen Trias ein Mondgott namens Chons, doch zeigt der Name Thutmosis (ägyptisch Dhutmose), den mehrere Herrscher der folgenden Generation führten, daß die Beziehungen ihrer Ahnen zu einem Mondgott eher zu Thot als zu Chons bestanden. Es gibt keinerlei Anhaltspunkte dafür, daß die Könige und Königinnen, um deren Namen es sich hier handelt, irgendeine Verbindung zu Schmun-Hermopolis, Thots Hauptkulturort, gehabt hätten. Vorläufig läßt sich deshalb lediglich vermuten, daß der Ort ihrer Herkunft südlich von Medînet Hâbu auf dem Westufer lag, wo sich noch heute ein kleiner dem Thot als dem Mond geweihter Tempel aus der späten Ptolemäerzeit befindet, der unter dem Namen Kasr el-Agûs bekannt ist[74]. In dem nicht weit davon entfernten Dorf Dêr el-Medîna, in dem einige Jahrhunderte später die für die Königsgräber benötigten Arbeiter wohnten, wurden sämtliche Angehörigen der Dynastie, beginnend mit den beiden Königen Ta'a, als die »Herren des Westens« verehrt. Außer den schon erwähnten fanden sich noch zahlreiche andere fürstliche Namen auf den Wänden der Gräber dieser einfachen Leute; dabei gehört Mentuhotep I. als einziger nicht zum Stamm des Ahmose, sondern zur 11. Dynastie. Eine gehobene Stellung nahm hier die Königin Ahmose-Nofretiri ein, die aus völlig unerfindlichen Gründen mit schwarzem, gelegentlich auch mit blauem Antlitz dargestellt wird. Wenn sie eine Tochter des Kamose war, dann floß jedenfalls kein schwarzes

Blut in ihren Adern. Eine noch wichtigere Stellung nahm in der Nekropole Amenophis I. ein; als »Amenophis der Stadt«, als »Amenophis, der Liebling des Amun« oder als »Amenophis des Vorhofs« wurde er in verschiedenen Kapellen verehrt[75]. An die eine oder andere dieser sehr beliebten Gottheiten richtete man in Zeiten des Unglücks Gebete oder ging sie um ein Orakel an, wenn man einen Prozeß führen mußte.

In seinem thebanischen Grab vermerkt in einer Inschrift der Astronom Amenemhet, er habe einundzwanzig Jahre unter Amenophis I. gelebt[76], und es ist anzunehmen, daß dessen Herrschaft nur einige Jahre länger gedauert hat; dies jedenfalls würde ziemlich genau mit der von den Überlieferern Manethos für einen Amenophtis angegebenen Zahl übereinstimmen, den sie allerdings zum dritten statt zum zweiten König der 18. Dynastie machen. Von seinem Grab und seiner Mumie war bereits die Rede.

Die thebanische Vorherrschaft

Beim Tode Amenophis' I. (um 1528 v. Chr.) war das Neue Reich fest gegründet, und es folgten nun eineinhalb Jahrhunderte einer ungestörten Blüte. Unter den Städten Ägyptens nahm Theben eine Vorrangstellung ein, und Amun-Rê, der Hauptgott von Karnak, konnte nun wirklich den Titel »König der Götter« für sich in Anspruch nehmen, den er schon seit so langer Zeit trug. Die Armut an Denkmälern aus Memphis und Heliopolis und aus dem Delta – denn hier im Norden mußten natürlich militärische Stützpunkte unterhalten werden – bedingt allerdings eine gewisse Verzeichnung der Perspektiven. Dennoch gehen wir kaum fehl, wenn wir die thebanische Vorherrschaft so betonen. Die Bildwerke und Inschriften des großen Tempels in Karnak sind für den Historiker eine wahre Fundgrube. Auf dem Westufer hatte sich die Hauptnekropole nach Süden ausgedehnt, mit einer Kette von Totentempeln zu Ehren der Pharaonen und ihres Vatergottes am Rande der Wüste, während die Felsengräber der Adligen hoch oben in den Hängen des Schêch Abd el-Kurna eine Art Wabenmuster bildeten. Gewöhnlich ist in diesen Gräbern eine Wand der äußeren Kammer bildlichen Darstellungen aus dem Wirken des Grabherrn gewidmet, und gelegentlich zeigt eine andere Wand einen Denkstein, dessen Inschrift von den Verdiensten und den Taten des Verstorbenen berichtet. Selbstverständlich findet sich auch in anderen Gegenden einiges Material für den Historiker: Reste von Tempeln in der Provinz, Graffiti auf den Felswänden der Stromschnellen, Berichte von Bergbauunternehmungen auf der Sinai-Halbinsel und anderswo; Papyrusurkunden stellen allerdings eine äußerste Seltenheit dar. Aber selbst wenn man alle diese verstreuten Überreste zusammennimmt, so bleibt Theben doch die Hauptquelle unserer Kenntnisse.

Der neue König Thutmosis I. war der Sohn einer Frau nicht-königlichen Geblüts namens Seniseneb. Vermutlich konnte Thutmosis nur als der Gemahl der Prinzessin Ahmose, offensichtlich einer Dame von sehr hoher Abkunft, Anspruch auf die Königswürde erheben. Zwei Söhne von ihm sind in dem Grab des Paheri, des Bürgermeisters von Elkâb, dargestellt, und der Vater dieses adligen Mannes wird als ihre »männliche Amme«, d. h. als ihr Tutor bezeichnet[1]. Von Amenmose, möglicherweise dem älteren der beiden, findet sich auf einer zerbrochenen Stele aus dem 4. Regierungsjahr[2] die Schilderung einer Jagd in der Wüste in der Nähe der großen Sphinx. Wenn er wirklich zu jener Zeit schon »großer Heeres-Befehlshaber seines Vaters« war, so müßte der König schon lange vor seiner Thronbesteigung geheiratet haben. Der andere Sohn, Wadjmose, ist von Geheimnis umgeben und bemerkenswert insofern, als ihm nach seinem Tode die ganz ungewöhnliche Ehre der Errichtung eines kleinen Tempels unmittelbar südlich des Ramesseums zuteil wurde[3]. Ein Mann namens Amenhotep, der die Stellung eines »ersten Königssohnes des Aacheperkarê« (dies ist der Thronname Thutmosis' I.) einnahm, war nicht sein leiblicher Sohn, wie sich aus den Namen seiner Eltern ergibt[4]. Es ist aber ganz aufschlußreich, ihn hier zu erwähnen, weil an seinem Beispiel das Hauptübel bei der Beschäftigung mit Problemen der ägyptischen Genealogie zutage tritt: man ist nie sicher, ob Bezeichnungen wie »Sohn«, »Tochter«, »Bruder«, »Schwester« oder dergleichen wörtlich zu verstehen sind oder nicht.

Die erste Amtshandlung Thutmosis' I. war die Absendung einer offiziellen Mitteilung über seine Thronbesteigung an Turi, der immer noch Vizekönig von Nubien war. In diesem Schriftstück gibt er ausführlich die Titulatur an, mit der er sich genannt zu sehen wünschte und die bei allen seinen Opfern an die Götter und bei jedem in seinem Namen geschworenen Eid Verwendung finden sollte[5]. Eine der beiden erhaltenen Abschriften stammt angeblich aus Wâdi Halfa, doch machte Thutmosis' Ehrgeiz bei dieser befestigten Stadt nicht halt. Eine gewaltige gegenüber der Insel Tombos, oberhalb des dritten Katarakts, in den Felsen gehauene Inschrift[6] enthält mehr hochtönende Phrasen als zuverlässige Angaben. Nüchterner ist ein Bericht unseres Freundes Ahmose aus Elkâb über den Feldzug; er erzählt, er habe die Flotte des Königs durch die Strömungen des Nils gesteuert, während Seine Majestät, wütend wie ein Panther, mit seinem ersten Pfeil die Brust des feindlichen Herrschers durchbohrt und ihn dann nach Theben mit sich geführt habe, wobei er mit dem Kopf nach unten am Vorderteil des königlichen Schiffes gehangen sei[7]. Eine größere Waffentat war der Feldzug über den Euphrat nach Naharina[8], in das Gebiet des Königs der Mitanni, wo man einen Denkstein zurückließ[9]. Es kam zu einem gewaltigen Gemetzel und zur Gefangennahme vieler Feinde. Wieder waren die beiden Veteranen aus Elkâb dabei, jeder von ihnen empfing dafür, daß er ein Pferd und einen Streitwagen erbeutet hatte, eine stattliche Belohnung[10]. Auf dem Rückmarsch feierte der König seinen Sieg mit einer Elefantenjagd in der sumpfigen Gegend von Niy, nahe dem späteren Apamea in Syrien[11]. Nur noch einmal während vieler Jahrhunderte, nämlich unter Thutmosis III., drang ein ägyptisches Heer so weit nach Nordosten vor, und wir gehen kaum zu weit, wenn wir Thutmosis I. als Feldherrn für ebenso bedeutend halten wie seinen Enkel.

Wie lange seine Regierung dauerte, ist nicht bekannt, vielleicht nur zehn Jahre; das höchste gesicherte Datum stammt aus seinem vierten Regierungsjahr. Eine große Stele[12] mit einem Bericht über seine Arbeiten im Osiristempel von Abydos trägt keine Datierung mehr, wenn sie überhaupt je eine besessen hat. Falls es sich bei der bei Dêr el-Bahri gefundenen Mumie wirklich um die seine handelt, so mag er ein Alter von etwa fünfzig Jahren erreicht haben. Er übernahm von Amenophis I. die Neuerung der räumlichen Trennung von Totentempel und eigentlichem Grab, und alle seine Nachfolger sind diesem Beispiel gefolgt. Der Tempel hat sich bis jetzt noch nicht gefunden, es sei denn, daß er in den seiner Tochter einbezogen wurde, von dem später noch die Rede sein wird. Sein Grab ist das älteste in dem abgeschiedenen Tal der Bîbân el-Molûk (»Tore der Könige«) und besteht aus einer steil in die Tiefe führenden Zugangstreppe, einer Vorkammer und einer Grabhalle, von der ein kleiner Vorratsraum abgeht: im Vergleich zu den eindrucksvollen Gräbern der Nachfolger eine ziemlich bescheidene Anlage. Der in ihm vorgefundene, heute im Museum in Kairo aufbewahrte Sarkophag aus gelbem Quarzit wurde offensichtlich erst später von seinem Enkel, Thutmosis III., dort aufgestellt[13]. Ein wichtiger Beamter namens Enene[14], der die Oberaufsicht über die herrlichen Bauten von Karnak innegehabt hatte – zu denen auch die beiden Obelisken gehörten, von denen heute noch einer aufrecht steht –, wurde damit batraut, das Grab aus dem Felsen zu hauen. Er sagt darüber: »Ich achtete darauf, daß das Heraushauen des Felsengrabes Seiner Majestät heimlich geschah, indem es keiner sah und keiner hörte.« Wir erraten die Absicht, die Mumie des Königs und die reiche Grabausstattung möglichst dem Zugriff von Grabräubern zu entziehen – ein vergebliches Bemühen, wie sich zeigen sollte. Enene erhielt als Belohnung eine Anzahl Sklaven und tägliche Zuteilungen an Brot aus der königlichen Kornkammer. Schließlich heißt es: »Der König ging zu seiner Ruhe ein vom Leben und stieg zum Himmel auf, nachdem er seine Jahre in Glückseligkeit verbracht hatte.«

Der Sohn Thutmosis' I. und einer Nebenkönigin namens Mutnofret, Thutmosis II., setzte diese Gunsterweise nicht nur fort, er steigerte sie noch. Seine Herrschaft wird wohl nur von kurzer Dauer gewesen sein, weil Enene sich schon als einen alten Mann bezeichnete und doch noch die Verhältnisse unter Thutmosis' II. Nachfolger schildern konnte. Andererseits besteht kein zureichender Grund, die Datierung eines von Daressy[15] kopierten, heute vermißten Denksteins aus seinem 18. Regierungsjahr in Zweifel zu ziehen. Das wichtigste Denkmal ist eine auf dem Wege zwischen Aswân und Philae aufgestellte, in das Jahr 1 datierte Siegesstele[16]. Sie berichtet mit einem ungewohnten Reichtum an Einzelheiten vom Eintreffen neuer Nachrichten über einen Aufstand in Nubien: »Es kam einer, um Seine Majestät darüber zu unterrichten, daß das abscheuliche Kusch sich empört hatte, und daß diejenigen, die Untertanen des Herrn der beiden Länder waren, einen Aufstand geplant hatten, um das Volk von Ägypten zu plündern und Vieh aus diesen Festungen zu stehlen, die König Aacheperkarê in seinen Siegen erbaut hatte, um die aufsässigen Länder und die nubischen Stammesangehörigen von Chenthennufe[17] zurückzuweisen. Und nun war ein Häuptling im Norden des abscheulichen Kusch in eine Zeit des Ungehorsams gefallen zusammen mit zwei Stammesgenossen von Ta-Sti, Kindern des Häuptlings des abscheulichen Kusch, welcher geflohen war vor dem Herrn der beiden Länder am Tage des Gemetzels des schönen Gottes, als das Land in fünf Teile geteilt war und jedermann Besitzer seines Stückes war.«

Als der König dies hörte, geriet er in Wut wie ein Panther – genauso wie sein Vater – und tat einen Schwur, daß er nicht einen einzigen von ihnen am Leben lassen werde. Daraufhin vernichtete sein Heer diese Fremden und schonte nur eines der Kinder des nubischen Häuptlings, das unter allgemeinem Jubel mit nach Theben gebracht wurde. Über die weiteren Unternehmungen Thutmosis' II. ist wenig mehr bekannt, als daß Ahmose der Jüngere von Elkâb ihn nach Palästina begleitete und zahlreiche Gefangene machte[18] und daß er einem gewissen Nebamun seine Gunst zuwandte, der später Haushofmeister der Königin Nebtu und Kapitän der königlichen Flotte wurde[19].

Der alte Enene beschreibt den Tod Thutmosis' II. und die

Thronbesteigung seines Nachfolgers mit folgenden Worten[20]: »Nachdem er aufgestiegen war zum Himmel, wurde er eins mit den Göttern, und sein Sohn trat an seine Stelle als König der beiden Länder, er herrschte auf dem Thron seines Vaters, während seine Schwester, die Gottesgemahlin Hatschepsut, das Land verwaltete und die beiden Länder ihr untertan waren; das Volk arbeitete für sie, und ganz Ägypten neigte das Haupt.«

Obwohl dies Ereignis mit solcher Kürze berichtet wird, besteht kein Grund zu der Annahme, Thutmosis II. sei eines unnatürlichen Todes gestorben. Ein fast schmuckloses Grab in den Bîbân el-Molûk[21] mit einem unbeschrifteten Sarg ähnelt dem von Thutmosis I. so sehr, daß man es seinem Sohn zugeschrieben hat; es war so vernachlässigt, daß man den Eindruck hat, niemanden habe das Schicksal des Toten weiter gekümmert. Sein 1926 von den Franzosen entdeckter Totentempel[22] ist eine recht armselige Anlage. Ein Denkstein – vermutlich aus Heliopolis[23] – zeigt ihn in Begleitung der Königin Ahmose, der Witwe Thutmosis' I., und ihrer Tochter, »der großen Königsgemahlin« Hatschepsut, woraus sich eindeutig ergibt, daß letztere mit Thutmosis II. vermählt war; da sie die Tochter Thutmosis' I. war, besaß ihr Anspruch auf den Thron ziemliches Gewicht. Es gab aber noch einen anderen ernst zu nehmenden Anwärter: einen natürlichen Sohn Thutmosis II. von einer Konkubine Ese (Isis), die sich mit dem Titel »Königsmutter« begnügen mußte[24]. Daß eine einflußreiche Partei die Ansprüche des jugendlichen Thutmosis' III. erfolgreich unterstützte, ergibt sich nicht nur aus der Biographie des Enene, sondern auch aus einer späteren Inschrift in Karnak[25], die in ziemlich blumiger Sprache seine Thronerhebung schildert. Sie berichtet, er sei noch ein junges Bürschchen gewesen und habe Dienste im Tempel des Amun von Karnak versehen, allerdings noch nicht als »Prophet« (»Gottes-Diener«), da sei eines Tages, während der regierende König dem Amun opferte, der Gott durch die Säulenhallen geschritten und habe den jungen Prinzen überall gesucht. Als er ihn schließlich gefunden hatte, habe Amun vor ihm innegehalten und ihn, der sich zu Boden geworfen hatte, aufgehoben und vor den König hingestellt und ihn an die Stelle stehen heißen, die für gewöhnlich der Herrscher einzunehmen pflegte.

Die in diesem Abschnitt verwendeten Pronomina bieten einige Schwierigkeiten, doch ist die Absicht ganz offenbar die, Thutmosis III. als zu Lebzeiten seines Vaters durch ein Orakel zum Nachfolger bestimmt hinzustellen. Da die Inschrift vermutlich erst 42 Jahre später angebracht wurde, mag man ihre unbedingte Zuverlässigkeit mit Recht in Zweifel ziehen. Fest steht jedenfalls, daß er, als er auf den Thron gelangte, unter der Vormundschaft der Gemahlin seines Vaters, Hatschepsut, stand, die ihn für eine Reihe von Jahren in den Hintergrund zu drängen vermochte.

Wenn hier der Erörterung eines einzigen dynastischen Problems ein – wie es scheinen könnte – unverhältnismäßig breiter Raum eingeräumt wurde, so ist dies einmal wegen der überragenden Bedeutung der beiden Persönlichkeiten, die sich hier im Zentrum des Geschehens gegenüberstanden, gerechtfertigt, zum anderen durch die Tatsache, daß kein anderes Ereignis der ägyptischen Geschichte Anlaß zu derart heftigen Kontroversen gegeben hat. Da dies Buch nicht nur das Anliegen verfolgt, die ägyptische Vergangenheit wieder lebendig werden zu lassen, sondern auch Einblick in die Arbeitsmethoden der Ägyptologen geben möchte, sind einige Bemerkungen über die Argumente, die in diesem Zusammenhang eine so große Rolle gespielt haben, sehr wohl am Platz[26].

Es war durchaus keine Seltenheit, daß Pharaonen die in Stein gemeißelten Namen mißliebiger Vorgänger aushauen ließen; diese Namen wurden später sehr oft wiederhergestellt oder durch andere Namen ersetzt. So bewirkte auch die Feindschaft, die sich Hatschepsut zugezogen hatte, daß ihre Kartusche auf vielen ihrer Denkmäler systematisch ausgelöscht und später in keine der Königslisten aufgenommen wurde. Meist traten die Namen Thutmosis' I. oder Thutmosis' II. an ihre Stelle. Wer war verantwortlich für die Austilgung und wer für die Ersetzung? Kurt Sethe hat in einer 1896 (und in zweiter, völlig umgearbeiteter Gestalt 1932) erschienenen umfangreichen Abhandlung vorgetragen, die

Wiederherstellungen könnten nur von den Trägern der Namen der neuen Kartuschen vorgenommen worden sein, was voraussetzen würde, daß diese beiden Könige nach der ursprünglichen Alleinherrschaft der Hatschepsut noch einmal für kurze Zeit auf den Thron zurückgekehrt sind. Darüberhinaus entwickelte Sethe auf Grund ähnlicher Gedankengänge eine neue, äußerst komplizierte Theorie der gesamten Thutmosiden-Thronfolge. In einer Erwiderung verfocht Naville, der Ausgräber und Herausgeber von Hatschepsuts herrlichem Tempel in Dêr el-Bahri, die These, die Restaurierungen stammten aus ramessidischer Zeit. Beide Ansichten wurden von dem Historiker Eduard Meyer und dem Archäologen H. E. Winlock abgelehnt; sie kehrten zu den viel einfacheren Erklärungen zurück, wie sie sich durchgesetzt hatten, ehe Sethe mit seinen kühnen Hypothesen hervorgetreten war. 1933 glaubte W. F. Edgerton auf Grund einer nochmaligen sorgfältigen Überprüfung sämtlicher erreichbarer Kartuschen die Behauptung wagen zu dürfen, daß die Entfernung und die Ersetzung der Kartusche der Hatschepsut in nahezu allen Fällen auf Thutmosis III. zurückgehe, der dadurch vor allem seinen eigenen Anspruch auf den Thron rechtfertigen wollte; genau dasselbe Ziel verfolgte Hatschepsut in allen Fällen, wo die Namen Thutmosis' I. und Thutmosis' II. auf von ihr errichteten Denkmälern schon von Anfang an genannt und auch unversehrt geblieben waren. Unlängst hat W. C. Hayes Edgertons Schlußfolgerungen auf Grund einer Untersuchung sämtlicher Sarkophage dieser Zeit bestätigt. Es sei hier die Bemerkung erlaubt, daß eine derartige Verschiedenheit der Meinungen zur Genüge dartut, wie äußerst fragwürdig Zeugnisse dieser Art sind: Schlüsse aus der Tilgung und Ersetzung von Namen zu ziehen, sollte man am besten unterlassen.

Zu Lebzeiten Thutmosis' II. lautete Hatschepsuts vollständige Titulatur: »Königstochter, Königsschwester, Gottesgemahlin und große Königsgemahlin«. Dennoch war sie nur eine »Haupt«-Königin wie andere vor ihr auch – kein Gedanke daran, daß sie ein Grab in jenem abgeschiedenen, Ehrfurcht gebietenden Tal erhalten würde, das seit etwa jener

Zeit ausschließlich den Pharaonen vorbehalten war. Ein aus dieser Zeit datiertes Grab von ihr mit einem unversehrten Sarg wurde in schwindelnder Höhe etwa 2 1/2 km südlich von Dêr el-Bahri in einem Steilhang gefunden[27]. In den ersten Jahren ihrer Regierung hatte sie sich mit der Stellung einer Königin zu begnügen, und es existiert sogar eine in das zweite Jahr ihres Neffen datierte Inschrift[28], wenn es sich bei ihr auch nicht um einen zeitgenössischen Bericht handeln mag. Später rechnete Thutmosis III. seine Regierungszeit und sie die ihre von dem eigentlichen Beginn ihrer gemeinsamen Herrschaft an. Inzwischen hatte aber ihr Ehrgeiz keineswegs geruht, und es waren nur wenige Jahre hingegangen, bis sie den entscheidenden Schritt getan und die Doppelkrone an sich gerissen hatte. Zweimal hatte vor ihr in der ägyptischen Geschichte eine Königin sich der Königsherrschaft bemächtigt, aber es war doch etwas völlig Neues, daß eine Frau sich gab und kleidete wie ein Mann. Dieser Wechsel vollzog sich auch nicht ohne einiges Zögern, jedenfalls gibt es eine Reliefdarstellung, in der sie zwar als König von Ober- und Unterägypten auftritt, aber weiblich gekleidet ist[29]. Andererseits ist Hatschepsut an verschiedenen Orten, besonders in Karnak[30], als König abgebildet und hat vor Thutmosis III. den Vortritt, der zwar auch als König erscheint, ist jedoch nur als Mitregent. In zahlreichen Inschriften prunkt sie mit einer vollständigen Königstitulatur, wenn sie auch sowohl auf ihren eigenen Denkmälern wie auf denen ihrer Adeligen meist mit weiblichen Pronomina erwähnt oder durch Nomina mit femininen Endungen bezeichnet wird. Eine noch unveröffentlichte Inschrift datiert ihre Krönung zum König bereits in das 2. Jahr[31]; von dieser Zeit an bis in das 20. Jahr konnte kein Zweifel daran bestehen, wer der wirkliche Pharao war; auf einer Darstellung aus diesem Jahr erscheinen sie und ihr Gemahl dann allerdings als Gleichberechtigte[32].

Trotzdem kann man sich nicht vorstellen, daß selbst eine Frau von so ganz und gar maskulinem Wesen ohne männliche Unterstützung einen solchen Gipfel der Macht hätte erreichen können. Die thebanische Nekropole weist denn auch zahlreiche prächtige Gräber ihrer Beamten auf, die alle von ihr mit kriecherischer Unterwürfigkeit sprechen. Unter ihnen ragt ein Mann heraus: Senenmut. Er scheint von niederer Herkunft gewesen zu sein, denn in dem von Lansing und Hayes unversehrt entdeckten Grab seiner Eltern[33] trägt sein Vater lediglich den nichtssagenden Titel »der Würdige«, während seine Mutter nur eine »Herrin des Hauses« ist. Er selbst brachte in seiner kometenhaften Kariere wenigstens 20 verschiedene Ämter an sich, von denen viele zweifellos höchst einträglich waren. Sein Haupttitel »Verwalter des Amun« wird ihm wohl die Verfügungsgewalt über die unermeßlichen Reichtümer des Tempels von Karnak verschafft haben. Die große Gunst, deren er sich bei seiner königlichen Gebieterin erfreute, wird dadurch bezeugt, daß er Vormund der Prinzessin Nofrurê wurde; sie war durch die Ehe ihrer Mutter mit Thutmosis II. die nächste Anwärterin auf den Thron. Nicht weniger als sechs von den zehn erhaltenen Statuen des Senenmut[34] zeigen ihn mit dem Kind in den Armen oder zwischen den Knien, aber obwohl Nofrurê zweifellos noch lange nach dem Beginn des Baues des prächtigen Tempels der Hatschepsut von Dêr el-Bahri gelebt hat, fehlt von ihr seit dem 11. Jahr jede Spur[35]. Wenn wir der Behauptung Senenmuts auf einer Statue aus dem Mut-Tempel glauben wollen, so war er für die zahlreichen Bauten der Königin in Theben verantwortlich[36], wenn auch die gewöhnlich anzutreffende Behauptung, er sei wirklich Baumeister gewesen, der Berechtigung entbehrt.

Wie schon früher erwähnt (S. 134), lag der Totentempel der Hatschepsut in dem weiten, von hohen Steilhängen umgebenen Halbrund von Dêr el-Bahri und verdankte viele Anregungen dem südlich neben ihm gelegenen bescheideneren Grabmal Mentuhoteps I. Von dem Aufweg sind nur Spuren übrig geblieben; mit mäßiger Steigung führte er zu der Umfassungsmauer aus Kalkstein hinauf. Hier gewährte ein Tor Zutritt zu einem gewaltigen Hof; der nähertretende Betrachter erblickt vor sich einen Portikus über dem anderen und gelangt über eine in der Mitte hinaufführende Rampe zu der höchsten Terrasse. Eine Kolonnade aus schimmernd weißem Kalkstein auf der Nordseite der mittleren Terrasse vermittelt eine Vorstellung von der Schönheit, die dieses Bauwerk besaß, ehe die Zeit und die Zerstörungswut der Menschen es zu der Ruine machten, als die es sich jetzt darbietet. Bis heute hat Ägypten keine edlere architektonische Schöpfung aufzuweisen. Die Darstellungen der Flachreliefs hinter den Säulen und Pfeilern der Hallen sind von einzigartiger Lebendigkeit. In dem untersten Portikus befindet sich eine herrliche Szene mit Schiffen, die zwei gewaltige Obelisken aus rotem Granit von Elephantine nach Karnak bringen[37]; man hat sie für diejenigen halten wollen[38], mit deren Aufstellung außerhalb der östlichen Umfassungsmauer Hatschepsut Senenmut beauftragt hatte und die nur in Bruchstücken erhalten sind. Sie dürfen nicht mit zwei anderen verwechselt werden, die Hatschepsut in ihrem 16. Regierungsjahr zwischen dem vierten und fünften Pylon aufstellen ließ und von denen einer, knapp 30 m hoch, noch steht. Die Szenen in dem Säulensaal des nächsthöheren Geschosses sind womöglich noch interessanter: auf der Südseite die berühmte Expedition nach Punt (S. 37) im Jahr 9, auf der Nordseite die übernatürliche Zeugung und Geburt der Königin. Die ersterwähnte Folge von Darstellungen[39] zeigt die Schiffe der Königin Hatschepsut – die zu jener Zeit schon »König« war – bei ihrer Ankunft am Bestimmungsort nahe des Bâb el-Mandeb, wo sie von einem bärtigen Häuptling und seiner entsetzlich unförmigen Frau willkommen geheißen werden. Die anderen Würdenträger werfen sich vor dem Emblem der Königin zu Boden: »Sie sprechen, indem sie flehentlich Frieden von Ihrer Majestät erbitten: ›Heil dir, König Ägyptens, weibliche Sonne, die du strahlst wie die Sonnenscheibe!‹ ...«

Die Eingeborenen lebten mitten unter Palmen in runden Hütten mit Korbbogendächern, deren Zugänge man über Leitern erreichte. Der ägyptische Abgesandte schlug dicht daneben sein Zelt auf und verteilte auf Weisung Hatschepsuts Bier, Wein, Fleisch und Obst; doch es ist klar, daß ihre Leute vor allem beim Tauschhandel das Beste herauszuholen hatten: da sind auf bis in einzelne ausgearbeiteten Bildern alle möglichen wertvollen Güter zu sehen, die auf die Schiffe getragen oder ausgeladen werden, z. B. Myrrhenbäumchen, Ebenholz,

Elfenbein, Gold, Paviane und Leopardenfelle. In einem Szenenstreifen darüber befindet sich die Flotte beim Aufbruch zur Heimfahrt; der notwendige Transport der Güter durch die Wüste zum Nil ist nicht dargestellt. Diese herrlichen Reliefs werden jedoch an Schönheit von denen auf der anderen Seite der Rampe womöglich noch übertroffen[40]. Hier wird dem »Herrscher« eine göttliche Abkunft zugeschrieben; Spuren einer solchen Geburtslegende haben sich schon in der 12. Dynastie gefunden. Diskret wird angedeutet, was dem Akt der Zeugung vorangeht. Königin Ahmose sitzt auf einem Ruhebett dem Gott Amun gegenüber. Das nächste Bild zeigt das königliche Kind und neben ihm ein zweites Kind, das ihm völlig gleicht und seinen Ka, seine Seele, darstellt; der widderköpfige Gott Chnum bildet sie beide auf der Töpferscheibe. Die schwangere Königinmutter wird nun zu dem eigentlichen Geburtssaal geführt, wo zahlreiche kleinere Götter anwesend sind. Viele dieser Szenen löschte Thutmosis III. in seinem Haß später aus. Es ist bezeichnend für die komplizierte Gedankenwelt der Ägypter, daß sich die Vaterschaft des Amun, deren sich Hatschepsut rühmte, mit der Vaterschaft Thutmosis' I. durchaus vertrug, gibt es doch zahlreiche Zeugnisse dafür, daß Hatschepsut auch ihre menschliche Abkunft betonte. Eine lange Inschrift in Dêr el-Bahri[41] schildert eine erfundene förmliche Versammlung des Hofstaats, in der der alte König die Thronbesteigung seiner Tochter ankündigt, und in Karnak dankt ein entsprechender hieroglyphischer Bericht[42] dem Amun dafür, daß er dieses glückverheißende Ereignis gebilligt habe. Daß diese der Legitimierung ihres Anspruchs dienenden Darstellungen nicht der Wirklichkeit entsprachen, geht schon daraus hervor, daß sich ja zwischen ihre und ihres Vaters Regierung die von Thutmosis II. schob und daß Hatschepsut zu Beginn ihrer Herrschaft lediglich den Titel einer »großen Gottesgemahlin« führte.

Schließlich ereilte Senenmut sein Geschick. Es war durchaus nicht ungewöhnlich für einen Pharao, auf den Wänden seines Grabmals auch seiner leitenden Beamten zu gedenken. Schon Pepi II. hatte es in Sakkara-Süd getan, und Hatschepsut tat dasselbe in Dêr el-Bahri. Es war aber für einen Günstling am Hof, und mochte er noch so einflußreich sein, ein beispielloses Vorgehen, den Tempel seines Herrschers für eigene Andachtszwecke zu verwenden. In einigen Kapellen von Hatschepsuts Totentempel befanden sich kleine Nischen oder Kabinette für die Aufbewahrung der bei den Kulthandlungen benötigten Gegenstände. Diese Nischen hatten hölzerne Türen, die in geöffnetem Zustand die Seiten hinter sich verdeckten[43]. Hier ließ Senenmut in der Hoffnung, sein Vorgehen werde unentdeckt bleiben (obwohl er zugleich behauptet, seine königliche Gebieterin habe die Erlaubnis dazu gegeben[44]), sein Bild einmeißeln, wie er für das Wohlergehen seiner königlichen Herrin betet. Zu seinem Unglück wurde diese List jedoch entdeckt, und die Reliefs wurden unbarmherzig ausgehackt; nur vier von ihnen blieben durch Zufall verschont. Ein ähnliches Schicksal widerfuhr seinen Vorkehrungen für sein Begräbnis. Er hatte am Anfang seiner Laufbahn damit begonnen, sich bei Schêch Abd el-Kurna ein großartiges Felsgrab anzulegen, das heute fast völlig zerstört ist. Aus Sicherheitsgründen beabsichtigte er aber dann, sich in einer kleinen Kammer nahe der nördlichen Ecke des großen Hofes von Hatschepsuts Tempel bestatten zu lassen, zu der ein etwa 100 m langer Gang hinunterführte[45]. Diesen entdeckte und öffnete 1927 Winlock, wobei er Senenmuts Bild überall beschädigt fand, wohingegen der Name der Hatschepsut unangetastet geblieben war. Noch hemmungsloser ließ man seinen Haß an dem Quarzitsarkophag aus, der bei seinem oberen Grab gestanden hatte: Bruchstücke fanden sich weit und breit im Umkreis verstreut.

Zum letzten Male hören wir von Senenmut im Jahre 16, aber Hatschepsut selbst hat sicher noch fünf oder sechs Jahre länger gelebt. Da sie sich selbst zum König erklärt hatte, bestand kein Grund, weshalb sie nicht auch ein Grab im Tal der Könige erhalten sollte; es wurde dort 1903 von Carter freigelegt[46]. Offensichtlich war ursprünglich beabsichtigt gewesen, es so tief in den Felsen hineinzutreiben, daß seine eigentliche Grabhalle sich direkt unter ihrem Tempel befunden hätte, doch machte die bröcklige Beschaffenheit des Felsens diesen Plan zunichte. Es wurden zwei Sarkophage gefunden; einer war nachträglich geändert worden, um den Leichnam Thutmosis' I. aufzunehmen, den sie offenbar aus seinem eigenen Grab hierher zu überführen gedachte, so daß sie in der Unterwelt zusammen hätten wohnen können[47] – es ist ungewiß, ob diese Absicht jemals zur Verwirklichung kam. Welchen Todes sie gestorben ist, läßt sich nicht feststellen, jedenfalls war es nur kurze Zeit, ehe Thutmosis III. ihren Namen auszutilgen begann, wo immer er sich fand. Sie hinterließ zahlreiche Denkmäler, aber abgesehen von der Halbinsel Sinai keine im Norden. Nach einer langen Inschrift, die sie auf der Fassade des kleinen, von den Griechen Speos Artemidos[48] genannten Provinztempels anbringen ließ, war sie auf die Wiederherstellung der Heiligtümer des Mittleren Reiches besonders stolz, die bis dahin vernachlässigt geblieben waren: »Die Asiaten waren in Auaris in dem nördlichen Land, herumstreunende Horden mitten unter ihnen, die umstürzten, was gemacht worden war; und sie herrschten ohne Rê und er handelte ohne göttlichen Befehl bis herab auf die Zeit Meiner Majestät.« Diese Behauptung ist ohne Zweifel übertrieben und schmälert die Verdienste ihrer Vorgänger.

Thutmosis III. war inzwischen zum Manne herangewachsen und hatte endlich freie Hand. Natürlich wollte er seiner verstorbenen Stiefmutter nicht nachstehen; er glich ihr in seinem Streben, seine Leistungen an die Öffentlichkeit zu bringen. Wie sie die Wände ihres eigenen Tempels in Dêr el-Bahri diesem Zwecke dienstbar gemacht hatte, so benützte er den beständig wachsenden Tempel des Amun-Rê in Karnak; das hatte noch den Vorzug, daß er zugleich seine Dankbarkeit gegenüber dem Gott zum Ausdruck bringen konnte, der inzwischen zum mächtigen Reichsgott geworden war. Das von den ersten beiden Herrschern der 12. Dynastie errichtete Heiligtum war nur ein bescheidenes Bauwerk gewesen, dem die Könige seit Beginn der 18. Dynastie viele neue Teile hinzugefügt hatten; insbesondere die Anbauten von Amenophis I., Thutmosis I. und der Hatschepsut waren sehr umfangreich. Sie gingen jedoch in östlicher Richtung über die Anlage des Mittleren Reiches nicht hinaus, während die Bautätigkeit sich nach Westen entlang der Hauptachse bis zu dem heute als vierter bezeichneten Pylon erstreckte. Jahrhunderte sind darüber hingegangen, bis der Riesenkomplex von Tempeln vollendet war, dessen Ruinen noch heute zu sehen sind. Die bemerkenswertesten auf Thutmosis III. zurückgehenden Teile der Gesamtanlage waren seine großartige Festhalle im Osten und der siebente Pylon im Süden, außerdem finden sich überall Wände und Durchgänge von ihm, sämtlich bedeckt mit Darstellungen und Inschriften, den Zeugnissen seiner Frömmigkeit und seiner Siege. In der Festhalle ließ er sogar die fremden Pflanzen abbilden, die er in Syrien kennengelernt hatte; deren Identifizierung bereitet allerdings den Botanikern erhebliches Kopfzerbrechen. Wie stets, so haben wir auch hier den Verlust von Baublöcken zu beklagen, so daß seine Berichte nicht vollständig sind; immerhin ist noch soviel erhalten, daß wir uns über deren allgemeine Tendenz und das Besondere an ihnen ein Urteil bilden können. Sie halten sich erfreulicherweise mehr an die Tatsachen und sind in ihrer Ausdrucksweise weniger bombastisch als die Berichte der meisten anderen Pharaonen. Ihre Angaben verdienen durchaus Vertrauen, andererseits ist zu bedenken, daß die Inschriften zum größten Teil aus der Rückschau entstanden sind und erst vierzig Jahre nach den Ereignissen verfaßt wurden, als Thutmosis für anstrengende militärische Unternehmungen zu alt geworden war. Zu den Texten in Karnak kommen noch zwei Denksteine, die sich mit seiner körperlichen Tapferkeit und mit seinen Heldentaten beschäftigen; der größere und wichtigere hatte in seinem entfernten Tempel in Napata (Gebel Barkal) in der Nähe des vierten Katarakts gestanden[49], der andere, kleiner und weniger vollständig, aber nahezu denselben Gegenstand behandelnd, stammt aus Armant[50]. Immer wieder kommt Thutmosis auf das Ereignis zurück, das er offenbar für den Ausgangspunkt aller seiner späteren Erfolge hielt, den Sieg bei Megiddo, einer stark befestigten, die Ebene von Esdrelon beherrschenden Stadt. Er errang ihn in seinem 23. Jahr, dem zweiten seiner selbständigen Regierung. Der Bericht über diese Schlacht steht auf einigen unglücklicherweise zum Teil zerstörten

Wänden im eigentlichen Zentrum des Tempels des Amun-Rê[51].

Unter der Regierung der Hatschepsut hatten keinerlei militärische Unternehmungen – mit Ausnahme eines unbedeutenden Einfalls nach Nubien[52] – stattgefunden. Dies hatte zur Folge, daß die kleinen Fürsten Palästinas und Syriens die Gelegenheit für gekommen hielten, das seit Thutmosis I. auf ihnen lastende Joch abzuschütteln. An die Spitze dieser Aufstandsbewegung setzte sich der Fürst von Kadesch, jener großen Stadt am Orontes, die ihre Bedeutung ihrer strategischen Lage am nördlichen Ende des sogenannten El-Bikâ (»das Tal«) verdankte, einer den Libanon vom Antilibanon trennenden Senke[53]. Gegen Ende des achten Monats seines 22. Regierungsjahrs brach Thutmosis III. von seiner Grenzfestung Tjel[54], nahe dem heutigen Kantara am Suez-Kanal, auf. Sein Ziel war, wie er sagt, »den abscheulichen Feind zu vernichten und die Grenzen Ägyptens auszudehnen gemäß dem Befehl seines Vaters Amun-Rê«[55].

Zehn Tage darauf erreichte er den später als die Philisterstadt Gaza bekannten Ort und besetzte ihn. Dies geschah zufällig am Jahrestag seiner Thronbesteigung, dem ersten Tag seines 23. Regierungsjahrs. Er verließ Gaza am Morgen und erreichte nach weiteren zehn Tagen eine Stadt Jehem, die offensichtlich nicht weit von dem Bergrücken entfernt lag, den er überwinden mußte, um den Feind fassen zu können. Hier berief er einen Kriegsrat ein und wandte sich mit folgender Ansprache an seine Offiziere: »Jener abscheuliche Feind von Kadesch ist gekommen und in Megiddo eingedrungen, und er ist dort in diesem Augenblick. Er hat bei sich die Fürsten aller Länder versammelt, die Ägypten gegenüber treu gewesen waren, allesamt bis nach Naharina..., Syrer, Kode-Leute, ihre Pferde, ihre Soldaten und ihre Leute. Und er sagt (wie es heißt): ›Ich werde mich dem Kampf gegen Seine Majestät stellen, hier in Megiddo‹. Sagt mir, was in euren Herzen ist!« Die Offiziere antworten: »Wie kann man vorrücken auf dieser Straße, die so schmal ist? Es wurde gemeldet, daß der Feind jenseits stehe und zahlreich geworden sei. Wird nicht Pferd hinter Pferd gehen müssen und Soldaten und Troß ebenso? Soll denn unsere eigene Vorhut kämpfen, während die Nachhut noch hier in Aruna steht und nicht kämpft? Es gibt hier doch zwei Wege. Die eine Straße kommt heraus bei Taanach, und die andere geht gegen die Nordseite von Djefti, so daß wir nördlich von Megiddo herauskommen würden. So laß unseren mächtigen Herrn vorrücken auf der, die seinem Herzen als die beste erscheint. Laß uns nicht gehen auf der beschwerlichen Straße.« Da inzwischen durch Boten neue Meldungen eingegangen waren, entgegnete der König: »So wahr ich lebe, so wahr Rê mich liebt, so wahr mich mein Vater Amun lobt, und so wahr ich verjüngt bin an Leben und Macht, Meine Majestät wird auf dieser Aruna-Straße vorrücken. Laßt den von euch, der auf diesen Straßen gehen möchte, von denen ihr sprecht, und laßt den von euch, der in dem Gefolge Meiner Majestät kommen möchte! Laßt nicht diese Feinde, welche Rê verabscheut, sagen: »Ist Seine Majestät auf einem anderen Wege vorgerückt, weil sie vor uns Angst bekommen hat? Denn so werden sie sagen.« Die Offiziere erwidern gehorsam: »Dein Vater Amun sei deinem Vorhaben günstig! Siehe, wir sind in dem Gefolge Deiner Majestät, wo immer Deine Majestät gehen wird. Der Diener wird seinem Herrn folgen.«

Diese Ausschnitte geben wohl eine Vorstellung von dem Stil dieses historischen Berichts, der ältesten vollständigen Schilderung einer Entscheidungsschlacht. Aber ohne hier und dort fehlende Wörter zu ergänzen, hätten sich nicht einmal diese Abschnitte übersetzen lassen. Von hier an nehmen die Lücken stark zu, und an manchen Stellen läßt sich der Gang der Ereignisse nur noch in groben Zügen angeben. Nachdem Thutmosis sich für den direkten, aber schwierigeren Weg entschieden hatte, schwor er, an der Spitze seiner Truppe zu marschieren. Nach drei Tagen Rast in dem Dorf Aruna zog er weiter nach Norden, wobei das Bild des Amun vor ihm hergetragen wurde, um den Weg zu weisen. Als man den Ausgang des Tals erreichte, gewahrte er den südlichen Flügel der feindlichen Truppen bei Taanach am Rande der Ebene, während der nördliche näher nach Megiddo hin Aufstellung genommen hatte. Offensichtlich hatten die

Feinde angenommen, er werde sich auf einer der beiden bequemeren Straßen nähern. Der König erkannte sogleich, daß die Verbündeten wegen dieses Irrtums schon so gut wie verloren waren. Die Vorhut des Pharaos breitete sich nun über das Tal hin aus, südlich eines Baches Kina; da wandten die Offiziere sich abermals an ihren Herrn: »Siehe, Seine Majestät ist herausgekommen zusammen mit seinem siegreichen Heer, und sie haben das Tal gefüllt; möge unser siegreicher Herr uns diesmal Gehör schenken, und möge unser Herr für uns die Nachhut seines Heeres abwarten und seine Leute! Wenn die Nachhut des Heeres ganz zu uns gestoßen ist, dann werden wir kämpfen gegen diese Asiaten, und wir brauchen uns nicht zu sorgen um die Nachhut unseres Heeres.« Der König beherzigte diesen Ratschlag und ließ seine Truppen bis zum Mittag anhalten, da der Schatten der Sonne sich wendete. Dann rückte das gesamte Heer am Ufer des Baches Kina entlang in die Gegend südlich von Megiddo vor; inzwischen war es sieben Uhr abends geworden. »Dort wurde für Seine Majestät ein Lager aufgeschlagen und an das ganze Heer folgender Befehl ausgegeben: ›Macht euch gefaßt, legt eure Waffen bereit, denn man wird mit diesem abscheulichen Feind am Morgen in den Kampf geraten‹«. Dann wurde Verpflegung ausgeteilt, und Thutmosis und seine Soldaten begaben sich zur Ruhe; der König schlief fest in seinem königlichen Zelt. Am nächsten Morgen wurde gemeldet, die Luft sei rein und sowohl die südlichen wie die nördlichen Abteilungen des Heeres befänden sich in guter Verfassung. Dies ging alles am 19. Tage des Monats vor sich; überraschenderweise hören wir aber, daß die Schlacht erst am 21. Tage geschlagen wurde. Vielleicht hatte man noch das glückverheißende Fest des neuen Mondes abwarten wollen. Als nächstes erfahren wir, daß der König aufbrach »auf einem Streitwagen von Gold, versehen mit einer vollständigen Waffenausrüstung wie Horus, Schwinger des Armes, Herr der Tat, und wie Month von Theben«.

Zum letzten Male wird die Aufstellung der Truppen beschrieben: der nördliche Flügel stand nordwestlich von Megiddo, der südliche auf einem Hügel südlich des Baches Kina,

der König in der Mitte zwischen beiden. Sogleich bei Beginn
der Schlacht bewies Thutmosis große persönliche Tapferkeit.
Die Verwirrung der Feinde war vollständig, Hals über Kopf,
mit vom Schreck gezeichneten Gesichtern, flohen sie nach
Megiddo und ließen ihre Pferde und ihre Streitwagen aus
Gold und Silber zurück. Dann wurden die Tore der Stadt
geschlossen, und sie mußten an ihren Kleidern hinauf und
hinein gezogen werden. Der Verfasser dieser lebhaften Schilderung bricht hier in heftiges Jammern aus: »Ach, hätte
doch das Heer Seiner Majestät nicht sein Herz an die Erbeutung der Habe dieser Feinde gehängt, denn es hätte
Megiddo erobert in diesem Augenblick, während der abscheuliche Feind von Kadesch und der abscheuliche Feind
dieser Stadt in die Höhe gezogen wurden.«

Während die zuvor zerstreuten Asiaten sich nun wie Fische
in einem Netz gefangen hatten, teilten die Ägypter ihren
Besitz unter sich auf und dankten Amun. Doch sie hatten eine
lange Belagerung vor sich, die nach der Napata-Stele sieben
Monate dauerte. Für wie notwendig man diese Belagerung
hielt, ergibt sich aus einigen Worten, mit denen Thutmosis
seine Leute anfeuerte, ihre Anstrengungen noch zu verstärken: »Alle die Fürsten aller der nördlichen Länder sind in
ihr eingesperrt. Die Einnahme von Megiddo ist die Einnahme von 1000 Städten.«

Es trifft zwar zu, daß die Schilderung der Schlacht von
Megiddo mit ihren Dialogen zwischen dem König und den
Hofbeamten einem allgemeinen Typus entspricht, doch ist sie
trotzdem durchaus glaubwürdig. Die topographischen Angaben wurden an Ort und Stelle von einem Fachmann[56]
bestätigt, der lediglich auszusetzen hatte, daß die Enge der
gewählten Straße etwas übertrieben war. Auf die Einzelheiten der Belagerung braucht hier nicht eingegangen zu
werden; es heißt von ihnen, sie seien in einer im Amuntempel verwahrten ledernen Rolle aufgezeichnet gewesen[57].
Ein gewisser Tjenen, ein »Schreiber der Armee«, behauptet
zwar in seinem Grabe[58] von sich, er habe die Siege, deren
Zeuge er selbst gewesen sei, schriftlich festgehalten; da sich
aber seine Karriere als Soldat bis in die Regierung des zweiten

Nachfolgers von Thutmosis III. erstreckte, kann er kaum an dessen »erstem Feldzug des Sieges« teilgenommen haben. Diesem Sieg folgte nicht wie in Nubien die Ernennung eines Vizekönigs, denn die Verhältnisse in Palästina und Syrien waren von denen in Nubien sehr verschieden. Das gesamte Gebiet bestand aus kleinen Stadtstaaten oder Fürstentümern, die häufig in Streit miteinander gerieten oder sich zu neuen Bündnissen gruppierten, und ihre Ergebenheit gegenüber dem ägyptischen Eroberer wurde immer durch die Bedrohung von seiten der anderen Großmächte beeinträchtigt, die von Norden her einen Druck auf sie ausübten. Der Karnaktempel besitzt aus Thutmosis' III. Regierungszeit gewaltige Darstellungen von unterworfenen Ortschaften, von denen jede durch einen Gefangenen mit auf den Rücken gebundenen Armen symbolisiert wird; die Liste der asiatischen Anführer nennt nicht weniger als 350 Namen[59]. Ähnlich zählt die Napata-Stele 330 an der Schlacht bei Megiddo gegen die Ägypter beteiligte Fürsten auf. Kein Wunder, daß zwischen dem 23. und 39. Regierungsjahr 14 verschiedene Feldzüge erforderlich waren, um das gesamte Gebiet im Nordosten zu unterwerfen. Die Inschriften in Karnak interessieren sich mehr für die eingebrachte Beute und die Tribute als für die Durchführung der militärischen Operationen, aber hier und da vermittelt doch eine Textstelle eine Vorstellung von den angewendeten Maßnahmen und der Politik, die man verfolgte. Von Anfang an sorgte Thutmosis in der Weise vor, daß er neue Fürsten eigener Wahl einsetzte und ihre Brüder oder Kinder als Geiseln nach Ägypten mitführte[60]. Während das Land um Megiddo ägyptischen Siedlern[61] zugewiesen wurde und besonders fruchtbare Landstriche eine willkommene Aufbesserung der Verpflegung der Truppen ermöglichten[62], finden sich auch ominöse Anspielungen auf die Vernichtung von Getreidefeldern und Obstgärten[63], wohl zur Bestrafung widerspenstiger Häuptlinge. Besonders bemerkenswert ist, daß in den Küstenstädten Vorräte gelagert wurden, was die Vermutung nahelegt, daß im Norden jedenfalls Ausrüstungen und möglicherweise auch Menschen auf dem Seewege mit Schiffen befördert wurden, die auf einer großen

Werft bei Memphis gebaut waren[64]. Diese überaus wirksame Organisation muß auf die Herrscher der Großmächte ziemlichen Eindruck gemacht haben, sie fühlten sich dadurch bedroht; so hören wir von Geschenken der Könige von Aschschur (Assur)[65], Sangar (von Babylonien, dem biblischen Schinar)[66] und sogar aus dem zu dieser Zeit weniger gefährlichen »großen Chatti« (dem Hethiter-Reich)[67].

Das eigentliche Hindernis für die Expansionspläne Thutmosis' III. waren jedoch die schon im Zusammenhang mit Thutmosis I. (S. 195) erwähnten Truppen von Naharina. Die Überschreitung des Euphrat und die Niederwerfung des Königs des Mitanni-Reiches stellten die Krönung des achten Feldzuges im Jahr 33 (etwa 1475 v. Chr.)[68] dar. Einen anschaulichen Bericht gibt die Napata-Stele: »Meine Majestät überschritt die entferntesten Grenzen Asiens. Ich ließ zahlreiche Schiffe aus Zedernholz bauen auf den Höhen des Gotteslandes in der Nähe von Die-Herrin-von-Babylos[69]. Sie wurden auf Streitwagen gelegt (gemeint sind vierrädrige Lastwagen), Ochsen zogen sie, und sie fuhren vor meiner Majestät her, um den großen Fluß zu überqueren, der zwischen diesem Land und Naharina fließt. Ja, er ist ein König, welcher zu rühmen ist in bezug auf das, was seine beiden Arme in der Schlacht vollbrachten, einer der den Euphrat überquerte in der Verfolgung dessen, der ihn angriff; erster seines Heeres auf der Suche nach jenem abscheulichen Feind über die Berge von Mitanni hin, während er floh aus Furcht vor Seiner Majestät in ein anderes, weit entferntes Land. Damals stellte Meine Majestät einen Denkstein auf dem Berg von Naharina auf, genommen von dem Berg auf der Westseite des Euphrat.« Es gibt andere Schilderungen dieses Feldzuges[70], doch keine von gleicher Ausführlichkeit. Wenn der Weg von Byblos über Katna, Tunip (bei Aleppo) und Karkemisch führte, so mußten beim Transport der Schiffe über 400 km zurückgelegt werden; dabei ist die Verwendung vierrädriger Ochsenkarren eine völlig neuartige Maßnahme. Doch vielleicht war der Sieg gar nicht so überwältigend, wie er hier geschildert ist, denn zwei Jahre darauf hatte man schon wieder mit dem Fürsten von Naharina zu kämpfen[71], wenn auch nicht in jenem Lande selbst. Einige Ereignisse auf dem Rückmarsch verdienen hier Erwähnung. Die Zerstreuungen der Pharaonen wurden allmählich ebenso gleichförmig wie ihre künstlerische Darstellung, und so ist es nicht weiter erstaunlich, daß Thutmosis III. sich wie sein Großvater (S. 195) zur Elefantenjagd nach Niy begab[72]. Zwei verschiedene Quellen erzählen, dabei habe er sich auf einmal einer Herde von nicht weniger als 120 Tieren gegenübergesehen. Da sei einer seiner tapferen Gefolgsleute namens Amenemhab ins Wasser gesprungen und habe dem größten Tier den Rüssel abgeschnitten. Die lebendig geschriebene Autobiographie in dem Grab eben dieses Mannes berichtet unter anderem von einer ganz außergewöhnlichen strategischen Maßnahme des Fürsten von Kadesch: eine von ihm losgelassene Stute hätte unter den Rossen der ägyptischen Streitwagen größte Verwirrung gestiftet, wäre nicht Amenemhab hinter ihr her gelaufen und hätte sie mit seinem Messer getötet. Ihren Schwanz brachte er dann dem König. Die im Jahre 30 zerstörte Stadt Kadesch wurde abermals heimgesucht und in ihre neue Mauer eine Bresche gelegt. Auch jetzt konnte diese Gegend noch nicht vollständig unterworfen werden, denn wir hören von drei Dörfern, die im Jahre 42 geplündert wurden[73].

Eine angemessene Würdigung der militärischen Erfolge Thutmosis' III. hätte natürlich wesentlich ausführlicher sein müssen als die hier gegebene Darstellung. Ebenso kann auf die weit weniger interessanten Feldzüge nach Nubien nicht eingegangen werden; lediglich der in den ägyptischen Texten selten genannte Fang eines Nashorns sei erwähnt[74]. Auch muß hier der Versuch einer ausführlichen Beschreibung seiner Bautätigkeit und der von ihm zu Ehren der Götter eingerichteten Feste unterbleiben. Es genüge die Feststellung, daß kaum eine Stadt seine Wohltätigkeit nicht zu spüren bekam[75].

Der Totentempel, den er sich in Theben am Rande der westlichen Wüste errichtete, ist fast vollständig zerstört, er scheint aber auch nicht sonderlich interessant gewesen zu sein. Sein Grab in den Bîbân el-Molûk unterscheidet sich von denen seiner Vorgänger nur gering[76]. In ihm sind die Namen nicht nur seiner Mutter Ese, sondern auch seiner Hauptgemahlin Meritrê – sie führte auch den Namen Hatschepsut – und zweier weiterer Gemahlinnen genannt[77]. Noch drei weitere Damen, mit fremdländischen, möglicherweise asiatischen Namen, fanden sich mit reichem Schmuck in einem entlegenen Grab, das wohl unversehrt geblieben war, bis es 1916 von ägyptischen Eingeborenen entdeckt und ausgeplündert wurde[78]. Sarg und Mumie des Königs wurden in der Cachette bei Dêr el-Bahri entdeckt[79]; sollte Virchow recht gehabt haben, wenn er von dem fast jugendlichen Aussehen des Königs sprach, so müßte Thutmosis – angesichts der Tatsache, daß er in seinem 54. Jahre starb – noch ein Kind gewesen sein, als seine Stiefmutter die Herrschaft in ihrer beider Namen übernahm[80].

Unter den Adligen seiner Regierungszeit übertraf keiner Rechmirê an Bedeutung, dessen guterhaltenes Grab von jedem Reisenden, der nach Theben kommt, aufgesucht wird. Er bekleidete das Amt des Wesirs in der »Süd-Stadt«; ein zweiter Wesir saß im Norden in der »Residenz«, womit Memphis gemeint sein muß. Nur im Vorbeigehen seien die Darstellungen von Ausländern und Handwerkern erwähnt, die die Wände schmücken, während auf andere Darstellungen mit den Beamten zahlreicher Städte – von Senmut (der Insel Bigga in der ersten Stromschnelle) bis nach Asjût im 13. oberägyptischen Gau – wenigstens kurz einzugehen ist. Diese Reliefs zeigen in den meisten Fällen den Bürgermeister, den Bezirksregistrator, einige Schreiber und andere untergeordnete Beamte, die alle möglichen Güter, nämlich die an das Büro des Wesirs zu leistenden Abgaben, herbeitragen. Auf einer Wand steht eine blumige Lobrede auf das Amt dieses bedeutenden Mannes und eine kurze Beschreibung der in Gegenwart des Königs erfolgenden Amtseinführung. Weit wichtiger noch sind zwei lange Inschriften, die sich wörtlich in den Gräbern verschiedener Wesire wiederholen. Eine von ihnen wurde schon in anderem Zusammenhang erwähnt und gibt die angeblich vom König am Tage der Ernennung seines höchsten Verwaltungsbeamten gehaltene Ansprache wieder. Da heißt es beispielsweise, das Wesirat sei nicht

»süß«, sondern »bitter wie Galle«; bei einem Gesuchsteller komme es mehr darauf an, daß er seine Beschwerden ausschütten dürfe, als daß ihnen abgeholfen werde. So wertvoll dieser Text in psychologischer Hinsicht ist, so gibt er doch dem Historiker weniger Aufschluß als die Begleitinschrift, die die mannigfachen Dienstgeschäfte des Wesirs aufzählt. Die einzige Schwierigkeit besteht darin, daß wir nicht genau wissen, wann diese offenbar sehr beliebten Texte verfaßt wurden; es ist nicht ausgeschlossen, daß sie schon auf das Mittlere Reich zurückgehen.

An weiteren hervorragenden Persönlichkeiten, die unter Thutmosis III. tätig gewesen sind, ließen sich wohl an die hundert aufzählen; viele von ihnen besitzen schöne Gräber an den Hängen des Schêch Abd el-Kurna, in denen Malereien und Inschriften von ihrem vielfältigen Wirken berichten. An Bedeutung kam Rechmirê der Hohepriester des Amun-Rê, Mencheperrêseneb, gleich, dessen Verpflichtungen gegenüber dem Tempel von Karnak die Anhäufung von Schätzen aus der ganzen Welt erforderten. Die Wandmalereien seines Grabes zeigen hethitische und syrische Fürsten, die ihre Tribute in kostbaren Gefäßen darbringen, während Beamte aus Koptos Gold in Form von Ringen und in Beuteln als die Beisteuer der östlichen Wüste und des Landes Kusch abliefern. Die Inschriften sprechen von den Obelisken und Flaggenmasten, deren Aufrichtung er zu besorgen hatte, andere Bilder zeigen Zimmerleute und Bauern, die ihr Teil zum Reichtum des Gottes beitragen. Es ist nicht möglich, hier mehr als einige der führenden Beamten dieser Zeit zu erwähnen, oder gar eine befriedigende Gesamtschau zu geben. Das Grab eines gewissen Dhouti, eines Aufsehers der nördlichen Länder und Generals, wurde bisher zwar noch nicht entdeckt, im Louvre befindet sich aber eine kostbare goldene Platte, die der König ihm geschenkt hatte, und andere Museen bewahren verschiedene Gegenstände auf, die ihm ebenfalls gehört haben[81]. Er ist auch der Held einer allerdings nur bruchstückhaft erhaltenen Geschichte, die einige Ähnlichkeit mit der Geschichte von den 40 Dieben aufweist[82]. Unser Verständnis der Quellen wird häufig dadurch erschwert, daß Beamte mit

Aufgaben beschäftigt sind, die mit ihrem Haupttätigkeitsbereich nicht das geringste zu tun hatten. So begleitet beispielsweise Minmose, ein Aufseher der Arbeiten, der in mehr als zwölf Tempeln die Bauausführung leitete, Thutmosis III. nach Nubien und Syrien und trieb für ihn Steuern ein; auch wurde er zum Aufseher der Propheten aller Tempel ernannt, an denen er gearbeitet hatte[83].

Aus den letzten zwölf Regierungsjahren Thutmosis' III. gibt es keinen Bericht mehr von einem Feldzug nach Syrien. Die Napata-Stele aus dem Jahr 47 erwähnt aus jenem Gebiet lediglich alljährliche Holzlieferungen, die die Fürsten des Libanon zur Küste schleifen ließen, wo sie auf ägyptische Schiffe verladen wurden. Im 50. Regierungsjahr passierte der König auf dem Rückweg von Nubien den ersten Katarakt, wo er nach dem Vorbild von Sesostris III. und Thutmosis I. einen Kanal von Steinen frei machen ließ, die ihn versperrten[84]. Seine letzten Lebensjahre verbrachte er vermutlich mit der Planung neuer Bauten und im Genuß der von ihm angehäuften ungeheuren Reichtümer.

Doch was spielte sich unterdessen in dem ständig unruhigen Nordosten ab? Die Hethiter[85] hatten gerade eine längere Zeit innerer Zwistigkeiten hinter sich und waren deshalb noch nicht in der Lage, ihre Macht über Aleppo hinaus auszudehnen, das ihr König Tutchalija II. zu einem nicht genau bestimmbaren Zeitpunkt um die Mitte des 15. Jahrhunderts angriff und zerstörte. Die Hauptgefahr drohte dem ägyptischen Einfluß zu dieser Zeit von dem Mitannireich, von dem sich in hieroglyphischen Texten vielleicht schon zur Zeit der Regierung Amenophis' I. eine Erwähnung findet[86]. Dies mächtige Königreich stand unter dem Regiment einer Dynastie von arischer Herkunft, die von dem armenischen Hochland aus den Churritern ihre Herrschaft aufgezwungen hatte. Wie weit die Mitanni je nach Nordsyrien wirklich eindrangen, läßt sich nicht sagen; in den hieroglyphischen Inschriften bedeuten die Bezeichnungen Mitanni und Naharina dasselbe, wenn auch der häufiger verwendete Name Naharina sich genau genommen lediglich auf das Gebiet jenseits des Euphrat bezog. Auf jeden Fall lassen die ständig wiederkehrenden Prahlereien, Naharina sei unter die Füße getrampelt worden, keinen Zweifel daran, wen man als den Hauptanstifter der Auflehnung und der Unruhe in Syrien und Palästina ansah. Und so stark war die von dem Mitannireich und – nach dessen Vernichtung durch Schuppiluliuma im Jahre 1370 v. Chr. – von seinen hethitischen und später assyrischen Nachfolgern ausgehende Bedrohung, daß für fast 800 Jahre keine ägyptische Armee je wieder bis zum Euphrat vordrang. Die allmählich nachlassende Macht Ägyptens konnte jedoch den Sohn Thutmosis' III. nicht von dem Versuch abhalten, den Siegen seines Vaters nachzueifern.

Amenophis II. (etwa 1436–1413 v. Chr.) war der Sohn der schon als Hauptgemahlin Thutmosis' III. erwähnten Hatschepsut-Meritrê und stammte aus Memphis[87]. Schon in jungen Jahren hatte er mit der Überwachung der Holzlieferungen an die große Schiffswerft von Peru-nufe bei Memphis zu tun, und zu derselben Zeit hat er offenbar das Amt des Satem, des Hohenpriesters in der nördlichen Hauptstadt, bekleidet[88]. Eine bei der großen Sphinx ausgegrabene mächtige Stele[89] gibt eine übertrieben lobende Darstellung seines vielseitigen Könnens. Seine Muskelkraft muß außerordentlich gewesen sein: es heißt, er habe es fertig gebracht, auf einen metallenen Schild, so stark wie eine Handbreite, zu schießen und ihn so zu durchbohren, daß sein Pfeil auf der Innenseite wieder hervorschaute; unglücklicherweise wird ähnliches von Thutmosis III. berichtet, wenn auch nicht so ins einzelne gehend[90], so daß wir guten Grund haben, mißtrauisch zu sein. Doch es gibt andere Beispiele für seine athletischen Leistungen, die zu einmalig sind, als daß wir einfach über sie hinweggehen könnten. Schon im Alter von 18 Jahren beherrschte er alle Künste des Month, des Kriegsgottes. Als Ruderer konnte er ein Ruder von etwa 10 m Länge handhaben, was der Leistung von 200 Leuten gleichkam; außerdem konnte er ohne jede Unterbrechung sechsmal so weit rudern wie sie. Er war ein solch trefflicher Reiter, daß sein Vater ihm die edelsten Stuten seines Stalles anvertraute; sie trainierte er so geschickt, daß sie weite Entfernungen zurücklegen konnten, ohne in Schweiß zu geraten. Eine merkwürdige

Inschrift aus seinem 23. Regierungsjahr von Semna[91] gibt eine ungefähre Vorstellung von seiner Wesensart in seinen späteren Jahren. Soweit die Stele verständlich ist, scheint er beim Trunk der Verachtung seiner ausländischen Feinde ziemlich ungehemmt Ausdruck verliehen zu haben, indem er die Nordländer einschließlich »der alten Frau von Arpach« und der Leute von Tachsi[92] als unnütze Sippschaft bezeichnete – aber seinen Vizekönig in Nubien wies er doch an, sich vor den Leuten dort und ihren Magiern in acht zu nehmen, und legte ihm dringend nahe, jeden nicht ganz einwandfreien Häuptling durch irgendeinen Mann von niederer Geburt zu ersetzen – ein für die Ägypter typisches Nebeneinander von Naivität und Großtuerei.

Die Bautätigkeit Thutmosis' III. setzte sein Sohn energisch fort. In Karnak hatte man Amun-Rê in einem solchen Ausmaß durch Tempelbauten verherrlicht, daß Amenophis II. – ohne jedoch den großen Gott von Theben völlig zu vernachlässigen – sein frommes Wirken vor allem den Provinzgottheiten zuwandte. Eine Felsplatte in Tura zeigt, daß in seinem 4. Regierungsjahr Minmose noch immer in den Tempeln des Deltas beschäftigt war[93]. In Amada, einer wichtigen Stadt im Herzen Unternubiens, sind große Teile des schönen, bereits unter der Regierung seines Vorgängers begonnenen Tempels erhalten; hier wurde freilich der Lokalgott Horus von Miam durch die großen Reichsgötter Rê-Harachti und Amun-Rê ziemlich in den Hintergrund gedrängt[94]. Reliefdarstellungen zeigen sie in einer Barke sitzend, als besuchten sie die Gegend, wie sie vom König mit Wein erquickt werden; darunter befindet sich eine gut erhaltene Stele, die lange Zeit unsere wichtigste Quelle für die Taten Amenophis' II. war. Den unvermeidlichen einleitenden Epitheta, die von seiner Macht künden, folgt eine Aufzählung der baulichen Veränderungen in dem Tempel, die sich mit genau denselben Ausdrücken in einem fragmentarischen zweiten Denkstein aus dem Chnumtempel von Elephantine wiederfindet[95]. Dann berichten einige Sätze über ein barbarisches Vorgehen, auf das man bei der rohen sittlichen Einstellung jener kriegerischen Zeit aber besonders stolz war.

Wie wir erfahren, wurde die Stele errichtet, »nachdem Seine Majestät aus Oberretjenu zurückgekehrt war und alle jene, die ihm nicht mehr ergeben waren, vernichtet hatte, indem er die Grenzen Ägyptens ausdehnte auf dem ersten Feldzug des Sieges. Seine Majestät kehrte freudigen Herzens zurück zu ihrem Vater Amun, nachdem sie mit ihrer eigenen Keule die sieben Häuptlinge erschlagen hatte, die in dem Gebiet von Tachsi gewesen waren; sie wurden mit dem Kopf nach unten an dem Vorderteil des königlichen Schiffes aufgehängt, dessen Name ›Aacheperurê, der Gründer der beiden Länder‹ ist. Dann wurden sechs von diesen Feinden aufgehängt auf der Außenseite der Umfassungsmauer von Theben, die Hände desgleichen, und die übrigen Feinde wurden mit dem Schiff nach Nubien gebracht und an der Umfassungsmauer von Napata aufgehängt, um die siegreiche Macht Seiner Majestät bis in alle Ewigkeit sehen zu lassen.«

Die Amadastele ist in das 3. Regierungsjahr datiert, und der syrische Feldzug dort als der erste Feldzug des Sieges bezeichnet. Dieser Ausdruck hat unter den Wissenschaftlern Verwirrung gestiftet, weil er sich auf einer anderen großen Stele aus dem Jahr 7 wiederfindet, mit der wir uns kurz befassen müssen. Möglicherweise hat man diesen Widerspruch zu sehr betont: dann nämlich, wenn es sich – was nicht ausgeschlossen erscheint – bei dem Feldzug gegen Tachsi (ein Gebiet nicht weit von Kadesch am Orontes) um eben jenen gehandelt hat, der auf der Statue des Minmose aus Medâmûd erwähnt ist[96]; er sagt dort, er habe die Tapferkeit seiner Majestät gesehen, als er die 30 Städte in dem Gebiet von Tachsi plünderte. Anscheinend ist hier Thutmosis III. gemeint – doch vielleicht war es in Wirklichkeit Amenophis II., der an Stelle seines Vaters handelte? Und in der Tat gibt es ein – allerdings nicht ganz eindeutiges – Zeugnis für eine Mitregentschaft gegen das Ende der Regierung Thutmosis' III.[97], das freilich der Aussage in der obenerwähnten Schilderung des Kriegers Amenemhab widersprechen würde.

Schon lange kannte man eine sehr bruchstückhafte und unvollständige Stele in Karnak mit der Beschreibung der Siege Amenophis' II., aber sie war praktisch wertlos, bis 1942 in Memphis ein Denkstein in fast unversehrtem Zustand gefunden wurde, der zum Teil dasselbe berichtet[98]. Trotz erheblicher Abweichungen ergänzen sich die zwei Inschriften in nützlicher Weise. Auf beiden Stelen sind leider zahlreiche Sätze von den Anhängern des fanatischen Königs Achenaten ausgelöscht worden, ein Schaden, den die von Sethos I., dem großen Wiederhersteller der alten Denkmäler, beschäftigten Gelehrten nicht wiedergutzumachen vermochten. Die folgenden – nicht wörtlich übersetzten – Abschnitte möchten eine Vorstellung von einer der lebendigsten und aufschlußreichsten Schilderungen geben, die die ägyptische Geschichte überhaupt aufzuweisen hat.

Nach der Datierung in das 7. Regierungsjahr und den unvermeidlichen Epitheta, die die Stärke des Königs preisen, beschreibt ein kurzer Abschnitt die Zerstörung eines Ortes Schamasch-Edom, einer wichtigen Stadt 18 km nordöstlich von Homs, nur einen Tagesmarsch von Katna entfernt[99].

Dieser innerhalb kürzester Zeit errungene Sieg ließ in der Hand der Ägypter eine nur geringe Zahl von Asiaten und Vieh zurück. Hier setzt der eigentliche Bericht ein: »Seine Majestät überquerte den Orontes über Wasser, ungestüm wie der Gott Raschaph. Dann wandte sie sich in die Runde, um sich um die Nachhut ihrer Armee zu kümmern, und sah einige Asiaten, die verstohlen aus der Stadt Katna gekommen waren, um das Heer des Königs anzugreifen. Seine Majestät war mit Waffen des Kampfes ausgerüstet und Seine Majestät stieß auf ihren Rücken hinab wie der göttliche Falke im Flug, und sie wichen, ihre Herzen verzagten, ein jeder war auf seinen Genossen gefallen, einschließlich ihres Hauptmanns. Da war keiner bei Seiner Majestät außer ihr und ihrem starken rechten Arm. Seine Majestät tötete sie mit einem Schlage.«

Nach einer kurzen Erwähnung des Abzugs des Königs und der gemachten Beute fährt der Karnaktext mit einer ausführlicheren Version fort: »Zweiter Monat der Sommerzeit, Tag 10, Umkehr südwärts. Seine Majestät gelangte im Streitwagen nach der Stadt Niy, und die Asiaten dieser Stadt, Männer und Frauen, waren auf ihren Mauern, indem sie Seine Majestät anbeteten und große Verwunderung zeigten über den schönen Gott.« Schon zweimal wurde Niy als der Schauplatz einer Elephantenjagd genannt; seine Erwähnung in diesem Zusammenhang ist deshalb wertvoll, weil sie die Ansicht unterstützt, daß es nicht am Euphrat lag, wie einige angenommen hatten.

Der nächste Abschnitt bietet insofern eine Schwierigkeit, als dem Wort, das mit Sicherheit als Ugarit zu verstehen ist, ein wesentlicher Konsonant fehlt. Ugarit ist das heutige Râs esch-Schamra an der Küste, etwas nördlich von Laodicea, wo Cl. Schaeffer mit großem Erfolg gegraben hat; unter anderen wertvollen Funden waren auch zahlreiche Tontafeln mit alphabetischen Keilschriftzeichen. »Nun hatte Seine Majestät gehört, daß einige von den Asiaten, die in der Stadt Ukat waren, nach einer Möglichkeit suchten, wie sie die Garnison Seiner Majestät aus ihrer Stadt werfen und das Gesicht des Fürsten umkehren könnten, der Seiner Majestät ergeben war. Da wurde Seine Majestät wissend darum in ihrem Herzen, und sie umzingelte alle, die ihr trotzten in dieser Stadt, und erschlug sie auf einmal. So bezwang sie diese Stadt und beruhigte das ganze Land.« Hier hatte man sich eine Ruhepause wohl verdient, und nach einer Rast in einem in der Nähe von Tjalchi[100] aufgeschlagenen Zelt machte sich der König daran, einige Dörfer zu plündern und in anderen die Huldigung ihrer Ortsvorsteher entgegenzunehmen. Bei der Ankunft in Kadesch ließ man einige Fürsten gemeinsam mit ihren Kindern einen Treueid ablegen. Um seine Geschicklichkeit zu zeigen und zugleich seine Bonhomie zu beweisen, »schoß Seine Majestät danach auf zwei Schilde aus Kupfer in ihrer Gegenwart auf der Südseite dieser Stadt, und sie machten Streifzüge bei Rebi in dem Wald und brachten zahllose Gazellen, Füchse, Hasen und wilde Esel mit.«

Es erwarteten ihn jedoch ernstere Aufgaben, und die Memphisstele berichtet über den weiteren Verlauf des ersten Feldzugs von Amenophis: »Seine Majestät gelangte auf ihrem Streitwagen nach Chaschabu[101], allein und ohne einen Begleiter, und kehrte von dort zurück in kurzer Zeit und brachte 16 lebende Mariannu mit, zu seiten ihres Streitwagens,

20 Hände an der Stirn seiner Pferde und 60 Stück Vieh, die vor ihr her getrieben wurden. Die Unterwerfung unter Seine Majestät wurde von dieser Stadt vollzogen. Als seine Majestät nun nach Süden in die Ebene von Scharon[102] vorrückte, traf sie auf einen Boten des Fürsten von Naharina, der eine Tontafel an seinem Halse trug, und nahm ihn als einen lebenden Gefangenen an die Seite ihres Streitwagens. Dann fuhr Seine Majestät weiter mit zwei ... nach Ägypten, der Mariannu als ein lebender Gefangener auf einem Streitwagen zusammen mit ihr. Ankunft Seiner Majestät in Memphis mit freudigem Herzen wie ein siegreicher Stier. Summe dieser Beute: Mariannu: 550; ihre Frauen: 240; Kanaanäer: 640; Fürstenkinder: 232; weibliche Fürstenkinder: 323; Musikantinnen der Fürsten aller Länder: 270, mitsamt ihren Instrumenten aus Silber und Gold. Macht zusammen: 2214. Pferde: 820; Streitwagen: 730, zusammen mit allen ihren Waffen des Kampfes. Nun sahen die Gottesgemahlin, die Königsgemahlin und die Königstochter [die Namen sind verloren] die Siege Seiner Majestät.«

Der zweite Feldzug im Jahre 9 war nicht so groß angelegt wie der erste; das vom König angeführte Heer gelangte im Norden nicht über den See Genezareth hinaus; einzelne der genannten Örtlichkeiten, wie z. B. Aphek, Jehem, Socho und Anaharath, finden sich in den Listen Thutmosis' III., im Alten Testament oder an beiden Stellen wieder, und ihre Lage konnte mit einiger Wahrscheinlichkeit identifiziert werden. Der Bericht gleicht in seiner Art im wesentlichen dem des ersten Feldzuges, weist aber auch einige neuartige Züge auf. Wieder ist von der Nachtruhe des Königs im Zelt die Rede, doch erscheint ihm diesmal Amun im Traum und verheißt ihm den Sieg. Nachdem man zahlreiche Gefangene gemacht und umfangreiche Beute eingebracht hatte, umgab man sie mit zwei Feuergräben; der Pharao hielt die ganze Nacht Wache bei ihnen, nur seine Leibdiener hatte er bei sich. Diese Betonung der persönlichen Unerschrockenheit des Herrschers in Abwesenheit seines Heeres kommt in derartigen Inschriften immer wieder vor und ist kennzeichnend dafür, wie viel an ihnen frei erfunden ist. Eine sorgfältige Unter-

suchung der Beutesummen, mit denen jeder Bericht über
einen Feldzug abschließt, durch Elmar Edel hat wichtige
Einzelheiten zutage gefördert, von denen nur einige hier
angeführt werden können. So hat sich beispielsweise ergeben,
daß die Liste am Ende der Memphisstele nicht nur die Beute
des zweiten, sondern auch die des ersten Feldzuges umfaßt.
Nur so läßt sich nämlich die Einbeziehung von 15 070 Negasu-Gefangenen erklären: bei ihnen handelt es sich einwandfrei um die Nuchaschsche der Keilschriftberichte, von denen
feststeht, daß sie das Gebiet zwischen Homs und Aleppo
bewohnten[103]. Diese Zahl ist natürlich ebenso phantastisch
wie die Angaben über die Schosu (oder Beduinen) und die
Chorileute, die ihren später auf alle Palästinenser und Syrer
übertragenen Namen vielleicht von den churritischen Eindringlingen aus dem Norden herleiteten. Unmittelbar davor
werden die Apiru erwähnt, ein Name, über den viel geschrieben wurde und den wir nicht übergehen können[104]. Noch vor
einigen Jahren wurde mit Selbstverständlichkeit behauptet,
diese Leute seien mit den Hebräern des Alten Testaments
identisch gewesen, doch ist diese Ansicht heute von fast
allen Wissenschaftlern aufgegeben. Allgemein anerkannt ist
hingegen, daß sie mit den Habiru (oder besser Hapiru) der
Amarnatafeln gleichzusetzen sind und daß wir es offensichtlich mit einer allgemeinen Bezeichnung für »Ausgestoßene«,
»Banditen« ohne Beziehung zu bestimmten ethnischen
Gruppen zu tun haben. In ägyptischen Texten erscheinen sie
ls asiatische Gefangene, die man in den Steinbrüchen beschäftigte. Eine weitergehende Übereinstimmung wurde bezüglich des in der Stele mehrfach verwendeten Ausdrucks
Mariannu erreicht; dieses indo-iranische Wort bezeichnet die
höchste Soldatenklasse in den syrischen Städten, die mit
Streitwagen und eigenen Pferden ausgerüstet war. Die
Memphisstele schließt mit einem Abschnitt, der es wert ist,
vollständig wiedergegeben zu werden: »Nun, als der Fürst
von Naharina, der Fürst der Hethiter und der Fürst von Sangar
von dem großen Siege hörten, den ich vollbracht hatte,
wetteiferte ein jeder mit dem anderen mit allen möglichen
Gaben aus allen Ländern, und sie sprachen in ihren Herzen zu

dem Vater ihrer Väter, um Frieden von seiner Majestät zu erflehen, dafür, daß er ihnen den Odem des Lebens gegeben hatte: ›Wir kommen mit unseren Tributen zu deinem Palast, Sohn des Rê Amenophis, Herrscher der Herrscher, wütender Löwe in einem jeden Lande und in diesem Lande ewiglich.‹«

Das eigentlich Interessante liegt hier in der Erwähnung der drei großen Mächte im Norden[105], die begehrliche Blicke auf die syrischen Provinzen richten mochten. Möglicherweise waren es wirklich nur die Rivalitäten untereinander, die die eine oder andere von ihnen von dem Versuch abhielt, die Ägypter aus den Gebieten zu vertreiben, die von Thutmosis' III. asiatischen Eroberungen noch übriggeblieben waren. In den 17 oder 20 Jahren bis zum Ende der Regierung von Amenophis findet sich keinerlei Hinweis mehr auf weitere kriegerische Unternehmungen, und aus der Regierung seines Sohnes Thutmosis IV., dem Manetho – ausnahmsweise einmal richtig – neun Jahre zuweist, wird außer der Unterdrückung eines nubischen Aufstandes im 8. Regierungsjahr[106] ebenfalls fast nichts berichtet.

In diesem an bemerkenswerten historischen Quellen so armen Vierteljahrhundert schmückten führende Würdenträger ihre Gräber in Kurna mit herrlichen Wandmalereien. Zu ihnen gehörte beispielsweise Kenamun[107], Amenophis' Hauptverwalter in dem memphitischen Schiffsbauzentrum von Peru-nufe. Zu seinen Obliegenheiten gehörte es, am Neujahrstage dem König die schönsten Erzeugnisse seiner Werkstätten darzubringen; Statuen, Vasen, Schilde, Streitwagen und Möbel aller Art sind sehr hübsch auf die Wände seines Grabes gezeichnet und gemalt.

Eine Stele aus dem ersten Jahr Thutmosis' IV.[108] berichtet, ihm habe, da er als junger Bursche in der Nähe der Großen Sphinx von Gise jagte, im Traum der Sonnengott Harmache (Harmachis) – ihn verkörperte die Sphinx – die Königswürde verheißen; dafür sollte er die Gottheit von dem Sande befreien, mit dem sie bedeckt war. Der nicht erhaltene Schluß mag davon berichtet haben, wie er seine Verpflichtung erfüllte. Außer dieser phantastischen Geschichte ist aus seiner Regierung kaum etwas zu berichten; erwähnt sei aber der größte, 32 m hohe Obelisk, der heute vor der Basilika San Giovanni in Laterano in Rom steht. Dieser Obelisk hatte unbeachtet in Karnak gelegen, bis Tuthmosis IV. seine Aufrichtung in die Hand nahm[109]. Die Totentempel von Thutmosis[110] und seinem Vater[111] lagen wie üblich am Saum der westlichen Wüste in Theben, doch ist von ihnen kaum etwas erhalten geblieben. Im Jahre 1898 entdeckte V. Loret in den Bîbân el Molûk das Grab Amenophis' II. mit Sarg und Mumie; der Sarg befindet sich heute noch dort, die geschändete und beraubte Mumie seit 1934 in Kairo[112]. Fünf Jahre später fand Howard Carter das Grab Thutmosis' IV.[113], gleichfalls mit seinem großen Sarkophag und zahlreichen Stücken der Grabausstattung. Eine Mumie, die angeblich die seine war, fand sich in einem späten Sarg im Grabe Amenophis' II; bei dem Leichnam handelt es sich nach Ansicht von Elliot Smith um den eines stark abgemagerten, höchstens 28 Jahre alten Mannes.

Mit der Thronbesteigung Amenophis' III. (etwa 1405 bis 1367 v. Chr.) erreichte die 18. Dynastie ihren glanzvollen Höhepunkt; die Berühmtheit dieses Königs gründet sich allerdings nicht auf irgendwelche militärischen Leistungen. Es ist in der Tat fraglich, ob er jemals an einem Feldzug teilgenommen hat. In seinem 5. Regierungsjahr mußte ein Aufstand in Nubien niedergeschlagen werden, wie aus drei bombastischen Berichten auf den Felsen in der Nähe des ersten Katarakts zu erfahren ist[114]. Wenn es sich dabei aber um dasselbe Ereignis gehandelt hat, das auf einer Stele im Britischen Museum[115] viel nüchterner beschrieben ist, so stand die ägyptische Armee unter dem Oberbefehl des häufig genannten Vizekönigs Mermose; und wenn es heißt, »der starke Arm von Amenophis nahm gefangen« den Feind, so braucht dies nicht zu bedeuten, daß der König selbst zugegen war. Der Sieg wurde in dem Gebiet von Ibhe errungen, von wo König Merenrê aus der 6. Dynastie die Steine für seine Pyramide hatte holen lassen. Die Zahl der gemachten Gefangenen war gering, sie betrug insgesamt nicht mehr als 1052 Mann. Und doch weist die nubische Provinz dauerhafte Zeugnisse der Größe Amenophis' III. auf: er baute nicht nur in Sedeinga[116] und Soleb[117], etwas südlich des zweiten Katarakts, stattliche Tempel, seinem »lebenden Bild« wurde in Soleb tatsächlich kultische Verehrung zuteil, wie seiner Gemahlin Teje in Sedeinga.

Eine neue Art und Weise, die Erinnerung an hervorstechende Ereignisse der Regierung festzuhalten, bestand darin, daß man große Skarabäen mit hieroglyphischen Legenden versah. Bis dahin trugen Skarabäen nur einige kurze Wörter, nun hatten ganze Geschichten oder dergleichen auf ihnen Platz. Fünf verschiedene »Serien«[118] sind bekannt, alle haben irgendwie mit Amenophis' berühmter königlicher Gemahlin Teje zu tun, deren Eltern auf zweien namentlich genannt sind. Es sind dies der Gottesvater, Prophet des Min in Achmîm und Aufseher der Pferde Juja und die Erste Dame in Amuns Harem Tuja; diese ihre Titel fanden sich in dem prächtig ausgestatteten, von Theodore M. Davis 1905 in den Bîbân el-Molûk entdeckten Grabe[119]. Durch sie wurden ältere Theorien endgültig erledigt, die der Königin Teje eine fremdländische Herkunft zuschreiben wollten. Eine Schwierigkeit ergab sich jedoch aus der Tatsache, daß der Skarabäus mit dem Bericht von der zweitägigen Jagd, bei der nahezu 100 wilde Stiere gefangen wurden, obwohl er sie als Königin erwähnt, in das 2. Regierungsjahr datiert ist. Man hat daraus folgern wollen, Amenophis III. könne nicht der Sohn Thutmosis' IV. gewesen sein, weil ja die im Grab Amenophis' II. gefundene Mumie Tuthmosis' IV. – wie bereits erwähnt – angeblich die eines jungen Mannes von nicht mehr als 28 Jahren sein soll[120]. Für diese und andere umstrittene Fragen haben sich noch keine befriedigenden Erklärungen finden lassen[121]. Den unumstößlichen Beweis dafür, daß Amenophis III. der Sohn Thutmosis' IV. war, bilden die Reliefs in dem großen von Amenophis in Luxor erbauten Tempel, die die göttliche Abkunft des Herrschers darstellen. Wie bei Hatschepsut in Dêr el-Bahri erscheint die Mutter von Amenophis, Mutemwija, als die Gemahlin des Gottes Amun, von dem es heißt, er habe »angenommen die Gestalt dieses Gemahls, des Königs Mencheprurê«; dies war der Thronname Thutmosis' IV.[122].

Der Mitteilung von der Erlegung von 102 grimmigen Löwen durch den König innerhalb von zehn Jahren läßt sich vielleicht eher Glauben schenken als dem Gemälde auf Tutanchamuns Truhe (vgl. oben S. 58); von größerem Interesse ist aber die Anlegung eines Sees für Vergnügungsfahrten für Königin Teje. Der Skarabäus, auf dem dies festgehalten ist, gibt dessen Größe mit 185 auf 35 m an, was nicht unbedingt der Ansicht widersprechen würde, daß es sich bei eben diesem See um die Birket Habu handele, die südlich des großen Tempels von Medînet Habu in Theben liegt, unmittelbar östlich von Amenophis' III. Palast in dem sogenannten Malkata. Die Behauptung, der See sei innerhalb von 15 Tagen gegraben worden, ist natürlich unglaubhaft.

Dieser Palast[123], bzw. der Komplex von Palästen, ist als eine der wenigen königlichen Residenzen, von denen noch wesentliche Teile erhalten sind, von großer Bedeutung. Wie fast alle ägyptischen Bauten für die Lebenden ist er fast ganz aus Ziegeln ausgeführt, doch waren die verputzten Wände mit wunderschönen Fresken von Vögeln, Sumpfpflanzen und dergleichen geschmückt[124]. Hier befand sich auch eine Festhalle, in der Amenophis im 30., 34. und 37. Regierungsjahr das Sed- oder Jubiläumsfest beging. Die Bedeutung dieses bereits erwähnten Festes liegt noch im Dunkel[125], doch soviel steht fest, daß man auf irgendeine Weise die Erneuerung der königlichen Macht feierte. Bilder der verschiedenen Provinzgötter wurden in die Residenz gebracht, wo die Zeremonien sich abspielten. Der Stein von Rosette gibt den ägyptischen Ausdruck im Griechischen mit »Dreißig-Jahr-Fest« wieder, und verschiedene Pharaonen begingen in der Tat das Sedfest zum ersten Male in ihrem 30. Regierungsjahr, doch gibt es davon auch Ausnahmen, für die wir keine Erklärung wissen.

Auf dem nicht ganz zutreffend als Heirats-Skarabäus bezeichneten Exemplar folgt den Namen der Teje und ihrer Eltern der Satz: »Sie ist die Gemahlin eines siegreichen Königs, dessen südliche Grenze in Karoy ist und dessen nördliche in Naharina.« Karoy[126] mag sich sogar über Napata hinaus erstreckt haben und die Grenze des Verwaltungsdistrikts des Vizekönigs gewesen sein. Was Naharina anbelangt, so war der hier erhobene Anspruch vermutlich mehr Wunsch als Wirklichkeit. Dennoch war die Freundschaft mit Amenophis für einen Fürsten von Mitanni so wertvoll, daß ein anderer, in das Jahr 10 datierter Skarabäus berichten konnte: ... »ein Wunder, gebracht zu Seiner Majestät, die Tochter des Fürsten Sutarna von Naharina, Kirgipa, und Personen aus ihrem Harem, 317 Frauen.«

In die Beziehungen Ägyptens zum Mitannireich und den Nachbarländern unter seiner und der Regierung seines Nachfolgers hat ein außergewöhnlicher Fund Licht gebracht, von dem im folgenden die Rede sein soll. Im Jahre 1887 stieß eine Bäuerin beim Sammeln des als sabach bekannten Düngers inmitten der Ruinen von Amarna, einem Dorf etwa 300 km südlich von Kairo, durch Zufall auf eine größere Anzahl Tontafeln, in die keilförmige Zeichen eingedrückt waren. Dergleichen hatte man bis dahin in Ägypten noch nie gesehen; einige dieser fremdartigen und offenbar belanglosen Stücke wurden spottbillig verkauft, andere zerstört, viele gingen verloren. Die Antiquitätenhändler, denen sie in die Hände gerieten, hielten sie zunächst für Fälschungen, und erst nach langen Diskussionen und nachdem verschiedene Nationalmuseen einzelne Stücke erworben hatten, erkannte man, worum es sich handelte: um nichts anderes als um die Korrespondenz Amenophis' III. und seines Nachfolgers mit den verschiedenen asiatischen Herrschern ihrer Zeit, bedeutenden wie unbedeutenden[127]. Die Schrift war – wie im damaligen diplomatischen Verkehr üblich – die babylonische Keilschrift. Hier erscheinen die Namen der Prinzessin und ihres Vaters als Giluchipa[128] und Schuttarna[129], während der Pharao, dessen hieroglyphischen Thronnamen wir mit Nebmarê wiedergeben, als Nimmuaria angeredet wird, was der wirklichen Aussprache vermutlich näher kam. Der Absender war Tuschratta, Schuttarnas Sohn, der nach der Ermordung eines älteren Bruders auf den Thron des Mitannireiches gelangt war[130]. Aus einem der Briefe Tuschrattas ist zu entnehmen, daß sein Großvater Artatama I. eine Tochter Thutmosis IV. vermählt hatte, wenn auch nur auf wiederholtes Drängen[131]. Nichts verlautet jedoch über die jungen Damen, die Giluchipa mit nach Ägypten begleitet hatten, wie es auf dem Skarabäus hieß, aber es versteht sich ja von selbst, daß ansehnliche Geschenke von beiden Seiten diese Heiratsgeschäfte begleiteten. Die Beziehungen zwischen Amenophis III. und Tuschratta waren, im ganzen gesehen, herzlich, die zu Kadaschman-Enlil I., dem König von Babylonien, weniger erfreulich; dieser klagt, er habe vergeblich versucht, etwas darüber in Erfahrung zu bringen, ob seine Schwester, die auch als Braut nach Ägypten geschickt worden war, noch am Leben sei oder nicht[132]. Unter der Regierung Amenophis' III. wurden zwischen Ägypten und Assur, das zeitweilig in Abhängigkeit zu Mitanni geraten war, keine Briefe ausgetauscht; auch mit den Hethitern war es noch zu keiner Korrespondenz gekommen, obwohl Briefe von Amenophis an den Fürsten von Arzawa, einem noch weiter entfernten Land in Anatolien, vorhanden sind. Hinter diesem lebhaften Briefverkehr stehen erkennbar vor allem zwei Motive: der Wunsch nach Erhöhung des persönlichen Ansehens und nach wertvollen Gütern. Babylonien lieferte beispielsweise Pferde, Lapislazuli und andere kostbare Werkstoffe, während Alasija (Zypern?) Kupfer gegen Gold tauschte; alle diese Länder nahmen an, Ägypten verfüge über unerschöpfliche Reserven an Gold. Die Offenheit, mit der diese Geschäfte betrieben wurden, ist höchst erstaunlich. Die asiatischen Herrscher verhandeln mit ihren ägyptischen »Brüdern« auf dem Fuß absoluter Gleichberechtigung, und wenn auch in den Briefeingängen nie die Begrüßungsformeln fehlen, die die Höflichkeit gebot, so überrascht doch der Mangel an Zurückhaltung, mit der man einmal schmeichelnde Bitten äußerte und sich dann wieder Schäbigkeit vorwarf. Insgesamt hinterlassen die Briefe jedoch den Eindruck einer Diplomatie, die sich der gegenseitigen Vorteile wohl bewußt war, welche sich aus einer freundschaftlichen Annäherung ziehen ließen. Sehr anders ist das Bild, das die Amarna-Korrespondenz von den Zuständen unter den kleineren Fürstentümern Nordsyriens vermittelt; doch sollen uns die heftigen Zwistigkeiten, die dort ausgebrochen waren, erst dann beschäftigen, wenn wir ihre in der verhängnisvollen Politik des Nachfolgers Amenophis' III. liegende Ursache aufgedeckt haben.

Am ägyptischen Hof befand sich damals ein Mann[133], dessen hervorragende Fähigkeiten schon zu seinen Lebzeiten volle Anerkennung fanden und später, wie bei dem Weisen Imhotep (S. 75), zu seiner Vergöttlichung führten. Es war Amenhotep (Amenophis), der Sohn des Hapu, Kind unbedeutender Eltern aus der Deltastadt Athribis, dem heutigen Benha. Obwohl der bei weitem am meisten ausgezeichnete Beamte Amenophis' III., gelangte er doch nie in eines der höchsten Staatsämter. Die vielen Statuen, die dieser Günstling des Königs in den Tempeln des Amun und der Mut aufstellen ließ, zeigen ihn alle als »königlichen Schreiber« auf dem Boden sitzend mit einem aufgerollten Papyrus auf den Knien. Sein Haupttitel war der eines »Schreibers der tüchtigen jungen Männer«, womit für gewöhnlich die Beamten bezeichnet wurden, die mit der Aushebung gesunder und kräftiger Rekruten für das Militär oder für andere Zwecke betraut waren. Die Inschriften, die um den Sockel der Sitzstatuen herumlaufen, sind in ihren Angaben zwar nicht allzu deutlich, lassen aber jedenfalls keinen Zweifel an seiner Verantwortlichkeit für den Transport und die Aufstellung zweier gewaltiger Sitzstatuen Amenophis' III., die noch heute in der Nähe der vom Nil gegenüber von Luxor nach der westlichen Wüste führenden Straße zu sehen sind[134]. Sie waren in dem Gebel el-Ahmar nordöstlich von Kairo gebrochen worden, wo der feine rötliche, kristalline Sandstein vorkam, der sich zu seiner Zeit so großer Beliebtheit erfreute. Es war keine geringe Leistung, diese beiden fast 21 m hohen Kolossalstatuen von dem »unterägyptischen Heliopolis« nach dem »oberägyptischen Heliopolis« zu transportieren. Die Überreste des ungeheuren Totentempels, vor dem sie standen, liegen heute unter den Feldern. In Anerkennung dieser und anderer außerordentlicher Dienste belohnte Amenophis III. seinen Namensvetter mit einem stattlichen Tempel unmittelbar westlich davon[135], und bis in die griechisch-römische Zeit erhielten sich der Kult und das Andenken an Amenhotep, den Sohn des Hapu. Wie er selbst erzählt, starb er im Alter von 80 Jahren und spielte bei den Vorbereitungen zu Amenophis' III. erstem Sedfest eine hervorragende Rolle. Ob er wirklich der Verfasser der weisen Sprüche war, mit denen er später in Verbindung gebracht wurde, ist zweifelhaft; die wenigen erhaltenen Fragmente scheinen auf griechischen Ursprung hinzudeuten.

Die erste Hälfte der langen Regierung Amenophis' III. war eine Zeit der Blüte, wie sie Theben zuvor noch nie erlebt hatte. Die kostbarsten Erzeugnisse Nubiens und Asiens flossen in die südliche Metropole in ununterbrochenem Strom, zu dem offenbar auch Kreta und sogar Mykene beigetragen haben. Zahlreiche andere Würdenträger aus dieser Regierungszeit sind von ihren schönen Gräbern oder von ihren Statuen her bekannt oder von Siegelabdrücken auf den irdenen Gefäßen mit Speisen, Bier oder Wein, die sie an den königlichen Palast ablieferten[136]. Und wenn auch des stolzen Königs vornehmstes Trachten auf den Glanz seines eigenen Totentempels und des angrenzenden Palastes gerichtet war, so vernachlässigte er doch die Tempel in der südlichen Hauptstadt keineswegs. Lange Inschriften[137] in Karnak und Luxor berichten von seinen Wohltaten, und ein Widmungstext liefert sogar genaue Angaben über das Gold und die Halbedelsteine, die er für ihre Ausschmückung verwenden ließ[138]; natürlich sind die Zahlenangaben ganz unglaubhaft. Der Reichtum des Tempels des Amun-Rê muß ungeheuer gewesen sein, und sein Hoherpriester Ptahmose war der erste, der seinen priesterlichen Machtbefugnissen diejenigen hinzufügen konnte, die mit dem Amt des Wesirs verbunden waren[139]. Die thebanischen Adligen konnten kaum der Anzeichen des Sturms gewahr werden, der so bald über ihre Tempel hereinbrechen und ihre heiligsten Ideale und Glaubensvorstellungen zerstören sollte.

Der religiöse Umbruch und die Zeit danach

Die letzten Jahre Amenophis' III. schienen in mancherlei Hinsicht einen durchaus normalen Verlauf zu nehmen. Umgeben von allem, was der Reichtum überhaupt gewähren konnte, residierte er weiterhin in seinem luxuriösen Palast in Theben-West und setzte von hier aus seine Korrespondenz mit den asiatischen Königen und den kleineren Häuptlingen Palästinas fort. Sicher wird auch Königin Teje noch einen bestimmenden Einfluß auf seine Entschlüsse ausgeübt haben. Besondere Liebe wandten sie ihrer Tochter Sitamun zu, die offenbar innerhalb der Palastanlage einen eigenen Hausstand mit Amenhotep, dem Sohn des Hapu, als ihrem Haushofmeister führte[1]. Verschiedene Ägyptologen haben auf Grund der Tatsache, daß diese Sitamun ihrem Titel einer »Königstochter« den einer »Großen Königsgemahlin« hinzufügte – es existiert sogar ein Fayenceknauf, wo ihre und die Kartuschen der Teje einander gegenüberstehen und wo beiden dieser Titel vorangeht –, behaupten wollen, der König habe im Alter seine eigene Tochter geheiratet[2], und gegen diesen befremdlichen Schluß läßt sich nur schwer etwas vorbringen. Auf jeden Fall war er nicht abgeneigt, seinen Harem aufzufrischen. Er hatte zwar schon eine Schwester des Königs von Babylonien, das hielt ihn aber nicht davon ab, noch eine Tochter zu begehren[3]. Von Giluchipa hört man außer Grüßen ihres Bruders Tuschratta an sie nichts mehr[4]. Mehrere andere Briefe beschäftigen sich mit den Verhandlungen über die Heirat des ägyptischen Königs mit Taduchipa, der Tochter eben dieses Königs der Mitanni[5]. Diesmal bestand Tuschratta darauf, daß sie Amenophis' Gemahlin würde und »Herrin Ägyptens« und gab ihr, um seinem Wunsche Nachdruck zu verleihen, eine prächtige Auswahl an Geschenken mit, welche sehr ausführlich aufgezählt sind[6]. Die Ankunft der jungen Dame ließ lange auf sich warten, aber Tuschratta erklärte den Pharao inzwischen schon im voraus stolz zu seinem »Schwiegersohn«[7]. Möglicherweise kam die Heirat nie zustande, Amenophis war ja zu jener Zeit schon ein kranker alter Mann. In der Hoffnung, seine Genesung herbeizuführen, schickte Tuschratta ein Bild der Göttin »Ischtar von Ninive« nach Theben – ein Verfahren, für das es ägyptische Parallelen gibt – und bat inständig darum, man möge sie so gastfreundlich behandeln wie bei einer früheren Gelegenheit und sie dann wieder sicher in ihre Heimat zurückschicken[8].

Der Amarnabrief mit dieser Schilderung ist in das 36. Regierungsjahr datiert, und aus anderen Quellen ist bekannt, daß Amenophis III. sein 37., wenn nicht gar 38. Regierungsjahr erlebte[9]. Dann starb er, und der nächste Brief Tuschrattas ist an die einflußreiche Witwe Teje gerichtet; er ruft die guten Beziehungen zwischen ihm und ihrem verstorbenen Gemahl in Erinnerung und gibt der Hoffnung Ausdruck, die zu ihrem Sohn mögen noch zehnmal so herzlich sein[10]. Ein schönes Grab des üblichen Typus wurde im westlichen Teil der Bîbân el Molûk[11] für Amenophis' III. ausgehauen, und es besteht durchaus Grund zu der Annahme, daß er wirklich hier bestattet wurde. Sein eigenes Grab sollte jedoch nicht seine endgültige Ruhestätte bleiben, denn seine Mumie, die deutliche Zeichen eines akuten Zahnleidens trägt, wurde von Loret in dem Grab Amenophis' II. aufgefunden, wohin sie von dem Hohenpriester des Amun, Pinodjem, dreieinhalb Jahrhunderte später gebracht worden war[12].

Für den Übergang zu der Regierung Amenophis' IV. sind Tuschrattas Briefe zweifellos unsere beste Quelle. Aus dem Schreiben an die Königin Teje ergibt sich eindeutig, daß der neue König den Thron erst nach dem Tode seines Vaters bestieg; dies wird bestätigt durch einen Brief des großen hethitischen Herrschers Schuppiluluima an den jungen König[13]. Von der vielfach erörterten Mitregentschaft kann deshalb keine Rede sein. Eine hieratische Liste, in der möglicherweise der erste von Tuschratta an Napchuria – so wird der Thronname von Amenophis' IV. Nefercheprurê in Keilschrift wiedergegeben – gerichtete Brief[14] aufgeführt war, datiert diesen in das 2. Regierungsjahr und stellt fest, daß der Hof noch im westlichen Theben residierte. Wir erfahren auch, daß Taduchipas eheliche Pflichten gegenüber dem Vater auf den Sohn übergegangen waren[15], und man hat gelegentlich vermutet, daß diese Mitanniprinzessin jene schöne Nofretete war, die uns heute von ihrem wundervoll modellierten und bemalten Kopf im Berliner Museum vertraut ist[16]. Dieser Annahme stehen jedoch Hindernisse im Wege: einmal weiß man von Nofretete, daß sie eine Schwester in Ägypten gehabt hat[17], zum anderen behauptete Tei, die Frau des altgedienten Offiziers Eje, des späteren Königs, sie sei ihre Amme gewesen[18].

Der Sohn Amenophis' III. und der Teje, Amenophis IV., war in seiner äußeren Erscheinung seinen so durchaus normalen Eltern völlig unähnlich. Während noch seine frühesten Denkmäler, was seine Gesichtszüge und seine Gestalt anbetrifft, gegenüber denen ägyptischer Prinzen der vergangenen Zeit keine merklichen Unterschiede aufweisen, zeigen die nur um wenige Jahre jüngeren Darstellungen ganz offen das Bild eines äußerst häßlichen Menschen, wobei an der Treue der Wiedergabe nicht zu zweifeln ist. Der längliche Kopf neigt sich auf einem langen, dünnen Hals nach vorn, das Gesicht ist schmal mit stark hervorspringender Nase, aufgeworfenen Lippen und einem rundlichen hervortretenden Kinn. Der Körper ist mit seiner eingesunkenen Brust, dem aufgedunsenen Bauch, den vollen Oberschenkeln und schwächlichen Waden völlig unmännlich. Auf den versenkten Reliefs ist Achenaten – so nannte er sich später – zu sehen, wie er verweichlicht und nachlässig in einem Polsterstuhl lehnt; dagegen zeigen die kolossalen Standbilder seines Säulenhofes in Karnak einen Blick von fanatischer Entschlossenheit, die in seiner späteren Geschichte so verhängnisvoll zutage trat. Um die von ihm ins Leben gerufene religiöse Bewegung richtig einschätzen zu können, ist es erforderlich – wenn auch nur oberflächlich und einseitig –, die wichtigsten Aspekte der traditionellen Gottesverehrung kurz darzustellen, die er vorübergehend durch einen starren Monotheismus eigener Schöpfung ersetzte.

Die ägyptische Religion war so, wie sie nun schon seit über 1500 Jahren bestanden hatte, das Ergebnis einer Verschmelzung einer Vielzahl ursprünglich voneinander unabhängiger Stammeskulte. Jede Stadt hatte ihre besondere Ortsgottheit,

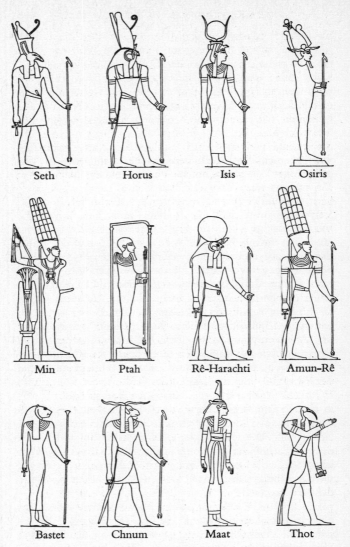

Abb. 10. Einige der wichtigsten ägyptischen Gottheiten

die sich gelegentlich in einem Fetisch, öfter in der Gestalt irgendeines Tieres manifestierte. Solche tiergestaltigen Gottheiten waren beispielsweise die Katzengöttin Bastet von Bubastis, die Schlangengöttin Uadjet (Edjo) von Buto (dem heutigen Kôm el-Faraîn), der Ibisgott Thot von Hermopolis Magna (äg. Schmun), oder Upuaut (Ophois), der Schakalgott von Lykopolis (äg. Sauti, arab. Asjût). Als das Pantheon sich herauszubilden begann, wurden diese Tiergottheiten mit menschengestaltigen Körpern und Gliedern ausgestattet und ihnen menschliche Eigenschaften und Handlungsweisen beigelegt. Ihre sich daraus ergebende Doppelnatur bahnte zwei entgegengesetzten Entwicklungen den Weg. Auf der einen Seite wirkte der den Ägyptern eigene Konservativismus in Verbindung mit dem ausgeprägten Lokalpatriotismus der Verwischung der individuellen Unterschiede der Gottheiten entgegen: sie behielten Tierköpfe, und die Götterwelt verlor nie ihren polytheistischen Charakter. Auf der anderen Seite bestand eine starke Tendenz zum Monotheismus. Es wurde nicht nur der Stadtgott zum einzigen und allmächtigen Gott erklärt, sondern auch auf ganz verschiedene Weise die Identität mit den Göttern bestimmter anderer Städte behauptet. So waren der Sopdu des arabischen Gaues, Hemen von Asphynis und Anti von Antaeopolis sämtlich Erscheinungsformen des Horus, weil sie mit ihm die Falkengestalt teilten. Gelegentlich mochte der Name das Gemeinsame sein, während die Gestalt wechselte: so war die Kuhgöttin Hathor von Dendera in Wirklichkeit keine andere Göttin als die, welche bei Memphis in einer Sykomore verehrt wurde. Die Unbeständigkeit in der Erscheinungsform war bei einigen Gottheiten ungewöhnlich groß. Thot war zwar gewöhnlich ein Ibis oder trug einen Ibiskopf auf einem menschlichen Körper, aber er konnte auch die Gestalt eines hundsköpfigen Affen oder sogar die des Monds annehmen. Man würde eigentlich erwarten, daß die Gottheiten, die die verschiedenen Naturkräfte verkörperten, in ihrer Erscheinungsform beständiger gewesen sind, dies war jedoch nicht der Fall: der Erdgott Geb nahm die Gestalt des Widders Chnum von Hypselis an, Schu, die männliche Verkörperung des leeren Raums, der Himmel und Erde voneinander trennte, war in Thinis der Jägergott Onuris. Von allen den großen Naturgewalten, die auf das Leben auf der Erde einwirkten, zeigt die Sonne unzweifelhaft die größte Beständigkeit in ihrer Erscheinung und bedurfte am wenigsten eines Wechsels bei ihrer bildlichen Darstellung: und doch schaute man sie in Heliopolis (dem ägyptischen On) als den falkenköpfigen Harachti (den »Horus des Horizontes«) oder auch als König in Menschengestalt mit dem Namen Atum. Sie konnte aber auch als Käfer vorgestellt werden, der eine Dungkugel vor sich herrollt (Chepre). Doch dabei blieb es nicht: man kam auf den Gedanken, daß das Ansehen eines Lokalgottes sich dadurch erhöhen ließe, daß man seinem eigenen Namen das Wort Rê – den am weitesten verbreiteten Namen des Sonnengottes – hinzufügte. Wir finden deshalb den Krokodilgott Sobek von Anascha als Sobek-Rê bezeichnet. Vor allem wurde seit dem Mittleren Reich der große Amun von Theben allgemein als Amun-Rê verehrt.

Die verwirrende Vielfalt des ägyptischen Pantheons, wie sie von seinen priesterlichen Repräsentanten ausgebildet wurde, mußte notwendigerweise eine Gegenbewegung auslösen. Sowohl für die Alltagssprache als auch wegen der monotheistischen Anschauung benötigte man ein Wort für »Sonne« ohne religiöse Bezüge und ohne anthropomorphe Assoziationen. Ein solches Wort war itn, das gewöhnlich mit »Aten« oder »Sonnenscheibe« wiedergegeben wird. Es ist oft schwer zu sagen, wann dieses Wort eine religiöse Bedeutung hat und wann nicht. Wenn beispielsweise die Geschichte des Sinuhe (S. 143) vom Tode Ammenemês' I. folgendermaßen spricht »Er ging hinauf zum Himmel und wurde eins mit der Sonnenscheibe, der Leib des Gottes ging auf in dem, der ihn geschaffen hatte«, so ist es müßig, darüber zu streiten, ob das Wort itn die Gottheit meint oder nicht. Weniger zweideutig ist die Redewendung »Herr alles dessen, was die Scheibe umgibt«, ein häufiges (und sehr seltsames) Epitheton »des lebenden Aten«, des Gegenstandes von Achenatens Verehrung. Hier weist das mit »Scheibe« wiedergegebene Wort offensichtlich auf den sichtbaren Himmelskörper hin. Eine sorgfältige Untersuchung von Inschriften aus der Zeit Amenophis' III.[19]

zeigt einen im Vergleich zu den vorangegangenen Jahrhunderten viel häufigeren Gebrauch dieses Wortes, und man hat darin zu Recht eine Ankündigung jener Lehre erblickt, die bald so große Bedeutung erlangen sollte. Bezeichnend ist auch der Name einer Barke »der Aten strahlt«, in der Königin Teje sich auf dem ihr zu Ehren angelegten See zu vergnügen pflegte (S. 228). Ein wohl in die Regierung Amenophis' III. gehörendes unveröffentlichtes Grab in Theben (Nr. 46) gibt seinem Besitzer den Titel »Verwalter im Hause des Aten«; dies läßt sich schwerlich anders als dahin verstehen, daß dem Aten in Theben bereits kultische Verehrung zuteil wurde. Ein Zeugnis anderer Art findet sich auf einer sehr bekannten Stele aus derselben Regierungszeit mit dem von den beiden Baumeistern Suti und Hor[20] verfaßten Hymnus an den Sonnengott: dieser wird hier als Amun und als Harachti angesprochen, und das Wort itn kommt nur beiläufig vor, doch ähneln Inhalt und Ausdruck derart Achenatens berühmtem Sonnengesang, daß sich der Schluß aufdrängt, die religiöse Umwälzung habe bereits »in der Luft gelegen«.

Doch erst nach verschiedenen tastenden Ansätzen nahm die ketzerische Lehre ihre endgültige Gestalt an und wurden die praktischen Auswirkungen in vollem Umfange fühlbar. Noch bis in sein 5. Regierungsjahr[21] behielt Amenophis IV. in seinem Namen die bezeichnende Wortgruppe 'Imn ḥtpw (Amenhotpe) bei, die er von dreien seiner Vorfahren übernommen hatte. Der volle Geburtsname – einschließlich eines ebenfalls wichtigen Zusatzes am Schluß – bedeutet »Amun ist zufrieden, der Gottherrscher von Theben«. Unter diesem Namen wird er in dem Sandsteinbruch von Gebel Silsile dargestellt, wie er Amun-Rê verehrt[22]; das hängt damit zusammen, daß die darunter stehende Inschrift sich mit im Tempelbezirk von Karnak errichteten Bauten beschäftigt; dort haben sich in der Tat zahlreiche Reste später erbarmungslos zerstörter Kapellen Achenatens gefunden. In der genannten Inschrift bezeichnet sich der jugendliche König seltsamerweise als »Erster Prophet des Rê-Harachti Der-sich-in-dem-Horizont-Erfreuende in seinem Namen, dem Sonnenlicht (äg. »Schu«), welches ist Aten«. Die ausführliche Benennung, die der Sonnengott hier erhalten hat, wurde die erste Version des Namens des Aten, wenn sie als solche auch auf zwei Kartuschen aufgeteilt ist, gewissermaßen, um den königlichen Status der neuen Gottheit zu betonen[23]. Wie sehr diese frühe Inschrift von dem alten Kult von Heliopolis beeinflußt war, ergibt sich nicht nur aus ihrer Widmung an Rê-Harachti, sondern auch aus ihrer Erwähnung »seines großen Obelisken in Karnak«, denn für Heliopolis war der eindrucksvolle, unter der Bezeichnung benben oder Obelisk (S. 90) bekannte Monolith ebenso ein Wahrzeichen wie später für das arabische Mekka der als Kaaba bekannte schwarze Stein. So trug selbst im Jahr 16 noch der Hohepriester des Aten, Merirê, den altehrwürdigen heliopolitanischen Titel »Größter der Propheten«[24]. Die Schwierigkeit, sich von der früheren Tradition völlig freizumachen, blieb immer fühlbar, wie sehr man sich auch bemühte, von dieser Tradition loszukommen.

Die in Rê-Harachtis ausführlicher Titulatur sich ankündigende neue Auffassung des Sonnengottes sollte bald sichtbare Auswirkungen haben, die Verwirrung und Ablehnung bei der Priesterschaft hervorriefen. Für eine Weile konnten die tiefgreifenden Veränderungen, die im Begriffe waren, den gesamten Charakter der ägyptischen Kunst umzugestalten, praktisch unbemerkt vor sich gehen. Rê-Harachti wurde weiterhin menschengestaltig dargestellt, allerdings statt mit einem Falkenkopf mit der Sonnenscheibe gekrönt. Noch ließ sich der junge König mit dem starren, konventionellen Gesichtsausdruck abbilden[25]. Doch diese Anknüpfung an die Tradition sollte nicht von langer Dauer sein. Der königliche Neuerer hatte eigene religiöse und ästhetische Vorstellungen und zwang den Künstlern seines Hofes sehr bald neue Formen auf. Die geflügelte Sonnenscheibe des Horus von Behdet, die bisher über bildlichen Darstellungen und Inschriften geschwebt hatte, verschwand und wurde durch eine goldene Sonne ersetzt, die ihre Strahlen wohltätig über König und Königin verbreitete, über die Altäre, an denen sie amtierten, und über die Darstellungen von Tempel und Palast. Anthropomorphe Züge ließen sich freilich nicht völlig unterdrücken:

So endigen auf den bildlichen Darstellungen die Sonnenstrahlen in Händen, die ☥⚱ halten, die Symbole für »Leben« und »Herrschaft« oder »Macht«, und die königliche Natur des sichtbaren Himmelskörpers wird durch die Uräusschlange (oder Kobra) angedeutet, die das strahlende Rund schmückt wie seit je die Stirnen der Pharaonen.

Nirgends läßt sich der Unterschied zwischen den alten und den neuen Darstellungsweisen besser beobachten als in dem schönen Grab des Wesirs Ramose in Theben. Hier schmücken versenkte Reliefs von großer Schönheit den Hauptteil der Wandflächen, die an einer Stelle ausdrücklich in die Regierung Amenophis' IV. datiert sind, der auch in der vertrauten konventionellen Manier dargestellt ist[26]. Plötzlich geschieht eine Veränderung. Auf der dem Eingang gegenüberliegenden Seite sind ebenderselbe König und seine Gemahlin Nofretete in dem neuen Stil abgebildet: sie beugen sich unter den Strahlen des Aten von einem Balkon, um ihrem höchsten Verwaltungsbeamten goldene Halsketten zu überreichen[27]. Beamte des königlichen Harems und verschiedene Diener sind anwesend. Alle diese Personen unterscheiden sich in ihrem Aussehen – wie sich vorstellen läßt – völlig von dem, was sonst in dem Grab zu sehen ist. Eine übertriebene Lebendigkeit und deutliche Gefühlsbetontheit fällt in die Augen; in einer kühneren Linienführung und in tieferen Verbeugungen tut sich die dem König gebührende Ehrerbietung kund, und man täuscht sich kaum in dem Eindruck, daß die Eigenheiten von Achenatens äußerer Erscheinung in den Gestalten seiner Untertanen bewußt nachgebildet wurden. Eine prachtvoll vorgezeichnete Szene von Ausländern folgt, noch unangetastet von dem Meißel des Bildhauers. Dann ist alles leer: das Grab blieb unvollendet, die spätere Lebensgeschichte Ramoses ist unbekannt. Zugleich mit ihm verschwinden auch die anderen hohen Würdenträger seiner Zeit. Man hat versucht, durch Schlüsse aus den auf ihren Statuen und in ihren Inschriften gefundenen Titeln das Schweigen der nächsten Jahre zu lösen, doch haben sich diese Versuche als ziemlich gewagt erwiesen. Mit Sicherheit läßt sich lediglich sagen, daß der neue Kult und seine künstlerische Ausdrucksform, die sich auch in den bereits erwähnten schrecklichen Kolossalstatuen dokumentiert, bis nach Karnak vorgetrieben wurden, wo sie den Widerwillen der Priesterschaft gegen Achenaten und sein ganzes Tun ausgelöst haben müssen.

Erst von seinem 6. Regierungsjahr an können wir Achenatens Leben wieder verfolgen – weit weg von Theben. Das schon im Zusammenhang mit den dort gefundenen Keilschrifttafeln erwähnte Amarna hatte sich der eigenwillige, zum Äußersten entschlossene Herrscher als Ort für eine umwälzende Neuerung ausgesucht. Auf halbem Wege zwischen Kairo und Luxor treten die Berge auf dem Ostufer zurück: zwischen ihnen und dem Fluß dehnt sich eine halbmondförmige Ebene von 13 km Länge und 5 km Breite; hier war genügend Raum für eine große Stadt, während auf dem gegenüberliegenden westlichen Nilufer ein ziemlich breiter Landstreifen sich landwirtschaftlich nutzen ließ, so daß die Versorgung einer zahlreichen Einwohnerschaft sichergestellt war. Achenaten wählte für seine neue Stadt den Namen Achetaten »der Horizont des Aten« (der allgemein gebräuchliche heutige Name Tell el-Amarna verbindet fälschlich den Namen des modernen Dorfes El-Till im Norden mit dem Namen des Stammes der Beni Amrân, der Bewohner dieser Gegend). Die von Flinders Petrie 1891 begonnenen Ausgrabungen wurden – lediglich unterbrochen durch den ersten Weltkrieg – bis 1937 fortgeführt, zunächst von deutschen, dann von britischen Archäologen[28]. Zahlreiche Ziegelbauten bzw. ihre Grundmauern konnten freigelegt werden; an Steinmauerwerk war nur wenig erhalten. Reich war der Ertrag an wertvollen Funden, die das größte Aufsehen erregten; zu ihnen gehörten die Keilschrifttafeln – die in dem Raum des Palastes gestapelt waren, dessen Mauerziegel ihn als den »Ort der Briefe des Pharaos«[29] bezeichnen – und die herrlichen lebensgetreuen Bildhauerarbeiten aus dem Atelier des Meisterbildhauers Thutmosis[30]. Es ist unmöglich, hier auch nur einen Teil der imposanten Bauten aufzuzählen, die sich identifizieren ließen: Paläste, Tempel, Verwaltungsgebäude, ein Arbeiterdorf und Altäre, die dem Aten geweiht waren. Um eine Vorstellung von der Größe einiger dieser Bauten zu geben, sei erwähnt, daß der große Tempel des Aten eine Länge von nahezu 180 m hatte.

Nicht zu übersehen sind aber auch die nur allzu deutlichen Spuren der Hast, mit der die Gebäude aufgeführt wurden; die handwerkliche Arbeit ist überall schlecht, worüber allerdings zum Teil die herrlichen naturalistischen Darstellungen von Vögeln und Pflanzen auf dem Stuck der Wände und auf den Fußböden hinwegtäuschen. Äußerst wertvoll für unsere Kenntnis des Lebens in dieser Stadt sind die versenkten Reliefs in den Felsengräbern der Beamten in den östlichen Anhöhen. Ihre Veröffentlichung war die großartige Leistung von N. de G. Davies; er hatte leider überall den Vandalismus – in alter und neuer Zeit – zu beklagen, dem so viel zum Opfer gefallen ist. Schließlich sei noch das Familiengrab erwähnt, das Achenaten etwa 7 km entfernt in der östlichen Wüste anlegen ließ[31]. Seine früh verstorbene zweite Tochter Meketaten wurde hier wirklich bestattet, aber offensichtlich haben weder ihre Eltern noch eine ihrer Schwestern hier ihre letzte Ruhestätte gefunden. Von den Vermutungen über Achenatens eigenes Schicksal wird später die Rede sein.

Wie Achenaten dazu kam, sich gerade hier niederzulassen, berichtet er selbst auf 14 großen Grenzstelen, die leider zum Teil völlig entstellt sind; sie stehen mit dem Rücken gegen die Berghänge auf der Ost- und der Westseite des Flusses[32]. Es gibt zwei Fassungen des Textes, eine längere und eine kürzere. Letztere, die besser erhalten ist, berichtet, der König sei am 13. Tag des achten Monats im Jahr 6 von dem reich geschmückten Zelt, in dem er die Nacht verbracht hatte, in einem goldenen Streitwagen nach Norden gefahren, um die Grenzen der geplanten Stadt Achetaten festzulegen. Nachdem er dem Gott geopfert habe, sei er nach Süden bis an eine Stelle gefahren, wo die Strahlen der Sonne auf ihn gefallen seien und ihm angezeigt hätten, daß an dieser Stelle die Südgrenze verlaufen solle. Hier schwor er bei seinem Vater, dem Aten, und bei seiner Hoffnung, daß die Königin und ihre beiden ältesten Töchter ein hohes Alter erreichen möchten, einen Eid, daß er niemals diesen Grenzpunkt überschreiten werde, ebensowenig wie zwei andere auf dem Ost- und drei auf dem Westufer. Das gesamte Land innerhalb dieser bezeichneten Grenzen war dem Aten bestimmt. Sollten die Grenzstelen jemals beschädigt oder ihre Beschriftung ausgelöscht werden, so gelobte er, sie wieder herzurichten. Schließlich ist eine Erneuerung des Eides im Jahre 8 vermerkt. Eine viel längere Inschrift auf anderen Grenzstelen muß aus derselben Zeit stammen, weil sie ebenfalls dieses Geschehen berichtet, es aber noch um viele interessante Einzelheiten bereichert. Bedauerlicherweise sind zahlreiche Abschnitte unwiederbringlich verloren. Nach der Erwähnung seiner ersten Besichtigung des Geländes und des anschließenden großen Opfers heißt es, Achenaten habe seine Höflinge und Militärbefehlshaber um sich versammelt und ihnen den Wunsch des Aten dargelegt, daß Achetaten gebaut werden solle. Er sagt dann weiter, keiner außer Aten selbst habe den Ort gekannt, und also gehöre er ihm und nur ihm. Die Hofbeamten äußern sich wortreich und versichern dem König, alle Länder würden erscheinen mit Gaben auf dem Rücken, um sie dem Aten darzubringen. Auf eine lange Lobpreisung des Gottes folgt Achenatens Schwur, daß er niemals die Grenzen der Stadt ausdehnen und auch seiner Gemahlin nicht erlauben werde, ihn dazu zu bestimmen. Danach zählt er eine Reihe von Heiligtümern auf, die er dem Aten erbauen werde, und erwähnt zum Schluß das obengenannte Familiengrab: hier sollten er, seine Gemahlin und seine Töchter bestattet werden, selbst wenn sie in einer anderen Stadt sterben sollten. Ein seltsamer Zusatz bestimmt, daß der Mnevis-Stier von Heliopolis ebenfalls in der Stadt Atens beigesetzt werden solle – ein weiteres Zeichen für die Abhängigkeit des neuen »Atenismus« von einem der ältesten ägyptischen Kulte.

Die hier summarisch wiedergegebenen Inschriften beleuchten zwar die entscheidende Tat in Achenatens Leben, werfen aber eine ganze Anzahl neuer Probleme auf und lassen zahlreiche Fragen unbeantwortet. Der Entschluß, mit Amarna eine neue Hauptstadt aufzubauen, entsprang wohl der Einsicht, daß das Nebeneinander der Kulte des Aten und des Amun-Rê nicht mehr länger möglich war, doch bleiben wir im unklaren darüber, wie dieser Bruch sich im einzelnen vollzog. Er muß in dem Moment geschehen sein, als der junge König seinen Namen Amenophis in Achenaten änderte, was »es ist dem Aten wohlgefällig« bedeutet. Es gibt keinerlei Anzeichen für eine Feindseligkeit gegen seinen verstorbenen Vater, obwohl dieser ebenfalls den Namen Amenophis getragen hatte. Im Gegenteil: Tempelreliefs im nubischen Soleb[33], zeigen ebenso wie eine Stele aus Hierakonpolis in Oberägypten Amenophis IV. beim Opfer für seinen vergöttlichten Vater Amenophis III. – es sind seltene Beispiele, die wohl in die Phase unmittelbar vor der Umwälzung gehören, weil der falkenköpfige Harachti auf der Stele schon mit den Kartuschen und mit jenen den neuen Glauben kennzeichnenden Epitheta des Aten versehen ist. Gleichermaßen bezeichnend für Achenatens Sohnesliebe sind gewisse Inschriften, in denen seines Vaters Thronnamen Nebmarê nicht ausgelöscht, ja groteskerweise sogar ein zweites Mal an Stelle des anstößigen Geburtsnamens verwendet ist[34]. Der Name Nebmarê fand wahrscheinlich nur deshalb bei Achenaten Gnade, weil er »Herr der Wahrheit (Ma˓at) ist Rê« bedeutet und er selbst stolz war auf das Attribut »lebend von Wahrheit«[34a]. Es ist jedoch zu beachten, daß das Wort Ma˓at, das sich nicht anders als mit »Wahrheit« wiedergeben läßt, nicht eine Liebe zur Realität beinhaltet, wenn auch die Neigung zum Realismus in Achenatens neuer Kunstrichtung ganz unverkennbar ist. R. Anthes hat nachgewiesen, daß in den Amarnatexten Ma˓at immer »geordnetes, wohl geregeltes Dasein« bedeutet und überhaupt keinen Bezug zur Tatsachenwahrheit hat[35]. Mit seiner Mutter Teje stand Achenaten offenbar immer in gutem Einvernehmen, und sie wird wohl schließlich nach Amarna übergesiedelt sein, wo Darstellungen in dem Grabe ihres Vermögensverwalters Huje sie gemeinsam mit ihrer Tochter und ihrem Schwiegersohn beim Mahle zeigen, wenn auch offenbleibt, ob dies gelegentlich eines kurzen Besuchs geschah oder ob Teje sich ständig dort aufhielt[36].

Rätselhaft sind die Eide des Achenaten, er werde nie den Bezirk Atens erweitern. Bedeuten sie, daß die Zwistigkeiten zwischen ihm und der Priesterschaft des Amun-Rê sich anfänglich auf friedliche Weise beilegen ließen und daß er sich damit begnügte, sein eigenes Leben zu führen und Gott auf seine Weise und an einem Ort zu verehren, den er selbst gewählt hatte? Auf jeden Fall finden sich keine Spuren eines Bürgerkrieges, und er hatte ja sogar die Möglichkeit ins Auge gefaßt, daß seine Familie oder er selbst an einem anderen Ort sterben könnten. Das Fehlen datierter Inschriften erschwert allerdings den Einblick. In Kôm Medînet Ghurâb am Eingang des Faijûms wurden sogar Papyri aus dem 5. Regierungsjahr[37] gefunden, die noch die Namen Amenophis und Ptah nennen sowie Opfer für andere Götter und Göttinnen erwähnen, doch besteht auch die Möglichkeit, daß der Atenglaube noch nicht so weit nach Norden vorgedrungen war. Die Felseninschrift des Baumeisters Bek bei Aswân beweist, daß irgendwann während der Regierung Achenatens dort Steine gebrochen wurden »für die großen und mächtigen Denkmäler des Königs im Hause des Aten in Achetaten[38]«; in Aswân und Wâdi Halfa haben sich außerdem Berichte von Achenatens nubischem Vizekönig Dhutmose gefunden[39]. Vielleicht darf man dem Namen Gm-itn (»Finden des Aten«) der wichtigen Niederlassung Kawa jenseits des dritten Katarakts entnehmen, daß Achenatens Einfluß bis dorthin reichte[40].

Von den Würdenträgern, denen Achenaten später in Amarna schöne Felsengräber stiftete, wissen wir nur bei seinem Kammerdiener Parennufe[41], daß er ihm von Theben gefolgt war; dessen – später aufgegebenes – thebanisches Grab[42] ist zum Teil mit Reliefs im alten Stil geschmückt, während ein anderer Teil Aten in echter Amarnamanier darstellt. Die übrigen Günstlinge Achenatens scheinen Emporkömmlinge gewesen zu sein, von denen nur wenige jemals hohe Stellungen erlangten. Unter den Ruinen von Amarna fand sich auch das Haus des Wesirs Nacht[43], doch ist nicht bekannt, woher er kam und wie weit sein Amtsbereich sich erstreckte. Der Bürgermeister von Achetaten trug den vielsagenden Namen »Achenaten hat mich geschaffen[44]«. Mehrere Grabinhaber waren Priester, zwei Aufseher des königlichen Harems; sogar ein »Chefarzt« war unter ihnen. Natürlich fehlt auch ein Befehlshaber des Heeres nicht[45], und bei einem Standartenträger[46] wird es sich um einen seiner Offiziere gehandelt haben. Der altgediente Eje – von dem später ausführlicher die Rede sein wird – war Oberaufseher aller königlichen Pferde[47]. Ein Polizeihauptmann[48] hatte in der Stadt für Ruhe und Ordnung zu sorgen; lediglich der Aufseher der Schatzkammer nahm einen wirklich gehobenen Rang ein[49]. Die Darstellungen vom Leben in der Stadt sind von außerordentlicher Lebendigkeit. Wie weit echte Überzeugung und wie weit reiner Eigennutz bei den Leuten in Achenatens Umgebung im Spiel war, läßt sich nicht mehr ausmachen. Er wird sie sicherlich mit goldenen Halsketten überhäuft und mit Speisen von seiner eigenen Tafel versorgt haben. Einer seiner Beamten bekennt jedenfalls, er sei aus niederer Stellung in eine Position befördert worden, die ihm vertraulichen Umgang mit Adligen erlaubte[50]. Kein Zweifel, daß Achenaten sich als Apostel des neuen Glaubens betrachtete, und verschiedene Inschriften in den Gräbern bezeugen, mit welcher Bereitwilligkeit man seiner Lehre Gehör schenkte; hierfür ein typisches Beispiel[51]: »Wie glücklich ist der, welcher deine Lehre des Lebens hört, und er ist gesättigt von deinem Anblick, und unverwandt schauen seine Augen auf Aten an jedem Tage.«

So sagt auch der König selbst zu seinem Hohenpriester Merirê und zu seinem Kammerherrn Tutu[52]: »Du bist mein großer Diener, welcher meine Lehre hört. Jeder Auftrag, welchen du ausführst, mein Herz ist zufrieden mit ihm; und ich gebe dir dieses Amt, damit du essest die Speisen des Pharaos, deines Herrn in dem Hause des Aten.«

Aus diesen kurzen Zitaten ergibt sich hinreichend, wie wenig die neue Ordnung das Verhältnis zwischen Herrscher und Untertan verändert hatte. Der wesentlichste Unterschied war der überschwengliche Ton der Unterwürfigkeit. In ganz Ägypten finden sich keine Gräber, deren Wände üppiger mit Inschriften bedeckt sind als die von Amarna; sie rühmen den Aten oder den König oder preisen die dem Grabherrn zuteil gewordenen Wohltaten. Der Sprache fehlt es nicht ganz an Schönheit, doch ist die Eintönigkeit im Ausdruck unbestreitbar. Der große Sonnengesang im Grabe des

Eje[53] ist mit Recht berühmt, und obwohl er sich von anderen in der Nekropole nur wenig unterscheidet, ist vermutlich Achenaten selbst sein Verfasser gewesen. Es folgt hier eine fast wörtliche Übersetzung:

»Du erhebst dich so schön in dem Horizont des Himmels, lebender Aten, Beginner des Lebens, als du aufleuchtetest in dem östlichen Horizont und als du ein jedes Land mit deiner Schönheit erfülltest.

Du bist anmutig, groß, strahlend und hoch über jedem Land, und deine Strahlen umarmen die Länder bis hin zu der Grenze alles dessen, was du gemacht hast, indem du die Sonne bist, und du erreichst ihre Grenzen und machst sie untertan deinem geliebten Sohn.

Du bist weit entfernt, doch deine Strahlen sind auf der Erde. Du bist in den Gesichtern der Menschen, doch deine Bewegungen kann man nicht sehen. Wenn du untergehst in dem westlichen Horizont, ist die Erde in Dunkelheit nach der Art des Todes. Die Nacht verbringt man in der Schlafkammer, bedeckten Hauptes, kein Auge kann das andere sehen. Ihre Habseligkeiten werden gestohlen, selbst wenn sie unter ihren Köpfen sind, und sie bemerken es nicht. Jeder Löwe ist herausgekommen aus seinem Lager, und alle Schlangen beißen. Dunkelheit ist (die einzige) Beleuchtung, während die Erde in Schweigen ist und ihr Schöpfer in dem Horizonte ruht ...

Die Erde wird hell, wenn du aufgegangen bist am Horizont, scheinend als Aten am Tage. Du vertreibst die Finsternis und spendest deine Strahlen. Die beiden Länder sind in einem Fest, erwacht stehen sie auf ihren Füßen, du hast sie aufgehoben. Ihre Glieder werden gereinigt, die Kleider werden angelegt, und ihre Hände sind erhoben zum Preis deines strahlenden Erscheinens. Das ganze Land tut seine Arbeit. Alles Vieh ist in Frieden auf seinen Weiden. Bäume und Wiesen grünen. Die Vögel fliegen auf von ihren Nestern, ihre Flügel preisen deinen Ka. Alle Tiere springen auf ihren Beinen. Alles, was fliegt oder flattert, lebt, wenn du aufgehst für sie. Schiffe fahren nach Norden und fahren ebenso nach Süden. Jeder Weg ist geöffnet bei deinem Erscheinen.

Die Fische in dem Fluß springen vor deinem Angesicht.
Deine Strahlen sind in dem großen Grünen[54]. Der du die
männliche Flüssigkeit schaffst, um in den Frauen zu wachsen,
und der du machst das Wasser in den Menschen, der du ans
Leben bringst den Sohn in dem Leib seiner Mutter; der du
ihn beruhigst durch das Stillen seiner Tränen; Amme (schon)
in dem Leib; der du Luft gibst, um leben zu lassen alle, die du
erschaffen hast; und er kommt hervor aus dem Leibe, um zu
atmen an dem Tage seiner Geburt. Du öffnest seinen Mund
völlig und machst seine Nahrung. Das Küchlein in dem
Ei spricht in der Schale, du gibst ihm Luft in ihr, um es leben
zu lassen; du hast ihm seine Vollendung gemacht, um es zu
zerbrechen, das Ei; und es kommt hervor aus dem Ei, um zu
sprechen von seiner Vollendung, und es geht auf seinen zwei
Füßen, wenn es aus ihm herauskommt.

Wie vielfältig sind deine Werke! Sie sind geheimnisvoll
im Angesicht der Menschen. Du einziger Gott, gleich dem es
keinen anderen gibt. Du erschufst die Erde nach deinem
Herzen, indem du allein warst; nämlich alle Menschen,
Herden und Schwärme, was immer auf Erden ist, Geschöpfe,
die auf Füßen gehen, die sich weit emporschwingen, indem
sie mit ihren Flügeln fliegen, die Länder Chor[55] und Kusch
und das Land Ägypten. Du stellst einen jeden Menschen an
seine Stelle und schaffst ihren Unterhalt, indem jeder seine
Nahrung besitzt, und seine Lebensfrist ist berechnet; die
Zungen sind verschieden gemacht im Sprechen und ihre
Wesensart ebenso; ihr Aussehen ist verschieden, denn du
hast unterschieden Land von Land.

Du machst die Nilflut in der Unterwelt und bringst sie
nach deinem Belieben, um Leben zu geben dem gemeinen
Volk, genau wie du sie für dich selbst machst, als Herr von
ihnen allen, der du dich plagst mit ihnen; der Herr eines jeden
Landes, der du für sie scheinst, der Aten der Tageszeit, groß
an Erhabenheit. Alle entfernten Länder, du hast ihr Leben gemacht. Du hast eine Nilflut an den Himmel gesetzt[56], und
sie kommt herab für sie und macht Wellen auf den Bergen
wie das große Grüne, um ihre Felder zu durchfeuchten in
ihren Dörfern. Wie wirksam sind deine Pläne, du Herr der

Ewigkeit! Eine Nilflut am Himmel, sie ist dein Geschenk an die fremden Länder und an die Tiere eines jeden Landes, welche auf Füßen gehen. Aber die Nilflut kommt hervor aus der Unterwelt für das Land Ägypten. Deine Strahlen nähren jede Wiese. Wenn du hervorscheinst, leben sie, und sie gedeihen um deinetwillen.

Du machst die Jahreszeiten, um gedeihen zu lassen alles, was du gemacht hast, den Winter, um sie zu kühlen, die Sommersglut, damit sie dich schmecken mögen. Du hast den Himmel in weiter Ferne gemacht, um an ihm zu scheinen und um alles zu sehen, was du gemacht hast, indem du allein bist und erscheinst in deinen verschiedenen Gestalten als der lebende Aten, der prächtig und strahlend erscheint, entfernt und nah zugleich. Du machst Millionen von Gestalten aus dir allein, Städte und Dörfer, Felder, Wege und den Fluß. Ein jedes Auge erblickt dich vor sich, der du bist die Scheibe der Tageszeit ...

Es gibt keinen anderen, der dich kennt, außer deinem Sohn Nefercheprurê-waʿenrê. Du hast ihn begreifen lassen deine Pläne und deine Stärke. Die Erde entsteht auf deinen Wink, genauso wie du sie schufst. Du leuchtest hervor, und sie leben. Du gehst unter, und sie sterben. Du selbst bist die Lebenszeit, und die Menschen leben durch dich. (Die) Augen sind im Anblick der Schönheit, bis du untergehst. Alle Arbeit wird beiseite gelegt, wenn du untergehst auf der rechten Seite[57]. Indem du aufgehst, machst du gedeihen ... für den König; Bewegung ist in jedem Bein, seit du die Erde gründetest. Du läßt sie aufstehn für deinen Sohn, der aus deinem Körper hervorkam, den König von Ober- und Unterägypten, lebend von Wahrheit, den Herrn der beiden Länder Nefercheprurê-waenrê, den Sohn des Rê, lebend von Wahrheit, Herr der prächtigen Erscheinungen, Achenaten, groß in seiner Dauer; mit des Königs großer Gemahlin, welche er liebt, der Herrin der beiden Länder, Nefernefruaten-Nofretete, möge sie leben und gedeihen in alle Ewigkeit!«

Dieser farbenprächtige Sonnengesang, dessen auffallende Ähnlichkeit mit dem 104. Psalm oft hervorgehoben worden ist, enthält fast alles, was dem Glaubensbekenntnis Achenatens an Positivem eigen war, dabei allerdings nur wenig, was nicht auch in früheren Hymnen an den Sonnengott schon ausgesprochen worden wäre. Er preist die wohltätige Kraft der Sonne als einer Naturerscheinung, und Achenaten richtete sein ganzes Streben darauf, bei der Darstellung dieser Naturkraft – in Wort und Bild – jede Beziehung zur Sphäre der Menschenwelt zu vermeiden. Seine Gottheit war das große Himmelslicht selbst, das seine wohltätige und lebenspendende Kraft in seinen Strahlen verströmte, deren blendende Helle und deren Wärme jeder unmittelbar spürte. Diese Auffassung von der Gottheit in bildlichen Darstellungen zu berücksichtigen, bot nur geringe Schwierigkeiten, und in der Tat zeigt nicht ein einziges Relief Aten in menschlicher Gestalt. Soweit der neue Glaube sich aber der Sprache bediente, bediente er sich eben doch menschlicher Mittel: wenn Hymnen sich an Aten in der zweiten Person wenden, wenn er in einem kürzeren Gedicht ähnlicher Art »Mutter und Vater« aller geschaffenen Dinge genannt wird[58], oder wenn man sich Aten selbst als einen geliebten Sohn, hervorgegangen aus Atens Strahlen, vorstellte, so dachte man in menschlichen Kategorien.

Die Atenverehrung war nicht nur eine Naturlehre, sondern ein echter monotheistischer Kult, und in der bedingungslosen Entschlossenheit, mit der der religiöse Reformer sich bemühte, den aus der Vergangenheit ererbten mythologischen Wust zu beseitigen, liegt seine eigentliche Größe, eine zerstörerische Größe, gewiß, aber eine, die man ihm zu Unrecht abgesprochen hat. Dabei läßt sich nicht leugnen, daß Achenatens Vorgehen den Haß seiner Feinde hervorrufen mußte. In dem Maße, wie seine Macht wuchs, nahm auch der Eifer zu, mit dem er die althergebrachte Tradition verfolgte. Der Name des Rê-Harachti in Atens erster Kartusche, seinem Thronnamen (S. 239/40), mußte dem Titel »Herrscher des Horizontes« weichen, während in der zweiten Kartusche das Wort schu, obwohl es nichts anderes als »Sonnenlicht« bedeutete, wegen seines Anklanges an den Namen des Luftgottes Schu ausgemerzt wurde[59]. Doch machte Achenaten in seinem zerstörerischen Eifer auch hier noch nicht halt. Der wahre

Glaube ließ sich nicht unter das Volk bringen, ohne daß die unzähligen bisher verehrten Götter und Göttinnen unterdrückt wurden. Also schickte er seine Arbeiter nach Norden und Süden durch das ganze Land, um überall ihre Namen, mochten sie nun eingemeißelt oder aufgemalt sein, auszutilgen. Natürlich war der gehaßte Amun-Rê Hauptziel seiner bilderstürmerischen Raserei. Aber auch das schlichte Wort für »Mutter«, das genauso lautete wie der Name der thebanischen Göttin Mut, durfte nicht mehr mit der Hieroglyphe des Geiers, sondern nur noch mit den Buchstabenzeichen m und t geschrieben werden. Das eigentliche Wort für »Götter« war tabu. Von Amenhotep (Amenophis), Achenatens eigenem früheren Namen und dem seines Vaters, war bereits die Rede.

In den in Amarna gefundenen Reliefs, die die Anhänger der alten Überlieferung bestimmt abgestoßen haben, tritt eine Unstimmigkeit zutage. Achenaten befindet sich fast stets ganz im Mittelpunkt der Darstellungen, und die Art und Weise, wie seine eigenen Kartuschen neben denen des Aten stehen, zeigt, daß er auch für sich durchaus einen Teil der göttlichen Natur seines Vaters in Anspruch nahm, ja man hat bisweilen den Eindruck, daß dieser Anteil völliger Identität nahekam. In dieselbe Richtung weist auch das Epitheton »er, der in dem Sedfest ist«, das zu einem festen Zusatz der Titulatur des Gottes wurde, obwohl das Sed- oder Jubiläumsfest ein Königsfest war. Dadurch sollte wohl zum Ausdruck gebracht werden, daß Aten und sein gottgleicher Sohn miteinander einen neuen Abschnitt ihrer gemeinsamen Existenz begannen. Es ist auch bezeichnend, daß einerseits Achenaten zu Aten betet, andererseits seine Untertanen ebensooft ihn anbeten. Andererseits vertrug sich die Art und Weise, mit der er seine häuslichen Angelegenheiten an die Öffentlichkeit brachte, schlecht mit einer so hochmütigen Haltung. Die Darstellungen zeigen ihn stets zusammen mit seiner Gemahlin Nofretete und einigen ihrer beider Töchter, deren es schließlich sechs waren. Auf einer Stele gibt der königliche Vater einem kleinen Mädchen einen Kuß, während ein anderes Baby auf den Knien der

Königin schaukelt[60]. Ein andermal ist Achenaten zu sehen, wie er seine Mutter Teje unterhält – oder von ihr unterhalten wird – und dabei an einem Kotelett nagt, während sich Nofretete an einem gebratenen Vogel gütlich tut[61]. Die Zuneigung des Königs zu seiner Gemahlin und später zu seinem Schwiegersohn wird ohne jede Zurückhaltung dargestellt. Welch Unterschied zu der würdevollen Haltung vergangener Zeiten, da ein steif um die Hüfte der Gattin gelegter Arm das äußerste an Intimität war, was man zu zeigen für schicklich hielt.

Ein Mangel der neuen Glaubenslehre war das völlige Fehlen einer Ethik. Dafür ist wohl vor allem die Ausschaltung des Osiris verantwortlich zu machen. Sein Mythos hatte zwar nie ausgesprochen spirituale Elemente enthalten, er hatte aber von dem Sieg des Guten über das Böse, von der Treue der Gattin und von kindlicher Liebe erzählt. Der Totenkult bewahrte noch viele seiner äußeren Formen, aber diese waren nun ihres früheren Sinngehaltes entleert[62]. Wohl gab man noch den Mumien große Skarabäen bei, doch deren Inschriften baten nicht mehr mit flehentlichen Worten das Herz, kein Zeugnis gegen den Verstorbenen abzulegen, wenn seine irdischen Taten auf der großen Waage gewogen wurden. Uschebtifiguren (S. 31/32) waren noch immer üblich, doch konnten sie nicht länger die Grabinhaber vor der Pflicht zur Feldarbeit im Jenseits bewahren. Wahrscheinlich drang die Lehre Achenatens niemals tief in das Bewußtsein des Volkes ein. Aus dem Arbeiterdorf von Amarna sind verschiedene Zeugnisse der alten Götterverehrung ans Tageslicht gekommen: Amulette des zwerggestaltigen Gottes Bes, das heilige Horusauge und dergleichen. Erst eingehendere Untersuchungen werden ergeben, wie weit der neue Glaube sich ausbreiten konnte. Fest steht, daß Memphis einen Tempel des Aten besaß[63], und verstreut über das ganze Land – allerdings im Delta nicht nördlich von Heliopolis – haben sich Reste von Reliefs gefunden, die mit dem Atenkult zusammenhängen. Von Nubien war bereits die Rede (S. 246).

Man hat Achenaten gelegentlich das Bestreben zugeschrieben, eine Universalreligion zu stiften, doch unterstützen die

Texte diese Annahme kaum. Es trifft zwar zu, daß der oben wiedergegebene große Sonnenhymnus sowohl Syrien als auch Nubien erwähnt, aber zu der Erkenntnis, daß über Ägypten und diesen Ländern dieselbe Sonne schien und daß diese Länder durch Regen und nicht durch die Nilüberschwemmung bewässert wurden, gehörte nicht eben viel. Für eine missionarische Tätigkeit im Norden finden sich keinerlei Hinweise. Im Gegenteil, die Interessen des Königs scheinen auf einen engen Bereich begrenzt gewesen zu sein: in seiner Hingabe an den Tempeldienst – der jetzt im strahlenden Sonnenlicht vollzogen wurde, nicht mehr wie früher im Dunkel geschlossener Kapellen – mochte er sich nicht durch die Beschäftigung mit auswärtigen Angelegenheiten stören lassen. Aus demselben Grunde geht der gegen ihn erhobene Vorwurf des Pazifismus an der Sache vorbei. Es ist eine oft wiederholte Anschuldigung, er habe durch seine Trägheit und durch seine Abneigung gegen den Krieg den Zerfall der von Thutmosis III. in Palästina und Syrien aufgerichteten ägyptischen Herrschaft bewirkt. Diese ganze Frage bedarf der nochmaligen Überprüfung im Licht der ständig wachsenden Erkenntnisse, die wir der archäologischen und philologischen Forschung über diese Länder zu verdanken haben. Es mag sogar zu bezweifeln sein, ob das so vielgerühmte ägyptische Großreich überhaupt je bestanden hatte. Die Niederwerfung des Mitannireichs durch Thutmosis I. mag ein Schritt in dieser Richtung gewesen sein, aber es gibt keinen Beweis dafür, daß sein Erfolg von den beiden folgenden Herrschern ausgenützt wurde. Es wäre abwegig, die großartige Leistung Thutmosis' III. herabsetzen zu wollen, aber an ihrem Anfang stand die Erhebung einer weitgespannten Koalition unbedeutender palästinensischer und syrischer Fürsten, und sogar nach der abermaligen Überwältigung des Mitannireichs waren noch 13 weitere Feldzüge erforderlich, um die ägyptische Oberherrschaft aufrechtzuerhalten. Wir können nur vermuten, daß man die Seehäfen fest in der Hand hatte und daß an den Schlüsselpunkten Militärgouverneure stationiert waren. Auf jeden Fall werden die zahlreichen kleinen Stadtstaaten, in die das ganze Land zerfiel, sich höchstens als

Vasallen des Pharaos betrachtet haben, dessen Schutz sie als das geringste unter mehreren Übeln ansahen. Die Zwistigkeiten untereinander werden sie dazu gezwungen haben, Hilfe zu suchen, wo immer sie sie finden konnten; dabei wurde Ägypten nicht stets als die Macht angesehen, an die man sich als die hätte wenden können, die die größte Sicherheit bot. Es wäre ungerecht, wollte man allein Achenaten den Vorwurf machen, er sei für den Verlust des ägyptischen Ansehens verantwortlich gewesen. Amenophis III. müßte dieser Vorwurf mindestens ebensosehr treffen. In verschiedenen Briefen an ihn beklagt sich Akizzi von Katna bitter darüber, daß sein Versäumnis, Truppen zu senden, es dem Herrscher von Kadesch, Aitugama, möglich mache, verschiedene andere lokale Fürsten auf die Seite der Hethiter zu ziehen[64]. In einem anderen – möglicherweise an Achenaten gerichteten – Brief[65] erklären die Leute von Tunip, daß sie vor 20 Jahren um Hilfe gebeten hätten, es sei jedoch keine gekommen. Ein Großteil der Amarnakorrespondenz[66] betrifft die verzweifelten Gesuche von Ribaddi, dem Herrscher von Byblos, um Hilfe gegen Abdiaschirta, den König von Amor, das damals den ganzen Küstenstreifen von der Höhe des Libanon nördlich bis nach Aradus einnahm. Abdiaschirta und, nach seiner Ermordung, seine Söhne – und unter ihnen vor allem Asiru – waren trotz einiger früherer gegenteiliger Beteuerungen hartnäckige Gegner Ägyptens und verbündeten sich zunächst mit den als Hapiru (S. 224) oder Sa-gas (»Halsabschneider«) bekannten Feinden Ägyptens und später mit den Hethitern. Die Darstellung von Ribaddis Versuch, seine Loyalität gegenüber Ägypten zu behaupten, gehört eher zur palästinensischen und syrischen als zur ägyptischen Geschichte, und so interessant sie wäre, sie erscheint doch zu schwierig, als daß sie hier gegeben werden könnte. Da wir uns aber später noch eingehend mit der Großmacht der Hethiter zu beschäftigen haben werden, muß wenigstens ihrem Auftreten auf dem nordsyrischen Kampfplatz eine kurze Betrachtung gewidmet sein.

Die ethnische Bezeichnung Hethiter stammt aus dem Alten Testament und meint dort eines unter mehreren Völkern, die die Israeliten bei ihrem Einzug in das Gelobte Land als Bewohner Palästinas vorfanden. Ihrer Abstammung nach verbindet sie aber nur ein dünner Faden mit dem mächtigen Volk der Chatti, mit dem wir uns nun zu beschäftigen haben. (Im wissenschaftlichen Sprachgebrauch hat sich der Name Hethiter eingebürgert; wir wollen ihn deshalb im folgenden beibehalten.) Wir können uns hier nicht mit den Unternehmungen befassen, die von Nordsyrien ausgehend schließlich zur Entdeckung der alten hethitischen Hauptstadt Chattusa, einige 150 km genau östlich von Ankara und etwa 75 südlich des Schwarzen Meeres, führten. Die 1906 von Hugo Winkler begonnenen Ausgrabungen brachten in dieser Bergfeste in der Nähe des Dorfes Boghazköi ein königliches Archiv mit etwa 10000 Keilschrifttafeln ans Licht, deren Sprache sich nach ausgedehnten Studien als der indo-europäischen Sprachfamilie zugehörig herausstellte. Erfreulicherweise waren die Urkunden zum großen Teil historischen Inhalts und lieferten genaue Einzelheiten über die auswärtigen Beziehungen sowohl vor als auch nach der Zeit, mit der dieses Kapitel sich beschäftigt. Ein dunkler Abschnitt der hethitischen Geschichte, für den Quellen völlig fehlen, fand um die Mitte des 15. Jahrhunderts seinen Abschluß durch Tutchalija II., der gewöhnlich als der Begründer des hethitischen Großreichs angesehen wird. Einer seiner Vorgänger muß es gewesen sein, dessen Abgesandte – wie bereits erwähnt (S. 213) – Thutmosis III. Geschenke gebracht hatten. Es folgte jedoch bei den Hethitern abermals eine Zeit der Schwäche, in deren Verlauf sich das Mitannireich von der Niederwerfung durch Ägypten wieder erholte und zur beherrschenden Macht in Nordsyrien aufstieg. Als solche stand das Mitannireich der hethitischen Expansion nach Südosten im Wege, genauso wie dieser die Arzawa im Westen ein Hindernis waren. Diesem Zustand bereitete die Thronbesteigung Schuppiluliumas um 1375 ein Ende. Schuppiluliuma war ein großer Krieger, dessen lange, von erfolgreichen diplomatischen Aktionen und glänzenden militärischen Siegen gekennzeichnete Regierung nach der Ermordung Tuschrattas darin gipfelt, daß er Mitanni in die Rolle eines Pufferstaates zwischen sich und der aufsteigenden

Großmacht von Assur zwang. Nicht lange danach hörte das Mitannireich endgültig auf ein Königreich zu sein, mit dem man rechnen mußte; an seine Stelle traten die Hethiter als die eigentlichen Beherrscher des gesamten Raumes westlich des Euphrat. Und dies blieben sie während des ganzen folgenden Jahrhunderts. Zu Beginn seiner Regierung schrieb Schuppiluliuma an Achenaten (damals noch Amenophis IV.); er erwähnte den Tod seines Vaters Amenophis' III.[67] und erinnerte ihn an ein noch nicht erfülltes Versprechen, ihm einige Statuen aus Gold und Silber zu senden. Abgesehen von einem weiteren unvollständigen Brief aus dem Amarnafund, dessen Verfasser möglicherweise Schuppiluliuma war, scheinen die direkten Beziehungen zwischen Hethitern und Ägypten für eine Weile eingeschlafen zu sein; Schuppiluliuma konnte mit einem so trägen Briefpartner kaum etwas anfangen.

Für den Rest der Regierung Achenatens fehlen Dokumente von historischer Bedeutung völlig, und wir sind auf das angewiesen, was sich aus den Ruinen von Amarna zusammenbringen läßt. Die zweitälteste Tochter Meketaten starb; die Trauer bei ihrem Begräbnis ist auf den Wänden des großen königlichen Grabes anschaulich dargestellt[68]. Irgendwann nach dem 12. Regierungsjahr scheint Königin Nofretete in Ungnade gefallen zu sein, wenn sie nicht ebenfalls gestorben war. In einem merkwürdigen Bauwerk südlich der Hauptstadt mit der Bezeichnung Maruaten ist ihr Name überall ausgelöscht und durch den der ältesten Tochter Meritamun[69] ersetzt, deren Gemahl Semenchkarê für kurze Zeit Achenaten auf dem Throne folgte. Das Verhältnis zwischen diesem unbedeutenden König und seinem Schwiegervater ist voller Rätsel. Es existiert eine Stele[70], auf der zwei Könige dargestellt sind, die äußerst vertraulich beieinander sitzen, und wenn auch die Kartuschen keine Namen enthalten, so muß es sich bei ihnen doch um Achenaten und Semenchkarê handeln. Eine auffällige Tatsache ist ferner, daß eine andere Form von Semenchkarês Geburtsnamen »Nefernefruaten, geliebt von Waʿenrê«[71] lautet; Nefernefruaten war aber der Name, den Königin Nofretete stets getragen hatte, während Achenaten Waʿenrê als ständiges Epitheton führte: so scheint es, als habe

Semenchkarê die Königin in der Gunst des Königs verdrängt. Wegen des Fehlens jeglicher Doppeldatierungen muß die Annahme einer Mitregentschaft zweifelhaft bleiben. In einem Grab in Amarna[72], in dem Achenaten mit seiner Gemahlin zu sehen ist, wie sie den Grabherrn mit Gold belohnen, sind ihrer beider Kartuschen durch die von Semenchkarê und Meritamun ersetzt, was durchaus darauf hindeuten mag, daß der alte König gestorben war, ehe Semenchkarê Amarna verließ und nach Theben ging. Daß dieser letzteres wirklich getan hat, bezeugt ein hieratischer Graffito aus seinem dritten Regierungsjahr in Kurna, ein Hymnus auf den Urgott, verfaßt von einem gewissen Pwah, einem »Schreiber der Opfer des Amun im Hause des Anchcheprurê (dies ist der Thronname Semenchkarês) in Theben«[73]. Daraus ergibt sich klar, daß Achenatens Schwiegersohn und früherer Günstling sich als erster von der Ketzerei des Atenkultes abwandte. Einige Ringe aus Amarna und das Bruchstück eines Reliefs aus Memphis[74] gehören zu den wenigen Überbleibseln seiner kurzen Herrschaft. Möglicherweise besitzen wir auch die Mumie dieses jungen Renegaten.

Schon seit geraumer Zeit hatten sich um den unglücklichen Neuerer die Gewitterwolken zusammengezogen, doch wissen wir über das Ende seines unruhigen Lebens nichts Genaues. Aus seinem 17. Regierungsjahr sind gesiegelte Krugverschlüsse bekannt, doch dies wird auch sein letztes Jahr gewesen sein. Höchstwahrscheinlich erfüllte sich seine Hoffnung nicht, in dem geräumigen Grab in Amarna beigesetzt zu werden, das er für sich und seine Familie vorgesehen hatte. Die Reste von vier zertrümmerten roten Granitsarkophagen fanden von dort den Weg in das Museum in Kairo[75], und Pendlebury brachte Teile von Achenatens herrlicher Kanopentruhe aus Alabaster[76] ans Tageslicht; dabei machte er die eindeutige Feststellung, daß sie niemals benutzt worden war: sie wies überhaupt keine Flecken von jener schwarzen, harzigen Substanz auf, wie sie in anderen Königsgräbern anzutreffen ist. Offensichtlich war hier die rächende Hand der Anhänger des überlieferten Glaubens am Werk gewesen.

Das Problem verlagert sich nun nach Theben. Im Jahre 1907

stießen von dem amerikanischen Millionär Theodore M. Davis beauftragte Archäologen durch Zufall auf ein stark verwüstetes Grab in den Bîbân el-Molûk, das man zunächst etwas vorschnell der Königin Teje zuwies[77]. Das war insofern verständlich, als man die beschädigten Reste eines großen, mit Gold belegten Sarges gefunden hatte, den nach seiner Inschrift Achenaten für seine Mutter hatte anfertigen lassen. Es befand sich in diesem Grab noch ein stark beschädigter, übertünchter Sarg mit Mumie, die der hervorragende Physiologe Elliot Smith für die eines Mannes erklärte. Das Vorkommen des Namens des Achenaten auf dem Sarg erschien nun als ein klarer Hinweis darauf, daß der in ihm ruhende Tote kein anderer als der Ketzerkönig selbst sei. Dies blieb die allgemein geteilte Ansicht, bis 1916 Daressy[78] den Beweis dafür erbrachte, daß in dem Sarg ursprünglich eine Frau beigesetzt gewesen war – nach seiner Ansicht die Königin Teje – und daß er erst später dazu hergerichtet wurde, die sterbliche Hülle eines Königs aufzunehmen. Daressy mochte sich jedoch der Meinung nicht anschließen, daß dieser König Achenaten gewesen sei, er hielt vielmehr den im Sarg liegenden Toten für Tutanchamun. Im Jahre 1931 nahm Engelbach die Kontroverse wieder auf[79], und da das Grab des Tutanchamun in der Zwischenzeit entdeckt worden war, hielt man nun die Mumie für die des Semenchkarê. In dieser Auffassung wurde Engelbach von D. E. Derry bestärkt, der auf Grund einer nochmaligen sorgfältigen Untersuchung des Schädels zu dem Ergebnis gekommen war, es könne unmöglich der des Achenaten sein, er müsse vielmehr einem wesentlich jüngeren Mann gehört haben[80]. Da sich hier die Urteile zweier so hervorragender Physiologen gegenüberstehen, muß die Frage in dieser Hinsicht unentschieden bleiben. Was hingegen den Sarg anbetrifft, so hat C. Aldred Argumente vorgebracht, die zur endgültigen Lösung des Problems wesentlich beitragen können. Er verweist auf die Pracht von Tutanchamuns Grabausstattung mit ihren vier Särgen – von denen einer aus massivem Gold war – und behauptet, Achenaten müsse für sich selbst bestimmt ähnliche Zurüstungen getroffen haben, so daß es nicht denkbar sei, der Ketzerkönig könne diesen in dem thebanischen Grab gefundenen, eher zweitrangigen Sarg für seine eigene Bestattung vorgesehen haben. Verschiedene archäologische Eigentümlichkeiten, so argumentiert Aldred weiter, bestätigten, daß der Sarg ursprünglich für eine Frau bestimmt gewesen sei, wenn sich auch nicht sagen lasse, um welche Dame aus Amarna es sich gehandelt haben könnte. Entscheidend für die Tatsache, daß man diesen ursprünglich für eine Frau vorgesehenen Sarg für Achenaten selbst hergerichtet hat, spricht aber vor allem eine bronzene Uräusschlange, die Atens Namen in seiner späteren Form trägt, die aber bestimmt erst nachträglich an seiner Stirn angebracht wurde. Als Beweis gleichermaßen bedeutsam sind die vier magischen Ziegel, die sich in dem Grab jeweils an ihrer richtigen, ganz besonderen Stelle gefunden haben[81]; diese Ziegel tragen Achenatens Kartusche, und ihr Vorhandensein hier ist nur erklärlich, wenn sie ihrer eigentlichen Bestimmung dienen und den König vor bösen Geistern schützen sollten. Danach ist soviel sicher, daß die Leute, die die Bestattung vornahmen – zu Recht oder zu Unrecht – davon ausgingen, daß sie Achenaten selbst bestatteten. Nach unserer Auffassung erscheint es naheliegend, daß einige seiner getreuen Anhänger aus seinem Grab in Amarna so viel von der Grabausstattung in Sicherheit brachten, wie sie eben konnten, und daß sie sie nach Theben überführten, um ihrem Gebieter, den sie fast wie einen Gott verehrt hatten, wenigstens dem äußeren Anschein nach ein angemessenes Begräbnis zuteil werden zu lassen. Wenn Derrys Urteil zutrifft, dann hätten sie sich gerade bei diesem letzten Liebesdienst in einem schweren Irrtum befunden und es wäre denkbar, daß Achenatens Leichnam in Stücke gerissen und den Hunden zum Fraß vorgeworfen wurde. Daran, daß man ihn schon bald nach seinem Tode verabscheute, besteht jedenfalls kein Zweifel, und wenige Generationen später sprach man von ihm als von dem »Feind von Achetaten«[82]. Amarna wurde sogleich aufgegeben und nie wieder besiedelt; deshalb sind seine Ruinen so wertvoll: sie zeigen das Bild einer ägyptischen Hauptstadt in einem ganz bestimmten geschichtlichen Zeitpunkt[82a].

Semenchkarês Nachfolger war jener Tutanchamun, dessen
Name wegen der aufsehenerregenden Entdeckung seines
Grabes durch Howard Carter im Jahre 1922 für immer berühmt
bleiben wird. Da er bei seinem Tode kaum über 18 Jahre
alt war und doch acht volle Jahre regiert hatte, muß er bei
der Thronbesteigung noch ein Kind gewesen sein. Als bei
der Auswickelung der Mumie sein Gesicht zum Vorschein
kam, waren die Entdecker über seine Ähnlichkeit mit Achenaten
so erstaunt, daß sie Tutanchamun für dessen Sohn aus
einer Nebenehe hielten. Andere Wissenschaftler glaubten
Beweise dafür gefunden zu haben, daß er der Sohn Amenophis'
III. war; man sollte aber wohl besser zugeben, daß sich
über seine Abstammung nichts Sicheres sagen läßt. Seinen
Königstitel hatte er wohl seiner Gemahlin Anchesenamun, der
dritten Tochter von Achenaten und Nofretete, zu verdanken.
Zu Lebzeiten ihrer Eltern hatte sie Anchesenpaaten geheißen,
aber ebenso wie ihr Gemahl Tutanchaten den Namen des
verhaßten Sonnengottes unmittelbar nach dem Weggang
von Amarna aus ihrem Namen getilgt. Dieser muß sehr bald
geschehen sein, da sich außer einigen Skarabäen dort keine
Spur von ihnen gefunden hat[83]. Schwierigkeiten sind im Zusammenhang
mit Anchesenamuns Alter aufgetaucht, doch sei
dies hier nur nebenbei und ohne den Vorschlag einer Lösung
erwähnt. In dem Grab fanden sich zwei menschliche – wahrscheinlich
weibliche – Föten, die sicher die ihren gewesen
sind, und eine bei Aschmûnên gefundene Steintafel erwähnt
eine kleine Tochter mit ihrem Namen, jedoch mit dem unterscheidenden
Zusatz »das Kind«. Aus dem Vorkommen des
Namens ihres Vaters Achenaten auf derselben Tafel hat man
auf eine Inzestehe der beiden nach dem Tod von Tutanchamun
schließen wollen, doch ist diese Annahme völlig unhaltbar[84].
Noch dürftiger sind die Gründe, mit denen man eine Verbindung
mit dem alten Offizier Eje hat herleiten wollen[85].
Nach unserer Überzeugung hat man die Tugendhaftigkeit
dieser schönen jungen Königin ganz zu Unrecht in Zweifel
gezogen, wenn sie auch – wie sich zeigen wird – in ihrem
Witwenstand dem Gedanken an eine zweite Ehe, und sogar
mit einem Ausländer, durchaus nicht abgeneigt war.

Tutanchamun fügte seinem Namen den Titel »Herrscher des südlichen On« hinzu, woraus sich ergibt, daß er Theben als seine Hauptstadt ansah. Entsprechend zeigt ihn ein großer Denkstein[86], den er in der Nähe des dritten Pylons des Tempels in Karnak aufstellen ließ, beim Opfer für Amun und Mut, obwohl er als Herrscher über ganz Ägypten auch für sich in Anspruch nahm, er sei »geliebt« von Atum-Harachti von Heliopolis und von Ptah von Memphis. Die lange Inschrift bleibt ganz im Rahmen der üblichen konventionellen Ausdrucksweise, enthält aber eine Stelle, die offensichtlich ziemlich genau der historischen Wahrheit entspricht: »Als Seine Majestät als König erschien, waren die Tempel der Götter und Göttinnen, angefangen bei Elephantine bis hinab zu den Sümpfen des Deltas, verfallen, ihre Schreine waren der Verödung anheimgefallen und waren zu Ruinen geworden, von Unkraut überwuchert, ihre Kapellen waren als ob sie niemals gewesen seien, und durch ihre Hallen gingen Fußpfade. Im Lande ging es drunter und drüber, und die Götter kehrten diesem Lande den Rücken. Wenn Gesandte ausgeschickt wurden nach Djahi (Syrien), um die Grenzen Ägyptens auszudehnen, so hatten sie keinen Erfolg. Wenn jemand sich vor einem Gotte niederwarf, um etwas von ihm zu erbitten, so zeigte er sich nicht, und wenn man ein Gebet an eine Göttin richtete, so kam sie ebenfalls nicht ... Aber nach vielen Tagen erschien Meine Majestät auf dem Thron ihres Vaters[87] und herrschte über die Länder des Horus, das schwarze Land und das rote Land waren unter ihrer Aufsicht.«

Der Text sagt dann weiter, der König sei in seinem Palast des Hauses des Aacheperkarê (Thutmosis I.) in Memphis mit seinem Herzen zu Rate gegangen, wie er am besten Amun und die anderen Götter versöhnen könne, und habe die Schaffung von mit Juwelen reich geschmückten Statuen für das beste Mittel gehalten, die Erneuerung ihrer Gunst für die Zukunft zu sichern. Kein Zweifel, Tutanchamun und seine Ratgeber taten das äußerste, die zürnenden Götter günstig zu stimmen. So schmückte er beispielsweise in Luxor einen großen Säulengang mit prächtigen Reliefs[88]; sie stellen das große Fest des Amun-Rê dar, bei welchem der

Gott dem benachbarten, etwas südlicher gelegenen Tempel in Karnak seinen alljährlichen Besuch abstattete, aber Tutanchamuns Urheberschaft an diesen Reliefs wurde von der usurpierenden Hand seines Nachfolgers fast ganz wieder ausgelöscht. Es gibt noch einige andere Staatsbauten aus der Zeit seiner Regierung, doch sind sie zu unbedeutend, als daß sie hier erwähnt werden müßten. Von großer Schönheit ist hingegen das herrlich ausgemalte Grab des Vizekönigs von Nubien, Hui, in Theben, wo Ausschnitte seiner Verwaltungstätigkeit, die sich über das Gebiet von Elkâb bis hinab nach Napata erstreckte, anschaulich dargestellt sind. Hui hatte also die Kontrolle über den Distrikt mit den wichtigsten Goldvorkommen inne; die Amarnabriefe werden nicht müde, Ägypten als das Land zu bezeichnen, in dem »Gold so reichlich vorhanden ist wie Staub«.

Ein von den Mitarbeitern Theodor Davis' in einer mit Geröll angefüllten Kammer in den Bîbân el-Molûk gefundenes winziges Stück Goldfolie enthüllt mehr als manche anspruchsvolleren Gegenstände[89]. Auf ihm ist Tutanchamun zu sehen, gefolgt von seiner Gemahlin, wie er dasteht, um einen Feind zu erschlagen, den er am Haarschopf gepackt hält. Zur Linken ist als Wedelträger, eine Hand in anbetender Haltung erhoben, der schon mehrfach erwähnte Gottesvater Eje dargestellt. Es ist höchst zweifelhaft, ob Tutanchamun selbst je einen Feldzug geführt hat; die Tatsache, daß Eje hier erscheint, weist darauf hin, daß er die eigentliche Macht hinter dem Thron ausübte, aber auch nicht mehr für sich in Anspruch nahm. Ein anderes Bruchstück gleichen Ursprungs gibt ihm den Titel eines Wesirs[90]. Ehe Tutanchamun starb, hatte jedoch Eje schon königliche Titel angenommen, d. h. mit anderen Worten, er war als Mitregent aufgetreten. Als ein solcher wird er in den groben Malereien auf den Wänden von Tutanchamuns Grabkammer dargestellt, wo er das Leichenbegängnis des jugendlichen Königs anführt[91].

Bis Achenaten die Reihe durch seinen Aufbruch nach Amarna unterbrach, hatte jeder Pharao seit Thutmosis I. sich ein prunkvolles Grab in den Bîbân el-Molûk angelegt, und diese Übung wurde in den zwei folgenden Dynastien fortgesetzt. Doch nicht eines dieser Gräber war den Plünderungen durch Räuber entgangen. Einzig die Reliefs mit den Darstellungen der Geheimnisse des Jenseits schmückten noch die Wände der langen Gänge, und es mochte sich auch noch dieser oder jener Sarkophag finden, vielleicht sogar eine beraubte königliche Mumie. Aber von allen den Schätzen, deren die Könige sich auch im zukünftigen Leben zu erfreuen gedachten, war kaum ein Bruchstück zurückgeblieben. Nur einen König aus diesem ganzen langen Zeitabschnitt hatte man noch nicht aufgefunden; so bestand noch die Aussicht, daß das Grab Tutanchamuns der Habgier der Plünderer entgangen sein könnte. Diese entfernte Möglichkeit war es, die Howard Carter die Fortsetzung der für den Earl of Carnarvon durchgeführten Grabungen zäh verteidigen ließ, obwohl sie bis dahin fast ohne Ergebnis gewesen waren. Die letzte Chance, die Fortuna noch übriggelassen hatte, erwies sich als günstig. Eine ziemlich tief liegende versiegelte Tür, verborgen unter dem Schutt, den man darübergehäuft hatte, als das Grab Ramses' VI. in den Berghang hineingetrieben wurde, gab den Weg zu vier hintereinander angeordneten Räumen frei. Die zwei inneren waren fast unversehrt, während der äußerste die Grabausstattung enthielt, die man hier in aller Hast wieder aufgestellt hatte, nachdem sie von Grabräubern geplündert worden war; die dahinterliegende Kammer diente als Rumpelkammer für verschiedene Gerätschaften, die sich nicht mehr gut reparieren ließen. Das Grab war in der Tat das des Tutanchamun. Der Inhalt der ersten Kammer überstieg alles, was ein Ausgräber in Ägypten je mit eigenen Augen gesehen hatte oder sich hätte träumen lassen: große Ruhebetten, Sessel, bemalte und eingelegte Kästchen, Alabastervasen, ein herrlicher Thronsessel, übereinandergetürmte Streitwagen, um nur einen Teil der Schätze zu nennen. Wir können leider bei der Beschreibung dieses außergewöhnlichen Fundes hier nicht länger verweilen. Nur soviel sei gesagt, daß, als man drei Monate später die zur Rechten und zur Linken von einer Wächterstatue flankierte Trennwand aus Putz durchbrach, ein gewaltiger vergoldeter und mit Fayence verzierter Schrein zum Vorschein kam, in dem man schließlich noch drei weitere vergoldete, ineinander stehende Schreine entdeckte. In diesen wiederum befand sich der mächtige Sarkophag aus gelbem Quarzit, der seinerseits als Behältnis für drei prächtige Särge diente, von denen der innerste aus purem Golde war. Zuletzt kam die königliche Mumie zutage mit ihrer herrlichen Goldmaske und einem fast überwältigenden Reichtum an Edelsteinen zwischen den Umhüllungen. Man kann die Bedeutung dieser Entdeckung für die Archäologie und als ein Beispiel dafür, was andere Pharaonengräber an ähnlichen Dingen enthalten haben müssen, gar nicht überschätzen; es ist aber andererseits auch zuzugeben, daß ihr Beitrag zu unserem historischen Wissen dürftig war. Das Alter des Königs und die Tatsache, daß sein Nachfolger, der Gottesvater Eje, das Leichenbegängnis anführte, wurden bereits erwähnt; festzustellen bleibt noch, daß das vergleichsweise bescheidene Grab, in dem er unter solcher Pracht ruhte, offenbar nicht für ihn bestimmt gewesen war. Die großen Schreine waren so hastig ineinander gestellt worden, daß sie den aufgemalten Himmelsrichtungen entgegengesetzt orientiert waren[92]. Der Quarzitsarkophag und sein Deckel aus Granit gehören nicht zusammen, und es gibt noch eine Reihe weiterer Anzeichen für die Eile, mit der man Tutanchamun dem anvertraute, was für ihn sein »Haus der Ewigkeit« sein sollte. Kein weiteres Zeugnis bietet einen Hinweis darauf, welche Rolle Eje bei alledem gespielt hat, fest steht aber, daß er bis in sein viertes Jahr regierte[93]. Ihm folgte ein Herrscher von ganz anderem Format.

Wir dürfen uns jedoch von Eje nicht abwenden, ohne einige Tatsachen erwähnt zu haben, die von vielen Historikern einfach übergangen wurden, während andere in bezug auf sie einander diametral entgegengesetzte Ansichten vertreten. Es besteht auf alle Fälle eine unbestreitbare Verwandtschaft zwischen Eje und jenem Juja, dem wir schon als dem Vater der Königin Teje und als Schwiegervater von Amenophis III. (S. 227) begegneten. Beide stellten ihrem Namen das Epitheton »Gottesvater« voran, das in einigen Fällen offenbar lediglich einen Mann in vorgerücktem Alter und von anerkanntem Ruf bezeichnete. Juja trägt in seinem thebanischen Grab den Titel »Aufseher der Pferde« und Eje in Amarna den eines »Aufsehers aller Pferde Seiner Majestät«. Noch bemerkenswerter ist beider Beziehung zu der Stadt Achmim, wo Juja Prophet des Min und zugleich Oberaufseher über das Vieh jenes Gottes war[94] und wo König Eje ein Heiligtum errichtete und eine lange Inschrift hinterließ[95]. Gerade wie Jujas Gemahlin Tuja die Mutter der Königin Teje war, so war Königin Tei, König Ejes Gemahlin, vormals die Amme der Königin Nofretete gewesen. Angesichts dieser Tatsachen ist es deshalb nicht erstaunlich, wenn P. E. Newberry die These zur Diskussion stellte, Juja und Eje sowohl wie ihre Gemahlinnen Tuja und Tei seien in Wirklichkeit identisch gewesen[96]. Dabei ist zu beachten, daß die Namen, die hier in gänzlich konventioneller Weise in Formen wiedergegeben sind, die voneinander abweichen, dieser Annahme nicht wirklich im Wege stehen. Bei der Art und Weise der hieroglyphischen Schreibung zu jener Zeit kann man keineswegs sicher sein, ob, das, was geschrieben als Juja erscheint, nicht Eje gesprochen wurde, und ähnlich verhält es sich mit den Namen der Gemahlinnen. Newberrys Ansicht, die er selbst übrigens nie publizierte, ist jedoch aus chronologischen Gründen völlig unhaltbar. Da sich zudem die Mumien sowohl von Juja als von Tuja – beide sind offenbar sehr alt geworden – in ihrem bürgerlichen thebanischen Grab gefunden haben, wäre man zu der Annahme genötigt, Eje (oder Juja, wenn man so will) sei vor seinem Tode gezwungen worden, seine königlichen Titel abzulegen und wieder ins bürgerliche Leben zurückzukehren. C. Aldred hat die an sich einleuchtende Vermutung geäußert[97], der nachmalige König Eje sei der Sohn Jujas gewesen; dies würde gewiß die Ähnlichkeit ihrer Titel und ihrer beider enge Verbindung mit Achmim erklären, wird aber nicht durch ein einziges ausdrückliches Zeugnis gestützt. Es bedarf kaum der Erwähnung, daß Eje das Grab, das Achenaten ihm in Amarna gestiftet hatte, nicht benutzte; er ließ sich, nachdem er wieder nach Theben und zum alten Glauben zurückgekehrt war, ein Grab im westlichen

Teil des Tals der Bîbân el Molûk in der Nähe des Grabes von
Amenophis III.[98] anlegen. Es ist eine bescheidene Anlage, nur
ein Raum am Ende des Ganges, den man über eine Treppe erreicht, ist ausgeschmückt. Die religiösen Darstellungen verraten große Ähnlichkeit mit denen in Tutanchamuns Grabkammer, doch findet sich auch eine Darstellung des Königs
bei der Vogeljagd in den Sümpfen des Deltas, wie sie sonst
nur in den Gräbern von Privatleuten vorkommt. Der Sarkophag aus Rosengranit, den man später in Stücke geschlagen
hatte, rief die Bewunderung der frühen Ägyptologen hervor.
In dem Grab wurden sämtliche Kartuschen ausgelöscht.

Eine seltsame Begebenheit aus der Zeit unmittelbar nach
dem Tod des Tutanchamun sei hier erwähnt. Sie findet sich
in einem Keilschrifttext[99], einem von einer jungen Witwe
an den Hethiterkönig Schuppiluliuma gerichteten Brief. Die
Schreiberin muß Anchesenamun gewesen sein, obwohl ihr
Name in dem Text durch irgendein Versehen völlig entstellt
ist. Sie klagt, sie habe keinen eigenen Sohn, und bittet den
Hethiterkönig, er möge ihr doch einen seiner Söhne senden,
damit er sie heirate; sie verspricht, daß er als Pharao anerkannt werde. Schuppiluliuma ist von der Echtheit dieser
Bitte nicht recht überzeugt und schickt einen Beamten aus,
um der Sache nachzugehen. Die Witwe beteuert verletzt ihre
Aufrichtigkeit, und schließlich wird ihr ein junger hethitischer
Prinz geschickt, der allerdings unterwegs das Opfer eines Mordes wurde. Dies zog einen Krieg gegen Ägypten nach sich[100],
über den allerdings aus ägyptischen Quellen nichts bekannt ist.

Die Thronbesteigung von Ejes Nachfolger Haremhab
läßt uns inne werden, daß wir für die ganze 18. Dynastie
Manetho nicht herangezogen haben. Mit gutem Grunde: die
Namen der 16 von Africanus und der 14 von Eusebius mitgeteilten Könige sind unglaublich entstellt, einige von ihnen
überhaupt nicht wiederzuerkennen. Hinzu kommt, daß es
sich bei den zwei letzten mit Sicherheit um Ramses II. und
Merenptah handelt, die dann auch tatsächlich in Manethos 19.
Dynastie noch einmal auftauchen. Haremhab ist zweimal aufgeführt: einmal folgt er als Oros unmittelbar jenem Amenophis, der im Zusammenhang mit der als Tönender Memnons-

koloß bekannten Statue (S. 231) Berühmtheit erlangte, ein zweites Mal erscheint er als Armais, den die Griechen mit Danaos gleichsetzten; um ihn und seinen Bruder rankten sich verwickelte Sagen. Für die Bestimmung der Reihenfolge der Könige der 18. Dynastie stehen uns nicht nur die Zeugnisse der Denkmäler zur Verfügung, sondern auch die Königslisten von Abydos und Sakkara, die – begreiflicherweise unter Auslassung von Achenaten und seinen drei Nachfolgern, die man ebenfalls für vom Atenglauben verdorben hielt – Haremhab (wie Manetho den Oros) unmittelbar hinter Amenophis III. einreihen. Es ist eigenartig, daß es bei Manetho – so wie seine Exzerptoren ihn überliefert haben – einerseits ganz offensichtlich ziemlich durcheinandergeht, daß andererseits seine Angaben über die Länge der Regierungszeiten in verschiedenen Fällen der Wirklichkeit nahekommen; seine Angaben können deshalb, wenn man sich auf sie auch niemals voll verlassen darf, jedenfalls nicht ganz außer Betracht bleiben. Wenn Eusebius bei Oros (= Haremhab) 36 oder 38 Jahre angibt, so mag das einigermaßen zutreffen; es existiert jedenfalls ein Graffito, das wohl in sein 27. Regierungsjahr gehört[101]. Wenn eine Inschrift aus der Zeit Ramses' II. einen Prozeß in Haremhabs 59. Regierungsjahr datiert, so ist ganz klar, daß darin die 28 oder 30 Jahre vom Tode Amenophis' III. bis zum Tode von Eje mit enthalten sind. Bleiben wir jedoch der Tatsache eingedenk, daß wir uns in diesen chronologischen Fragen mit Näherungswerten begnügen müssen. Der Brief von Anchesenamun an Schuppiluliuma bietet, wenn man ihn zu dem des hethitischen Königs an Achenaten zu Beginn seiner Regierung in Beziehung setzt, eine gewisse Bestätigung: weist man Achenaten 17 und Tutanchamun 8 Jahre zu, so ergibt sich nämlich, daß diese 25 Jahre in die vierzigjährige Regierungszeit Schuppiluliumas (1375–1335 v. Chr.) fallen, wie sie von den Kennern der Geschichte Vorderasiens errechnet bzw. vermutet worden ist.

Es läge eigentlich nahe, Haremhab weder der 18. noch der 19. Dynastie zuzuzählen, sondern ihm eine Einzelstellung zwischen diesen beiden Dynastien einzuräumen. Seine Eltern sind nicht bekannt, und nichts spricht dafür, daß in seinen

Adern königliches Blut floß, was aber möglicherweise bei seiner Gemahlin Mutnedjem der Fall war. Kinder von ihnen werden nicht erwähnt, so daß eine Verwandtschaftsbeziehung zu dem ersten Herrscher der 19. Dynastie sich nicht behaupten läßt und in der Tat unwahrscheinlich ist. Im Turiner Museum befindet sich eine hübsche Doppelstatue[102] von Haremhab und seiner Gemahlin mit einer langen Inschrift auf der Fußplatte, in der – nach einer verschwommen ausgedrückten Vorrede, die sich mit seinem früheren Leben beschäftigt – seine Fahrt zur Krönung nach Theben beschrieben wird. Aus ihr erfahren wir von seiner Herkunft aus der unbedeutenden Stadt Hnes auf dem östlichen Nilufer etwa 180 km südlich von Kairo und davon, daß er seinen Aufstieg der Gunst des Falkengottes Horus zu danken hatte. Die Ausdrucksweise bei der Schilderung seiner Laufbahn ist – wie gewöhnlich – derart geschraubt, daß sich ihr nur schwer zuverlässige historische Fakten entnehmen lassen. Eine beiläufige Erwähnung, er sei vor den König gerufen worden, als »der Palast in Raserei geriet« scheint darauf hinzudeuten, daß er dem Zorn Achenatens mit Erfolg die Stirn bot. Es heißt von ihm: »Er amtete als Vizeherrscher der beiden Länder über einen Zeitraum von vielen Jahren«; das hier gebrauchte Verbum stimmt so genau mit dem Substantivum in dem Titel »Vizeherrscher (oder »Stellvertreter«) des Königs« überein, das auf mehreren Denkmälern vorkommt, daß wir annehmen dürfen, er habe im Norden die Verwaltung geleitet, während sich der Ketzerkönig weit im Süden dem Gottesdienst hingab.

Das Grab in Sakkara[103] stammt noch aus einer Zeit, als Haremhab nicht ahnte, daß er einmal einen Platz in der stolzen Reihe der Pharaonen einnehmen würde. Seinem wichtigsten Titel eines »großen Befehlshabers der Armee des Herrn der beiden Länder« sind Epitheta hinzugefügt wie »den der König auswählte aus den beiden Ländern, um die beiden Gebiete zu verwalten« oder »Bote des Königs an der Spitze des Heeres des südlichen und des nördlichen Landes«. Wenn schon der zweite dieser beiden Titel angesichts der Zeitumstände nicht recht zu überzeugen vermag, so ist auf einen traditionellen dritten Titel noch weniger zu geben, der ihn als »Begleiter des Königs bei seinen Zügen in das südliche und nördliche Land«[104] bezeichnet. Die heute über zahlreiche Museen verstreuten herrlichen Reliefs seines Grabes zeigen so ausschließlich das Bild eines energischen Militärbefehlshabers, daß er an kriegerischen Unternehmungen beteiligt gewesen sein muß, wenn sich auch keine genauen Berichte erhalten haben, die diese bezeugen würden. Besonders aufschlußreich ist eine Szene, in der Haremhab, mit goldenen Halsketten behängt, vor dem König steht, dessen Bild wie das seiner Gemahlin nicht erhalten ist, und den Besuch einer Anzahl ausländischer Fürsten meldet[105]. Er wendet sich dann an eine Gruppe ägyptischer Offiziere und Beamten und teilt ihnen die Botschaft des Pharaos mit. Aus den stark beschädigten Beischriften zu dieser Szene seien folgende Sätze wiedergegeben: »Und ... [es ist berichtet worden, daß?] einige Fremdlinge, die nicht wissen, (wie) sie leben sollen, gekommen sind von (?) ... ihre Länder sind hungrig, und sie leben wie die Tiere der Wüste, [und ihre Kin]der(?) ... der Große an Stärke wird senden seinen mächtigen Arm vor [seiner Armee? ... und wird] sie vernichten und plündern ihre Städte und Feuer werfen [in] ... [und] ... die Fremdländer werden(?) andere an ihre Stellen setzen.« Dies Zitat gibt genau das hieroglyphische Original wieder; nichts könnte wohl besser den Zustand verdeutlichen, in dem sich ein Großteil der Texte befindet, aus denen der Historiker des alten Ägypten seine Erkenntnisse gewinnen muß. In der Anfangszeit der Ägyptologie haben viele bezweifelt, daß es sich bei dem Haremhab, der dies Grab für sich anlegte, wirklich – selbst bei der außergewöhnlichen Schönheit des Grabes – um den späteren König gehandelt habe, doch erlaubt die Uräusschlange, die später an seiner Stirn angebracht wurde[106], daran keinen Zweifel.

Wenn das Grab in Memphis aus der Regierungszeit von Achenaten stammt – was ziemlich sicher scheint –, so hatte Haremhab zu jener Zeit überwiegend militärische Aufgaben. Ein heute vermißtes Fragment berichtet, er sei als Gesandter des Königs nach einer Gegend des Aufgangs der Sonnenscheibe

geschickt worden und im Triumph heimgekehrt, doch
werden Einzelheiten nicht mitgeteilt. Unter Tutanchamun
war er wohl mehr Verwaltungsbeamter: zwei Statuen aus
Memphis und aus Theben zeigen ihn als königlichen Schreiber, der die Befehle seines Herrschers niederschreibt[107].
Auf einem Grabrelief, das einen Leichenzug darstellt, hat er
den Vortritt vor den beiden Wesiren, die es zu jener Zeit
gab[108]. Die Statue in Turin enthält keinen Hinweis auf seine
Beziehungen zu Eje, sondern fährt einfach mit dem Bericht
fort, wie sein Gott Horus ihn südwärts nach Theben brachte,
wo er von Amun gekrönt wurde und seine Königstitulatur
empfing. Danach sei er stromab zurückgekehrt, was vermutlich besagen soll, daß er sich entschieden hatte, Memphis zu
seiner Hauptstadt zu machen. Den Rest seines Lebens scheint
er der Wiederherstellung der verfallenen Tempel gewidmet
zu haben, der Erneuerung ihrer rituellen Bräuche und ihrer
Begabung mit Feldern und Viehherden. Eine Einzelheit ist
bedeutsam: wir erfahren, daß er Priester, die er ernannte, aus
der Elite der Armee auswählte; Haremhab vergaß offenbar
nie seine eigene soldatische Erziehung. Zu gleicher Zeit
duldete er keine Übergriffe seiner Armee. Eine sehr stark beschädigte Stele in Karnak[109] schildert die von ihm zur
Durchsetzung des Rechts im ganzen Land getroffenen Maßnahmen, doch ist kaum ein Satz gut genug erhalten, um eine
klare Vorstellung von den betreffenden Mißständen zu
geben. Es läßt sich aber beispielsweise erkennen, daß die willkürliche Eintreibung von Forderungen so weit gehen konnte,
daß man ordentlichen Bürgern ihre Schiffe samt Fracht wegnahm oder daß sie geschlagen und ihrer wertvollen Rinderhäute beraubt wurden. Die verhängten Strafen waren äußerst
hart, den Übeltätern wurde in den schwersten Fällen die Nase
abgeschnitten, oder sie wurden nach der Festungsstadt Tjel
an der Grenze nach Asien verbannt, in minder schweren
Fällen mit hundert Stockhieben oder mit fünf offenen Wunden bestraft. Wäre diese einzigartige Inschrift besser erhalten,
so hätte sie wertvolle Aufschlüsse über die Reorganisation des
Landes geben können, z. B. darüber, daß zur Aufrechterhaltung der Ordnung im Lande das Heer in zwei Haupt-

truppenkörper aufgeteilt wurde, einen nördlichen und einen südlichen, wobei jeder einem eigenen Befehlshaber unterstand; oder über die Einrichtung von Gerichtshöfen in allen großen Städten, deren Richter die Priester der Tempel und die Bürgermeister der Städte waren. Alle, die ihre Ämter pflichtgetreu versahen, wurden vom König höchstpersönlich entsprechend belohnt.

Während seiner späteren Jahre widmete sich Haremhab wohl vor allem der Bautätigkeit. In Karnak begann er den großen Säulensaal, dessen Vollendung die ruhmvolle Leistung Ramses' II. wurde[110]. Auf Haremhab gehen auch der neunte und zehnte Pylon im Süden[111] zurück; die Erbauung des neunten Pylons gab ihm die erwünschte Gelegenheit, einen Tempel Achenatens abzureißen, der aus dessen Anfangszeit herstammte. Die gewaltige Allee widderköpfiger Sphingen von Karnak nach Luxor war offenbar ebenfalls sein Werk. In Luxor usurpierte er die herrlichen Reliefs Tutanchamuns, die dieser seinerseits von Amenophis III. usurpiert oder nach dessen Tode fortgesetzt hatte[112]. Haremhabs verschiedene Werke an anderen Orten wollen wir hier nicht aufzählen, müssen aber wenigstens den anmutigen Tempel bei Gebel Silsile[113] erwähnen, wo sein – wirklicher oder vorgegebener – Sieg über die Nubier anschaulich dargestellt ist. In Theben-West baute er an einem schon von Eje begonnenen gewaltigen Totentempel weiter[114], doch sind von ihm lediglich die Fundamente noch erhalten. Der unermüdliche Th. M. Davis finanzierte die Ausgrabung in den Bîbân el-Molûk, die zu der Entdeckung von Haremhabs geräumigem Grabe[115] führte, dessen mannigfaltige Ausschmückung unvollendet blieb; der herrliche, demjenigen des Eje sehr ähnliche Sarkophag steht noch an dem vorgesehenen Platz in der Grabkammer.

Die Ramessidenzeit: Die 19. Dynastie

Nach der Wiederherstellung des alten Glaubens bot Ägypten das Bild einer gewandelten Welt. Es ist nicht leicht zu bestimmen, worin die Veränderungen liegen, denn der Be-

DIE NEUNZEHNTE DYNASTIE

fund ist nicht einheitlich, doch lassen sich die deutlichen
Entartungserscheinungen in der Kunst, in der Literatur und
überhaupt in der gesamten Kultur des Volkes gar nicht übersehen. Die Schriftsprache glich sich immer mehr der Volks-
sprache an und nahm Fremdwörter in sich auf. Die Abschriften
alter Texte sind unglaublich liederlich, als seien die Schreiber völlig außerstande gewesen, ihren Sinn zu verstehen.
In Theben zeigen die Gräber nicht mehr die heiteren und
frohen Szenen aus dem täglichen Leben, die für die 18. Dynastie so charakteristisch waren; die Darstellungen richten sich
mehr auf die Gefahren, die man im Jenseits zu gewärtigen
hatte. Das Gericht vor Osiris über das Herz ist ein beherr-
schendes Thema, und das Pfortenbuch schildert die Hindernisse, die man auf der nächtlichen Reise durch die Unterwelt
zu überwinden hatte. Die wenigen Überreste in Memphis
zeigen Reliefs von kaum größerer Anmut. Auf den Wänden
der Tempel an anderen Orten finden sich zahlreiche lebendige
Kampfszenen, doch ist deren handwerkliche Ausführung
ziemlich grob, und die erläuternden Beischriften bestehen
mehr aus Lobhudeleien denn aus Tatsachenberichten. Und
trotz allem bietet Ägypten noch immer den Anblick herrlicher Größe, die dem heutigen Besucher Ägyptens aus der
reicheren Fülle an Denkmälern dieser Zeit eher erkennbar
wird als durch die weit edleren Schöpfungen früherer Jahrhunderte.

Aus zwei im Jahre 1913 in Karnak gefundenen Statuen[1]
ergibt sich in Verbindung mit der 50 Jahre zuvor in Tanis entdeckten berühmten 400-Jahr-Stele, daß der Begründer der
19. Dynastie ein Mann aus der Nordostecke des Deltas war,
dem Haremhab das hohe Amt des Wesirs übertragen hatte. Er
nannte sich Pramesse; später ließ er den bestimmten Artikel
p(a) am Anfang seines Namens weg, und ist uns so als König
Ramses I. (Ramesses) bekannt. Er war von ziemlich niederer
Geburt, sein Vater Seti hatte lediglich das Amt eines »Hauptmanns der Truppen« bekleidet. Es ist begreiflich, daß Haremhab sich seinen wichtigsten Gehilfen aus dem Soldatenstand
auswählen wollte, aus dem er selbst hervorgegangen war.
Zahlreich sind die Statuen von Pramesse, die sich praktisch

alle gleichen und ihn als königlichen Schreiber im typischen Schreibersitz zeigen. Der halb aufgerollte Papyrus auf seinen Knien zählt alle die hohen Ämter auf, zu denen sein Gebieter ihn befördert hatte: außer dem Wesirat bekleidete er noch die Posten eines Oberaufsehers der Pferde, eines Festungskommandanten, eines Oberaufsehers der Flußmündungen, eines Befehlshabers des Heeres des Herrn der beiden Länder, von den zahlreichen Priesterämtern ganz zu schweigen. Am bedeutsamsten ist jedoch, daß er von sich behauptet, er sei auch – wie vor ihm Haremhab – »Stellvertreter des Königs in Ober- und Unterägypten« gewesen. Pramesse war schon ein alter Mann, als er den Thron bestieg, und sollte sich der königlichen Macht nicht allzu lange erfreuen. Nach Manethos Angabe – in der Überlieferung durch Josephus – regierte er nur ein Jahr und vier Monate, was der Datierung in das 2. Regierungsjahr auf dem einzigen datierten Denkmal, das wir besitzen, einem heute im Louvre aufbewahrten Denkstein[2] von Wâdi Halfa, nicht unbedingt zu widersprechen braucht. Selbst ihn scheint nicht er selbst, sondern sein Sohn und Nachfolger Seti (Sethos I.) aufgestellt zu haben, der an demselben Ort einen im Inhalt fast übereinstimmenden, in sein 1. Regierungsjahr datierten Denkstein hinterließ[3]. Beide Dokumente berichten von der Erbauung eines Tempels und der Einrichtung neuer Opferstiftungen für Min-Amun in Buhen (Wâdi Halfa), für dessen Kult Propheten, Lesepriester und gewöhnliche Priester ernannt wurden, außerdem männliche und weibliche Sklaven von »denen, die Seine Majestät gefangen genommen hatte«; diese Worte darf man angesichts der Kürze seiner Herrschaft nicht allzu genau nehmen. In der Tat scheint zu dieser Zeit die Ruhe in Nubien ziemlich gesichert gewesen zu sein, wo Pesiur[4], der Königssohn von Kusch aus der Zeit der Regierung Haremhabs, möglicherweise noch im Amt war. Denkmäler Ramses' I. in den anderen Teilen des Landes sind äußerst selten. Einige Reliefs mit seinem Namen am oder dicht beim zweiten Pylon in Karnak lassen darauf schließen, daß er die staunenerregende Umgestaltung von Haremhabs offenem Hof mit einer Doppelreihe gewaltiger Säulen in der Mitte –

dem in Luxor vergleichbar – zu dem großen Säulensaal anregte oder geschehen ließ, der zu den gewaltigsten noch erhaltenen Wundern des pharaonischen Ägypten gehört[5]. Sein Grab im Königsgräbertal sollte an Größe mit dem seines Vorgängers wetteifern, doch kamen die Bauarbeiten unvermittelt, was wohl auf seinen Tod zurückzuführen ist, in der Kammer am Ende der zweiten Treppe zum Stillstand, wo sein Sarkophag noch heute zu sehen ist[6]. Sein Sarg und seine Mumie teilten das Schicksal der Mumien anderer Könige: aus seinem eigenen Grab wurden sie zunächst in das Sethos' I. übergeführt und von dort nach dem großen Versteck bei Dêr el-Bahri[7].

Der große Herrscher, der für die nächsten 15 oder mehr Jahre den Pharaonenthron innehatte, war von aufrichtiger Liebe und Anhänglichkeit gegen seinen Vater erfüllt – aber auch die Liebe eines Sohnes hat ihre Grenzen: in dem großen Totentempel, den Sethos I. sich bei Kurna erbaute (er war der nördlichste in der Reihe am Rande der Wüste in Theben-West), überließ er Ramses I. nur wenige Räume[8]. In Abydos fügte er hingegen seinem eigenen gewaltigen Tempel ein kleines Heiligtum an mit schön bemalten Reliefs[9] und einer großen Stele, in denen er die Tugenden seines Vaters verherrlichte[10]. Aber bei aller Anerkennung, die Sethos seinem Vater zu zollen gewillt war, sah er doch sich selbst als den Inaugurator eines neuen Zeitabschnitts an. Dies gab er einmal durch die Wendung »Wiederholung der Geburten« zu erkennen, die er den Datierungen in seinen beiden ersten Regierungsjahren hinzufügte, und zum andern dadurch, daß er entsprechende Epitheta in seinen nbtj- und gelegentlich auch in seinen Horusnamen aufnahm, wie es zu Beginn der 12. Dynastie schon Ammenemês I. (S. 139) getan hatte. Doch mag er dafür noch einen weiteren Grund gehabt haben. Wenn die astronomischen Berechnungen zutreffen, begann nämlich um das Jahr 1317 v. Chr. – also kurz vor der Thronbesteigung Sethos' I. – eine neue Sothisperiode[11]. Nun spricht der alexandrinische Mathematiker Theon von der Sothisperiode als der Zeit »von Menophres«, und diesen Königsnamen hat Struve – worin ihm Sethe gefolgt ist[12] – für eine

leicht korrumpierte Form des Epithetons Meri-n-Ptḥ »geliebt
von Ptah« gedeutet, das in der Regel am Anfang von Sethos'
zweiter Kartusche steht. Dieser geistreiche Erklärungsversuch mag richtig sein oder auch nicht.

Als ein Fremder aus dem äußersten Norden und als ein
Mann, der auf keine königliche Ahnenreihe hinweisen konnte,
mußte Sethos ernsthaft damit rechnen, als Emporkömmling
angesehen zu werden. Da das den Göttern des Landes von
den Anhängern Achenatens zugefügte Unrecht durchaus noch
nicht in vollem Umfang wiedergutgemacht war, sah Sethos
hier eine Gelegenheit, sich Volkstümlichkeit zu gewinnen.
Sicher begann er in dieser Absicht mit der Wiederherstellung der beschädigten Inschriften seiner Vorgänger.
Seine klügste Maßnahme war jedoch die Gründung eines
Tempels, der es an Pracht selbst mit den größten Tempeln der Hauptstädte sollte aufnehmen können. Abydos,
die berühmte Stätte des Osiris, war schon immer ein von
den Pharaonen für ihre Bautätigkeit bevorzugter Platz gewesen, aber keinem von Sethos' Vorgängern war es in den
Sinn gekommen, diese geheiligte Stätte auf so großartige
Weise zu ehren wie er es tat. Sein Tempel[13] ist zusammen mit
dem geheimnisvollen Kenotaph an seiner Rückseite ein
Hauptanziehungspunkt für jeden Reisenden. Die Reliefs der
Wände, bei denen sich zum Teil noch der Glanz ihrer
ursprünglichen Bemalung erhalten hat, zeigen in ihrer handwerklichen Ausführung eine Feinheit und Vollendung, die
an der Schwelle zu einer Zeit des unbestreitbaren Niederganges überraschen. Sein ererbter Name wies Sethos als »den
Sethischen« aus und bekundete seine Ergebenheit gerade dem
Gott gegenüber, der der Mörder des in Abydos verehrten
Gottes gewesen war. Um so mehr mußte ihm deshalb daran
gelegen sein, Osiris zu besänftigen, oder vielmehr dessen mächtige Priesterschaft. Trotz der verschwenderischen Großzügigkeit, mit der Sethos diesen gewaltigen Tempel anlegen ließ, gestanden seine Baumeister Seth keinen Platz unter seinen göttlichen Bewohnern zu, ja, sie waren sogar darauf bedacht, bei
der Schreibung des Namens des Herrschers das Bild des
Osiris 𓊨 zu verwenden statt des seltsamen Bildes 𓁣 seines

Todfeindes. Dafür durfte jedoch Osiris nicht auf Seths Kosten ausschließlich verehrt werden. Der Tempel war als ein Nationalheiligtum gedacht. Außer für Osiris erhielt er Kapellen für seine Gemahlin Isis und seinen Sohn Horus; diese drei Gottheiten bildeten die uralte Trias von Abydos. Aber neben diesen Kapellen waren andere von gleicher Größe und Bedeutung den drei Hauptgottheiten der Hauptstädte gewidmet: Amun von Theben, Ptah von Memphis und Rê-Harachti von Heliopolis – und Sethos selbst schloß sich aus dieser hehren Gesellschaft nicht aus: die siebente, südlichste Kapelle ließ er seinem eigenen Kult weihen. Uns Heutigen mag eine solche Einstellung vielleicht unerträglich vermessen erscheinen, einem ägyptischen Pharao durchaus nicht. War er nicht seit unvordenklichen Zeiten ein großer Gott, wenn nicht überhaupt der größte von allen? Warum sollte er an der heiligsten Stätte der beiden Länder nicht ein Scheingrab besitzen? Schließlich dürfen wir nie außer Betracht lassen, daß die frühen Religionen allgemein den Grundsatz do ut des als völlig selbstverständlich empfanden. Alle Götter wären zugrunde gegangen, und mit Recht, hätte nicht das Eigeninteresse des Königs die ungeschmälerte Aufrechterhaltung ihrer Kulte verlangt.

Bei der Neugründung oder der Wiederweihung eines Tempels war aber mit der Beendigung der Bauarbeiten noch längst nicht alles getan, was zu tun war: Priester der verschiedenen Stufen mußten ernannt werden, Leute, die dazu ausersehen waren, die niederen Dienste der Instandhaltung und der Lebensmittelversorgung zu leisten; ferner waren große Ländereien auszusondern, um die für den Unterhalt erforderlichen Einkünfte sicherzustellen. Zu diesem Zwecke erging in der Regel ein königliches Dekret, in dem die Rechte der heiligen Einrichtung und ihres Personals festgelegt waren. Die Dekrete vom Ende des Alten Reiches, die den Tempel des Min in Koptos vor Eingriffen schützten, wurden schon beiläufig erwähnt. Ein gütiges Geschick hat uns das von Sethos seinem großen neuen Heiligtum in Abydos erteilte Privileg – oder jedenfalls Teile von ihm – erhalten; es findet sich seltsamerweise in Form einer Inschrift auf einem hohen

Felsen bei Nauri, ein Stück nördlich des dritten Katarakts[14]. In dieser Inschrift folgen einem langen poetischen Vorspruch, der den Reichtum und die Schönheit des über 950 km entfernten Tempels beschreibt, die jeweiligen Anweisungen an »den Wesir, die Beamten, die Hofbeamten, die Gerichtshöfe, den Königssohn von Kusch, die Truppenhauptleute, die Oberaufseher des Goldes, die Bürgermeister und Oberhäupter der Dörfer Ober- und Unterägyptens, die Wagenlenker, die Stallmeister, die Standartenträger, einen jeden Vertreter des Königshauses und eine jede Person, die in einer Mission nach Kusch geschickt ist.«

Wir müssen uns hier mit der Aufzählung einiger Fälle begnügen, in denen eine Verletzung der Privilegien der Tempelangehörigen zu erblicken war: sie konnte etwa darin bestehen, daß diese Leute persönlich festgenommen oder von einem Gau in den anderen geschoben wurden, daß man sie zum Pflügen oder Mähen abkommandierte, am Fischen oder am Vogelfang hinderte, ihnen ihr Vieh wegnahm usw. Auch jeder Beamte, der die Missetäter nicht zur Rechenschaft zog, war selbst streng zu bestrafen. Ein Paragraph um den anderen beschäftigt sich mit solchen Tatbeständen, und doch muß man sagen, daß das ganze Dekret ziemlich nachlässig abgefaßt ist und eher den Eindruck hervorruft, als habe man ihm künstlich eine juristische Form gegeben, statt sich um eine präzise gesetzliche Regelung zu bemühen.

Unter denen, die in dem Nauridekret als Abhängige des Tempels von Abydos aufgeführt sind, befinden sich auch die Goldwäscher, die in den Minen in der Nähe des Roten Meeres arbeiten mußten. Sie hatten das kostbare Metall durch Auswaschung der leichteren Bestandteile des zerriebenen Gesteins abzuscheiden. Das harte Los der eigentlichen Minenarbeiter schildert in einer von Diodor (III, 12–14) wiedergegebenen Stelle der Geograph Agatharchides. Es kam vor allem darauf an, daß diese bedauernswerten Leute die Stätte ihrer Arbeit erreichten und nicht unterwegs zugrunde gingen. In einer langen, in die Wände eines kleinen Tempels im Wâdi Abbâd (etwa 55 km östlich von Edfu) eingemeißelten Inschrift aus dem 9. Regierungsjahr[15] führt Sethos I. die Maßnahmen an, die er getroffen hatte, um ihre Lage zu bessern. Ein kurzes Zitat mag Stil und Inhalt dieses Berichts deutlich werden lassen: »Er hielt an auf dem Wege, um mit seinem Herzen zu Rate zu gehen, und sprach: ›Wie elend ist ein Weg ohne Wasser! Wie wird es Reisenden ergehen? Sicher werden ihre Kehlen ausgetrocknet sein! Was wird ihren Durst löschen? Das Heimatland ist in weiter Ferne, die Wüste ausgedehnt. Wehe ihm, einem Menschen, der dürstet in der Einöde! Nun, ich werde für ihr Wohlergehen Sorge tragen und für sie Mittel und Wege schaffen, um sie am Leben zu erhalten, so daß sie meinen Namen preisen werden in kommenden Jahren und daß künftige Generationen mich wegen meiner Tatkraft rühmen werden, weil ich einer bin, der Mitleid hat und bedacht ist auf die Reisenden.‹« Sethos berichtet dann von der Ausschachtung eines Brunnens und der Gründung einer Niederlassung an selbiger Stelle.

Eine andere Inschrift dieses Tempels warnt kommende Herrscher und ihre Untertanen davor, sich das Gold, das an den Tempel in Abydos abzuliefern war, widerrechtlich anzueignen, und endet mit dem Fluch: »Was jeden anbetrifft, der je dieses Dekret mißachten wird, Osiris wird ihn verfolgen und Isis seine Frau, und Horus seine Kinder; und die Großen, die Herren des Heiligen Landes, werden ihre Abrechnung machen mit ihm.«

Unter den nördlichen Nachbarn war das Ansehen Ägyptens beträchtlich gesunken – Sethos schickte sich sogleich an, das zu ändern. Die anschaulichen Kriegsszenen auf der nördlichen Außenwand des großen Säulensaals in Karnak[16] enthalten neben konventionellen Darstellungen der persönlichen Tapferkeit des Königs auch solche von echtem historischem Wert. Diese Reliefs sind als Kunstwerke nicht bedeutend trotz der lebendigen Darstellung der sich aufbäumenden Rosse des königlichen Streitwagens und der im Todeskampf sich windenden Opfer. Gewiß einmalig ist aber das Bild Sethos' I. zu Fuß, wie er unter jedem Arm zwei syrische Gefangene geklemmt hält. Dort befinden sich auch zwei Szenenfolgen, die beide auf das Eingangstor in der Mitte zulaufen, wo Amun steht, um den heimkehrenden Eroberer willkommen zu heißen und Zeuge der – sicherlich nur symbolischen – Erschlagung der besiegten Häuptlinge zu sein. Die in langen Reihen folgenden geringeren Gefangenen waren zu Sklaven in den Werkstätten des Tempels von Karnak bestimmt. Auf der Ostseite der Nordwand zeigt das untereste Register die Heerstraße, auf der Sethos' Armee vorrücken mußte, um ihre wichtigsten Ziele in Nordsyrien erreichen zu können. Ausgangspunkt war wie bei Thutmosis III. und anderen Königen die Festung Tjel, das römische Sile oder Selle[17], nahe bei dem heutigen El-Kantara. Von hier ging der Marsch nach der Überschreitung eines schmalen Kanals, der dort verlief, wo heute der Suez-Kanal verläuft, durch die wasserlose Wüste der Sinai-Halbinsel. Die Reliefs[18] zeigen in der richtigen Reihenfolge die zahlreichen kleinen befestigten Plätze, die zum Schutz der unentbehrlichen Brunnen angelegt worden waren; sie stellen zusammen mit einer Stadt, deren Name verloren ist, bei der es sich aber offensichtlich um das 180 km von Tjel entfernte Raphia gehandelt hat, das früheste Beispiel einer Art Karte dar, das die alte Welt aufzuweisen hat. 30 km weiter lag die als »Stadt Kanaan« bezeichnete Philisterstadt Gaza, ein Stückweit innerhalb des palästinensischen Gebiets. Ehe Sethos dorthin gelangen konnte, mußte er unter den rebellischen Nomaden der Schosu, die ihm den Weg verlegt hatten, ein großes Blutbad anrichten[19]. Es läßt sich schwer sagen, wie weit der Feldzug des Jahres 1 führte, weil das oberste Register auf der östlichen Hälfte der Wand verloren ist, doch ging er bestimmt bis zum Libanon: die einheimischen Fürsten sind beim Fällen von Zedern oder Pinien abgebildet, die für die heilige Barke und die Flaggenmasten des Amun von Theben benötigt wurden. Was die hieroglyphische Beischrift bezeichnet als den »Aufstieg, den Pharao machte, um das Land Kadesch und das Land der Amor zu zerstören«, gehörte vermutlich in ein späteres Jahr. Bei dem hier erwähnten Kadesch handelte es sich natürlich um die überaus wichtige Stadt am Orontes und bei dem Land Amor um das im Norden angrenzende syrische Gebiet, das sich bis zur Mittelmeerküste erstreckte. Von den zwei verbleibenden Szenenstreifen auf der westlichen Wandhälfte berichtet der mittlere von einer

Schlacht gegen die Libyer, von denen seit dem Beginn der 12. Dynastie nur noch wenig zu hören war; der unterste zeigt Sethos im Kampf mit den Hethitern, deren Macht in den Händen von Schuppiluliumas Sohn Murschili II. stetig gewachsen war. Selbstverständlich stellen die Reliefs Sethos als den Sieger dar. Denksteine von Kadesch selbst[20] und von Tell esch-Schihâb[21] in der Landschaft Haurân tragen Sethos' Namen, sind aber von weit geringerer Bedeutung als die beiden Inschriften aus seiner Regierungszeit, die bei Beisân – dem Beth-sean des Alten Testaments – etwa 15 km südlich des Sees Genezareth und nur 6,5 km westlich des Jordan gefunden wurden. Hier war seit der Zeit von Thutmosis III. in einer Festung von respektabler Größe die ägyptische Garnison stationiert; in ihrer Kapelle hatten die Stelen gestanden, die von Sethos' Heldentaten in der Umgebung berichteten. Die eine von ihnen, die nahezu unleserlich ist und trotzdem von Grdseloff[22] geschickt entziffert wurde, beschäftigt sich mit den Apiru-Leuten, von denen bereits (S. 224) die Rede war. Die sehr gut erhaltene andere[23] berichtet: »Jahr 1, dritter Monat der Sommerzeit, Tag 2 ... an diesem Tage kamen sie, um Seiner Majestät zu berichten, daß der abscheuliche Feind, der in der Stadt Hamath war, zu sich viele Völkerschaften versammelt und die Stadt Bethschael eingenommen und sich mit den Bewohnern von Pehel verbunden habe und den Fürsten von Rehob nicht herausgehen lasse. Darauf schickte Seine Majestät die erste Heeresgruppe des Amun »Stark an Bogen« nach der Stadt Hamath, die erste Heeresgruppe des Prê »Mannigfaltig an Tapferkeit« zur Stadt Bethschael und die erste Heeresgruppe des Sutech »Siegreich an Bogen« nach der Stadt Jenoam. Dann verging dort der Zeitraum eines Tages, und sie wurden zu Fall gebracht durch die Stärke Seiner Majestät, des Königs von Ober- und Unterägypten, Menmarê, des Sohnes des Rê, Seti-merenptah ...«.

Alle hier genannten Orte ließen sich mit einiger Wahrscheinlichkeit identifizieren, sie befinden sich sämtlich nicht weit von Beisân entfernt. Die Einnahme von Jenoam ist auch auf den Reliefs in Karnak dargestellt. Im übrigen ist zu der Stele lediglich zu bemerken, daß die drei Heeresgruppen nach den Göttern von Theben, Heliopolis und dem späteren Pi-Ramesse (der Ramsesstadt) benannt sind; sie begegnen uns in der Kadesch-Schlacht Ramses' II. wieder und scheinen doch auf das Vorhandensein wirklich starker Truppen in dem palästinensischen Gebiet hinzudeuten. Möglicherweise besaß Ägypten in dem ersten Vierteljahrhundert nach dem Beginn der 19. Dynastie eher ein asiatisches Großreich als zu jeder anderen Zeit seiner Geschichte. Dennoch lag die Verwaltung in der Hauptsache in der Hand lokaler Fürsten, und abgesehen von den Garnisonskommandanten trugen die ägyptischen Beamten lediglich den bescheidenen Titel »des Königs Abgesandter in jedem fremden Land«. In Nubien hingegen waren die wirklichen Statthalter der Königssohn von Kusch und seine beiden Stellvertreter; aber auch hier mußte Sethos im vierten und im achten Jahr seiner Regierung gegen einen fernen Stamm mit Waffengewalt vorgehen[24].

Abgesehen von den bereits erwähnten Tempeln von Kurna und Abydos und der Arbeit an dem großen Säulensaal in Karnak sind Sethos' I. Bauten verhältnismäßig unbedeutend. Dagegen ist das Grab, das er in den Bîbân el-Molûk für sich in den Felsen hauen ließ, das eindrucksvollste dieser ganzen Nekropole überhaupt. Es ist etwa 100 m lang und schon vom Eingang an mit trefflich ausgeführten und prächtig bemalten Reliefs geschmückt, die an künstlerischer Qualität denen in dem großen Tempel in Abydos nicht nachstehen. Der schöne Alabastersarkophag ist der kostbarste Schatz des Soane Museum in London; schon früh war er des Toten beraubt worden, dessen Mumie schließlich ihren Weg in die Cachette bei Dêr el-Bahri[25] fand. Sethos war ein Mann von mittlerem Wuchs; sein guterhaltener Kopf mit starkem Kiefer und breitem, kräftigem Kinn unterscheidet sich im Gesichtsschnitt deutlich von den Königen der 18. Dynastie.

Wollte man die Bedeutung eines ägyptischen Pharaos an der Größe und der Anzahl der Denkmäler messen, die noch vorhanden sind und das Andenken an ihn wachhalten, so müßte man Sethos' Sohn und Nachfolger Ramses II. für ebenso bedeutend, wenn nicht für bedeutender halten als die stolzesten Pyramidenerbauer. Der große Säulensaal in Karnak ist im wesentlichen sein Werk, und in Theben-West zeugen die Reste seines unter der Bezeichnung Ramesseum bekannten Totentempels noch von dessen einstiger Größe. In Abydos[26] steht sein Tempel würdig neben dem Tempel seines Vaters, den er vollendete. Die Bauten in Memphis[27] wurden zum größten Teil in der Spätzeit durch Plünderer zerstört, die gierig auf brauchbare Bausteine waren, doch beweisen Bruchstücke von Kolossalstatuen Ramses' II. das einstige Vorhandensein einer von ihm erbauten ausgedehnten Tempelanlage. Diese wird zudem in einer bekannten Stele in dem nubischen Tempel von Abu Simbel erwähnt, auf der Ramses sich dankbar der zahlreichen Segnungen durch Ptah von Memphis erinnert[28]. Von den Überresten in Tanis wird später die Rede sein. Am stärksten tritt sein Hang zur Selbstverherrlichung in seinen Bauten in Nubien zutage. Wir übergehen hier die Namen von vier wichtigen Tempeln, die wir bei keinem anderen König hätten übergehen können, und erwähnen lediglich den erhabenen Felsentempel von Abu Simbel mit seinen vier gewaltigen Sitzbildern Ramses' II. vor der dem Fluß zugekehrten Frontseite[29]. Aber trotz dieses enormen Baueifers haben die Ergebnisse der philologischen Forschung des letzten halben Jahrhunderts unbestreitbar der Gestalt Ramses' II. etwas von ihrer Größe genommen. Maspero ließ sich durch den Ramses in einigen späten literarischen Texten[30] gegebenen Kurznamen Sese zu der Ansicht verleiten, es handele sich bei ihm um niemand anderen als den Eroberer Sesostris, den die klassischen Autoren so außerordentlich verherrlicht haben. Heute wissen wir, daß dieser halb mythische König aus der Verschmelzung zweier verschiedener Könige der 12. Dynastie hervorgegangen ist[31].

Der traurige Ruhm, der Pharao der Bedrückung gewesen zu sein, hat schon in den Arbeiten der Ägyptologen alter Schule eine erhebliche Abschwächung erfahren, während eine keineswegs unbedeutende Minderheit von Historikern der ganzen Geschichte des Exodus äußerst skeptisch gegenübersteht[32]. Schließlich ist durch die Boghazköi-Texte Ramses' II. Ruhm als des siegreichen Eroberers stark verblaßt. Das ändert aber nichts an der Tatsache, daß die Ereignisse seiner 67jährigen Regierung besser bekannt sind und diese Zeit mehr Interessantes bietet als jede andere gleichlange Spanne der ägyptischen Geschichte.

Für den Beginn seiner Herrschaft bildet eine recht umfangreiche Inschrift die Hauptquelle, die den Ägyptologen unter dem Namen Inscription dédicatoire bekannt ist, den ihr Maspero[33] – ihr erster Übersetzer – gegeben hat. Diese Inschrift nimmt in dem Tempel Sethos' I. in Abydos eine ganze Wand ein und preist in hochtönenden Worten Ramses II. dafür, daß er das prächtige Heiligtum seines Vaters vollendet hatte, und beschäftigt sich nur zu einem geringen Teil mit bestimmten Ereignissen; immerhin beschreibt ein wichtiger Abschnitt Ramses' Ernennung zum Kronprinzen schon in früher Jugend und danach seine gemeinsame Regentschaft mit Sethos. »Der Herr der Welt[34] selbst erhöhte mich, da ich noch ein Kind war, bis ich Herrscher wurde. Er gab mir das Land, während ich in dem Ei war, die Großen berochen die Erde vor meinem Angesicht. Dann wurde ich als der älteste Sohn zum Erbprinzen eingesetzt auf dem Thron des Geb (des Erdgottes), und ich berichtete über den Zustand der beiden Länder als Hauptmann der Fußtruppe und der Wagentruppe. Dann, als mein Vater in Pracht dem Volke erschien und ich noch ein Kind auf seinem Schoße war, sagte er in bezug auf mich: ›Krönt ihn zum König, damit ich seine Schönheit sehen möge, solange ich lebe!‹ Und er rief nach den Kammerherren, damit sie die Kronen an meiner Stirn befestigten. ›Gebt ihm die Große (die Uräusschlange) auf sein Haupt‹, sagte er in bezug auf mich, während er auf Erden war.« Man hat die Richtigkeit dieser Darstellung bestritten, doch zu Unrecht: Reliefs in Karnak und in Kurna bestätigen, daß Ramses gemeinsam mit seinem Vater regiert hat[35]. Wahrscheinlich war er aber nicht mehr ganz so jung, wie die zitierte Stelle es hinstellt, als er Mitregent seines Vaters wurde, denn es ist erwiesen, daß er Sethos auf seinen Feldzügen begleitete, als er noch lediglich Erbprinz war. Im übrigen heißt es in der Inschrift etwas später, Sethos habe ihn mit einem »weiblichen Haushalt« versehen und mit einem Königsharem »gleich einem

schönen (Harem) des Palastes«; er muß damals also mindestens
15 Jahre alt gewesen sein. Will man die Mitregentschaft auf
ihre Dauer schätzen, so ist zu bedenken, daß Ramses noch eine
Regierung von fast 70 Jahren vor sich hatte und daß er seine
Regierungsjahre erst von seiner Thronbesteigung nach dem
Tode des Sethos an zählte. Die Inschrift in Abydos gewährt
auch einigen Aufschluß über seine ersten Regierungshandlungen nach der Thronbesteigung. Wie Haremhab hatte er sich
nach Theben begeben, um an Amuns großem Fest von
Opet teilzunehmen, bei dem der Gott mit großem Pomp in
seiner Barke von Karnak nach Luxor getragen wurde. Als
die Festlichkeiten vorüber waren, fuhr er zu Schiff nach seiner
neuen Hauptstadt im Delta; unterwegs machte er in Abydos
halt, um Osiris Onnophris seine Verehrung zu erweisen und
Anweisungen für die Fortsetzung der Arbeit an Sethos' Tempel zu erteilen. Dieser Aufenthalt gab ihm auch Gelegenheit,
einen neuen Hohenpriester des Amun zu ernennen, einen
Mann, der zuvor Hoherpriester des Onuris in Thinis und der
Hathor von Dendera und einigen weiter südlich gelegenen
Orten gewesen war. Diese Beförderung wird von Nebunenef, eben jenem Hohenpriester, in seinem Grab in Theben[36]
voll Stolz erwähnt. Indem er seine Fahrt nach Norden fortsetzte, gelangte Ramses schließlich nach dem »starken Ort Pi-Ramesse-Groß-an-Siegen«, der seit jener Zeit durch die
19. und 20. Dynastie neben Memphis die königliche Hauptresidenz im Norden war[37]. Man ist sich heute darüber einig,
daß diese Stadt, das biblische Raemses, an derselben Stelle
lag wie die große Hyksosfeste Auaris (S. 180f.) und daß Sutech
– wie der Name des Seth zu jener Zeit meist ausgesprochen
wurde – ihr Hauptgott war. P. Montet und der Verfasser
haben mit Nachdruck die Auffassung vertreten, dieser Ort sei
kein anderer als die später Djanet – griechisch Tanis – genannte
Stadt, das Zoan der Bibel, gewesen. Jeder, der die Gegend
einmal aufgesucht oder sich in Büchern mit ihren Baudenkmälern beschäftigt hat, muß von der Fülle an Überresten
beeindruckt sein, die aus der Regierungszeit Ramses' II. herstammen. Andererseits sind etwa 18 km südlich davon bei
Chatâna-Kantîr Teile einer großen Palastanlage[38] Ramses' II.,

geschmückt mit herrlichen Fayencekacheln, freigelegt worden, die ebenfalls zu der Annahme geführt haben, hier handele es sich um das wahre Pi-Ramesse, »das Haus des Ramses«; und neben anderen Wissenschaftlern war insbesondere Labîb Habachi tatkräftig und erfolgreich an der Auffindung von Stelen und anderen Zeugnissen in eben dieser Gegend beteiligt, die nun vielleicht das Pendel in jene Richtung ausschlagen lassen[39]. Nach dieser Ansicht wurden die in Tanis gefundenen Denkmäler Ramses' II. von den Königen der 21. Dynastie dorthin geschafft, von denen feststeht, daß sie in Tanis residierten. Die Diskussion darüber ist noch im Gange, und es läßt sich nicht behaupten, daß sich schon die eine oder die andere Ansicht endgültig durchgesetzt hätte.

Ein schöner Denkstein aus der Festung Kûbân in Unternubien aus dem dritten Regierungsjahr berichtet von der erfolgreichen Ausschachtung eines Brunnens im Lande Ikita, wo sich umfangreiche Goldvorkommen fanden[40]. Der Königssohn von Kusch bestätigt hier Berichte, wonach von den Goldarbeitern, die man dorthin schickte, jeweils nur die Hälfte ihr Ziel erreichte und die übrigen unterwegs verdurstet waren. Er fügt hinzu, der von Sethos I. in Auftrag gegebene Brunnen sei nicht brauchbar gewesen, im Gegensatz zu dem gerade erwähnten Brunnen im Wâdi Abbâd. Sicherlich waren die etwas weiter nördlich gelegenen Goldvorkommen allmählich ausgebeutet, weshalb die Wüstenstraße des Wâdi Allâki, das sich in der Nähe von Kûbân nach Osten hin öffnete, eine zunehmende Bedeutung erlangte. Für uns ist diese Inschrift jedoch vor allem deshalb von Interesse, weil sie Ramses' frühe Ernennung zum Kronprinzen und seine Beteiligung an allen Unternehmungen des Königs schon seit seiner Kindheit bestätigt: es heißt, er habe »gedient als Hauptmann des Heeres, als er ein Junge war in seinem zehnten Jahr«, was – richig verstanden – im Orient nichts Unmögliches darstellt.

Ganz zu Anfang der Regierung begegnet zum ersten Male in einer ägyptischen Quelle eine Erwähnung der Scherden[41], jener Seeräuber, die später bestimmt Sardinien seinen Namen gegeben haben, zur damaligen Zeit aber wohl noch in einer ganz anderen Gegend des Mittelmeerraums beheimatet waren. Eine Stele in Tanis[42] spricht von ihrem Kommen »in ihren Kriegsschiffen aus der Mitte der See heraus, und keiner vermochte ihnen standzuhalten«. Irgendwo vor den Flußmündungen muß eine Seeschlacht stattgefunden haben, denn kurze Zeit später tauchen zahlreiche Gefangene ihres Stammes in der Leibgarde des Pharaos auf, wo sie wegen ihrer gehörnten Helme und wegen ihrer runden Schilde und großen Schwerter auffallen, mit denen sie in den Schlachtszenen die hethitischen Feinde töten. Etwas mehr als ein Jahrhundert später finden sich Scherden in großer Zahl bei der Bestellung eigener Landstücke, die sie zweifellos als Belohnung für ihre Waffendienste erhalten hatten. Sie waren jedoch nicht die einzigen Fremden, die Ramses II. gern als Soldaten verwendete: ein literarischer Papyrus, der die unter seiner Regierung herrschenden Verhältnisse schildert[43], beschreibt ein Expeditionskorps, dem neben 520 Scherden dreimal soviel Lybier von den Stämmen der Kehek und der Meschwesch und 880 Nubier angehörten; die meisten von ihnen waren wohl Kriegsgefangene oder Kinder von solchen, denn dafür, daß man zu jener Zeit Söldner in Dienst nahm – wie oft fälschlich behauptet wird –, gibt es keinerlei Anhaltspunkte.

Eine große Kraftprobe zwischen Ägypten und dem Hethiterreich ließ sich nun nicht länger vermeiden. Ramses hatte den Ehrgeiz, die Erfolge seines Vaters in Nordsyrien zu wiederholen und Muwatalli, der Enkel Schuppiluliumas, war fest entschlossen, die zahlreichen Bündnisse mit den kleinen Fürsten jenes Gebietes zu halten. Im Jahr 4 unternahm Ramses den »ersten Feldzug des Sieges« – wie großangelegte asiatische Kriegszüge in den ägyptischen Berichten heißen –; Ramses II. führte seine Truppen an der palästinensischen Küste entlang nach Norden bis an den Nahr el-Kelb (»Hundsfluß«), einige Kilometer über Beirut hinaus, wo er eine Stele mit dem Blick auf das Meer einmeißeln ließ[44], die heute bis auf die Datierung unleserlich ist. In das nächste Jahr gehört die gewaltige Schlacht, in der Ramses höchstpersönlich eine Waffentat vollbrachte, die er nicht müde wurde, auf den Wänden der von ihm erbauten Tempel seinen Untertanen vor Augen zu stellen. Der Bericht von ihr existiert in zwei verschiedenen Fassungen, die sich beide gut ergänzen und durch Reliefs mit Begleitinschriften illustriert werden. Das, was bei den Ägyptologen zunächst unter der Bezeichnung »Gedicht des Pentawer« lief, ist eine lange Inschrift in gespreizter Ausdrucksweise; sie wird heute einfach »Kadeschgedicht« genannt, obwohl sie ihrer Form nach eigentlich nicht mehr ein Gedicht ist als manche historische Schilderung aus anderen Jahrhunderten auch. Die Zuweisung an Pentawer hat man aufgegeben, als sich herausstellte, daß er nur ein Schreiber war, auf den eine Abschrift in einem Papyrus zurückgeht, der sich zum Teil im Louvre, zum Teil im Britischen Museum befindet. Dieser in den einzelnen hieroglyphischen Varianten häufig lückenhafte Text wurde aus acht Abschriften in den Tempeln von Karnak, Luxor, Abydos und im Ramesseum wieder rekonstruiert. Die als »Bericht« oder »Bulletin« bekannte kürzere Version ließ sich in ähnlicher Weise aus den Inschriften eben dieser Tempel wiedergewinnen, fand sich allerdings im Tempel von Karnak nicht, dafür aber in dem Felsentempel von Abu Simbel[45].

Ramses überschritt mit seiner Armee die ägyptische Grenze bei Sile in der Frühlingszeit seines fünften Regierungsjahrs und erreichte nach einem Marsch von genau einem Monat eine beherrschende Anhöhe, von der aus er auf eine Entfernung von etwa 25 km die Feste Kadesch überblicken konnte. Kadesch – das heutige Tell Nebi Mend – liegt in einem Winkel, der von dem nach Norden fließenden Orontes und einem von Westen her einmündenden Nebenfluß gebildet wird; seine große strategische Bedeutung beruhte – wie bereits erwähnt – auf seiner Lage nahe dem Ausgang des el-Bikâ genannten Hochtals zwischen dem Libanon und dem Antilibanon. Jedes Heer mußte auf dem Wege nach Norden durch dieses Tal marschieren, wenn es die schmale Straße entlang der palästinensischen Küste vermeiden wollte, die von zahlreichen Flußmündungen durchschnitten wird. Kadesch war, wie wir uns erinnern, von Sethos I. eingenommen worden, später aber in die Hände der Hethiter gefallen. Diese

Stadt war offensichtlich Ramses' Ziel; sie hat auch der großen Schlacht ihren Namen gegeben, die sich bald hier abspielen sollte. Die ägyptische Armee war in vier Heeresgruppen – »Divisionen« – eingeteilt, von denen die, welche die Namen von Amun, Rê und Sutech trugen, uns bereits auf Sethos' Denkstein von Beisân begegneten (S. 281), während die vierte, nach Ptah von Memphis benannte, hier zum ersten Male in Erscheinung tritt. Ramses hatte die Nacht auf der obenerwähnten Hügelkuppe südlich von Kadesch verbracht und brach am nächsten Morgen in aller Frühe auf, wohl in der Hoffnung, die Festung genommen zu haben, ehe es dunkelte. An der Spitze der Heeresgruppe des Amun zog er etwa 180 m zu der durch den Orontes führenden Furt direkt südlich von Schabtuna – offenbar dem modernen Ribla – hinab. Entweder vor oder unmittelbar nach der Durchquerung des Flusses brachte man zwei Beduinen zu ihm, die, als man sie verhörte, erklärten, sie stünden auf der Seite des hethitischen Königs, wollten aber zu dem Pharao überlaufen. Sie behaupteten, die Hethiter stünden noch weit entfernt in der Gegend um Chaleb (Aleppo) nördlich von Tunip. Durch diese Aussage irregeleitet, entfernte sich Ramses mit seiner Leibgarde von dem übrigen Heer und schickte sich an, nordwestlich von der Festungsstadt, etwa 10 bis 12 km von der Furt entfernt, ein Lager aufzuschlagen, obwohl es klug gewesen wäre, zunächst abzuwarten, bis der Rest des Heeres das linke Flußufer erreicht hatte, so daß die gesamte Armee hätte geschlossen vorrücken können. Statt dessen legte Ramses eine Entfernung von einigen Kilometern zwischen sich und die Heeresgruppe des Rê, während die Heeresgruppe des Ptah noch weiter zurückblieb. Die Heeresgruppe des Sutech war so weit entfernt, daß sie an der Schlacht überhaupt nicht teilnehmen konnte; sie wird nicht mehr erwähnt. Erst als der König auf seinem goldenen Thron in seinem Lager saß, begann ihm die schreckliche Einsicht aufzugehen. Zwei gefangene hethitische Späher verrieten, daß die vereinigte Armee der asiatischen Verbündeten östlich von Kadesch im Hinterhalt liege, vollständig ausgerüstet und zum Kampfe bereit. Ganz offensichtlich hatte der ägyptische Nachrichtendienst versagt. Kaum blieb

Ramses Zeit, seinen Offizieren Vorwürfe zu machen, da war der Feind auch schon über ihm. Er hatte die Stadt im Süden umgangen, den Fluß durchquert und sich seinen Weg durch die Heeresgruppe des Rê gebahnt. Sogleich schickte Ramses seinen Wesir aus, um das Eintreffen der Heeresgruppe des Ptah zu beschleunigen, die gerade erst aus dem Wald von Robawi herausgekommen war, und an die Königskinder erging in Eile die Weisung, sie sollten sich hinter die Palisade aus Schilden flüchten, die das noch unfertige Lager umgab, und sich vom Kampfe fernhalten. An dieser Stelle gewinnt in beiden Schilderungen Ramses' Streben nach Selbstglorifizierung die Oberhand, und sie verweilen sehr ausführlich bei seiner persönlichen Tapferkeit. Er stellt sich selbst als den hin, der von seinem ganzen Heer im Stich gelassen und von dem mächtigen Heer der Hethiter umgeben war, deren König für dieses großangelegte Unternehmen Hilfstruppen aus so weit westlich gelegenen Gebieten wie dem ionischen Küstenstreifen und von seinen wichtigsten Nachbarn in Kleinasien herangezogen hatte. Die Wiedergabe eines Teiles des »Gedichts« mag zeigen, in welchem Stil Ramses' große Waffentat dargestellt ist:[46]

»Dann erhob sich Seine Majestät wie sein Vater Month und griff nach der Ausrüstung der Schlacht und legte sich seinen Harnisch an; er war wie Baal in seiner Stunde, und das große Rossegespann, das Seine Majestät trug, gehörte zu dem berühmten Stall des Wesermarê-setepenrê-geliebt-von-Amun, es hieß »Sieg-in-Theben«. Dann sprengte Seine Majestät im Galopp davon und drang ein in den Haufen der Gefallenen der Chatti, indem er mit sich selbst allein und kein anderer bei ihm war. Und Seine Majestät schaute in die Runde und fand sich rings umgeben von 2 500 Pferdegespannen mit allen den Helden der Gefallenen der Chatti und der vielen Länder, die mit ihnen waren: von Arzawa, Masa, Pidasa, Keschkesch, Arwen, Kizzuwadna, Chaleb, Ugarit, Kadesch und Luka[47]. Sie waren zu dritt auf einem Rossegespann als eine Einheit, während kein Hauptmann bei mir war, kein Streitwagenlenker, kein Soldat der Truppen, kein Schildträger; meine Infanterie und meine Wagentruppe lösten sich auf vor ihnen, kein einziger von ihnen hielt stand, um mit ihnen zu kämpfen. Da sprach Seine Majestät: ›Was fehlt dir, mein Vater Amun? Ist es denn eines Vaters Art, seinen Sohn zu vergessen? Habe ich irgend etwas getan ohne dich? Ging ich nicht und hielt ich nicht an auf dein Geheiß? Ich bin nicht abgewichen von dem Wege, den du befohlen hast! Wie groß ist der große Herr Ägyptens, daß er Fremdlingen erlaubt, sich zu nähern auf seinem Pfad! Was kümmern dein Herz, oh Amun, diese Asiaten, die so abscheulich sind und nichts von Gott wissen! Habe ich nicht für dich sehr viele Denkmäler errichtet und deine Tempel mit meiner Beute gefüllt und für dich gebaut mein Haus der Millionen Jahre und dir alle meine Schätze als einen bleibenden Besitz gegeben und dir alle Länder zusammen dargebracht, um deine Opfer zu steigern, und habe ich nicht Zehntausende von Rindern dir opfern lassen und alle Arten von wohlriechenden Kräutern? Keine guten Taten habe ich ungetan gelassen, als wären sie nicht zu verrichten gewesen in deinem Heiligtum, indem ich für dich große Pylone erbaute und indem ich ihre Flaggenmasten selbst aufrichtete, indem ich für dich Obelisken von Elephantine herbeischaffte und sogar selbst der Steinträger war! Und ich habe Schiffe auf dem großen Grünen zu dir geführt, um dir die Erzeugnisse der fremden Länder zu bringen! Was werden die Menschen sagen, wenn auch nur das Geringste ihm zustößt, der sich deinem Rat unterwirft?‹«

Und so geht es noch lange weiter, bis berichtet wird, wie Seine Majestät den Feind eigenhändig in die Flucht schlug und ihn in den Orontes warf. Was aber geschah wirklich? Es läßt sich nicht bezweifeln, daß der ägyptische König in dieser verzweifelten Lage große Tapferkeit bewies, aber sowohl der Bericht als auch die Reliefdarstellungen lassen vermuten, daß Ramses seine Errettung dem rechtzeitigen Eintreffen der jungen Truppen zu danken hatte, deren Stationierung im Land Amor bereits in anderem Zusammenhang erwähnt ist. Möglicherweise haben wir uns vorzustellen, daß sie aus der Gegend von Tripoli kamen, auf dem Weg, der den Fluß Eleutheros überquert. Auf jeden Fall griffen sie die Hethiter im Rücken an und machten ihre Niederlage vollkommen.

Die ägyptischen Quellen erwähnen eine Anzahl hethitischer Führer mit Namen, die entweder im Orontes ertranken oder von Ramses' Pferden niedergetrampelt wurden. Unter ihnen war ein Bruder des Hethiterkönigs, von dem es selbst heißt, er habe an der Schlacht nicht teilgenommen, sondern sich irgendwo im Hintergrund verborgen gehalten. Schließlich berichtet das Gedicht von dem Eintreffen eines Briefes des hethitischen Königs, in dem dieser die Tapferkeit des Pharaos in höchst übertriebener Weise rühmt, und der mit den Worten schließt: »Frieden ist besser denn Krieg: gib uns den Odem (des Lebens)!«[48] Leider geben die Tafeln von Boghazköi eine völlig abweichende Darstellung[49]. Auf einer von ihnen ruft Muwatallis Bruder und Nachfolger, Chattuschili, die Ereignisse vergangener Jahre in Erinnerung und berichtet, wie Ramses besiegt wurde und sich in das Gebiet von Aba[50], nahe bei Damaskus, zurückzog.

Einer anderen Tafel ist zu entnehmen, daß Amor, das möglicherweise seit der Zeit von Sethos der ägyptischen Macht unterworfen war, nun Muwatalli zufiel, der den König durch einen anderen seiner eigenen Wahl ersetzte. Wenn man hingegen den ägyptischen Reliefs trauen darf, so konnte sich Ramses nach der Schlacht bei Kadesch noch weiterer Erfolge erfreuen. Im Jahre 8 bezwang er eine ganze Reihe palästinensischer Festungen, zu denen auch die von Dapur im Lande Amor[51] gehörte, und dies, obwohl er schon Askalon hatte stürmen müssen, das von der ägyptischen Grenze nicht weit entfernt lag[52]. Es ist auch die Rede davon, daß er einmal, als er gegen eine hethitische Stadt im Gebiet von Tunip kämpfte, sich gar nicht erst die Mühe gemacht habe, seinen Harnisch anzulegen[53]. Was auch immer von allen diesen Kriegsberichten zutreffen mag, sie beleuchten sämtlich die Notwendigkeit der Beendigung eines Streites, aus dem keine Seite Nutzen zog, und wir werden sehen, daß dieser Notwendigkeit auch einige Jahre später in vollem Umfang Rechnung getragen wurde.

Zu den großen Ereignissen in der Entdeckungsgeschichte des nahen Ostens gehört die Auffindung der zwei verschiedenen Ausfertigungen des im 21. Regierungsjahr Ramses' II.

zwischen ihm und Chattuschili geschlossenen Vertrages; die eine Urkunde fand sich in der ägyptischen Hauptstadt Theben, die andere in der hethitischen Hauptstadt Boghazköi. Diese beiden Städte lagen mehr als 1500 km voneinander entfernt in entgegengesetzten Gebieten des Mittelmeerraums[54]. Die ägyptische, in Hieroglyphen geschriebene Version befindet sich auf einem Denkstein, der vor einer Wand in dem Tempel von Karnak steht[55], die hethitische, nicht ganz so vollständige Version in babylonischer Keilschrift auf zwei Tontafeln; sie ist nicht ein in allen Punkten getreues Gegenstück, enthält aber zu einem wesentlichen Teil dieselben Klauseln und Ausdrücke, was von um so größerem Interesse ist, als sie überzeugend die Gründlichkeit der philologischen Arbeit auf zwei verschiedenen Forschungsgebieten bestätigen. Ein Angriffs- und Verteidigungsbündnis hatten die beiden Herrscher geschlossen und damit ein früheres, das zur Zeit Schuppiluliumas bestanden hatte, bekräftigt; dieses Bündnis sollte auch über den Tod eines der beiden Partner hinaus Gültigkeit haben. Keine Vertragspartei durfte unberechtigt in das Gebiet der anderen eindringen und jede hatte sich zu verpflichten, bei einem Angriff von dritter Seite Beistand zu leisten. Auch für die Auslieferung politischer Flüchtlinge in beiden Richtungen war Vorsorge getroffen, doch sollten diese bei ihrer Rückkehr nicht als Verbrecher behandelt werden. Die ägyptische Urkunde weicht von der hethitischen darin ab, daß sie zahlreiche Götter der beiden Länder zu Zeugen anruft und die Silbertafeln beschreibt, die ausgetauscht werden sollten; wären die hethitischen Tontafeln vollständig erhalten geblieben, so hätten sich wohl auch auf ihnen ähnliche Schlußformeln gefunden.

Die beiden Großmächte der damaligen Zeit hielten es für politisch klug, die Freundschaft zwischen sich auch noch in anderer Weise zu festigen, und so entspann sich zwischen den beiden Höfen eine lebhafte Korrespondenz. Die Boghazköi-Fragmente enthalten Gratulationen an Chattuschili von Ramses' Hauptgemahlin Nofretiri, seiner Mutter Tuia und seinem Sohn Sethichopschef aus Anlaß des Abschlusses des Friedensvertrages. Wenigstens 18 Briefe von Ramses selbst haben sich erhalten, wenn auch die meisten in einem traurigen Zustand; übrigens hat sich die sehr seltsame und interessante Tatasche herausgestellt, daß Tafeln mit fast demselben Wortlaut nicht nur an Chattuschili, sondern auch an seine Gemahlin Puduchipa gingen; offensichtlich spielte die hethitische Königin in der Politik eine weit bedeutendere Rolle als die ägyptische, so einflußreich und tonangebend diese sonst in jeder Hinsicht war. Der Briefwechsel zwischen den beiden Monarchen drehte sich vor allem um eine Heirat zwischen Ramses und einer Tochter Chattuschilis. Diese Verbindung kam in Ramses' 34. Regierungsjahr wirklich zustande. Die Prinzessin wurde nach Ägypten gebracht, wo sie den Namen Mahornefrurê – oder Manefrurê – erhielt. Diese Begebenheit ist in einer großen Inschrift festgehalten, von der sich Abschriften in Karnak, Elephantine, Abu Simbel und Amarna und wohl noch in anderen Tempeln befanden, wo sie jedermann lesen konnte[56]. Aber die Beziehungen zu dem freundschaftlich gesinnten fremden Machthaber werden mit sehr wenig schmeichelhaften Worten dargestellt. Mehr als die Hälfte des ägyptischen Textes besteht in überschwenglichen Lobeserhebungen des Pharaos. Wo der servile Verfasser schließlich mit der Erzählung von Fakten beginnt, geht sein Bericht etwa in diese Richtung: Die syrischen Fürsten hätten regelmäßig jährliche Tribute an den ägyptischen König geschickt und nicht einmal ihre eigenen Kinder davon ausgenommen. Einzig die Hethiter hätten sich abseits gehalten, so daß Seine Majestät sich gezwungen gesehen habe, Tributleistungen mit Waffengewalt durchzusetzen. Jahre des Mangels seien für das Hethiterreich gefolgt, bis sein König sich entschlossen habe, seinem siegreichen Gegner Vorschläge zu machen. »Hierauf schrieb der große König der Chatti, indem er Seine Majestät günstig zu stimmen suchte, Jahr um Jahr (Briefe), doch niemals schenkte er ihnen Gehör. Deshalb sprach, als sie ihr Land in diesem Zustande der Verwüstung sahen durch die große Macht des Herrn der beiden Länder, der große König der Chatti zu seinen Soldaten und seinen Nobeln, indem er sagte: ›Was hat dies zu bedeuten, daß unser Land verwüstet ist, unser Herr Sutech uns zürnt und der

Himmel nicht das Wasser gibt, dessen wir bedürfen? Es geschähe mit Recht, daß wir aller unserer Habe beraubt werden, meine älteste Tochter an der Spitze von ihr, und daß wir dem guten Gott Huldigungsgeschenke darbringen, damit er uns Frieden geben möge und wir leben mögen.‹«

Alle Einzelheiten der Ausführung dieses Entschlusses werden beschrieben und die Beschwerlichkeiten der Reise wegen der vielen Berge und der engen Schluchten, die die Reisenden passieren mußten, besonders hervorgehoben. Ramses seinerseits hatte wohl das Empfinden, daß er die Prinzessin und ihr Gefolge durch die Entsendung von Truppen willkommen heißen müßte, fürchtete aber Regen und Schneefälle, wie sie in Palästina und Syrien im Winter häufig vorkommen. Er veranstaltete deshalb zu Ehren seines Vaters, des Gottes Sutech, ein großes Fest und erbat von ihm die Gewährung milden Wetters, das wunderbarerweise dann auch wirklich eintrat. Die Ankunft in Ägypten war Anlaß für große Festlichkeiten; die Vertreter beider Völker schmausten und tranken miteinander und »waren eines Herzens wie Brüder, und da war kein Groll des einen gegen den anderen«. Glücklicherweise fand die Schönheit der hethitischen jungen Dame in den Augen von Ramses Gefallen, und schon nach kurzer Zeit wurde sie in die Stellung einer »großen Königsgemahlin« erhoben. Wenn man sich ihren königlichen Gemahl so vorstellen darf, wie die herrliche Statue im Turiner Museum ihn abbildet, so müssen beide ein stattliches Paar abgegeben haben. Durch einen seltsamen Zufall wissen wir, daß diese fremdländische Gemahlin gelegentlich in den von dem Herrscher in Miwer (am Eingang des Faijûms) unterhaltenen Harem gebracht wurde. Ein von Petrie gefundener Papyrusfetzen verzeichnet Gewänder und Leinen, die zu ihrer Garderobe gehörten[57].

Obwohl diese Verbindung mit einer Ausländerin – wie wir gesehen haben – in der ägyptischen Geschichte keineswegs einzig dastand und derselbe König später möglicherweise eine zweite einging[58], erinnerte man sich doch an diese Heirat noch lange, wohl wegen der überragenden Bedeutung der an ihrem Zustandekommen beteiligten Partner. Eine schöne Stele im Louvre, von der man früher annahm, sie erzähle eine Art

Fortsetzung, hat sich nun als eine erfundene Geschichte aus
späterer Zeit herausgestellt, die das Ansehen des thebanischen
Gottes Chons erhöhen sollte[59]. Sie berichtet, die jüngere
Schwester von Ramses' II. hethitischer königlicher Gemahlin -
die hier jedoch als die Tochter des Königs eines entfernten
Landes mit Namen Bachtan bezeichnet wird - sei von einem
bösen Geist besessen gewesen; man habe deshalb einen Boten
nach Ägypten ausgeschickt, um ärztliche Hilfe zu erbitten.
Da der erfahrene Arzt Dhutemhab die Genesung nicht herbeizuführen vermochte, schickte man ein Bild des Gottes Chons
selbst, das den bösen Geist sogleich austrieb. Ganz gleich, ob
diese Geschichte eines historischen Hintergrundes entbehrt
und aus der Ptolemäerzeit stammt oder älter ist, ihre Substanz
ist ihrem Wesen nach echt ägyptisch und erinnert an die Aussendung der Ischtar von Niniveh, um die Heilung Amenophis' III. zu bewirken.

Ramses II. war auf seine zahlreiche Nachkommenschaft
derart stolz, daß wir hier wenigstens die langen Aufzählungen
seiner Söhne und Töchter erwähnen wollen, die sich auf den
Wänden seiner Tempel finden[60]. In Wâdi es-Sebûa in Unternubien sind die Namen von mehr als hundert Prinzen und
Prinzessinnen genannt; leider machen es die vielen Lücken
unmöglich, die genaue Zahl anzugeben. Aus mehreren Tempeln ergibt sich eindeutig, daß sein ältester Sohn Amenhiwenamef hieß, doch ist der Name seiner Mutter unbekannt;
er starb offensichtlich früh. Es sei daran erinnert, daß Sethos I.
seinen jugendlichen Mitregenten mit einer großen Zahl von
Konkubinen versehen hatte; von ihnen wird die Mehrzahl der
Kinder herstammen, über die weiter nichts bekannt ist. Den
Vorrang genossen natürlich die, die ihm seine großen Königsgemahlinnen geboren hatten, mit denen er nacheinander ver-
heiratet war. Königin Isinofre war die Mutter von vier Kindern, die zusammen mit ihr und ihrem Gemahl dargestellt
sind[61]. An erster Stelle stand unter ihnen Ramesse, der spätere
Kronprinz; doch sein jüngerer Bruder Merenptah, der 13. in
der Liste im Ramesseum, überlebte ihn und wurde der Nachfolger seines Vaters. Ein anderer Sohn, der vielleicht niemals
Anspruch auf den Thron besaß, hieß Chaemweset; er war

Hoherpriester (Satem) des Ptah in Memphis und erlangte große Berühmtheit als Gelehrter und Magier, und noch in griechisch-römischer Zeit erinnerte man sich seiner[62]. Mit diesem Amt hing es wohl zusammen, daß er mit der Organisation der frühen Sedfeste seines Vaters – vom ersten im Jahre 30 bis zum fünften im Jahre 42 – beauftragt wurde: Ramses lebte so lange, daß er dieses Fest insgesamt zwölf- oder dreizehnmal begehen konnte. Eine Tochter der Isinofre, die den syrischen Namen Bintanat[63] trug, fällt deshalb auf, weil sie noch zu Lebzeiten ihres Vaters den Titel einer Großen Königsgemahlin erhielt. Es besteht die Wahrscheinlichkeit, daß sie – jedenfalls eine Zeitlang – seine Gemahlin gewesen ist. Noch häufiger wird Königin Nofretiri-meri-enmut[64] genannt, die in einem schon erwähnten Brief aus Boghazköi Naptera heißt. Sie ist den Ägyptologen als Inhaberin eines herrlich ausgemalten Grabes im Tal der Königinnen in Theben-West[65] vertraut. Hier wurden von nun an zahlreiche Königinnen der Ramessidenzeit bestattet. Ramses II. selbst besaß ein Grab in den Bîbân el-Molûk, das sicher einst an Größe und Schönheit dem Sethos' I. gleichkam, heute aber wegen seines gefährdeten Zustandes nicht zugänglich ist. Die Mumie des Königs hatte ein ähnliches Schicksal wie die Mumien so vieler seiner Vorgänger und fand schließlich ihren Weg in die Cachette bei Dêr el-Bahri[66]. Bis sie in das Mausoleum nach Kairo gebracht wurde, war sie ausgestellt: die Mumie eines abgemagerten Greises mit langem, schmalem Gesicht, starkem Kinn und aquiliner Nase; bemerkenswert sind die wunderbar erhaltenen Zähne[66a].

Daß für Ägypten selbst die Regierung Ramses' II. eine Zeit großer Blüte war, steht außer Zweifel. Datierte und undatierte Denkmäler sind äußerst zahlreich[67], allerdings meist dem Andenken an Einzelpersonen gewidmet, so daß sie wenig oder nichts über den Zustand Gesamtägyptens aussagen. Der Wert der in jüngster Zeit unternommenen Versuche, aus den Titeln dieser Leute eine zusammenhängende Darstellung zu entwickeln, soll nicht in Abrede gestellt werden, doch sind die gewonnenen Ergebnisse zu unsicher, als daß wir uns hier ausführlicher mit ihnen befassen könnten.

Indem wir uns auf die höchsten Vertreter der Beamtenschaft und der Priesterschaft beschränken, sei zunächst bemerkt, daß sich das Wesirat für gewöhnlich in den Händen nur eines einzigen Würdenträgers befand; lediglich zu Beginn hatte es noch je einen Wesir für Ober- und für Unterägypten gegeben[68]. Der Hohepriester des Amun-Rê in Theben behielt in seinem Bereich sicher seine hervorragende Stellung, doch war sein Amt noch nicht erblich geworden. In welchem Maße sich die Schätze des Gottes seit der religiösen Umwälzung vermehrt oder vermindert hatten, wissen wir nicht[69]; zwei von jenen Hohenpriestern[70] berichten lediglich, über welche Stufen und in welchem Alter sie zu diesem höchsten Priesteramt aufgestiegen waren. Nicht so mager in ihrer Aussage sind die Inschriften auf den Wänden des Grabes eines Mannes in Sakkara, der nur ein schlichter »Schreiber des Schatzes« in dem Tempel des Ptah von Memphis[71] gewesen war: hier werden in aller Breite die Verhandlungen eines Gerichtsverfahrens wiedergegeben, in dem es um das Eigentumsrecht an einem Landstreifen in der Gegend von Memphis ging. Dies Landstück sei, so behauptete der Kläger Mose, seinem Ahnen, einem Schiffskapitän Neschi, von König Ahmose zur Belohnung geschenkt worden. In den folgenden Generationen kam es zu einer Kette von Prozessen. Unter der Regierung von Haremhab entsandte der Große Gerichtshof, der in Heliopolis seinen Sitz hatte und in dem der Wesir den Vorsitz führte, ein Mitglied des Gerichts zu dem Ort, wo das Grundstück lag; darauf wurde eine Frau namens Wernero zur Treuhänderin eingesetzt, sie sollte das Land für ihre Brüder und Schwestern bestellen. Da eine Schwester namens Tacharu gegen diese Anordnung Einspruch erhob, erging eine neue Entscheidung, durch die das bis dahin unteilbare Landstück unter den sechs Erben in Parzellen aufgeteilt wurde. Gegen diese Entscheidung legte Moses Vater Huy zusammen mit seiner Mutter Wernero Berufung ein, doch starb Huy kurz darauf, und als seine Witwe Nubnofre daran ging, das von ihrem Gatten ererbte Landstück zu bestellen, wurde sie von einem Mann namens Chay gewaltsam entsetzt. Nubnofre brachte daraufhin vor demselben hohen

Gericht eine Klage gegen Chay ein, doch ging dieser in das
18. Regierungsjahr Ramses' II. datierte Prozeß zu ihren
Ungunsten aus. Erst später erstrebte Mose, der inzwischen
offenbar volljährig geworden war, mit der Berufung
die Abänderung des Urteils. Auf seine eidliche Aussage
folgte unmittelbar die des Beklagten Chay, und aus diesen
ihren Bekundungen zusammen erfahren wir, was sich zugetragen hatte. Als der Wesir nun ihre Eigentumsurkunden
prüfte, mußte er feststellen, daß eine der beiden Parteien
eine Fälschung in der Hand hatte. Nubnofre regte daraufhin
an, ein Mitglied des Gerichts solle zusammen mit Chay ausgeschickt werden, um die amtlichen Aufzeichnungen der
Schatzkammer und der Kornkammer des Pharaos in der nördlichen Hauptstadt Pi-Ramesse einzusehen. Zu ihrer Bestürzung
fand sich der Name ihres Gatten nicht in den Registern,
welche die beiden, die betrügerisch zusammenarbeiteten, mit
sich zurückbrachten; infolgedessen erließ der Wesir, nach
einer weiteren Untersuchung, ein Urteil zugunsten des
Chay, der dadurch 13 Aruren Land bekam. Dem Mose, der
entschlossen war, sich seine Rechte wieder zu verschaffen,
blieb nun keine andere Möglichkeit, als mit Hilfe beschworener Zeugenaussagen zu beweisen, daß er von Neschi abstamme und sein Vater das Landstück Jahr für Jahr bestellt
und die Abgaben dafür entrichtet hatte. Das von den von
ihm benannten Männern und Frauen abgelegte Zeugnis ließ in
Verbindung mit der schon zuvor verwendeten schriftlichen
Beweisurkunde nun keinen Zweifel mehr an der Begründetheit seines Anspruchs, und obwohl der Schluß der hieroglyphischen Inschrift verloren ist, läßt sich nicht daran zweifeln,
daß der Große Gerichtshof zusammen mit dem Untergericht
in Memphis ein endgültiges Urteil erließ, das Mose in seinem
Erbrecht bestätigte. Obwohl die farbige und lebendige Darstellung sich nur mit einem kleinen Landstück beschäftigt und
mit verhältnismäßig unbedeutenden Prozeßparteien, ist sie
doch so aufschlußreich, daß man sie gar nicht sorgfältig genug
studieren kann. Eins fällt besonders auf: die Gleichbehandlung
von Mann und Frau in bezug auf ihr Eigentumsrecht und auf
ihre Prozeßführungsbefugnis vor Gericht.

Die zweite Hälfte der Regierung Ramses' II. scheint ohne größere kriegerische Verwicklungen verlaufen zu sein. Chattuschilis Sohn und Nachfolger Tutchalija IV. war zu sehr mit seiner Westgrenze und mit seinen religiösen Verpflichtungen beschäftigt, um irgendwelche Angriffsabsichten verwirklichen zu können, und in der Tat ging das einst so mächtige hethitische Großreich bereits seinem Untergang entgegen. Während jedoch Ägypten mit dem Hethiterreich Frieden hielt, erstand ihm ein neuer, noch furchtbarerer Gegner: hier ging es nicht mehr um die Aufrechterhaltung der ägyptischen Oberherrschaft in einem weit entfernten Gebiet, nun waren seine eigenen Grenzen ernsthaft bedroht. Man braucht gar nicht in dem in Karnak dargestellten Kampf Sethos' I. mit den Tjehnu ein allzu gewichtiges Ereignis zu sehen, aber es ließ doch die Störungen ahnen, die aus dieser Gegend bald zu erwarten waren. Es existiert ein schriftliches Zeugnis dafür, daß die Nordwestecke des Deltas durch eine Kette von Festungen entlang der Mittelmeerküste[72] vor einer libyschen Invasion geschützt war; bei El-Alamein – und noch weiter westlich – sind zahlreiche Stelen aus der Zeit Ramses' II. ans Tageslicht gekommen[73]. In Es-Sebûa in Unternubien berichtet ein Denkstein aus dem Jahre 44 von gefangenen Tjemhu, die dort bei der Erbauung des Tempels beschäftigt wurden[74]. Im 5. Regierungsjahr Merenptahs erreichte die Gefahr ihren Höhepunkt; der Hauptunruhestifter war Maraye, der Sohn des Did, des Königs des Libu-Stammes (der Libyer), die hier zum ersten Male in Erscheinung treten. Unter den Bundesgenossen, die derselben Rasse angehörten wie er, befanden sich die schon erwähnten Kehek und Meschwesch, doch hatte er auch fünf »Seevölker«[75] zu Hilfe gerufen, Vorboten der großen Völkerwanderung, die über Ägypten und Palästina von Norden und Westen hereinbrechen sollte. Die Namen dieser Verbündeten sind deshalb von höchstem Interesse, weil wir hier, wie bei den Dardanern und Luka (den Lykiern), welche die Hethiter in der Schlacht von Kadesch unterstützten, offenbar rassischen Gruppen begegnen, die aus der frühhellenischen Welt bekannt sind. Die in diesem Zusammenhang, aber nirgendwo sonst wieder, erwähnten Akawascha hat man, ohne sich groß Gedanken zu machen, allgemein mit den Achäern des mykenischen Griechenlands gleichgesetzt, doch paßt diese Schreibung nicht recht zur Schreibung jener vieldiskutierten Ahhijawa der hethitischen Tontafeln, bei denen es sich jedenfalls ebensogut um die Achäer gehandelt haben kann. Die Luka scheinen nur eine untergeordnete Rolle gespielt zu haben und begegnen uns in den ägyptischen Quellen nur noch ein einziges Mal in dem Namen eines Sklaven[76]. Die Gleichsetzung der Turscha mit den Tyrsenern, die man häufig für die Vorfahren der Etrusker gehalten hat, ist zu verführerisch, als daß man sie einfach von der Hand weisen könnte; ähnlich verhält es sich mit den Schekresch oder Scheklesch, deren Name so stark an den der Sikeler oder Sizilier anklingt. Die Annahme, einige Turscha-Leute und die Scheklesch hätten auf seiten der Ägypter gekämpft, geht mit Sicherheit auf eine falsche Übersetzung zurück. Leider gibt es keine Reliefs, die uns ein Bild von der äußeren Erscheinung dieser Feinde Merenptahs vermitteln. Man kann sie, von ihren Namen abgesehen, nur daran unterscheiden, daß die Libu unbeschnitten waren und sie deshalb die Schmach erdulden mußten, ihren Gefallenen die Genitalien abzutrennen und sie auf einem Haufen dem König darzubringen, während die Scherden, Scheklesch, Akawascha und Turscha beschnitten waren (wie die Ägypter selbst seit unvordenklichen Zeiten) und ihren Gefallenen »nur« die Hände abgehauen wurden. Doch dieser Hinweis kompliziert eher das Problem, als daß er es löst. Was sich über diese Seevölker sagen läßt, kann man vielleicht dahin zusammenfassen: da sich für alle ihre Namen ähnlich lautende in der frühgriechischen Welt finden, treffen wahrscheinlich wenigstens einige der vorgeschlagenen Identifizierungen zu, wenn es natürlich andererseits keine Gewißheit dafür gibt, daß die fraglichen Stämme sich schon in jenen Räumen aufhielten, in denen sie später seßhaft wurden.

Die Einzelheiten von Merenptahs großem Sieg über die Eindringlinge sind in einer langen Inschrift auf einer Wand des Tempels von Karnak festgehalten[77]. Da jedoch die obersten Blöcke der senkrechten Hieroglyphen-Säulen nicht mehr vorhanden sind, bleibt allzu wenig, um unsere Wißbegierde zu stillen, und auch einige weitere, gleichermaßen unvollständige Berichte an anderen Stellen helfen nicht weiter[78]. Was sich jedoch zusammenbringen läßt, ist höchst interessant. Es handelte sich nicht lediglich um einen räuberischen Beutezug, sondern um die Suche nach neuem Siedlungsraum. Maraye und seine Verbündeten brachten ihre Weiber und Kinder mit sowie das Vieh und eine Menge an Waffen und Geräten, die ihnen später als Beute abgenommen wurden. Die reine Not hatte sie in dieses Abenteuer getrieben; in dem Karnaktext heißt es hierüber: »... sie verbringen den Tag, indem sie das Land durchstreifen und kämpfen, um ihren Bauch täglich zu füllen; sie sind in das Land Ägypten gekommen, um Nahrung zu suchen für ihre Münder.«

So etwa stellte sich Merenptah die Libyer vor, als er von dem schweren Angriff hörte, dem er sich nun gegenübersah. Dieser Angriff muß von einem sehr weit westlich gelegenen Gebiet ausgegangen sein, von der Cyrenaika oder einem noch entfernteren Raum, denn Maraye fiel zunächst in das Land der Tjehnu ein und besetzte es. Bald hatten seine Leute die Grenzfestungen geplündert, und einige von ihnen waren sogar in die Oase Farâfra eingedrungen. Über den »großen Fluß«, den kanopischen Nilarm, hinaus drangen sie jedoch nicht vor. Die Entscheidungsschlacht scheint schließlich bei einem nicht identifizierten Ort Pi-yer stattgefunden zu haben, der bestimmt noch innerhalb des Deltas lag. Merenptah hat an der Schlacht selbst nicht teilgenommen, war er doch schon bei seiner Thronbesteigung ein alter Mann. Trotzdem wurde der Sieg natürlich Merenptah zugeschrieben, nachdem ihm im Traum ein großes Bild des Gottes Ptah erschienen war, der ihm einen Krummsäbel hingereicht hatte mit den Worten: »Ergreif ihn, lege dein zaghaftes Herz ab!« Nach sechs Stunden Kampf war der Feind in die Flucht geschlagen. Der unglückliche Maraye entging der Gefangennahme; er hatte mitten in der Nacht in seine Heimat entkommen können. Insgesamt wurden über 6000 Libyer getötet, nicht gerechnet die vielen Hunderte von Bundesgenossen; über 9000 scheinen in Gefangenschaft geraten zu sein. Diese Zahlen geben jedenfalls die beiden beschädigten Quellen an, über die wir verfügen, doch sind an ihnen wegen der üblichen Übertreibungen natürlich Abstriche zu machen.

Ein mehr poetischer Bericht von Merenptahs Sieg steht auf einem großen Granit-Denkstein, den er von Amenophis III. usurpierte und in seinem eigenen Totentempel in Theben-West aufstellen ließ[79]. Wenn dies vorzüglich erhaltene Dokument auch nur wenig zu unserer Tatsachenkenntnis beiträgt, so legt es doch Zeugnis ab von dem Gefühl der Erleichterung, das man in Ägypten über die Abwendung einer so schrecklichen Gefahr empfand. Es findet in den dankbaren Epitheta seinen Ausdruck, die dem Herrscher beigelegt werden: »Sonne, die die Gewitterwolke vertrieben hat, die über Ägypten gewesen war, und die Ta-meri die Strahlen der (Sonnen-)Scheibe sehen ließ; Entferner eines Berges von Kupfer von den Nakken der Wohlgeborenen; (du), der Atem gibt dem gemeinen Volk, das unterdrückt war; der das Herz von Hikuptah (Memphis) von seinen Feinden reinwäscht.« Dem unglücklichen Maraye höhnte man nach: »Der abscheuliche Häuptling der Libu, welcher floh unter dem Schutze der Nacht, allein, ohne eine Feder an seinem Kopf; seine Füße unbeschuht; seine Frauen gepackt, unmittelbar vor seinen Augen; der Mahlzeit für seine Ernährung beraubt und ohne Wasser in dem Wasserschlauch, um ihn am Leben zu erhalten; die Gesichter seiner Brüder sind finster, als wollten sie ihn töten; seine Hauptleute kämpfen einer gegen den anderen, ihre Lager sind verbrannt und zu Asche gemacht.«

Wie gut steht es doch dagegen mit Ägypten: »Große Freude ist über Ägypten gekommen, und die Freude setzt sich fort in den Dörfern von Ta-meri. Sie sprechen von den Siegen, die Merenptah-hotphima errungen hat in dem Tjehnu-Land. Wie liebenswert ist er, der siegreiche Herrscher, wie erhöht ist der König unter den Göttern, wie glücklich ist der befehlende Herr! Angenehm ist es freilich, wenn man sitzt und plaudert. Man kann frei einhergehen auf dem Wege, ohne daß die geringste Furcht in den Herzen der Menschen ist.«

Es lohnt sich nicht, hier noch weitere Proben jenes Textes anzuführen, der unermüdlich in diesem Stil fortfährt, doch eine Stelle am Ende ist mit Recht berühmt: »Die Fürsten liegen auf dem Boden hingestreckt und rufen: ›Gnade!‹ Nicht einer erhebt den Kopf von den Neun Bogen. Das Tjehnu-Land ist verwüstet, Chatti ist befriedet, Kanaan geplündert mit jedem Übel, Askalon ist eingenommen und Gezer gepackt, Jenoam ist gemacht, als sei es niemals gewesen. Israel ist verheert und hat keinen Samen, Chor[80] ist zu einer Witwe[81] geworden für Ta-meri.«

Die Erwähnung Israels an dieser Stelle ist die einzige in den ägyptischen Quellen. Als sie 1896 entdeckt wurde, mußte sie Verwirrung unter den Wissenschaftlern hervorrufen, die damals in der Mehrzahl der Ansicht waren, Merenptah sei der Pharao des Exodus[82] gewesen. Die Erklärungen, die man heute für diese Stelle hat, gehen weit auseinander. Der Name Israel kommt in außerbiblischen Quellen erst wieder nach der Mitte des neunten Jahrhunderts v. Chr. vor, wo es von Mescha, dem König von Moab heißt, er habe mit Israel gekämpft[83]. Daß Merenptah tatsächlich in Palästina eine gewisse militärische Aktivität entfaltete, wird durch das Epitheton »Bezwinger von Gezer« bestätigt, mit dem sein Name in einer Inschrift in Amada versehen ist[84]. Im übrigen scheinen die Verhältnisse an der Nordostgrenze friedlich und normal geblieben zu sein. Ein in das dritte Regierungsjahr Merenptahs datierter Auszug aus dem Tagebuch eines Grenzbeamten führt hintereinander die an die Garnisonskommandanten und an andere Personen abgeschickten Depeschen auf; zu den Empfängern gehörte auch der Fürst von Tyrus[85]. Dieser aufschlußreiche Text ist in einer jener Sammlungen enthalten, die Urkunden verschiedensten Inhalts vereinigen und deren sich mehrere erhalten haben. Sie waren offensichtlich für den Schulgebrauch bestimmt, und wenn man sie auch kaum als historische Dokumente im eigentlichen Sinne bezeichnen kann, so werfen sie doch Licht auf manche Bereiche des ägyptischen Lebens jener Zeit. Unter anderen Stellen aus einer ähnlichen Quelle, von denen man – zu Recht oder zu Unrecht – angenommen hat, sie bezögen sich auf den Aufenthalt der Israeliten in Ägypten, befindet sich der Bericht eines Offiziers, der folgendes schreibt[86]: »Wir haben aufgehört,

den Schosu-Stämmen (Beduinen) von Edom das Passieren der
Festung des Merenptah, welche sich in Tjeku befindet, nach
den Teichen des Merenptah von Pi-Tum zu gestatten, welche
in Tjeku sind, um sie am Leben zu erhalten und um ihre
Herden am Leben zu erhalten durch die Güte Pharaos, die
schöne Sonne eines jeden Landes, im Jahre 8, am dritten hinzukommenden Tag, dem Geburtstag des Seth.«

Bei dem hier genannten Pi-Tum handelt es sich offenbar
um das Pithom in 2. Mose 1, 11; es lag bestimmt irgendwo
im Wâdi Tumîlât, der fruchtbaren Senke inmitten der Wüste
zwischen dem Delta und Ismâîlija. Ob dagegen Tjeku das
Suchoth in dem Bericht des Exodus war, ist nicht so sicher,
wenn es auch oft angenommen wird.

Ein möglicherweise unter der Regierung Merenptahs geschriebener literarischer Papyrus ist ebenso aufschlußreich
wie amüsant[87]. Es heißt in ihm, er stelle die Antwort eines
Schreibers Hori auf einen Brief dar, den er gerade von seinem
Freunde, dem Schreiber Amenemope, erhalten habe. Nach
überschwenglichen Grußworten und Komplimenten verleiht
Hori seiner Enttäuschung Ausdruck und ergeht sich dann in
langen ironischen Tiraden über Amenemopes Unfähigkeit:
die Helfer, die jener zu seiner Unterstützung herangezogen
habe, hätten ihm einen Bärendienst geleistet. Zum Beweise
für sein hartes Urteil führt er verschiedene Vorkommnisse
an: so habe Amenemope bei der Ausführung der ihm erteilten Aufträgen versagt, die Truppen mit Verpflegung
zu versorgen, eine Rampe zu bauen, eine Kolossalstatue
aufzustellen usw. Am kräftigsten reibt er ihm aber seine
mangelhaften Kenntnisse über Nordsyrien unter die Nase.
Er nennt viele weithin bekannte Örtlichkeiten, die jener
Mann, der doch den Anspruch auf das Amt eines »Maher«
erhob, entweder niemals aufgesucht habe oder an denen
ihm irgendein Mißgeschick zugestoßen sei: so habe er niemals Beisân erreicht oder den Jordan überschritten; er wisse
nichts von Byblos oder Tyrus; sein Pferd sei davongaloppiert und sein Streitwagen zerschellt; selbst so nahe gelegene Städte wie Raphia und Gaza seien ihm unbekannt.
Natürlich sollte diese seltsame Epistel ihrem Verfasser in

erster Linie die Möglichkeit geben, seine eigenen Kenntnisse herauszustreichen. Für den Historiker ist dieser Text insofern aufschlußreich, als sich ihm entnehmen läßt, daß es eine Klasse fähiger Schreiber gegeben haben muß, die über eine genaue Kenntnis Palästinas und Syriens verfügten und dort offenbar ohne Schaden ständig unterwegs waren.

Spätestens seit der Zeit Ramses II. gewinnt eine ganz andere Art von Quellen für die allgemeine Geschichte und die Kulturgeschichte große Bedeutung. Ob sich der Pharao in einer der Delta-Hauptstädte aufhielt und von dort aus regierte oder nicht, stets war er darauf bedacht, in der thebanischen Nekropole seiner Ahnen bestattet zu werden; so war von dem Beginn seiner Regierung an ein großer Trupp geschickter Arbeiter ununterbrochen damit beschäftigt, das Grab in den Bîbân el-Molûk aus dem Felsen zu hauen und auszuschmücken. Diese Leute und ihre Familien bildeten eine eigene Gemeinschaft, die hoch droben in der Wüste in dem Dorf Dêr el-Medîna lebte, oberhalb des großen Totentempels Amenophis' III. Jede Seite ihres Lebens und ihrer Interessen enthüllt sich in den Urkunden, die entweder hier oder an der Stätte ihrer täglichen Arbeit gefunden wurden. Papyrus war ziemlich rar, teuer und auch nicht sehr dauerhaft; das meiste, was sich erhalten hat, ist auf Kalksteinsplitter oder Tonscherben geschrieben, die auf dem Erdboden herumlagen und nur darauf warteten, benutzt zu werden. Die Ägyptologen bezeichnen sie – nicht ganz zutreffend – als »Ostraka«. Tausende von ihnen sind veröffentlicht, und weitere Tausende in Museen oder in Privatbesitz harren noch der Publikation. Neben Fragmenten literarischen, religiösen oder magischen Inhalts befinden sich darunter Aufzeichnungen über Tauschgeschäfte, über die Auszahlung von Löhnen in Form von Korn oder Kupfer, über die Anmietung von Eseln zu landwirtschaftlichen Zwecken, über Prozesse, geleistete und versäumte Arbeitstage, über Visitationen von hohen Beamten, Musterbriefe und echte Briefe – in der Tat Notizen jeder Art. Der Versuch einer Zusammenschau kann hier nicht unternommen werden, aber es mußte doch diese Fülle an Quellenmaterial erwähnt werden, die es erlaubt, ein zwar lückenhaftes, aber doch lebendiges Bild des Lebens in ramessidischer Zeit zu zeichnen.

Merenptah war bei seinem Tode ein kahlköpfiger, korpulenter alter Mann. Wahrscheinlich rechnete man schon in seinem 8. Regierungsjahr mit seinem Tode, während die Vorbereitungen für sein Begräbnis noch in vollem Gange waren; er lebte aber noch zwei Jahre[88]. Kein Zweifel, daß er in dem Granit-Sarkophag bestattet wurde, dessen schöner Deckel noch heute in seinem Grab in den Bîbân el-Molûk zu sehen ist. Seine Mumie wurde in späterer Zeit in das Grab Amenophis' II. gebracht, wo sie 1898 Loret entdeckte.

Nach ihm kommt eine Reihe von Königen mit ziemlich kurzen Regierungszeiten, deren Aufeinanderfolge stark umstritten ist. Die damit zusammenhängenden Probleme gehören zu denen, die den Ägyptologen Freude und Qual zugleich bereiten. Schwierigkeiten bieten hier wieder die übereinanderstehenden Kartuschen in den Fällen, wo für einen ausgehauenen Königsnamen ein anderer eingesetzt wurde. Schlußfolgerungen aus diesem Verfahren sind, wie bereits betont, äußerst fragwürdig. Abgesehen von der Schwierigkeit zu entscheiden, welcher Name eigentlich der obere ist, besteht ja selbst dann, wenn sich dies feststellen läßt, die Möglichkeit, daß dieser dem früheren der beiden Könige gehörte und daß er restauriert worden war, sei es aus Pietät, sei es aus Haß gegen den anderen Namensträger, was sich heute nicht mehr ermitteln läßt. Der Leser muß sich hier mit der nüchternen Darstellung dessen begnügen, was dem Gang der Ereignisse wohl am nächsten kommt. Daß Merenptah sein Sohn Seti-merenptah (bekannter unter dem Namen Sethos II.) folgte, unterliegt kaum einem Zweifel. Aufzeichnungen auf Ostraka erwähnen sowohl das Datum seiner Thronbesteigung wie das seines Todes in seinem 6. Regierungsjahr. In der Zwischenzeit war ein gewisser Neferhotep, einer der beiden Vorarbeiter in der Nekropole, durch einen anderen namens Pneb ersetzt worden. Diesen beschuldigte in einer leidenschaftlichen Anklageschrift, die in einem Papyrus des Britischen Museums enthalten ist, der Bruder Neferhoteps, Amennacht, zahlreicher Delikte[89]. Wenn man

Amennacht glauben darf, so hatte Pneb von dem Grab
Sethos' II., an dem noch gearbeitet wurde, Steine zur Verschönerung seines eigenen Grabes entwendet und auch sonst
den Besitz eben dieses Herrschers bestohlen oder beschädigt;
ja, er hatte Neferhotep umzubringen versucht, obwohl er von
ihm erzogen worden war; ferner, nachdem der Vorarbeiter
»von dem Feind« getötet worden war, den Wesir Praemhab
bestochen, um in Neferhoteps Stelle einzurücken. Ganz
gleich, ob diese Anschuldigungen zutreffen oder nicht:
Theben machte offensichtlich wirre Zeiten durch. Auch sonst
finden sich Erwähnungen eines »Krieges«, der sich während
jener Jahre abgespielt haben müßte, doch bleibt dunkel,
worauf dieses Wort anspielt; vielleicht nur auf innere Unruhen und allgemeine Unzufriedenheit. Neferhotep hatte
sich bei dem Wesir Amenmose, vermutlich dem Vorgänger
von Praemhab, wegen der gegen ihn gerichteten Angriffe beschwert; Pneb war deshalb von Amenmose bestraft
worden. Daraufhin hatte dieser Unruhestifter eine Klage vor
»Mose« gebracht, und dieser den Wesir aus seinem Amt entfernt. Dieser »Mose« muß offensichtlich ein Mann mit größten Machtbefugnissen gewesen sein, vielleicht hat man ihn
mit dem ephemeren König Amenmesse zu identifizieren,
dessen kurze Regierung entweder vor oder während derjenigen von Sethos' II. anzusetzen ist. In den Bîbân el-Molûk
befindet sich ein dem Amenmesse gehörendes Grab[90], eine
freilich recht bescheidene Anlage, deren Ausschmückung
fast völlig ausgehauen wurde. In den Resten der Inschriften ist noch der Name seiner Mutter Tachat (einer Tochter
Ramses' II.?) zu lesen. Die Denkmäler Sethos' II. sind spärlich; am eindrucksvollsten ist noch ein kleines Heiligtum in
dem Vorhof des Tempels von Karnak. Über die Ereignisse
seiner Regierung ist weiter nichts bekannt. In seinem schön
ausgeschmückten Grab wurden die Kartuschen (möglicherweise durch Amenmesse) ausgehackt und später wieder eingehauen. Elliot Smith spricht bei der Beschreibung seiner in
dem Grab Amenophis' II. gefundenen Mumie von ihm als
von einem Mann in jungen oder mittleren Jahren.

Sein unmittelbarer Nachfolger war einer seiner Söhne, der

zunächst den Namen Ramses-Siptah trug, diesen dann aber aus unerfindlichen Gründen vor seinem 3. Regierungsjahr in Merenptah-Siptah änderte[91]. In den meisten seiner nicht sehr zahlreichen Inschriften erscheint neben ihm ein einflußreicher Verwaltungsbeamter namens Baj, der sich rühmt, »der große Kanzler des ganzen Landes« gewesen zu sein. Gewichtige Gründe sprechen dafür, daß Baj von Geburt Syrer war, möglicherweise einer jener Hofbeamten, die zu der damaligen Zeit durch königliche Gunst zu Einfluß gelangten. In zwei Graffiti heißt es von ihm höchst bezeichnend: »der, welcher den König einsetzte auf dem Thron seines Vaters«, und es ist so gut wie sicher, daß er tatsächlich der eigentliche »Königsmacher« war. Aus diesem Epitheton ergibt sich auch, daß Siptah ein Sohn Sethos' II. war, doch ist unbekannt, wen er zur Mutter hatte. Er kam vermutlich als Knabe auf den Thron, denn er war noch jung, als er nach einer Regierung von möglicherweise nur sechs Jahren starb.

Nun tritt eine bemerkenswerte Frau auf den Plan: Twosre. Wie ein von Theodore Davis in einem Versteck in den Bîbân el-Molûk aufgefundener Schmuck zeigt, war sie die Hauptgemahlin Sethos' II. Auf einem Silberarmband ist sie dargestellt, wie sie vor ihrem Gemahl steht und ihm Wein in ein Glas einschenkt, das er ihr hinhält. Es fällt auf und war bis dahin noch nie vorgekommen, daß drei Zeitgenossen sich Gräber im Königsgräbertal anlegten: das Grab von Baj ist klein und ohne jeglichen Schmuck, doch bezeugt seine Lage an diesem Ort die Macht, die er ausgeübt haben muß. Siptahs Grab – in dem sich wohl auch seine Mumie befand, ehe sie in das Grab Amenophis' II. gebracht wurde – ist viel eindrucksvoller; die Kartuschen auf seinen Wänden wurden ausgehauen, später jedoch, wie jene im Grab Sethos' II., wiederhergestellt. Das Grab der Twosre ist noch interessanter. Sie trägt hier dank ihrer Verheiratung mit Sethos II. den Titel einer Großen Königsgemahlin, doch zeigt eine Einzelszene sie hinter Siptah stehend, der dem Erdgott opfert. Siptahs Name wurde zerstört und dafür der von Sethos II. eingesetzt. Da alles darauf hindeutet, daß von beiden Königen Sethos der frühere war, muß die Ersetzung des Namens auf Twosre zurückgehen, die es offenbar später vorzog, zusammen mit dem König abgebildet zu werden, dessen wirkliche Gemahlin sie gewesen war. Später ergriff Sethnacht, der Begründer der 20. Dynastie, von diesem Grabe Besitz und beseitigte womöglich die Mumie der Twosre, nachdem irgendjemand den bereits erwähnten Schmuck an ein sicheres Versteck gebracht hatte. Diesem komplizierten Sachverhalt scheint allein die Annahme gerecht zu werden, daß, als Baj den jugendlichen Siptah auf den Thron gebracht hatte, Twosre sich zwar mit dieser Situation abfinden mußte, aber noch genügend Einfluß behielt, um sich ein eigenes Grab im Königsgräbertal zu sichern – eine Ehre, die bis dahin nur einem weiblichen Mitglied des Königshauses zuteil geworden war, Hatschepsut, der Tante Thutmosis' III. Wie Hatschepsut legte sich auch Twosre schließlich die Königstitulatur bei und regierte vielleicht sogar einige Jahre allein. Siptah hatte sich nördlich des Ramesseums in Theben einen kleinen Totentempel bauen lassen[92]; hier kommt der Name des Baj neben seinem eigenen auf den Grundsteinbeigaben vor – eine überraschende Tatsache, die die hier gegebene Darstellung erheblich unterstützt. Von Twosre fand sich dort nur ein einziger Skarabäus. Mit dem Bau von Twosres eigenem Totentempel südlich des Ramesseums[93] mag um dieselbe Zeit oder etwas später begonnen worden sein. Sie führt hier eine zweite Kartusche, und diese kommt auch, zusammen mit der ersten, auf einer Schmuckplatte vor, die angeblich aus Kantîr im Delta stammt; hier im Norden und sogar in den Türkisminen der Sinaihalbinsel finden sich einige weitere Spuren ihrer Herrschaft[94].

Manetho läßt die 19. Dynastie mit einem König Thuoris enden, der sieben Jahre regiert haben soll – es kann aber trotz seiner Entstellung und der Verwechslung im Geschlecht kaum einen Zweifel daran geben, daß in diesem Namen die Erinnerung an die dritte Frau in der ägyptischen Geschichte nachklingt, die stark genug war, die Doppelkrone an sich zu reißen, deren Macht aber nicht dazu ausreichte, den Fortbestand ihrer Dynastie zu sichern.

Die Ramessidenzeit (Fortsetzung): Die 20. Dynastie

Manetho weiß über die 20. Dynastie weiter nichts zu berichten, als daß ihr zwölf Könige aus Diospolis (Theben) angehörten; diese regierten nach Africanus 135, nach Eusebius 178 Jahre. Dabei war es eine bewegte Zeit, aus der wenigstens ein mächtiger Pharao herausragt. Es hat sich auch eine Anzahl umfangreicher und höchst wertvoller Urkunden erhalten, deren Erörterung in unseren Betrachtungen einen erheblichen Raum in Anspruch nehmen wird. Inzwischen scharten sich die Feinde Ägyptens immer enger zusammen, was die Schläge ahnen ließ, die auf Ägypten herniedergehen und ein knappes Jahrhundert später sein Ansehen fast völlig vernichten sollten. Am Anfang wollte es so scheinen, als komme eine Epoche außergewöhnlichen Glanzes herauf. In einem Papyrus findet sich eine Art Rückschau, die diese Epoche einer vorangegangenen Zeit der Düsternis (die aber zum großen Teil nur in der Einbildung des Schreibers bestand) gegenüberstellt. Sie ist es wert, hier mitgeteilt zu werden, wenn auch nur, um eine stehende Übung der pharaonischen Geschichtsschreibung zu charakterisieren[1]: »Das Land Ägypten trieb hilflos dahin, jeder Mann war sich selbst Gesetz, und sie hatten keinen Befehlshaber für viele Jahre, bis die Zeiten sich geändert hatten; (damals,) da das Land Ägypten aus Fürsten und Vorstehern der Dörfer bestand und ein Mann seinen Genossen erschlug, gleich, ob hoch oder niedrig. Dann kam nach ihr eine andere Zeit, bestehend aus leeren Jahren, als Arsu, ein Syrer, bei ihnen Fürst war; und er machte das ganze Land tributpflichtig unter seiner Herrschaft.«

Der Text spricht dann von dem Blutvergießen, das folgte, und von der Nachlässigkeit, mit der man die Götter behandelte, bis diese durch die Einsetzung Sethnachts zum König Ruhe und Sicherheit wiederherstellten. In diesem seltsamen Abschnitt werden die ruhmreichen Leistungen der 18. und 19. Dynastie völlig übergangen, wir finden uns in die Zustände vor dem Hyksos-Einbruch zurückversetzt. Als einzige historische Tatsache wird das Auftreten eines syrischen Usurpators erwähnt, der die Gewalt über das ganze Land erlangte. Wer dieser Ausländer gewesen sei, war Gegenstand heftigen Streites. Die interessanteste Vermutung stammt von Černý; er meint, es handele sich bei dieser Stelle um einen verhüllten Hinweis auf den am Ende des letzten Kapitels erwähnten »Königsmacher« Baj. Es war aber wohl die alleinige Absicht des Verfassers dieses Textes, den neuen Herrscher Ägyptens zu preisen. Von Sethnacht ist wenig mehr bekannt, als daß er der Vater des großen Königs Ramses III. und der Gemahl von dessen Mutter Tije-merenese gewesen ist. Vermutlich war die Spanne zwischen dem Ende der 19. Dynastie und seiner Thronbesteigung ziemlich kurz, möglicherweise dauerte sie nicht länger als zehn Jahre. Sethnacht wird kaum zwei Jahre regiert haben; er usurpierte das Grab der Twosre und wurde zweifellos in ihm beigesetzt. Sein Sarg gelangte in das Grab Amenophis' II.[2], seine Mumie hat sich nicht gefunden.

Ganz gleich, wie der Verfasser jenes Rückblickes die Zustände darstellt, Ramses III. war sich der Größe des berühmtesten seiner Vorgänger in der 19. Dynastie sehr wohl bewußt: er bildete seinen Thronnamen und seinen Geburtsnamen denjenigen Ramses' II. nach. Seine frühen Jahre waren voll schwerer Gefahren. Im Süden hatte er allerdings kaum etwas zu befürchten; Nubien war zu einer ägyptischen Provinz geworden, und die Darstellungen, die sich von einer Schlacht in jenem Gebiet erhalten haben, sind wahrscheinlich rein konventionell und Wiederholungen von Szenen aus älterer Zeit[3]. Unsere Kenntnis der sehr gefährlichen Kämpfe, die Ramses III. wirklich zu bestehen hatte, beruht im wesentlichen auf den Inschriften und Reliefs der Wände seines großen Tempels in Medînet Habu, dem am besten erhaltenen und interessantesten Totentempel in Theben-West. Diese prächtige Anlage mit ihren gewaltigen Pylonen und großartigen Säulenhöfen war von einer inneren und einer äußeren Umfassungsmauer umgeben; zu ihr gehörte außer dem Heiligtum als dem Herzstück eine ganze Wohnstadt für die Priester und ihre Abhängigen sowie ein Park und ein See. Die äußere Umfassungsmauer aus ungebrannten Ziegeln erreichte man vom Nil her durch einen Verbindungskanal; sie hatte eine Höhe von 18 m und eine Stärke von 7,60 m, die Länge von der Frontseite zur Rückseite betrug über 275 m. Die Mitte der Ostseite bot mit ihrem Hohen Tor einen ganz einzigartigen Anblick. Dies hatte sein Vorbild in einer der syrischen Festungen, auf die die ägyptischen Heere bei ihren asiatischen Feldzügen so oft getroffen waren. Doch diente es hier keinem militärischen Zweck: die oberen Stockwerke bildeten vielmehr eine Art Refugium, in dem der Pharao sich mit seinen Haremsdamen vergnügen konnte. Der eigentliche Palast lag auf der Südseite und grenzte an den ersten Tempelhof an; er besaß einen Erscheinungsbalkon, von dem aus der König Belohnungen an die Vornehmen verteilen konnte, die er auszeichnen wollte. Nirgends zeigen die Mauern eines Tempels Darstellungen von größerer Anziehungskraft. Natürlich überwiegen Szenen religiösen Inhalts, doch auch Schlachtenbilder nehmen großen Raum ein; sie stellen eine höchst wertvolle Ergänzung der Begleitinschriften dar, vor allem, weil diesen eine Geschwollenheit im Stil eigen ist, die erzählende Abschnitte unter dem Wust an schmeichlerischen Phrasen fast verschwinden läßt.

Die lange Inschrift aus dem 5. Regierungsjahr berichtet von einem Feldzug gegen die allgemein als Tjehnu bekannten westlichen Nachbarn Ägyptens[4]. Diese Leute waren deshalb gegen Ägypten aufgebracht, weil der Pharao ihnen einen neuen Herrscher aufgezwungen hatte: die Weisheit des Königs, die in den hieroglyphischen Beischriften so hoch gerühmt wird, galt ihnen offenbar nichts. Farbreste auf einigen der Reliefs zeigen Gefangene mit roten Bärten, Haarlocken auf einer Seite des Kopfes und mit langen, reich ornamentierten Umhängen. Drei Stämme sind hier erwähnt: die Libu oder Libyer, die, wie wir sahen, in der heute noch für den gesamten nordöstlichen Teil Afrikas außerhalb Ägyptens verwendeten Bezeichnung wiederkehren, die Sped, von denen sonst nichts bekannt ist, und die zuerst unter Amenophis III. erwähnten Meschwesch[5], die von da an in den geschichtlichen Quellen eine immer wichtigere Rolle spielen. Sie gelten allgemein für die Maxyer, die Herodot (IV, 191) in der Gegend um Tunis lokalisiert[6].

Die nächste Bedrohung Ägyptens war weit gefährlicher, handelte es sich doch um nichts anderes als den Versuch einer Konföderation seefahrender Völkerschaften aus dem Norden, sich in den reichen Weidegebieten nicht nur des Deltas, sondern auch Palästinas und Syriens festzusetzen. Eine Ansiedlung für dauernd war ihr Ziel; sie führten in vierrädrigen, von Buckelochsen gezogenen Wagen ihre Frauen und Kinder mit sich[7]. Wir haben gesehen, daß Merenptah einen solchen Angriff, bei dem die Seevölker und die Libyer verbündet auftraten, hatte zurückschlagen können. Hier wird der Krieg am Mittelmeer – obwohl er fast gleichzeitig mit den libyschen Kämpfen der Jahre 5 und 11 stattfand – als ein isoliertes Ereignis beschrieben; er war deshalb aber nicht weniger gefährlich. Bei dem in das Jahr 8 datierten Hauptangriff gingen die Feinde zugleich auf dem Land und von See her vor. Wieder einmal befanden sich die Scherden unter ihnen, und wieder werden Krieger dieses Volksstammes als mit und gegen Ägypten kämpfend dargestellt. Das seit langem dahinsterbende Hethiterreich wurde überwältigt, mit ihm seine anatolischen Bundesgenossen, die an der Schlacht von Kadesch teilgenommen hatten. Von den Feinden, mit denen schon Merenptah zu ringen hatte, spielten wahrscheinlich nur noch die Scheklesch eine Rolle; von einem neuen Stamm der Weschesch wissen wir nicht mehr als den Namen[8]. Für Gräzisten wie Orientalisten von gleich großem Interesse sind drei neue Völker, die hier zum ersten Male auftreten. Bei den Danu oder Danuna, die unzweifelhaft die Danaer der Ilias waren, ist es allerdings nicht ausgeschlossen, daß sie schon in der Amarnakorrespondenz einmal vorkommen[9]. Viel wichtiger sind jedoch die Peleset und die Tjekker, weil deren Einfall nach Palästina einigermaßen erfolgreich und von Dauer war. Ein um etwa hundert Jahre jüngerer Bericht beschreibt die Tjekker[10] als Seeräuber, die den Hafen Dor besetzt hatten, doch ist sonst über sie oder ihren Namen weiter nichts bekannt. Bei den Peleset[11] handelte es sich um die Philister, die später abwechselnd Sieger über die Israeliten oder deren Besiegte waren. Sie haben Palästina seinen Namen gegeben. Der Überlieferung nach waren sie von Caphtor

(Kreta) gekommen, doch mag dies nur eine Station auf ihrem Wanderzug gewesen sein. Auf den Reliefs in Medînet Habu tragen sowohl sie wie die Tjekker eine mit Federn geschmückte Kopfbedeckung und runde Schilde.

Die Niederlage, die die Ägypter diesen Völkern beibrachten, ist in den Reliefs herrlich geschildert; vor allem die Seeschlacht steht unter den ägyptischen Darstellungen einzig da. In den Inschriften sind die Schilderungen in eine ruhmredige Ansprache Ramses' III. an seine Söhne und Hofbeamten eingekleidet. Es folgen einige Proben, bei denen Stellen ohne historische Bedeutung weggelassen sind[12]: »Die Fremdländer schmiedeten ein Komplott auf ihren Inseln. Vertrieben und zerstreut durch die Schlacht waren die Länder alle auf einmal, und kein Land konnte ihren Waffen standhalten, angefangen bei Chatti, Kode, Karkemisch, Arzawa und Alasija ... Ein Lager wurde aufgeschlagen an einem Orte in Amor, und sie verwüsteten sein Volk und sein Land, als seien sie niemals entstanden. Sie kamen, das Feuer ging ihnen voran, bis nach Ägypten. Ihr Bündnis bestand aus Peleset, Tjekker, Scheklesch, Danu und Weschesch, vereinigten Ländern, und sie legten ihre Hände auf die Länder im ganzen Umkreis der Erde, ihre Herzen entschlossen und zuversichtlich: ›Unser Plan ist ausgeführt!‹. Aber das Herz dieses Gottes, des Herrn der Götter, war gefaßt und entschlossen sie zu fangen wie Vögel ... Ich errichtete meine Grenze in Djahi[13], gemacht vor ihnen, den Ortsfürsten, Festungskommandanten und Mariannu[14]. Ich ließ die Flußmündung herrichten wie eine starke Mauer mit Kriegsschiffen, Galeeren und Booten. Sie waren vollständig besetzt vorn wie hinten mit tapferen Kämpfern, die ihre Waffen bei sich trugen, und mit Infanterie, der allerbesten Ägyptens, und sie waren wie brüllende Löwen auf den Bergen; die Streitwagentruppe mit tüchtigen Kämpfern und allen tüchtigen Offizieren, deren Hände die richtigen waren. Ihre Pferde bebten in allen ihren Gliedern, bereit, die fremden Länder unter ihren Hufen zu zerstampfen.«

Ramses vergleicht sich dann mit Month, dem Kriegsgott, und sagt, er sei davon überzeugt, daß er sein Heer retten werde: »Was die anbetrifft, die meine Grenze erreicht haben:

ihre Nachkommenschaft ist nicht. Mit ihren Herzen und ihren Seelen ist es aus bis in alle Ewigkeit. Die, welche sich zeigten zusammen auf der See, die volle Flamme war vor ihnen an den Flußmündungen, und ein Zaun von Lanzen umgab sie am Gestade.« Wegen der Einzelheiten der Seeschlacht halten wir uns lieber wieder an die Reliefdarstellungen als an die Beischriften, obwohl in letzteren der Ausgang mit den lebhaften Worten beschrieben ist[15]: »Ein Netz wurde aufgestellt für sie, um sie zu fangen; jene, die in die Flußmündungen hereinkamen, waren verstrickt und in es hineingefallen, gefesselt an ihren Plätzen, niedergemetzelt, und aufgehackt ihre Leiber.«

Der Künstler brachte es fertig, in einem einzigen Bild[16] die verschiedenen Phasen des Geschehens zusammenzufassen. Zuerst sehen wir die ägyptischen Soldaten in stoischer Ruhe beim Angriff vom Deck ihrer Schiffe, ihnen gegenüber in einem mit Enterhaken festgehaltenen Schiff die Feinde in höchster Verwirrung: zwei ihrer Leute fallen ins Wasser, einer schaut nach dem Ufer in der Hoffnung auf Gnade vom Pharao. Auf die Besatzung eines anderen ihrer Schiffe geht vom Land her ein Hagel von Pfeilen nieder. Die ägyptische Flotte segelt nun mit zahlreichen Gefangenen heimwärts, die hilflos gefesselt sind. Einer, der zu entwischen sucht, wird von einem Soldaten auf der Uferböschung eingefangen. Auf der Fahrt stromauf kommt es zum Zusammenstoß mit einem gekenterten Schiff, dessen ganze Besatzung über Bord geht. Die Niederlage der Angreifer ist vollkommen. Neun einzelne Schiffe reichten aus, um dies alles bildlich darzustellen, es blieben nur noch die Darbringung der Gefangenen an Amun-Rê und die anderen Einzelheiten des Sieges zu berichten.

Doch die Bedrohung Ägyptens von außen war damit noch nicht abgewendet. Im Jahre 11 loderte die libysche Gefahr von neuem auf. Diesmal werden als die Feinde ausdrücklich die Meschwesch genannt. Ein umständlicher Bericht[17] darüber, wie Ramses mit diesem Volk verfuhr, findet sich in dem Schlußabschnitt des großen Papyrus, dem der »Rückblick« zu Beginn dieses Kapitels entnommen war und über den später noch einiges zu sagen sein wird.

Abb. 11. Die Schlacht gegen die See-Völker (Ausschnitt)

»Die Libu und die Meschwesch waren ansässig in Ägypten und hatten die Städte der westlichen Gegend in Besitz genommen von Hikuptah (Memphis) bis nach Keroben[18] und hatten den Großen Strom[19] an jedem seiner Ufer erreicht. Sie waren es, die die Städte von Xois[20] verwüstet hatten während vieler Jahre, solange sie in Ägypten waren. Siehe, ich vernichtete sie, erschlagen (waren sie) auf einen Streich. Ich brachte die Meschwesch, die Libu, die Asbat, die Kaikasch, die Schajtep, die Hasa und die Bakan zu Fall, niedergestreckt (lagen sie) in ihrem Blute und (waren) zu Haufen gemacht. Ich bewirkte, daß sie davon abließen, die Grenze Ägyptens mit Füßen zu treten. Ich machte unter denen, die mein Schwert verschonte, zahlreiche Gefangene, gebunden (waren sie) wie Vögel vor meinen Pferden; ihre Frauen und Kinder (waren) Zehntausende und ihre Rinder Hunderttausende an Zahl. Ich sperrte ihre Anführer in Festungen, die nach meinem Namen benannt sind. Ich gab ihnen Truppenbefehlshaber und Stammeshäuptlinge, mit Brandzeichen versehen und zu Sklaven gemacht, gekennzeichnet mit meinem Namen; ihre Frauen und Kinder wurden in gleicher Weise behandelt. Ich brachte ihr Vieh zu dem Hause des Amun, und es wurde für ihn zu ewigen Herden gemacht.«

Zwei große Inschriften in Medînet Habu, beide aus dem Jahre 11[21], beschäftigten sich ausschließlich mit eben diesem Kampf, sind aber wegen ihrer geschraubten Ausdrucksweise, in der manche fremdländischen und sonst unbekannten Wörter vorkommen, weit weniger ergiebig als die oben angeführte Stelle. Wir erfahren hier ferner, daß Mescher, der Häuptling der Meschwesch, gefangengenommen wurde und sein Vater Keper vergeblich um seine Begnadigung bat. Dies Ereignis ist in dem eindrucksvollen Relief[22] dargestellt, in dem auch die Hände und Phalli der Erschlagenen, die Gefangenen, die erbeuteten Waffen und das Vieh, um das man die Herden des Gottes von Theben vermehrte oder über das man anderweitig verfügte, festgehalten sind. Die angegebenen Zahlen sind trotz ihrer Höhe keineswegs unglaubhaft. Eine weitere Darstellung[23] zeigt die Ägypter beim Kampf von zwei Festungen aus, woraus sich klar ergibt, daß sie sich in der Defensive befanden.

In Medînet Habu sind noch einige weitere Szenen von Feldzügen nach Asien zu betrachten. Auf einer Wand ist Ramses beim Angriff auf zwei hethitische Städte zu sehen, von denen die eine mit der Aufschrift »die Stadt der Arzawa«[24] versehen ist; eine andere Szene zeigt die Erstürmung der Stadt Tunip[25], auf einer dritten erfolgt gerade die Übergabe einer Stadt[26]. Alle dargestellten Ereignisse gehören bestimmt nicht in diese Zeit und müssen nach Originalen aus der Regierungszeit Ramses' II. kopiert sein. Es ließe sich eine große Zahl von Beweisen dafür anführen, daß die in Medînet Habu tätigen Vorzeichner sich in großem Umfang Entlehnungen aus dem benachbarten Ramesseum erlaubten. Dies bestätigt der oben zitierte Papyrus insofern, als er weder einen syrischen Feldzug erwähnt noch einen gegen das Hethiterreich. Es heißt dort lediglich von Ramses III., er »vernichtete die Seïriter in den Stämmen der Schosu«[27]. Die Schosu wurden bereits als die Beduinen der im Süden an Palästina grenzenden Wüste genannt, und bei dem auf einem Obelisken Ramses' II.[28] erwähnten »Gebirge von Seïr« handelt es sich um das Gebirge von Edom, das an verschiedenen Stellen des Alten Testaments vorkommt. Es sieht so aus, als sei die Niederwerfung dieser doch recht unbedeutenden Zeltbewohner das Äußerste gewesen, was Ramses III. nach seinem Kampf mit den Mittelmeerhorden noch zu vollbringen imstande war – nach dieser Erwähnung breitet sich für mehr als zwei Jahrhunderte Schweigen über die Geschichte der ägyptischen Bestrebungen, in Asien ein Großreich aufzurichten.

Obwohl Ramses III. volle 31 Jahre regierte[29] und (vermutlich zu Beginn seines 30.) ein Sedfest beging, gibt es Hinweise darauf, daß sich verschiedene Male im Innern Unruhen ereigneten, insbesondere gegen Ende seines Lebens. Einmal befand man sich mit den monatlichen Verpflegungsrationen für die beim Bau des königlichen Grabes beschäftigten Arbeiter stark im Rückstand. Dies führte zu Arbeitsverweigerungen, denen nur der Wesir To durch sein persönliches Eingreifen ein Ende zu bereiten vermochte; aber auch er konnte die Forderungen der Arbeiter nur zur Hälfte erfüllen[30].

Sehr viel ernster war eine Verschwörung, die das Leben des

Königs selbst bedrohte[31]. Schon früh hatten sich unter seiner Regierung die Anzeichen dafür gemehrt, daß es wahrscheinlich wegen der Nachfolge zu Wirren kommen werde. Nach dem spätesten in Medînet Habu genannten Datum zu urteilen, wurde der große Tempel im Jahre 12 vollendet. Es fällt auf, daß zwar – wie im Ramesseum – zahlreiche Königssöhne dort abgebildet sind und auch einige Male die Königin, daß aber niemals Namen eingesetzt wurden, obwohl für sie Platz gelassen war. Dabei steht fest, daß der Sohn, der dann wirklich als Ramses IV. auf dem Thron folgte, schon gelebt haben muß: seine im Grab Amenophis' II. entdeckte Mumie war die eines »mindestens 50 Jahre alten, wenn nicht älteren« Mannes. Ohne uns damit und mit zahlreichen ähnlichen Befunden, die die Geschichte der ganzen folgenden Zeit so schwer durchschaubar machen, weiter zu befassen, wenden wir uns nun dem dramatischen Geschehen zu, das in mehreren Papyri überliefert ist, deren wichtigster sich im Museum von Turin befindet. Diese kostbare Handschrift ist in großen hieratischen Buchstaben geschrieben, wie es bei einem so hochwichtigen Staatsdokument üblich war; sie stammte vermutlich aus der Tempelbibliothek von Medînet Habu. Wir übergehen zunächst die lange, allerdings nur bruchstückhaft erhaltene, Einleitung, die dem eigentlichen Bericht vorangeht, und beginnen mit dem ersten Abschnitt: »Der große Feind Paibekkamen, der Haushofmeister gewesen war. Er wurde gebracht, weil er sich der Tije und den Frauen des Harems angeschlossen hatte. Er machte gemeinsame Sache mit ihnen und ging dazu über, ihre Worte nach draußen zu bringen zu ihren Müttern und ihren Brüdern und Schwestern, welche da waren, indem er sagte: ›Sammelt Leute und schürt die Feindschaft!‹, um einen Aufruhr gegen ihren Herrn zu machen. Und sie stellten ihn vor die hohen Beamten des Ortes der Untersuchung, und sie untersuchten seine Verbrechen und fanden, daß er sie begangen hatte. Und seine Verbrechen ergriffen Besitz von ihm, und die Beamten, die ihn verhört hatten, ließen seine Strafe an ihm haften bleiben.«

Neunundzwanzig der in fünf Gruppen eingeteilten Verbrecher erfuhren eine ähnliche Behandlung, abgesehen von sechs Frauen, die nicht namentlich aufgeführt sind. Merkwürdigerweise wurden die Namen einiger Männer mit Bedacht entstellt, offensichtlich, weil bei ihrer Bildung ein glückverheißendes Wort Verwendung gefunden hatte. So wird ein gewisser Truchsess (sehr hohe Hofbeamte hatten dies Amt in der Ramessidenzeit häufig inne) sicherlich nicht den Namen Mesedsurê getragen haben, der ihm hier beigelegt wird, denn mesed bedeutet »...haßt«; sein wirklicher Name wird vielmehr Mersurê gewesen sein, »Rê liebt ihn«. Der Harem, in dem das Komplott geschmiedet worden war, trug die Bezeichnung »der Harem in der Begleitung«: vermutlich befand er sich nicht ständig an demselben Ort, wie der von Memphis und der in Miwer im Faijûm, sondern begleitete Ramses auf seinen Reisen. Zahlreiche Haremsbeamte waren in die Affäre verwickelt: der Aufseher und der stellvertretende Aufseher, zwei Schreiber, sechs Inspektoren, abgesehen von den Frauen der Türhüter. Gefährlicher als die meisten dieser Verhafteten war ein Truppenkommandeur von Kusch. Er war von seiner Schwester, einer der Haremsdamen, angestiftet worden; wäre ihr Vorhaben planmäßig verlaufen, so hätten sie wohl ganz Nubien in die Verschwörung hineingezogen, vor allem, wenn sie die Unterstützung des Generals Paiis gewonnen hätten. Es ist charakteristisch für diese Zeit, daß sich sowohl unter den Angeklagten wie unter den Richtern Ausländer befinden: Baalmahar war eindeutig Semit, Inini wird als Libyer bezeichnet, und Peluka weist sein Name als Lykier aus. Den höher Gestellten unter den Schuldigen gestattete man, sich selbst das Leben zu nehmen. Andere, die man ungeschoren gelassen hatte, »starben aus eigenem Entschluß«, vielleicht an Hunger. Vier Beamten wurden Nase und Ohren abgeschnitten: sie hatten trotz der ihnen erteilten strikten Anweisungen mit Frauen des Harems und mit Paiis gezecht. Nur einer, ein Standartenträger, kam mit einem strengen Verweis davon. Dieser Mann hatte zusammen mit zweien von den eben erwähnten vier Leuten ursprünglich einen Platz unter den Richtern innegehabt, als diese zum ersten Male eingesetzt worden waren. Es ist merkwürdig, daß so wenig über Tije zu erfahren ist, die Frau, die im Mittelpunkt der Verschwörung gestanden hatte. Auch ihr Sohn Pentawere, der Junge, den die Verschwörer möglicherweise auf den Thron hatten bringen wollen, wird nur ganz beiläufig als einer von denen erwähnt, die »aus eigenem Entschluß« starben.

Andere Papyrusfragmente, die sich mit derselben Sache befassen, werfen noch mehr Licht auf die Machenschaften der Verschwörer[32]. Ein ehemaliger Aufseher des Viehs hatte einen gelehrten Schreiber dazu angestiftet, magische Sprüche zu schreiben und Wachsfiguren anzufertigen, die in den Harem geschmuggelt werden sollten; doch wird ausdrücklich festgestellt, die List habe nicht zum Erfolge geführt und die Schuldigen habe ihr verdientes Schicksal ereilt.

Es bleibt noch etwas darüber zu sagen, welchem Zweck diese außergewöhnlichen Dokumente eigentlich dienten. Ein erster Erfolg bei ihrer Deutung war Breasted beschieden. Er bemerkte, daß an einer Stelle Ramses III. mit dem Epitheton »der große Gott« erwähnt ist, das sonst verstorbenen Königen vorbehalten war. Er schloß daraus, Ramses habe zwar das Gerichtsverfahren angeordnet, sei aber so schwer verletzt gewesen, daß er starb, noch ehe die Verbrecher vor Gericht gestellt wurden. Nun war zu Breasteds Zeiten die Kenntnis der spätägyptischen Syntax noch nicht so weit fortgeschritten, daß er die beschädigte Einleitung des Turiner Papyrus hätte richtig übersetzen können. De Buck kommt das Verdienst zu[33] erkannt zu haben, daß an jener Stelle nicht der König im Präsens einen Befehl erteilt, daß es sich vielmehr bei dem gesamten Text um einen Bericht über Ereignisse aus vergangener Zeit handelt, der dem verstorbenen König in den Mund gelegt wurde. Nach der Aufzählung der von ihm ernannten Richter und der Wiedergabe des Wortlauts der ihnen erteilten Instruktion fährt er folgendermaßen fort: »Und sie gingen hin und verhörten sie, und sie ließen diejenigen durch ihre eigenen Hände sterben, die sie sterben ließen, obwohl ich nicht weiß, wen. Und sie bestraften die anderen auch, obwohl ich nicht weiß, wen. Aber ich hatte sie sehr genau angewiesen, indem ich sagte: ›Gebt wohl acht und hütet euch, daß nicht Strafe verhängt wird über irgendeinen durch Rechtsbeugung von einem Beamten, der nicht über ihm ist.‹ So sprach ich zu ihnen (den Richtern) immer wieder. Und was alles das anbetrifft, was getan worden ist: sie sind es, welche es getan haben. Laßt alles, was sie getan haben, auf ihre Häupter fallen, denn ich bin befreit und geschützt ewiglich, indem ich unter den gerechten Königen bin, welche sind im Angesicht von Amun-Rê-Götterkönig, und im Angesicht des Osiris, des Herrschers der Ewigkeit.«

Diese Stelle liest sich wie eine Apologie Ramses' III. wegen übermäßiger Strenge, ja, wie eine Verteidigung gegen den Vorwurf, er sei für ein gewisses Maß von Ungerechtigkeit verantwortlich gewesen. Der Text macht so, wie er sich uns darbietet, offensichtlich den Eindruck, als sei er auf Weisung Ramses' IV. zustande gekommen, und es wird sich sehr bald zeigen, wie sehr der Sohn darauf bedacht war, seinen verstorbenen Vater als einen stets wohltätigen Regenten hinzustellen. Daß Ramses III. selbst das Gerichtsverfahren angeordnet hatte, läßt sich nicht bezweifeln, doch die Worte der Selbstrechtfertigung, die ihm hier in den Mund gelegt werden, sind wohl seinem Nachfolger zuzuschreiben. Für die Annahme, die Verschwörung könnte ganz oder teilweise Erfolg gehabt haben, gibt es keinerlei zuverlässige Grundlage. Die Mumie Ramses' III. wurde in der Cachette bei Dêr el-Bahri gefunden[34] und war nach Masperos Feststellung die eines über 65 Jahren alten Mannes; sie wies keine Spuren einer Verwundung auf. Es besteht ferner kein Grund, die Verschwörung gegen das Ende seiner Regierung anzusetzen; sie kann viel früher stattgefunden haben. In der großen Handschrift, auf die wir nunmehr zu sprechen kommen, findet sich jedenfalls kein Hinweis auf sie.

Der Papyrus Harris Nr. 1 im Besitz des Britischen Museums ist die prachtvollste aller ägyptischen Staatsurkunden[35]. Er ist 40,5 m lang und 42,5 cm hoch und enthält 117 Kolumnen in hieratischer Schrift, deren Größe den Papyrus als eine Originalurkunde von höchster Bedeutung ausweist. Die überlieferten, ziemlich ungenauen Angaben über seine Entdeckungsgeschichte scheinen darauf hinzudeuten, daß er (wie die Verschwörungspapyri) einmal zu dem Archiv des großen Tempels von Medînet Habu gehört hatte. Die erste

Kolumne führt die Zuwendungen auf, die Ramses III. den verschiedenen Gottheiten ganz Ägyptens gemacht hatte; auch hier erscheint er deutlich als ein Abgeschiedener, der in der ersten Person spricht. Daneben stellt ein herrlich koloriertes Bild den König bei der Verehrung von Rê, Mut und Chons dar, den drei Hauptgottheiten seiner thebanischen Metropole. In einem breit angelegten erzählenden Abschnitt beschreibt er sodann in rhetorischem Stil voll Selbstlob alle Bauten, Tempelausstattungen, Ländereien, Schiffe usw., die er der Stadt zum Geschenk gemacht hatte. Hieran schließt sich ein langer statistischer Abschnitt mit genauen Zahlenangaben über die Stiftungen, die von den verschiedensten Seiten unter seiner Regierung gemacht worden waren; zuerst kommen die Zahlen für das Personal, das Vieh, die Weingärten, Felder und Schiffe und die Städte in Ägypten und Syrien, die der König selbst bis zu seinem 31. Regierungsjahr dem Gott gestiftet hatte, danach die Steuereinkünfte und schließlich andere Posten, die auf ganz verschiedene Weise und für andere Zwecke eingekommen waren. Dieser Teil des Papyrus schließt mit einem Gebet Ramses' III., in dem er als Vergeltung dafür reichen Segen für seinen geliebten Sohn Ramses IV. erbittet.

Daran schließt sich ein offensichtlich von anderer Hand geschriebener, auf die Atum-Priesterschaft im Norden zurückgehender Abschnitt über Heliopolis an, der genauso angelegt ist und genauso schließt. Ein weiterer Abschnitt ist Memphis gewidmet und an Ptah und die anderen mit ihm verbundenen Gottheiten der dritten großen Hauptstadt gerichtet. Mit den übrigen Lokalgottheiten befaßt sich bündig ein kürzerer Abschnitt; er ist deshalb von so großem Wert, weil sich ihm entnehmen läßt, welche Städte Ramses III. besonders bevorzugte, doch nennt die Liste keine, die südlich von Koptos lag. Schließlich werden alle zuvor genannten Zahlen – wobei einige Versehen unterlaufen – in einer Übersicht zusammengezogen. Wir entnehmen aus ihr, daß das Tempelvermögen des Amun-Rê in Karnak bei weitem am reichsten bedacht wurde. Obwohl der Pharao häufig in Unterägypten residierte, blieb Theben das religiöse Zentrum des Königreichs; seine Schätze müssen ungeheuer gewesen sein.

Die große Papyrusrolle endet mit einem umfassenden Überblick über die Vergangenheit und die jüngsten Ereignisse, von dem oben verschiedene Proben mitgeteilt wurden[36]. Mehrere recht lebendig geschilderte Expeditionen fielen wohl in die Zeit des Friedens, die auf die Kriege zu Beginn der Regierung folgte: eine ging nach Punt[37], von wo die Schiffe Myrrhe in Menge mitbrachten, die die Kinder der Häuptlinge jener fernen Länder dem Pharao in seiner nördlichen Hauptstadt selbst übergaben; andere Züge auf der Suche nach Kupfer[38] führten zu einigen nicht lokalisierbaren Minen, solche nach Türkis in die Gegend von Serâbit el-Châdim[39] auf der Halbinsel Sinai. Ramses III. hatte sich zuvor gerühmt, er habe davon abgesehen, jeden zehnten Mann aus dem Tempeldienst herauszunehmen und in die Armee zu stecken, wie dies unter früheren Königen Brauch gewesen sei[40]. Nun möchte er uns glauben machen, im ganzen Lande habe völlige Ruhe geherrscht[41]: »Ich machte, daß die Frau Ägyptens sich frei bewegen konnte, wohin sie immer wollte, unbelästigt von anderen auf dem Wege. Ich ließ die Soldaten untätig herumsitzen und die Wagentruppe während meiner Zeit, und die Scherden und die Kehek in ihren Dörfern ruhen in der Nacht, ausgestreckt ohne jede Furcht.«

In Wahrheit werden sich aber einige Unruhen im Innern ereignet haben, abgesehen von der bereits ausführlich besprochenen Verschwörung. Da gab es Ärger mit einem Wesir in Athribis, der daraufhin aus seinem Amt entfernt wurde. Vielleicht erhielt bei diesem Anlaß, abweichend von der bisherigen Übung, To das Wesirat über beide Landeshälften[42]. Der Rückblick am Ende des Papyrus ist an alle Beamten und Offiziere des Landes[43] gerichtet und schließt mit der Aufforderung an sie, dem neuen König Ramses IV. in Treue zu dienen. Diese Aufforderung war möglicherweise das eigentliche Anliegen dieses umfangreichen Schriftstücks.

Nur beiläufig seien die Bauten erwähnt, die Ramses III. an anderen Orten errichtete. Von ihnen ist ein kleiner Tempel in Karnak besonders gut erhalten. Sein gewaltiges Grab in den Bîbân el-Molûk unterscheidet sich von anderen dieser Zeit durch die Einführung unüblicher profaner Szenen, wie z. B.

solcher aus der königlichen Küche; berühmt ist vor allem das Bild eines Harfners.

Diesem letzten großen Pharao folgten acht Könige[44], die alle den anspruchsvollen Namen Ramses führten, der nun so untrennbar mit der Vorstellung von pharaonischer Größe verbunden war, daß noch zu einer Zeit, als seine Nachkommen längst auf alle Thronansprüche verzichtet hatten, gewisse höhere Beamte voll Stolz den Titel »Königssohn des Ramses«[45] führten. Daß Ramses IV. ein Sohn Ramses' III. war, ergibt sich eindeutig sowohl aus dem Papyrus Harris als auch aus anderen Zeugnissen, doch erwecken die Tatsache, daß er in seinen Thronnamen und in seinen Geburtsnamen den Namen der Göttin der Wahrheit aufnahm, und die feierliche Versicherung, er habe die Ungerechtigkeit vertrieben, den Verdacht, daß er Schwierigkeiten hatte, seinen Anspruch auf den Thron zu beweisen. Von seinen Nachfolgern scheinen jedenfalls zwei seine Brüder gewesen zu sein.

Alle acht Könige haben, mit Ausnahme von Ramses IX. und Ramses XI., nur kurze Zeit regiert, so daß die Summe der Jahre der Dynastie nicht so hoch ist wie die von Manetho angegebene Zahl. Die Gewohnheit, sogleich beim Regierungsantritt mit der Anlegung eines Grabes in den Bîbân el-Molûk zu beginnen, wurde konsequent beibehalten, und doch fanden nicht alle diese späten Ramessiden ihre letzte Ruhestätte an dem Ort, den sie sich dafür ausersehen hatten. Die Mumien dreier Könige wurden aus Sicherheitsgründen später in das Grab Amenophis' II. verbracht[46]. Die Entwicklung der Folgezeit läßt vermuten, daß diese unbedeutenden Herrscher sich fast nur noch im Delta aufhielten und immer seltener nach Oberägypten gekommen sind. Dies hatte zur Folge, daß die Bedeutung und der Reichtum des Hohenpriesters des Amun-Rê in Theben ständig zunahmen. Die Bautätigkeit ging merklich zurück. Vorbei war es auch mit den Unternehmungen in Asien. Der späteste Bericht auf der Sinaihalbinsel ist in die Regierungszeit Ramses' VI. datiert. Andererseits blieb in der Verwaltung Nubiens alles beim alten, wenn auch die Nachrichten spärlicher werden. Trotz dieses allmählichen Verfalls ist das 12. vorchristliche Jahrhundert nicht völlig ereignislos. Eine Anzahl aufschlußreicher Inschriften und Papyri hat sich erhalten, doch beschäftigen sie sich mit Dingen, die sowohl ihrem Inhalt wie ihrer örtlichen Zugehörigkeit nach so wenig zusammenhängen wie die Artikel einer modernen Tageszeitung. Dennoch ist es unerläßlich, daß wir uns hier mit ihnen beschäftigen.

Die Herrschaft von Ramses IV. währte nur sechs Jahre; in Anbetracht dieser geringen Dauer ist der Umfang seiner Bautätigkeit recht beachtlich. Auch da, wo er nichts Neues baute, hielt er die Erinnerung an sich wenigstens durch eine Weihinschrift fest. Zwei von Mariette bei Abydos gefundene große Denksteine künden von seiner außergewöhnlichen Frömmigkeit und von seinem Dienst für die Götter. Ihr Wortgebrauch ist unüblich und deutet vielleicht auf den König als Verfasser hin. Eine lange Inschrift aus dem Jahr 3 im Wâdi Hammamât berichtet von einer Suche nach dem herrlichen Stein der dortigen berühmten Brüche, an der mehr als 8000 Leute teilnahmen. Schon im Jahre 1 hatte Ramses den Hohenpriester[47] des Month die Gegend besichtigen lassen[48] und im Jahre 2 andere tüchtige Beamte und Schreiber ausgeschickt, um die Abbaumöglichkeiten zu untersuchen. Die Inschrift aus dem Jahre 3 macht uns nun mit einem weit umfangreicheren[49] Unternehmen bekannt. Von den 8000 Leuten bildeten die geschickten Steinbrucharbeiter und Bildhauer nur einen geringen Teil. Die 5000 Soldaten wurden bestimmt nicht zu irgendwelchen kriegerischen Zwecken benötigt, sondern waren vielleicht dazu bestimmt, die gewaltigen Denkmäler über die steinigen Wüstenstraßen zu schleifen. Das eigentliche Anliegen dieser erstaunlichen Inschrift ist es aber, Rechenschaft zu geben über die Anwesenheit vieler der vornehmsten Würdenträger des Landes an einem so weit vom Niltal entfernten Ort. An ihrer Spitze befand sich der Hohepriester[47] des Amun-Rê, Ramessenacht: für sein Erscheinen haben wir wenigstens die teilweise Erklärung, daß er mit seinen Funktionen als Priester und Verwaltungsbeamter die eines »Oberaufsehers der Arbeiten« verband. Er war in der Tat für die Tempel und Statuen verantwortlich, die der König den Lokalgöttern weihte. Aber was hatten zwei

Truchsesse des Königs, der Aufseher des Schatzhauses und gar die beiden Ober-Steuerschätzer, diese hohen Persönlichkeiten, von denen allen die Namen genannt sind, in seiner Begleitung zu tun? Hier stehen, wie so oft in den ägyptischen Berichten, neben wertvollen Angaben, für die wir dankbar sind, unlösbare Rätsel.

Ein anderes wichtiges Dokument aus dieser Zeit lenkt unsere Aufmerksamkeit nach Elephantine im Süden. Ein schlecht geschriebener, aber verhältnismäßig gut erhaltener Papyrus im Turiner Museum enthält in einer Sprache, die – vor allem in ihrer Heftigkeit – an den Papyrus Salt (S. 307 Anm. 89) erinnert, schwere Beschuldigungen gegen mehrere Personen[50], unter denen ein Lesepriester des Tempels des Chnum die wichtigste ist. Ihm werden zahlreiche Diebstähle, Fälle von Bestechlichkeit und Tempelentweihung zur Last gelegt, und natürlich unerlaubte Beziehungen zu verheirateten Frauen. Abscheuliche Verbrechen gegen die Religion waren seine widerrechtliche Aneignung und der Verkauf heiliger Mnevis-Kälber und weiter, daß er das Gottesbild mitgetragen hatte, obwohl er noch drei Tage hätte Natron trinken müssen, um rein zu sein. Außerdem hatte er die Leute des Wesirs mit Geschenken überhäuft, um sie dahin zu bringen, daß sie den Priester einsperrten, der gegen ihn Anklage erhoben hatte, obwohl dieser erst die Hälfte des Monats seines Ritendienstes hinter sich hatte. Wir erfahren hier interessante Einzelheiten, so etwa, daß der Wesir die lokalen Propheten einsetzen konnte und daß der Pharao höchstpersönlich eingriff, indem er seinen obersten Schatzmeister ausschickte, um den Umfang der Kleiderdiebstähle aus dem Schatzhaus des Tempels untersuchen zu lassen. Noch bedenklicher, weil sie die Bestechlichkeit eines größeren Personenkreises vermuten ließen, waren die Verluste an Getreide, die die Priesterschaft des Chnum erlitten hatte. Die zum Tempel gehörigen Ländereien im Delta mußten jährlich 700 Sack abliefern. Ein Schiffskapitän, der im 28. Regierungsjahr Ramses' III. nach dem Tode seines Vorgängers dieses Amt angetreten hatte, begann im ersten Regierungsjahr Ramses' IV. mit seinen Veruntreuungen und brachte während der folgenden neun Jahre bis zum »Jahr 3 des

Pharaos« (womit Ramses V. gemeint ist) insgesamt über 500 Sack auf die Seite.

Bei dem in das Jahr 4 Ramses' V. datierten großen Papyrus Wilbour im Brooklyn Museum[51] handelt es sich um das Original einer amtlichen Urkunde von einzigartigem Wert. Ihr Haupttext ist in vier Abschnitte eingeteilt, die jeweils einige Tage umfassen und genaue Aufzeichnungen über die Vermessung und Einschätzung der Felder in dem etwa 145 km langen Gebietsstreifen von Krokodilopolis im Norden (Medînet el Faijûm) bis in die Nähe des heutigen El-Minja im Süden enthalten. Die Felder, deren Lage und Größe jeweils angegeben ist, sind nach den Institutionen eingeteilt, in deren Besitz sie sich befanden. Bei diesen handelte es sich um die großen Tempel von Theben, Heliopolis, Memphis und eine Anzahl kleinerer Heiligtümer, die fast alle in der Nähe der ihnen gehörenden Ländereien lagen, schließlich um mehrere Körperschaften, die jedoch zu verschiedenartig und auch in ihrer Bedeutung zu wenig geklärt sind, als daß sie hier aufgeführt werden könnten. Die Schätzwerte sind in Getreide ausgedrückt und beziehen sich eindeutig auf Steuern. Diese zerfallen je nachdem, ob die Institution, der die Felder gehörten, für die Steuern unmittelbar haftete oder ob die Pächter oder Bewirtschafter des Bodens persönlich, in zwei Kategorien. Von ihnen ist die zweite die interessantere, weil bei ihr eine große Zahl der verschiedensten Besitzer bzw. Pächter, darunter ganze Familien, Leute scherdischer Abstammung und sogar einige Sklaven, mit Namen genannt sind. In einem einzigen Abschnitt werden beispielsweise als Pächter von Parzellen von je zehn Aruren Größe, die alle dem Tempel des Sobek-Rê von Anascha gehörten und in der Nähe der sogenannten »Hügel des Roma« lagen, hintereinander der bekannte Aufseher des Schatzhauses Cha'emtir, ein unbekannter Priester, ein Tempelschreiber, noch ein Schreiber, drei Soldaten, eine Frau und schließlich ein Standartenträger aufgeführt. Ein zweiter Text auf der Rückseite dieses Papyrus befaßt sich ausschließlich mit einem als ḫ3–t3-Land bekannten Grundbesitz des Pharaos. Die Fläche dieses »Kronlandes« scheint ständig geschwankt zu haben; wir ahnen dunkel, daß es sich um Ländereien handelte, die aus nicht ersichtlichen Gründen an den Pharao zurückfielen und von ihm dann neu vergeben wurden. Trotz der Mühe, die man auf das Studium dieses so bedeutenden Papyrus verwendet hat, konnten seine wichtigsten Probleme wegen des stark abgekürzten Schreibstils und weil die Schreiber natürlich nicht daran dachten, der Nachwelt Erklärungen zu liefern, noch nicht gelöst werden[52]. An wen waren die Steuern zu entrichten? Wie vertrug sich die hier erkennbare strenge Ordnung mit der Armut des Pharaos, die es, wie wir gesehen haben, oft nicht einmal erlaubte, den Arbeitern an dem königlichen Grab die ihnen zustehenden Rationen auszuteilen? Diese und ähnliche Fragen sind noch ungeklärt, doch spricht einiges dafür, daß die Pfründen sich überwiegend im Besitz des großen Tempels von Karnak mit dem Hohenpriester des Amun an der Spitze und weniger in der Hand des Pharaos befanden. Es ist jedenfalls bezeichnend, daß der Chef der Steuerverwaltung Usimarênacht ein Sohn des damals amtierenden Hohenpriesters Ramessenacht war. Als wertvolle Ergänzung des Papyrus Wilbour sei ein vorzüglich erhaltener Brief aus der Regierungszeit Ramses' XI., einige 50 Jahre später, erwähnt. In diesem Brief[53] beschwert sich der Bürgermeister von Elephantine bei dem damaligen Chef der Steuerverwaltung darüber, daß er zu Unrecht für zwei Pachtgüter, für die er jede Verantwortlichkeit ablehne, zu Steuern herangezogen worden sei.

Das Grab Ramses' IV. ist deshalb von besonderem Interesse, weil sich von ihm auf einem Papyrus im Museum von Turin[54] ein Plan mit genauen Maßangaben erhalten hat. Die Mumie Ramses' V. wurde im Grab Amenophis' II. entdeckt; ihr Befund zeigt, daß der König an den Pocken[55] gestorben ist. Er herrschte vermutlich nicht länger als vier Jahre; aus dem Jahr 4 stammt jedenfalls das höchste bekannte Datum. Sein unvollendetes Grab in den Bîbân el-Molûk[56] wurde von Ramses VI., der auch seine Ausschmückung vollendete, usurpiert. Aus der siebenjährigen Regierungszeit dieses Königs haben sich nur unbedeutende Denkmäler erhalten. Obwohl er sich überwiegend im Delta aufhielt, gibt es Beweise dafür, daß Nubien ihm noch treu ergeben war. Der Gouverneur dort

trug wie bisher den Titel eines Königssohns von Kusch, und
der derzeitige Amtsinhaber Siese ist in Amara (zwischen dem
dritten und vierten Katarakt) neben seinem königlichen Gebieter
erwähnt[57]. Aus Verwaltungsgründen war Nubien lange
Zeit in zwei Provinzen, Wawat oder Unternubien und Kusch,
weiter im Süden, geteilt. Unter Ramses VI. hatte Penne das
Amt des Gouverneur-Stellvertreters von Wawat und zugleich
das des Bürgermeisters der wichtigen Stadt Aníba
inne[58]. Er spricht in seinem Grab von einer Statue des Königs,
die er dort hatte anfertigen lassen, und gibt eine genaue Liste der
Felder, die die Unterhaltungskosten sicherstellen sollten. Für
diese Verdienste und für die Gefangennahme einiger Rebellen
in dem Gebiet von Akati erhielt er als Belohnung zwei silberne
Salbgefäße, zu deren Überreichung der Königssohn von
Kusch und der Aufseher des Schatzhauses höchstpersönlich
nach Aníba kamen.

Inzwischen war das Amt des Hohenpriesters des Amun-Rê
in Karnak erblich geworden und, nachdem es zunächst ein
Sohn Nesamun des Ramessenacht innegehabt hatte, an einen
anderen Sohn, den mächtigen Amenhotep, übergegangen.
Zu welchem genauen Zeitpunkt dieser das hohe Amt erlangte,
wird nicht berichtet; im 10. Regierungsjahr Ramses' IX.
verfügte er jedenfalls über einen solchen Einfluß wie vor ihm
noch kein Untertan des Pharaos. Daß ein hoher Würdenträger
in Tempelreliefs erschien, war schon vorgekommen: unter
Sethos II. hatte der (auch unter dem Namen Roj bekannte)
Hohepriester Roma sich in Karnak abbilden lassen, wie er
von Amun-Rê ein langes Leben und Macht erbittet, um
sein Amt an seine Nachkommen weitergeben zu können.
Doch Amenhotep ging einen Schritt weiter: in der ägyptischen
Kunst hatte stets das Gesetz gegolten, daß in den
Darstellungen die Größe einer Person sich nach ihrem Rang
und ihrer Bedeutung bestimmte – hier aber wird zum ersten
Male Amenhotep, der dem Pharao gegenübersteht, genauso
groß dargestellt wie der König. Wohl empfängt Amenhotep
in altgewohnter Weise Belohnungen, aber sein Anspruch, als
gleichberechtigt zu gelten, ist doch unverkennbar. Dieser
Anspruch wird auch durch das bestätigt, was wir auf Grund

von Tatsachen und nach dem weiteren geschichtlichen Verlauf feststellen können. Der König mochte im Norden unbestrittener Herrscher sein, im Süden war der mächtige Hohepriester in Karnak von größerem Einfluß.

Es gehört zu den Zufälligkeiten der Archäologie, daß aus der Zeit der letzten Herrscher der 20. Dynastie mehr schriftliche Zeugnisse zum Vorschein gekommen sind als aus jedem anderen Abschnitt der ägyptischen Geschichte. Sie stammen von dem thebanischen Westufer, insbesondere aus Medînet Habu und aus dem Nachbardorf Dêr el-Medîna. Hier wurden im frühen 19. Jahrhundert viele, allerdings meist fragmentarische, Papyri gefunden, die heute über die großen europäischen Sammlungen verstreut sind. Das Turiner Museum sicherte sich den Löwenanteil der von dem französischen Konsul in Ägypten, Drovetti, angeregten Grabungen. In den Papyri befinden sich von Tag zu Tag fortgeführte Aufzeichnungen über die Arbeiten in der Nekropole, die den Eindruck großer Unruhe vermitteln; zeitweise hatten die Arbeiter an dem königlichen Grab nichts zu tun. Es finden sich auch dunkle Hinweise[59] auf die Anwesenheit von Ausländern bzw. Libyern oder Meschwesch in Theben, insbesondere aus den späten Jahren Ramses' IX., doch wissen wir nicht, wie diese Hinweise zu deuten sind. Haben wir es mit Eindringlingen zu tun, oder handelte es sich um die Nachkommen von Kriegsgefangenen, die man in das ägyptische Heer aufgenommen hatte und die nun die Zeit für gekommen hielten, sich zu erheben oder wenigstens Unruhe zu stiften? Diese Fragen müssen aus Mangel an sicheren Zeugnissen ohne Antwort bleiben; fest steht jedenfalls, daß die Wirkung auf die einheimische Bevölkerung verheerend war. Des öfteren blieben die Rationen für die Arbeiter zwei Monate aus. Not und Habgier vereint mußten unweigerlich zu Verbrechen führen. Die Angehörigen der königlichen Familie und die Adligen waren einst mit ihren kostbarsten Besitztümern bestattet worden: die Versuchung für die Lebenden, sich an den Toten zu bereichern, war unwiderstehlich. Grabräuberei kam schon seit frühester Zeit vor, doch nun nahm diese Art und Weise, der Armut abzuhelfen, offenbar einen derartigen

Umfang an, daß man energische Maßnahmen ergreifen mußte, um die Diebe vor den Richter zu bringen. Durch einen glücklichen Zufall ist eine ganze Reihe guterhaltener Papyri auf uns gekommen, die Licht auf die Verhaftungen und auf die Gerichtsverfahren werfen, die im 16. Regierungsjahr Ramses' IX. begannen und sich, möglicherweise mit einer Unterbrechung, über eine ganze Generation erstreckten. Von zweien der berühmtesten dieser atemberaubenden Dokumente war bereits die Rede, nämlich von den Papyri Abbott und Amherst[60]. Beide berichten so dramatisch, daß sie sich wie Kapitel aus einem Roman und nicht wie nüchterne Auszüge aus amtlichen Akten lesen. Die Gruppe der späteren Papyri, von denen der Papyrus Mayer A der vollständigste ist, gewährt den besten Einblick in das Verfahren, wie es sich bei den gerichtlichen Verhören der Zeugen abspielte. Hierfür ein Beispiel: »Da wurde gebracht der Schreiber der Truppen Anchefenamun, Sohn des Ptahemhab. Er wurde verhört durch Schlagen mit dem Stock, und ihm wurden Fesseln an Füße und Hände gelegt; ein Eid wurde ihm abgenommen bei der Strafe der Verstümmelung, nicht die Unwahrheit zu sprechen. Da wurde zu ihm gesagt: ›Nenne den Weg, auf dem du zu den Stellen gingst zusammen mit deinem Bruder!‹ Er sagte: ›Laßt einen Zeugen bringen, der mich beschuldigt!‹ Er wurde abermals verhört, und er sagte: ›Ich sah nichts.‹ Er wurde zum Gefangenen gemacht zur weiteren Untersuchung.« Sogar jene Zeugen, die sich später als unschuldig erwiesen und freigelassen wurden, hatten sich dem Gottesurteil der Bastonnade unterwerfen müssen. Für die Durchführung dieser Staatsprozesse von größter Bedeutung wurden die Richter unter den höchsten verfügbaren Beamten eigens ausgewählt: Zur Zeit Ramses' IX. waren es der Wesir Chaemweset, der Hohepriester des Amun-Rê in Karnak, der Satem-Priester des Totentempels des Pharaos selbst, zwei wichtige königliche Truchsesse, ein General der Wagentruppe, ein Standartenträger der Flotte und schließlich der Bürgermeister von Theben, der geschworene Feind des Pwero, des Bürgermeisters auf dem Westufer, den er – freilich mit sehr geringem Erfolg – für die Diebstähle in den Königsgräbern hatte verantwortlich machen wollen. Der Gerichtshof, vor dem die späteren Verfahren stattfanden, war ähnlich zusammengesetzt, doch fehlt der Hohepriester; vielleicht war er durch noch wichtigere Geschäfte abgehalten. Sämtliche Richter tragen andere Namen, es mußte also seither eine lange Zeit vergangen sein. Obwohl der Pharao von Theben abwesend war, sah er den Verbrechen nicht tatenlos zu, die an den Gräbern seiner Vorgänger begangen wurden; er ordnete die Gerichtsverfahren an, und wenigstens in einem Falle wurden die Verurteilten solange in Haft gehalten, bis der Pharao entschieden hätte, welche Strafe sie treffen sollte.

Betrachtet man die Verfahren in Theben unter einem umfassenderen historischen Aspekt, so liegt ihre Bedeutung eher in den Hinweisen auf große politische Ereignisse, die sich in den Aussagen der Zeugen oder sonst in den Papyri dieser Zeit finden. Ramses IX. folgte nach einer Regierungszeit von mindestens 17 Jahren der zehnte Träger dieses Namens; von ihm ist als höchstes Datum das 3. Regierungsjahr bekannt. Die lange Reihe der Ramessiden-Könige schließt mit Ramses XI., dessen Thronname Menmarê – setpenptah die Erinnerung an den großen Herrscher Sethos I. beschwört, der zwei Jahrhunderte vor ihm gelebt hatte. Aus seinen ersten elf Regierungsjahren sind keine zeitgenössischen datierten Berichte erhalten geblieben, doch lassen Aufzeichnungen, die ein Jahrzehnt jünger sind, keinen Zweifel an dem unruhigen Zustand des Landes. Wahrscheinlich fiel in die Anfangszeit seiner Regierung ein einschneidendes Ereignis, das in der Inschrift eines Türhüters Howtenufe nachklingt: »Die Barbaren kamen und nahmen von Tho (dem Tempel von Medînet Habu) Besitz, während ich nach einigen Eseln sah, die meinem Vater gehörten. Und Peheti, ein Barbar, packte mich und schleppte mich zu Ipip, nachdem man Schlimmes dem Amenhotep angetan hatte, der früher Hoherpriester des Amun gewesen war, sechs Monate lang. Und so geschah es, daß ich zurückkehrte, nachdem neun volle Monate Schlimmes dem Amenhotep angetan und diese tragbare Lade entwendet und in Brand gesteckt worden war.«

An anderer Stelle ist von dem »Krieg des Hohenpriesters«

die Rede, womit bestimmt dasselbe Geschehnis gemeint ist:
den ehrgeizigen Priester, der unter Ramses IX. zu solcher
Macht gelangt war, ereilte nun sein Schicksal[61]. Chronologische
Gründe sprechen dagegen, daß dieser Konflikt etwas
mit einer Revolte zu tun hatte, deren Hauptfigur ein gewisser
Pinhasi war. Im Papyrus Mayer A, einem Dokument aus der
späten Regierungszeit Ramses' XI., heißt es von einigen der
Diebe, sie seien »getötet (worden) von Pinhasi«, von anderen,
sie seien in dem »Krieg im Norddistrikt« umgekommen.
Wir hören auch davon, daß »Pinhasi Hardai zerstörte«, die
von den Griechen Kynonpolis genannte Hauptstadt des
17. oberägyptischen Gaues. Aus der Art, wie der Name des
Pinhasi geschrieben ist, ergibt sich mit Sicherheit, daß er ein
Gegner der Treugesinnten in Theben war, und das Fehlen
jeglichen Titels deutet darauf hin, daß er eine sehr bekannte
Persönlichkeit gewesen sein muß. Es wird sich bei ihm wohl
um jenen Königssohn von Kusch gehandelt haben, der im
Jahre 12 in den Städten südlich von Theben für die Steuereintreibung
verantwortlich war und dem im Jahre 17 der
König in recht scharfem Ton den Befehl erteilte, mit dem
königlichen Truchsess Jenes bei der Herstellung eines Ausstattungsstücks
für den Tempel einer Göttin und bei der Beschaffung
verschiedener Halbedelsteine, die für die Werkstätten
in der Residenz benötigt wurden, zusammenzuarbeiten.
Offenbar hat demnach seine Rebellion erst nach dem
Jahre 17 stattgefunden. In einem Brief aus wesentlich
späterer Zeit findet sich möglicherweise ein Hinweis auf ihn,
dem sich vielleicht entnehmen läßt, daß er sich nach Nubien
zurückgezogen hatte und dort seinen Widerstand fortsetzte.
Sonst aber ist nichts mehr von ihm zu hören, und wir können
lediglich vermuten, daß er aus Aníba in Nubien stammte,
wo sich ein für ihn vorbereitetes Grab gefunden hat.

Nach der Niederwerfung Pinhasis griff ein Mann von weit
größerem Format nach dem Titel eines Königssohns von
Kusch und den mit ihm verbundenen anderen Ämtern:
Herihor. Die vorangegangenen Stationen seiner Laufbahn
liegen im Dunkeln, auch seine Herkunft ist unbekannt, nie
erwähnt er Vater oder Mutter. Daß seine überwältigende

Machtfülle auf seiner Stellung als Hoherpriester von Karnak
beruhte, geht mit Sicherheit daraus hervor, daß er seinem Namen
fast stets das Epitheton »Erster Prophet des Amun-Rê-
Götterkönig« voranstellte; wir werden ihn bald in dieser Eigenschaft
dargestellt finden. Ein so wichtiges Amt, mit dem
doch die Verfügungsgewalt über die seit Jahrhunderten angehäuften
Schätze verbunden war, wird kaum für längere Zeit
unbesetzt gewesen sein, und so darf man in Herihor den unmittelbaren
Nachfolger von Amenhotep vermuten. Es fehlt
jedoch jeder Anhaltspunkt dafür, daß er die verschiedenen
priesterlichen Ämter durchlief, die normalerweise auf das Amt
des Hohenpriesters hinführten. Man nimmt deshalb an, er sei,
wie vor ihm König Haremhab, ursprünglich Offizier gewesen.
Und tatsächlich führte er, wie sein Sohn und sein Enkel, die
seine Nachfolger wurden, gewöhnlich den Titel »Befehlshaber
des Heeres« oder »Großer Befehlshaber des Heeres von
Ober- und Unterägypten«; es kann aber auch sein, daß nur
die Erfordernisse jener Zeit ihm diese Funktionen aufzwangen
oder daß er sie zusammen mit den anderen Würden des
Pinhasi übernommen hatte, dessen Befugnisse als nubischer
Gouverneur er übrigens wahrscheinlich nie ausgeübt hat.
In einem nicht feststellbaren Zeitpunkt erhob er auch Anspruch
auf den Titel des Wesirs, allerdings ist wohl anzunehmen,
daß dieses Amt in Wirklichkeit in anderen Händen
lag. Einen schwachen Anhaltspunkt dafür, weshalb Ramses XI.
Herihor zum Hohenpriester ausersehen haben könnte,
darf man vielleicht darin sehen, daß dessen Gemahlin Nedjem,
die auf Grund ihrer Ehe mit ihm automatisch die Stellung
einer »Großen der Konkubinen des Amun-Rê« erlangte, die
Tochter einer gewissen Hrere war, die denselben Titel trug
und in der wir deshalb aller Wahrscheinlichkeit nach die
Witwe Amenhoteps zu sehen haben. So könnte Herihor sein
Amt als Hoherpriester durch Heirat erlangt haben, wenn auch
seine eigene starke Persönlichkeit auf jeden Fall bei seiner Ernennung
eine wesentliche Rolle gespielt haben wird.

Der weitere Aufstieg dieses großen Hohenpriesters läßt
sich am besten in dem Chonstempel in Karnak verfolgen.
Ramses III. hatte mit dem Bau dieses Tempels[62] zu Ehren des

jüngsten Mitglieds der thebanischen Trias begonnen, doch hatten er und sein Sohn Ramses IV. lediglich das Allerheiligste und die umliegenden inneren Gemächer vollenden können; erst unter der Regierung Ramses' XI. wurde der Bau in südlicher Richtung mit einer Säulenhalle fortgesetzt. In einigen Szenen dieser Halle ist Ramses in traditioneller Manier beim Opfer für Ortsgottheiten dargestellt, in anderen Szenen tritt dagegen Herihor in einer Weise in den Vordergrund, wie nie ein Untertan vor ihm. Es war zwar nicht ganz ungewöhnlich, wenn er als Hoherpriester des Amun-Rê abgebildet wurde, wie er der sich nähernden oder anhaltenden Barke des höchsten Gottes weihräuchert, zumal in den Worten, mit denen Amun seine Dankbarkeit für das herrliche Bauwerk ausdrückt, das der König der Tempelstadt geschenkt hatte, Ramses erwähnt ist. In den Darstellungen Herihors auf vier von den acht Säulen in der Mitte der Halle, die ihn bei kultischen Handlungen vor den verschiedenen Göttern der Trias zeigen, tritt jedoch eine unerhörte Anmaßung zutage. In zweien der drei Weihinschriften, die am Fuß der Wände entlanglaufen, ist allein Herihor als Stifter genannt und die Person des Königs völlig übergangen. Herihor fügte möglicherweise drei oder vier Jahre später im Süden noch einen Vorhof an: hier erscheint er mit der königlichen Uräusschlange an der Stirn, ja sogar mit der Doppelkrone auf dem Haupt, dabei immer in das Gewand des Hohenpriesters gekleidet. Und was noch bezeichnender erscheint: während von Ramses nirgends mehr die Rede ist, hat er nun die volle Königstitulatur angenommen, mit eigenem Horusnamen und getrennten Kartuschen für Thronnamen und Geburtsnamen: »Horus ›Starker Stier, Sohn des Amun‹, König von Ober- und Unterägypten, Herr der beiden Länder ›Erster Prophet des Amun‹, leiblicher Sohn des Rê ›Sohn des Amun Herihor‹«.

Angesichts dieses Befundes ist es verständlich, daß ältere Ägyptologen in der Thronbesteigung Herihors den endgültigen Triumph der Amuns-Priesterschaft gesehen und angenommen haben, daß er den Thron für sich erst in Anspruch nahm, nachdem der letzte der legitimen Pharaonen eines natürlichen oder unnatürlichen Todes gestorben war. Nach und nach sind jedoch neue Zeugnisse ans Licht gekommen, die zu einer anderen Würdigung der Fakten nötigen. An die Stelle der herkömmlichen Datierung nach den Regierungsjahren des Königs trat eine neue Zeitrechnung mit der eigenartigen Bezeichnung »Wiederholung der Geburten«. Wenn man sich vergegenwärtigt, daß der Usurpator Ammenemês I. den Horusnamen wḥm mśw.t »Wiederholer der Geburten« angenommen (S. 139) und daß Sethos I., der eigentliche Begründer der 19. Dynastie, bei Datierungen in seinen ersten beiden Regierungsjahren genau denselben Ausdruck verwendet hatte (S. 275), so wird deutlich, daß durch ihn eine Art »Renaissance« bezeichnet werden sollte. Glücklicherweise sind wir in der Lage, für den Beginn dieser »Renaissance« das entsprechnede Regierungsjahr genau anzugeben. Der Papyrus Mayer A im Museum in Liverpool beginnt mit den Worten »Jahr 1 in der Wiederholung der Geburten« und nennt dieselben Diebe, die auf der Rückseite des schon mehrfach genannten Papyrus Abbott aufgeführt sind; dieser trägt das Datum »Jahr 1, erster Monat der Überschwemmungszeit, Tag 2, entsprechend dem Jahr 19«. Nach langem Zögern und nach vielen Diskussionen hat sich die Erkenntnis durchgesetzt, daß sich dieses Jahr 19 nur auf die Regierung Ramses XI. beziehen kann, von dem andererseits auf Grund einer in Abydos gefundenen Stele bekannt war, daß er 27 Jahre regierte. Nun ließ sich kaum noch bezweifeln, daß die »Renaissance« mit einer ganz bestimmten wichtigen Begebenheit oder Entscheidung in Herihors Aufstieg zusammenhing; dies Ereignis muß sich zugetragen haben, als von der Regierungszeit des letzten Ramses erst zwei Drittel verflossen waren. Die Frage wurde endgültig entschieden durch eine Entdeckung, die noch nicht allzu lange zurückliegt[63]. Ein Relief mit Inschrift auf einer Wand des Tempels von Karnak vermittelt uns ein Bild von jener Orakeltechnik, wie sie um diese Zeit immer mehr in Übung kam. Ein Schreiber des Magazins in Karnak war zu ernennen, und dem Gott wurde der Name eines gewissen Nesamun vorgeschlagen. Einem »großen Nicken« bzw. einer Neigung der Barke des Amun-Rê, die in der Prozession von den Priestern auf den Schultern herumgetragen wurde, vornüber ließ sich die Zustimmung des Gottes entnehmen. Die Bedeutung dieses Orakels liegt einmal in der Person des Hohenpriesters, der an den Gott die Frage richtete, zum anderen in dem Datum im Eingang der Inschrift. Dies ist angegeben mit: »Jahr 7 der Wiederholung der Geburten ... unter Ramses XI.« und demnach das 25. Jahr der Regierung des Königs. Das Bild des Hohenpriesters ist begleitet von den Worten: »der Wedelträger zur Rechten des Königs, der Königssohn von Kusch, der Erste Prophet des Amun-Rê-Götterkönig, der Befehlshaber des Heeres, der Fürst Pianch«. Nun war Pianch Herihors ältester Sohn, und weil man sich schwer vorstellen kann, Herihor habe zu seinen Lebzeiten auf das Amt des Hohenpriesters verzichtet, so ist daraus wohl der Schluß zu ziehen, daß er vor dem siebenten Jahr der »Renaissance« gestorben war, also mindestens ein Jahr vor seinem Gebieter.

Angesichts dieser Tatsachen erscheint die von Herihor begründete thebanische Theokratie in einem ganz anderen Licht. Daß er alle Staatsgewalt in seiner Person vereinigte und an seine Nachkommen weitergab, geht aus seinen und ihren militärischen, richterlichen und priesterlichen und den mit Verwaltungsämtern verbundenen Titeln deutlich hervor; doch die Doppelkrone selbst blieb ihm versagt. Solange Ramses XI. lebte, wurde auch nur er als Pharao angesehen. Innerhalb des umfriedeten Bezirks des großen Tempels von Karnak mochte sich Herihor dagegen mit einer Königstitulatur schmücken, wenn er für sich auch keinen eindrucksvolleren Thronnamen zu finden wußte als »Erster Prophet des Amun«. In den wenigen Fällen, in denen Herihors Name außerhalb von Karnak vorkommt, erscheint er niemals in einer Kartusche, und Herihor ging auch nie so weit, eigene Regierungsjahre zu zählen[64]. Die Datierung nach Jahren der »Wiederholung der Geburten« weist möglicherweise auf eine günstige Wendung in den Geschicken des Landes hin, doch brachte diese Ramses nicht wieder nach Theben, wo sein Grab unvollendet und unbenutzt blieb. Über Herihors eigenes Grab schweigen die Quellen völlig, auch Grabungen in den Bîbân el-Molûk führten zu keinem Ergebnis. Seine Gemahlin Nedjem, die ihm offenbar 19 Söhne und 5 Töchter gebar, scheint ihn überlebt zu haben; von ihr wird später noch einmal die Rede sein. Vielleicht hätte eine lange Inschrift in Karnak mehr Licht in Herihors Leben gebracht; sie ist aber so fragmentarisch, daß sich ihr nichts Wesentliches entnehmen läßt. Aus Aufschriften auf den Särgen Sethos' I. und Ramses' II., die in der Cachette bei Dêr el-Bahri gefunden wurden, ergibt sich, daß im Jahre 6 - wohl der »Renaissance« - Herihor diese Könige von neuem bestatten ließ; aber auch diese Ruhestätte war offensichtlich noch nicht ihre letzte. Eine Statue in Kairo und eine Stele im Leidener Museum tragen die einzigen erhaltenen Berichte von Bedeutung – abgesehen von einem Papyrus, der ein so ungeschminktes und überzeugendes Bild entwirft, daß die oft erörterte Frage, ob er ein echtes historisches Werk oder einen auf Tatsachen aufbauenden Roman darstelle, eigentlich müßig ist. Die meisten Ägyptologen teilen wohl Lefebvres Urteil, der ihn für einen historischen Roman hält. Dies faszinierende Dokument wurde von Golénischeff 1891 in Kairo zusammen mit zwei anderen literarischen Papyri gekauft, von denen jedenfalls der eine von derselben Hand geschrieben ist. Er erzählt die an Wechselfällen reiche Geschichte des Wenamun, eines Thebaners, der kurz vor dem Ende der 20. Dynastie mit einem Auftrag nach Syrien geschickt wurde. Der Bericht ist in ein Jahr 5 datiert, das sich nach dem, was wir heute wissen, auf die »Renaissance« beziehen muß. Bei dem in der Geschichte genannten Herihor handelt es sich um den Hohenpriester in Karnak, während in Tanis jener Nesbanebded (Smendes) herrschte, der später der erste König von Manethos 21. Dynastie werden sollte. Diese beiden Großen standen auf gutem Fuße miteinander; keiner von ihnen beanspruchte zunächst für sich die Königswürde. Nur ein einziges Mal wird in einer dunklen Wendung auf den wirklichen Pharao, Ramses XI., angespielt. Bei solchen Verhältnissen war Ägypten offensichtlich zu schwach, um sich im Ausland Achtung zu verschaffen, und die Gespräche Wenamuns mit den Fürsten, mit denen er unterwegs zusammentraf, enthüllen ein Bild der damaligen Welt, wie es in der gesamten Literatur des Nahen Ostens ohne Beispiel ist. Aus diesem Grunde sei im folgenden – abweichend von unserer sonstigen Gewohnheit – eine fast vollständige Übersetzung gegeben:

»Jahr 5, vierter Monat der Sommerzeit, Tag 16; der Tag, an dem Wenamun, der Älteste der Vorhalle der Tempelverwaltung des Amun, des Herrn der Throne der beiden Länder, aufbrach, um das Bauholz für die große prächtige Barke des Amun-Rê-Götterkönig zu holen, welche auf dem Strome ist und Amen-user-het heißt. Am Tage meiner Ankunft in Tanis, dem Ort, wo Nesbanebded und Tentamun sind, übergab ich ihnen die Schreiben des Amun-Rê-Götterkönig. Und sie ließen sie sich vorlesen und sprachen: ›Wir werden gewiß tun, wie Amun-Rê-Götterkönig, unser Herr, gesagt hat‹.

Ich verweilte bis zum vierten Monat der Sommerzeit[65] in Tanis. Und Nesbanebded und Tentamun schickten mich fort mit dem Schiffskapitän Mengebet, und ich fuhr hinab auf das große syrische Meer im ersten Monat der Sommerzeit[65]. Und ich gelangte nach Dor, einer Tjekkerstadt[66], und Beder, ihr Fürst, ließ mir 50 Laib Brot bringen, eine Flasche Wein und eine Rinderkeule. Und ein Mann meines Schiffes entlief, nachdem er gestohlen hatte: ein Gefäß aus Gold, Wert: 5 deben; vier Krüge aus Silber, Wert: 20 deben; und einen Beutel mit Silber, 11 deben; Summe dessen, was er stahl: Gold: 5 deben, Silber: 31 deben. Und am anderen Morgen stand ich auf und begab mich zu dem Ort, wo der Fürst war, und sagte zu ihm: ›Ich bin bestohlen worden in deinem Hafen. Du aber bist der Fürst dieses Landes, und du bist sein Aufseher. Forsche nach meinem Gelde, denn wahrlich, das Geld gehört dem Amun-Rê-Götterkönig, dem Herrn der Länder, es gehört Nesbanebded, es gehört Herihor, meinem Herrn, und den anderen Großen Ägyptens; es gehört dir, es gehört Waret, es gehört Mekamar, es gehört Tjikarbaal, dem Fürsten von Byblos.‹ Er sprach zu mir: ›Ist das dein Ernst, oder träumst du? Denn wahrlich, ich weiß nichts von der Geschichte, die du mir da erzählt hast. Wenn es ein Dieb gewesen wäre, der zu meinem Lande gehört und der hinabgegangen wäre in dein Schiff und dein Geld gestohlen hätte, dann würde ich es dir aus meiner Schatzkammer ersetzt haben, bis dein Dieb gefunden wurde, wer immer er auch sein mag. Aber der Dieb, der dich beraubte, ist ja einer der Deinen, er gehört zu deinem Schiff! Verbringe einige Tage hier bei mir, daß ich nach ihm suchen lasse.‹ Ich blieb neun Tage in seinem Hafen vor Anker, und dann ging ich zu ihm und sagte zu ihm: ›Sieh, du hast mein Geld nicht gefunden‹.«

Hier folgt ein sehr lückenhafter Abschnitt, als dessen wesentlicher Inhalt sich etwa vermuten läßt: Wenamun gibt seinem Wunsch Ausdruck, mit einigen Schiffskapitänen abzureisen, die gerade ausfahren wollen, doch der Fürst drängt ihn, davon Abstand zu nehmen, und schlägt ihm vor, er solle sich der Sachen bemächtigen, die den im Verdacht stehenden Personen gehörten, bis diese gegangen wären, um nach dem Dieb zu forschen. Wenamun zieht es jedoch vor, seine Reise fortzusetzen, macht in Tyrus halt und verläßt den Hafen bei Tagesanbruch wieder. Er erreicht bald Byblos, dessen Fürst Tjikarbaal ist. Hier trifft er auf ein Schiff, das 30 deben Silber mit sich führt; das nimmt er an sich, indem er zu denen, welchen er es wegnimmt, sagt, das Geld werde bei ihm bleiben, bis sie den Dieb gefunden hätten.

»...Sie fuhren ab, und ich opferte (den Göttern) in einem Zelt am Gestade des Meeres in dem Hafen von Byblos. Und ich fand einen verborgenen Platz für den Amun des Weges[67], und ich brachte seine Sachen an ihm unter. Und der Fürst von Byblos schickte zu mir, indem er sagte: ›Entferne dich aus meinem Hafen!‹ Und ich schickte zu ihm, indem ich sagte: ›Wohin soll ich denn gehen? ... Wenn du ein Schiff finden kannst, das mich mitnimmt, so veranlasse, daß ich zurückgebracht werde nach Ägypten‹. Und ich blieb 29 Tage in seinem Hafen, und er verbrachte (seine) Zeit damit, daß er täglich zu mir schickte und mir sagen ließ: ›Entferne dich aus meinem Hafen!‹«

Nun, während er gerade dabei war, seinen Göttern zu opfern, ergriff der Gott einen jungen Mann seiner jungen Leute und brachte ihn in Raserei und sprach zu ihm: ›Bringe den Gott herauf und bringe den Boten herauf, der ihn mit sich führt. Es ist Amun, der ihn schickte; er ist es, der ihn kommen ließ!‹ Und der Rasende war in der Raserei die

ganze Nacht über, als ich ein Schiff gefunden hatte, mit seinem
Gesicht gegen Ägypten gerichtet, und alle meine Habseligkeiten darauf verladen hatte und die Dunkelheit abwartete, indem ich (mir) sagte: ›Wenn sie einbricht, werde ich den Gott
an Bord bringen, so daß kein anderes Auge ihn sehen wird.‹
Und der Hafenmeister kam zu mir, indem er sagte: ›Warte
hier bis morgen, so sagt der Fürst.‹ Und ich sagte zu ihm:
›Warst nicht du es, der die Zeit nichts anderes tat als täglich zu
mir zu kommen und zu sagen: entferne dich aus meinem
Hafen! Und hast du nicht gesagt: warte hier diese Nacht,
um das Schiff, das ich gefunden hatte, abgehen zu lassen; und
dann wirst du wieder kommen und mir sagen, ich solle gehen?‹
Und er ging und berichtete es dem Fürsten. Und der Fürst
schickte zu dem Kapitän des Schiffes, indem er sagte: ›Warte
bis zum Morgen, so sagt der Fürst!‹

Und als der Morgen kam, schickte er nach mir und ließ
mich heraufbringen, während der Gott in dem Zelt ruhte, wo
er an dem Gestade des Meeres war. Und ich fand ihn sitzend
in seinem oberen Gemach mit seinem Rücken gegen ein
Fenster, und die Wellen des großen syrischen Meeres schlugen
hinter seinem Kopf. Und ich sprach zu ihm: ›Amun sei
gnädig(?)‹. Und er sagte zu mir: ›Wie lange ist es her bis heute,
seit du kamst von dem Ort, wo Amun ist?‹ Und ich sagte
zu ihm: ›Fünf volle Monate bis heute‹. Und er sagte zu mir:
›Angenommen, du habest recht, wo ist das Schreiben des
Amun, das in deiner Hand ist, und wo ist der Brief des Ersten
Propheten des Amun, der in deiner Hand ist?‹ Und ich sagte
zu ihm: ›Ich gab sie Nesbanebded und Tentamun‹. Da war
er sehr ärgerlich und sagte zu mir: ›Na schön, Schreiben oder
Brief sind nicht in deiner Hand, aber wo ist das Schiff von
Zedernholz, das Nesbanebded dir gab, und wo ist seine syrische Mannschaft? Vertraute er dich diesem barbarischen
Schiffskapitän nicht an, um ihn dich töten zu lassen und damit
er dich ins Meer werfen solle? Bei wem hätte man denn nach
dem Gott gesucht, und du, bei wem hätte man denn nach
dir gesucht?‹ So sagte er zu mir. Ich aber sprach zu ihm:
›Ist es nicht ein ägyptisches Schiff und eine ägyptische Mannschaft, die für Nesbanebded fahren? Er hat gar keine syrischen

Mannschaften.‹ Und er sagte zu mir: ›Gibt es nicht 20 Schiffe hier in meinem Hafen, die mit Nesbanebded Geschäfte machen, und was jenes Sidon anbetrifft, jenen anderen Ort, an dem du vorbeigefahren bist, sind dort nicht weitere 50 Schiffe, die mit Waraktir Handel treiben und sich zu seinem Hause durchkämpfen?‹

Ich schwieg in diesem großen Augenblick.

Dann sagte er weiter zu mir: ›Mit welchem Auftrag bist du gekommen?‹ Und ich sagte zu ihm: ›Ich bin gekommen auf der Suche nach dem Bauholz für die große prächtige Barke des Amun-Rê-Götterkönig. Was dein Vater tat und was der Vater deines Vaters tat, auch du wirst es tun.‹ So sprach ich zu ihm. Und er sagte zu mir: ›Sie taten es allerdings. Du wirst mich bezahlen dafür, daß ich es tue, und ich werde es tun. Gewiß haben meine Vorfahren diesen Auftrag ausgeführt, aber erst, nachdem Pharao sechs Schiffe hatte bringen lassen, beladen mit ägyptischen Gütern, und sie sie entladen hatten in ihre Schatzhäuser. Aber du – was hast du mir gebracht?‹ Und er ließ die Rollen des Tagebuches seiner Väter bringen, und er ließ sie mir verlesen. Und es fanden sich in seine Rolle 1000 deben Silber eingetragen an Dingen aller Art. Und er sprach zu mir: ›Wenn der Herrscher Ägyptens Besitzer meines Eigentums gewesen wäre und ich auch sein Sklave, dann hätte er nicht Silber und Gold bringen lassen, als er sagte: vollziehe den Auftrag des Amun. Es war keine freiwillige Gabe, die sie meinem Vater zu machen pflegten. Und auch was mich anbetrifft, mich selbst, so bin ich nicht dein Diener und bin auch nicht der Diener dessen, der dich schickte. Wenn ich laut zum Libanon rufe[68], öffnet sich der Himmel und das Holz liegt hier am Gestade des Meeres. Gib mir die Segel, die du gebracht hast, um deine Schiffe zu befördern, die dein Holz nach Ägypten tragen sollen. Gib mir die Taue, die du mitgebracht hast, um die Zedern festzubinden, die ich für dich fällen werde, um sie für dich ... zu machen .., welche ich machen werde für dich für die Segel deiner Schiffe, und die Rahen werden vielleicht zu schwer sein und brechen, und du wirst am Ende noch auf hoher See zugrunde gehen. Siehe, Amun wird seine Stimme erheben im

Himmel, er hat ja Sutech neben sich gesetzt[69]. Denn Amun hat alle Länder ausgestattet. Er stattete sie aus, nachdem er zuerst das Land Ägypten ausgestattet hatte, von wo du gekommen bist. Und die Kunstfertigkeit ging aus ihm hervor und erreichte den Ort, wo ich bin. Und die Gelehrsamkeit ging aus ihm hervor und erreichte den Ort, wo ich bin. Was sollen denn da diese törichte Reiserei, welche man dich hat machen heißen?‹ Ich aber sprach zu ihm: ›Irrtum! Keine törichten Fahrten sind es, auf denen ich mich gerade befinde. Es gibt keine Boote auf dem Fluß, die nicht Amun gehören. Sein ist das Meer und sein der Libanon, von dem du vielleicht sagst: ›er ist meiner‹. Er ist die Gegend des Wachsens für Amen-user-het, den Herrn aller Schiffe. Wahrlich, es war Amun-Rê-Götterkönig, der zu Herihor, meinem Herrn, sagte: ›Schicke ihn aus!‹, und er ließ mich kommen mit diesem großen Gott. Aber sieh nun: du hast diesen großen Gott diese 29 Tage vor Anker im Hafen verbringen lassen, ohne es zu wissen. Ist er nicht hier, ist er nicht mehr, was er war? Und du willst schachern über den Libanon mit Amun, seinem Herrn! Und was das anbetrifft, daß du sagst, die früheren Könige hätten Silber und Gold bringen lassen: wenn sie Leben und Gesundheit besessen hätten, so hätten sie diese Güter nicht bringen lassen. Es war anstelle von Leben und Gesundheit, daß sie deinen Vätern die Güter bringen ließen. Aber Amun-Rê-Götterkönig, er ist der Herr des Lebens und der Gesundheit, und er war der Herr deiner Väter. Sie verbrachten ihr Leben, indem sie Amun opferten, und du, du bist auch der Diener des Amun. Wenn du zu Amun sagst: ›Ja, ich werde es tun‹ und du seinen Auftrag vollziehen wirst, so wirst du leben, wirst gedeihen und wirst gesund sein, und es wird gut sein für dein ganzes Land und für dein Volk. Begehre nicht irgend etwas, was dem Amun-Rê-Götterkönig gehört – wahrlich, ein Löwe liebt seinen Besitz! Laß deinen Schreiber zu mir gebracht werden, daß ich ihn zu Nesbanebded und Tentamun schicken kann, den Beamten, denen Amun den Norden seines Landes anvertraut hat, und sie werden dir das Nötige bringen lassen. Ich werde ihn zu ihnen schicken, indem ich sage: Laßt es gebracht werden, bis ich nach dem

Süden gegangen bin! Und ich werde veranlassen, daß dir dein ganzer Fehlbetrag ebenfalls gebracht wird.‹ So sagte ich zu ihm.

Und er gab meinen Brief in die Hand seines Boten und brachte den Kiel an Bord, das Schiffsschnabelstück und das Heckstück, zusammen mit vier anderen behauenen Planken, insgesamt sieben Stücke, und er veranlaßte, daß sie nach Ägypten gebracht wurden. Und sein Bote, der nach Ägypten abgegangen war, kehrte zu mir zurück nach Syrien im ersten Monat der Winterzeit; und Nesbanebded und Tentamun hatten an Gold vier Krüge geschickt und ein kakmen-Gefäß, an Silber 5 Krüge, 10 Stück Bettdecken von Königsleinen, 10 Überwürfe aus feinem oberägyptischem Leinen, 500 einfache Matten, 500 Rinderhäute, 500 Stricke, 20 Sack Linsen, 30 Korb Fische. Und sie (Tentamun) schickte mir Bettdecken, fünf Stück feinen oberägyptischen Leinens, fünf Überwürfe aus feinem oberägyptischem Leinen, einen Sack Linsen und fünf Körbe mit Fischen. Und der Fürst freute sich und rüstete 300 Mann und 300 Ochsen aus; und er setzte Oberaufseher in die Aufsicht über sie ein und ließ sie die Stämme fällen; und sie fällten sie, und sie lagen dort den Winter über. Und im dritten Monat des Sommers schleifte man sie an das Gestade des Meeres. Und der Fürst kam heraus und stand bei ihnen, und er schickte nach mir, indem er mich zu kommen bat. Und nachdem ich zu ihm gebracht worden war, fiel der Schatten seines Lotoswedels auf mich. Und Penamun, einer seiner Kammerdiener, näherte sich mir, indem er sagte: ›Der Schatten Pharaos, deines Herrn, ist auf dich gefallen‹[70]. Und er war ärgerlich über ihn und sagte: ›Laß ihn in Ruhe!‹ Und ich wurde vor ihn gebracht und er richtete wieder das Wort an mich: ›Siehe, der Auftrag, den meine Väter früher erfüllten, ich habe ihn vollzogen, aber du selbst hast nicht getan für mich, was deine Väter für mich taten. Siehe, dein letztes Holz ist eingetroffen und liegt an seiner Stelle. Tue nach meinem Wunsch und komm und schaff es an Bord, denn werden sie es dir nicht geben? Komm nicht, um nach den Schrecken des Meeres zu schauen; wenn du schon nach den Schrecken des Meeres schaust, so schau nach

meinen eigenen! Wahrlich, ich habe dir nicht angetan, was
man den Boten des Chaemweset[71] angetan hat, als sie 17 Jahre
in diesem Lande verbrachten und an Ort und Stelle starben.‹
Und er sprach zu seinem Truchseß: ›Nimm ihn und laß ihn
ihr Grab sehen, wo sie liegen!‹ Ich aber sagte zu ihm: ›Laß
es mich nicht sehen! Was Chaemweset anbetrifft, diese Boten,
die er zu dir schickte, waren Menschen, und er selbst war ein
Mensch. Aber du hast hier doch keinen seiner Boten (vor dir),
wenn du sagst: ›Geh und schau nach deinen Genossen!‹.
Freust du dich nicht darüber, daß du für dich einen Denkstein
machen lassen kannst und daß du auf ihm sagen kannst:
›Amun-Rê-Götterkönig schickte mir Amun-des-Weges,
seinen Boten, zusammen mit Wenamun, seinem menschlichen
Boten, auf der Suche nach dem Holz für die große prächtige
Barke des Amun-Rê-Götterkönig. Ich fällte es, und ich brachte
es an Bord, und ich versah es mit meinen Schiffen und mit
meinen Mannschaften. Und ich ließ sie Ägypten erreichen,
um für mich von Amun 50 Jahre des Lebens zu erbitten über
mein Schicksal hinaus.‹ Und es könnte sich ereignen, wenn
wieder eines Tages ein Bote, der sich auf die Schrift versteht,
aus dem Land Ägypten kommen und deinen Namen auf
der Stele lesen würde, daß du dann Wasser des Westens
empfangen würdest, gerade wie die Götter, die hier sind.‹
Und er sagte zu mir: ›Das ist ein großes Zeugnis einer Rede,
die du mir gehalten hast.‹ Und ich sagte zu ihm: ›Was die
vielen Dinge anbetrifft, die du zu mir gesagt hast: wenn ich
den Ort erreichen werde, wo der Erste Prophet des Amun ist,
und er deinen Auftrag sieht, so wird dein Auftrag Vorteile
für dich haben.‹ Und ich ging hinweg zum Gestade des
Meeres zu der Stelle, wohin die Stämme gelegt waren, und
ich sah elf Schiffe von der See her kommen, die den Tjekker
gehörten. Sie sagten: ›Greift ihn, laßt kein Schiff von ihm
nach Ägypten abgehen!‹ Da setzte ich mich hin und weinte.
Und der Briefschreiber des Fürsten kam heraus zu mir und
sagte zu mir: ›Was fehlt dir?‹ Und ich sagte zu ihm: ›Siehst
du denn nicht die Zugvögel, die zum zweiten Male nach
Ägypten hinabfliegen? Schau doch, wie sie kommen zu
den kühlen Wassern. Bis wann soll denn ich hier ausgesetzt

bleiben? Und siehst du nicht jene, die gekommen sind, um
mich wieder gefangenzunehmen?‹ Und er ging und erzählte es dem Fürsten. Und der Fürst begann zu weinen
wegen der Worte, die zu ihm gesagt wurden, weil sie so
traurig waren. Und er schickte seinen Briefschreiber aus zu
mir, um mir zwei Flaschen Wein zu bringen und ein Schaf.
Und er veranlaßte, daß Tentne zu mir gebracht wurde, eine
ägyptische Sängerin, welche er hatte, indem er sagte: ›Sing
ihm etwas vor, mach, daß sein Herz sich nicht ängstigt.‹
Und er schickte zu mir, indem er sagte: ›Iß und trink und
laß nicht dein Herz sich ängstigen. Du wirst morgen alles
hören, was ich dir sagen werde.‹ Der Morgen kam, und er
veranlaßte, daß sein Rat einberufen wurde, und er stand unter
ihnen und sprach zu den Tjekker: ›Was hat diese Fahrerei von
euch zu bedeuten?‹ Und sie sagten zu ihm: ›Wir sind gekommen in der Verfolgung der Kampfschiffe, die du im
Begriff bist, nach Ägypten zu senden mit unseren Feinden.‹
Und er sprach zu ihnen: ›Ich kann den Boten des Amun doch
nicht in meinem Lande gefangensetzen. Laßt mich ihn wegschicken, und ihr könnt ja dann hinter ihm dreinfahren, um
ihn gefangenzunehmen.‹ Und er lud mich auf und schickte
mich von dort nach dem Hafen der See. Und der Wind trieb
mich an das Land Alasija[72]. Und die Bewohner des Ortes
kamen heraus auf mich zu, um mich zu töten, aber ich erzwang mir meinen Weg durch sie hindurch zu dem Ort, wo
Hatiba war, die Fürstin der Stadt. Und ich traf sie, als sie
gerade aus ihrem einen Haus herausging und in das andere
Haus hineinging. Und ich begrüßte sie und sagte zu den Leuten, die um sie herumstanden: ›Gibt es nicht einen unter euch,
der die Sprache Ägyptens versteht?‹ Und einer unter ihnen
sagte: ›Ich verstehe sie.‹ Und ich sagte zu ihm: ›Sage deiner
Herrin: bis nach Ne[73], dem Ort, wo Amun ist, pflegte ich zu
hören, daß Ungerechtigkeit getan werde in jeder Stadt, daß
aber Gerechtigkeit geübt werde in dem Land Alasija. Geschieht
denn Unrecht hier tagtäglich?‹ Und sie sagte: ›Was meist du
denn damit, wenn du das sagst?‹ Und ich sagte zu ihr: ›Wenn
das Meer stürmisch ist und der Wind mich an das Land treibt,
wo du bist, willst du mich dann so empfangen lassen, als sollte

ich getötet werden, wo ich doch der Bote des Amun bin? Sieh doch, was mich anbetrifft: sie würden mich suchen bis ans Ende der Zeit. Was aber diese Mannschaft des Fürsten von Byblos anbelangt, die sie zu töten suchen, wird nicht ihr Herr zehn Mannschaften finden von den Deinen und sie selbst auch töten?‹ Und sie ließ die Leute zusammenrufen, und man hieß sie achtgeben. Und sie sprach zu mir: ›Verbring die Nacht...‹«

Das übrige ist verloren. Wenamun muß es aber wohl gelungen sein, die Heimat zu erreichen, sonst hätte sein Bericht ja gar nicht aufgezeichnet werden können.

Wir stehen nun an der Schwelle einer Zeit, in der sich Ägypten von Grund auf wandelte. Ehe wir zur Betrachtung der 21. Dynastie übergehen, sei noch eine Reihe wichtiger Briefe erwähnt, die im frühen 19. Jahrhundert entdeckt wurden und heute über zahlreiche Museen und private Sammlungen verstreut sind; Černý hat sie mustergültig veröffentlicht. Sie beschäftigen sich alle mit dem Leben und Treiben eines Schreibers des königlichen Grabes in Theben namens Dhutmose und seines Sohnes Butehamun sowie ihrer Verwandten und Freunde und drehen sich zum großen Teil um häusliche Angelegenheiten. Es finden sich in ihnen aber auch zahlreiche Anspielungen auf historische Ereignisse der Zeit. Herihors Sohn und Erbe Pianch ist nun Hoherpriester des Amun-Rê; von ihm steht fest, daß er zu keiner Zeit nach der Königswürde gestrebt hat. Der Briefwechsel erwähnt ihn selten mit Namen, doch kann es gar keinen Zweifel geben, daß er es ist, auf den häufig als den »Befehlshaber des Heeres« angespielt wird. Die engen Beziehungen zwischen dieser hohen Persönlichkeit und Dhutmose sind wohl auf Dhutmoses Stellung als eine Art Vertreter von Pianch in Theben zurückzuführen. Dies war er, solange sich Pianch auf einem Feldzug im Süden, offensichtlich gegen den früheren Königssohn von Kusch, Pinhasi (S. 335), befand. Die Briefe der Verwandten des Dhutmose verraten große Sorge um seine Sicherheit, wenn er sich auf Reisen befand, um Waffen und andere Lieferungen für seinen Vorgesetzten herbeizuschaffen. Fast ein Dutzend Briefe stammt von Pianch selbst; seine Sekretäre haben sie in ziemlich scharfem Ton geschrieben. In drei fast gleichlautenden Briefen an seine Mutter Nedjem, an Dhutmose und an einen anderen Beamten weist der General die Empfänger an, zwei Madjoi-Polizisten, die Geheimnisse ausgeplaudert hatten, dadurch zum Schweigen zu bringen, daß sie sie töteten, und sie bei Nacht in den Fluß zu werfen. Gern wüßten wir den Grund für diese unheimliche Anordnung; sie ist jedenfalls ein Zeugnis für die unerfreulichen Zustände während dieses unruhigen Abschnitts der ägyptischen Geschichte. Dem an Dhutmose gerichteten Brief sind noch einige Worte hinzugefügt, die sich kaum anders denn als einen Hinweis auf den abwesenden Ramses XI. deuten lassen; »Was Pharao anbetrifft, wie wird er dieses Land erreichen? Wessen Herr ist denn Pharao noch?«

Ägypten unter fremder Herrschaft

Während des elften und während der folgenden Jahrhunderte vor der Zeitrechnung erfuhr die dem Lande der Pharaonen wesenseigene Dualität eine völlig neue und unvorhergesehene Ausprägung. Das Anfangsstadium dieser Entwicklung hätte sich überhaupt nicht besser beschreiben lassen, als der unglückliche Wenamun es getan hat. Ägypten wurde nun von zwei Hauptstädten aus regiert, von Theben im Süden und von Tanis im Norden; die Beziehungen zwischen beiden Landeshälften waren seltsamerweise durchaus freundschaftlich. Für eine Weile befand sich das Königtum in einem Schwebezustand: Wenamun hebt immer wieder hervor, daß die Oberherrschaft überall – nicht nur in Ägypten – dem thebanischen Gott Amun zukomme, weil irdische Herrscher nur Sterbliche seien. Es ist nun darzustellen, wie diese Verhältnisse sich weiterentwickelten.

Ägypten konnte nicht auf längere Zeit ohne Pharao bleiben, und so machte Nesbanebded sehr bald seinen Anspruch auf den Thron geltend. Sein Name bedeutet »der, welcher dem Widder von Djedet gehört«. Djedet war die den Griechen als Mendes bekannte wichtige Stadt im Zentrum des

Deltas. Manetho läßt seine 21. Dynastie von sieben tanitischen
Königen mit Smendes beginnen; diese Aussprache des
Namens Nesbanebded kam der wirklichen sicher ziemlich
nahe. Da er von Djedet herstammte, konnte Smendes keinen
persönlichen Rechtsanspruch auf den Thron geltend machen,
offensichtlich verdankte er die Königswürde neben seinem
energischen Wesen der Tentamun, deren Name für sich selbst
spricht und die Wenamun in einem Atemzuge mit Smendes
erwähnt: sie war es, die Tanis und Theben so eng verband.
Trotzdem ist es seltsam, daß Theben die Oberherrschaft von
Tanis so gelassen hinnahm. Der einzige erhaltene Bericht aus
der Regierung des Smendes ist eine stark beschädigte Inschrift
auf einem Pfeiler in einem der Steinbrüche von Gebelên[1].
Hier wird berichtet, wie Smendes in seinem Palast in
Memphis gesessen und auf eine fromme Tat gesonnen habe,
die ihm Ruhm einbringen könnte. Als man ihn darauf aufmerksam
machte, daß eine von Thutmosis III. in Luxor erbaute
Säulenhalle der Überflutung bis zum Dach ausgesetzt sei,
schickte er 3000 Arbeiter aus, die den für die Ausbesserungsarbeiten
benötigten Sandstein brechen sollten. So hatte Smendes
zwar seine offizielle Residenz in den äußersten Norden des
Deltas verlegt, fühlte sich deswegen aber nicht gehindert,
sogar südlich von Theben seine Bautätigkeit zu entfalten.
Nichts dergleichen wird für seine Nachfolger bezeugt, die in
Mittel- und Oberägypten nur einige Male in einem kleinen
Tempel der Isis am Fuß der Großen Pyramide[2], in einer Kapelle
des Siamun in Memphis[3] und auf einigen unbedeutenden
in Abydos gefundenen Gegenständen[4] erwähnt sind. Trotzdem
steht fest, daß nicht nur sie selbst sich als die einzigen legitimen
Pharaonen betrachteten, sondern daß auch die Nachwelt
sie dafür hielt. In Manethos Aufzählung der Dynastien
ist von Theben nie wieder die Rede, und es zeigt sich, daß nahezu
alle in den Inschriften gefundenen Datierungen sich auf die
Regierungsjahre der tanitischen Herrscher beziehen. Ihr
Trachten war nicht mehr darauf gerichtet, in den Bîbân el-
Molûk bestattet zu werden; so kamen bei Montets Ausgrabungen
in Tanis die Gräber von Psusennes I. und Amenemope
zum Vorschein, dem zweiten und dem dritten Herrscher der

Dynastie, wenn der wahrscheinlich nur ephemere Neferkarê (Nephercheres) außer Betracht bleibt. Diese Gräber sind jedoch im Vergleich zu den großen Felsengräbern in Theben-West - von den mächtigen Pyramiden der frühen Zeit ganz zu schweigen - bescheidene und unbedeutende Anlagen. Über die Entartungserscheinungen der neuen Zeit täuscht auch der reiche Schmuck nicht hinweg, mit dessen Auffindung Montets langjährige mühevolle Grabungsarbeit belohnt wurde.

In Theben wurden die Verwaltungseinrichtungen, die Herihor seinen Nachkommen hinterlassen hatte, von diesen mit nur geringen Änderungen beibehalten. Das Amt des Hohenpriesters hatten nacheinander Pianch, Pinodjem I., Masaherta, Mencheperrê und Pinodjem II. inne; es ging vom Vater auf den Sohn über, lediglich Mencheperrê folgte seinem Bruder nach. Zusammen mit ihrem priesterlichen Titel nahmen alle diese Hohenpriester den Titel eines »Großen Befehlshabers des Heeres«, ja sogar den eines »Großen Befehlshabers des Heeres des ganzen Landes« an, woran deutlich der unruhige Zustand des Landes zu erkennen ist. Wenn sie gelegentlich den Titel eines »Wesirs« oder »Königssohns von Kusch« führten, so beruhte dies nur auf Tradition. Sicher bestanden zwischen den beiden Hauptstädten eheliche und freundschaftliche Bande, die ihr friedliches Nebeneinander natürlich, ja vielleicht sogar notwendig machten. Da der Gott Amun auch in Tanis Aufnahme gefunden hatte, lassen sich möglicherweise aus den Namen der Pharaonen Amenemope und Siamun keine Schlüsse auf eine thebanische Abkunft ziehen; der ganz ungewöhnliche Name Psusennes, »der Stern, der in Theben aufging«, aber hat gewiß seine Bedeutung. Unter den Hohenpriestern des Amun jener Zeit erhob Pinodjem I. mit Entschiedenheit den Anspruch, als Pharao zu gelten, er legte sich einen Thron- und einen Geburtsnamen bei. Doch sogar sein Name ist, wo er in den Urkunden vorkommt, häufiger ohne Kartusche geschrieben. Äußerst seltsam ist es, daß Psusennes I. in Tanis oft den Titel »Hoherpriester des Amun-Rê«[5] führt und sich einmal in einer besonders ausführlichen Titulatur als »groß an Denkmälern in Ipt-swt« (Karnak) bezeichnet[6].

Die Rolle, die die Frau im alten Ägypten spielte, war zu allen Zeiten gewichtig, nun aber bedeutender denn je. In den Inschriften kommen Titel wie »Königstochter« oder »Große Königsgemahlin« ungewöhnlich häufig vor, doch hat sich die Aufstellung einwandfreier Genealogien bisher als eine unlösbare Aufgabe erwiesen; die Forschung befindet sich auf diesem Gebiet erst in ihren Anfängen. Das Bild wird dadurch noch verworrener, daß oft mehrere Frauen denselben Namen tragen. Der Titel »Gottesgemahlin des Amun«, dessen erster Bestandteil weit in die Vergangenheit zurückreicht, gewann von nun an wachsende politische Bedeutung, wenn auch sein tieferer Sinn noch ungeklärt ist. Unter Pinodjem I. ist die Gottesgemahlin Makarê, die man oft für seine Gemahlin gehalten hat, noch als Kind dargestellt[7]; sehr wahrscheinlich war sie die Tochter Psusennes' I. Sie ist bestimmt nicht identisch mit der Tochter Makarê des tanitischen Königs Psusennes II.[8], deren Rechte als Erbin in einer langen Inschrift im Tempel von Karnak festgehalten sind[9]. Dies ist nur ein Beispiel für die Schwierigkeiten, die im Zusammenhang mit den Namen der Prinzessinnen, so etwa bei Henut-Taui, Isis-em-Chebet und anderen, auftreten. Einige dieser Frauen aus königlichem Hause verfügten übrigens als Inhaberinnen priesterlicher Ämter über ein beträchtliches Vermögen. So wird beispielsweise Neschons, die bekannte Gemahlin Pinodjems II., auf einem Sarg, der ihren Namen trägt[10], bezeichnet als »Erste Vorsteherin der Konkubinen des Amun-Rê-Götterkönig; Verwalterin des Hauses der Mut, der Großen, Herrin von Aschru; Prophetin des Anhur-Schu, des Sohnes des Rê[11]; Prophetin des Min, des Horus und der Isis in Ipu[12]; Prophetin des Horus, des Herrn von Djuef[13]; Gottesmutter des Chons, des Kindes; Erste des Amun-Rê-Götterkönig und Höchste der vornehmen Damen«. Eine Begleitinschrift zählt noch vier weitere Priesterämter an Tempeln von Lokalgottheiten auf. Leider ist der Name der Neschons über den der Isis-em-Chebet gemalt, der deshalb diese Titel eigentlich zukommen. Wenn man die Angaben über die Kultorte für glaubwürdig halten will, so scheint der thebanische Einfluß sich in nördlicher Richtung weit nach Mittelägypten hinein erstreckt zu haben. Diese Annahme bestätigen auch Ziegel in El-Hîba[14] mit den Namen der Hohenpriester Pinodjem I. und Mencheperrê. El-Hîba wird uns noch einmal im Zusammenhang mit der 22. Dynastie beschäftigen. Derart sind also die Schwierigkeiten, die bei der Lösung der Probleme der 21. Dynastie zu bewältigen sind. Hier warten auf die Forschung noch große Aufgaben: Material ist in Fülle vorhanden, doch wird seine Verarbeitung größte Mühe kosten. Wir müssen uns hier damit begnügen, über zwei große Entdeckungen zu referieren, die auf das Geschichtsbild den größten Einfluß ausgeübt haben.

Im letzten Viertel des 19. Jahrhunderts hatten allmählich Gegenstände aus der 21. Dynastie ihren Weg in den Antiquitätenhandel gefunden; die große Zahl und der offensichtliche Wert der Stücke deuteten darauf hin, daß Einwohner von Kurna ein Grab oder ein Versteck ganz ungewöhnlicher Art entdeckt haben mußten[15]. Im Jahre 1881 wurden endlich amtliche Nachforschungen aufgenommen; G. Maspero, der damalige Direktor der Altertümer-Verwaltung, nahm die Sache energisch in die Hand. Der Verdacht konzentrierte sich schließlich auf eine Familie Abd er-Rasûl. Alle Versuche, die Finder zur Preisgabe des Geheimnisses zu bewegen, waren vergeblich, bis der älteste von ihnen einsah, daß es ja doch von einem seiner Brüder verraten werden würde, und sich entschloß, ihnen zuvorzukommen. So kam es zu der Entdeckung des staunenerregenden Verstecks, in dem die vielen Königsmumien verborgen waren, von denen in dieser Darstellung schon einige beschrieben oder erwähnt wurden[16]. Ein tiefer Schacht im Süden des Tals von Dêr el-Bahri führte zu einem langen Gang hinab, der in einer Grabkammer endete, die ursprünglich einer fast vergessenen Königin Inhapi gehört hatte. In diesem unauffälligen Grab fanden sich Särge, Mumien und andere Ausstattungsstücke aus Gräbern aufgehäuft. Sie waren von den Nachfolgern des Herihor hierher gebracht worden, nachdem sie schon eine lange Wanderschaft hinter sich hatten. Fast seit dem Zeitpunkt ihrer eigentlichen Bestattung waren die mächtigen Könige der 17. bis 20. Dynastie der Entweihung und Plünderung durch die raubgierigen Einwohner der thebanischen Nekropole ausgesetzt gewesen, bis die Hohenpriester der 21. Dynastie schließlich einen letzten verzweifelten Versuch unternahmen, diesem Frevel ein Ende zu setzen. Dies konnten sie mit um so größerer Aussicht auf Erfolg tun, als der Goldschmuck und die anderen kostbaren Beigaben schon längst verschwunden waren, so daß außer den Särgen und den Mumien kaum noch etwas zu bergen blieb. Daß man auf diese Weise die sterblichen Überreste vieler der größten Pharaonen wiederfinden konnte, bildete für die damalige Welt eine Sensation, wie sie in der Geschichte der Archäologie noch nicht dagewesen war. Wohl durfte der ernste Historiker einen Blick auf die Züge so berühmter Krieger wie Thutmosis III. und Sethos I. werfen, mit Recht sind aber heute die Mumien der Schaulust der Neugierigen entzogen[16a]. Außer neun Königen fand man dort einige ihrer königlichen Gemahlinnen sowie Prinzen und Personen geringeren Standes. Hieratische Aufschriften auf mehreren Särgen und Mumienhüllen geben an, zu welchem Zeitpunkt die abermalige Bestattung geschehen war und wer sie veranlaßt hatte. Vom Standpunkt des Historikers aus noch wertvoller waren die wohlerhaltenen Särge der Hohenpriester der 21. Dynastie und der weiblichen Tempelangehörigen, deren hieroglyphische Aufschriften in erheblichem Umfang die Grundlage für die Erörterungen in Masperos fundamentaler Veröffentlichung des Fundes bildeten. Zu denen, die am spätesten bestattet wurden, gehörten Pinodjem II. und seine bereits erwähnte Gemahlin Neschons. Danach wurde das Grab im zehnten Jahr des tanitischen Königs Siamun versiegelt[17], während der Regierung König Scheschonks I. für die Beisetzung eines Priesters des Amun namens Djedptahefanch aber noch einmal geöffnet[18].

Im Jahre 1891 – also genau zehn Jahre nach der gerade beschriebenen Entdeckung – bezeichnete derselbe Einwohner von Kurna, der das Geheimnis der Königsmumien preisgegeben hatte, Masperos Nachfolger als Direktor der Altertümerverwaltung, E. Grébaut, eine Stelle nördlich des Tempels von Dêr el-Bahri, an der sich ein Grab von ganz ungewöhnlicher Bedeutung befinden sollte. Mit der Spitzhacke legte man leicht einen Schacht frei, der auf einen fast 73 m langen Gang führte, an den sich in nördlicher Richtung ein etwas kürzerer und tiefer gelegener Korridor anschloß. Hier fand Daressy, der die Arbeiten leitete, 52 einfache und 101 Doppelsärge, außerdem zahlreiche Kästchen mit Uschebti-Figuren sowie Osiris-Statuetten, von denen einige Papyri enthielten, und noch andere Gegenstände von geringerem Interesse. In der Nähe des Eingangs standen die Särge völlig durcheinander, weiter drinnen waren sie an den beiden Längswänden so aufgestapelt, daß in der Mitte ein Gang freiblieb. Tief im Innern war eine Kammer für die Familie des Hohenpriesters Mencheperrê vorgesehen gewesen, doch wurden später die Gänge ohne Unterschied für alle Angehörigen der Priesterschaft des Amun-Rê verwendet. Die eigentlichen Mumienbehälter waren fast sämtlich anthropoid und mit religiösen Szenen und Inschriften bunt bemalt und mit einem gelben Firnis überzogen. Den Historiker interessieren eigentlich nur die Namen und die Titel der Toten, unter denen sich eine Anzahl Frauen, meist Tempelmusikantinnen, befindet. Von großem Wert sind hingegen die an den Mumien gefundenen Lederbinden und die Gehänge, denn auf ihnen finden sich häufig Darstellungen von Hohenpriestern aus derselben oder aus früherer Zeit vor Amun oder einer anderen Gottheit. Und nicht minder aufschlußreich sind die häufig auf die Mumienhülle geschriebenen Legenden, weil in ihnen gewöhnlich angegeben ist, wann die Mumie gewickelt wurde. Hier steht uns also eine Primärquelle für die Aufhellung dieser schwer zu durchschauenden Dynastie zur Verfügung.

Seit dem Ende der 20. Dynastie läßt sich als eine auffallende Erscheinung der thebanischen Verwaltung beobachten, daß sie sich bei allen möglichen Anlässen durch Orakelentscheidungen leiten ließ. Wir haben bereits gesehen, wie unter dem Hohenpriester Pianch ein Tempelbeamter dadurch bestimmt wurde, daß der große Gott Amun-Rê mit seiner Prozessionsbarke anhielt, um bei der Nennung des richtigen Namens zustimmend zu nicken. Als es später um die Erbschaft der Makarê ging[19], war es Amun-Rê, begleitet von der Göttin Mut und dem Kind-Gott Chons – den beiden anderen Göttern seiner Trias –

der den Streit entschied. Und als Mencheperrê Hoherpriester wurde, war es seine erste Amtshandlung, von dem höchsten Gott zu erfragen, ob nicht bestimmte Leute, die nach den Oasen verbannt waren, begnadigt werden könnten und nach Theben zurückkehren dürften[20]. Nach der Länge einer Inschrift[21] auf einer Wand in Karnak zu urteilen, muß ein Gerichtsverfahren gegen einen Beamten wegen Unredlichkeit, um dessen Einleitung Pinodjem II. angegangen worden war, ein hochbedeutender Prozeß gewesen sein. In seinem Verlauf richtete man an den Gott eine ganze Reihe von Fragen, und offenbar wollte er sich nur ungern zu seinem alljährlichen zeremoniellen Besuch nach Luxor begeben, ehe die Sache nicht zum Abschluß gebracht war. Zunächst legte man ihm zwei Tafeln vor: die eine bejahte, die andere verneinte, daß es sich um einen Fall handele, der eine Untersuchung erforderte. Soweit die unzureichenden Quellen ein Urteil darüber erlauben, läßt sich summarisch vielleicht sagen, daß es in einer Sache nur dann zu einer Untersuchung durch den Hohenpriester persönlich kam, wenn dies durch einen Orakelspruch ausdrücklich entschieden worden war. Ein in der Cachette bei Dêr el-Bahri gefundener langer Papyrus[22] zeigt, daß sogar Tote in dieser Weise geschützt werden konnten. Hier zwei kurze Auszüge: »Du hast gesprochen, Amun-Rê-Götterkönig, der große mächtige Gott, der als erster entstand: Ich werde Neschons vergöttlichen, die Tochter Thendhouts, im Westen, ich werde sie in der Nekropole vergöttlichen; ich werde sie Wasser des Westens empfangen lassen; ich werde sie Opfer in der Nekropole empfangen lassen.« Und ein Stück weiter heißt es: »Ich werde das Herz der Neschons umwenden, der Tochter Thendhouts, und sie soll nicht irgendetwas Schlechtes dem Pinodjem tun, dem Kind der Isis-em-Chebet; ich werde ihr Herz umwenden und werde ihr nicht erlauben sein Leben abzukürzen; ich werde ihr Herz umwenden und werde ihr nicht erlauben, ihm irgend etwas antun zu lassen, was schädlich ist für das Herz eines lebenden Menschen.«

Die letzten Sätze sind deshalb besonders interessant, weil sie Licht auf die ehelichen Beziehungen zwischen der Prinzessin Neschons und ihrem Gemahl, dem Hohenpriester Pinodjem, werfen. Mindestens so aufschlußreich ist der Eingang dieses Papyrus, weil er zeigt, wie sehr sich die Vorstellung von dem höchsten thebanischen Gott seit dem Beginn der Ramessidenzeit gewandelt hatte. Die dem Amun-Rê gegebenen Epitheta sind mehr durch das bemerkenswert, was sie nicht sagen als durch das, was sie sagen. Mythologische Anklänge sind unerbittlich ausgeschieden, und wenn auch seine Sonnennatur noch in seinem altehrwürdigen Namen zum Ausdruck kommt, so heißt es jetzt lediglich von ihm: »er läßt das ganze Menschengeschlecht leben und zieht am Himmel dahin, ohne zu ermüden« und: »obwohl er ein alter Mann ist, beginnt er den Morgen als ein Jüngling«. Wenig später heißt es ganz im Gegensatz hierzu: »Sein rechtes Auge und sein linkes Auge sind Sonne und Mond«. Stark betont wird seine Natur als Schöpfergott, aus dem alle anderen Götter hervorgegangen sind; auch seine Einzigartigkeit und sein unerforschliches Wesen werden besonders hervorgehoben, wobei man sich eines Wortspiels zwischen seinem Namen und dem Verbum amen, »verborgen sein«, bediente. Die Existenz anderer Götter wird mehr übersehen als geleugnet; sie wurden auch nicht verfolgt wie in der Amarna-Zeit. So sind seine Tochter Mut und der jugendliche Mondgott Chons, beide in dem Gebiet von Karnak beheimatet, bei den religiösen Zeremonien mit ihm untrennbar verbunden und folgen ihm in den feierlichen Prozessionen in eigenen Barken. Die thebanische Priesterschaft näherte sich mit dieser neuen Auffassung von Amun-Rê zwar stark einem monotheistischen Kult, doch unterschied sich dieser Monotheismus in seinem Wesen von der durch Achenaten verbreiteten ketzerischen Lehre ganz deutlich. Es wäre sehr aufschlußreich, wenn wir die Gründe für diese ungeheure Erhöhung der mächtigen thebanischen Gottheit bestimmen könnten. Hatten die chaotischen Zustände jener Zeit eine Hinwendung zum Glauben bewirkt? Oder waren die Priester ängstlich darauf bedacht, die Verantwortlichkeit für etwas von sich abzuschieben, was sie in Schwierigkeiten hätte bringen können? Wie auch immer sich dies verhalten haben mag, das ungeheure Ansehen des Gottes diente den Königen von Tanis als willkommener Mantel: so konnte man sich mit ihrer faktischen Herrschaft abfinden, ohne sich selbst etwas zu vergeben.

Während die Aufeinanderfolge der thebanischen Hohenpriester und ihre verwandtschaftlichen Beziehungen untereinander feststehen, läßt sich das von den tanitischen Herrschern nicht sagen. Die Reihenfolge, die Manetho für die ersten vier (Smendes, Psusennes, Nephercheres und Amenophtis) angibt, mag zutreffen, doch seinen fünften König Osochor muß er aus der 22. Dynastie herübergenommen haben, während sich bei dem folgenden Psinaches nicht sagen läßt, welcher hieroglyphische Name sich in ihm verbergen könnte. An dieser Stelle ist jener Siamun einzuschieben, der die Cachette bei Dêr el-Bahri versiegelte; von ihm ist bekannt, daß er 17 Jahre regiert hat[23]. Am Ende der Dynastie führt Manetho einen zweiten Psusennes auf; dieser König kommt, wie wir noch sehen werden, auf Denkmälern vor. Gelegentlich ist die Vermutung ausgesprochen worden, es habe sogar einen dritten Psusennes gegeben. Die Chronologie der 21. Dynastie ist noch weniger geklärt als die Reihenfolge ihrer Herrscher. Africanus gibt Smendes 26, Psusennes I. 46 und Psusennes II. 14 Regierungsjahre, den übrigen Königen wesentlich kürzere Zeiten. Die frühen Quellen schweigen über die Regierungszeiten aller drei Könige. Andererseits soll nach Daressy auf einem heute vermißten Stück Leinen, von dem er berichtet[24], das 49. Regierungsjahr des Amenemope genannt gewesen sein – eine äußerst unwahrscheinliche Angabe, denn sein Grab in Tanis, das ursprünglich seine Mumie barg, ist äußerst bescheiden und läßt sich überhaupt nicht mit dem unmittelbar benachbarten Grab Psusennes' I. vergleichen[25]. Für diesen Zeitabschnitt verfügen wir über keine Synchronismen, die weiterhelfen könnten, aber Manethos Gesamtsumme von 130 Jahren läßt sich kaum ohne eine Störung der von Kennern festgelegten allgemeinen Chronologie reduzieren. Daß von den Beziehungen Ägyptens zu Palästina und den jenseits von ihm sich erstreckenden Ländern so wenig zu hören ist, erscheint bei dem geteilten Zustand Ägyptens nur verständlich.

Da Assur selbst mit inneren Schwierigkeiten zu kämpfen hatte, konnten sich in Palästina und Syrien selbständige, zwar kleine, aber durchaus blühende Königreiche bilden: Phoinizien, Israel, Moab, Edom und das der Philister. Sie hatten allenfalls in den unmittelbaren Nachbarn ihre Gegner, sonst aber keine gefährlicheren Feinde. Handelsverbindungen und andere kulturelle Beziehungen mit den größeren Mächten an Nil und Euphrat werden fortbestanden haben, doch suchte man alles, was zu politischen Konflikten oder militärischen Auseinandersetzungen hätte führen können, tunlichst zu vermeiden. Das wenige, was wir darüber erfahren, verdanken wir dem Alten Testament.

Kurz nach 950 v. Chr. ging das Zepter der Pharaonen an eine Familie fremder Herkunft über. Deren früheste Herrscher nannten sich stolz »Oberhäuptlinge der Meschwesch«, oft verkürzt zu »Oberhäuptlinge der Ma«[26], erscheinen aber gelegentlich auch als »Oberhäuptlinge der Ausländer«. Sie waren offensichtlich eng mit jenen Libyern verwandt, die zurückzudrängen Merenptah und Ramses III. solche Mühe gehabt hatten. Es handelte sich bei ihnen aber nicht um Leute, die gerade erst nach Ägypten eingedrungen waren, sondern wahrscheinlich um die Nachkommen von Kriegsgefangenen oder von freiwilligen Siedlern, denen man – wie den Scherden – Land zu Eigentum unter der Bedingung zugewiesen hatte, daß sie sich zum Militärdienst verpflichteten. Sei dem, wie ihm wolle: sie hatten an Zahl und Einfluß jedenfalls derart zugenommen, daß sie ohne größere Schwierigkeiten die Herrschaft an sich zu bringen vermochten. Wie vor ihnen die Hyksos waren sie sehr darauf bedacht, als echte Ägypter aufzutreten, wenn sie auch ihren charakteristischen Federkopfschmuck beibehielten. Ihre fremdländische Herkunft verriet sich aber auch in so barbarischen Namen wie Scheschonk, Osorkon und Takelothis, um nur einige von denen zu nennen, die tatsächlich Könige gewesen sind. Diese drei waren Manetho als zur 22. Dynastie gehörig bekannt. Letztere umfaßte bei ihm noch sechs weitere unbenannte Könige und dauerte (nach Africanus) insgesamt 120 Jahre. Die Ägyptologen unterscheiden heute fünf Könige mit Namen Scheschonk, vier mit

ÄGYPTEN UNTER FREMDER HERRSCHAFT 361

Namen Osorkon und drei mit Namen Takelothis. Dieser ganze Zeitabschnitt liegt ziemlich im Dunkeln, und wir müssen uns, wie schon einige Male, damit begnügen, die für unsere Darstellung wichtigsten Personen und Ereignisse herauszugreifen. Verallgemeinernd läßt sich sagen, daß diese der 21. folgenden Dynastien ihr in ihrer ganzen Art sehr ähnlich blieben. Die Hauptstadt befand sich im Norden, entweder in Tanis oder in Bubastis, während in Theben die Hohenpriester unangefochten ihr geistliches Regiment aufrechterhielten, wobei die Beziehungen zwischen den beiden Landeshälften weiterhin zwischen Freundschaft und Feindschaft wechselten. Es war ein Zeitalter des Aufruhrs und der Gärung, für das dem Historiker nur dürftige Quellen zur Verfügung stehen, so wertvoll das umfangreiche Material ist, das durch eine Entdeckung zutage gefördert wurde, von der nun die Rede sein soll.

Im Jahre 1850 ging als junger Mann Auguste Mariette im Auftrag der französischen Regierung nach Kairo, um koptische Manuskripte anzukaufen. Er erblickte in diesem Auftrag die langersehnte Gelegenheit, seinen Weg als Ägyptologe zu machen. Nach seiner Einreise besuchte er zunächst die Pyramiden und die Gräber von Sakkara. Ein Kopf aus Kalkstein, der aus dem Wüstensand hervorschaute, erinnerte ihn nicht nur an einige Sphingen, die er in Alexandria gesehen hatte, sondern auch an eine Stelle bei Strabon (XVII, 1.32), wo von der vom Sande bedeckten Allee von Sphingen die Rede ist, die zu dem Tempel des Apis führte. Überzeugt davon, daß er sich auf der Spur zu dem berühmten Serapeum von Memphis befinde, entschlug sich Mariette leichten Herzens seines Auftrags, dingte 30 eingeborene Arbeiter und machte sich daran, die auf einige Hügel zulaufende Allee freizulegen. Die Allee war sehr lang, und es dauerte Monate, bis er eine Kapelle erreichte, die Nechtharehbe (Nektanebos II.) erbaut hatte. Sie war natürlich nicht das, was er suchte; immerhin, sein Unternehmen hatte ein solches Interesse geweckt, daß ihm ein neuer großer Kredit bewilligt wurde. Erst im November 1851, über ein Jahr, nachdem er Frankreich verlassen hatte, betrat Mariette das gewaltige unterirdische Bauwerk, in dem die

Apis-Stiere bestattet waren. Gewaltige Sarkophage enthielten die Mumien von 64 Stieren; die frühesten trugen ein Datum aus der Regierungszeit Amenophis' III., die spätesten stammten aus der Zeit unmittelbar vor Beginn unserer Zeitrechnung. Aus Tausenden von Stelen und sonstigen Gegenständen spricht die Verehrung, die ihnen von Priestern und Privatleuten zuteil geworden war. Da viele Inschriften datiert waren, erwies sich die Entdeckung als von unschätzbarem Wert für die Chronologie.

Der Apis-Stier war, solange er lebte ine Art »Mittler« des Gottes Ptah von Memphis, stand abei auch mit Osiris und dem Falkengott Harachti in Verbindung. Wenn er starb, wurde er als der Osiris-Apis mit Pomp bestattet, und ein anderes lebendes Tier trat an seine Stelle. Sein Name erscheint gräzisiert in dem Namen des Gottes Serapis wieder, den die Ptolemäer als ihren Hauptgott verehrten. Leider erwies sich gerade der Umfang des Fundes als ein Nachteil. Die Eile, mit der eine solche Fülle von Gegenständen vom Fundort weggeschafft und nach Frankreich transportiert werden mußte, verhinderte die genaue Aufnahme des Fundes und die Anfertigung von Abschriften; auch fehlte es für eine vollständige Veröffentlichung, von der Mariette immer träumte, die aber nie unternehmen konnte, ebensosehr an einem Mann mit entsprechender Sachkenntnis wie an den nötigen Geldmitteln. G. Maspero und É. Chassinat kommt das Verdienst zu, daß sie, jeder auf seine Weise, diesem Mißstand wesentlich abgeholfen haben[27]. Es ist geplant, die ungeheure Fülle des angehäuften Materials, das sich noch im Louvre befindet, der Wissenschaft zugänglich zu machen, doch ist nicht zu bestreiten, daß für sie Mariettes großartige Entdeckung einen wesentlichen Teil ihres Wertes für immer eingebüßt hat.

Seltsamerweise hat sich in dem Serapeum nicht eine einzige Inschrift der 21. Dynastie gefunden; das Material aus der 22. und aus späteren Dynastien ist dafür um so reicher. Darunter ragt die Stele eines Harpson hervor[28], der seine Ahnenreihe durch 16 Generationen bis auf einen libyschen Vorfahren mit unbekannten Lebensdaten namens Buyuwawa zurückverfolgt. Harpson lebte und wirkte gegen Ende der langen Regierung Scheschonks IV., und obwohl er sich lediglich als Propheten der Neith bezeichnet, zählt er unter seinen Vorfahren nacheinander vier Könige auf, von denen angeblich jeder der Sohn seines Vorgängers war. Der früheste ist Scheschonk I., der Begründer der 22. Dynastie, bei weitem der bedeutendste Angehörige seiner Sippe. Er erscheint zum ersten Male in einer langen, in Abydos[29] entdeckten Inschrift aus der Zeit, da er noch weiter nichts als »großer Anführer der Meschwesch, Fürst der Fürsten« war. Als sein Vater Nimrod, Sohn einer Frau namens Mehetemwasche – Harpson erwähnt sie beide –, gestorben war, hatte sich Scheschonk an den regierenden König mit der Bitte gewandt, ihm in Abydos die Einrichtung eines großen Totenkultes zu Nimrods Ehren zu gestatten. Sowohl der König als auch »der Große Gott« – zweifellos Amun – hatten dem zugestimmt. Bei diesem Pharao handelte es sich wohl um den letzten Psusennes, denn es steht fest, daß Scheschonks Sohn und Nachfolger Osorkon I. die Tochter jenes Herrschers, Makarê, zur Frau nahm[30]. Es ist deshalb sehr wahrscheinlich, daß der Übergang von der 21. zur 22. Dynastie sich auf friedlichem Wege vollzog, wenn auch eine in das fünfte Jahr Scheschonks I. datierte Stele aus der Oase Dâchla[31] von Krieg und Aufruhr in jenem entlegenen Gebiet spricht. Mehrere Söhne des neuen Herrschers sind bekannt; offenbar hat er sie jeweils in Stellungen gesetzt, durch die er am wirksamsten den Bestand seiner Herrschaft sichern konnte. Es sieht so aus, als werde auf der Stele des Harpson Karoma als Gemahlin Scheschonks und Mutter Osorkons I. bezeichnet, doch erscheint sie an anderer Stelle als »Gottesanbeterin«, was wohl jede eheliche Verbindung ausschloß. Auf jeden Fall war Osorkon ein Sohn seines Vorgängers. Eine lange Inschrift in Herakleopolis (Ihnâsja el Medîna)[32], das während der ersten Zwischenzeit eine so hervorragende Rolle gespielt hatte, ist aus mancherlei Gründen interessant. Sie macht uns zusammen mit anderen Texten mit einem zweiten Nimrod bekannt, der nicht nur »Führer des gesamten Heeres« und »Großer Anführer der Ausländer«[33] war, sondern auch zu jenen fürstlichen Personen gehörte, die sich gern als Nachfahren der Ramessiden ausgaben. Seine Mutter Penreschnas war selbst die Tochter eines »Großen Anführers der Fremdländer«[34]. Dieser Nimrod kam zu seinem Vater Scheschonk und berichtete ihm, der Tempel des Gottes Arsaphes von Herakleopolis sei um seine regelmäßigen Zuwendungen an Stieren gebracht worden, die für zahlreiche Opfer in allen Monaten des Jahres benötigt würden. Er selbst sei bereit, 60 Stiere zu stiften, die Städte, Dörfer und Beamten des Gaues müßten die übrigen beschaffen; eine lange Liste war beigefügt. Der König erließ sogleich ein entsprechendes Dekret. Er lobte beiläufig Nimrod wegen seiner Wohltätigkeit, die seiner eigenen gleichkomme.

Worin lag der Grund für diese Bevorzugung von Herakleopolis? Auf diese Frage läßt sich keine bestimmte Antwort geben; auffällig ist immerhin, daß die meisten von Harpsons Vorfahren, männliche wie weibliche, in jener Stadt Priesterämter bekleidet hatten und daß noch dreihundert Jahre später Herrscher der Thebais mit Vorliebe unter ihren Einwohnern ausgewählt wurden. Ein dritter Nimrod[35], ein Sohn Osorkons II., trug den Titel »Befehlshaber der Truppen von Ha-Ninsu« (Herakleopolis), und derselbe Titel begegnet bei Bekenptah, einem Bruder des Hohenpriesters Osorkon unter Scheschonk III.[36] Waren die Meschwesch, die nun die Königswürde erlangten, aus ihrer libyschen Heimat etwa auf dem direkten Wege über die Oasen in jene Gegend gekommen und hatten sich dann dort niedergelassen? Manetho spricht allerdings von der 22. Dynastie als der bubastitischen und von der 23. als der tanitischen, und es gibt in der Tat zuverlässige Zeugnisse, die deren Könige mit jenen blühenden Städten des östlichen Deltas in Verbindung bringen. Dennoch verdient die ausgesprochene Vermutung ernsthafte Erwägung. Seinen dritten Sohn Iuput setzte Scheschonk I. zum Hohenpriester des Amun-Rê in Karnak ein und durchbrach damit die Tradition, wonach dies Amt auf dem Wege der Erbfolge weitergegeben wurde. Dies war ein besonders kluger Schritt: Scheschonk brachte durch ihn dies so einflußreiche Amt unter seine unmittelbare Kontrolle; diese Politik scheint

ÄGYPTEN UNTER FREMDER HERRSCHAFT

auch von den folgenden Generationen noch eine Zeitlang befolgt worden zu sein. Daß das Amt des Hohenpriesters von Gefahren umgeben war, spricht deutlich aus der Beibehaltung des Titels »Großer Befehlshaber des Heeres«: die Hohenpriester waren nicht nur Priester, sie waren auch Soldaten. Die größte Leistung des Iuput – oder vielleicht sollten wir eher sagen: seines Vaters – war der Bau eines Tors in dem Amuntempel von Karnak, wobei er die Südmauer des Großen Säulensaals nach Westen hin fortsetzte. Dieses sogenannte Bubastidentor fügte Scheschonk zwischen den 2. Pylon und einen kleinen Tempel Ramses' III. ein; dieser stand einem (ersten) Großen Hof im Wege, den er zweifellos von Anfang an geplant hatte, dessen Vollendung er aber nicht mehr erlebte. Eine Felsinschrift in Silsile-West[37] berichtet von der Eröffnung eines neuen Steinbruchs, der den Sandstein für diesen geplanten Hof und für den Pylon liefern sollte. Diese Inschrift ist in Scheschonks 21. Regierungsjahr (nach Manetho sein letztes) datiert, doch ist es unwahrscheinlich, daß mit dem ersten Bauabschnitt, der Errichtung des Tors, nicht schon viel früher begonnen wurde. Dessen Wände sind mit Darstellungen des Ereignisses geschmückt, dem Scheschonk I., der Schischak (Sisak) der Bibel, seine einzigartige Berühmtheit verdankte.

Ein halbes Jahrhundert zuvor hatte Joab als Befehlshaber der Truppen König Davids Edom verwüstet und alle männlichen Einwohner mit dem Schwert getötet. Hadad, ein Kind aus der edomitischen Königsfamilie, hatte nach Ägypten entkommen können und gewann später die Gunst des ägyptischen Pharaos, der ihm die Schwester seiner königlichen Gemahlin Tahpenes zur Frau gab. Hadad kehrte später gegen den Willen des Königs in sein Heimatland zurück und blieb bis an sein Ende ein Feind Salomos (1. Könige 11, 14 ff.). Auch der Emporkömmling Jerobeam, der nach dem Tode Salomos nach dem Throne strebte, mußte unter Schischak nach Ägypten fliehen (1. Könige 11, 40) und kehrte später als König der zehn Stämme zurück, während Salomos Sohn Rehabeam sich mit der Königswürde von Juda begnügen mußte. Die Beziehungen zwischen Ägypten und dem israelitischen Königshause waren aber im Laufe der Zeit enger geworden. In den Worten des hebräischen Chronisten hört sich das so an: »Und Salomo verschwägerte sich mit Pharao, dem König in Ägypten, und nahm Pharaos Tochter und brachte sie in die Stadt Davids« (1. Könige 3, 1), und weiter: »Denn Pharao, der König in Ägypten, war heraufgekommen und hatte Gezer gewonnen und mit Feuer verbrannt und die Kanaaniter erwürgt, die in der Stadt wohnten, und hatte sie seiner Tochter, Salomos Weib, zum Geschenk gegeben« (1. Könige 9, 16). Dies liest sich wie ein authentischer historischer Bericht, doch wird er durch ägyptische Quellen nicht bestätigt. Und wegen der, an sich nicht allzugroßen, Ungenauigkeit in den Zeitangaben läßt sich nicht sagen, welcher Pharao jeweils gemeint ist; auch der Name Tahpenes findet sich im Ägyptischen nicht wieder. Doch steht uns ein zuverlässiger Synchronismus zu Gebote: »Aber im fünften Jahr des Königs Rehabeam zog Sisak, der König in Ägypten, herauf wider Jerusalem und nahm die Schätze aus dem Hause des Herrn und aus dem Hause des Königs und alles, was zu nehmen war, und nahm alle goldenen Schilde, die Salomo hatte machen lassen; an deren Statt ließ der König Rehabeam eherne Schilde machen...« (1. Könige 14, 25-27). Dies mag etwa um das Jahr 930 v. Chr. gewesen sein. Den Chronisten bekümmerte offenbar die Entweihung der heiligen Stadt weniger als der Verlust der goldenen Schilde. Unter den Namen, die neben der großen Szene in dem Bubastidentor genannt sind, finden sich die von Gezer und Jerusalem nicht. Diese Städtenamen sind auf jene traditionelle Weise dargeboten, der wir bereits im Zusammenhang mit den Eroberungen Thutmosis' III. begegneten: sie sind Gefangenen an der Brust befestigt, denen der Pharao in riesenhafter Größe voranschreitet, um sie seinem Vater Amun-Rê darzubringen. Leider sind von den über 150 Ortsnamen nur wenige gut genug erhalten, um eine genaue Vorstellung von den Marschrouten zu geben; diese umgehen das Hügelland von Samaria ohne das Innere des israelitischen Königreichs zu durchqueren. Es fehlt auch jeder Hinweis darauf, daß sie jemals durch Juda führten; dagegen gibt es Anhaltspunkte für einen Einfall in edomitisches Gebiet. Die lange Zeit herrschende Ansicht, in der Liste sei ein »Feld Abrahams« zu lesen, ist jetzt widerlegt. Die Entdeckung eines Fragments in Megiddo[38] mit dem Namen Scheschonks läßt keinen Zweifel daran, daß der Feldzug wirklich stattgefunden hat; allerdings bleibt völlig dunkel, ob er einen Versuch darstellte, alten Ruhm wieder aufzufrischen, ob er der Unterstützung Jerobeams dienen sollte, oder ob er nur ein Beutezug war. Daß Scheschonk und sein Nachfolger Osorkon I. die jahrhundertealte Freundschaft Ägyptens mit den Fürsten von Byblos erneuerten, bezeugen Statuen von ihnen dort[39], die diese Könige möglicherweise selbst zum Geschenk gesandt hatten.

Osorkon I. hat mindestens 36 Jahre, sein Nachfolger Takelothis I. möglicherweise fast 23 Jahre regiert; sonst ist über beide kaum etwas bekannt. Das Dunkel, das über der ägyptischen Geschichte liegt, wird nun so undurchdringlich, daß sich nur selten eine Vorstellung vom Lauf der Ereignisse gewinnen läßt. Der Grund hierfür liegt darin, daß der Schauplatz des Geschehens sich nach dem Delta verlagert hatte, aus dessen feuchtem Boden nur wenige Denkmäler wieder zum Vorschein gekommen sind. Theben behauptete zwar noch immer seine wichtige Stellung, war aber in politischer Hinsicht zu völliger Bedeutungslosigkeit herabgesunken. Außer Reden voller Selbstlob und trockenen Ahnentafeln findet sich kaum etwas in den wortreichen Inschriften auf den vielen Statuen der thebanischen Edlen, die zu jenem großen Fund in Karnak gehörten, auf den bereits (S. 55) kurz hingewiesen wurde. Für unsere Kenntnis der Regierungsjahre der Pharaonen der 22. und der 23. Dynastie sind die auf der Ufermauer vor dem Tempel von Karnak festgehaltenen Wasserstände des Nils[40] von großem Wert. In Mittelägypten scheint eine nicht weit nördlich von Oxyrhynchos gelegene Festung mit einem Tempel, an dem Scheschonk I. und Osorkon I. gebaut haben, als eine Art Grenz- oder Demarkationspunkt zwischen Nord und Süd gedient zu haben. Dieser schon erwähnte Ort, El-Hîba, verehrte als Gottheit den widderköpfigen »Amun der Klippe«, der auch anschaulich als »Amun-groß-im-Brüllen« bezeichnet wird. Nur während der Regierung von Osorkon II. bricht ein Lichtstrahl durch das Dunkel. Wir wollen uns hier nicht mit der Reihenfolge der Hohenpriester von Theben befassen; offensichtlich waren sie alle bemüht, ihre Unabhängigkeit von ihren tanitischen Oberherren zu betonen. In Tanis entdeckte Montet das von Dieben seiner Schätze beraubte Grab Osorkons II. neben dem Sarkophag eines Hohenpriesters des Amun-Rê Harnachti, der offenbar sein Sohn war. In Bubastis hatte Naville 50 Jahre zuvor ein großes Granittor mit sehr wertvollen Reliefdarstellungen ausgegraben, die Szenen aus dem wichtigen, aber in seiner Bedeutung noch immer weithin ungeklärten Sedfest wiedergeben. Dies Fest hatte Osorkon II. in seinem 22. Regierungsjahr begangen und bei diesem Anlaß verfügt, daß die Haremsdamen des Tempels des Amun-Rê wie anderer Tempel in seinen zwei Städten von allen anderen Diensten befreit seien. Die kurze, aber wichtige Inschrift[41] schließt mit den Worten: »Siehe, Seine Majestät sann auf eine große Wohltat für seinen Vater Amun-Rê, als dieser das erste Sedfest für seinen Sohn ausrief, der seinen Thron einnahm; damit er für ihn ernenne zahlreiche Große in Theben, der Herrin der Neun Bogen. Gesprochen von dem König vor seinem Vater Amun: ›Ich habe Theben in seiner Höhe und seiner Breite Befreiung erteilt, welches rein und geschmückt ist für seinen Herrn, wo kein Eingriff zulässig ist durch die Aufseher des Hauses des Königs und dessen Leute befreit sind für alle Ewigkeit in dem großen Namen des schönen Gottes‹[42]«. Dies läßt sich nur als das Zugeständnis der Unabhängigkeit an Theben verstehen, sei es, daß er damit einen bereits bestehenden Zustand anerkannte, sei es, daß Osorkon diese Konzession aus politischen Gründen für klug hielt.

Die auf Scheschonk I. folgenden vier Könige hatten nur wenig zur Ausschmückung der Bubastidenhallen in Karnak beigetragen; aber der Hohepriester Osorkon, der Sohn Takelothis' II., bedeckte die kahlen Wände mit zwei Inschriften in 77 gewaltigen Hieroglyphensäulen, die von seinen Unternehmungen und von seiner Politik berichten. R. Caminos hat auf der Grundlage der vom Oriental Institute der Universität Chicago angefertigten Abschriften trotz der Lücken im Text und trotz unserer unzureichenden Sprachkenntnisse aus diesen Inschriften an historisch Wesentlichem herausgeholt, was sich überhaupt herausholen ließ. Osorkons Bericht beginnt im 11. Jahr der Regierung seines Vaters. Er lebte damals in El-Hîba, nach seinen eigenen Worten ohne jede Ambitionen. Als Gouverneur Oberägyptens sah er sich jedoch bald genötigt, in Theben einen Aufstand niederzuschlagen. Auf dem Wege dorthin machte er in Schmun (Hermopolis Magna) halt, huldigte dem dortigen Gott Thot und gab Befehl, einige verfallene Heiligtümer wiederherzustellen. Bei seinem Eintreffen in der südlichen Hauptstadt wurde er von der ganzen Stadt und besonders von der Priesterschaft freudig in Empfang genommen. Hier stellte er bald die Ordnung wieder her und ließ die Schuldigen, die man zu ihm brachte, verbrennen. Die Kinder früherer Würdenträger wurden wieder in die Ämter ihrer Väter eingesetzt, außerdem erließ er fünf Dekrete und bedachte durch sie auf mancherlei Weise die verschiedenen Tempel in Karnak. Dem heutigen Leser müssen einige der guten Taten, deren Osorkon sich rühmt, äußerst trivial erscheinen, so zum Beispiel die Stiftung von Öl für eine große Lampe im Allerheiligsten des Amun-Rê und die tägliche Lieferung von je einer Gans an die beiden anderen Tempel – den des Month und den des Amenope –, also von 730 Gänsen jährlich; all dies geschah »für das Leben, das Gedeihen und die Gesundheit« seines Vaters Takelothis. In dem Bericht aus dem Jahre 12 übertrifft sich Osorkon noch in seiner gespreizten Überschwenglichkeit, indem er alle Hauptgottheiten des Pantheons bemüht, um seine Weisheit und seine Tugend ins rechte Licht zu rücken. Möglicherweise war in dem Streit zwischen Nord und Süd vorübergehend Ruhe eingetreten. Es ist davon die Rede, daß Osorkon Theben dreimal in einem Jahr einen Besuch abstattete und daß Schiffe mit Festopfergaben ihn begleiteten. Doch kam es im Jahre 15 zu neuen Erschütterungen, in denen »er nicht müde wurde zu kämpfen mitten unter ihnen genau wie Horus, indem er seinem Vater folgte; Jahre vergingen, in denen einer den anderen ungehindert ausplünderte«. Schließlich mußte er sich eingestehen, daß er nur durch eine Aussöhnung den Zustand des Landes heilen konnte, und zu dieser Auffassung bekannten sich auch seine Nachfolger. Eine große Fahrt nach Theben wurde vorbereitet, und unzählige Schiffe mit Opfergaben aller Art für Amun-Rê befrachtet. Osorkons Ansprache enthielt offenbar Vorwürfe an den Gott, daß er die Rebellen ungebührlich unterstützt habe, doch nahm man das nicht weiter übel, und eine Verständigung war bald erreicht. Es folgt eine kurze Erwähnung abermaliger Unruhen, in denen Osorkon völlig allein dastand, doch konnten sie durch neue Opfer an den Gott überwunden werden. Da die Wand der Bubastidenhalle, auf der dieser ganze Bericht steht, für die Darstellung seiner weiteren Lebensgeschichte keinen Raum mehr bot, benutzte Osorkon das noch freie Wandstück zu einer langen Aufzählung seiner Schenkungen, die er bis hinab in das 29. Regierungsjahr König Scheschonks III. gemacht hatte. Aber damit noch nicht genug: eine weitere Inschrift[43] berichtet davon, wie er als Hoherpriester zusammen mit seinem Bruder Bekenptah Theben abermals besuchte, nachdem sie die Feinde, die ihnen im Wege gewesen waren, besiegt hatten; er muß damals schon über 70 Jahre alt gewesen sein.

Die Bedeutung von Osorkons so ausführlicher autobiographischer Inschrift liegt nicht so sehr in ihrer Hauptperson, als vielmehr darin, daß sie das Bild eines Ägyptens bietet, das von Zwietracht zerrissen war und in dem die Herrscher des Nordens ihre Oberhoheit aufrechtzuerhalten suchten. Dieser Zustand hat wahrscheinlich bis gegen das Ende der Dynastie angedauert. Es ist vielleicht aufschlußreich, einmal zu zeigen, wie einseitig Osorkon in seinem Bericht ist. So bezeichnet er sich gewöhnlich als Hoherpriester des Amun-Rê – doch welche Realität stand denn schon hinter diesem Titel, wenn ein Fürst ihn trug, der die meiste Zeit in El-Hîba residierte und der nur zu gelegentlichen Besuchen nach Theben kam? Auch während seiner Abwesenheit mußte ja das tägliche Opferritual in Karnak vollzogen werden, und es ist unwahrscheinlich, daß sich nicht ständig ein Hoherpriester dort aufgehalten haben sollte, wenn er vielleicht auch weichen mußte,

sobald er sich stärkeren Ansprüchen oder überlegenen
Kräften gegenübersah. Dies hat man in der Tat von einem
gewissen Harsiese vermutet, der offenbar, wie Osorkon,
dieses Amt unter Scheschonk III.[44] bekleidete. Es hatte allerdings schon einen anderen Hohenpriester Harsiese gegeben,
der in jenem Amt Nachfolger seines Vaters Scheschonk,
eines Sohnes von Osorkon I.[45], gewesen war. Wir sehen uns
hier einer der Hauptschwierigkeiten gegenüber, die sich der
Erforschung dieses Zeitabschnittes entgegenstellen: der ständigen Wiederkehr ein und desselben Namens in beiden Landesteilen. Dies gilt sogar für die königlichen Thronnamen: nicht
weniger als acht Könige verwendeten denselben Thronnamen
Usimarê-setpenamun[46] wie Jahrhunderte vor ihnen Ramses IV.
Die Probleme sind höchst verwickelt und lassen sich auch
nicht mit viel Aussicht auf Erfolg angehen, ehe nicht die verstreuten und bruchstückhaften Inschriften von neuem gesammelt, sorgfältig kopiert und zuverlässig ediert sind – und
sogar dann bleibt es noch sehr fraglich, ob sich aus ihnen eine
zusammenhängende Darstellung gewinnen läßt. Inzwischen
müssen wir uns mit Einzeltatsachen begnügen. So hat beispielsweise Montet in Tanis die sterblichen Überreste von
Takelothis II. in einem usurpierten Sarg aus dem Mittleren
Reich zusammen mit seinen Eingeweidekrügen und Uschebti-
Figuren gefunden. Gegen das Ende der Dynastie stellt das
Quellenmaterial aus dem Serapeum eine wertvolle Hilfe dar,
weil die Inschriften die Geburts- und Todesdaten mehrerer
Apisstiere erwähnen und außerdem ihre Lebensdauer angeben.
Aus ihnen hat man beispielsweise errechnet, daß Scheschonk
III. nicht weniger als 52 Jahre regierte und daß ihm ein König
namens Pemu (»die Katze«) folgte[47]. Alle Könige dieser
Dynastie haben ungewöhnlich lange regiert, eine Tatsache,
die der bei einer früheren Gelegenheit getroffenen Feststellung
zu widersprechen scheint, wonach in Ägypten eine lange
Regierungsdauer auf allgemeinen Wohlstand hindeute.
Manetho gibt der 22. Dynastie nur 120 Jahre, sie ist aber nach
der heute gebilligten Chronologie mit gut 200 Jahren anzusetzen, nämlich etwa von 950 bis 730 v. Chr.

Manethos 23. Dynastie besteht nur aus vier Königen; der

dritte, Psammus, läßt sich nicht identifizieren, der vierte, Zet, kommt nur bei Africanus vor; seine Nennung beruht wahrscheinlich auf einem Versehen. An der Spitze der Dynastie steht ein Petubastis, der nach Africanus 40, nach Eusebius 25 Jahre regiert haben soll. Er kommt in den Inschriften auf der Ufermauer von Karnak mehrere Male vor; einmal ist sein 23. Regierungsjahr vermerkt. Schwerwiegende Gründe sprechen dafür, daß die Könige der 22. und der 23. Dynastie nebeneinander regiert haben, und in der Tat wird als Name des zweiten Königs der 23. Dynastie Osorcho bzw. Osorthon genannt. Der Sachverhalt wird dadurch weiter kompliziert, daß es noch einen zweiten Petubastis mit einem anderen Thronnamen gibt[48], der sich möglicherweise als Hauptfigur in einer späten demotischen Geschichte wiederfindet, von der sich mehrere Versionen erhalten haben. Schließlich bleiben noch einige weitere, schwer faßbare Könige zu erwähnen, die vermutlich in diese Zeit gehörten, sich aber nicht einordnen lassen. Die Existenz so vieler Könige erklärt sich wahrscheinlich aus der zunehmenden Aufsplitterung des Landes, die in der neuen Phase der ägyptischen Geschichte deutlich hervortritt, mit der wir uns nun zu beschäftigen haben.

Die folgenden, von Africanus überlieferten Angaben Manethos sind ziemlich kurz, aber so aufschlußreich, daß sie hier in extenso wiedergegeben seien: »24. Dynastie. Bochchoris von Sais, 6 (44)[49] Jahre lang: zu seiner Zeit sprach ein Lamm...990 Jahre. 25. Dynastie, drei äthiopische Könige, a) Sabakon, welcher Bochchoris gefangennahm, ihn bei lebendigem Leib verbrannte und 8 (12) Jahre lang regierte, b) Sebichos, sein Sohn, 14 (12) Jahre, c) Tarkos, 18 (20) Jahre; Gesamtsumme 40 Jahre.« Hier haben wir es wenigstens mit Angaben zu tun, die einige Ähnlichkeit mit echter Geschichtsschreibung haben, wobei wir natürlich über die für Manetho charakteristische Erwähnung des Schafs hinwegsehen müssen, das mit menschlicher Stimme geweissagt und, wie ein demotischer Papyrus berichtet, die Eroberung und Versklavung Ägyptens durch Assur prophezeit haben soll. Es ist jedoch erstaunlich, daß Manetho den großen sudanesischen bzw. kuschitischen Krieger Pianchi nicht erwähnt, der um 730

v. Chr. mit einem Schlage die Verhältnisse in Ägypten von Grund auf veränderte. Er war der Sohn eines Häuptlings oder Königs namens Kaschta[50] und offenbar ein Bruder jenes Schabaka, den Manetho unter dem Namen Sabakon erwähnt. Um aber eine Vorstellung von der neuen Ordnung gewinnen zu können, müssen wir um über 700 Jahre zurückgehen.

Schon unter den Thutmosiden war bei dem mächtigen Felsen des Gebel Barkal eine blühende ägyptische Stadt oder Kolonie entstanden. Der Gebel Barkal ist an sich nicht sehr hoch, aber äußerst eindrucksvoll wegen seiner isolierten Lage inmitten der Ebene, etwa 2 km vom Nil entfernt[51]. Die Provinzhauptstadt Napata lag einige Kilometer unterhalb des vierten Katarakts am Fuße des »Heiligen Berges«, wie die Ägypter ihn nannten, und so abseits, daß sie sich, ohne Störungen befürchten zu müssen, entwickeln konnte. Unter Tutanchamun endete hier der Amtsbereich des nubischen Vizekönigs[52]. Überreste aus der Ramessidenzeit an Ort und Stelle und Erwähnungen in den Texten sind selten und hören unter der 21. und 22. Dynastie völlig auf. Dennoch dürfen wir mit ziemlicher Sicherheit annehmen, daß die ägyptische Kultur dort unter der Oberfläche weiterlebte und mit ihr eine leidenschaftliche Verehrung des Amun-Rê, des Gottes der Mutterstadt Theben. Möglicherweise trieb diese Verehrung Pianchi zu dem plötzlichen Einfall in das Land seiner libyschen Feinde. Die riesige Stele[53], die Mariette aus den Ruinen von Napata geborgen hat, gehört zu den aufschlußreichsten Dokumenten der ägyptischen Geschichte überhaupt und zeigt eine Lebendigkeit im Denken und Fühlen und im Ausdruck, wie sie in Zeugnissen des Mutterlandes schon längst nicht mehr anzutreffen ist. Die Szene am Kopf der Stele nimmt schon den Ausgang des Feldzugs vorweg. Amun-Rê thront in der Bildmitte, hinter ihm steht die Göttin Mut, vor ihm Pianchi. Von rechts nähert sich eine Frau, die die Gemahlinnen des Königs repräsentiert; ihr folgt ein König Nimrod mit einem Pferd am Zaum und einem Sistrum in der Hand. Im Vordergrund unten küssen die drei Könige Osorkon, Iuwapet und Peftuabast den Boden vor dem Eroberer und seinem Gott. Hinter diesem verharren fünf weitere Würdenträger – von denen zwei nur Bürgermeister von Städten sind – in derselben demütigen Haltung, neben ihnen huldigen zwei »große Fürsten der Ma« in ähnlich kriecherischer Weise. Aus dem Text der Stele ergibt sich, daß das ganze Delta und ein großer Teil Mittelägyptens in einzelne Fürstentümer zersplittert war. Wenn die Herrscher von vier dieser Fürstentümer als Könige bezeichnet werden, so hängt das wohl damit zusammen, daß sie, wie aus ihren Namen hervorgeht, zur Familie der 22. Dynastie gehörten; der Grad ihrer verwandtschaftlichen Beziehungen ist allerdings völlig unklar.

Pianchis Bericht ist in sein 21. Jahr datiert und beginnt mit der Erzählung von einem abenteuerlichen Deltafürsten Tefnachte, der sich des ganzen Westteils bis nach Lischt im Süden bemächtigt hatte und mit einem großen Heer stromauf gesegelt kam. Als er sich näherte, öffneten die Vorsteher der Städte und Dörfer die Tore und liefen wie Hunde hinter seinen Fersen her. Er wandte sich dann nach Osten und nahm die wichtigsten Städte auf dem rechten Ufer ein; danach belagerte er Herakleopolis und umzingelte es auf allen Seiten, so daß keiner hinein oder heraus konnte. Auch diese ernsten Nachrichten konnten Pianchi nicht erschüttern; es heißt von ihm: »er war fröhlichen Herzens, lachte, und sein Herz war heiter«. Die Offiziere seines Heeres in Ägypten konnten die Lage nicht für so ungefährlich halten und fragten: »Willst du denn schweigend verharren und Oberägypten vergessen, während Tefnachte ungehindert vorwärts dringt?« Sie meldeten ferner, bei Hwer (nahe Hermopolis Magna) habe Nimrod die Mauern des benachbarten Nefrusi geschleift und seinem Herrscher die Gefolgschaft aufgesagt; Tefnachte habe ihn dafür mit allem belohnt, was er finden würde. Das war Pianchi zuviel: er schrieb seinen Kommandanten in Ägypten und befahl ihnen, den ganzen Hasengau zu belagern. Zugleich gab er ihnen genaue Anweisungen für ihr strategisches Vorgehen[54]: sie sollten dem Feind die Wahl des Zeitpunkts der Schlacht überlassen in der sicheren Gewißheit, daß Amun sie geschickt habe. Wenn sie nach Theben kämen, so sollten sie sich in dem Fluß reinigen, sich in sauberes Leinen kleiden, den Bogen ruhen lassen und den Pfeil lösen, und auch ihrer

Stärke sollten sie sich nicht rühmen, denn »ohne ihn hat kein Tapferer Stärke; er macht stark den Schwachen, so daß viele fliehen vor den wenigen und ein Mann tausend besiegt«. Beeindruckt von dieser hohen Gesinnung brachen die nubischen Truppen nach Theben auf, wo sie taten, wie ihnen befohlen war. Ein gewaltiges Heer, das ihnen entgegengesegelt kam, wurde in einem schrecklichen Blutbad besiegt; die Schiffe wurden erbeutet, die Leute gefangengenommen und zahlreiche Gefangene nach Napata vor Seine Majestät gebracht. Herakleopolis mußte erst noch erobert werden; die Stele bringt an dieser Stelle eine lange Aufzählung der Verbündeten Tefnachtes und nennt die Städte, deren Herrscher sie waren. König Osorkon saß in Bubastis, während Tefnachte selbst hier bezeichnet ist als »Prophet der Neith, der Herrin von Sais, und Satem-Priester des Ptah«, demnach als Hauptpriester sowohl in Sais wie in Memphis. Wieder kam es zu einer schweren Schlacht; die ihr entgingen, wurden verfolgt und in der Gegend von Pi-pek erschlagen. König Nimrod selbst war stromauf nach dem Hasengau gesegelt, weil er annahm, dessen Hauptstadt Hermopolis Magna befinde sich im Kampfe mit den Truppen Seiner Majestät, worauf der ganze Gau umzingelt wurde. Doch die Meldungen von kleineren Siegen entsprachen nicht recht Pianchis Erwartungen: »Hierauf wütetete Seine Majestät wie ein Panther: ›Haben sie zugelassen, daß Überlebende übrigblieben von den Heeren Unterägyptens, indem sie die, die ihnen entkommen konnten, entwischen ließen, daß sie die Geschichte dieses Feldzuges erzählen, statt sie sterben zu lassen, um auch die letzten von ihnen zu vernichten? So wahr ich lebe, und so wahr Rê mich liebt, und so wahr mein Vater Amun mich lobt: ich werde selbst stromab fahren und werde umstürzen, was er getan hat, und werde veranlassen, daß er vom Kampfe abläßt für alle Ewigkeit.‹« Pianchi gelobt dann, er werde an den Neujahrs-Feierlichkeiten in Karnak und den Festlichkeiten des Phaophi teilnehmen, bei denen Amun in feierlicher Prozession nach Luxor kam. An eben dem Tage, da der Gott in seine Stadt zurückkehrt, gelobt er: »Ich werde Unterägypten schmecken lassen den Geschmack meiner Finger.«

Inzwischen hatten die Voraustruppen Oxyrhynchos überwältigt »wie eine Wasserflut«, hatten sich mit Hilfe einer Sturmleiter ihren Weg nach El-Hîba hinein erzwungen und auch die Stadt Heboinu eingenommen – doch selbst diese Erfolge stellten den ungeduldigen Pianchi noch nicht zufrieden. Er mußte aber zunächst sein Gelübde erfüllen, an den Festlichkeiten in Theben teilzunehmen, ehe er sich nach Hermopolis einschiffen konnte. Nach seiner Ankunft dort bestieg er seinen Streitwagen und schlug südwestlich der Stadt sein Zelt auf. Ehe er in die Belagerung eingriff, kanzelte er seine Soldaten wegen ihrer Trägheit gründlich ab, dann »wurde eine Rampe gemacht, um die Mauer zu bedecken, und eine Maschine, um Bogenschützen in die Höhe zu heben, welche schießen sollten, und Schleuderer, welche Steine schleudern sollten, um Leute unter ihnen zu töten tagtäglich.«

Bald begann Hermopolis zu »stinken«, und die Einwohner warfen sich auf die Bäuche und flehten den König um Gnade an, und Boten gingen ein und aus und brachten Gaben an Gold und Truhen mit Kleidern, wobei die Krone auf Pianchis Haupt und die Uräusschlange an seiner Stirn den Feinden tiefe Ehrfurcht einflößten. Schließlich kam Nimrods Gemahlin, um »die Königsgemahlinnen, des Königs Haremsdamen, die Königstöchter und des Königs Schwestern« anzuflehen und sie zu bitten, bei »Horus, dem Herrn des Palastes, dessen Macht groß ist und dessen Sieg gewaltig« Fürsprache einzulegen. Pianchi scheint dann Nimrod wegen seiner feindseligen Haltung Vorwürfe gemacht zu haben, worauf der gedemütigte Gegner nichts Besseres zu tun wußte, als dem König ein Pferd und der Königin ein Sistrum zu bringen, wie es in der Szene am Kopf der Stele zu sehen ist. Des frommen Herrschers erste Handlung war ein Opfer für Thot und die anderen Gottheiten des Ortes. Danach besichtigte er den Palast und das Schatzhaus des Nimrod; auch dessen Frauen wurden ihm vorgestellt, doch fand er keinen Gefallen an ihnen. Beim Anblick der schlecht ernährten Pferde in Nimrods Marstall geriet Pianchi in höchste Wut und machte Nimrod heftige Vorwürfe. In diesem Stil fährt die Darstellung in überschwenglicher Rede fort mit der Schilderung der Übergabe von Herakleopolis durch Peftuabast. Als nächster Ort fiel El-Lahûn am Eingang zum Faijûm, nachdem Pianchi seine Einwohner beschworen hatte, sie sollten doch nicht den Tod dem Leben vorziehen. Tefnachtes eigener Sohn war unter denen, die ohne Bestrafung abziehen durften. Mêdûm und Lischt taten dasselbe, nur Memphis machte Schwierigkeiten und kümmerte sich nicht um Pianchis Beteuerung, er wolle nichts weiter, als seinem Gott Ptah opfern, auch nicht um seine Zusicherung, er werde nur solche Rebellen töten, die Gott gelästert hätten. Im Schutze der Dunkelheit konnte Tefnachte 8000 ausgesuchte Krieger zur Unterstützung heranführen lassen; er selbst eilte zu Pferde nach dem Delta, um die dortigen Fürsten zusammenzutrommeln, die er dadurch zu gewinnen hoffte, daß er ihnen die reichen Vorräte in der Stadt in Aussicht stellte. Als Pianchi am Morgen vor Memphis anlangte, fand er es gut geschützt durch Wasser, das bis an die Mauern reichte, und durch neu aufgeführte Festungsmauern. Die Ansichten darüber, wie man dieser Lage am besten Herr werden könne, gingen weit auseinander, aber Pianchi schwur einen Eid, daß er mit Amuns Hilfe den Sieg erringen werde, und so geschah es dann auch. Eingedenk seiner frommen Pflichten wie stets, reinigte der König die ganze Stätte mit Natron und Weihrauch und vollzog alle Riten, die einem König oblagen. Die Einwohner der umliegenden Dörfer flohen, ohne daß man wußte wohin, und Iuwapet und andere Fürsten kamen mit Geschenken, »um die Schönheit Seiner Majestät zu schauen«.

Der weitere Verlauf dieses Feldzuges, der in solcher Breite und mit einem solchen Reichtum an farbig geschilderten Ereignissen beschrieben ist, kann hier nicht weiter verfolgt werden; es seien lediglich Pianchis Taten in Heliopolis, der heiligsten unter allen ägyptischen Städten, kurz erwähnt und die Versicherung des Peteese von Athribis, weder er noch die anderen Fürsten würden ihm auch nur das geringste von den Dingen verbergen, die er begehren sollte, insbesondere nicht die Pferde. Schließlich unterwarf sich auch Tefnachte: »Ich werde nicht ungehorsam sein gegen des Königs Befehl, ich werde nicht verwerfen, was der König sagt, ich werde nichts Schlechtes antun irgendeinem Fürsten, ohne daß du es weißt, und ich werde tun, was der König sagt.«

Zum Schluß sei noch eine Besonderheit erwähnt, weil sie sich zwar bei Herodot (II, 37) und bei anderen klassischen Autoren bestätigt findet, aber durch die ägyptischen Quellen sonst nicht verbürgt ist. Als zwei Fürsten aus dem Norden und zwei aus dem Süden als Vertreter des ganzen Landes zu Pianchi kamen, um ihm zu huldigen, wurde nur Nimrod in den Palast vorgelassen, weil die anderen Fisch gegessen hatten und deshalb als unrein galten. Diese an sich unbedeutende Einzelheit führt uns vor Augen, wie sehr diese Welt in ihrer ethischen und geistigen Haltung von der unseren verschieden war. Vieles von dem, was Diodor über das streng geregelte Leben des Pharaos erzählt, mag zutreffen, selbst wenn wir es nicht nachprüfen können.

Wer mag der Verfasser der lebendigen Schilderung auf Pianchis großer Stele gewesen sein? Offensichtlich war er mit dem Mittelägyptischen, aus dem sich verschiedene Entlehnungen anführen ließen, gut vertraut. Durch die Erzählung hindurch spüren wir das leidenschaftliche Temperament des nubischen Herrschers, seine schwärmerische Frömmigkeit und wahre Herzensgröße. Seine rassische Herkunft ist unbekannt; die Ansicht, er sei aus einer libyschen Familie hervorgegangen, ruht auf sehr schwacher Grundlage. Die Tatkraft und ausgeprägte Eigenart, die ihn und seine Nachfolger auszeichnen, machen es jedoch ebenso unwahrscheinlich, daß sie nur Abkömmlinge thebanischer Priester gewesen sind, wie manche angenommen haben. Ihre Namen sind fremdländisch und unägyptisch, und es muß ihnen von irgendwoher frisches Blut zugeflossen sein, dem sie ihre Energie verdankten. Merkwürdig ist, daß Pianchi sich nach der Niederringung Tefnachtes offenbar nach Napata zurückzog und in Ägypten von sich kaum eine Spur hinterlassen hat. Er fand in Kurru[55] seine letzte Ruhestätte unter einer Pyramide, der ersten in einer über sechs Generationen zurückreichenden Reihe von Gräbern.

Tefnachte blieb, wie es scheint, sich selbst überlassen; die einzige erhaltene Stele aus seinem achten Jahr zeigt ihn als König, wie er der Göttin Neith von Sais ein Stück Land schenkt. Manetho erwähnt ihn nicht, aber Diodor und Plutarch nennen einen Tnephachthos als den Vater von Bokchoris und als einen Verfechter des einfachen Lebens. Was Manetho über Bokchoris mitzuteilen weiß, erwähnten wir bereits; anderen griechischen Autoren galt er als Richter und Gesetzgeber. Unter dem Namen Bekenrinef erscheint er auf einer Stele aus dem Serapeum, die von der Beisetzung eines Apisstiers in seinem sechsten Jahr berichtet[56], seinem Todesjahr, wenn Manetho recht hat.

Inzwischen wurde im Osten ein neuer Feind erkennbar. Seit zwei Jahrhunderten hatten sich die kleinen Königreiche Syrens und Palästinas ohne größere Störungen von außen behaupten können: nun sahen sie sich einem verjüngten, aufstrebenden und tyrannischen Assyrien gegenüber. Tiglatpilesar III. (745–727 v. Chr.) verwüstete in einer Reihe von Feldzügen nach Westen Damaskus und verschleppte einen Großteil seiner Bevölkerung nach Assyrien[57]. Ebenso verfuhr er mit Israel, indem er dessen König Pekah entthronte und ihn durch Hosea (732 v. Chr.) ersetzte[58]. Für diese und die Ereignisse des folgenden halben Jahrhunderts sind das Alte Testament und die Keilschrifturkunden die einzigen Quellen. Ägyptische Texte erwähnen Assyrien überhaupt nicht, obwohl schließlich sogar Theben für einige Zeit in die Hände der weit überlegenen asiatischen Großmacht fallen sollte. Es versteht sich von selbst, daß die unbedeutenden Herrscher in Palästina sich nach Ägypten um Hilfe gegen die Eindringlinge von Norden wandten. Unter Salmanassar V., Tiglatpilesars Sohn, erhob sich Hosea in offener Rebellion[59], die aber unglücklich ausging: Samaria wurde 721 v. Chr. eingenommen und verwüstet, nachdem es drei Jahre der Belagerung standgehalten hatte. Salmanassars Nachfolger, Sargon II., »führte Israel hinweg nach Assyrien« und »griff« Hosea »und legte ihn ins Gefängnis«. Nach dem biblischen Bericht hatte Hosea »Boten zu So, dem König in Ägypten, gesandt und nicht dargereicht Geschenke dem König von Assyrien wie alle Jahre«. In der Wissenschaft ist man sich darüber einig, daß es sich bei diesem So um Sib'e, den Turtan von Ägypten, handelt, von dem es in

Sargons Annalen heißt, er sei zusammen mit Hanno, dem
König von Gaza, von Rapihu (Raphia an der palästinensischen
Grenze) aufgebrochen, um eine Entscheidungsschlacht zu
liefern. Unter Tiglatpilesar war eben dieser Hanno vor seinem
Heer geflohen und »nach Ägypten davongelaufen«[60]. Nun
berichtet Sargon, daß Sib'e »wie ein Hirte, dessen Herde gestohlen worden ist, allein floh und verschwand; Hanno nahm
ich persönlich gefangen und brachte ihn in Fesseln nach meiner Stadt Assur; ich zerstörte Rapihu, riß es nieder und steckte
es in Brand«[61]. Aus lautgesetzlichen und wohl auch aus
chronologischen Gründen kann So – oder Sib'e – nicht der
äthiopische König Schabaka gewesen sein, so daß wir diese
Namen wohl für die eines Generals halten müssen. Diese Annahme liegt um so näher, als der assyrische Text fortfährt:
»Ich empfing den Tribut des Pir'u von Musru«[62], was kaum
etwas anderes heißen kann als »von dem Pharao Ägyptens«.

Ob Bokchoris wirklich von Sabakon (Schabaka) gefangengenommen und bei lebendigem Leibe verbrannt wurde, wie
Manetho wissen will, läßt sich nicht sagen; fest steht jedenfalls, daß dieser jüngere Bruder Pianchis ganz Ägypten
eroberte und sich dort als ägyptischer König niederließ;
nach Sargons Annalen geschah dies wahrscheinlich im Jahre
711 v. Chr.[63]. Schabaka regierte mindestens 14 Jahre; ihm
folgte Schabataka (Sebichos bei Manetho), der wohl bis zur
Thronbesteigung Taharkas (Tarkos) im Jahre 689 v. Chr.
herrschte; dies Datum ist durch Apisstelen gesichert. Bedenkt man, wie lange Schabaka und Schabataka zusammen
regierten, so ist es erstaunlich, wie selten ihre Namen in ägyptischen Quellen vorkommen. Abgesehen von den Pyramiden
bei Kurru, wo sie bestattet wurden[64], und einem Pferdefriedhof
ebendort haben sie in ihrer nubischen Heimat kaum Spuren
hinterlassen. Anzeichen deuten darauf hin, daß Schabaka
Memphis zu seiner Hauptstadt machte[65], doch weist auch
Theben Zeugnisse seiner Bautätigkeit auf, in Karnak und
Medînet Habu hat er Kapellen errichtet[66]. Um den Tempel
ihres Gottes Amun-Rê brauchten die äthiopischen Könige
sich deshalb kaum zu kümmern, weil ihre politische Macht in
der südlichen Hauptstadt in anderer Weise zur Geltung kam.

Eine auffallende Erscheinung der Geschichte der ägyptischen Spätzeit ist die Bedeutung, welche die königlichen Prinzessinnen erlangten, die den Titel »Gottesgemahlin des Amun«, »Gottesanbeterin« oder »Gotteshand« führten. In früheren Zeiten trug die Gemahlin des Pharaos gewöhnlich den Titel »Gottesgemahlin«, der mit Sicherheit eine religiöse Bedeutung hatte, die allerdings noch nicht geklärt ist. Seit der 21. Dynastie wurde dieser Titel jedoch einer der Töchter des Königs übertragen, die dadurch die geheiligte Gemahlin des thebanischen Gottes wurde und der jeder Umgang mit Menschen streng untersagt war. Eine solche Gottesgemahlin scheint die bereits genannte Makarê gewesen zu sein, die allgemein für die Tochter des Tanitenkönigs Psusennes I. gehalten wird. Ihre Mumie wurde zusammen mit der eines Kindes in der Cachette bei Dêr el-Bahri gefunden: war sie im Kindbett gestorben, nachdem sie das Gebot der Keuschheit übertreten hatte? Erst zu Beginn der Äthiopenzeit wurde jedoch die Ernennung einer Gottesgemahlin zu einem mit Überlegung eingesetzten Mittel der Politik, wobei man sich der Adoption bediente. So ließ Kaschta, der sich vor Pianchi vermutlich selbst zum Herrn der Thebais gemacht hatte, seine Tochter Amenerdis I. von Schepenupet I., der Tochter Osorkons III., adoptieren, und Amenerdis wurde wiederum die Adoptivmutter von Schepenupet II., der Tochter König Pianchis[67]. Die Gottesgemahlin verfügte über großen Einfluß und stand in jeder Hinsicht ihrem königlichen Vater gleich. Sie verfügte nicht nur über ein großes Vermögen, sie hatte auch eigene Beamte und besaß das Recht, den Göttern zu opfern, ein Recht, das sonst allein dem König zustand. Ihre Machtbefugnisse waren aber auf Theben beschränkt, wo sie lebte und starb; nach ihrem Tode erhielt sie eine Grabstätte in der Nähe des Tempels von Dêr el-Medîna.

Daß die Namen von Schabaka und Schabataka in den assyrischen und hebräischen Quellen nicht vorkommen, ist ebenso auffällig wie die Dürftigkeit ihrer Denkmäler in den Landesteilen, über die sie ihre Herrschaft auszudehnen vermochten. Um so bemerkenswerter erscheint die Erwähnung Sabakos bei Herodot (II, 137): er soll einen rivalisierenden ägyptischen König in die Küstenniederungen des Deltas getrieben haben. Von dieser Zeit an verrät der griechische Historiker eine gewisse Kenntnis der richtigen Aufeinanderfolge der Ereignisse, wenn auch seine Schilderung stets ihren phantastischen und anekdotenhaften Charakter behält, an dem einst er selbst ebensosehr Gefallen fand wie heute wir. Mit der Thronbesteigung Taharkas, des Bruders und Nachfolgers von Schabataka, beginnen die Quellen reichlich zu fließen. Die Ausgrabungen von F. Ll. Griffith in Kawa (auf halbem Wege zwischen dem dritten und vierten Katarakt) haben nicht weniger als fünf große Stelen zutage gefördert, die fast alle ausgezeichnet erhalten sind. Sie berichten über die Ereignisse seiner frühen Jahre und über die Schenkungen an den Tempel, in dem sie gefunden wurden. In Matâana, Koptos und Tanis haben sich von den wichtigsten dieser Stelen bruchstückhafte Abschriften gefunden – offenbar teilte Taharka sehr gern seine Erfolge und seine Leistungen der Öffentlichkeit mit. Wir erfahren, daß er im Alter von 20 Jahren zusammen mit anderen Brüdern des Königs aus Nubien nach Theben gerufen wurde, um Schabataka Gesellschaft zu leisten, und daß er bald dessen besondere Zuneigung gewann. Nach dem Tode von Schabataka wurde er in Memphis gekrönt; er erinnerte sich sogleich des verfallenen Tempels von Kawa, den er auf seinem Wege nach Ägypten gesehen hatte. Dessen Wiederherstellung und die überaus zahlreichen Schenkungen, mit denen er den Ortsgott Amun-Rê bedachte, bezeugen die Anhänglichkeit, die er noch immer gegenüber dem Lande seiner Herkunft empfand. Besonders interessant ist die Erwähnung von »Gemahlinnen der Fürsten von Unterägypten« und von »Kindern der Fürsten von Tjehnu«[68], die er als Tempeldiener und -dienerinnen dorthin brachte, da diese Stelle auf Siege über die (in der Hauptsache libyschen) rivalisierenden Fürsten des Deltas hinzudeuten scheint. Sein 6. Regierungsjahr war für ihn ein »Wunderjahr«: ein ungewöhnlich hoher Nil und heftige Regenfälle in Nubien bescherten beiden Ländern Rekordernten und großen Wohlstand. In demselben Jahr konnte er in Memphis seine Mutter Abar willkommen heißen, die er seit seinem Weggang von Nubien nicht mehr gesehen hatte. Bezeichnenderweise malen alle diese Inschriften ein rosiges Bild: keine Spur von den Schwierigkeiten, denen Taharka sich in Wirklichkeit gegenübersah. Die von ihm begonnenen Bauten in Karnak und Medînet Habu beweisen, daß in dem langgestreckten Niltal Werke des Friedens noch zu einer Zeit möglich waren, da aus dem Nordosten eine lebensbedrohende Gefahr im Anzuge war.

Die schwelende Feindschaft zwischen den beiden großen Mächten flammte unter Sanherib (705–681 v. Chr.) von neuem auf, dessen dritter Feldzug mit der Unterwerfung der phönizischen Küstenstädte begann. Weiter südlich war es zu Unruhen gekommen: die Einwohner der Philisterstadt Ekron hatten ihren König Padi wegen seiner Treue zu Assyrien vertrieben. Hiskia von Juda hatte ihn aufgenommen und ins Gefängnis geworfen, bekam es dann aber mit der Angst zu tun und wandte sich an Ägypten um Hilfe[69]. Die ägyptischen und äthiopischen Truppen erlitten bei Eltheke eine vernichtende Niederlage, und Padi nahm seinen Thron wieder ein. Sanherib verwüstete in Juda zahlreiche Städte, verschonte aber Jerusalem. Um dessen Übergabe abzuwenden, hatte Hiskia die Leistung einer gewaltigen Tributsumme auf sich genommen. Es ist viel darüber gestritten worden, ob dies Sanheribs einziger Zusammenstoß mit Ägypten gewesen sei, doch ergibt eine unvoreingenommene Interpretation von 2. König 19, 8–35 eindeutig, daß noch ein zweiter stattgefunden haben muß. Es heißt an jener Stelle von »Thirhaka, König von Äthiopien«, er sei ausgezogen, um gegen die Assyrer zu kämpfen, doch ein Engel des Herrn habe bei Nacht eine große Zahl von ihnen erschlagen, so daß sie am Morgen »alle tote Leichname waren«. Die zwei folgenden Verse berichten, Sanherib sei darauf nach Niniveh zurückgekehrt und dort bis zu seiner Ermordung geblieben. Phantastisch, aber erheiternd, ist die Geschichte, die Herodot (II, 141) von diesem vergeblichen Angriff auf Ägypten erzählt: nicht eine Gottesstrafe (wie im Alten Testament) habe den Rückzug der assyrischen Truppen bewirkt, nachdem sie Pelusium erreicht hatten, sondern ein Heer von Mäusen, das

Köcher und Bogen der Angreifer zernagte. Da Taharka Schabataka erst 689 v. Chr. auf dem Throne folgte, kann nicht gut er der Feind gewesen sein, den Sanherib bei Eltheke schlug. Wenn wir die Zuverlässigkeit des biblischen Berichts nicht leugnen wollen, müssen wir annehmen, er habe vorgehabt, diesen Sieg durch einen zweiten Schlag auszunutzen, zu dem es jedoch aus irgendwelchen Gründen nicht kam. Die Feinde werden nicht aufeinander getroffen sein.

Längst hatte sich gezeigt, daß sich zwischen den gleich hartnäckigen Königen von Assyrien und Ägypten eine Entscheidung hätte erreichen lassen, doch war noch eine dritte Macht im Spiel, und ihr sollte der Sieg schließlich zufallen. Wie zur Zeit Pianchis war Unterägypten und ein Teil Mittelägyptens in eine Anzahl unbedeutender Fürstentümer zersplittert, die stets bereit waren, sich auf die Seite derjenigen Großmacht zu schlagen, die ihnen am ehesten ihre Unabhängigkeit belassen würde. Eines von diesen Fürstentümern sollte bald die Vorherrschaft erringen, doch fürs erste hatte noch Assyrien die Oberhand. Assarhaddon (680–669 v. Chr.) setzte die Angriffspolitik seines Vaters Sanherib mit noch größerem Erfolge fort. Die ägyptischen Quellen sagen darüber nichts, aber Keilschriftstelen und -tafeln berichten ausführlich über den Feldzug, in dem er zunächst Syrien unterwarf und dann Taharka mit kräftigen Schlägen nach Süden trieb. Aus der am besten erhaltenen Inschrift hier eine gekürzte Stelle[70]: »Von der Stadt Ischhupri bis nach Memphis, (also über) eine Strecke von 15 Tagen, schlug ich täglich sehr blutige Schlachten gegen Tarku, den König Ägyptens und Äthiopiens, der von allen großen Göttern verdammt ist. Fünfmal traf ich ihn mit der Spitze meiner Pfeile und brachte ihm Wunden bei, und dann belagerte ich Memphis, seine königliche Residenz. Ich zerstörte es, riß seine Mauern ein und brannte es nieder.« Nach einer Aufzählung der Beute, die er nach Assyrien hinweggeführt hatte, fährt er fort: »Alle Äthiopier verschleppte ich aus Ägypten und ließ auch nicht einen einzigen zurück, der mir hätte huldigen können. Überall in Ägypten setzte ich neue Könige, Statthalter, Offiziere, Hafenaufseher, Beamte und neues Verwaltungspersonal ein.«

Bald nachdem er zu einem weiteren Feldzug aufgebrochen war, erkrankte er in Harran und starb; so konnte Taharka Memphis wiedergewinnen und besetzen, und erst Assurbanipal vertrieb ihn auf seinem ersten Feldzug (667 v. Chr.) abermals. Der neue Assyrerkönig stellte fest, daß »die Könige, Statthalter und Herrscher«, die sein Vater in Ägypten eingesetzt hatte, geflohen waren und durch neue ersetzt werden mußten. Der berühmte Rassam-Zylinder trägt eine unschätzbare Liste dieser kleinen Fürsten[71] und führt alle wichtigeren Städte des Deltas und einige weiter südlich gelegene wie Herakleopolis, Hermopolis und Asjût auf. Theben (Ni) wurde zum ersten Male besetzt, konnte aber nur vorübergehend gehalten werden[72]: »Der Schrecken der heiligen Waffe von Assur, meinem Herrn, besiegte Tarku dort, wo er Zuflucht gesucht hatte, und niemals hörte man wieder etwas von ihm. Hernach nahm Urdamane, Sohn des Schabako, den Thron seines Königreiches ein. Er machte Theben und Heliopolis zu seinen Festungen und zog seine bewaffnete Macht zusammen.«

Der Bericht fährt dann fort, Urdamane (wie die Assyrer den ägyptischen König Tanutamun nannten) habe Memphis wieder eingenommen, und erst als Assurbanipal auf seinem zweiten Feldzug von Niniveh heranzog, habe der Äthiope zunächst Memphis, dann Theben preisgegeben, er »floh nach Kipkipi«. Das ist das Letzte, was die Keilschrifttexte über ihn berichten. Assurbanipal behauptet, er habe Theben vollständig erobert und eine gewaltige Beute nach Niniveh geschleppt – aber das war wohl auch sein letztes Auftreten in Ägypten (663 v. Chr.). Ehe wir uns mit den Vorkehrungen beschäftigen, durch die er das Delta in Abhängigkeit zu zwingen gedachte, müssen wir noch den Weg Tanutamuns verfolgen, soweit dies auf Grund der ägyptischen Quellen möglich ist.

Zugleich mit der großen Pianchi-Stele fand man am Gebel Barkal eine Inschrift aus der Regierungszeit Tanutamuns auf der sogenannten Traumstele[73]. Diese Inschrift berichtet dieselben Ereignisse wie der Rassam-Zylinder, von dem soeben die Rede war. Schwerlich läßt sich ein größerer Gegensatz als der zwischen diesen beiden Darstellungen den-

ken: beide berichten nur von Triumphen, doch ist in der einen
Assurbanipal, in der anderen Tanutamun der Sieger. Der
Äthiopenkönig erzählt, er habe im ersten Jahre seiner Regierung im Traum zwei Schlangen erblickt, eine zur rechten und
eine zur linken; diese Erscheinung deutete er sich folgendermaßen: »Oberägypten gehört dir, nimm dir Unterägypten!
Die Geiergöttin und die Schlangengöttin sind erschienen auf
deinem Haupt, und das Land ist dir gegeben in seiner Länge
und seiner Breite, und keiner soll es teilen mit dir.« Dann
»erschien (Tanutamun) auf dem Thron des Horus in diesem
Jahre und ging hervor aus dem Ort, da er gewesen, gerade wie
Horus aus Chemmis hervorging«[74]; und er gelangte ungehindert nach Napata, wo er dem Amun-Rê ein großes Fest
bereitete. Auf seiner Fahrt stromab huldigte er Chnum von
Elephantine und Amun-Rê von Theben ebenfalls. Auf dem
Wege nach Memphis wurde er überall mit großem Jubel
begrüßt, und bei seiner Ankunft in der nördlichen Hauptstadt »kamen die Kinder der Rebellion hervor, um mit Seiner
Majestät zu kämpfen, und Seine Majestät richtete unter ihnen
ein großes Blutbad an, ihre Zahl ist unbekannt«.

So nahm Tanutamun Memphis ein und opferte Ptah und
den anderen Gottheiten der Stadt. Dann schickte er einen
Befehl nach Napata, man solle dort zum Zeichen seiner Dankbarkeit ein großes Tor errichten. Ehe wir uns über die Darstellung im ganzen äußern, sei der Rest der Inschrift kurz zusammengefaßt. Da heißt es anschließend: »Danach fuhr Seine
Majestät stromab, um mit den Fürsten Unterägyptens zu
kämpfen. Dann verkrochen sie sich in ihren Mauern, wie...
die in ihre Löcher schlüpfen. Darauf verbrachte Seine Majestät
viele Tage neben ihnen, und nicht einer von ihnen kam hervor, um mit ihm zu kämpfen.«

Tanutamun kehrte deshalb nach Memphis zurück, um sich
dort über seinen nächsten Schritt klar zu werden. Da erreichte
ihn eine Meldung, die Fürsten seien bereit und erwarteten
ihn. Als er anfragen ließ, ob sie mit ihm kämpfen wollten
oder ob sie es vorzögen, seine Diener zu werden, entschieden
sie sich für letzteres. Darauf wurden sie in den Palast vorgelassen, wo ihnen der König eröffnete, sein Gott Amun

von Napata habe ihm den Sieg verheißen. Der Fürst Pi-Soped antwortete als ihr Sprecher, und alle verpflichteten sich, ihm treu zu dienen. Nachdem sie zu einem Bankett eingeladen worden waren, baten sie um die Erlaubnis, wieder in ihre Städte zurückkehren zu dürfen, damit sie mit ihrer Feldarbeit vorankämen. Dann zerstreuten sie sich, und die Inschrift endet unvermittelt.

Der assyrische wie der äthiopische Bericht enthält vermutlich manches Wahre, aber wie sie beide zueinanderpassen, ist völlig unklar. Taharka und Tanutamun sind auf einem Bauwerk in Theben zusammen erwähnt, aber es besteht kein Grund, deswegen eine Mitregentschaft anzunehmen. Von Taharkas Ende wissen wir lediglich, daß er nach Napata zurückkehrte und in dem nahen Nuri bestattet wurde[75]. Tanutamuns Besetzung von Memphis und seine Aussöhnung mit den Deltafürsten ging Assurbanipals Vorstoß nach Süden gegen Theben voraus, aber dieser bedeutete nicht sein Ende.

In Theben verstand es während dieser ganzen wirren Zeit ein Mann von großer Tatkraft an der Seite der Gottesgemahlin Schepenupet II., einer Schwester Taharkas, die Gewalt in der Hand zu behalten: Montemhet. Er erscheint zum ersten Male auf dem Rassam-Zylinder als »König von Theben«. In Wirklichkeit war er nur »Vierter Prophet des Amun«, wenn auch aus einer vornehmen Priesterfamilie hervorgegangen; es steht fest, daß er den »Ersten Propheten« völlig in den Schatten stellte. Sein Großvater hatte den Titel eines »Wesirs« getragen, während sein Vater nur »Bürgermeister von Ne« (Theben) gewesen war[76]. Zahlreich sind die Denkmäler von ihm, die sich allerdings zum größten Teil in Theben befinden, doch scheinen zwei kurze Inschriften in Abydos[77] darauf hinzudeuten, daß sein Einfluß sich im Norden bis dorthin erstreckte. Sehr aufschlußreich ist ein langer, leider sehr stark beschädigter, hieroglyphischer Text auf den Seitenwänden einer kleinen Kammer im Tempel der Mut in Karnak[78]: die Rückwand zeigt Taharka bei der Verehrung der Göttin, ihr folgt Montemhet mit Vater und Sohn. Daraus geht hervor, daß Montemhet trotz seiner Macht nicht mehr sein wollte als ein treuer Untertan des äthiopischen Königs. Andererseits rühmt er sich in der Inschrift der Errichtung oder Wiederherstellung zahlreicher und ganz verschiedenartiger Bauten, was zu anderen Zeiten nur einem Pharao hätte zugeschrieben werden können: hier ist der König nur indirekt erwähnt, und Montemhet nimmt das Verdienst für sich allein in Anspruch, wohl mit Recht. Hinweise auf den traurigen Zustand des Landes sind selten und dunkel, und die vorübergehende Besetzung der südlichen Hauptstadt durch die Assyrer wird natürlich überhaupt nicht erwähnt.

Tanutamun konnte den Anspruch, der wahre Pharao zu sein, nach Assurbanipals hastigem Überfall auf Theben noch eine Reihe von Jahren aufrechterhalten. In Theben haben sich einige Inschriften von ihm gefunden, von denen eine über einen Grundstücksverkauf in seinem 8. Regierungsjahr berichtet[79]. Er wird sich aber schon lange vor diesem Zeitpunkt nach Napata zurückgezogen haben; dort starb er auch und wurde in Kurru bestattet[80]. Nach kaum 70 Jahren Dauer war es mit der Äthiopen-Herrschaft vorbei. Offensichtlich hörte nun jede direkte Berührung zwischen den beiden Königreichen völlig auf, wenn auch in einem gewissen Umfang Handelsbeziehungen fortbestanden haben mögen. Der nördliche Grenzpunkt des napatäischen Königreichs war vermutlich Pnubs, südlich des dritten Katarakts. Das Gebiet von hier bis nach Aswân wird eine Art Niemandsland gewesen sein, das wilde Stämme bewohnten. Von nun an blickten die Äthiopen statt nach Norden nach Süden und gründeten an der Einmündung des Atbara in den Nil ihre neue Hauptstadt Meroë. Hier war Viehzucht möglich und ließ sich Getreide anbauen, außerdem gab es reiche Eisenvorkommen.

Wenn so auch in politischer Hinsicht Ägypten und Äthiopien völlig getrennte Wege gingen, so erlosch doch die alte pharaonische Kultur in Äthiopien nur ganz allmählich: in den Tempelreliefs wiederholten sich immer und immer wieder die gleichen Szenen, und die Königsgräber behielten ihre Pyramidenform. Zusammen mit der Pianchi-Stele wurden am Gebel Barkal mehrere andere schöne Stelen mit Inschriften in leidlich gutem Mittelägyptisch gefunden; eine gibt eine lebendige Schilderung der Wahl des Königs Aspelta[81]. Einige Generationen später sind ähnliche hieroglyphische Inschriften, obwohl sie sich noch immer der ägyptischen Sprache bedienen, barbarisch bis zur völligen Unverständlichkeit. In der Zwischenzeit hatte sich aus den ägyptischen Hieroglyphen eine Buchstabenschrift entwickelt, deren man sich zur Schreibung der einheimischen Sprache bediente, und damit einher ging die Entwicklung einer Linearschrift, deren Zeichen sämtlich denen des Hieroglyphischen entsprachen. Um die Entzifferung dieser beiden Schriften, die beide als meroïtisch bezeichnet werden, hat sich vor allem F. Ll. Griffith hochverdient gemacht. Den Verlauf dieser allmählichen Entartung darzustellen, ist nicht unsere Aufgabe: sie endete um 350 n. Chr. mit der Zerstörung Meroës durch Aeizanes von Axum.

Die letzten Kämpfe um die Unabhängigkeit

Am Ende von Assurbanipals ägyptischem Feldzug hatte Assyriens Macht ihren Höhepunkt erreicht. Alle seine Feinde hatte er niedergerungen – aber ihr Streben nach Unabhängigkeit war doch so stark, daß er sich nur eine kurze Atempause gönnen konnte. Zunächst drohte ihm von dem Königreich Elam, seinem Erbfeind im Osten, Gefahr. Kaum war sie gebannt, da bildete sich eine neue, äußerst bedrohliche Koalition, zu der auch sein eigener treuloser Bruder Schamaschschum-ukin gehörte, der sich als Herrscher von Babylon in halber Abhängigkeit von ihm befand. Es war von vornherein klar, daß Assurbanipal seinen Einfluß im ägyptischen Delta nur dann würde behaupten können, wenn die Leute, die er dort eingesetzt hatte, ihm treu ergeben waren, denn er konnte nur wenige assyrische Truppen in Ägypten zurücklassen. Schon die Politik Assarhaddons war es gewesen, unzuverlässige Fürsten durch neue eigener Wahl zu ersetzen; unter letzteren befand sich auch Necho von Sais, vielleicht ein Nachkomme von Pianchis Gegner Tefnachte. Aber dieser

Necho hatte bald aufbegehrt und war zusammen mit anderen als Gefangener nach Niniveh gebracht worden[1]. Offenbar hatte Assurbanipal jedoch die Fähigkeiten und den Unternehmungsgeist dieses Mannes erkannt, jedenfalls verzieh er ihm, beschenkte ihn mit schönen Kleidern, Edelsteinen und anderen Kostbarkeiten und »gab ihm Sais als Residenz zurück, wo mein eigener Vater ihn zum König eingesetzt hatte. Nabuschezibanni, seinen Sohn, bestimmte ich für Athribis und behandelte ihn mit größerer Freundlichkeit und größerem Wohlwollen, als mein eigener Vater es getan hatte.«

Bei Manetho ist Necho I. der dritte König der 26. (der saitischen) Dynastie; ihm gehen ein nicht identifizierbarer Stephinates und ein ebenfalls zweifelhafter Nechepsos voraus. Gewichtige historische Gründe sprechen jedoch dafür, daß der bei Manetho als vierter König genannte Psammetich I. der eigentliche Begründer der Dynastie gewesen ist. Der Name mutet fremdländisch an, ist aber ägyptisch und bedeutet »der Glühwein-Verkäufer« – eine Benennung, mit der offensichtlich Herodots Geschichte (II, 151) zusammenhängt, daß er statt einer Opferschale für das Trankopfer seinen Helm benutzte[2]. Auf einer Apisstele folgt er unmittelbar auf Taharka, ohne daß Tanutamun erwähnt wäre[3]. Der größte Teil Ägyptens befand sich nun in den Händen unabhängiger Fürsten, die sich bewußt waren, daß sie gegen den Ausländer zusammenstehen mußten, anstatt sich in selbstmörderischen Zwistigkeiten untereinander zu verzehren. So kam es zur Bildung der von Herodot (II, 147) in der ihm eigenen Art beschriebenen »Dodekarchie« mit Psammetich an der Spitze. Seine Behauptung (II, 152), Psammetich habe vor Sabakos, der seinen Vater getötet hatte, nach Syrien fliehen müssen, ist aus chronologischen Gründen unhaltbar. Wann und wo Necho[4] den Tod fand, steht nicht fest. Es scheint nicht ausgeschlossen, daß Psammetich der Sohn jenes Mannes war, dem die Assyrer den Namen Nabuschezibanni gaben. In dem Bericht von Assurbanipals drittem Feldzug auf dem Rassam-Zylinder kommt er allerdings mit einem Namen vor, der von diesem wie von dem ägyptischen stark abweicht. Wie es Psammetich gelungen ist, die assyrische Herrschaft abzuschütteln, ist auf dem Zylinder durchaus glaubwürdig dargestellt[5]. Es wird dort berichtet, der lydische König Gyges sei von den wilden kimmerischen Horden angegriffen worden, habe sie aber mit Assurbanipals Hilfe erfolgreich abwehren können. Dann fährt Assurbanipal fort: »Sein Bote, den er mir zu schicken pflegte, um mir Grüße zu übermitteln, er hörte auf (zu kommen), weil er nicht auf das Wort des Assur achtete, des Gottes, der mich erschuf, sondern auf seine eigene Stärke vertraute und sein Herz verhärtete« – so konnten die Kimmerer eindringen und das ganze Land unter ihre Gewalt bringen. An derselben Stelle heißt es, Gyges »schickte seine Truppen zu Tuschamilki, dem König Ägyptens, der das Joch meiner Herrschaft abgeschüttelt hatte«.

Ein entstellter Hinweis auf diese von Gyges nach Ägypten geschickten Truppen findet sich möglicherweise in den erzgepanzerten Ionern und Karern, von denen Herodot (II, 152) sagt, sie hätten Psammetich dabei unterstützt, die Oberherrschaft über die übrigen Deltafürsten zu erlangen. Dies wird ihn vermutlich während der ersten Jahre seiner Regierung in Anspruch genommen haben; keines seiner Denkmäler ist früher als in sein 9. Regierungsjahr datiert. In diesem Jahr gelang es ihm, seinen Einfluß über die Thebais durch einen politischen Schachzug auszudehnen, den vor ihm schon andere Pharaonen gewählt hatten. Eine große, in Karnak gefundene Stele[6] berichtet, wie er seine älteste Tochter Nitokris nach Theben sandte, damit sie als Nachfolgerin von Schepenupet II., der Schwester Taharkas, »Gottesgemahlin« des Amun werde. Die Reise dorthin wird in allen Einzelheiten geschildert. Die Schiffe standen unter dem Kommando des »Herrn der Schiffahrt« Samtauitefnachte; dieser war zugleich Bürgermeister des Gaues von Herakleopolis, und auch von anderen Mitgliedern seiner Familie ist bezeugt, daß sie diese Stellung innegehabt haben, die ihnen die Kontrolle über den gesamten Flußverkehr stromaufwärts verschaffte. Daß Herakleopolis während der Zeit der libyschen Könige eine besondere Bedeutung erlangte, sahen wir bereits. Bei ihrer Ankunft in Theben wurde Nitokris, auch von der regierenden Gottesgemahlin, mit großer Freude empfangen. Wichtiger noch als das üppige Fest, das aus diesem Anlaß ihr zu Ehren gegeben wurde, waren die Reichtümer, mit denen man sie überhäufte: in sieben Gauen Oberägyptens bekam sie nicht weniger als 1800 Aruren Land und in vier Deltagauen noch weitere 1400 – sie besaß also wie eine Großgrundbesitzerin fast 90 Hektar Land. Doch das war noch nicht alles: die höchsten Amunspriester, mit dem geschmeidigen Montemhet an der Spitze, versahen sie reichlich mit Nahrungsmitteln, zu denen noch große Mengen an Brot kamen, die die Tempel der wichtigsten Städte beisteuerten. Natürlich war ein tüchtiger Haushofmeister erforderlich, um einen solchen Besitz zu verwalten, und es ist nur verständlich, wenn Pbes diese günstige Gelegenheit für sich ausnützte. Sein Grab in Kurna[7] und das von Iba[8], einem anderen Obersten Verwalter während dieser langen Regierung, sind allerdings längst nicht so anspruchsvoll wie die Gräber von verschiedenen anderen Inhabern eben dieses Postens während derselben Dynastie.

60 Jahre später, als Nitokris schon hochbetagt war, wiederholte sich das Verfahren: sie mußte Anchnasneferibrê, die Tochter Psammetichs II., als ihre einstige Nachfolgerin adoptieren. Deren herrlicher Sarg befindet sich heute im Britischen Museum. Im 1. Regierungsjahr ihres Vaters traf sie in Theben ein und wurde von ihrer Adoptivmutter willkommen geheißen, die ihr sogleich die Würde eines Ersten Propheten des Amun übertrug, die noch keiner Gottesgemahlin vor ihr zuteil geworden war. Die weit wichtigere Stellung einer Gottesgemahlin nahm sie erst ein, als Nitokris im 4. Regierungsjahr des Apries starb. Dies ist alles auf einer Stele im Kairoer Museum[9] festgehalten, die sich ausführlich mit ihrer Amtseinführung in Karnak beschäftigt und mit der Aufwartung, die ihr die Priesterschaft machte, die aber nichts über die Zuwendungen sagt, die bei Nitokris eine so große Rolle gespielt hatten.

Die Geschichte Ägyptens verschmilzt von nun an immer mehr mit der Geschichte des Mittleren Ostens und Griechenlands. Neben Herodot sind unsere Hauptquellen die Keilschrift-Annalen, der jüdische Historiker Josephus und das

Alte Testament. Es würde den Rahmen dieser Einführung
überschreiten, wenn wir uns auch nur mit den wichtigsten
Ereignissen ausführlicher befassen wollten; wir werden uns
deshalb im wesentlichen auf das konzentrieren, was die hieroglyphischen Quellen zu dem Gesamtbild beizutragen haben.
Immerhin, auf eine kurze Darstellung des Ganges der Entwicklung in ihren Hauptzügen können wir nicht verzichten.
Dabei dürfen wir über so konventionelle Inschriften wie die
des Militärbefehlshabers von Herakleopolis, Hor[10], in dem
Tempel, an dessen Erbauung er wesentlich beteiligt war,
hinweggehen. Auch bei einer Statue des Nesnimu[11], eines
Propheten des Horus von Edfu, den Psammetich nacheinander
zum Bürgermeister von acht verschiedenen Städten im Delta
und in Unterägypten gemacht hatte, brauchen wir uns nicht
weiter aufzuhalten; die Bedeutung dieser ungewöhnlichen
Handlungsweise bleibt noch zu klären.

Auf zwei in einem inneren Zusammenhang miteinander
stehende Erscheinungen sei jedoch etwas näher eingegangen: auf den ständig wachsenden Zustrom von Ausländern
nach Ägypten und auf den ins Auge fallenden archaisierenden
Zug in der Kunst und in den religiösen Texten dieser Zeit.
Es scheint fast, als habe der ständig zunehmende fremde Blut-
einschlag eine Rückwendung zum Alten Reich zur Folge gehabt, da die Herrscher reinblütige Ägypter waren und ihren
Denkmälern eine Größe verliehen, deren Verfall nun allzu
deutlich wurde. Gerade in der Saitenzeit führte man die alten
Adelstitel wieder ein; in der Plastik und in der Relief-
kunst wurden mit Bedacht die Vorbilder des Alten Reiches
kopiert und auf die Wände der Gräber Sprüche aus den
Pyramidentexten gemalt. Seit dieser Zeit läßt sich auch
in der ägyptischen Religiosität eine auffällige Steigerung beobachten. Die Tierverehrung trat immer mehr hervor, und
benachbarte Provinzen und Dörfer kämpften sogar miteinander in der Verteidigung ihrer besonderen Götter. Landschenkungen an die Tempel wurden sehr häufig; dem König waren
solche Opfer von seiten privater Eigentümer sehr willkommen, weil er sich so die Erbpriester gewogen erhalten konnte.
Kein Zweifel, daß bei all dem politische Überlegungen eine

erhebliche Rolle spielten, denn schließlich war Psammetich
selbst ein halber Libyer, außerdem ließ sich auf diese Weise der
ausgeprägte ägyptische Nationalismus zufriedenstellen. Auch
Syrer und Juden waren in das Land eingeströmt. Letztere bildeten in Elephantine eine eigene Kolonie, in der sie sogar ihrem
Gott Jahu (dem Jahve des Alten Testaments[12]) einen Tempel
errichten durften. Es sind hier auch die verschiedenen Kasten
zu erwähnen, mit denen Herodot (II, 164–168) sich so ausführlich befaßt. Wir sahen bereits, daß seit der Ramessidenzeit
Libyer und andere Mittelmeervölker einen wesentlichen Teil
des Heeres stellten, auf das die ägyptischen Herrscher sich
stützten. Für ihre Dienste erhielten sie Land zugewiesen, und
es ist nicht erstaunlich, daß sie nun in der Landwirtschaft
besser Bescheid wußten als im Kriegshandwerk. An dem Bericht Herodots über den von den Griechen als machimoi bezeichneten Bevölkerungsteil ist wahrscheinlich vieles übertrieben und verzerrt: so behauptet er, sie seien ausschließlich
für den Kriegsdienst ausgebildet worden, und es sei ihnen
verboten gewesen, irgendein anderes Handwerk zu erlernen.
Sie seien in verschiedenen Gauen des Deltas ansässig gewesen,
die Hermotybier und Kalasirier voneinander getrennt in
eigenen Distrikten. Der Name der Hermotybier hat sich im
Ägyptischen nicht identifizieren lassen, dagegen kommt der
Name der Kalasirier einige Male als Eigenname vor; sein
zweiter Bestandteil (šeri) bedeutet »klein«. Aber selbst wenn
sich ein bestimmter Teil der ägyptischen Bevölkerung ausschließlich dem Militärdienst gewidmet haben sollte, so läßt
sich nicht bestreiten, daß auch die Griechen, die Psammetich
wohlwollend unterstützte, eine große Rolle in einer Zeit spielten, die voller äußerer und innerer Gefahren war. Den Truppen, die Gyges geschickt hatte, folgten ionische Händler, die
froh waren, in einem so fruchtbaren und reichen Lande festen
Fuß fassen zu können. Psammetich seinerseits war es nur recht,
wenn er neue Truppen von erprobter Tapferkeit gewann,
die ein Gegengewicht gegen die machimoi darstellen konnten, die stets mehr oder weniger unter der Kontrolle der
Lokalfürsten ihrer verschiedenen Distrikte standen. Sehr kam
dem Saitenkönig die Geschicklichkeit der griechischen Kolo-

nisten als Seeleute zustatten. Ihre Schiffe brachten ägyptisches Getreide nach Griechenland, das dafür mit Silber bezahlte. Abgesehen von den militärischen Aktionen, die – wie wir sehen werden – an der Nordostgrenze erforderlich wurden, mußten sowohl im Westen wie im Süden Garnisonen unterhalten werden. Herodot (II, 30) erwähnt solche Garnisonen »in Daphnai im Gebiet von Pelusion gegen die Araber und Assyrer und in Marea gegen Libyen« und eine dritte in Elephantine. Er erzählt dann weiter, die Besatzung der Garnison in Elephantine sei einmal drei Jahre lang nicht abgelöst worden und deshalb von Psammetich abgefallen und nach Äthiopien übergegangen, das damals als eine Art Schlaraffenland galt. Psammetich habe sie verfolgt und eingeholt, es aber nicht vermocht, sie zur Rückkehr zu bewegen. Für eine ähnliche Revolte und Desertion unter Apries[13] besitzen wir eine hieroglyphische Quelle; in diesem Falle gelang es allerdings dem Aufseher der Südgrenze, Neshor, die Flüchtigen zu überreden.

Aus einer Apisstele ergibt sich, daß Psammetich nach einer Regierung von 54 Jahren im Jahre 610 v. Chr. starb und daß ihm sein Sohn Necho II. auf dem Throne folgte. Der junge König war fast so wagemutig wie sein Vater, aber weniger vom Glück begünstigt. Denkmäler von ihm in Ägypten sind nicht sehr zahlreich und geben so gut wie gar nichts her. Für seine Leistungen im Lande ist wieder Herodot die Hauptquelle. Ein kühner Versuch, den Nil mit dem Roten Meer durch einen Kanal zu verbinden, mußte aufgegeben werden. Dagegen ist fast mit Sicherheit anzunehmen, daß phönizische Schiffe, die er auf eine Umsegelung Afrikas ausgeschickt hatte, dies Unternehmen wirklich bewältigten und in seinem dritten Jahr durch die Säulen des Herkules heimkehrten.

Um die kriegerischen Verwicklungen beurteilen zu können, in die sich Psammetich und Necho an der Nordostgrenze verstrickt sahen, müssen wir uns wenigstens eine ungefähre Vorstellung von dem verschaffen, was sich seit der Thronbesteigung Psammetichs dort abgespielt hatte.

Als Assurbanipal nach seinem Siege seine Truppen aus Ägypten abzog, war mit einem ernstzunehmenden Vergeltungsschlag aus jener Gegend nicht zu rechnen. Offenbar verfolgten die ägyptischen Truppen die sich zurückziehenden Assyrer bis in das Land der Philister – gerade wie 900 Jahre früher die Hyksos nach ihrer Vertreibung. Herodots Bericht (II, 157) von einer neunundzwanzigjährigen Belagerung Asdods, der längsten in der Geschichte, kann nicht stimmen. Weit gefährlicher für Assyrien war ein Einfall der Skythen, die das ganze Land durchquerten und, nach Herodot (I, 105), erst an der ägyptischen Grenze durch »die Geschenke und die Bitten« Psammetichs aufgehalten werden konnten. Noch bedrohlicher aber war das Entstehen des neuen Großreichs der Meder unter Phraortes und seinem Sohn Kyaxares im nordwestlichen Iran. Im Jahre 627 v. Chr. starb Assurbanipal, und ein Jahr darauf »saß« Nabopolassar »auf dem Thron in Babylon«, nachdem die Babylonier, die immer danach gestrebt hatten, sich ihre Unabhängigkeit zu bewahren, ein assyrisches Heer vernichtend geschlagen hatten. Alle Versuche der Assyrer, das verlorene Terrain zurückzugewinnen, schlugen fehl. Um das Jahr 616 v. Chr. muß Psammetich erkannt haben, daß ein Zusammengehen von Medern und Babyloniern weit gefährlicher für ihn sein würde, als die Assyrer es jemals gewesen waren, und so entschloß er sich zu einem Bündnis auf Gedeih und Verderb mit seinem früheren Feind. Dieser Schritt erwies sich als verhängnisvoll: 612 v. Chr. fiel Niniveh und wurde vollständig geplündert und zerstört. Der assyrische König Aschschuruballit versuchte von Harran, weit im Westen, aus, den Kampf fortzusetzen, dessen Ausgang während der folgenden Jahre ungewiß blieb. Nach 609 v. Chr. ist von dem letzten assyrischen König nichts mehr zu hören, Nabopolassars Hauptfeind wurde nun Necho. Als »Pharao Necho, König von Ägypten, heraufzog gegen« die Babylonier, wie wir im Alten Testament lesen, verlief bei ihm alles gut. König Josia von Juda beging den Fehler, ihm gerade jetzt entgegenzutreten, und wurde von Necho bei Megiddo geschlagen (2. Könige 23, 29/30). Ein Bruchstück mit hieroglyphischer Beschriftung aus Sidon[14] bestätigt, daß Necho die phönizische Küste kontrollierte, was er um so leichter tun konnte, als er über eine Mittelmeerflotte verfügte. In den

Jahren 606 und 605 v. Chr. nahmen die Ägypter den befestigten Punkt Kimuchu ein und fügten den Babyloniern bei Kuramati eine Niederlage zu (beide Orte lagen am Euphrat, südlich von Karkemisch)[15]. In der babylonischen Chronik heißt es darüber: Nebukadnezar, der Sohn Nabopolassars, »überschritt den Fluß, um gegen das ägyptische Heer vorzugehen, das in Karkemisch lag,.. kämpften miteinander, und die ägyptische Armee zog sich vor ihm zurück. Er vollendete ihre Niederlage und schlug sie in das Nichtsein. Was den Rest des ägyptischen Heeres anbelangt, der der Niederlage entgangen war und den keine Waffe erreicht hatte, die babylonischen Truppen holten sie ein und vernichteten sie in dem Gebiet von Hamath, so daß nicht ein einziger Mann in sein Land entkam. Zu jener Zeit eroberte Nebukadnezar das gesamte Gebiet des Chattilandes«[16]. Im Alten Testament heißt es (2. Könige 24, 7): »Und der König in Ägypten zog nicht mehr aus aus seinem Lande, denn der König von Babylon hatte ihm genommen alles, was dem König in Ägypten gehörte, von dem Bach Ägyptens an bis an das Wasser Euphrat«.

Im Jahre 605 v. Chr. kam es zu der großen Schlacht von Karkemisch; ein oder zwei Monate danach starb Nabopolassar. Nebukadnezar begab sich unverzüglich nach Babylon, um die Königswürde anzunehmen, erschien dann aber sofort wieder in Syrien, um seinen Feldzug gegen dies Land fortzusetzen. 604 v. Chr. griffen die Babylonier Askalon an und plünderten es, ein Ereignis, das eine andere Küstenstadt zu einem Gesuch um Hilfe an den Pharao veranlaßt haben mag[17]. Der soeben zitierten Stelle aus dem Alten Testament dürfen wir wohl entnehmen, daß dieser Hilferuf unbeantwortet blieb. Nebukadnezar scheint die Hoffnung, daß es ihm gelingen werde, die ägyptische Grenze zu sichern, niemals aufgegeben zu haben, denn nach derselben babylonischen Chronik marschierte er im Jahre 601 v. Chr. abermals gegen Ägypten, wurde aber mit schweren Verlusten abgewiesen und kehrte nach Babylon zurück. Dies bedeutete für mehrere Jahre das Ende der direkten Feindseligkeiten zwischen den beiden Ländern. Die Niederlage der Babylonier war möglicherweise für Jojakim der Grund, von ihnen abzufallen und sich gegen die Warnungen des Propheten Jeremia (46, 14ff.) mit Ägypten zu verbünden.

Als Necho im Jahre 595 v. Chr. starb, folgte ihm sein Sohn Psammetich II. Die Bedeutung von dessen verhältnismäßig kurzer Regierung von sechs Jahren hat man häufig zu gering angeschlagen. Tatsächlich ist die Anzahl der Denkmäler, die ihn oder seine Beamten erwähnen, größer als bei seinen beiden Vorgängern; auch verleiht eine vieldiskutierte Expedition nach Nubien seiner Regierung besonderes Interesse. Die Kenntnis von dieser Expedition verdanken wir vor allem der längsten aus einer Gruppe griechischer Inschriften, die in eine der Kolossalstatuen Ramses' II. von Abu Simbel[18] eingehauen sind. Dort heißt es: »Als König Psammetichos nach Elephantine kam, wurde dies von denen geschrieben, die mit Psammetichos segelten, dem Sohn des Theokles; und sie gelangten über Kerkis hinaus, soweit der Fluß es erlaubt. Diejenigen, die fremde Zungen sprachen, führte Potasimto an, die Ägypter Amasis«. Von Potasimto und Amasis weiß man, daß sie unter Psammetich II. gelebt und hohe militärische Stellungen bekleidet haben. Von der nubischen Expedition ist auch auf stark beschädigten Stelen aus Tanis und Karnak[19] die Rede, von denen die erstere in das Jahr 3 datiert ist und einen einheimischen Herrscher erwähnt, dessen Truppen niedergemacht wurden, während die zweite berichtet, daß man Pnubs erreichte. Wenn es demnach feststeht, daß der Feldzug (oder Raubzug?) weiter nach Süden ging, als man früher annahm, dann ist es unwahrscheinlich, daß es sich bei ihm um Psammetichs Antwort auf einen äthiopischen Versuch gehandelt hat, den Einfluß auf Ägypten wiederherzustellen, der nach Tanutamuns Flucht von Theben verlorengegangen war. Auf jeden Fall ist unter seiner Regierung zum ersten Male eine deutliche Feindschaft der Saiten gegen die Äthiopen zu beobachten: die Namen von Taharka und seinen Vorgängern sind auf ihren Denkmälern systematisch ausgelöscht. Ein ebenfalls nicht ganz geklärtes Ereignis aus der Zeit der Regierung Psammetichs II. ist eine Expedition nach Phönizien, die in einem späteren demotischen Text erwähnt ist. Sie scheint aber ein friedliches Unternehmen gewesen zu sein, denn es wurden die Priester zahlreicher Tempel dazu aufgerufen, an ihr teilzunehmen[20].

In der Zwischenzeit war die Lage im Nordosten immer bedrohlicher geworden. Im Jahre 590 v. Chr. wurde der aggressive Mederkönig Kyaxares in einen schweren Krieg mit dem benachbarten lydischen Königreich verwickelt, der erst fünf Jahre später durch eine diplomatische Heirat zwischen den beiden Fürstenhäusern sein Ende fand[21]. Nebukadnezar konnte unter diesen Umständen natürlich auf keine Hilfe von Seiten seines mächtigen Bundesgenossen rechnen, andererseits auch nicht untätig bleiben, als im Jahre 589 v. Chr. Zedekia von Juda sich gegen ihn erhob; zu Beginn des folgenden Jahres belagerte er die heilige Stadt.

Im Jahre 589 v. Chr. starb Psammetich II.; ihm folgte sein Sohn Apries, der Pharao Hophra der Bibel (Jeremia 44, 30), der sich sogleich von der friedlichen und defensiven Politik seiner Vorgänger abkehrte. Die Schriften der Propheten Jeremia und Hesekiel sind unsere Hauptquellen für seinen Vorstoß nach Syrien. Um diesen Versuch, Jerusalem zu entsetzen, zu vereiteln, brach Nebukadnezar seine Belagerung ab[22], nahm sie jedoch im folgenden Jahr wieder auf: 587 v. Chr. wurde Jerusalem eingenommen und vollständig zerstört, Zedekia bei Jericho gefangengenommen und ein großer Teil der jüdischen Bevölkerung nach Babylonien verschleppt. Von den wenigen Zurückgebliebenen flohen später einige, die es in Juda nicht mehr aushalten konnten, nach Ägypten; sie nahmen auch den Propheten Jeremia mit sich (Jeremia 43, 6). Welche Rolle Apries bei allen diesen Vorgängen spielte, ist dunkel; die ägyptischen Quellen schweigen darüber völlig. Ganz zu Beginn seiner Regierung scheint er zur Unterstützung der Juden Truppen nach Palästina geschickt, sie dann aber wieder zurückgezogen zu haben. Von einem Angriff seines Heeres auf Sidon und seiner Flotte auf Tyrus ist die Rede; aber jedenfalls der Angriff auf Sidon läßt sich nicht mit den sonstigen Zeugnissen in Übereinstimmung bringen und vielleicht auch nicht der Angriff auf Tyrus, denn der verbannte Prophet Hesekiel (26, 1 ff.; 29, 17 ff.) bezeugt eine Belagerung von

Tyrus durch Nebukadnezar, der die Inselstadt 13 Jahre eingeschlossen hielt, ohne daß es ihm gelungen wäre, sie einzunehmen[23].

Im Jahre 570 v. Chr. ließ sich Apries in ein neues, unseliges Unternehmen ein, für das wieder Herodot unsere Quelle ist. In Kyrene, weit im Westen an der nordafrikanischen Küste, hatten die Griechen eine große, aufblühende Kolonie gegründet, die den einheimischen Libyern ein Dorn im Auge war. Einer der libyschen Häuptlinge namens Adikran wandte sich an Apries um Schutz (Herodot, IV, 159); das daraufhin ausgeschickte ägyptische Heer erlitt jedoch eine vernichtende Niederlage. An ihr gab man mit Recht Apries die Schuld, und sie kostete ihn schließlich den Thron. Die Denkmäler aus seiner neunzehnjährigen Regierungszeit sind ziemlich zahlreich, doch wird seine Bedeutung als Pharao gänzlich durch die jenes Usurpators in den Schatten gestellt, der ihn vom Thron verdrängte.

Wenn man Herodots Bericht über Amasis[24] (570-526 v. Chr.) seines schmückenden Rankenwerks entkleidet, so bleibt ein wahrscheinlich echter historischer Kern. Amasis war ein Mann aus dem Volke, der die Doppelkrone den günstigen Umständen und der Unzufriedenheit seiner Landsleute verdankte. Die eingeborenen Ägypter standen geschlossen hinter ihm, während die Truppen, die Apries treu ergeben waren, überwiegend aus Griechen bestanden; dies erstaunt deshalb, weil Apries erst kurz zuvor gegen eine griechische Kolonie gekämpft hatte. Der Bürgerkrieg, der aus den Spannungen zwischen diesen beiden Bevölkerungsteilen entstand, kann nur einige Monate gedauert haben und beschränkte sich auf das nordwestliche Delta. Nach Herodot (II, 169) fand die Entscheidungsschlacht bei Momemphis statt, während eine große Stele[25] aus rotem Granit mit dem Bericht von Amasis' Sieg sie nach Sechetmafka bei Terâna an dem kanopischen Nilarm verlegt. Leider ist diese wichtige Stele so gut wie unleserlich: sie hatte einem Palast in Kairo als Türschwelle gedient. Apries geriet lebend in Gefangenschaft und wurde nach Sais gebracht, in dem er selbst residiert hatte und das sich nun Amasis zu seiner Residenz aussersah. Es heißt, der Sieger habe seinen königlichen Gefangenen zunächst milde behandelt, ihn aber später der Wut des Pöbels ausgeliefert. Aus der Stele scheint sich zu ergeben, daß er mit königlichen Ehren bestattet wurde.

Das Bruchstück einer Keilschrifturkunde im Britischen Museum datiert in eben dieses Jahr, das 37. von Nebukadnezars Regierung (568-567 v. Chr.), einen Feldzug gegen Amasis[26], doch ist es unwahrscheinlich, daß die beiden Mächte zu dieser Zeit oder später miteinander in Konflikt gerieten, da dem großen babylonischen Herrscher zunächst drei schwächliche Könige gefolgt waren und dann als vierter Nabonid (555-539 v. Chr.). Auch Nabonid führten seine Feldzüge nie näher an Ägypten heran als nach Nordsyrien und Edom. Als Herrscher war Amasis vor allem ein Mann des Friedens. Im Westen schloß er mit Kyrene einen Bündnisvertrag, und wenn es ihm gelang, auf der Insel Zypern einige Städte zu unterwerfen, so waren dies jedenfalls seine einzigen Eroberungen. Sicher ist, daß er immer weniger auf die Tüchtigkeit und den Unternehmungsgeist der Griechen verzichten konnte. Seine eigene Klugheit und sein versöhnliches Wesen machten ihn seinerseits bei den Leuten im Westen beliebt und trugen ihm den wohlverdienten Beinamen eines »Freundes der Hellenen« ein (Herodot, II, 178). Kennzeichnend für diese guten Beziehungen waren seine Heirat mit Ladike, einer Frau aus Kyrene, sein großer Beitrag zum Wiederaufbau des zerstörten Tempels von Delphi und seine reichen Schenkungen an verschiedene andere griechische Heiligtümer. Seine Freundschaft mit Polykrates, dem vom Glück begünstigten, aber unzuverlässigen Tyrannen von Samos, bildet den Gegenstand von Herodots bekannter Geschichte um den Ring (III, 41-43).

Dennoch mußte etwas geschehen, um den Neid der gebürtigen Ägypter zu besänftigen, denen er schließlich viel zu verdanken hatte. Die Griechen, die als Kaufleute im Delta saßen, hatten einen übermäßigen Einfluß erlangt. Amasis gebot dieser Entwicklung Einhalt, indem er ihr Tätigkeitsfeld auf die Großstadt Naukratis beschränkte[27], die Petrie südwestlich von Sais wiederentdeckte. Hier bestand die Bevölkerung ausschließlich aus Griechen. Die verschiedenen Gemeinwesen der Kolonisten erbauten sich große Tempel, und Naukratis wurde die Vorgängerin von Alexandria und war zu ihrer Zeit genauso bedeutend. So waren Ägypter und Griechen zufriedengestellt – Amasis war ein politisches Meisterstück gelungen. Er hatte es unzweifelhaft seinem eigenen gesunden Urteil und, wenn wir Herodot glauben dürfen, seiner geselligen und heiteren Wesensart zu danken, daß er sich 44 Jahre auf dem Thron behaupten konnte; er erlebte die Katastrophe nicht mehr, die ein Jahr später (525 v. Chr.) über sein Land hereinbrechen sollte.

Die Einigung einer Welt, die sich ständig in Kriegen zermürbte, war seit langem überfällig und wurde nun in einem großen Maßstab in Angriff genommen. Der Anstoß dazu ging von einem Lande aus, von dem man es am wenigsten erwartet hätte: von Persien. Unter Persien verstand man damals das Gebiet östlich des Persischen Golfs mit den Hauptstädten Persepolis und Pasargadae. Aus diesem gebirgigen und zum Teil unwirtlichen Lande stammte die arische Familie der Achämeniden, der der Eroberer Kyros II. (etwa 558–529 v. Chr.) entsprungen war. Als erstes überwand er das Königreich Medien. Dort vermochte Astyages, der Sohn des Kyaxares, nur geringen Widerstand zu leisten, ehe er aus seiner Hauptstadt Ekbatana (auf halbem Wege zwischen Susa und dem Kaspischen Meer) vertrieben wurde. Dann kam Lydien an die Reihe; sein König Kroisos sah voraus, was kommen würde, und suchte sich mit Ägypten, Babylonien und Lakedaimon zu verbünden, doch ehe von ihnen Hilfe eintraf, war Sardes bereits gefallen (546 v. Chr.); auch Lydien hatte aufgehört als unabhängiges Königreich zu bestehen (Herodot I, 79 ff.). Damit befanden sich die ionischen Küstenstädte in der Gewalt des Perserkönigs. Kyros stellte sie unter die Aufsicht seiner Generäle und hatte so freie Hand für andere Unternehmungen. Natürlich war Babylonien sein nächstes Ziel, aber er hatte keine Eile, sich mit ihm zu messen. Hier herrschte der gelehrte und der Archäologie zugewandte König Nabonid, der auf Bitten seiner Untertanen, mit denen er sich einst überworfen hatte, im Jahre 546 v. Chr. nach zehnjährigem

Exil aus Taima in Arabien zurückgekehrt war. Im Jahre 539 v. Chr. wurde Babylon besetzt. Es ist bezeichnend für Kyros' Weitblick, daß er das Leben des Königs schonte und ihn als Statthalter (oder Verbannten?) nach dem entfernten Karamanien abschob. Ein über so riesige Räume sich erstreckendes Reich bedurfte natürlich der inneren Festigung, und so ist während der folgenden Jahre von kriegerischen Unternehmungen des Kyros kaum etwas zu hören. Er wußte allerdings sehr wohl, daß die Eroberung Ägyptens eine Notwendigkeit war, und übertrug diese Aufgabe seinem Sohn Kambyses. Er selbst starb im Jahre 529 v. Chr., als er gerade Angriffe turanischer Horden an seiner Nordgrenze abwehren mußte: innerhalb von 30 Jahren war er nach bescheidenen Anfängen zum mächtigsten Herrscher aufgestiegen, den die Welt bis dahin gesehen hatte.

Schwierigkeiten im Zusammenhang mit seiner Thronfolge nahmen Kambyses in den folgenden drei Jahren völlig in Anspruch, doch verschaffte er sich durch die Ermordung seines Bruders Smerdis freie Hand, um das ihm von seinem Vater hinterlassene große Werk fortführen zu können. Phönizien hatte sich freiwillig unterworfen, so daß er nun über eine Flotte verfügte, die für seine weiteren Operationen von unschätzbarem Werte war; auch sagte sich Zypern von Amasis los. Dieser starb 526 v. Chr., nur wenige Monate vor dem vernichtenden Schlag, der nun seinen Sohn, Psammetich III., traf. Die Schlacht von Pelusium (525 v. Chr.) wurde mit großer Hartnäckigkeit ausgetragen, doch schließlich lösten sich die ägyptischen Truppen völlig auf und flohen nach Memphis, das sich erst nach längerer Belagerung ergab (Herodot III, 13). So fiel Ägypten in persische Hände.

Bei Manetho bilden die Perser die 27. Dynastie. Kambyses' eigener Herrschaft sollte nur noch eine Dauer von drei Jahren beschieden sein. Alle seine weiteren Züge erwiesen sich als Fehlschläge. Einen gegen Karthago geplanten Angriff mußte er aufgeben, weil die Phönizier sich weigerten, gegen Leute ihres Blutes zu kämpfen. Der großangelegte Feldzug gegen die Äthiopen, an dem Kambyses selbst teilnahm, endete in einem völligen Fiasko, weil man ihn nicht gründlich genug vorbereitet hatte. Eine Truppe, die er durch die Wüste nach der Oase Sîwa geschickt hatte, wo Alexander der Große zwei Jahrhunderte später das Orakel des Amun befragte, geriet in einen Sandsturm und blieb verschollen. Wegen dieser Mißerfolge packte Kambyses grenzenlose Wut, und es heißt, er sei vom Wahnsinn geschlagen worden. Aber er hatte jedenfalls ganz Ägypten erobert. Herodot schildert Kambyses als eine Ausgeburt an Grausamkeit und Gottlosigkeit, in seiner Verblendung habe er sogar den heiligen Apisstier getötet. Daß er dies getan haben soll, erscheint aber nach dem Befund des Serapeums mehr als unwahrscheinlich: dort sind während seiner Regierung zwei dieser heiligen Tiere erwähnt, und von dem Sarg des einen der beiden Stiere heißt es in seiner Inschrift, der Perserkönig selbst habe ihn gestiftet[28]. Es trifft zwar zu, daß eine jüdische Quelle[29] aus dem Jahre 407 v. Chr. von »der Zerstörung aller Tempel der ägyptischen Götter« zur Zeit des Kambyses spricht, doch hatte der schlechte Ruf, in dem der König stand, bis dahin Zeit genug gehabt, sich auszubreiten. Der Schaden, den er den Tempeln zufügte, wird wohl nur darin bestanden haben, daß er die umfangreichen Lieferungen an Baumaterial von Staats wegen einstellte, wie sie bis dahin üblich gewesen waren. Wir werden noch sehen, daß ein hoher Beamter, der die Gunst des Kambyses zu erlangen und seine wichtige Stellung auch während der Regierung von dessen Nachfolger zu halten verstand, über den Eroberer weniger hart urteilte. Bei Kambyses' Rückkehr nach Asien im Jahre 522 v. Chr. blieb Ägypten unter der Verwaltung des Satrapen Aryandes, der aber später in den Verdacht der Untreue geriet und hingerichtet wurde.

Während seiner Abwesenheit hatte sich der Magier Gaumata für den wirklichen Smerdis ausgegeben und in den persischen Provinzen weithin Anerkennung gefunden. Die Berichte über Kambyses' Tod widersprechen sich; wahrscheinlich starb er auf dem Weg in die Heimat, wo er gegen den Prätendenten vorgehen wollte. Der Thron fiel nun an Dareios I., den Sohn des Hystaspes, einen Seitenverwandten des Kyros. Während seiner langen Regierung von 36 Jahren (521–486 v. Chr.) hat sich Dareios mit höchstem staatsmännischem

Geschick dem inneren Aufbau des Perserreichs gewidmet; über das, was während dieser Zeit in Ägypten geschah, ist allerdings nur wenig bekannt. In seinen ersten Jahren mußte er seine ganze Energie darauf verwenden, Revolten und Unruhen zu unterdrücken, die der Tötung Gaumatas durch ihn gefolgt waren. Erst um das Jahr 517 v. Chr. konnte er sich nach Ägypten begeben. Sehr aufschlußreich, weil er sein Interesse für diese alte Kultur zeigt, die nun zu seinem Reich gehörte, ist ein in seinem 3. Regierungsjahr dem Satrapen erteilter Befehl, er solle die gebildetsten Männer unter den Offizieren, Priestern und Schreibern seines Landes versammeln und sie das gesamte Recht Ägyptens bis auf das 44. Regierungsjahr des Amasis ordnen und aufzeichnen lassen; mit diesem Unternehmen waren sie bis in Dareios' 19. Regierungsjahr beschäftigt[30]. Es besteht kein Grund, die Echtheit dieses königlichen Befehls in Zweifel zu ziehen, obwohl er sich lediglich in einer Abschrift auf der Rückseite eines demotischen Papyrus mit ganz verschiedenartigen Texten aus viel späterer Zeit erhalten hat. Insofern ist es einigermaßen berechtigt, wenn Diodor (I, 95) Dareios als einen der größten ägyptischen Gesetzgeber bezeichnet. Nicht minder interessant sind die Inschriften auf mehreren riesigen Stelen[31], die bestätigen, was Herodot (II, 158; IV, 39) über die Vollendung eines Kanals vom Nil zum Roten Meer durch Dareios zu berichten weiß. Necho II. hatte dieses Projekt aufgeben müssen, nun stellte Dareios nicht nur den Kanal in seiner ganzen Länge her, er konnte sogar auf ihm 24 Schiffe mit Tributen nach Persien schicken. Die Stelen, auf denen dies festgehalten ist, waren in Abständen am Ufer des Kanals aufgestellt. Sie tragen hieroglyphische und Keilschrifttexte, und wenn sie auch sehr schlecht erhalten sind, so sprechen sie doch unmißverständlich ihre eigene Sprache.

Daß Dareios bei seiner Herrschaft über Ägypten darauf bedacht war, als legitimer Pharao aufzutreten, der das Werk seiner saitischen Vorgänger fortsetzte, ergibt sich aus vielen, ganz verschiedenartigen Zeugnissen. Er hat als einziger unter den Perserkönigen an Tempeln ägyptischer Götter gebaut; so ist der stattliche, noch heute sehr gut erhaltene Tempel des

Amun in der Oase Chârga[32] fast ganz sein Werk. Hier führt er auch, wie vor ihm Kambyses, eine vollständige Königstitulatur. Ein Beamter, dessen Aufgabe es war, alle Bürgermeister des Landes dazu anzuhalten, Beiträge für die Einbalsamierung eines Apisstiers zu leisten, trug denselben Namen wie König Amasis und schrieb ihn in einer Kartusche, obwohl seine Stele die persische Invasion erwähnt[33]. Ähnlich verhält es sich mit Chnemibrê, dem Oberaufseher der Arbeiten im ganzen Land, dessen Name mit dem Thronnamen desselben Königs identisch ist[34]. Seine zahlreichen Felseninschriften im Wâdi Hammamât erstrecken sich über die Zeit vom letzten Jahr des Amasis bis in das 30. Regierungsjahr von Dareios. Doch die einzige hieroglyphische Gedenkinschrift der gesamten Perserzeit, die eine Biographie von einiger Länge bietet, ist die Inschrift auf einer schönen Statue des Udjaharresne (im Vatikan), der kniend einen geschlossenen Naos vor sich hält[35]. Udjaharresne war unter Amasis und Psammetich III. der Befehlshaber der Seeschiffe gewesen. Der Bericht über seine weitere Laufbahn beginnt mit der Schilderung vom Eindringen der Perser in sein Heimatland: »Da kam nach Ägypten der große Häuptling eines jeden fremden Landes, Kambyses, die Fremdlinge eines jeden Landes waren mit ihm. Als er von diesem ganzen Land Besitz ergriffen hatte, ließen sie sich dort nieder, damit er der große Herrscher Ägyptens würde und der große Herr eines jeden fremden Landes. Seine Majestät bestellte mich zum Chefarzt und ließ mich an seiner Seite sein als Begleiter und Vorsteher des Palastes, und ich machte seine Titulatur in seinem Namen, des Königs von Ober- und Unterägypten Mesutirê. Und ich ließ ihn die Bedeutung von Sais erkennen, welches der Sitz der Neith ist, der Großen, der Mutter, die Rê zur Welt brachte und die Beginnerin der Geburt war, nachdem es keine Geburt gegeben hatte.«

Was in den letzten Worten ausgesprochen ist, wird weiter ausgeführt durch die Erwähnung des Tempels der Neith wie der Heiligtümer anderer Götter, in denen sich die ehemalige saitische Hauptstadt befunden hatte. An einer anderen Stelle der Statue fährt Udjaharresne fort: »Ich machte ein Gesuch bei Seiner Majestät, dem König von Ober- und Unterägypten,

Kambyses, in bezug auf alle jene Fremden, die sich in dem Tempel der Neith niedergelassen hatten, daß sie sollten von dort vertrieben werden und daß der Tempel der Neith in aller seiner Pracht so sein sollte wie früher. Und Seine Majestät befahl, daß alle Fremden, die sich in dem Tempel der Neith niedergelassen hatten, daraus vertrieben werden und daß alle ihre Häuser und alle ihre überflüssigen Dinge, die in diesem Tempel waren, niedergerissen werden sollten, und daß ihr ganzes eigenes Gepäck für sie aus der Mauer dieses Tempels herausgetragen werden sollte. Und Seine Majestät befahl, daß der Tempel der Neith gereinigt werden sollte und daß alle seine Leute in ihm eingesetzt würden, zusammen mit der Priesterschaft des Tempels. Und Seine Majestät befahl, daß die Einkünfte der Neith gegeben werden sollten, der Großen, der Gottesmutter, und den großen Göttern, die in Sais sind, wie sie früher waren. Und Seine Majestät veranlaßte, daß alle ihre Feste und alle ihre Prozessionen begangen werden sollten, wie sie früher begangen wurden. Und Seine Majestät tat dies, weil ich Seine Majestät die Größe von Sais erkennen ließ – es ist die Stadt aller Götter, sie sitzen auf ihren Thronen in ihr ewiglich.«

Obwohl es natürlich Udjaharresne nur darauf ankam, mit seinem Einfluß auf seinen neuen Gebieter zu prahlen, besteht doch kein Grund, daran zu zweifeln, daß Kambyses durchaus bereit war, wenn es sich mit seinen Interessen vertrug, den ägyptischen Göttern Verehrung zu erweisen. Die Inschrift berichtet weiter, er sei selbst gekommen und habe sich, wie jeder König vor ihm, vor der Göttin niedergeworfen; danach habe er zu ihren Ehren ein großes Bankett gegeben. So voreingenommen diese Stellen offensichtlich sind, so müssen sie doch den abwertenden Urteilen entgegengestellt werden, für die Herodot verantwortlich ist. Udjaharresne kommt nur ganz vorsichtig zu sprechen auf »die große Unruhe, die in dem ganzen Land Ägypten ausgebrochen war«. Diese einzigartige Inschrift enthält noch viel mehr an Interessantem; hier sei nur kurz das »Haus des Lebens« erwähnt, die Tempelschule, die Dareios, der sich selbst in Elam aufhielt, dem Udjaharresne in Ägypten wiedereinzurichten befahl. Sie sollte besetzt werden »mit Leuten von Stand, nicht ein armer Mann unter ihnen«. Offenbar hatte aber Udjaharresne nur mit den Abteilungen, die sich mit der Medizin befaßten, zu tun, denn einmal war er Chefarzt, zum anderen nennt der Text als Aufgabe seiner Tempelschule »wiederherzustellen alle, die krank sind«. Auf jeden Fall verdeutlichen diese Sätze noch einmal die aufgeklärte Haltung, mit der Dareios seine Stellung als König Ägyptens auffaßte. Er war kein reiner machtgieriger Tyrann und begnügte sich nicht damit, die Sorge für das Wohlergehen seiner Länder den Händen seiner Satrapen zu überlassen.

Für die Kenntnis der Geschichte dieser Zeit von gleich großem Interesse, wenn auch von ganz anderer Art, ist ein großer demotischer Papyrus, den F. Ll. Griffith in El-Hîba entdeckt und ausgezeichnet bearbeitet hat. Es handelt sich um eine vermutlich im 9. Regierungsjahr des Dareios niedergeschriebene Bittschrift eines alten Tempelschreibers Peteese. Er beklagt sich über mancherlei Unrecht, das ihm und seiner Familie in bezug auf das Prophetenamt des Amun von Teudjoi (El-Hîba), seinem Geburtsort, widerfahren sei und bezüglich der Priesterämter anderer Götter; alle diese Ämter hätten ihm beträchtliche Nebeneinkünfte verschafft. Es ist eine sehr komplizierte Geschichte, die Peteese vorbringt, und die Ereignisse, von denen er berichtet, reichen 150 Jahre, nämlich bis ins 4. Regierungsjahr Psammetichs I., zurück. Zu jener Zeit hatte sein Vorfahr gleichen Namens den verfallenen Tempel des Amun im Namen seines Vetters – auch eines Peteese – wiederhergestellt. Dieser Vetter saß als »Herr der Schiffahrt« in Herakleopolis Magna und war der eigentliche Gouverneur Oberägyptens. Für diese seine Dienste waren Peteese I. alle die fraglichen Priesterämter übertragen worden. Sein Nachkomme in der vierten Generation weiß nun eine schaurige Geschichte von Mord, Verhaftung und allen möglichen Drangsalen zu erzählen. Er hatte verschiedene Persönlichkeiten zu Feinden, denen es mit Hilfe höchster Würdenträger, die damals die Macht in Händen hatten, nach und nach gelungen war, die Familie des Peteese um ihre Rechte zu bringen; jene besaßen dabei die Unterstützung anderer, die meistens als »die Priester« bezeichnet werden. Alle diese Vorkommnisse sollen hier nicht auf ihren historischen Wahrheitsgehalt beurteilt werden, auf jeden Fall bietet der Papyrus das Bild einer Welt, in der Bestechlichkeit und Korruption weit verbreitet waren. Eine kleine Einzelheit am Rande, die durch eine andere Quelle bestätigt wird, sei noch angemerkt: der erwähnte »Meister der Schiffahrt« ist eben jener, der uns schon bei der Reise der Gottesgemahlin Nitokris nach Theben (S. 391) begegnete.

So weitblickend und aufgeklärt Dareios regierte, sein Reich war derart riesenhaft, daß sich bald Anzeichen des Zerfalls bemerkbar machen mußten. Bereits im Jahre 499 v. Chr. erhoben sich die ionischen Städte, und da Athen und Eretria ihnen Hilfe leisteten, war ein Krieg zwischen Persien und den Westgriechen nur noch eine Frage der Zeit. Die die Welt erschütternde Niederlage, welche Dareios' Neffe Artaphernes im Jahre 490 v. Chr. bei Marathon erlitt, konnte nicht ohne schwerwiegende Rückwirkungen auf den ganzen Mittleren Osten bleiben. 486 v. Chr. brach auch in Ägypten ein Aufstand aus, der erst im 2. Regierungsjahr von Xerxes, der seinem Vater gegen Ende des Jahres 486 v. Chr. auf dem Thron gefolgt war, endgültig niedergeschlagen werden konnte. Herodot berichtet (VII, 7) von dem neuen Monarchen: »Er unterwarf sie (und) legte dem Land ein weit drückenderes Joch auf als Dareios.« Selbstverständlich nützte Xerxes seine Herrschaft über Ägypten für seine eigenen Zwecke aus: vor der Schlacht von Salamis (480 v. Chr.), in der er an den Griechen Rache nehmen wollte, wies er der großen ägyptischen Flotte eine wichtige Rolle zu (VII, 89). Für die Ägypter selbst tat Xerxes so gut wie nichts. Die Denkmäler schweigen fast völlig. Es wurden keine Tempel gebaut und nur wenige ägyptische Beamte beschäftigt. Während dieser Jahre scheint in Oberägypten völlige Ruhe geherrscht zu haben, denn ein Perser, der wahrscheinlich im 6. Jahr des Kambyses das Wâdi Hammamât zum ersten Male aufgesucht hatte, kam mit Unterbrechungen bis in das 12. Regierungsjahr von Xerxes immer wieder[36]. Er bezeichnet sich als Statthalter von Koptos und hatte sehr wahrscheinlich die Straße nach dem Roten Meer zu überwachen. Nach ihm erschien unter der Regierung von Artaxerxes sein jüngerer Bruder zu ähnlichen Inspektionen; er hatte seinem persischen den gut ägyptischen Namen Djeho hinzugefügt.

Um diese Zeit ging in der bis dahin fast einheitlichen Kultur des Pharaonenlandes eine tiefgreifende Veränderung vor sich. Wie bisher verwendete die eingeborene Bevölkerung bei ihren persönlichen Angelegenheiten ihre eigene Sprache, wobei sie sich des stark kursiven Schreibstils bediente, den die Griechen als enchorial oder demotisch bezeichneten. Was aber die Verwaltung anbetraf, so war Ägypten nur die äußerste Provinz eines fremden Großreichs. Der persische König und Oberherr, der selbst in Susa oder Babylon residierte, legte die eigentliche Verwaltung in die Hände lokaler Statthalter, sogenannter »Satrapen«. Bei allen Verwaltungsangelegenheiten fand die aramäische Sprache und Schrift Verwendung. Das Aramäische war ein nordsemitisches Idiom, das sich zunächst mit den verschleppten Völkern weit nach Mesopotamien hinein und später, unter anderem mit den verbannten Juden, denen Kyrus die Rückkehr in ihre ursprüngliche Heimat erlaubt hatte, in südlicher Richtung ausbreitete. In Palästina verdrängte dieser Dialekt das Hebräische schließlich gänzlich. In Ägypten bedienten sich des Aramäischen durchaus nicht nur die Juden, obwohl die großen und sensationellen Funde aramäischer Papyri auf der Insel Elephantine, unmittelbar nördlich des ersten Katarakts, diesen Eindruck erwecken könnten. Zwar betreffen diese Papyri in ihrer Fülle und Vielfalt überwiegend die Angelegenheiten von Juden, aber diese gehörten zu einem Grenzposten und standen folglich in persischen Diensten. Den überzeugendsten Beleg dafür, daß das Aramäische die Sprache der persischen Staatsverwaltung war, stellt ein Bündel Briefe dar, von denen die meisten Arsames, der das ganze letzte Viertel des 5. Jahrhunderts Satrap in Ägypten war, an seine Unterbeamten gerichtet hatte. Die auf Leder geschriebenen Briefe sind sicher aus der Kanzlei des Satrapen hervorgegangen, die sich wohl in Memphis befand. Sie wurden von einem Händler erworben, der den Fundort nicht angeben konnte oder wollte.

Das wenige, was wir sonst über das Ägypten des 5. Jahrhunderts wissen, verdanken wir den griechischen Historikern. Und diese beschäftigten sich mit Ägypten auch nur wegen seiner Beziehungen zu Athen. Nach den Wirren im Zusammenhang mit der Ermordung des Xerxes und der Thronbesteigung von Artaxerxes I. (465 v. Chr.) kam es im nordwestlichen Delta zu ernsten Unruhen. Hier erhob sich ein gewisser Inaros[37], der Sohn Psammetichs – Thukydides (I, 104) bezeichnet ihn, obwohl beide Namen ägyptisch sind, als einen König der Libyer –, und machte die Festung Marea, nicht weit von dem späteren Alexandria entfernt, zu seinem Hauptstützpunkt. Zu einem ersten Zusammenstoß mit den Persern kam es bei Papremis, einem nicht genau lokalisierbaren Ort im westlichen Delta. Die Truppen unter dem Satrapen Achaemenes, Xerxes' Bruder, wurden geschlagen, er selbst kam ums Leben. Der Rest seines Heeres zog sich nach Memphis zurück und verschanzte sich dort. Inaros hatte nun das gesamte Delta in der Gewalt, erhob aber offensichtlich keinen Anspruch auf die Königswürde. Die unbedingt notwendige Unterstützung aus Persien für die Eingeschlossenen traf lange nicht ein; da sie aber zu erwarten war, wandte sich Inaros seinerseits an die Athener um Beistand, die damals auf Zypern mit Erfolg gegen die Perser kämpften. Mit ihrer Hilfe konnten zwei Drittel von Memphis – den »Weißen Mauern«, wie Thukydides ganz richtig sagt – eingenommen werden, der übrige Teil vermochte sich jedoch zu behaupten, bis der persische General Megabyzos die Belagerer vertrieb, die sich nun ihrerseits auf der Insel Prosopitis[38] in den Marschen zusammengedrängt fanden. Erst 454 v. Chr. gewann Megabyzos vollends die Oberhand: nur wenige Athener konnten entkommen; einige Schiffe, die zu spät eingetroffen waren, um noch Hilfe bringen zu können, wurden zerstört. Inaros fiel durch Verrat in persische Hände und wurde gekreuzigt. Damit war jedoch der Aufstand noch nicht völlig niedergeschlagen. Ein Anführer Amyrtaios – wieder ein gut ägyptischer Name! – blieb ungeschlagen im äußersten Westen des Deltas[39]. Er rief noch einmal die Athener zu seiner Unterstützung herbei, und einige ihrer Schiffe liefen auch wirklich aus; aber der Tod des griechischen Befehlshabers Kimon auf Zypern bewog sie zur Umkehr[40]. Kurz darauf schlossen Athen und Persien Frieden[41], und die Athener griffen künftig nicht mehr in ägyptische Angelegenheiten ein (449/448 v. Chr.).

Abgesehen vom westlichen Delta herrschte nun in ganz Ägypten Ruhe. Fremde aus aller Herren Länder waren willkommen, insbesondere die Griechen. Deren Handel hatte sich so weit ausgebreitet, daß Naukratis seine Monopolstellung nicht länger behaupten konnte und seine überragende Bedeutung einbüßte. Herodot bereiste Ägypten kurz nach 450 v. Chr., und wenn uns die offensichtlich unhaltbaren Behauptungen, Philosophen des 6. Jahrhunderts, wie Thales und Pythagoras, verdankten einen Großteil ihres Wissens den Ägyptern, auch bezüglich Demokrit von Abdera und Platon skeptisch sein lassen, so kann es andererseits nicht zweifelhaft sein, daß das Land ihnen offengestanden hätte. Gewiß gab es eine Abneigung gegen die Fremden, möglicherweise sogar einmal eine allerdings unbedeutende Erhebung gegen die fremden Herrscher, aber insbesondere in Oberägypten mußten schon rassische oder religiöse Unterschiede hinzutreten, um irgendwelche Unruhen zu offener Flamme zu entfachen. Dergleichen ereignete sich auf der Insel Elephantine im Jahre 410 v. Chr. Hier lebten die Jahu-Verehrer (S. 395) und die Priester des widderköpfigen Gottes Chnum dicht beieinander. Die einheimischen Priester benutzten die Abwesenheit des Satrapen Arsames, um den Ortskommandanten Vidaranag zu bestechen: bald war der jüdische Tempel völlig dem Erdboden gleichgemacht. Zwar wurde Vidaranag bestraft, doch verging erst eine Weile, ehe der Tempel wieder aufgebaut werden konnte. Die aramäischen Papyri, in denen dieses Vorkommnis berichtet ist, enthalten eine Bittschrift an den Statthalter von Juda, Bagoas, mit dem Gesuch um den Wiederaufbau, der offenbar schließlich auch zugestanden wurde[42].

Die 40 Jahre bis zum Tode von Dareios II. im Jahre 404 v. Chr. sind, was Ägypten anbelangt, völlig ereignislos, und erst während der Wirren, die die Thronbesteigung Artaxer-

DIE LETZTEN KÄMPFE UM DIE UNABHÄNGIGKEIT

xes' II. begleiteten, tritt Ägypten in der Geschichte des Mittleren Ostens wieder in Erscheinung. Manetho läßt seine 27. Dynastie der persischen Herrscher hier enden. Seine 28. Dynastie besteht nur aus einem einzigen König, Amyrtaios von Sais, vermutlich einem Verwandten jenes Amyrtaios, der nach der Gefangennahme des Inaros dessen Kampf fortgesetzt hatte. Bei den griechischen Historikern begegnet nur eine dunkle Anspielung auf den neuen Pharao. Diodor nennt ihn (XIV, 35) irrtümlich »Psammetichus, einen Abkömmling des (berühmten) Psammetich«. Die fragliche Stelle berichtet, nach der Schlacht von Kunaxa (401 v. Chr.), in welcher der aufrührerische Prinz Kyros geschlagen und getötet worden war, sei sein Freund, der memphitische Admiral Tamos, den er zum Statthalter in Ionien ernannt hatte, nach Ägypten geflohen, um der Verfolgung durch Artaxerxes' II. Satrapen Tissaphernes zu entgehen, wobei er alle Schiffe mit sich genommen habe. Doch habe Amyrtaios – wenn er es war, den Diodor als Psammetich erwähnt – Tamos hinrichten lassen. Nach einer späteren ägyptischen Überlieferung machte sich Amyrtaios irgendeiner Gesetzesverletzung schuldig; deshalb habe ihm sein Sohn nicht auf dem Thron folgen dürfen. Diese Überzeugung, daß irdisches Glück einem nur durch einen rechtschaffenen Lebenswandel zufallen könne, findet ihren Ausdruck in dem seltsamen und geheimnisvollen Text, der unter der ungenauen Bezeichnung »Demotische Chronik« bekannt ist. Aus diesem Papyrus erfahren wir auch, daß Kambyses die Stiftungen an die ägyptischen Tempel eingestellt habe (S. 404), und von dem Befehl des Dareios, die Gesetze des Landes aufzuzeichnen (S. 405). Hier beschäftigt uns jedoch der Inhalt der Vorderseite; sie stellt ein seltsames Gemisch von Kalenderdaten, Festen und geographischen Angaben dar, die für uns ohne jeden Wert und ohne jede Bedeutung wären ohne die Erläuterungen oder »Prophezeiungen«, die mit einer jeden Eintragung verbunden sind. Diese Zusätze sind insofern von großem historischem Interesse, als sie zwei absolut zuverlässige Reihen von Königen, »die nach den Medern (= Persern) kamen«, enthalten, von Amyrtaios bis hinab zu Teos, dem zweiten König von Manethos 30. Dynastie. Dieser orakelhafte Text, der eine Beziehung von Ursache und Wirkung zwischen einem tugendhaften Verhalten und einem erfolgreichen Leben auf Erden behauptet, wird allgemein für ein Werk von Priestern aus dem zweiten vorchristlichen Jahrhundert gehalten.

Nach Manetho hat Amyrtaios sechs Jahre regiert, womit er vermutlich recht hat, denn unter den Elephantine-Papyri findet sich ein in sein 5. Regierungsjahr datiertes Zahlungsversprechen auf eine Schuld[43]. Abgesehen von einem Brief gleicher Herkunft, der seinen Namen in engem Zusammenhang mit dem des Nepherites, seines unmittelbaren Nachfolgers, nennt, gibt es keine weiteren Hinweise auf ihn. Er hat auch keine Denkmäler hinterlassen. Wie er auf den Thron kam und wie er ihn wieder verlor, liegt ebenfalls im Dunkeln.

Von dieser Zeit an bis zu der Eroberung durch Alexander den Großen im Jahre 332 v. Chr. war das einzige Ziel der ägyptischen Außenpolitik die Behauptung seiner Unabhängigkeit gegenüber einer Großmacht, die Ägypten auch weiterhin nur als ihre aufsässige Provinz betrachtete. Mit dieser Politik hatte Ägypten bis zum Jahre 342 v. Chr. Erfolg. Ein ständiges Hemmnis waren jedoch die Rivalitäten zwischen den verschiedenen Fürstenfamilien des Deltas.

Manethos 29. Dynastie, von der sich Denkmäler im Süden bis nach Theben gefunden haben, stammte aus der wichtigen Stadt Mendes. Sie umfaßte lediglich vier Könige, die zusammen nur zwanzig Jahre regierten (399–380 v. Chr.). Der erste und der letzte König tragen beide den Namen Nepherites, was »Seine Großen gedeihen« bedeutet. Während Nepherites I. sechs Jahre regierte, waren Nepherites II. nur vier Monate beschieden. Zwischen Manetho und der »Demotischen Chronik« besteht ein Widerspruch, der einigen Ägyptologen Kopfzerbrechen bereitet hat: Manetho setzt Achoris – ägyptisch Hakor oder Hagor – vor Psammuthis (»das Kind der Mut«) an, während in dem Papyrus die Reihenfolge umgekehrt ist. Möglicherweise liegt die Lösung darin, daß das erste Regierungsjahr beider Könige dasselbe war, so daß jede Angabe ihre Berechtigung hat. Die einzigen noch erhaltenen Überreste von Psammuthis finden sich in Karnak, wo der

DIE LETZTEN KÄMPFE UM DIE UNABHÄNGIGKEIT

Name des Hakoris über dem seinen eingehauen ist. Psammuthis regierte nur ein Jahr, während Hakoris, dessen Denkmäler zahlreich und über ganz Ägypten verstreut sind, sich dreizehn Jahre zu behaupten vermochte. Wenn wir bei diesen an sich recht unbedeutenden Pharaonen so lange verweilt haben, so geschah dies im Hinblick auf die moralisierenden Urteile der bereits erwähnten »Demotischen Chronik«, geben diese doch mit Sicherheit echte historische Geschehnisse wieder. So heißt es von Hakoris, daß er so lange regieren konnte, »weil er großzügig gegenüber den Tempeln war«, daß er aber »gestürzt wurde, weil er sich vom Recht abkehrte und sich nicht um seine Brüder kümmerte«.

Wegen konkreterer Angaben sind wir ausschließlich auf griechische Autoren angewiesen. Von Xenophon (Anabasis I, 4/5), erfahren wir, daß die Perser in Phönizien, ein großes Heer zusammengezogen hatten, um mit ihm Ägypten zu unterwerfen[44], doch konnte Kyros dies Vorhaben nicht verwirklichen, weil seine anderen gewagten Unternehmungen fehlschlugen. Dadurch gerieten die griechischen Städte in Kleinasien, die sich auf seine Seite gestellt hatten, in große Gefahr. Um ihnen Beistand zu leisten, schritt nun (400 v. Chr.) das immer noch mächtige Sparta, obwohl es Kyros so stark verpflichtet war, zum Kriege. Dieser Krieg währte jahrelang. Im Jahre 396 v. Chr. bemühte sich Sparta um ein Bündnis mit Ägypten, das auch sehr bald zustande kam. Diodor berichtet (XIV, 79), daß der ägyptische König Nephereus (Nepherites I.) dem spartanischen König Agesilaos auf seine Bitte 500 000 Scheffel Korn und die Ausrüstung für 100 Trieren zur Verfügung stellte. Man vereinbarte jedoch, daß diese großzügige Unterstützung von der spartanischen Flotte abgeholt werden sollte; ehe diese aber Rhodos erreichte, war die Insel auf die persische Seite übergegangen, so daß der persische Flottenführer, der Athener Konon, die ganze Ladung beschlagnahmen konnte.

Wenig später gelangte im Jahre 393 v. Chr. Hakoris auf den Thron; da sich das Bündnis mit Sparta als unvorteilhaft erwiesen hatte, sah er sich anderswo nach Beistand um: es kam zum Abschluß eines Vertrages mit Euagoras, dem fähigen und ehrgeizigen König von Salamis auf Zypern, der schon einige andere Städte der Insel unter sich gebracht hatte. Euagoras war ein Freund des Admirals Konon gewesen, so daß das Bündnis mit ihm ein enges Zusammengehen auch mit Athen zur Folge hatte. Inzwischen waren jedoch Persien wie Sparta kriegsmüde geworden, und so kam es 386 v. Chr. zum Frieden des Antalkidas: die Perser erhielten freie Hand gegenüber allen griechischen Städten Kleinasiens, mußten aber den übrigen hellenistischen Staaten die Autonomie zugestehen[45]. Hakoris und Euagoras sahen sich infolgedessen isoliert, und Artaxerxes konnte sich nun wenden, gegen wen er wollte.

Zuerst ging er gegen Ägypten vor, das aber inzwischen wieder ein starkes und blühendes Land geworden war. Der Athener Chabrias, einer der größten Feldherren des Jahrhunderts, trat in Hakoris' Dienste. Über diesen Krieg ist wenig mehr bekannt, als daß er sich bis in die Zeit nach 383 v. Chr. hinzog und daß der athenische Redner Isokrates verächtlich über ihn geurteilt haben soll. Euagoras leistete durch sein Eingreifen wertvolle Hilfe: er trug den Krieg in das Feindesland und nahm Tyrus und andere phönizische Städte ein. Später wendete sich jedoch sein Glück, und nachdem er eine wichtige Seeschlacht verloren hatte, wurde er in seiner Hauptstadt Salamis belagert. Über zehn Jahre vermochte er den Persern zu trotzen, bis schließlich Zwistigkeiten unter ihren Führern sie geneigt machten, ihm im Falle seiner Unterwerfung ehrenvolle Bedingungen zuzugestehen (380 v. Chr.)[46]. Er war dann lange Zeit ein treuer Bundesgenosse des persischen Königs, fiel aber schließlich einer Verschwörung zum Opfer. Wenn die »Demotische Chronik« recht hat, wurde auch Hakoris schließlich vom Unglück heimgesucht. Nachdem zunächst sein Sohn Nepherites II. vier Monate regiert hatte, ging die Königswürde an einen General aus Sebennytos über.

Zur 30. Dynastie gehören bei Manetho drei Könige. Die Namen des ersten und des dritten gibt er in Formen wieder, die sich so gleichen – Nektanebes und Nektanebos –, daß man statt ihrer besser die etymologisch deutlich geschiedenen Namen Nechtnebef und Nechtharehbe verwendet.

Die Reihenfolge dieser beiden Könige war lange Zeit umstritten, heute steht jedoch fest, daß Nechtnebef der frühere war[47]. Die große Zahl seiner Denkmäler[48] vermittelt den Eindruck ungestörten Friedens und blühenden Wohlstands. Die ältesten Teile des Tempels von Philae wurden von ihm erbaut, und in Edfu erinnerte man sich seiner als des Stifters zahlreicher Ländereien an den Tempel des Horus. Eine große Stele in Aschmûnên (Hermopolis Magna)[49] berichtet von umfangreichen Bauarbeiten in den Tempeln der Göttin Nehmetawai, der Achtheit der Urgötter und des zweithöchsten Gottes Thot selbst. Eine schön geschriebene Inschrift in Naukratis berichtet von der Erhebung eines zehnprozentigen Zolls auf Waren, die nach Naukratis eingeführt, und auf Erzeugnisse, die dort hergestellt wurden. Was durch diesen Zoll einkam, sollte für die Ausschmückung des Tempels der Göttin Neith von Sais verwendet werden.

Die griechischen Historiker vermitteln freilich ein ganz anderes Bild; auch hier steht wieder Diodors (XV, 41-43) Bericht an erster Stelle. In Persien regierte noch Artaxerxes II. (404-358 v. Chr.), der weiterhin fest entschlossen war, Ägypten zu demütigen und in seine frühere Abhängigkeit zurückzubringen. Seine Vorbereitungen für den Einfall in Ägypten kamen jedoch nur sehr langsam voran. Zunnächst erzwang er von Athen die Rückberufung des Chabrias aus Ägypten: dieser mußte sich mit einem militärischen Posten in seiner Heimatstadt begnügen. Erst im Jahre 373 v. Chr. brach das große persische Heer unter der Führung des Satrapen Pharnabazos und des Befehlshabers der griechischen Söldner Iphikrates von Ekron auf. Als es Pelusium erreichte, sah man ein, daß ein Angriff von dieser Flanke aussichtslos war, daß aber ein Angriff von einer der weniger gut befestigten Nilmündungen her Erfolg versprach. Und tatsächlich konnte das Hindernis, das der Nilarm von Mendes darstellte, überwunden werden. Viele Ägypter wurden getötet oder gerieten in Gefangenschaft. Gegen den Willen von Pharnabazos suchte Iphikrates nach Memphis vorzudringen; während der Vorstoß der Perser durch die Meinungsverschiedenheiten zwischen den beiden Heerführern aufgehalten wurde, sammelten die Truppen Nechtnebefs neue Kräfte und kreisten den bedrängten Feind von allen Seiten ein. Nun kam den Ägyptern auch die Nilüberschwemmung zu Hilfe: die Gebiete des Deltas, die nicht zum See wurden, verwandelten sich in Sümpfe, so daß sich die Perser zurückziehen mußten; zum zweiten Male war so Ägypten dem persischen Versuch entgangen, das Land wieder zu besetzen.

Die nächsten Jahre waren durch Aufstände der Satrapen in allen Teilen des Reiches gekennzeichnet, in deren Auf und Ab Nechtnebef durch Subsidien in Gold an die verschiedenen Kampfparteien erreichen konnte, daß er unbehelligt blieb. Als er im Jahre 363 v. Chr. starb, folgte ihm sein Sohn, der – wie sein Großvater – Teos (oder, nach einigen griechischen Autoren, Tachos[50]) hieß. Nun schien die Zeit für einen Angriff auf die Perser gekommen[51]. Der alte spartanische König Agesilaos landete mit 1000 Hopliten in Ägypten und vereinigte sich dort mit dem Athener Chabrias. Bei dem Feldzug, den man nun (360 v. Chr.) gegen Phönizien unternahm, bestand Teos darauf, seine ägyptischen Landsleute selbst zu befehligen, während Agesilaos, aufgebracht über die Heiterkeit, die seine seltsame Erscheinung und sein sonderbares Auftreten hervorrief, dem jungen Nechtharehbe seine Unterstützung lieh, den ein Großteil der Gefolgsleute als Gegenkönig zu Teos auf den Schild hob. Das ganze Unternehmen endete in einem Fiasko: Nechtharehbe kehrte als Pharao nach Ägypten zurück, Teos floh nach Persien ins Exil, wo er auch starb.

Den Ägyptern mochte die Regierung des Nechtharehbe (360–343 v. Chr.) fast wie eine getreue Wiederholung der Regierung des Nechtnebef vorkommen. Beide Könige regierten 18 Jahre und entfalteten eine umfangreiche Bautätigkeit[52]. Aber inzwischen bahnten sich Ereignisse an, die die Welt völlig verändern sollten. Die Thronbesteigung von Artaxerxes III. Ochos (358 v. Chr.) festigte noch einmal das zerfallende Perserreich. Er stellte unter den Satrapen Kleinasiens die Ordnung wieder her, doch wurden dadurch so erhebliche Kräfte gebunden, daß ein Angriff auf Ägypten unmöglich war. Erst im Jahre 350 v. Chr. hatte Ochos die

Hände dazu frei. Einzelheiten über diesen Krieg sind nicht bekannt, doch muß er mit einem völligen Fehlschlag geendet haben. Nun brachen überall Aufstände gegen die persische Herrschaft aus; an die Spitze dieser Bewegung setzten sich Phönizien und Zypern. Schon seit langem stützten sich beide Seiten vor allem auf griechische Soldaten und griechische Truppenbefehlshaber. Doch Ägypten war das wichtigste Angriffsziel, weil nur Ägypten Gold und Getreide im Überfluß liefern konnte; seine Wiedereroberung war deshalb eine absolute Notwendigkeit. Zunächst kamen allerdings Phönizien und Palästina an die Reihe. Sidon war das Zentrum des Aufstandes und hatte durch einen vernichtenden Schlag gegen die persische Besatzung Vergeltungsmaßregeln herausgefordert. In Vorausahnung der Dinge, die kommen mußten, wandte sich Sidon um Hilfe an Ägypten, doch begnügte sich Nechtharehbe damit, ihnen ein beschränktes Kontingent griechischer Söldner unter Mentor von Rhodos zu schicken. Diodor berichtet (XVI, 40-51) das Geschehen der folgenden Jahre sehr ausführlich; es kann hier nur in großen Zügen wiedergegeben werden. Ochos traf umfangreiche Vorbereitungen; noch ehe Truppenverstärkungen aus den Städten des griechischen Mutterlandes und aus Kleinasien eingetroffen waren, verhängte er ein schreckliches Strafgericht über Sidon. Dessen treuloser König Tennes tat sich mit Mentor zusammen, um die Stadt zu übergeben, worauf die Einwohner ihre Schiffe verbrannten und viele von ihnen in den Flammen ihrer Häuser den Tod suchten.

Im Herbst des Jahres 343 v. Chr. brach das persische Heer mit dem Großkönig an der Spitze zu seinem denkwürdigen Feldzug gegen Ägypten auf. Als erste ägyptische Stadt wurde Pelusium angegriffen, das heftigen Widerstand leistete. Ochos beschloß, an drei verschiedenen Stellen zugleich in das Delta einzudringen, und bei einer der drei westlichen Nilmündungen gelang auch der Einbruch. Da die Überschwemmungszeit vorbei war, konnte es zu einer Katastrophe wie der vor dreißig Jahren nicht wieder kommen. Von Anfang an war das Glück nicht auf der Seite der Verteidiger. Die von einer in der Nähe gelegenen Festung heranrückenden griechischen Söldner unter Kleinias von Kos wurden geschlagen, dieser selbst fand den Tod. Vom Schrecken gepackt zog sich Nechtharehbe, statt Widerstand zu leisten, nach Memphis zurück, das er in Eile für eine Belagerung herrichten ließ. Inzwischen war Pelusium gefallen; die Besatzung hatte sich ergeben, weil ihr dafür gute Behandlung zugesichert worden war. Ähnliche Versprechungen machte man auch anderen Ortschaften, und bald wetteiferten Ägypter und Griechen darin, als erste in den Genuß solcher Milde zu kommen. Das dritte Korps unter Mentor und Ochos' engem Freund und Bundesgenossen Bagoas hatte ebenfalls mit Erfolg gekämpft. Die Einnahme von Bubastis durch die vereinigten Truppen war ein so ungeheures Ereignis, daß auch die anderen Städte des Deltas sich eilends ergaben. Ägypten befand sich nun in Ochos' Gewalt; Nechtharehbe erkannte die Hoffnungslosigkeit der Lage, raffte zusammen, was er konnte, und verschwand stromauf »nach Äthiopien«; von da an ist von ihm nichts mehr zu hören.

Ochos hatte es durch sein strategisches Geschick und seine politische Klugheit noch einmal vermocht, Ägypten zu einer persischen Provinz zu machen. Diodor berichtet darüber: »Nachdem er ganz Ägypten eingenommen und die Mauern der wichtigsten Städte geschleift hatte, setzte er sich durch die Plünderung der Heiligtümer in den Besitz einer ungeheuren Menge von Silber und Gold und schleppte die niedergeschriebenen Berichte aus den ehrwürdigen Tempeln hinweg, die später Bagoas den ägyptischen Priestern gegen die Zahlung gewaltiger Summen wieder aushändigte. Nachdem er die Griechen, die auf dem Feldzuge mit ihm gewesen waren, verschwenderisch belohnt hatte, jeden nach seinem Verdienst, entließ er sie in ihre Heimatländer. Und nach der Einsetzung des Pherendates als Satrap Ägyptens kehrte er selbst mit seinem Heer nach Babylon zurück und schleppte viele Besitztümer und Beutestücke mit sich, nachdem er großen Ruhm gewonnen hatte durch seine Siege.«

Ohne Zweifel lastete die Hand des Eroberers schwer auf dem Lande, und die bewegten Klagen der ersten Zwischenzeit kehren in der »Demotischen Chronik« wieder. Trotzdem sind die Darstellungen der Autoren späterer Zeit, die Ochos dieselben Frevel andichten, wie man sie schon Kambyses zugeschrieben hatte, durchaus unglaubwürdig: Ochos war dafür viel zu klug. Und doch sollte der ungeheuren Macht und dem Ansehen, die er seinem Reich gewonnen hatte, kein langer Bestand beschieden sein. Im Jahre 338 v. Chr. wurde er von seinem vertrauten Freunde Bagoas vergiftet und sein jüngster Sohn Arses auf den Thron gehoben; auch dieser fiel schon zwei Jahre später derselben Mörderhand zum Opfer und wurde durch einen Seitenverwandten, Dareios III. Codomannus, ersetzt; dieser war der letzte Achämenide. Er vergiftete sogleich Bagoas und bereitete damit dem Meisterschurken sein wohlverdientes Ende. Mit Dareios III. endet die 31. Dynastie, die spätere Chronographen Manethos 30. Dynastie angefügt haben. Seine nominelle Herrschaft über Ägypten dauerte vier Jahre, aber vor deren Ende schon hatte das persische Großreich zu bestehen aufgehört; die Alte Welt war in ein völlig neues Zeitalter eingetreten.

An sich sollte diese Darstellung der ägyptischen Geschichte allein auf einheimischen ägyptischen Quellen beruhen, doch haben die letzten beiden Kapitel gezeigt, daß dies nicht möglich ist. Das liegt vor allem daran, daß wir es hier im wesentlichen mit Ereignissen zu tun hatten, die sich im Delta abspielten, wo hieroglyphische Inschriften von Bedeutung außerordentlich selten vorkommen, und daß auch die zitierten Keilschrifttafeln mit ihren Tatsachenberichten in Annalenform durchweg recht trocken sind. Bei den griechischen Berichten handelt es sich dagegen um Werke nüchterner Berufshistoriker, die freilich eine farbige Darstellung, wo sie angebracht schien, durchaus nicht scheuen. Wenn wir mit dieser Einsicht auf die hinter uns liegende Zeit zurückblicken, so können wir eher ermessen, wie einseitig unsere Kenntnis der früheren Jahrhunderte notwendigerweise sein muß. Zwar ist auch die Zeit der persischen Herrschaft nicht ganz ohne historische Quellen (wenn man sie so nennen will), doch werden einige Beispiele die Schwierigkeiten deutlich machen, denen wir uns bei dem Versuch gegenübersahen, sie für unsere Darstellung zu verwerten. Eine in Pompeji gefundene, heute in Neapel aufbewahrte Stele[53] trägt die »Biographie« eines Samtauitefnachte, der im 16. oberägyptischen Gau wichtige Priesterämter innegehabt hatte. Sein Name und die Gebete, die er an Arsaphes, den widderköpfigen Gott von Herakleopolis richtet, weisen ihn als Angehörigen einer schon mehrfach erwähnten Familie aus (S. 391, 408). In der folgenden Stelle spricht er zu seinem Gott: »Ich bin dein Knecht, und mein Herz ist dir treu. Ich füllte mein Herz mit dir und pflegte keine Stadt außer deiner Stadt. Ich ließ nicht ab, sie jedermann zu preisen; mein Herz suchte nach dem Rechten in deinem Hause bei Tag und bei Nacht. Du tatest mir Dinge, millionenfach größer als dies. Du vergrößertest meine Schritte in dem Palast, das Herz des schönen Gottes hatte Gefallen an dem, was ich sprach. Du hobst mich heraus aus Millionen, als du deinen Rücken gegen Ägypten kehrtest, und legtest die Liebe zu mir in das Herz des Fürsten Asiens; seine Höflinge dankten Gott um meinetwillen. Er machte für mich den Posten eines Aufsehers der Priester der Sachmet (d. h. er wurde Arzt) an Stelle des Bruders meiner Mutter, des Aufsehers der Priester der Sachmet für Ober- und Unterägypten, Nechtheneb. Du schütztest mich im Kampf der Griechen, als du Asien zurücktriebst, und sie erschlugen Millionen neben mir, aber keiner erhob seinen Arm gegen mich. Meine Augen folgten Deiner Majestät in meinem Schlaf, und du sprachst zu mir: ›Eile du nach Herakleopolis, siehe, ich bin mit dir!‹. Ich durchquerte die fremden Länder allein und durchzog die See und fürchtete mich nicht, weil ich an dich dachte. Ich ließ nicht außer acht, was du sagtest, und ich erreichte Herakleopolis, und nicht ein Haar ward von meinem Haupte genommen.«

Dieser Text beleuchtet einmal mehr, in welch hohem Ruf die ägyptischen Ärzte standen; leider verliert die Biographie an Wert, weil sie keinerlei Zeitangabe enthält. Die Ansichten der Ägyptologen über ihre Datierung gingen weit auseinander; Erman entschied sich für den Zeitpunkt der Schlacht bei Marathon, während Tresson, ihr letzter Bearbeiter, in dem Kampf zwischen Griechen und Persern die Schlacht Alexanders des Großen bei Gaugamela sehen wollte. Außer diesen

DIE LETZTEN KÄMPFE UM DIE UNABHÄNGIGKEIT 423

extremsten Ansichten gibt es noch andere, doch ist es unmöglich, sich unter ihnen für eine zu entscheiden.

Schwierig sind auch die Fragen, die mit einem gewissen Chababasch zusammenhängen, der sich den Titel eines Pharaos beilegte. Aus seinem zweiten Jahr existiert ein Apis-Sarkophag, und ein Ehevertrag eines untergeordneten thebanischen Priesters ist in sein 1. Regierungsjahr datiert. Interessanter ist jedoch, was sich über ihn einer Stele aus dem Jahr 311 v. Chr., als der nachmalige Ptolemaios I. Soter noch lediglich Satrap Ägyptens war, entnehmen läßt. Der Form nach ist deren Inschrift eine Lobpreisung der großen Leistungen des Ptolemaios, doch hatte sie offensichtlich vor allem den Zweck, die Rückerstattung eines Landstreifens an die Priester von Buto festzuhalten, der ihnen seit unvordenklichen Zeiten gehört hatte, ihnen aber von dem »Feind und Übeltäter« Xerxes weggenommen worden war. Nachdem Chababasch sich das Begehren der Priester angehört hatte und daran erinnert worden war, daß der Gott Horus einst den Xerxes und seinen Sohn zur Strafe aus Ägypten vertrieben hatte, erfüllte er der Priesterschaft die Bitte, und Ptolemaios tat später dasselbe. Für die zeitliche Einordnung von Chababasch gibt es zwei Anhaltspunkte: erstens lebte er bestimmt nach Xerxes, zweitens ist auf der Stele vor dem Bericht über die Rückgabe des Landstreifens davon die Rede, daß er die Deltamündungen untersucht habe, durch welche man offenbar den Angriff der »Asiaten«, womit die Perser gemeint sind, auf Ägypten erwartete. Einen dritten Anhaltspunkt bietet die Tatsache, daß den erwähnten Ehevertrag derselbe Notar unterzeichnete, dessen Unterschrift auch eine Urkunde aus dem Jahre 324 v. Chr. trägt. Es wurden die verschiedensten Theorien verfochten, doch läßt sich mit Sicherheit lediglich sagen, daß Chababasch einer der spätesten, wenn nicht überhaupt der letzte nicht-persische und nichtgriechische Herrscher gewesen ist, der sich die Titulatur der alten ägyptischen Pharaonen beilegte; sein Name ist freilich ganz unägyptisch.

Das gewaltige Ereignis, welches das Schicksal Ägyptens besiegelte und darüber entschied, wer in den folgenden drei

Jahrhunderten Herr im Lande sein sollte, war der Sieg Alexanders des Großen über Ägypten im Jahre 332 v. Chr. Der Aufstieg Makedoniens zur beherrschenden Weltmacht begann sich schon seit dem Jahre 338 v. Chr. abzuzeichnen, als Philipp II. durch seinen Sieg über Athen und Theben bei Chaironeia jeden Widerstand gebrochen hatte und daran ging, ein hellenisches Bündnis zu gründen, das zu seinem eigenen Nutzen alle Griechen in sich vereinigen sollte. Doch konnte damals noch niemand die glänzenden Siege vorausahnen, die seinen jugendlichen Sohn Alexander innerhalb eines Jahrzehnts zum unbestrittenen Herrn der gesamten östlichen Welt machen sollten. Wahrscheinlich hat Alexander selbst dieses Ziel erst ins Auge gefaßt, nachdem er Kleinasien erobert und Dareios im Jahre 333 v. Chr. bei Issos (etwa 25 km nördlich des heutigen Alexandrette) in die Flucht geschlagen hatte. Auch dann noch war nicht die Verfolgung des persischen Königs sein erster Gedanke, sondern die Unterwerfung Syriens und Ägyptens. Die Belagerung von Tyrus war langwierig und beschwerlich, doch nachdem die Stadt gefallen war, konnte Alexander ungehindert gegen Gaza marschieren, welches verzweifelten Widerstand leistete. Als er im Jahre 332 v. Chr. Ägypten erreichte, ergab sich der persische Satrap kampflos. Alexander drang stromauf nach Memphis vor, opferte dem Apisstier und kehrte nach seiner Anerkennung als Pharao an die Küste zurück. Hier entwarf er am Gestade des Mittelmeers in der Nähe eines Dorfes Rhakotis den Plan der später so bedeutenden Stadt Alexandreia, ehe er zu seinem berühmten Zug nach dem Orakel des Amun in der Oase Sîwa aufbrach. Ob Alexander damals wirklich an seine eigene Vergöttlichung gedacht hat, läßt sich nicht sagen, doch entsprach dieser Zug, der einen wichtigen Markstein in seinem Leben bildete, dem ehernen Gesetz der altägyptischen Tradition. Der Pharao war ja der Sohn des Amun und als solcher selbst Gott. Alexander hielt sich nur so lange in Ägypten auf, wie er brauchte, um ägyptische Verwalter einzusetzen, um Vorsorge für die Steuereintreibung unter seinem Oberaufseher der Finanzen Kleomenes von Naukratis treffen und ein kleines stehendes Heer unter dem Befehl seines Freundes Ptolemaios aufstellen zu können. Dann machte er sich unverzüglich an die Liquidierung des persischen Großreichs und durchforschte seine Länder bis nach Indien. Es würde den Rahmen dieses Buches überschreiten, wenn wir sein ferneres Schicksal hier verfolgen wollten, so verlockend es auch wäre, ein Leben von so beispielloser Größe zu begleiten. Nach seiner Rückkehr nach Babylon im Jahre 323 v. Chr. erkrankte er schwer und starb im Palast Nebukadnezars, noch nicht 33 Jahre alt, vor Vollendung seines 13. Regierungsjahres.

Natürlich endet mit seinem Tode nicht die Geschichte Ägyptens, ja, sie tritt gegenwärtig in eine neue Phase ein. Doch muß die skizzenhafte Darstellung – mehr konnten wir hier nicht geben – an einem Punkt ihr Ende finden, und so erscheint es zweckmäßig, sie vor dem Beginn der sich über Jahrhunderte erstreckenden Herrschaft der Ptolemäer zu schließen. Unter ihnen wandelte sich Ägypten: die Verwaltung war nun griechisch, doch die eingeborene Bevölkerung lebte weitgehend ihr eigenes Leben, schrieb in ihrer eigenen Sprache und übte weiterhin ihre altüberlieferten Bräuche. Auch während der Zeit der Ptolemäer und Römer traten die griechisch und lateinisch sprechenden Herrscher – aus rein politischen Gründen – wie echte Pharaonen auf: sie verehrten die alten Götter des Landes und gewannen durch Geldzuwendungen für die Erbauung oder die Erweiterung großer Tempel die Priesterschaft für sich. Es mag unverständlich erscheinen, wenn wir hier völlig auf die Beschreibung so prächtig erhaltener Baudenkmäler wie der Tempel von Edfu und Dendera verzichten und nicht in die Klagen über die drohende Überflutung der nubischen Tempel einstimmen, die zum Wohl der ständig wachsenden und hungernden Bevölkerung hingenommen werden muß, und daß wir so wichtige Inschriften wie die des Steins von Rosette oder des Dekrets von Kanopus nur kurz gestreift haben. Wenn die jugendlichen Leser, für die dies Buch in erster Linie geschrieben ist, uns solche Unterlassungen zum Vorwurf machen sollten, so seien sie daran erinnert, daß wir noch ein Versprechen zu erfüllen haben: wir müssen noch die Vor- und Frühgeschichte Ägyptens darstellen, ehe wir die Feder aus der Hand legen können.

ZURÜCK ZU DEN ANFÄNGEN

Die Vorzeit

Es gibt für den Historiker keine schwierigere Aufgabe als die, das allmähliche Aufkeimen einer Kultur zu verfolgen, weil dies in Zeiten geschieht, aus denen wir entweder gar keine oder nur sehr dürftige schriftliche Zeugnisse besitzen. Andererseits dürfte es kaum einen interessanteren Vorgang geben; der Leser würde sich mit Recht beklagen, wenn diese Darstellung jeden Versuch unterließe, ihm nachzuspüren. Daß ein solcher Versuch einer ausführlichen Darstellung der Dynastien Manethos nachgestellt wurde, findet seine Rechtfertigung zum Teil in der Geschichte unserer Wissenschaft. Noch vor etwa siebzig Jahren hätte man schwerlich ein ägyptisches Fundstück anführen können, das nachweislich älter war als die Zeit der Pyramidenerbauer, Manethos 4. Dynastie. Zwar hatte man schon Geräte aus dem Paläolithikum gefunden, doch unterschieden diese sich kaum von denen in Europa und verrieten nichts spezifisch Ägyptisches. Menes und seine unmittelbaren Nachfolger kannte man nur durch die klassischen Autoren und die ägyptischen Königslisten; die Zeit vor Menes lag in völligem Dunkel. Dies begann sich zu lichten, als in den Jahren 1894/95 Petrie und Quibell bei Grabungen in der Gegend von Nakâda in Oberägypten[1] auf ausgedehnte Friedhöfe stießen, in denen sich Skelette in Hockerstellung, auf der Seite liegend wie im Schlaf, fanden, denen unter anderem Tonwaren mit bis dahin nicht bekannten geometrischen Mustern und rohen Umrißzeichnungen von Tieren und Schiffen beigegeben waren. Nach Ansicht der überraschten Ausgräber konnten diese Funde unmöglich ägyptischen Ursprungs sein; sie datierten sie in den dunklen Zeitabschnitt nach der 6. Dynastie, doch diese Annahme erwies sich sehr bald als falsch. Schon im folgenden Jahr zerstörte der erfahrene Prähistoriker J. de Morgan die Illusion von der »neuen« Rasse[2]. Bei unsystematischen

Grabungen an mehreren oberägyptischen Plätzen stieß man auf eine ähnliche Bestattungsweise und auf ähnliche Töpferwaren; immer fand sich auch eine Fülle von Werkzeugen aus Feuerstein, während Gegenstände aus Metall fast völlig fehlten. Petrie gestand seinen Irrtum sogleich ein, und die späteren Forschungen von ihm selbst und seinen Mitarbeitern haben zusammen mit denen von Wissenschaftlern aus verschiedenen anderen Ländern die Beschäftigung mit dem vorgeschichtlichen Ägypten zu großer Blüte gebracht; die Vorgeschichte stellt heute ein höchst vielschichtiges und problemreiches Gebiet der ägyptologischen Forschung dar. Durch einen seltsamen Zufall brachten eben jene Jahre auch die ersten Entdeckungen von Baudenkmälern der 1. und 3. Dynastie; auch hier waren wieder Petrie und Quibell bahnbrechend tätig gewesen. Inzwischen hatten sich die Geologen an die Untersuchung der noch weiter zurückliegenden Zeit gemacht, wobei sie allerdings ihre Arbeit erst sehr viel später in immer engere Berührung mit denen brachte, die sich ausschließlich mit der frühesten Geschichte der Menschheit beschäftigten. So läßt sich heute eine einigermaßen zusammenhängende Darstellung geben, in der allerdings noch eine beträchtliche Lücke klafft.

In sehr weit zurückliegender Zeit, möglicherweise vor 50 Millionen Jahren, sanken die Landgebiete, die heute Ägypten bilden, ebenso wie weite Teile Nordafrikas und Arabiens unter den Meeresspiegel. Während dieser als Kreidezeit bezeichneten Formation lagerten sich in Nubien der Sandstein und über ihm die ältesten Kalkstein- und Lehmschichten ab. Nach einer gewaltigen Zeitspanne tauchte das Land wieder auf, um später noch einmal von Norden her vom Meer überspült zu werden. Dieser sich über riesige Zeiträume erstreckende erdgeschichtliche Vorgang leitete zu einer Entwicklungsstufe von sehr langer Dauer über, in der sich der äozenische Kalkstein absetzte, der nach den in ihm eingeschlossenen Fossilien von Meerestierchen Nummulitenkalkstein heißt. Darauf folgte eine Periode, in der sich die Senke des Roten Meeres bildete und durch Faltungen auf beiden Seiten die Gebirgszüge der Sinai-Halbinsel und der östlichen

Wüste entstanden. Erst später begann im Ausgang des
Miozäns der heutige Nil sich sein Tal tief in den vorhandenen
alluvialen Grund zu graben. Wo heute das Delta sich dehnt,
reichte ein Golf des Mittelmeers bis weit ins Landesinnere.
Gegen Ende des folgenden Pliozäns setzte eine gewaltige
Höhenverschiebung ein; ihr ging eine fast vollständige Auffüllung des Nilbettes mit Sand und Kies voraus, die von den
Nebenflüssen herangetragen und von den seitlichen Höhenzügen heruntergewaschen wurden. In diese Anschwemmungen fing nun der Nil an sein endgültiges Bett zu graben.
Dieser allmähliche Prozeß läßt sich an den treppenartigen
Kiesterrassen ablesen. In den fünf obersten Stufen, während
deren Bildung das Pliozän in das Pleistozän überging, finden
sich noch keine Steingeräte oder sonstigen Spuren des vorgeschichtlichen Menschen; erst die beiden nächsten bewahren
primitive Faustkeile aus Feuerstein, die den Funden in Europa
aus der letzten Eiszeit derart ähnlich sind, daß man sie üblicherweise nach französischen Fundorten Chelléen und Acheuléen
nennt. In den beiden nächsttieferen Terrassen finden sich
Geräte jenes heute unter der Bezeichnung Levalloisien[3] bekannten Typus. Nur wenig tiefer liegt auf einer starken Triebsandschicht die heutige Talsohle. Aus dieser Tatsache läßt sich
schließen, daß einer ziemlich tiefen Auswaschung ein langer
Zeitraum der Ablagerung gefolgt war, in dem das Nilbett
wieder stieg. Die ausgedehnten Untersuchungen dieser geologischen Vorgänge über die gesamte Länge des Landes durch
Sandford und Arkell deuten darauf hin, daß verschiedene
Überreste aus dem Spät- und Nachmittel-Paläolithikum in der
Triebsandschicht eingebettet liegen müssen, zuoberst die
spätpaläolithischen, nach einem Dorf Sebîl in der Gegend von
Kôm Ombo Sébilien genannten Feuersteine. Schon seit den
siebziger Jahren des vergangenen Jahrhunderts hatte man auf
der Oberfläche der Hochwüste Geräte aus paläolithischer
und neolithischer Zeit aufgelesen, doch bedurfte es der genannten systematischen Untersuchungen und weiterer durch
Caton Thompson und Gardner im Faijûm und in der Oase
Chârga, um zwischen den verschiedenen Entwicklungsstadien des paläolithischen Menschen und der stufenweisen

Bildung des Niltals eine genaue Beziehung herstellen zu können. Ein anerkannter Geologe[4] hat die Vermutung geäußert, die Sébilien-Kultur sei um 8000 v. Chr. zu Ende gegangen – also etwa 5000 Jahre vor dem Beginn der Zeit, mit der sich dieses Buch im wesentlichen beschäftigt.

Während Europa noch von einem Eispanzer bedeckt war und der Neandertaler als Jäger und als Sammler pflanzlicher Nahrung ein kümmerliches Dasein führte, war ein großer Teil Nordafrikas wegen anhaltender Regenfälle noch bewohnbar. Wo sich heute eine wasserlose Wüste dehnt, gab es damals noch pflanzliche und tierische Nahrung genug, um menschliches Leben zu ermöglichen. Es läßt sich schwer sagen, was für Menschen das gewesen sein mögen, die da jagten und nach Wurzeln gruben, doch deuten einige bei Kâw el-Kebîr gefundene versteinerte Knochen darauf hin, daß sie sich der Rasse nach nicht wesentlich von denen unterschieden, die bis zur dynastischen Zeit diese Gebiete bewohnten. Als das Pleistozän seinem Ende entgegenging und der Nil sich immer tiefer eingrub, wobei sein Bett an Breite abnahm, trieb die zunehmende Austrocknung des Hochlandes Mensch und Tier immer näher an den Strom, wo die jährliche Ablagerung des fruchtbaren Nilschlamms eine intensivere und planmäßigere Feldbestellung begünstigte; so begann die als Neolithikum bezeichnete nächste Entwicklungsstufe des Menschen.

Die Vorgeschichtler sind der Ansicht, daß die Bezeichnungen Paläolithikum und Neolithikum, ganz gleich, ob man Europa, Afrika oder einen anderen Teil der Welt ins Auge faßt, ihren Zweck recht gut erfüllt haben. Diese Begriffe beziehen sich auf Entwicklungsstufen des Menschen und nicht auf absolute Zeiten: so läßt sich beispielsweise von einigen Erzeugnissen der Ureinwohner Zentral-Australiens sagen, daß sie noch dem Paläolithikum (der Altsteinzeit) angehören, während die im übrigen hochkultivierten Maoris vor kaum zwei Jahrhunderten noch auf der Stufe des Neolithikums (der Neusteinzeit) standen. Die genannten Bezeichnungen knüpfen vielmehr an die Art der benutzten Geräte an: die eine an Werkzeuge aus ungeglättetem, die andere an solche aus geglättetem Stein. Der Terminus Neolithikum hat im Lauf der Zeit allerdings insofern einen Bedeutungswandel erfahren, als er zugleich eine Kulturstufe bezeichnet, die noch keine Kupfergeräte kennt, ja, in der Kupfer überhaupt nicht verwendet wird. So, wie die (spätpaläolithische) Sébilien-Kultur in den Triebsand-Ablagerungen unter dem Nil verschwunden ist, so entzieht sich auch die neolithische Entwicklungsstufe im wahrsten Sinne des Wortes unseren Blikken. Die Zeitspanne zwischen ihrem Beginn und dem Beginn der Tasa-Badâri-Zeit, mit der unsere Darstellung ihren Fortgang nimmt, hat man auf etwa 3000 oder mehr Jahre berechnet. Während dieser Zeit nahm das Niltal seine gegenwärtige Gestalt an und hatte ein dem heutigen ähnliches Klima, während die umliegende Wüste, wie schon gesagt, allmählich unbewohnbar wurde, so daß schließlich Ägypten als eine Art riesige Oase übrigblieb, in der sich ohne Störungen von außen eine höchst individuelle Kultur ausbilden konnte.

Ehe wir uns der Betrachtung der frühesten Niederlassungen des Neolithikums in Oberägypten zuwenden, seien noch einige hauptsächlich im nördlichen Landesteil gelegene Fundstätten erwähnt, an denen sich keine Spuren der Verwendung von Metall gefunden haben. Die größte unter ihnen ist die von Merimde-Beni Salame, etwa 50 km nordwestlich von Kairo am Rande der Wüste. Hier förderten österreichische und schwedische Ausgrabungen die Reste einer dörflichen Siedlung zutage, deren Bewohner in Schilfhütten gehaust hatten, die zum Teil in den Erdboden versenkt waren. Ihr Getreide lagerten diese Leute in unmittelbarer Nähe ihrer Hütten in Vorratsspeichern aus mit Lehm bestrichenem Strohgeflecht. Daß man sich auch schon auf das Weben verstand, bezeugen Reste von Kleidungsstücken und Spinnwirteln. Schmuck kommt selten vor, doch finden sich Armringe aus Elfenbein und Halsketten aus Knochen und Muscheln. Die Töpferware, die – wie die Ware der gesamten vordynastischen Zeit – noch nicht auf der Töpferscheibe geformt wurde, ist meist grob und ohne Verzierungen. Man hat aus der Tatsache, daß die Toten nicht auf Friedhöfen, sondern zwischen, ja in den Hütten der Lebenden bestattet wurden, auf ein sehr hohes Alter dieser Funde schließen wollen. Eine Minderheit ist anderer Ansicht und weist sie einer verspäteten Kulturstufe zu, die noch zu einer Zeit blühte, da Gegenstände aus Metall in Oberägypten schon allgemein verbreitet waren. Dieser Ansicht hat man wiederum entgegengehalten, daß eine weitere Fundstätte im Norden, nämlich die von Caton Thompson nördlich der Birket Karûn freigelegte (Faijûm Neolithic A), ganz ähnliche Charakteristika zeigt: sie liegt aber so hoch über dem See, daß die Ansetzung in eine spätere Zeit sich nicht mit den anderen Kulturschichten in Übereinstimmung bringen läßt, die an dieser Stelle ebenfalls festgestellt wurden.

Mögen diese umstrittenen Fragen die Fachleute entscheiden; wir wenden uns dem Landstreifen südlich davon zwischen Asjût und Achmim zu. Hier hat G. Brunton bei Dêr Tasa und Badâri auf dem Ostufer Friedhöfe und dörfliche Siedlungen ausgegraben, die wohl nicht viel jünger sind als die von Merimde. Beide Orte liegen nur wenige Kilometer voneinander entfernt; da die Tasa-Funde völlig mit den Badâri-Funden vermischt sind, hat man gezweifelt, ob man wirklich zwei verschiedene Kulturstufen annehmen könne. Sollten die Tasa-Funde wirklich eine eigene Stufe darstellen, so wäre sie lediglich durch das gänzliche Fehlen von Metall und das primitivere Aussehen ihrer Töpferware und sonstigen Gegenstände gekennzeichnet. Die Badâri-Tonwaren zeigen eine Vollendung in der Herstellung, wie sie im gesamten Niltal nie wieder erreicht wurde; die feinere Ware ist außerordentlich dünn und mit einem Wellenmuster verziert, das später nur noch sehr selten vorkommt. Es gibt braune und rote Gefäße, beide mit und ohne Wellenmuster, deren geschmauchte Ränder und Innenseiten das hervorstechende Kennzeichen der nächstfolgenden Stufe sind. Ziemlich flache Gefäße finden sich am häufigsten, umgebogene Ränder und Henkel sind selten. Einige Löffel und Kämme aus Elfenbein wollen uns für eine so weit zurückliegende Zeit seltsam zivilisiert erscheinen, und von den drei nackten weiblichen Figürchen sind jedenfalls zwei schöner geformt als ähnliche

Stücke aus dem späteren Amratien (Nakâda I). Einige Kupferperlen und eine Kupferahle lassen es angezeigt erscheinen, diese Stufe statt mit Neolithikum mit Chalkolithikum (oder Aeneolithikum) zu bezeichnen, dem Terminus für Zeiten, in denen Kupfer und Feuerstein zu gleicher Zeit in Gebrauch waren. Nebenbei sei hier bemerkt, daß Feuerstein für kultische Geräte noch zu einer Zeit Verwendung fand, da Werkzeuge und Waffen schon längst aus Kupfer angefertigt wurden: noch bis in die 12. Dynastie versah man hölzerne Sicheln mit »Zähnen« aus Feuerstein.

Eine absolute zeitliche Festlegung dieser frühesten Stufen der ägyptischen Kultur hat man lange für ausgeschlossen gehalten, und sie wird es wohl auch bleiben, bis sich die Tauglichkeit und Nützlichkeit der neuen Radio-Karbon-Methode erwiesen hat. Solange sind wir Petrie für einen Notbehelf dankbar, der dem Außenstehenden unsicher erscheinen mag, der aber nahezu weltweite Anerkennung bei allen denen gefunden hat, die sich seiner bedient haben. Es handelt sich um das berühmte System der »Staffeldaten« (Sequence dates)[5]. Ausgehend von dem, was er für die einzig denkbare Formgeschichte der Wellenhenkelgefäße hielt – sie sah er in der Rückbildung eigentlicher Henkel zu nur noch ornamentalen Ansätzen – teilte er jeder Entwicklungsstufe eine S.D.-Zahl zu und arbeitete dann in die einzelnen Stufen andere Arten von Gegenständen ein, die man zusammen mit den entsprechenden Töpfen gefunden hatte. Schließlich gelang es ihm, durch Vergleich der S.D.-Positionen sämtlicher Grabbeigaben einer beliebigen Grabgruppe deren relative zeitliche Stellung als Gesamtheit zu bestimmen. Petrie begann seine S.D.-Zahlen bei 30 und ließ die Zahlen 1–29 für mögliche künftige Entdeckungen, die zeitlich früher anzusetzen wären, frei; die Endzahl, S.D. 77, fällt mit dem Beginn der 1. Dynastie zusammen. Die Badâri-Funde lassen sich in das System von Petries Staffeldaten nicht einfügen und erhielten deshalb die Zahlen S.D. 21 bis 29, die für eine derartige Fundgruppe freigehalten waren. In Nakâda hat man Gräber aus zwei verschiedenen Zeiten gefunden, die insbesondere ausländische Wissenschaftler als Nakâda I (S. D. 30–39) und Nakâda II

(S.D. 40–62) zu bezeichnen pflegen. Diese Bezeichnungen sind heute jedoch allgemein durch Amratien (nach einem Ort El-Amra[6] bei Abydos) und Gerzéen (nach Girza[7] im nördlichen Oberägypten) ersetzt, wo sich jeweils nur Gegenstände mit den Stilformen von einer der beiden Zeiten fanden. Das Amratien weist mehrere bemerkenswerte und nur ihm eigene Arten von Töpferwaren auf, außer der schon erwähnten, am Rande geschmauchten Ware, die am weitesten verbreitet ist. Man hat allgemein angenommen, die Schwärzung von Rand und Innenseite rühre davon her, daß die Gefäße während des Brennvorganges umgestülpt wurden, die Rötung der Außenseite erklärte man sich durch Oxydation an der frischen Luft. Experimente scheinen jedoch ergeben zu haben, daß man die Schwärzung in zwei Arbeitsgängen erreichte, so daß das gleichzeitige Vorkommen einer hochpolierten, um und um roten Ware nicht zu erstaunen braucht. Für das Amratien sehr charakteristisch ist der »weißfigurige« Stil: seine rote, polierte Ware zeigt eine gelblichweiße Bemalung. Die oft sehr hübschen geometrischen Muster bestehen aus dicht nebeneinander verlaufenden parallelen Linien oder aus einer Art Netzwerk und finden sich nicht selten zusammen mit figürlichen Darstellungen von Tieren, Menschen und Bäumen, von denen sie gelegentlich auch ganz verdrängt werden. Viel seltener sind schwarze Gefäße mit eingeritzten Verzierungen, die durch weiße Farbe hervorgehoben sind. Auch Steinvasen kommen häufig vor, nicht nur aus harten Sorten wie Granit und Basalt, sondern auch aus weicheren wie Speckstein und Alabaster. Figürchen aus Steingut und Elfenbein zeigen die Männer mit Phallustasche, die Frauen ebenfalls mit einer Schambedeckung. Höchst seltsam sind Fundstücke aus Elfenbein, manchmal flache Stücke, manchmal Stoßzähne, die in einem Männerkopf mit Spitzbart endigen; einige Frauenfigürchen weisen Tätowierungen auf, andere haben einen Fettsteiß und sind einfach häßlich. Die Rücken langzinkiger Kämme stellen Vögel oder andere Tiere dar. Weniger charakteristische Gegenstände mögen hier unerwähnt bleiben, aber auf das gelegentliche Vorkommen von Fayence sei hingewiesen. Neben Kupfer-

perlen finden sich nun auch Kupfernadeln, und einige
Beispiele für die Verwendung von Gold sind ebenfalls bekannt.

Mit dem Gerzéen macht sich ein tiefgreifender Wandel bemerkbar, der wiederum in der Töpferware höchst augenfällig in Erscheinung tritt. Statt der weißfigurigen roten Ware findet sich nun eine helle mit rotem Schmuck: mit Zickzacklinien oder Spiralen, mit vielrudrigen Schiffen, von denen jedes mit zwei Kajüten und einer Art Flaggenmast oder Standarte versehen ist, gelegentlich mit Reihen von Flamingos und Zeichnungen von Menschen oder Tieren. In der gesamten Geschichte der Töpferei gibt es keine Art, die unverwechselbarer und charakteristischer für eine bestimmte Zeit und ein bestimmtes Volk wäre. In Hierakonpolis entdeckte F. W. Green ein Grab mit Wandmalereien, die offensichtlich derselben Kulturstufe angehören[8]. Die Wellenhenkelgefäße, die für Petrie von solcher Bedeutung waren, kommen zuerst im Amratien bei S.D. 35 vor, gehören aber zum überwiegenden Teil in das Gerzéen. Für Gefäße aus Stein verwendete man nun noch prächtigere Arten, darunter Diorit und Serpentin. Ein Unterschied zwischen dem Amratien und dem Gerzéen läßt sich in der Form der Köpfe der Schlachtkeulen erkennen: während des Amratien sind sie scheibenförmig und haben sehr scharfe Kanten, während des Gerzéen zeigen sie Birnenform; die Hieroglyphen $\mathfrak{f}$ und $\mathfrak{f}$ zeigen die Verschiedenheit. Von großer Bedeutung wird die zunehmende Verwendung von Kupfer für Geräte und Waffen, aber auch für Toilettenartikel.

Gegenstände aus der Badâri-, Amratien- und Gerzéen-Stufe haben sich bei Hammâmîja nahe Badâri in verschiedenen Schichten übereinander gefunden; daraus ist klar ersichtlich, daß diese Bezeichnungen die Funde zeitlich einordnen. Aber dieselben Termini dienen zugleich zur Bezeichnung räumlicher Ausdehnungsgebiete. Alle drei Stufen lassen sich nämlich auch in Unternubien und noch weiter im Süden durch Beispiele belegen, sind aber hier später anzusetzen als in Ägypten. Außer in Nubien haben sich Reste aus der Badâri-Zeit von Hierakonpolis im Süden bis nach Mahasna, nördlich von Abydos, gefunden, Gegenstände aus dem Amratien von Armant bis Naga ed-Dêr auf dem Ostufer gegenüber von Mahasna. Die Fundstätten aus dem Gerzéen sind über ein größeres Gebiet verstreut: Girza liegt immerhin über 300 km weiter nördlich bei Meidûm. Es ginge zu weit, wenn man behaupten wollte, ganz Oberägypten habe zu irgendeiner Zeit ein völlig einheitliches Bild geboten, obwohl einer solchen Annahme an sich keine erheblichen lokalen Abweichungen widersprechen würden. Andererseits erscheint es durchaus berechtigt, die oberägyptische prädynastische Kultur der von Unterägypten gegenüberzustellen, wie sie sich in den Funden bei Merimde, im Faijûm, bei Maâdi nahe Kairo und El-Omâri bei Helwân dokumentiert, insbesondere, weil hier eine rassische Verschiedenheit erkennbar wird. Es trifft zwar zu, daß der anthropologische Befund von Merimde nicht ganz zu befriedigen vermag; trotzdem haben die Fachleute sich für berechtigt gehalten, aus ihm auf das Vorkommen eines ziemlich großen Menschentyps mit einem im Vergleich zu den Leuten im Süden erheblich größeren Schädelumfang zu schließen[9]. Letztere waren langschädelig (dolichokephalisch, nach dem wissenschaftlichen Sprachgebrauch) und eher klein als mittelgroß, außerdem lassen sich häufig negroide Züge feststellen. Von den Leuten im Norden läßt sich jedenfalls soviel mit Sicherheit sagen, daß die Bewohner Unterägyptens im wesentlichen afrikanischer Herkunft waren; und dieses afrikanische Element blieb auch trotz der fremden Einflüsse, die immer wieder auf sie einwirkten, stets erhalten.

Um noch einmal auf den zeitlichen Aspekt der drei Stufen zurückzukommen: ist es zu bedauern, daß einige Archäologen noch Bezeichnungen wie »Amaratien-« und »Gerzéen-Kultur« verwenden, Ausdrücke also, die so tiefe Einschnitte in der Kulturentwicklung anzuzeigen scheinen, daß man meinen könnte, sie seien in ihrer Bedeutung jenem zwischen der römischen und der islamischen Herrschaft über Ägypten vergleichbar. Wie auffällig die Veränderungen von einer Stufe zur anderen auch erscheinen, es ist doch mit aller Entschiedenheit auf die Kontinuität der gesamten Entwicklung hinzuweisen, wobei allerdings nicht geleugnet werden soll, daß Impulse von außen nötig gewesen sein mögen, um die Entwicklung immer wieder einen Schritt vorwärts zu bringen. Zur Verdeutlichung dieser Kontinuität seien hier zwei Belege angeführt, ein allgemeiner und ein spezieller. Während des gesamten Zeitabschnitts waren die Gräber schmale rechteckige oder ovale Mulden, in denen der Tote auf der linken Seite lag, mit fast bis in Gesichtshöhe angezogenen Knien, wobei der Kopf häufiger nach Süden als nach Norden zeigte. Mit dem Toten wurde seine liebste Habe bestattet, man gab ihm aber auch die geringeren Geräte und Werkzeuge mit, die es ihm ermöglichen sollten, im Jenseits sein gewohntes Leben fortzuführen. Der Eindruck der Einheitlichkeit dieser Bestattungssitten wird auch durch die Veränderungen nicht gestört, die sie von Zeit zu Zeit erfuhren, z. B. dadurch, daß an die Stelle der von den Badâri-Leuten zum Auslegen der Gräber verwendeten Matten Holzbretter für die Seiten und die Decke traten – eine Neuerung, die auf direktem Wege zu den Sarkophagen der dynastischen Zeit hinführte. Die Armen wurden noch zu einer Zeit mit angezogenen Beinen beerdigt, als bei den Reichen die Mumifizierung und Bestattung in prächtigen Steingräbern schon seit Jahrhunderten üblich war.

Ein noch weit eindrucksvolleres Zeugnis für die Kontinuität in der kulturellen Entwicklung stellen die flachen Paletten aus Stein dar, die man zum Anreiben der für kosmetische Zwecke und zum magischen Schutz der Augen benötigten Schminke verwendete. Solche Schminktafeln kommen schon in Dêr Tasa, aber auch in Merimde vor, an beiden Orten noch in der einfachsten, rechteckigen oder elliptischen Form; sie sind auch noch nicht, wie später üblich, aus grünlichem Schiefer gearbeitet. Aus dem Amratien stammen die frühesten Stücke jener rauten- oder eiförmigen Gestalt, die später eine so großartige Entwicklung nehmen sollte. Neben diesen kamen alle möglichen anderen phantastischen Formen auf: Nachbildungen von Fischen und Schildkröten, aber auch von Vierfüßlern, wie dem Nilpferd und der Kuhantilope. Besonderes Interesse erwecken die Paletten, deren beide obere Ecken symmetrisch mit Vogelköpfen verziert sind, weil eine symmetrische Anordnung später zum deutlichsten Kennzeichen für mesopotamischen Einfluß wurde. Gegen das Ende des Gerzéen kommen zum ersten Male flache Reliefs vor, doch bedecken sie zunächst nur einen kleinen Teil der Palettenfläche; sie haben Sinnbildcharakter und blieben bisher allen Deutungsversuchen unzugänglich. Wir haben es hier offensichtlich mit den Vorläufern der herrlichen, mit Reliefdarstellungen geschmückten Paletten zu tun, von denen sich einschließlich einiger Fragmente nur 13 erhalten haben[10]. Ihre künstlerische Ausführung, die die ganze Palette überziehenden Reliefs und die Abmessungen des größten Exemplars lassen vermuten, daß sie Weihegaben darstellten und nicht zum Gebrauch bestimmt waren. Als die ersten Stücke ans Licht kamen, bezweifelte man sogar, daß es sich bei ihnen überhaupt um ägyptische Arbeiten handele, doch zerstreute die Entdeckung zweier weiterer Paletten im Tempel von Hierakonpolis im Jahre 1897 diese Bedenken. Eine von ihnen war die Prunkschminktafel des Narmer[11], von der noch die Rede sein wird. Nun wurde klar, daß diese Schminktafeln geschichtliche Vorgänge festhalten und in die späteste vorgeschichtliche, einige wahrscheinlich sogar in frühgeschichtliche Zeit gehören. Sie zeigen als wichtigste Neuerung spärliche, aber eindeutige Beispiele der Verwendung von Hieroglyphen.

Von diesen faszinierenden Prunkschminktafeln der spätvorgeschichtlichen Zeit sei hier die sogenannte Tjehnu- (oder Städte-)Palette herausgegriffen[12], nicht weil sie in künstlerischer Hinsicht die anderen überträfe – es gibt viel schönere Stücke –, sondern weil ihr Sinngehalt klarer hervortritt. Die Oberseite zeigt sieben befestigte Rechtecke, die offensichtlich besiegte Städte darstellen, zu denen sich symbolische Wesen mit einer Hacke Zugang verschaffen. In den Rechtecken stehen Hieroglyphen, meist eine allein, die offensichtlich die Namen der Orte angeben sollten. Man hat in den Angreifern (Falke, Löwe, Skorpion usw.) ein und denselben siegreichen Anführer[13] in verschiedener Gestalt sehen wollen, doch liegt sicher die Annahme näher, daß sie verschiedene Provinzen repräsentierten, die sich zum gemeinsamen Kampf zusammengeschlossen hatten. Auffällig sind insbesondere die beiden Vogelstandarten, die die Festung in der linken unteren Ecke zerstören, die möglicherweise den späteren Gau von Koptos (den fünften oberägyptischen) repräsentiert. Auf der Rückseite ziehen Ochsen, Esel und Widder – je in einem getrennten Bildstreifen – friedlich von links nach rechts; ganz unten sind Bäume zu sehen, in denen Newberry (dem allerdings L. Keimer[14] entschieden widersprach) Oliven vermutete. Neben den Bäumen findet sich das Zeichen 𓍿, von dem Sethe richtig annahm, daß es auf das Tjehnuland[15] hinweise, die Heimat der als Tjehniu bekannten Libyer. Es läßt sich unschwer erraten, daß es sich bei dem Vieh um Beute handelte und daß die Bäume das hochgeschätzte Tjehnu-Öl spendeten.

Diese Deutung scheint unterstützt zu werden durch die nahezu vollständig erhaltene sogenannte Löwenjagdpalette[16], die freilich von der Tjehnu-Palette auch stark abweicht. Hier sind Menschen mit Bogen, Speeren, Krummhölzern und Lassos zu sehen, die erfolgreich den Tieren der Wüste nachstellen. Zwei Löwen sind von Pfeilen getroffen, eine Antilope hat sich mit dem Gehörn in einem Lasso verfangen, andere Tiere, darunter ein Strauß und ein Wüstenhase, stieben davon. Am meisten interessieren jedoch, abgesehen von zwei rätselhaften Hieroglyphenzeichen, Aufputz und Bekleidung der Menschen. Sie sind bärtig wie die besiegten Feinde auf der Narmerpalette, haben Federn im Haar und tragen am kurzen Schurz einen Tierschwanz befestigt. Der Schwanz ist an sich ein Kennzeichen des Pharaos und sonst nur von Reliefdarstellungen besiegter libyscher Häuptlinge auf einer Mauer[17] bekannt, die zum Pyramidentempel des Königs Sahurê aus der 6. Dynastie hinaufführt[18]. Eben diese Häuptlinge, die auch die Gliedtasche tragen, lassen sich über der Stirn ein eigenartiges Haarbüschel in die Höhe stehen, das den Betrachter unwillkürlich an die Uräusschlange an der Stirn des Pharaos erinnert. Waren die vorgeschichtlichen Könige Unterägyptens bzw. des westlichen Deltas etwa wirklich libyscher Herkunft? Übernahmen von ihnen die späteren Herrscher der vereinigten beiden Länder Tierschwanz und Uräusschlange, diese neben den anderen so fremd anmutenden königlichen Insignien? Doch es sind auch andere Erklärungen denkbar: es könnte zum Beispiel sein, daß Sahurês libysche Häuptlinge die ägyptischen Könige imitierten. Möglich ist auch, daß diese Eigentümlichkeiten im Aufzug gar nicht auf Libyen oder Unterägypten beschränkt, sondern in Afrika ganz allgemein weit verbreitet waren. Das ägyptische Wort für Nubier wird ebenso wie das Wort für Soldat mit dem Zeichen eines Mannes determiniert, der eine Feder auf dem Kopf hat ((𓀗)). Wir haben oben auf die Figürchen des Amratien aus Oberägypten hingewiesen, die die Gliedtasche tragen. Demnach ist alles, was wir im gegenwärtigen Zeitpunkt sagen können, daß zwischen Libyern, Ägyptern und Nubiern in bezug auf die »Tracht« eine Verwandtschaft bestand (die nicht notwendigerweise eine rassische Verwandtschaft implizieren muß), die unsere Kennzeichnung der frühesten Kultur des Niltals als eine im wesentlichen afrikanische bestätigt.

Die Löwenjagdpalette unterscheidet sich von dem Kairoer Bruchstück der Tjehnu-Palette insofern, als auf ihr die Libyer – wenn es sich überhaupt um solche handelt – gewandte Sportsleute sind und nicht besiegte Feinde. H. Ranke[19] hat für die frühe zeitliche Ansetzung dieser Palette geltend gemacht, daß ihre Figuren frei und etwas durcheinander angeordnet seien, ganz im Gegensatz zu der später bei den Ägyptern, z. B. auf dem Kairoer Fragment und der Narmerpalette, zu beobachtenden Gewohnheit, Menschen und Tiere in waagrechten Bildstreifen aufzureihen. Überzeugender als dieser Gedanke ist vielleicht Rankes Annahme, die Palette stamme aus dem Delta; dafür könnten einmal die bereits angeführten Gründe sprechen, zum anderen aber auch die Standarten, welche drei der Jäger in der Hand halten. Diese scheinen die Zeichen für »Westen« (𓋀) und »Osten« ((𓋁)) zu sein, und der stets scharfsinnige Ägyptologe Kurt Sethe[20] hat gewichtige Anhaltspunkte dafür gefunden, daß sie ursprünglich die beiden Hälften des Deltas symbolisierten. Doch was die Jagdszene als Ganzes bedeuten sollte, bleibt dunkel; Rankes kühne Hypothese, die wilden Tiere des Deltas seien zu einer Plage geworden, und Ost und West hätten sich zusammengetan, um ihr ein Ende zu bereiten, ist jedenfalls nicht akzeptabel.

Die Standarten der Löwenjagdpalette erinnern uns daran, daß wir noch eine Erklärung für die Standarten der Schiffe auf den Töpfen aus dem Gerzéen schuldig sind. Newberry hat sie zusammengestellt und darzutun versucht, daß es sich, jedenfalls bei den meisten von ihnen, um Abzeichen der Gaue oder Provinzen des Deltas handelt. Sie werden einem ähnlichen Zweck gedient haben wie unsere Nationalflaggen und sollten wohl anzeigen, welchem Gau die Schiffe gehörten. Newberrys Versuche, die Gaue zu identifizieren[21], erwiesen sich allerdings zum größten Teil als verfehlt, und so bleibt es dabei, daß wir nicht wissen, welcher Gau jeweils gemeint ist. Nicht so schwer zu deuten sind die Standarten auf einer der Prunkschminktafeln[22], in deren oberem Teil ein »starker Stier« einen am Boden liegenden Mann auf die Hörner nimmt, einen von jenen Leuten, die wir als Libyer bezeichneten. Der Stier ist der König – Ober- oder Unterägyptens oder beider Länder –, denn eben dieses Epitheton »starker Stier« begleitet stets den regierenden König. Unter dieser Szene packen Hände, die aus fünf jener Standarten herauswachsen, wie wir sie später als Gauabzeichen antreffen, einen Strick, an dem offenbar jener Gefangene befestigt war, dessen Gestalt zur Hälfte zerstört ist. Unter den Abzeichen ist am leichtesten das des Gaues von Achmîm [23], des neunten oberägyptischen, auszumachen. Was die Palette darstellen sollte, ist unschwer zu erkennen: die Niedermetzelung oder Gefangennahme unterägyptischer oder libyscher Feinde durch einen oberägyptischen Häuptling an der Spitze eines Bündnisses mehrerer Gaue.

Ähnlich ist die Thematik sämtlicher Paletten mit Kampfdarstellungen; auffällig an ihnen erscheint es, daß sie alle einen mörderischen Bruderkrieg zum Gegenstand haben und nicht einen Zusammenstoß mit Eindringlingen aus dem Osten. Nur der berühmte elfenbeinerne Messergriff von Gebel el-Arak im Louvre[24] macht hierin vielleicht eine Ausnahme: die eine Seite zeigt eine Jagd auf wilde Tiere, die andere einen Kampf. Über der Jagdszene steht ein mit einem langen Mantel bekleideter Mann so zwischen zwei Löwen, als hätte er sie gebändigt. Die Kämpfenden auf der anderen Seite, die mit Knütteln aufeinander losgehen, gleichen jenen der Schminkpaletten. Darunter befinden sich drei Bildstreifen: zunächst einer mit Schiffen, dann einer mit erschlagenen Kriegern und wieder einer mit Schiffen. In dem obersten sind die senkrechten Schiffsschnäbel und Hecks und jene halbmondgekrönten Stangen zu sehen, die für mesopotamische Arbeiten aus sehr früher Zeit kennzeichnend sind. Die Gestalt des Heros zwischen den beiden Löwen ist in ihrer Darstellungsweise echt sumerisch, sie trägt Mantel und Kopfbedeckung einer frühen babylonischen Gottheit. H. Frankfort, dessen Untersuchungen über diese fremden Einflüsse auf so treffliche Weise die Forschungen anderer ergänzten, verdanken wir eine wertvolle Übersicht über die Beziehungen zwischen beiden Kulturen[25]. Auch er war der Ansicht, daß als die Phase der babylonischen Geschichte, in der die Gemeinsamkeiten am stärksten waren, die Djemdet-Nasr-Zeit anzusehen sei, die etwa mit dem Beginn der 1. Dynastie zusammenfällt. Damals zeigten sich in Ägypten die ersten Anfänge der Hieroglyphenschrift, die sich allerdings in Mesopotamien noch etwas weiter zurückverfolgen läßt. Die Ähnlichkeiten sind unbestreitbar, doch erscheint das beiden Kulturen Gemeinsame in Babylonien als natürlich gewachsen, dem Geist und der Überlieferung Ägyptens hingegen fremd; hier verschwand es dann auch nach einigen Jahrhunderten wieder. Die gewaltigen Gräber mit reich gegliederter Umfassungsmauer aus der 1. bis 3. Dynastie haben ihr Vorbild in Mesopotamien, ebenso die Rollsiegel, deren Aufkommen in die Zeit vor der 1. Dynastie angesetzt werden muß. Die zusammengesetzten Fabeltiere, Greifen und schlangenhalsigen Raubkatzen sind unägyptisch und kommen außer auf den Prunkschminktafeln und auf Messergriffen kaum vor. Die Tiere mit verschlungenen Hälsen, z. B. auf der Narmerpalette und einigen anderen Gegenständen, sind, wenn auch ägyptisch in ihrer Ausführung, so doch in ihrer Auffassung eindeutig mesopotamisch, und genauso verhält es sich mit den antithetischen Gruppen, mit den Giraffen auf einer anderen Palette und den Löwen auf dem Messergriff von Gebel el-Arak.

Wie läßt sich dieser mesopotamische Einfluß historisch erklären? Darf man in ihm einfach ein Weiterwirken eines Druckes sehen, der möglicherweise schon im frühen Amratien eingesetzt hatte, sich nun aber sehr viel stärker bemerkbar machte? Es sollen hier nicht die sehr frühen Beziehungen zwischen der mesopotamischen Töpferware und den gleichzeitigen Erzeugnissen der vordynastischen Epoche Ägyptens erörtert werden, die neben anderen Wissenschaftlern insbesondere E. Baumgartel festgestellt hat. Wir sind der Auffassung, daß nur die Einwanderung mesopotamischer Handwerker nach Ägypten jene erstaunlichen Neuerungen in der Architektur und der Kunst überhaupt an der Schwelle zur 1. Dynastie hinreichend zu erklären vermag, von denen oben die Rede war. Handelsbeziehungen allein genügten offensichtlich nicht; andererseits ginge es zu weit, wenn man eine eigentliche Invasion annehmen wollte. Wir müssen hier frei bekennen, daß wir über diese Frage nichts Genaues wissen, und wollen auch nicht zwischen denen entscheiden, die der Ansicht sind, die Fremden seien vom Roten Meer durch das Wâdi Hammamât und über Koptos[26] gekommen, und denen, die einen nördlichen Weg von Palästina her[27] annehmen. Wir selbst vertreten die Ansicht, daß der nachgewiesene mesopotamische Einfluß völlig genügt haben würde, um den Anstoß zu der raschen Entwicklung zu geben, die in Ägypten zur Ausbildung einer höchst individuellen Kultur führte, deren Formen dann während ihres Bestehens nahezu unverändert bleiben sollten.

Überschaut man rückblickend die vordynastische Zeit als Ganzes, so erweist es sich als sehr mißlich, daß sich nicht bestimmen läßt, wie lange sie gedauert hat. Gerade dieses Unvermögen veranlaßte Petrie zur Einführung seiner Staffeldaten. Dennoch haben weder er noch andere sich von Schätzungen abhalten lassen. Die längste Dauer hat wohl Petrie selbst[28] angenommen; er setzte die Faijûm-Funde um 9000 v. Chr., die Badâri-Funde auf 7471 und Menes auf 4326 an. Die Gründe, weshalb wir das letzte Datum für verfehlt halten, haben wir bereits dargelegt. Die Schätzung der Dauer der vordynastischen Zeit auf 1000 Jahre durch den großen Ausgräber G. Reisner[29] bildet das entgegengesetzte Extrem. Die Frage ist deshalb von Bedeutung, weil mit ihr die andere zusammenhängt, welche Art von Leben in den verschiedenen Stufen möglich war. Wenn über der Wüste zu Seiten des Nils noch regelmäßig schwere Regen niedergingen, dann werden die Menschen des Neolithikums sich bis in die Tasa-Zeit eher auf den Hochflächen als im Niltal niedergelassen haben, weil sie dort besser ihr Getreide anbauen konnten. Und wie sah das Niltal selbst aus? Wie lange brauchte man, um der Überschwemmung Herr zu werden und dadurch Sumpfdickicht und Moor in ein Land mit goldenen Kornfeldern zu verwandeln? Eines steht jedenfalls fest: wir würden uns schwer täuschen, wenn wir uns das Niltal in vordynastischer Zeit auch nur so ähnlich vorstellen wollten wie es sich heute darbietet. Es glich bestimmt mehr dem heutigen Niltal im oberen Sudan mit seinen Sumpfgebieten und dem dichten Papyrusgestrüpp, in dem es von Krokodilen und allen möglichen Arten wilder Tiere wimmelt. Als man daranging, das Land trockenzulegen, wurde die Fläche des kulturfähigen Landes größer, und die Sümpfe wichen bis an den Wüstenrand zurück. Auch die Tierwelt wanderte, wie Papyrus und Lotus, allmählich nach Süden. Es fehlen uns aber die Anhaltspunkte, um diese Entwicklung Schritt für Schritt verfolgen zu können.

Manethos 1. und 2. Dynastie

Die denkwürdigen Jahre, in denen die Ägyptologen die ersten Einblicke in die vordynastische Zeit gewannen, brachten sie auch zum ersten Male mit den frühesten Dynastien in Berührung. Hier war als erster E. Amélineau tätig, ein Koptologe, der leider keinerlei Grabungserfahrungen besaß. Unterstützt von privaten Geldgebern, begann er seine Tätigkeit im Jahre 1895 bei Abydos und arbeitete in westlicher Richtung bis zu einem niedrigen Wüstenvorsprung, der wegen der unzähligen Topfscherben, die dort über die Erdoberfläche verstreut waren, als Umm el-Kaâb »Mutter der

Töpfe« bekannt ist[1]. An diesem entlegenen Platz, fast zwei Kilometer vom Kulturland entfernt, stieß er auf eine Gruppe von Schachtgräbern aus Ziegeln, von denen sich später herausstellte, daß sie den Königen der 1. und 2. Dynastie gehört hatten; er zählte insgesamt 16. Da die Königsnamen, soweit er erkennen konnte, alle zum Typus der Horusnamen (S. 51 ff) gehörten und keiner einem der Namen Manethos oder der Königslisten entsprach, zog er mit Selbstverständlichkeit den Schluß, daß es sich bei diesen bisher unbekannten Königen um jene »Horusverehrer« gehandelt haben müsse, die der Turiner Königspapyrus als die Vorläufer von Menes aufführt und die Manetho als Halbgötter oder Manen bezeichnet. Eingehendere Untersuchungen durch erfahrene Philologen erwiesen diese Annahme sehr bald als einen Irrtum. Amélineaus Ausgrabung stand unter schlechter Leitung und wurde unzureichend veröffentlicht; so ist es als ein Glück zu bezeichnen, daß Petrie 1899 die Genehmigung erhielt, das Gelände abermals gründlich zu durchforschen. Die äußerst wertvollen Ergebnisse seiner Grabungstätigkeit wurden mit beispielhafter Schnelligkeit in mehreren Bänden des Egypt Exploration Fund veröffentlicht. Es zeigte sich, daß der Friedhof schon stark verwüstet gewesen war; Amélineau hatte das Durcheinander nur verschlimmert. Schon die Kopten des 5. und 6. Jahrhunderts hatten die hölzernen Futter der Gräber verbrannt, die Grabbeigaben zerstört und die Bruchstücke im weiten Umkreis verstreut. Trotz dieser ungünstigen Verhältnisse konnte Petrie nicht nur die Gräber aufnehmen, er fand auch eine große Menge wertvoller Objekte, darunter beschriftete Steingefäße, Krugverschlüsse mit Siegelabdrücken, Täfelchen aus Ebenholz und Elfenbein und mehrere herrlich gemeißelte Stelen von stattlicher Größe.

Inzwischen hatten sich die Ägyptologen über die von Amélineau aufgefundenen Inschriften hergemacht. Griffith in England[2] und Sethe in Deutschland gehörten zu den ersten, die in ihnen Überreste aus Manethos 1. und 2. Dynastie erkannten. Ein bahnbrechender Aufsatz Sethes[3] lenkte 1897 die Aufmerksamkeit insbesondere auf die Tatsache, daß in einigen Fällen der Horusname des Königs von einem anderen

Namen begleitet war, dem der Titel »König von Ober- und Unterägypten« oder dieser und der Titel der beiden Herrinnen (S. 51 ff.) voranging, und daß diese zweiten Namen denen der Königslisten der Ramessidenzeit und denen Manethos entsprachen. Natürlich hatten diese Namen im Laufe der Zeit Veränderungen durchgemacht, doch ließen sich diese unschwer erklären. So konnte man Manethos Namen für den fünften König der 1. Dynastie Usaphais auf eine Hieroglyphengruppe zurückführen, die wahrscheinlich als Zemti zu lesen ist, während die hieroglyphische Schreibung von Manethos sechstem König Miebis einwandfrei Merpibia war. Manethos siebenter König, Semempses, erscheint in Umm el-Kaâb als Priester mit einem Stab in der Hand und in der Liste von Abydos mit einem Zepter[4], während der achte und letzte König der Dynastie mit dem Horusnamen (und gelegentlich auch dem Geburtsnamen) Ka sich in der Abydos-Liste und dem Turiner Königspapyrus auf den ersten Blick erkennbar hinter einem König Kebh verbirgt. Einige Jahre später entdeckte Steingefäße mit Einritzungen bestätigten die Reihenfolge dieser vier Könige[5].

In diesem Zusammenhang sei bemerkt, daß die Umschreibung von Hieroglyphenzeichen aus frühgeschichtlicher Zeit große Schwierigkeiten bereitet, so daß die Namen unter den Ägyptologen ganz verschieden wiedergegeben werden, wie sich bei zwei Horusnamen der 1. Dynastie zeigt. So setzte der – von Petrie Zet gelesene – Name des vierten Königs offensichtlich seinen Träger mit der Schlangengöttin gleich, deren Name aber wohl eher Edjo als Uadji lautete, wie manche ihn lesen. Wenn hier andererseits bei dem fünften König Petries Lösung Den Sethes weithin anerkannter Umschreibung Udimu »der Wasser-Spendende« vorgezogen wird, so deshalb, weil Sethes Lesung höchst gewagt erscheint, und man wohl besser für die beiden alphabetischen Zeichen, mit denen der Name geschrieben ist, den gebräuchlichen Lautwert beibehält.

Die Probleme, die mit den ersten vier Königen der 1. Dynastie (mit Menes an der Spitze) verbunden sind, lassen sich weniger leicht lösen und erfordern eine Betrachtung in einem größeren Zusammenhang, als dies bei den letzten vier erforderlich war. Es sei deshalb hier ein kurzer Überblick über die Ausgrabungen eingeschoben, die Petries entscheidenden Entdeckungen bei Abydos vorangegangen waren. Im Jahre 1897 hatte Petries Mitarbeiter J. E. Quibell bei Elkâb gegraben, einem wichtigen Platz auf dem Ostufer nördlich von Edfu. Dessen Ortsgottheit war die Geiergöttin Nechbet, die zusammen mit der Schlangengöttin Edjo (Uadjet) von Buto im Delta den »Die-beiden-Herrinnen«-Titel des Pharaos bildete. Angesichts des hohen Alters dieses Titels glaubte man bei Elkâb wichtige Funde erhoffen zu dürfen, doch die Ergebnisse von Quibells Grabungen waren enttäuschend. Um so mehr überraschte deshalb der Erfolg, der ihm im nächsten Jahr bei Kôm el-Ahmar, fast genau gegenüber auf dem anderen Nilufer, beschieden war. Man wußte, daß an diesem Ort das alte Nechen gelegen hatte, das in bestimmten Beamtentiteln des Alten Reiches vorkommt und das die Griechen wegen seines Hauptgottes Horus Hierakonpolis nannten. Den wertvollsten Fund stellte die berühmte, im letzten Kapitel bereits mehrfach erwähnte Schieferpalette des Narmer dar. Es gehörte kein großer Scharfsinn dazu, um in diesem Objekt ein sicheres Verbindungsstück zwischen der spätvordynastischen und der frühdynastischen Zeit zu erkennen: Material, Art und Gegenstand der Darstellung wiesen diese Prunkschminktafel als das späteste Stück in der Reihe der Paletten aus, die dem Leser nun schon vertraut sind. Auch sollte sich der Horusname Narmer bald in Umm el-Kaâb finden.

Ehe wir uns eingehender mit Narmer (die Lesung ist nicht völlig gesichert[6]) beschäftigen, müssen wir noch kurz bei einem älteren König verweilen, den wir wegen des Fehlens eines jeden phonetischen Äquivalents einfach König »Skorpion« nennen. Abgesehen von seinem – schwer zu deutenden – Vorkommen auf einem Gefäß von Tura[7], auf einem Elfenbeinstück von Umm el-Kaâb[8] und möglicherweise auch auf der sogenannten Tjehnu-Palette, sind die einzigen Überreste von ihm Weihgaben, die sich im Tempel von Hierakonpolis gefunden haben; deren eindrucksvollste ist ein großer, zerbrochener Keulenkopf aus hartem Kalkstein mit Darstellungen in erhabenem Relief. Die Hauptszene bildet, wie auf den meisten ähnlichen Denkmälern der 1. Dynastie, eine zeremonielle Handlung: der König steht in der Mitte und hält mit beiden Händen eine Hacke. Er ist mit einem über der linken Schulter zusammengehaltenen Gewand bekleidet, am Gürtel ist der Ochsenschwanz befestigt, das übliche Attribut der Königswürde. Auf dem Haupt trägt er die ⌀ Krone Oberägyptens. Für den Historiker von besonderem Interesse sind die Darstellungen in dem Bildstreifen darüber. Hier ist

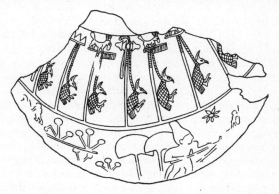

Abb. 12. »Die Gaue nehmen die Kiebi ze gefangen«

eine Reihe von Feldstandarten zu sehen, die von den Abzeichen verschiedener Gaue oder Provinzen gekrönt sind; unter ihnen finden sich der Donnerkeil des Min und das Sethtier. Von jeder Standarte hängt an einem Strick um den Hals ein toter oder verendender Kiebitz ⚘ (Abb. 12). In entgegengesetzter Richtung sind Standarten aufgereiht, an denen Bogen (befestigt sind, doch ist von ihnen nur eine vollständig erhalten. Was die Szene ungefähr bedeuten soll, ist klar: der König Skorpion rühmt sich seiner Siege über die »Neun Bogen«, die Völker an den Grenzen Ägyptens, und über einen später häufig erwähnten Teil der ägyptischen Bevölkerung, die Ercheye oder »Kiebitz-Leute«, die zahlreiche

Ägyptologen für die unterworfenen Bewohner des Deltas halten. Dabei ist es bezeichnend, daß der König Skorpion trotz seiner zahlreichen Siege keinen Anspruch darauf erhob, als der König eines vereinigten Ägyptens zu gelten. Dieser Ruhm gebührt Narmer, der auf der Vorderseite seiner Palette die weiße Krone ⟨ Oberägyptens und auf der Rückseite (wie auf einem fast ebenso wichtigen Keulenkopf) die rote Krone ⟨ Unterägyptens trägt – offenbar als erster ägyptischer Herrscher. Und eben diese Tatsache ist es auch, die die Meinung rechtfertigt, Narmer sei kein anderer gewesen als Menes selbst. Wir brauchen nicht lange bei den Szenen zu verweilen, die sich zum größten Teil selbst erklären, doch zwei Eigentümlichkeiten der Palette sind zu interessant, als daß wir sie hier übergehen könnten. Rechts von König Narmer, der einen Arm erhebt, um einem Feind den Kopf zu zerschmettern, den er am Schopf gepackt hält, befindet sich ein zu einer rätselhaften Gruppe zusammengefaßtes »Schrift-Bild«. Es ist klar, daß die des Schreibens Kundigen noch nicht ganze Sätze zu schreiben vermochten: das Äußerste, was sie leisten konnten, war, ein Bildgefüge hinzustellen, das der Betrachter dann in Worte umsetzen mußte. Der Horusfalke ist offenbar der König, der Strick, den der Falke in der Hand hält und der an dem Kopf eines bärtigen Feindes befestigt ist, bedarf keiner Erklärung. Der kissenähnliche Gegenstand, aus dem der Kopf des Feindes herauswächst, bedeutet wohl sein Heimatland, und die sechs Papyruspflanzen, die aus ihm hervorsprießen, werden heute allgemein für eine Versinnbildlichung Unterägyptens gehalten, dessen Symbol die Papyruspflanze war. Das ganze Bild will demnach sagen: »Der Falkengott Horus (= Narmer) führt die Bewohner des Papyruslandes in die Gefangenschaft«. Man wird deshalb die Szene in der Mitte der Rückseite als eine symbolische Darstellung der Vereinigung der beiden Hälften Ägyptens verstehen dürfen. Jede der zwei langhalsigen Raubkatzen wird, wie es scheint, von einem bärtigen Mann davon zurückgehalten, daß sie auf die andere losgeht. Darüber ist Narmer als König Unterägyptens zu sehen, wie er die Ergebnisse seines Sieges in Augenschein nimmt: die Standarten seiner Verbündeten ihm werden vorangetragen; außerdem ist da ein Schiff, das ihn vielleicht an die Stätte gebracht hat, wo die enthaupteten Feinde noch liegen. So darf man in dieser herrlich entworfenen und ausgeführten Weihpalette mit Recht ein Denkmal gerade jenes

Abb. 13. Rollsiegelabdruck, vermutlich des Menes (ergänzt)

Abb. 14. Täfelchen mit dem Namen des Menes (ergänzt)

Geschehens sehen, auf das der Ruhm von Menes als dem Begründer des pharaonischen Königtums zurückging.

Dennoch bleibt die Identität des Menes Gegenstand gelehrten Streits; es mag deshalb durchaus nützlich sein, einen Überblick über die Meinungen zu geben, die zu dieser Frage geäußert worden sind. Unter den in Umm el-Kaâb gefundenen Siegelabdrücken der Krugverschlüsse befinden sich auf einem die Zeichen ⚏ mn unmittelbar hinter dem Horusnamen Narmer, ohne daß ihnen ein Titel vorangeht[9]: darin hat man einen Beweis dafür sehen wollen, daß Narmer und Menes identisch waren. Auf Grund ähnlicher Erwägungen setzte man die Könige Horus Djer und Horus Edjo (Djet, König Schlange, Petries König Zet) mit den in der Liste von Abydos Iti und Ita genannten Königen gleich. Unglücklicherweise würde uns aber, worauf Griffith und Sethe hingewiesen haben, dieselbe Argumentation für Horus Aha zwei verschiedene Namen liefern, von denen keiner in den Königslisten vorkommt; es gibt darüber hinaus noch andere Einwände ähnlicher Art. Also ist dies Kriterium unbrauchbar, was aber natürlich nicht bedeutet, daß Narmer nicht möglicherweise doch Menes gewesen ist.

Von weit größerem Interesse ist das als Abb. 14[10] wiedergegebene Elfenbeintäfelchen. Es wurde von de Morgan im Jahre 1897 in einem gewaltigen Grab mit reichgegliederter Umfassungsmauer bei Nakâda gefunden, an dem Platz also,

Abb. 15. Reich gegliederte Umfassungsmauer des großen Grabes von Nakâda

an dem vor ihm Petrie seine vorgeschichtlichen Funde gemacht hatte. Wozu dies Täfelchen diente, ist nicht zweifelhaft: Wir haben es mit einem Etikett zu tun, das den Zeitpunkt der Füllung und den Inhalt eines Gefäßes oder Behältnisses angeben sollte, an dem es befestigt war. In dem obersten Bildstreifen befindet sich rechts von der Mitte der Horusname des Königs Aha (»der Kämpfer«), der auch auf Krugsiegeln aus diesem Grab und an verschiedenen anderen Stellen vorkommt. Hinter dem Serech (S. 53) ist das Schiff zu sehen, von dem man wohl annahm, daß der König in ihm gefahren sei; vor ihm schließt eine Art Laube oder Pavillon eine Gruppe von Hieroglyphen ein, und auf eben diese Gruppe konzentrierte sich der Meinungsstreit unter den Ägyptologen. Es kann gar keine Frage sein, daß Geier und Schlange über zwei korbähnlichen Zeichen den Die-beiden-Herrinnen-Titel bilden, der, wie wir sahen, bei den Königen der 1. Dynastie oft dem Geburtsnamen voranzugehen pflegte. Es wäre auch sinnlos, bestreiten zu wollen, wie dies verschiedene Wissenschaftler getan haben, daß das Hieroglyphenzeichen darunter das Brettspiel ⚏ mit der Lesung mn darstellt, und ebenso, daß es den Geburtsnamen des Königs Menes wiedergibt. Diesen auf der Hand liegenden Sachverhalt erkannte als erster L. Borchardt, doch zog er aus ihm leider den voreiligen Schluß, Aha und Menes seien identisch, eine Ansicht, der sich auch Sethe anschloß. Man kam deshalb zu dem Ergebnis, daß man es bei dem Grab von Nakâda mit dem Grab von Menes selbst zu tun habe. Gegen diese Deutung lassen sich zwei gewichtige Einwände geltend machen: einmal übersieht sie den pavillonähnlichen Aufbau, in den der Name des Menes geschrieben ist, zum anderen läßt sie die Tatsache außer acht, daß die Hieroglyphen des Die-beiden-Herrinnen-Titels hier nach rechts schauen, während sonst nach allgemein bindender Regel die Zeichen des Horusnamens und des Geburtsnamens des Königs so angeordnet wurden, daß sie gegeneinander blickten. Bedenkt man außer diesen Einwänden noch, daß dieser oberste Bildstreifen die Aufgabe hatte, ein hervorstechendes Ereignis festzuhalten, an dem man sich das Jahr der Anfertigung des Täfelchens merken konnte, so muß man zu dem Schluß kommen, daß hier Aha bei dem Besuch einer Stätte abgebildet ist, die eine Beziehung zu Menes hatte. Das Verdienst, diese Gesichtspunkte hervorgehoben zu haben, kommt Grdseloff[11] zu, der dabei einer Anregung Newberrys folgte. Er verwies scharfsinnig auf eine Stelle in den Pyramidentexten, wo von dem König die Rede ist, wie er jene provisorischen Bauten errichtet, die für das königliche Begräbnis benötigt wurden: an dieser Stelle wird möglicherweise gerade jene Zeremonie beschrieben, die auf dem Täfelchen abgebildet ist. Wenn wir demnach hier auch keinen Beweis dafür vor uns haben, daß Narmer Menes war, so gewinnen wir doch wenigstens die Gewißheit, daß Menes nicht Aha war, daß er vielmehr dessen Vorgänger gewesen sein muß. Es handelt sich deshalb mit Sicherheit auf dem Täfelchen entweder um Narmer oder um Aha, deren Horusnamen beide die Besonderheit aufweisen, daß der Falke in geduckter Haltung und gewöhnlich auf einer gekrümmten, bootsähnlichen Gegenstand hockt, während bei den späteren Königen der 1. Dynastie der Falke aufrecht auf dem oben nicht gewölbten Serech sitzt. Gegen die Identität von Aha und Menes spricht ferner, daß man, wenn sie identisch wären, erwarten müßte, Aha in Hierakonpolis erwähnt zu finden, während sich von ihm dort keine Spuren haben entdecken lassen. Nur nebenbei sei hier ein geheimnisvoller König Ka erwähnt, dessen Horusname in Umm el-Kaâb und an einigen anderen Plätzen vorkommt und in der gerade erwähnten archaischen Art und Weise geschrieben ist.

Die Einmütigkeit, mit der alle späteren Gewährsleute Menes für den ersten Pharao erklären, erfährt eine Bekräftigung durch den berühmten »Palermostein« (S. 65 f.). Die oberste Reihe seiner Vorderseite bietet nur die ziemlich phantastisch geschriebenen Namen einer Folge von Königen, über die der Annalist sonst nichts zu berichten weiß. Es kann nicht bezweifelt werden, daß die zweite Reihe mit Menes begann, obwohl gerade das Stück, auf dem er genannt war, verloren ist. Der Rückschluß aus der Art, wie die beiden anderen auf dem großen Kairoer Fragment genannten Könige der 1. Dynastie aufgeführt sind, läßt es als so gut wie sicher erscheinen, daß sich von Menes sowohl der Horusname wie der Geburtsname an jener Stelle gefunden hätten, vermutlich sogar begleitet von dem Namen seiner Mutter. Die Jahresfelder unter dieser Überschrift werden bei jedem Jahr seiner Regierung das vermerkt haben, was man als das hervorstechende Ereignis ansah; dabei war allerdings der Chronist bei einer so weit zurückliegenden Zeit wohl auf seine Erfindungsgabe angewiesen. Wir wüßten natürlich gern, ob die Einigung der beiden Länder ausdrücklich erwähnt war; auf jeden Fall stellte sie die überragende Leistung dar und bezeichnete in den Augen der Ägypter den Beginn der Geschichte der Menschheit. Eine Erinnerung an dieses Ereignis findet sich in den Worten »Einigung von Ober- und Unterägypten; Umschreitung der Mauer(n)«, mit denen auf dem Palermostein wie an anderen Stellen das erste Jahr jedes Königs bezeichnet wird; sie weisen offensichtlich auf die Zeremonie hin, die ihn als Abkömmling des Begründers seiner Dynastie legitimierte. Die Mauern, von denen hier die Rede ist, werden die von Memphis gewesen sein, dessen Gründung von Herodot (II, 99) und, etwas undeutlich, von Diodor (I, 50) Menes zugeschrieben wird. Auch der Stein von Rosette spricht im Zusammenhang mit Memphis von den Zeremonien, die der König bei der Übernahme seines hohen Amtes dort zu vollziehen pflegte. So muß die Verlegung der königlichen Residenz von irgendeinem Ort im Süden an diesen geographisch so günstigen Punkt an der Spitze des Deltas als eine unmittelbare Folge der Errichtung des Doppelkönigtums gesehen werden. Die anderen großen Leistungen, die Menes von Herodot zugeschrieben werden, hat Sethe mit großem Scharfsinn behandelt: es sind dies die Schaffung eines gewaltigen Dammes, der Memphis vor der Überflutung durch den Nil schützen sollte, und die Erbauung des Ptah-Tempels südlich der befestigten Mauern. Letztere bestätigt eine Palette aus der 19. Dynastie, die den »Ptah des Menes« erwähnt[12]. Weitere Taten, die Menes mit Memphis verbinden, übergehen wir hier.

Die Bedeutung dieser großen Stadt während der 1. Dynastie zeigten sehr eindrucksvoll die Grabungen am Rande der westlichen Wüste etwa 5 km weiter nördlich. W. B. Emery hat dort seit 1935 eine lange Reihe von Ziegelmastabas freigelegt, die sich von denen, die Petrie in Abydos entdeckt hatte, durch ihre stärkere Raumgliederung unterscheiden; sie sind auch durchschnittlich fast doppelt so groß wie jene. Ihre Anlage, wie sie in den Grundrissen erkennbar wird, und die in ihnen gefundenen beschrifteten Gegenstände weisen alle diese Gräber als zur 1. Dynastie gehörig aus; die älteste Datierung stammt aus der Regierungszeit des Aha. Eine rasche Entwicklung läßt sich erkennen, bei der jedoch die wesentlichen Eigentümlichkeiten unverändert erhalten blieben. Eine große, rechteckige Umfassungsmauer aus Ziegeln mit der charakteristischen reichen Wandgliederung der Palastfassade (Abb. 15) an der Außenseite umschließt eine Reihe rechteckiger Magazine, die symmetrisch um eine doppelt so große Grabkammer angeordnet sind; diese wird im Laufe der Zeit immer tiefer in den Boden gesenkt und ist dann über eine Treppe zu erreichen, die an oder dicht bei der Umfassungsmauer beginnt. In den frühesten Mastabas sind die einzelnen Kammern untereinander nicht verbunden, so daß die Vorräte in ihnen eingelagert worden sein müssen, ehe der Oberbau aufgeführt wurde. Schließlich verschwinden diese Abteilungen ganz und machen einer einzigen Grabkammer Platz, die an Größe stark zugenommen hat[13]. Hölzerne Fußböden und Bedachungen finden sich, auch Stein wird in geringem Umfang verwendet. Die Wände sind gelegentlich mit geometrischen Mustern bemalt.

Für den Historiker von großer Bedeutung ist die Gleichartigkeit der Funde in den beiden Landeshälften. In der Architektur bestehen allerdings zwischen Nord und Süd gewisse Unterschiede, als deren wichtigster vielleicht das Fehlen der von der Palastfassade übernommenen reichen Wandgliederung in Abydos anzuführen wäre; dies erscheint umso bemerkenswerter, als sie an dem großen Grab von Nakâda vorhanden ist. In beiden Landesteilen zeigen sich von Grab zu Grab zahlreiche Verschiedenheiten. Was aber den archäologischen Befund im übrigen anbetrifft, so kommt die Ähnlichkeit fast völliger Identität gleich. Dies gilt ebenso

für den Hausrat, die Steingefäße, die Werkzeuge und die
Täfelchen oder Etiketten, die zur Datierung benutzt wurden.
Bei den Siegelabdrücken auf den Krugverschlüssen fällt die
Ähnlichkeit besonders auf: sowohl in Memphis wie in
Abydos kommen dieselben Muster und dieselben Hieroglyphen-Verbindungen vor. Ein überzeugenderer Beweis für
die Einheit des Landes läßt sich überhaupt nicht denken.
Auch für in beiden Landesteilen gleiche Bräuche, die auf eine
Bestätigung der Beziehungen zu der mesopotamischen Kultur
hinauslaufen, die im letzten Kapitel hervorgehoben wurden,
gibt es Zeugnisse.

Viele der großen Gräber sind umgeben von langen Reihen
kleiner Grabkammern, die alle aneinander angrenzen: ihr Inhalt
bezeugt, daß hier Diener oder andere Lebewesen zum Opfer
gebracht worden waren, um ihren Herrn in das Jenseits zu begleiten. In einem von Emerys Gräbern in Sakkara-Nord, das
(zu Recht?) einer Königin Merit-Neith zugeschrieben wird,
fanden sich zahlreiche Skelette Erwachsener, alle in derselben
Haltung mit angezogenen Beinen und alle nach derselben
Richtung blickend. Was ihr Entdecker dazu sagt, ist wert,
hier wörtlich mitgeteilt zu werden[14]: »Keine Spur einer Verletzung fand sich an den Knochenresten, auch ließ die Lage
der Skelette in keinem Falle auf eine Körperbewegung nach
der Bestattung schließen. Es erscheint deshalb als wahrscheinlich, daß diese Leute bereits tot waren, als sie beigesetzt
wurden; es gibt keinerlei Anhaltspunkte dafür, daß sie lebend
bestattet worden wären. Daß jede Spur einer Verletzung fehlt,
legt die Vermutung nahe, daß man sie vor der Bestattung
durch Gift getötet hatte.«

Emery meint an anderer Stelle, einige der in diesen unversehrten Gräbern gefundenen Gegenstände deuteten darauf
hin, daß es schon ausgeprägte Berufe gegeben habe und führt
als Beispiel dafür an, daß sich in einem Grab Modellboote
fanden und in einem anderen ein kupferner Meißel in einer
Alabastervase. In Abydos enthalten die entsprechenden
Nebengräber rohe Stelen mit den Namen der Toten, bei
denen manchmal noch Hieroglyphenzeichen das Geschlecht
angeben oder den Stand oder dergleichen. Zahlreich sind

die Gräber von Frauen, deren einige Kriegsgefangene waren. Mehrere Zwerge finden sich, auch einige Hunde. Daß auf Rollsiegeln häufig ein Titel vorkommt, scheint darauf hinzudeuten, daß mancher Tote nicht zum einfachen Gesinde gehörte, und in einem Falle[15] – für den sich unter Emerys Funden noch ein eindrucksvolleres Gegenstück findet[16] – trägt eine stattliche Stele Titel, die ganz offensichtlich einer Persönlichkeit von sehr hoher Stellung gehörten.

Angesichts der Tatsache, daß wir solche Kenntnisse über Leute besitzen, die doch bestenfalls Untergebene waren, ist es um so schmerzlicher, daß wir über die, deren Verherrlichung ihr Leben geweiht war, nichts Genaues wissen. Da ist nicht eine unter den Grabkammern im Innern der großen Mastabas, die nicht des einst in ihr bestatteten Toten beraubt wäre; nur Verschlußsiegel von Krügen und Einritzungen auf Gefäßen und dergleichen sind uns als Grundlage für unsere Vermutungen geblieben. So hochinteressant die Entdeckungen Emerys waren, sie haben auch große Verwirrung gestiftet. Die Grabungsergebnisse von Abydos hatten nämlich die Ausgräber zu der Überzeugung gebracht, sie hätten es mit den wirklichen Grabstätten der ältesten Pharaonen zu tun, und Manethos Feststellung, die 1. und 2. Dynastie sei thinitischen Ursprungs gewesen, schien diese Ansicht zu unterstützen, lag doch die ägyptische Stadt Tjene in der unmittelbaren Nachbarschaft von Abydos. Nun ließ die Tatsache, daß die Gräber von Memphis viel größer und prächtiger waren, den Verdacht aufkommen, sie seien die eigentlichen Ruhestätten der Könige jener Zeit gewesen. Die Sachlage wurde dadurch weiter kompliziert, daß es aus dieser Zeit auch in Tarchân (einige Kilometer südlich von Lischt) und weiter nördlich bei Abu Rawâsch vereinzelte nicht weniger eindrucksvolle Mastabas gibt. Sollten sie wirklich nur die Gräber hoher Adliger gewesen sein, wo sie doch an Pracht die Gräber der Herrscher übertrafen, deren Vasallen diese Leute waren? Diese Frage drängt sich einem zum Beispiel sofort beim Anblick einer gewaltigen »Mastaba mit Palastfassade« in Sakkara-Nord auf, die als erste einer ganzen Reihe entdeckt wurde. Emery hat sie auf Grund zahlreicher dort gefundener Krugsiegel einem Gauverwalter Hemaka zugewiesen, doch tritt König Horus Den, der fünfte Herrscher der 1. Dynastie, auf diesen Siegelabdrücken nicht weniger hervor, die auch noch einen »Siegelbewahrer des Königs von Unterägypten« erwähnen, dessen Name mit dem Namen der Göttin Neith gebildet ist. Nun findet sich Hemaka in Verbindung mit König Den in Abydos wieder: daran, daß er eine wichtige Stellung innehatte, kann also gar kein Zweifel bestehen, doch sei hier ein für allemal gesagt, daß Siegelabdrücke auf Krugverschlüssen als Beweis für die Zugehörigkeit eines Grabes zu einer bestimmten Person so gut wie untauglich sind, wenn sie auch in den häufigen Fällen, wo sie den Namen des Königs angeben, einen guten Anhaltspunkt für die Datierung darstellen. Zur Verdeutlichung sei an das Grab von Nakâda erinnert, in dem das Täfelchen des Menes gefunden wurde (S. 450 f.). Dies Grab ist zwar nur um ein geringes kleiner als das dem Hemaka zugeschriebene, aber dreimal so groß wie das größte der angeblichen Königsgräber in Abydos. Jenes abydenische Grab, das Petrie mit Bedenken König Aha zuschrieb, besteht nur aus einer einzigen bescheidenen Kammer und kann kaum das seine gewesen sein. In Nakâda finden sich die Siegelabdrücke des Horus Aha häufig; manchmal steht das Serech für sich allein, manchmal ist es von den Hieroglyphen für ḥt oder von drei einander gleichenden Vögeln begleitet. Weil diese Vögel auch auf mehreren Steingefäßen allein vorkommen, hat man sie für den Namen des Beamten halten wollen, dem das Grab gehörte. Es gibt aber zwei Personen, bei denen die Wahrscheinlichkeit viel größer ist, daß das Grab das ihre war: einmal Aha selbst, zum anderen eine Königin Neith-hotep. Der Name dieser Königin ist auf höchst interessante Weise geschrieben: der Namensbestandteil hotep steht in einem Serech, das von zwei gekreuzten Pfeilen gekrönt ist: dies ist die archaische Schreibung des Namens der Neith, der Göttin der unterägyptischen Stadt Sais (Abb. 16). Wir erkennen hier eine genaue Analogie zu dem Horustitel des Königs, und wenn sowohl in Abydos wie in Sakkara der Name einer anderen Königin oder Prinzessin Merit-Neith vorkommt und ferner in Abydos der

Name der Neith in den Namen einiger der geopferten Sklavinnen auftaucht, so hat die Vermutung einiges für sich, daß der Erobererkönig aus Oberägypten aus staatspolitischen Gründen königliche Damen aus Sais geheiratet habe; mit Sicherheit ist anzunehmen, daß sich in der Begleitung der zukünftigen Königin weitere Frauen als Konkubinen befanden. Es erscheint deshalb durchaus nicht unwahrscheinlich, daß das Grab von Nakâda das der Gemahlin des Aha war, wenn wir auch keine rechte Erklärung dafür zu geben vermögen, weshalb sie an diesem entlegenen Ort bestattet wurde. Die Annahme, es handele sich bei dem Grab um das des Aha selbst, wie man zuerst meinte, als man noch Aha für Menes

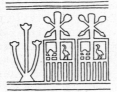

Abb. 16.

Serech der Königin Hetep

hielt, wurde durch Emerys Entdeckung einer gewaltigen Mastaba bei Sakkara höchst unwahrscheinlich gemacht, in der die Siegelabdrücke fast alle den Namen des Horus Aha zeigten, entweder allein oder in Verbindung mit den bereits erwähnten Zeichen für ḥt oder sogar mit Hieroglyphen, die so aussehen, als müßte man sie »Sohn der Isis« lesen; es wäre allerdings erstaunlich, wenn der Name der Gemahlin des Osiris sich wirklich schon zu so früher Zeit genannt finden sollte. Es ist daher sehr wahrscheinlich, daß das Grab von Sakkara wirklich König Aha gehörte.

Wir haben uns mit den drei Gräbern, die man für Ahas Ruhestätte gehalten hat, nur deshalb so ausführlich befaßt, weil wir an diesem Beispiel zeigen wollten, mit welchen Schwierigkeiten ihre Ausgräber uns konfrontiert haben. Emery konnte bei seinen höchst erfolgreichen Grabungen nicht weniger als vierzehn große Mastabas mit reicher Außengliederung nach Art der Palastfassade freilegen, die sich in einer Kette am Rande des Steilabfalls der Wüste hinziehen; in ihnen allen haben Siegelabdrücke von Königen der 1. Dynastie auf den Krugverschlüssen die Datierung im groben ermöglicht. Außer Narmer fehlt nur Semempses, und dieser regierte, wie sich aus dem Kairoer Fragment des Palermosteins ergibt, nur neun Jahre. Emery ist davon überzeugt, die wirklichen Gräber der sechs auf Aha folgenden Könige der 1. Dynastie gefunden zu haben; und da Menes vermutlich aus dem Süden kam und Memphis zu seiner Hauptstadt machte, kommt Emerys Annahme schon ein hoher Wahrscheinlichkeitsgrad zu. Allerdings findet sich Djer in zwei und Den in vier oder sogar fünf Gräbern genannt, während das große, als Gise V bekannte Grab[17] fast ebensogut wie das Grab Sakkara Nr. 3504 Anspruch darauf erheben könnte, das des Königs Schlange (Djet, Edjo) gewesen zu sein. Von zwei Gräbern hat man vielleicht zu Recht angenommen, daß sie Königinnen gehörten, und es ist am Ende doch möglich, daß das dem Hemaka zugeschriebene Grab wirklich das seine war; dasselbe mag von einem dem Magnaten Sabu unter König Andjyeb[18] zugeschriebenen Grab gelten, trifft dagegen sicher nicht zu bei dem Fürsten Merka aus der Zeit von König Ka[19]. Doch besteht bei keinem der vierzehn Gräber absolute Sicherheit. Auch behaupten noch immer Ägyptologen, Abydos sei die wirkliche Königsnekropole gewesen; sie können zum Beweise dafür auf die herrlichen Stelen aus Stein hinweisen, die vor den großen Grabkammern standen und von denen die des Königs Schlange im Louvre die schönste ist. Die Ägypter späterer Jahrhunderte scheinen selbst geglaubt zu haben, ihre ältesten Könige seien hier bestattet worden, denn sie stellten in das abydenische Grab des Königs Djer einen gewaltigen Sarkophag, auf dem die Statue des Gottes Osiris ruht, mit dem ja jeder tote Pharao identifiziert wurde[20]. Emery vertrat die Ansicht – und für sie läßt sich gewiß manches vorbringen – die abydenischen Gräber seien Scheingräber gewesen: jeder Pharao mußte ja ein Grab als König von Ober- und von Unterägypten besitzen.

Daß ein ägyptischer König sich zwei gewaltige Pyramiden und sogar dicht nebeneinander errichten konnte, sahen wir bereits bei Snofru (S. 82); wegen eines geschriebenen Zeugnisses für das Vorhandensein von Scheingräbern sei an das über Königin Tetischeri Gesagte (S. 189f.) erinnert.

Unter denen, die Emerys Ansicht skeptisch gegenüberstanden, ist vor allem H. Kees zu nennen. Er hat durch eine Buchbesprechung[21] in erheblichem Maße zu der Erkenntnis beigetragen, daß sich bei den Mastabas die Größe nicht als Kriterium bei der Suche nach der Antwort auf die Frage verwerten läßt, ob sie die Gräber von Königen waren oder nicht; er hat ferner dargetan, daß sich aus dem Vorhandensein oder dem Fehlen von Nebengräbern, den Ruhestätten der zum Opfer gebrachten Untertanen, nichts ableiten läßt, und insbesondere darauf hingewiesen, daß es auch an anderen Orten Gräber gibt, die denen von Sakkara in Anlage und Volumen gleichen. Es ist begreiflich, daß die Entdeckung von unten um die Sakkara-Gräber herumlaufenden Simsen mit Stierköpfen (wobei den aus Ton geformten Schädeln echte Stierhörner eingesetzt waren) großes Erstaunen hervorrief und man sich im ersten Moment zu der Annahme verleiten ließ, man habe es hier mit Königsgräbern zu tun. Doch scheinen von den bis zu dieser Tiefe frei gelegten Gräbern dieser Art zwei Königinnen gehört zu haben, während es bei dem dritten jedenfalls keinerlei Beweise dafür gibt, daß es das Grab eines Königs war. Zum Schluß müssen wir noch unserer Bewunderung für die große Schönheit vieler der Funde Emerys Ausdruck verleihen: die Steingefäße übertreffen in ihrer handwerklichen Ausführung und künstlerischen Gestaltung alles, was später geschaffen wurde. Seltsam und nicht zu erklären ist die Tatsache, daß sämtliche Gräber, sowohl in Sakkara wie in Abydos, absichtlich durch Feuer zerstört worden sein müssen, was bei den Gräbern der 2. Dynastie nicht der Fall ist.

Es sind vor allem religiöse Ereignisse, an die man sowohl auf den Täfelchen und Etiketten wie auf dem Palermostein bei der Datierung anknüpfte. Jedes zweite Jahr wiederholte sich ein Ereignis, das man als das »Folgen dem Horus« bezeichnete und das – ganz gleich, ob es sich bei ihm um eine wirkliche offizielle Reise des Königs auf dem Flusse handelte oder nur um eine Erinnerungszeremonie – mit Sicherheit an jene historischen Fahrten erinnerte, die der König nach Norden unternommen hatte, um die Einigung der beiden Länder herbeizuführen, wie sie auf der Narmerpalette dargestellt ist. Dort trägt der König schon die Krone Unterägyptens, während die Feldstandarten, die ihm vorangetragen werden, die Götter der verschiedenen mit ihm verbündeten Gaue repräsentieren; auf eine spätere Fehlinterpretation dieser »Gefolgsleute des Horus« (oder »Horusverehrer«) wurde bereits an anderer Stelle (S. 444) eingegangen. Aber auch die Schaffung eines großen Kultbildes war den frühesten Pharaonen als Ereignis bedeutend genug, um ein Jahr nach ihr zu benennen: »Geburt des Anubis«, »Geburt des Min« heißt es da. Wenn man von »Geburt« sprach, so ergab sich dies aus der Vorstellung, daß die Statuen wirklich Leben erlangten, sobald an ihnen das Ritual der »Mundöffnung« vollzogen worden war. Auch die Einweihung oder Visitation bestimmter Bauten erschien nicht weniger bedeutsam, wenn man nach einer Begebenheit suchte, nach der man ein Jahr benennen könnte. Selten nur nahm man auf kriegerische Ereignisse Bezug. Das große Kairoer Fragment des Palermosteins erwähnt unter König Djer das »Niederwerfen von Setje«; Setje ist eine geographische Bezeichnung, die wir etwa mit Asien wiederzugeben haben. Unter einem späteren Herrscher lesen wir von einer »Niederwerfung der Iuntiu«[22]; mit der – ebenfalls unscharfen – Bezeichnung Iuntiu meinte man die im nordöstlichen Delta wohnenden Stämme. Auf einem außergewöhnlich schönen Täfelchen (früher in der Sammlung MacGregor)[23] erschlägt König Den einen Asiaten, der als Bewohner der Sandwüste, vermutlich des Sinai, dargestellt ist. Die begleitenden Hieroglyphen bieten keinerlei Interpretationsschwierigkeiten, sie sind eindeutig als »erstes Mal der Niederwerfung der Ostleute« zu lesen. Womöglich noch interessanter als dieser Hinweis auf ein Geschehen, das vielleicht nur ein Grenzzwischenfall war, ist die rasche Entwicklung in dem Vermögen, sich schriftlich auszudrücken, die hier bemerkbar wird. Schon vor dem Ende der 1. Dynastie konnte man den wesentlichen Inhalt ganzer Sätze durch eine Reihe einzelner Hieroglyphenzeichen mitteilen, ein ungeheurer

Fortschritt gegenüber dem Stand, wie er sich noch in der Palette des Narmer dokumentiert.

Manethos neun Könige aus Thinis umfassende 2. Dynastie wirft Probleme auf, die noch schwerer zu lösen sind als die der vorangegangenen Dynastie. Vier seiner Namen lassen sich, wenn auch in stark entstellter Form, in den Königslisten der Ramessidenzeit wiedererkennen. Dabei bedurfte es freilich großen Scharfsinns, um nachweisen zu können, daß Manethos König Tlas auf einen König Weneg zurückgeht, der nur von Bruchstücken von Gefäßen bekannt ist, die in den unterirdischen Gängen der Stufenpyramide aufbewahrt waren. Die Königslisten zählen nicht nur – wie Manetho – neun, sondern elf Könige auf, doch finden sich von ihnen nur vier auf Denkmälern wieder. Die Reihenfolge der ersten fünf Könige ist gesichert; allerdings kommen auf den erhaltenen Überresten Boethos und Kaiechos nicht vor, statt ihrer aber zwei Könige mit den Namen Hotepsechemui und Nebrê. Der Name des Hotepsechemui ist deshalb aufschlußreich, weil er »die beiden Mächte sind befriedet« bedeutet. Wir werden bald Beweise dafür finden, daß diese Aussage sich auf die Wiederherstellung der Ordnung nach einem Zustand des Aufruhrs und der Anarchie bezieht; sie läßt uns auch den Grund für den Übergang von der 1. zur 2. Dynastie ahnen. Der Name Boethos findet sich zwar in Hieroglyphen geschrieben auf zeitgenössischen Denkmälern nicht, doch erscheint er in der Form Bedjau (wie in den Königslisten) auf einer Schreibtafel aus dem Alten Reich, und zwar vor einigen wohlbekannten Königen der 4. und 5. Dynastie[24]. Mit dem dritten König der 2. Dynastie erreichen wir eine Folge von drei Königen – Binothris, Tlas und Sethenes –, bei denen die Denkmäler, die Königslisten und Manetho übereinstimmen; Binothris ist nämlich offensichtlich die erweiterte Form eines Namens, dessen hieroglyphische Schreibung man bei unbefangener Betrachtung eigentlich Nutjeren lesen müßte, für den aber auch die Lesungen Ninutjer oder Neterimu vorgeschlagen worden sind. Von Tlas war bereits die Rede, und bei Sethenes handelt es sich ohne Zweifel um König Send, auf den wir später noch zurückkommen werden. Sein Name ist deshalb höchst merkwürdig, weil er »der Ängstliche« bedeutet. Genaue Angaben über diese ersten fünf Könige der 2. Dynastie finden sich auf S. 490/91. Hier sei lediglich hinzugefügt, daß der Art und Weise, wie der Name des Ninutjer über der vierten Reihe des Palermosteines steht, zu entnehmen ist, daß er nahezu 30 Jahre regiert haben muß.

Die übrigen sechs Namen der Königslisten bleiben – mit Ausnahme von König Nebka – rätselhaft; von ihren Trägern hat sich nirgends auch nur die geringste Spur gefunden. Neferkarê (Nephercheres bei Manetho) mag es vielleicht wirklich nicht gegeben haben; die Bezugnahme auf den Sonnengott Rê am Ende seines Namens scheint in spätere Jahrhunderte zu weisen, und in der Tat hat es ja in der 6., 8. und 21. Dynastie Könige mit ähnlichen Namen gegeben. Auch über Aka (dies wird wohl die korrekte Lesung des Namens im Turiner Königspapyrus sein) braucht man sich weiter den Kopf nicht zu zerbrechen: sein einmaliges Vorkommen geht möglicherweise auf eine Textverfälschung zurück. Nicht ganz so leicht darf man hingegen über Neferkaseker, Hudjefa und Beby der ramessidischen Überlieferung hinweggehen, umsoweniger, als der Turiner Königspapyrus ihnen Regierungszeiten von beträchtlicher Länge zuteilt. Es läßt sich nur vermuten, daß sie den Thron wirklich innehatten und daß Manetho und seine Vorgänger ihren Anspruch auf Anerkennung den Ansprüchen verschiedener Pharaonen des Südens für überlegen hielten, die sie völlig übergingen. Mit diesen Pharaonen werden wir uns nun zu beschäftigen haben. Es waren ihrer höchstens vier, wahrscheinlich aber nur zwei. In Umm el-Kaâb legte Petrie an dem einen Ende des vordynastischen Friedhofs ein kleines Grab frei, das einem König Peribsen, und am entgegengesetzten Ende ein anderes, ungewöhnlich langgestrecktes, das einem König Chasechemui gehörte. Das Serech des Peribsen ist insofern völlig ungewöhnlich, als auf ihm nicht wie sonst der Horusfalke hockt, sondern das Sethtier steht, während auf dem Serech des Chasechemui Sethtier und Horusfalke sich einander gegenüberstehen und beide die Doppelkrone Ober- und Unterägyptens tragen (Abb. 17). Nach den schon an anderer

Stelle gegebenen Erklärungen und dem über das Serech der Königin Neith-hotep (S. 457) Gesagten dürfte klar sein, wie dieser Befund zu deuten ist. Im übrigen sprechen ja der Name Chasechemui selbst und sein Zusatz Nebuihotepimef eine deutliche Sprache. Der gesamte Name bedeutet: »Die beiden Mächte haben sich erhoben, die beiden Herren sind in Frieden in ihm«. Mit anderen Worten: König Chasechemui verkörperte nun in sich die beiden Götter, zwischen denen Feindschaft ausgebrochen war, weil Peribsen den Gott Horus, der nach der Überlieferung sein Ahne war, nicht anerkannt und sich dessen Erzfeind Seth zugewandt hatte. Offensichtlich waren diese revolutionären Neuerungen von großen Wirren

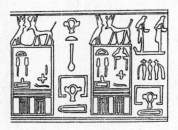

Abb. 17.

Serech des Königs Chasechemui

begleitet, doch ist es so gut wie unmöglich, zu durchschauen, worum es eigentlich ging. In weit zurückliegender Vergangenheit war Horus besonders mit dem Delta stark verbunden gewesen, während der Hauptkultort des Seth Nakâda (Ombos) in Oberägypten gewesen war. Trotzdem wird man, was sich abspielte, nicht als einen Kampf zwischen den beiden Ländern interpretieren dürfen, in dem Peribsen sich in seiner Herrschaft auf Oberägypten beschränkt gesehen hätte. Denn wollte man einen solchen Gegensatz zwischen Nord und Süd annehmen, hätte dann nicht Peribsen gerade seinen Anspruch, als die Verkörperung des Horus zu gelten, um so stärker betont? Die ganze Frage wird dadurch noch komplizierter, daß auf einigen Siegeln des Peribsen das sethähnliche Tier den Namen Asch[25] führt: Asch war aber der Name der libyschen Erscheinungsform des Gottes von Ombos.

Wie schon angedeutet, haben wir es bei dieser Gruppe von

Königen vielleicht nicht mit vier, sondern nur mit zwei
Herrschern zu tun; dazu ist folgendes zu bemerken. Im Grabe
des Peribsen hatten sich Krugsiegel eines Horus Sechemjeb
gefunden; man vermutete deshalb zunächst in Sechemjeb
den Horusnamen von Peribsen selbst, obwohl eigentlich einer
solchen Annahme das Vorkommen des Seth auf dem Serech
der meisten Siegel und auf zwei schönen, vor der Grabkammer aufgestellten Granitstelen widersprach. In der
Folgezeit brachte eine Grabung in der näheren Umgebung
einen König Sechemjeb Perenma ans Licht; ihn hielt man
nun für den Vorgänger von Peribsen. Später fand sich derselbe Name vollständig ausgeschrieben auf Bruchstücken
aus der Stufenpyramide. Viel für sich hat die Vermutung[26]
Grdseloffs, Sechemjeb Perenma sei nur der Name des Peribsen gewesen, solange dieser seine Bindung an Horus noch nicht
aufgegeben hatte und ein glühender Verehrer des Seth geworden war. Schwieriger liegen die Dinge bei einem Horus
Chasechem, dessen Denkmäler auf das Gebiet von Hierakonpolis beschränkt sind. Bei diesen handelt es sich um eine zer-
brochene Stele, zwei große Steingefäße und je eine Sitzstatue
aus Kalkstein und aus Schiefer. Die Statue aus Schiefer ist von
beiden an sich die weniger beschädigte, doch ist die Hälfte des
Kopfes weggebrochen; die Gesichtszüge sind deshalb auf der
Kalksteinstatue (heute in Oxford) besser zu sehen. Haltung,
Stil und Ausführung dieser Stele schließen ihre Entstehung zu
Beginn der 2. Dynastie aus, scheinen vielmehr zu bestätigen,
daß dieser König an das Ende der Dynastie gehörte. In die Ba-
sen beider Statuen sind ziemlich grob Gestalten erschlagener
Feinde eingehauen, deren Zahl mit 47209 angegeben ist. Die
Stele verrät auch, wer diese Leute waren: ein bärtiger Kopf
mit einer Feder im Haar ist mit demselben kissenähnlichen
ovalen Gegenstand verbunden, der uns schon auf der Palette
des Narmer begegnete. Es handelte sich also um libysche Feinde. Die Zeichnung, die in beide Gefäße eingeritzt ist, zeigt die
Geiergöttin Nechbet von Elkâb, wie sie mit dem einen Fang
Chasechem das Symbol für die Einigung der beiden Länder
reicht, während sie sich mit dem anderen auf einer runden
Kartusche festkrallt, in die die Hieroglyphen für Besch ein-

geschlossen sind. Besch wird wohl eher Chasechems Geburtsname gewesen sein als der Name eines besiegten Landes oder Häuptlings. Die rechte Seite der Ritzzeichnung nimmt die Hieroglyphe für »Jahr« ein, begleitet von den Worten: ». . . des Kämpfens und Niedermachens der Nordleute«. Auf allen diesen Gegenständen trägt Chasechem die weiße Krone Oberägyptens. Doch kehren wir zu unserer Frage nach dem Verhältnis von Chasechem von Hierakonpolis zu Peribsen einerseits und zu Chasechemui andererseits zurück. Heute wird überwiegend angenommen, Chasechem sei der unmittelbare Nachfolger von Peribsen gewesen – dessen Name in Hierakonpolis nicht vorkommt – und habe das Delta zurückgewonnen; ihm sei dann Chasechemui gefolgt. Aber, so muß man fragen, hätte wohl Chasechemui als der Nachfolger eines Horusverehrers in seinem Namen die Erinnerung an den alten Streit zwischen Horus und Seth noch einmal wachgerufen? Es läßt sich die Möglichkeit nicht ausschließen, daß Horus Chasechem und Horus-Seth Chasechemui ein und dieselbe Person waren. Man könnte sich etwa denken, daß dieser Herrscher die Namensform Chasechemui vorzog, solange ihm der Kampf mit Peribsen noch in frischer Erinnerung war. Dagegen ist freilich ein gewichtiger Einwand geltend zu machen: von Chasechemui existieren nämlich in Hierakonpolis eigene Denkmäler, die mit denen des Chasechem nichts zu tun haben. Unter ihnen ist das wichtigste ein großer Pfosten eines Tors[27] aus Rosengranit, der auf der Rückseite eine Szene aus irgendeiner wichtigen Gründungszeremonie trägt. Gegen die Ansicht, bei Chasechem habe es sich um einen König zwischen Chasechemui und Djoser, dem Begründer der 3. Dynastie, gehandelt, spricht die Tatsache, daß ein Siegel aus dem Grab des Chasechemui in Abydos[28] eine Königin Hepenma als »Mutter der Königskinder« nennt. Eben diese Hepenma wird nämlich auf einem Siegel aus dem großen Grab von Bêt Challâf bei Abydos (das man, weil Djoser in ihm so hervortritt, sogar für dessen Grab hat halten wollen[29]) als »Mutter des Königs von Ober- und Unterägypten« bezeichnet. Man hat deshalb geglaubt[30], in Chasechemui und Hepenma die Eltern des Djoser vor sich zu haben.

Diese Annahme ist verführerisch; träfe sie zu, so müßte man sich freilich fragen, weshalb gerade an diesem Punkt eine neue Dynastie begonnen haben sollte. Ehe wir uns von Chasechemui abwenden, sei noch erwähnt, daß in der fünften Reihe des Palermosteins[31] die Anfertigung einer Kupferstatue von ihm vermerkt ist; auch fand sich in Byblos[32] ein Breccienstück mit seinem Namen.

Wir haben bereits mehrfach betont, daß es nicht zulässig ist, weitreichende Schlüsse zu ziehen, wenn sich kleine Objekte an entlegenen Plätzen finden. Es läßt sich aber zuverlässig belegen, daß diese Könige der späten 2. Dynastie in (freundschaftlicher oder feindlicher?) Berührung mit dem Norden gestanden haben. Dort fanden sich nicht nur Siegelabdrücke, in denen Peribsen das Epitheton »Eroberer der Fremdländer« führt, wir haben auch Grund zu der Annahme, daß kein anderer als er im nordöstlichen Delta den Kult des Seth einrichtete[33]. Von der nur bruchstückhaft erhaltenen Stele des Chasechem von Hierakonpolis[34] war bereits die Rede: sie weist eindeutig auf einen Kampf mit libyschen Feinden hin; dies ist aber auch das einzig Sichere, was sich über das Geschehen dieses wirren Zeitabschnitts in Erfahrung bringen läßt. Daß die Könige dieser Zeit mitnichten sogleich in einen üblen Ruf gerieten, ergibt sich aus den Inschriften einiger Mastabas, vermutlich der 4. Dynastie, in Sakkara. In einer von ihnen sagt ein gewisser Scheri von sich, er sei »Aufseher der Priester des Peribsen in der Nekropole, in dem Hause von Send und an allen seinen Orten«[35] gewesen. Problematischer sind einige Bruchstücke aus dem Grab eines Propheten jenes Königs Nebka, der im Turiner Königspapyrus und in der Königsliste von Abydos als der unmittelbare Vorgänger Djosers erscheint[36]. Nebka kommt auch in der Geschichte von Cheops und dem Zauberer (S. 88) vor, doch ergibt sich aus der betreffenden Stelle offenbar, daß er zwischen Djoser und Snofru regierte. Nach dem soeben Gesagten kann aber Nebka nicht der Vorgänger Djosers gewesen sein, man wollte denn annehmen, er hätte sich neben Chasechemui als König zu behaupten vermocht. Die neunzehn Jahre, die er angeblich regiert hat, lassen sich einfach nicht unterbringen. In den Anmerkungen zu den

Königslisten des Anhangs finden sich die phantastischen Ereignisse zitiert, die Manetho bei den Königen der 2. Dynastie erwähnt. Es bedarf kaum der Wiederholung, daß sie der Romanliteratur entnommen sind, die offensichtlich die Hauptquelle für die altägyptischen Historiker bildete.

Die Gesamtsummen Manethos von 253 Jahren für die 1. und von 302 Jahren für die 2. Dynastie sind natürlich unglaubwürdig, und ebenso unhaltbar, das wurde bereits betont, sind die 450 Jahre, die der Palermostein offenbar für die beiden ersten Dynastien zusammen angab. Doch ganz gleich, ob die beiden Dynastien einen langen oder einen kurzen Zeitraum umspannten, er genügte, um der Kultur des alten Ägypten ihre ganz individuellen Züge aufzuprägen, die von dieser Zeit an ihre Überreste so deutlich von denen der Nachbarländer unterscheiden. Die großartigen Ergebnisse von Petries Arbeit und ein hochqualifizierter Stamm jüngerer Ausgräber haben es der Wissenschaft ermöglicht, von Stufe zu Stufe die Entfaltung einer halb barbarischen Kultur zu einer Kultur von höchster Verfeinerung und ungeheurer Kraft zu verfolgen, soweit diese Entwicklung im Stofflichen Gestalt gewonnen hatte. Die geistige und religiöse Entwicklung bleibt uns leider bis zur 5. Dynastie wegen des Fehlens ausreichender schriftlicher Zeugnisse verborgen. Wenn dann endlich die Pyramidentexte und andere ähnliche Quellen einen Einblick in das ägyptische Denken gestatten, so findet sich in ihnen auch viel Gedankengut aus älterer Zeit, und es erhebt sich die Frage, wie weit wir in der Lage sind, aus dem in sich widerspruchsvollen und komplexen Material die verschiedenen Entwicklungsstadien zu rekonstruieren, die Ägypten bereits hinter sich hatte. Doch ehe wir uns mit einigen der Ansichten beschäftigen, die in der Wissenschaft dazu geäußert wurden, erscheint es angezeigt, daß wir uns vergegenwärtigen, was die Ägypter selbst über ihre weit zurückliegende Vergangenheit zu sagen wußten.

Erst zur Ramessidenzeit findet sich eine ausführliche Darstellung im Turiner Königspapyrus, die im wesentlichen mit Manetho übereinstimmt. Sowohl im Turiner Papyrus wie bei Manetho gehören die ältesten Könige der Großen Neunheit an, jenem Kreis von neun Göttern, den die Pyramidentexte (Spruch 1064) ausdrücklich mit der Theologie von Heliopolis in Verbindung bringen. Deshalb hätte die Reihe eigentlich mit dem Sonnengott Rê-Atum beginnen müssen, doch kommt bei Manetho, der für diesen Abschnitt die einzige erhaltene Quelle ist, Hephaistos (Ptah von Memphis) vor Helios, was darauf hindeutet, daß gerade diese Textversion zur Zeit der 6. Dynastie kompiliert wurde, deren Könige ja aus Memphis kamen. Agathodaimon (dem Luftgott Schu), der im Turiner Königspapyrus nicht erhalten ist, folgen bei Manetho, in Übereinstimmung mit dem Turiner Papyrus, Kronos (der Erdgott Geb), dann Osiris, Typhon (Seth, der Mörder des Osiris) und schließlich Horus, der Rächer seines Vaters. In beiden Quellen fehlen wegen ihres weiblichen Geschlechts die Gottheiten Tefnut, Nut, Isis und Nephthys. In älteren Überlieferungen gehörten sie der Großen Neunheit als die Gemahlinnen von vier Göttern dieses Kreises an, aber auch in ihnen erscheinen sie nicht als Königinnen mit eigenen Regierungszeiten. Bei diesen mythischen Herrschern brauchen wir uns im Augenblick nicht weiter aufzuhalten. Bei Manetho folgt ihnen eine Reihe von Königen, die er als Halbgötter und »Abgeschiedene« (griechisch νέκυες, lateinisch manes) bezeichnet, erst dann kommt am Beginn der 1. Dynastie ein Mensch als König: Menes. Der Turiner Papyrus, in dem schon unmittelbar nach Seth ein »Horus der Götter« erscheint, nennt einen zweiten Horus am Ende der Götterdynastie und anscheinend noch einen dritten ein Stück weiter unten. Dann endigen einige zerstörte Zeilen mit den bereits erwähnten »Horusverehrern« (»Gefolgsleuten des Horus«), die als »erhabene Geister« bezeichnet werden; auf sie folgt dann unmittelbar Menes. Sethe hat zwar in den Schemsu-Hor, den »Horusverehrern«, richtig die Könige von Hierakonpolis bzw. Buto erkannt[37], doch verwertete er versehentlich das entscheidende Zeugnis für seine Behauptung nicht. Es findet sich, worauf Griffith den Verfasser im Gespräch aufmerksam machte, in einem hieroglyphischen Papyrus aus römischer Zeit, der unzweifelhaft viel an altüberliefertem Gedankengut enthält, das schon den Weisen der Zeit des Cheops vertraut war[38]. In diesem Papyrus stehen dicht beieinander zwei Passagen, welche zu lesen sind: (1) »Seelen von Pe (Buto, s. unten), Gefolgsleute des Horus als Könige von Unterägypten« und (2) »Seelen von Nechen (Hierakonpolis, s. ebd.), Gefolgsleute des Horus als Könige von Oberägypten«. Eine schärfere Erinnerung an die Endphase der vordynastischen Geschichte, die von Hierakonpolis ihren Ausgang nahm und mit der Eroberung Unterägyptens durch Menes und der Vereinigung der beiden Länder endete, dürfte sich wohl nicht finden lassen. In dem soeben erwähnten Papyrus ist das Wort für »König von Oberägypten« (nswt) ganz normal mit der Binse 𓇓 und das Wort für »König von Unterägypten« (bjtj) mit der Biene 𓆤 geschrieben. Der unbestrittene Sieg des Menes dokumentiert sich auch darin, daß bei der hieroglyphischen Schreibung des nswt-bjtj-Titels 𓇓𓆤 der Könige (S. 52) die Binse vor der Biene steht, und ebenso hat in dem nbtj-Titel 𓎟𓎟 der Königstitulatur (ebd.) die Geiergöttin von Elkâb vor der unterägyptischen Schlangengöttin Edjo (Uadjet) von Buto den Vorrang. So seltsam dies einem mit den Gewohnheiten der Ägypter nicht vertrauten Leser erscheinen mag: diesem Vorrang in der Schreibung kommt historische Bedeutung zu. Sollte noch jemand daran zweifeln, daß in Buto wirklich eine vordynastische Herrscherfamilie gesessen hat, so müßte ihn die vereinzelt dastehende Erwähnung in den Pyramidentexten (Spruch 1488) von »Königen Unterägyptens (bjtjw), welche in Pe (Buto) sind« und die Tatsache überzeugen, daß nicht Unterägypten, sondern Oberägypten es war, das der Sprache sein Wort 𓇓𓏏 nswt für »König« gab.

Nimmt man alle diese Fakten zusammen, so bestätigen sie, was man schon aus Quibells Entdeckungen in Hierakonpolis schließen konnte: das Bestehen selbständiger Königreiche in Nechen und Pe und ihre Einigung durch Menes. Und doch bleiben noch schwierige Fragen genug, die sich nicht mit leichter Hand beiseite schieben lassen. So hat etwa J. A. Wilson darauf hingewiesen[39], wie wenig sich sowohl Hierakonpolis wie Buto zur ständigen Residenz für den König eigneten: Hierakonpolis lag in einer trockenen, unfruchtbaren Gegend nahe der Südgrenze Oberägyptens, Buto fast wie eine Insel in den feuchten Niederungen des nordwestlichen Deltas. Wilson hat deshalb die Vermutung geäußert, beide Orte seien zu heiligen Orten, vielleicht sogar zu Wallfahrtsstätten geworden. Entschieden entgegenzutreten ist einer weit kühneren Ansicht, die in letzter Zeit einige Anerkennung gefunden hat. Nach ihr stellten die Gewohnheit, von den beiden Ländern zu sprechen, sowie die Gegenüberstellung von Ober- und Unterägypten, das antithetische Paar der beiden Herrinnen und die anderen formelhaften Ausdrücke ähnlicher Art reines Gedankenwerk dar, das einer im ägyptischen Denken angeblich tiefverwurzelten Neigung entsprungen sei, dualistische Begriffe zu bilden. Nun läßt sich den alten Ägyptern ein Hang zu solchen Gegensatzpaaren wie »Himmel und Erde«, »Mann und Frau«, »schwarzes Land und rotes Land« (S. 28) in der Tat nicht absprechen, aber deswegen alle Äußerungen über die beiden Königreiche einfach als Hirngespinste abzutun ginge entschieden zu weit. Eine nicht ganz so weitgehende, aber ebenfalls verfehlte Variante dieser Ansicht[40] geht von der Annahme aus, das Delta sei in den Jahrhunderten vor Menes ein einziger Sumpf gewesen. Gewiß konnten sich dort, ehe man nicht Dämme angelegt hatte und die Bewässerung zu regulieren verstand, größere Städte nur schwer entwicken. Und dennoch läßt sich leicht nachweisen, daß in Unterägypten ein sehr bedeutendes Königreich wohl bestanden haben kann. Insbesondere im westlichen Delta waren schon zur Zeit der 1. Dynastie bedeutende Städte aufgeblüht: auf einem Täfelchen des Aha[41] findet sich der Tempel der Neith von Sais abgebildet, auf einem anderen aus der Regierungszeit des Königs Djer[42] ein Bauwerk zu Dep, einem der beiden Hügelorte, die die Stadt Buto bildeten. Auf einem Relief in der Stufenpyramide des Djoser[43] ist eine Zeremonie festgehalten, die irgendeine Beziehung zu Letopolis (Ausîm), nur einige Kilometer nordwestlich von Kairo, hat. Die große Anzahl erbeuteter Rinder, wie sie auf einer Schieferpalette zu sehen sind, setzt eine zahlreiche Bevölkerung mit Viezucht voraus. Die vielen Gaue des Deltas, die gegen Ende der 3. Dynastie ein reicher Adliger namens Metjen verwaltete[44], hatten offensichtlich schon eine lange Geschichte hinter sich. Die erste Nennung des Osiris als des »Herrn von Djedu« (Busiris im Zentrum des Deltas) mag zwar zeitlich nicht viel früher anzusetzen sein als in die 6. Dynastie, doch kommt der Name dieses berühmten religiösen Zentrums zusammen mit dem ähnlich klingenden Namen Djedet (Mendes) in den Pyramidentexten (Spruch 288) vor, und es ist anzunehmen, daß wir es hier nicht mit den ältesten Zeugnissen für die Existenz dieser Orte zu tun haben. Wer versuchen wollte nachzuweisen, daß Heliopolis nicht die Hauptstadt eines vorgeschichtlichen Königreichs gewesen sein könne, dürfte wohl nur wenige zu überzeugen vermögen, wenn auch die Behauptung, daß ein solches Königreich wirklich bestanden hat, ziemlich schwer zu belegen ist. Im übrigen braucht man die Schreibung des nswt-bjtj-Titels mit zwei verschiedenen Wörtern für »König« und des nbtj-Titels mit den Hieroglyphen zweier Göttinnen, die verschiedene Kultorte hatten, nicht so aufzufassen, als zeige sie, daß die beiden Königreiche gleich groß und gleich mächtig waren; fest steht lediglich, daß sie nebeneinander bestanden.

Zurückhaltung ist schon eher angebracht gegenüber einigen noch weiter zurückliegenden Reichen, nicht nur eines einzigen, die in einem berühmten Buch Kurt Sethe aus den religiösen Texten abzuleiten suchte. Sethe hat seine komplizierten Argumente mit einer logischen Schärfe und Klarheit vorgetragen, die Bewunderung abnötigen muß. Gleichwohl waren seine Fachgenossen nahezu einmütig der Ansicht, daß seine Darstellung im ganzen zu konstruiert sei, als daß sie hätte überzeugen können. Ebenso unhaltbar ist andererseits die Ansicht von H. Kees in einem nicht minder gelehrten Werk, für die Zeit vor den Königreichen von Hierakonpolis und Buto ließen sich exakte historische Schlüsse nicht ziehen. Der Mythos um Osiris, auf dessen wesentliche Züge hier nicht noch einmal eingegangen wird, ist von so ungewöhnlichem Gehalt und kommt in so vielen verschiedenen Fassungen vor, daß er einen historischen Kern in sich schließen muß; man darf freilich aus den Einzelheiten auch nicht zu viel herauslesen wollen. Von den drei Hauptgestalten dieses Mythos ist der Gott Seth, den die Griechen wegen seines unruhigen

Charakters mit ihrem Gott Typhon gleichsetzten, in seinem Wesen und nach seinem Ursprung am ehesten faßbar. Wir brauchen hier nicht auf seine fremdartige Tiergestalt einzugehen ⚱, die jedenfalls nicht die eines heute noch existierenden Lebewesens ist. Daß er der Lokalgott von Ombos (gegenüber von Kûs im fünften oberägyptischen Gau, hieroglyphisch ⚱) war, offenbart sein ständiges Epitheton »der von Ombos, Herr von Oberägypten«, das sich bereits in den Pyramidentexten findet (Spruch 204). Nun ist Ombos kaum 5 km von Nakâda entfernt, wo Petrie seine ausgedehnten vorgeschichtlichen Friedhöfe aufdecken konnte; es liegt deshalb nahe, den Streit zwischen Horus und Seth in die Zeit anzusetzen, da jene so blühende Kultur ihren Höhepunkt erreicht hatte.

Mit dem Falkengott Horus verhält es sich schwieriger. Wenn in der Schrift sein Bild neben dem Bild des Seth erscheint oder wenn beide Götter sich in Menschengestalt gegenüberstehen, so scheint es, als müsse man in ihm einen Vertreter Unterägyptens sehen. In diesem Zusammenhang konnte Sethe einmal nachgewiesen werden, daß er in den Fakten fehlgegriffen hatte, die er zur Grundlage seiner Deutungen nahm. Er hielt nämlich die heutige Stadt Damanhûr zwischen Alexandria und Kairo, nur weil ihr Name etymologisch »die Stadt des Horus« bedeutet, für den Geburtsort des Falkengottes – eine Annahme, die notwendigerweise bedingt, daß man dort einen Ort Behde lokalisieren müßte, der oft in Verbindung mit Horus vorkommt, wie Ombos in Verbindung mit Seth. Heute steht jedoch fest[45], daß Behde bei Tell Balamûn lag, einer dunklen Niederlassung, welche die Ägypter für ihre am weitesten nördlich gelegene Stadt hielten, während nach einer anderen Überlieferung Horus seine Kindheit in Chemmis, ebenfalls einem Ort in den Deltaniederungen, verbracht haben soll. Nun ist ein Geschehnis in dem Osirismythos, dessen Geschichtlichkeit sich nicht in Zweifel ziehen läßt, die Überwindung des Seth durch Horus. Entkleidet man dies seiner religiösen Verbrämung, so bedeutet es nichts anderes als die Unterwerfung einer starken Macht im Süden durch eine noch stärkere des Nordens. Der Sieg des

Horus manifestiert sich darin, daß man seinem Bild den Platz auf dem Serech am Anfang der Königstitulatur einräumte und daß die Hieroglyphe 🪶 bei sämtlichen Namen männlicher Gottheiten als Determinativ (S. 25) diente. Ebenso ist es bezeichnend, daß Horus stets vorangeht, wenn Ausdrücke wie »die Hügel des Horus« und »die Hügel des Seth« nebeneinander vorkommen, oder wenn in dem Wort nebwj »die beiden Herren« Horusfalke und Sethtier als Ideogramme verwendet werden. In diesen Eigentümlichkeiten der Schreibung zeigt sich das genaue Gegenteil dessen, was in dem nebtj- und dem nswt-bjtj-Titel als die Gewohnheit der 1. Dynastie zu beobachten war. So wird offenbar, daß sich in der vollausgebildeten Königstitulatur die Erinnerung an zwei verschiedene Phasen der vordynastischen Geschichte verfestigt hat, von denen die frühere die Zeit des Sieges des Horus über Seth war, also jene Zeit, in der Unterägypten in Oberägypten einfiel. Daß der Streit zwischen Horus und Seth sehr heftig gewesen sein muß, kann man dem mythischen Bericht entnehmen, wonach Seth den Horus eines Auges beraubte und Horus Seth dafür eine noch viel schwerere Verletzung zufügte. Der Streit endete schließlich damit, daß Horus den Seth verdrängte und den Persönlichkeitsgehalt seines Feindes in sich aufnahm. Dies zeigt mit aller Klarheit eine Stelle in den Pyramidentexten (Spruch 141 ff.) und noch eindrucksvoller der Titel der Königin (der sich bereits in dem Grab des Königs Djer gefunden hat) »die, welche Horus und Seth schaut«. Das Vorkommen dieses Titels schon zu so früher Zeit steht auch der (mit allem Vorbehalt ausgesprochenen) Vermutung entgegen, der Kampf zwischen den beiden Göttern könnte seine historische Wurzel in jenen Geschehnissen um Peribsen und Chasechemui gehabt haben, von denen oben die Rede war. Wenn man demnach davon auszugehen hat, daß die Überwindung Oberägyptens durch eine unterägyptische Macht, deren Herrscher sich mit Horus identifizierte, ein Faktum ist, das sich schwerlich bestreiten läßt, so wird man auch annehmen müssen, daß sie eine irgendwie geartete Verschmelzung der beiden Länder zur Folge hatte. Es ist ferner die Tatsache nicht gering zu bewerten, daß das größte Kairoer Fragment des Palermosteins in der obersten Reihe nach einer Folge von mindestens zehn unterägyptischen Königen sechs oder mehr Könige registriert, welche die Doppelkrone tragen. Ob wohl Sethe darin einen Hinweis auf die heliopolitanische Oberherrschaft gesehen hätte, von der er ja annahm, daß sie auf den Sieg des Falkengottes gefolgt und aus ihr schließlich die Lehre von der Großen Götterneunheit hervorgegangen sei? Auf jeden Fall hätte er in dem Befund des Palermosteins keinen Widerspruch zu seiner eigenen Theorie gesehen, wonach mythologische Gestalten als vergöttlichte Menschen zu erklären seien. Bemerkenswert ist, daß in der Lehre von der Großen Götterneunheit der ganze Osirismythos bereits angelegt scheint, dem wir uns nunmehr noch einmal zuwenden müssen, da wir über Osiris selbst bisher noch kaum etwas gesagt haben. Sethe hielt Osiris für einen frühen König, um dessen tragischen Tod die ganze Sage sich gerankt habe. Ob das zutrifft, ist höchst zweifelhaft[46]. Wir müssen es den Kennern der ägyptischen Religion überlassen, sich über die Herkunft eines Gottes Gedanken zu machen, von dem sich vor der Zeit der Pyramidentexte nicht die geringste Spur hat finden lassen. In dem Mythos spielt er eine gänzlich untergeordnete Rolle und dient eigentlich nur dazu, die Ruchlosigkeit des geschlagenen Seth deutlich werden zu lassen und die Tugend des Horus, seines Sohnes und Rächers. Vor der klassischen Zeit werden ihm nicht – wie später als dem lebenden König – gute Taten oder kriegerische Leistungen zugeschrieben; vielmehr erscheint er stets als der tote König bzw. als König und Richter über die Toten. Er begegnet uns auch in einer – zweifellos primitiveren – Erscheinungsform als die Vegetation, die in dem Überschwemmungswasser zugrundegeht – das auf geheimnisvolle Weise aus ihm selbst hervorströmt –, um im folgenden Jahr von neuem aufzukeimen. So läßt sich dem Osiris-Mythos für historische Zwecke nur die verschwommene Erinnerung an einen Kampf entnehmen, in dem Unterägypten über Oberägypten den Sieg davongetragen hatte. Ob sich dieser irgendwie mit dem mesopotamischen Einfluß in Verbindung bringen läßt, den wir als sicher angenommen haben, ist eine noch ungeklärte Frage, doch sollte man eine rassische Verschiedenheit nicht übersehen, die heute wohl als gesichert gelten darf. Es hatte wohl keiner gründlicher Gelegenheit, Schädelfunde und sonstige Knochenreste aus beiden Teilen des Landes zu untersuchen, als D. E. Derry, und er hat mit aller Entschiedenheit betont, daß »außer jener Rasse, die sich in den Überresten aller zuverlässig datierten vordynastischen Gräber findet, in frühdynastischer Zeit noch eine andere Ägypten bewohnte«[47].

Wir nähern uns dem Ende unserer Betrachtungen, müssen aber noch mit einigen letzten Worten auf Sethes Annahme einer heliopolitanischen Zeit zurückkommen, in der sich die Hauptlehren der ägyptischen Religion entwickelt haben sollen. Sethes Theorie läßt sich zwar nicht mit absoluter Sicherheit widerlegen, aber es läßt sich doch viel für die gegenteilige Ansicht von Kees vorbringen, daß sich während der frühen Dynastien Manethos jenes religiöse Gedankengut ausbildete, dem wir in den Pyramidentexten begegnen. Jenen begnadeten Menschen, die die gewaltigen Leistungen hervorbrachten, mit denen wir uns zu Beginn dieses Kapitels beschäftigten, wird es auch an Verstandeskräften und an Vorstellungsgabe nicht gefehlt haben. Doch indem wir das sagen, betreten wir wieder den Bereich nicht nachprüfbarer Vermutungen. So wird es der Leser nicht bedauern, wenn wir ein Gebiet verlassen, auf dem wir Zeugnisse, die eine sichere Grundlage bieten könnten, so schmerzlich vermissen.

Schlußwort

Indem der Verfasser seine Darstellung Ägyptens zur Pharaonenzeit noch einmal überblickt, ist ihm sehr wohl bewußt, daß es ihm nicht möglich war, allzutief in das Innerste seines Gegenstandes einzudringen. Er hätte gern ein umfassendes Bild jener größten unter den frühen Kulturen der Menschheit entworfen, doch das ließen der zur Verfügung stehende Raum und der Mangel an Zeit nicht zu. So erklärt es sich, daß Kunst und Handwerk, die Bereiche, in denen die

Ägypter ihre höchsten Leistungen vollbrachten, nur in geringem Umfang behandelt werden konnten und daß auch auf die religiösen Vorstellungen nur kurz eingegangen wurde, die doch wegen ihrer Geheimnisse und trotz ihrer Verworrenheit und ihrer Widersprüche das Interesse so sehr erregen. Auch mit den Mumien und der Technik der Mumifizierung, jenem Seitengebiet der ägyptischen Kultur, das auf die Besucher der Museen eine so große Anziehungskraft ausübt, konnten wir uns nicht ausführlich beschäftigen. Wesentlich bestimmt wurde diese Darstellung durch das Gefühl der Dankbarkeit gegenüber denen, die als Ausgräber oder forschend am Schreibtisch dem Dunkel der Vergangenheit so viel entrissen haben: so ist ein Buch entstanden, das nicht nur über das alte Ägypten handelt, sondern auch über die Geschichte seiner Erforschung. Dies geschah nicht ohne Absicht: wir bekennen offen, daß wir für unsere Wissenschaft werben wollten und daß wir unser Ziel nicht als erreicht ansehen würden, wenn es uns nicht gelungen wäre, ihr wenigstens einen neuen Jünger zu gewinnen.

ANMERKUNGEN

(Anmerkungen in Klammern [ ] sind solche desÜbersetzers; Erman, Literatur der Ägypter, ist nach der (bearbeiteten) englischen Ausgabe zitiert, die entsprechende Stelle des deutschen Originals in Klammern [ ] beigefügt.)

EINFÜHRUNG

Die Ägyptologie im Altertum und heute

[1] JEA 1, S. 159ff.; auch PM VI, S. 29. – [2] PM II, S. 160; Baedeker, S. 345f. – [3] Die einschlägigen Stellen sind zusammengestellt bei Th. Hopfner, Fontes Historiae Religionis Aegyptiacae, Bonn 1923, S. 281-284. – [4] Th. Hopfner, Orient und griechische Philosophie, Leipzig 1925. – [5] Die einschlägigen Stellen in P. Marestaing, Les Écritures égyptiennes et l'Antiquité classique, Paris 1913. – [6] S. Birch in Trans. Royal Soc. Literature, III (1850), Ser. 2, Bd. 3, S. 385ff. – [7] Rec. Trav. 33, S. 8ff. – [8] Chron. d'Ég., Nr. 35, S. 240ff. – [9] Obelisci aegyptiaci interpretatio, Rom 1666, S. 53. – [10] Champollions Gedankengang war an sich richtig, aber nicht ganz genau: die »rätselhafte« Hieroglyphe ist nicht m, sondern ms zu lesen. – [11] Vorort von Kairo.

Das Land, seine Nachbarn und seine natürlichen Hilfsquellen

[1] So im Koptischen vokalisiert. – [2] Vielleicht viermal so viel wie zu jenen Zeiten, mit denen diese Darstellung sich im wesentlichen beschäftigt. Dies ist allerdings reine Vermutung. – [3] Kap.VI des fälschlich so genannten »Totenbuchs«. – [4] JEA 27, S. 19/20. – [5] ZÄS 83, S. 38ff. – [6] Kush 6, S. 39ff. – [7] JEA 36, S. 36. – [8] Onom. I, S. 121*ff. – [9] Op. cit. I, S. 116ff. – [10] Op. cit. I, S. 114ff. – [11] Dieses griechische Wort ist abgeleitet von ägyptisch ⟨hierogl.⟩, alt ⟨hierogl.⟩ Wḥ3t, koptisch ⲞⲨⲀϨⲈ, was ursprünglich »Kessel (zum Kochen)« bedeutet, vgl. ZÄS 56, 44ff. – [12] J. Ball, Contributions, S. 199. – [13] JEA 6, S. 99ff. – [14] JEA 1, S. 105. – [15] [Dies ist die in den meisten ägyptologischen Werken verwendete Umschreibung. Sie ist mit Sicherheit nicht richtig. Gleichwohl wird an ihr in der deutschen Übersetzung aus den auf S. XV dargelegten Gründen festgehalten. Von seiner Umschreibung Pwēne sagt der Verfasser (S. 37 Anm. 1) selbst, sie beruhe ebenfalls nur auf Vermutungen]. – [16] Das Wort pirômis (= rôme mit bestimmtem Artikel) war auch Herodot (II, 143) bekannt. Er meint, es bedeute im Griechischen soviel wie »edelbürtig«. – [17] Eg. Gr., S. 361. – [18] JEA 1, S. 30. – [19] Bull. Inst. fr. 31, 130ff. – [20] Mit Stele, dem griechischen Wort für Pfeiler aus Stein, bezeichnet man in der ägyptischen Archäologie die sehr häufig vorkommenden Denkmäler, die als Grab- oder Gedenksteine Inschriften oder bildliche Darstellungen trugen; sie waren oft oben abgerundet, s. Abb. 6. – [21] Ann. Serv. 38, S. 127ff. — [22] PM VII, S. 274. – [23] BAR I, § 146. – [24] BAR I, § 324. – [25] BAR I, § 360. – [26] Ann. Serv. 49, S. 337ff. – [27] JEA 28, Taf. 1. – [28] Skarabäen (Abb. 7) sind Nachbildungen in Fayence oder einem anderen harten Material des ägyptischen Käfers Skarabaeus sacer. Sie wurden als Amulette oder Siegel verwendet. Die flache Unterseite trug den Namen eines Königs oder eines Beamten oder auch nur sonst ein Ornament. Der Skarabäus (ägyptisch hpr) ist das Symbol für »Wachstum« oder »Werden« und vertritt bei Mumien das Herz, den Sitz des Gefühls, s. Eg. Gr. S. 268/269. Der Gott Chepre verkörpert die aufgehende Sonne.

Grundlagen und Wesenszüge der Wissenschaft vom Alten Ägypten

[1] P. Montet, Tanis, Paris 1942, S. 164 mit Abb. 43. – [2] Vgl. die bibliograph. Angaben S. 522. – [3] PM VI, S. 25 (229)–(230). – [4] PM III, S. 192. – [5] PM II, S. 42. – [6] Borchardt, Mittel, Taf. 2, 2a. – [7] Eg. Gr., S. 71ff. – [8] ZÄS 49, S. 17ff. – [9] Vgl. S. 478 u. Anm. 20. – [10] Vgl. S. 478 u. Anm. 28. – [11] Zu dem großen Fund von Dêr el-Bahri s. S. 354 ff. – [12] Studia Aegyptiaca I, Rom 1938, S. 48 ff. – [13] Borchardt, Saḥurēʿ II, Taf. 1. – [14] Jéquier II, Taf. 8, 9, 11. – [15] Kawa II, Taf. 9, b. – [16] ZÄS 65, S. 26ff. – [17] Med. Habu III, S. 9. – [18] Davies, Rekh-mi-rēʿ I, S. 84ff. – [19] Mastaba ist das arabische für die »Bänke« aus Lehm, wie sie in den Höfen der Wohnhäuser der heutigen einheimischen Bevölkerung anzutreffen sind. Die Arbeiter bei den Ausgrabungen übertrugen dieses Wort auf die länglichen Grabaufbauten von ähnlichem Aussehen. – [20] BAR I, § 351. – [21] Offenbar, wie das Determinativ zeigt, ein echter Pygmäe aus Innerafrika; vgl. JEA 24, S. 185ff. – [22] JEA 24, S. 83ff. – [23] Amenemhet, S. 79ff. – [24] Urk. I, S. 232. – [25] BAR I, § 260. – [26] S. S. 92. – [27] Die Namen der Jahreszeiten sind: Ache (3ḫ.t) »Überschwemmung«, Pröje (pr.t) »Winter«, Schōmu (šmu) »Sommer«; vgl. Eg. Gr., S. 203. – [28] Das ist also der dritte der Sommerzeit. – [29] Vgl. dazu JEA 31, S. 11–28. – [30] K. Sethe, Beiträge zur ältesten Geschichte Ägyptens, Untersuchungen zur Geschichte und Altertumskunde Ägyptens III, Leipzig 1905, S. 60–100. – [31] [Im 6. Regierungsjahr vergingen ja zunächst von dem »angebrochenen« bürgerlichen Jahr noch 3 Tage + 1 Monat + 5 Epagomene, dann vom mitten im Regierungsjahr beginnenden neuen bürgerlichen Jahr 10 Monate + 23 Tage = 361 Tage.]

VON DEN ERBAUERN DER PYRAMIDEN ZU ALEXANDER

Das Alte Reich

[1] JEA 35, S. 123ff. – [2] PM V, S. 37. – [3] PM III, S.69, 70. – [4] Darüber Vandier, S. 200. – [5] JEA 32, Taf. 14, Zeile 2. – [6] M. Z. Goneim, Horus Sekhkem-khet, Kairo 1957, Taf. 65, b. – [7] P. Barguet, La Stèle de la famine à Séhel, Kairo 1954. – [8] W. Stevenson Smith, A History of Egyptian Sculpture and Painting in the Old Kingdom, Boston 1946, Abb. 48–53. – [9] L. Borchardt, Das Grabmal des Königs Ne-user-reʿ, Leipzig 1907, Taf. 1. – [10] Emery, GT III, S. 42 und Taf. 44. – [11] JEA 41, S. 75ff. – [12] ZÄS 42, S. 1ff. – [13] Ann. Serv. 51, S. 509ff.; 52, S. 563ff. – [14] G. Posener, Littérature et Politique, Paris 1962, S. 32. – [15] PM III, S. 5 f. – [16] W. Stevenson Smith, op. cit., S. 157 Anm. 1; s. aber auch Ann. Serv. 49, S. 111ff. – [17] S. 524. – [18] PM III, S. 6f. – [19] JAOS 70, S. 65. – [20] PM III, S. 8. – [21] Nat. Hist. 36, 17. – [22] PM III, S. 1. – [23] PM III, S. 7 f. – [24] Siehe S. 524. – [25] Mitt. Kairo 3, S. 123ff. – [26] Ann. Serv. 38, S. 209ff. – [27] Erman, Lit., S. 43 [72ff.; Brunner-Traut, S. 11]. – [28] Vgl. die bibliographischen Angaben S. 524. – [29] Mitt. Kairo 14, S. 104ff.; WZKM 54, S. 222ff. – [30] W. Stevenson Smith, op. cit., Taf. 52. – [31] Ann. Serv. 29, S. 64ff. mit Taf. 1. – [32] So bezeichneten die Griechen die höchste Klasse der ägyptischen Priester, die im Ägyptischen so genannten »Gottesdiener«. Eine Sehergabe sollte dadurch nicht angedeutet werden. – [33] W. Stevenson Smith, Art and Architecture, Harmondsworth 1958, S. 75, 76 und 262 Anm. 28, 29. – [34] A. Scharff, Grundzüge der ägyptischen Vorgeschichte, Leipzig 1927, S. 51ff. – [35] Ann. Serv. 25, S. 178ff. – [36] PM IV, S. 90ff. – [37] BAR I, §§ 170ff. – [38] BAR I, §§ 190ff. – [39] Ann. Serv. 51, S. 131ff. – [40] Auch bekannt unter dem Namen Tjey. – [41] Siehe PM IV und V unter diesen Namen. – [42] PM V, S. 40. – [43] BAR I, § 377. – [44] PM V, S. 40. – [45] PM V, S. 126f. – [46] Vgl. die bibliograph. Angaben S. 524. – [47] JEA 24, S. 1ff. – [48] Gauthier, LR 1, S. 160. – [49] PM V, S. 193. – [50] PM III, S. 131 ff. – [51] PM III, S. 140ff. – [52] BAR I, § 286; dort aber anders aufgefaßt. –

⁵³ BAR I, § 288. – ⁵⁴ BAR I, § 290. – ⁵⁵ PM III, S. 84, 129. – ⁵⁶ PM V, S. 126. – ⁵⁷ PM IV, S. 237. – ⁵⁸ PM VII, S. 329. – ⁵⁹ ZÄS 44, S. 129; 59, S. 71. – ⁶⁰ BAR I, §§ 344–349. – ⁶¹ Siehe die bibliograph. Angaben S. 524. – ⁶² Name des 22., nördlichsten Gaues Oberägyptens. – ⁶³ Offenbar eine Bezeichnung für die zwei Seiten des Deltas. – ⁶⁴ Leute fremder Zunge, die als Dolmetscher dienten. – ⁶⁵ Siehe S. 45. – ⁶⁶ BAR I, § 366. – ⁶⁶ᵃ Emerys jüngste Ausgrabungen bei Buhen (Wâdi Halfa) haben das Vorhandensein einer Niederlassung bei einem Kupferbergwerk im frühen Alten Reich erwiesen; von mehreren Königen aus der 4. und 5. Dynastie haben sich die Namen gefunden. Die Bedeutung dieser überraschenden Entdeckung ist gewiß groß, doch wäre es voreilig, aus ihr weitreichende Schlüsse zu ziehen. – ⁶⁷ PM VII, S. 275. – ⁶⁸ ZÄS 42, S. 1ff. – ⁶⁹ BAR I, § 317. – ⁷⁰ BAR I, § 361. – ⁷¹ BAR I, § 360. – ⁷² BAR I, §§ 333–336. – ⁷³ D. h.: ich bezahlte ihm für die guten Dinge das, was er zu bekommen hatte. – ⁷⁴ Zuletzt behandelt von E. Edel in Äg. Stud., S. 51ff. – ⁷⁵ PM VII, S. 342. – ⁷⁶ Rev. d'Eg. 11, S. 119ff. – ⁷⁷ BAR I, §§ 380ff. – ⁷⁸ G. Jequier, Les Pyramides des reines Neit et Apouit, Kairo 1933. – ⁷⁹ Siehe S. 61 mit Anm. 22. – ⁸⁰ JEA 32, S. 71ff. – ⁸¹ Erman, Lit., S. 54ff. [86ff.].

Aufstieg und Niedergang des Mittleren Reiches

¹ La Pyramide d'Aba, Kairo 1935. – ² PM V, S. 126f. – ³ Siehe dazu Ann. Serv. 55, S. 170. – ⁴ JEA 12, S. 92. – ⁵ Petrie, Scarabs, Taf. 10, 7 und 10. – ⁶ Gauthier, LR I, S. 204; Ann. Serv. 10, S. 185; Hayes, Scepter, I, S. 143. – ⁷ Rec. trav. 24, S. 90–92. – ⁸ Rec. trav. 40, S. 186. – ⁹ PM IV, S. 141ff. – ¹⁰ PM V, S. 17ff. – ¹¹ PM IV, S. 177ff. – ¹² Nr. 16. – ¹³ Nr. 14. – ¹⁴ JEA 1, S. 32, Anm. 1. – ¹⁵ Bull. Just. fr. 36, S. 101ff. – ¹⁶ AJSL 32, S. 1ff.; auch Winlock, Rise, S. 11. – ¹⁷ Siehe S. 332 f. – ¹⁸ JEA 17, S. 55ff. – ¹⁹ Mitt. Kairo 14, S. 44, 47. – ²⁰ Mitt. Kairo 14, S. 42ff. – ²¹ Säve-Söderbergh, S. 58. – ²² Op. cit., S. 43. – ²³ Op. cit., S. 47. – ²⁴ Op. cit., S. 50f. – ²⁵ Anthes, Nr. 16, 25. – ²⁶ L. Klebs, Die Reliefs und Malereien des mittleren Reiches, Heidelberg 1922, S. 22, Abb. 14. – ²⁷ JEA 4, S. 28ff. – ²⁸ Plan bei Winlock, op. cit., Taf. 34. – ²⁹ Siehe S. 70f. – ³⁰ BAR I, §§ 427ff. – ³¹ Winlock, op. cit., S. 52. – ³² Hayes, Scepter I, S. 167, Abb. 102. – ³³ PM VII, S. 319. – ³⁴ BAR I, §§ 439ff. – ³⁵ BAR I, §§ 436ff. – ³⁶ BAR I, §§ 450f. – ³⁷ Mitt. Kairo 14, S. 46, Anm. 6. – ³⁸ PM II, S. 19, 41 usw. – ³⁹ Winlock, op. cit., S. 5, Anm. 12. – ⁴⁰ Gauthier, LR I, S. 245. – ⁴¹ BAR I, § 625. – ⁴² BAR I, §§ 522f. – ⁴³ Siehe S. 37. – ⁴⁴ Sinai II, S. 19. – ⁴⁵ BAR I, §§ 469ff. – ⁴⁶ BAR I, §§ 676ff. – ⁴⁷ PM VII, S. 386ff. – ⁴⁸ Vandier, S. 256. – ⁴⁹ PM VII, S. 392. – ⁵⁰ PM VII, S. 393/394. – ⁵¹ PM VII, S. 395. – ⁵² G. Posener in Syria 34, S. 145ff. – ⁵³ H. F. Lutz, Egyptian Tomb Steles, Leipzig 1927, Taf. 34, Nr. 66. – ⁵⁴ Säve-Söderbergh, S. 39ff. – ⁵⁵ Siehe S. 33. – ⁵⁶ BAR I, §§ 472f. – ⁵⁷ BAR I, §§ 510ff. – ⁵⁸ BAR I, §§ 519f. – ⁵⁹ Onom. I, S. 10*f. – ⁶⁰ BAR I, §§ 642ff. – ⁶¹ BAR I, § 652. – ⁶² Die nächst südliche Festung nach Wâdi Halfa. – ⁶³ JEA 31, S. 3ff. – ⁶⁴ Untersuchungen II, 1. – ⁶⁵ PM VII, S. 175ff.; Säve-Söderbergh, S. 103ff. – ⁶⁶ Dows Dunham, Museum of Fine Arts, Boston: The Egyptian Department and ist excavations, Boston 1958, S. 82ff. – ⁶⁷ PM VII, S. 405. – ⁶⁸ Onom. I, S. 203*. – ⁶⁹ PM VII, S. 308. – ⁷⁰ PM III, S. 234. – ⁷¹ PM IV, S. 99; Ann. Serv. 26, S. 105ff. – ⁷² R. A. Caminos, Literary Fragments, Oxford 1956, S. 22ff. – ⁷³ PM IV, S. 107ff. – ⁷⁴ Zum folgenden siehe Edwards, Pyramids, S. 183ff. – ⁷⁵ PM IV, S. 98. – ⁷⁶ Erman, Lit., S. 134ff. [179ff.]. – ⁷⁷ Op. cit., S. 84f.; Wilson in ANET, S. 431. – ⁷⁸ Gauthier, LR I, S. 341. – ⁷⁹ JEA 29, S. 74f. – ⁸⁰ JEA 5, S. 79ff. – ⁸¹ JEA 42, S. 119. – ⁸² ZÄS 40, S. 113ff. – ⁸³ JEA 27, S. 74f. – ⁸⁴ Davies, Rekh-mi-reʿ, I, S. 88f: s. auch S. 113. – ⁸⁵ Petrie, Ten Years' Digging in Egypt, London 1893, S. 115. – ⁸⁶ ZÄS 65, S. 108ff. – ⁸⁷ BAR I, §§ 694ff. – ⁸⁸ BAR I, §§ 661ff. – ⁸⁹ PM IV, S. 60. – ⁹⁰ Siehe S. 57. – ⁹¹ JEA 4, S. 71.

Vom Zusammenbruch zum Wiederaufstieg

[1] Parker, S. 69. – [2] Vollständige Wiedergabe im Anhang. – [3] Turiner Königspapyrus 6. 6; 8. 12, 14. – [4] Ibid. 6. 5; 7. 3; 8. 4, 20. – [5] Ägyptisch Smenu, das heutige Risêkât auf dem Westufer. – [6] Über diesen Ort westlich von Theben s. S. 127. Der Papyrus ist bekannt unter dem Namen P. Boulaq XVIII, nach dem Vorort von Kairo, wo Mariette 1863 sein Museum gründete. Vollständig wiedergegeben und behandelt ZÄS 57, S. 51 ff. – [7] W. C. Hayes, A Papyrus of the Late Middle Kingdom, Brooklyn 1955. Dazu neuerdings Helck in JNES 17, S. 263 ff. – [8] BAR I, §§ 781 ff. – [9] Deux pyramides du Moyen Empire, Kairo 1933. – [10] JEA 33, S. 10/11. – [11] PM VII, S. 389. – [12] Petrie, History I, S. 221, Abb. 127; S. 222, Abb. 128. – [13] BAR I, S. 753 ff. – [14] Alliot, Fouilles de Tell Edfou (1933), Kairo 1935, S. 33. – [15] PM VII, S. 180. – [16] Säve-Söderbergh, S. 119/120. – [17] Siehe H. H. Rowley, From Josef to Joshua, London 1950, eine sehr umfassende Erörterung des Exodus-Problems, die allerdings die vom Verfasser vertretene Auffassung ablehnt. – [18] JEA 37, S. 62, Anm. 5. – [19] Zuletzt behandelt von Säve-Söderbergh, JEA 37, S. 62/63. – [20] PM V, S. 129. – [21] British Museum, Hieroglyphic Texts, IV, Taf. 24. – [22] PM VII, S. 332. – [23] P. Lacau, Une stèle juridique de Karnak, Kairo 1949. – [24] Siehe insbesondere seinen Aufsatz JEA 10, S. 217 ff. – [25] PM V, S. 48. – [26] PM V, S. 125; BAR I, §§ 773 ff. – [27] Siehe zum Folgenden die bibliograph. Angaben S. 529 f. – [28] Von dieser füher unter dem Namen Papyrus Amherst bekannten Handschrift waren, als Chabas sie im Jahre 1873 zum ersten Male veröffentlichte, nur die oberen Hälften von vier herrlich geschriebenen hieratischen »Seiten« vorhanden. Im Februar 1936 hatte J. Capart Gelegenheit, einige ägyptische Kunstgegenstände näher zu untersuchen, die der Herzog von Brabant im Jahre 1854 mitgebracht hatte und die nun dem Brüsseler Museum zum Kauf angeboten wurden. Als Capart mit der Hand das hohle Innere einer hölzernen Statuette untersuchte, zog er einen Papyrus hervor, der sich dann als die fehlende obere Hälfte der Rolle erwies. Die einheimischen Finder zerschnitten nicht selten Papyri in zwei Teile, weil sie sich bei dem Verkauf von zwei Handschriften statt einer einen größeren Gewinn versprachen. Als die beiden Hälften für eine photographische Veröffentlichung zusammengefügt wurden, ergaben sie eine Urkunde von einer Pracht und einem derart spannenden Inhalt, daß nur sehr wenige sich mit ihr vergleichen können. – [29] JEA 24, S. 59 ff. – [30] JEA 10, S. 243/244. – [31] JEA 5, S. 40 ff.; Gardiner, Late-Egyptian Stories, S. 85 ff. – [32] Theben. – [33] Eine der Bezeichnungen für Ägypten. – [34] Zu dieser Schreibung des Namens des Gottes Seth s. S. 180/81. – [35] G. Elliot Smith, RM, S. 1–4. – [36] Zu dieser Datierung s. JEA 32, S. 24 ff. – [37] Siehe S. 354/55 und 530. – [38] Onom. II, S. 171*ff. – [39] Siehe S. 285. – [40] Ann. Serv. 44, S. 295 ff. – [41] Kêmi 4, S. 191 ff.; übersetzt ANET, S. 253. – [42] Ann. Serv. 53, S. 195 ff. – [43] JEA 3, S. 95 ff. – [44] Ann. Serv. 39, S. 245 ff. – [45] Hermopolis Magna, das heutige Aschmûnên. – [46] Siehe S. 167. – [47] Etwas nördlich von Schmun; Onom. II, S. 83*, 84*. – [48] Die Stunde der Mittagsmahlzeit. – [49] Dies Pi-Hathor muß die Stadt bei Gebêlen sein, s. Onom. II, S. 17*ff. – [50] PM V, S. 163. – [51] JEA 35, S. 50 ff.; Kush 4, S. 54 ff. – [52] JEA 5, S. 48 ff.; Abana war seine Mutter. – [53] BAR II, §§ 17–25, 344. – [54] BAR II, § 39. – [55] Ann. Serv. 10, S. 193 ff. – [56] Huy, S. 11. – [57] La Fin du moyen empire égyptien, 2 Bde., Paris 1918. – [58] JEA 32, S. 45, 47–48. – [59] JEA 37, S. 69–70. – [60] Einzelheiten s. JEA 37, S. 57 ff. – [61] JEA 10, S. 246. – [62] BAR II, §§ 33–37. – [63] Hier, wie oft, in der Bedeutung »Gemahlin«. – [64] Urk. IV, S. 14 bis 24; teilweise übersetzt BAR II, §§ 29–32. – [65] Zum folgenden: Winlock in JEA 10, S. 252 ff., 259 ff. – [66] BAR II, §§ 49–53; es sei denn, es handle sich bei ihr um die gleichnamige Gemahlin jenes Königs. – [67] Gauthier, LR II, S. 159, Anm. 2; S. 183, Anm. 2. – [68] Bull. soc. fr. d'Ég., Nr. 12 (1953). – [69] BAR II, §§ 26–28. – [70] PM I, S. 173. – [71] JEA 3, S. 147 ff. – [72] PM II, S. 147. – [73] PM I, S. 174. – [74] PM II, S. 193–197. – [75] Bull. Inst. fr. 27, S. 159 ff. – [76] L. Borchardt, Geschichte der Zeitmessung, Berlin 1920, Taf. 18.

Die thebanische Vorherrschaft

¹ Urk. IV, S. 110. – ² Urk. IV, S. 91. – ³ PM II, S. 157/158. – ⁴ Urk. IV, S. 105/106. – ⁵ BAR II, §§ 54–60. – ⁶ BAR II, §§ 67–73; PM VII, 174/175. – ⁷ BAR II, S. 80. – ⁸ Dieser semitische Name bedeutet »das Stromland«, s. Onom. I, S. 171*ff. – ⁹ BAR II, § 478. – ¹⁰ BAR II, §§ 81, 85. – ¹¹ Onom. I, S. 158*ff. – ¹² BAR II, §§ 90–98. – ¹³ Hayes, RS, S. 138ff. – ¹⁴ BAR II, §§ 99–108. – ¹⁵ Ann. Serv. 1, S. 99. – ¹⁶ BAR II, § 119–122 – ¹⁷ Ein anderer Name für Nubien. – ¹⁸ BAR II, § 124. – ¹⁹ Urk. IV, S. 150–153. – ²⁰ BAR II, § 341. – ²¹ Hayes, RS, S. 7ff. – ²²C. Robichon – A. Varille, Le Temple du scribe royal Amenhotep, I, Kairo 1936, S. 31ff. – ²³ Sethe, HP, S. 14, Abb. 1; JEA 15, S. 60, Anm. 4. – ²⁴ Sethe, HP, § 9. – ²⁵ BAR II, §§ 131–166. – ²⁶ Siehe die bibliograph. Angaben S. 526. – ²⁷ JEA 4, S. 114ff. – ²⁸ BAR II, § 169. – ²⁹ Ann. Serv. 34, Taf. 4. – ³⁰ Ann. Serv. 24, Taf. 3. – ³¹ Nachr. Göttingen 1955, S. 212. – ³² Sinai, Taf. 57, Nr. 181. – ³³ Bull. MMA, Eg. Exped. 1935/1936, S. 5ff. – ³⁴ AJSL 44, S. 49. – ³⁵ Sinai, Taf. 58, Nr. 179. – ³⁶ BAR II, § 351. – ³⁷ D. el B. [VI], Taf. 154. – ³⁸ JNES 16, S. 88ff. – ³⁹ D. el B. [III], Taf. 69–76. – ⁴⁰ D. el B. [II], Taf. 47–51. – ⁴¹ D. el B. [III], Taf. 60–63; BAR II, §§232–239. – ⁴² BAR II, §§ 243–245; PM II, S. 57 (34). – ⁴³ Winlock, Excavations, S. 105/106 und Taf. 45. – ⁴⁴ Mitt. Kairo 15, S. 80ff. – ⁴⁵ Winlock, op. cit., S. 137ff. – ⁴⁶ PM I, S. 28, Nr. 20. – ⁴⁷ Hayes, RS, S. 2 und 11/12. – ⁴⁸ JEA 32, S. 43ff. – ⁴⁹ ZÄS 69, S. 24ff. – ⁵⁰ Mond-Myers, Temples of Armant, London 1940, Taf. 103. – ⁵¹ PM II, S. 33 (37)ff.; 37 (73)ff. – ⁵² JNES 16, S. 99ff. – ⁵³ Onom. I, S. 137*ff. – ⁵⁴ Onom. II, S. 202*ff. – ⁵⁵ Texte: Urk. IV, S. 647ff.; s. die bibliograph. Angaben zu den Annalen Thutmosis' III. S. 526. – ⁵⁶ H. H. Nelson, The Battle of Megiddo, Chicago 1913. – ⁵⁷ BAR II, § 433. – ⁵⁸ Urk. IV, S. 1004. – ⁵⁹ Urk. IV, S. 779–794. – ⁶⁰ BAR II, § 467. – ⁶¹ BAR II, § 437. – ⁶² BAR II, § 461. – ⁶³ BAR II, §§ 461, 465. – ⁶⁴ T. Säve-Söderbergh, The Navy of the Eighteenth Egyptian Dynasty, Uppsala 1944, S. 33ff. – ⁶⁵ BAR II, §§ 446–449; Onom. I, S. 191*. – ⁶⁶ BAR II, § 484; Onom. I, S. 209*. – ⁶⁷ BAR II, § 485; Onom. I, S. 127*. – ⁶⁸ BAR II, § 476ff.; JEA 32, S. 39ff. – ⁶⁹ Dies Epitheton der Göttin Baalat, bzw. Hathor, dient hier als Bezeichnung für die Örtlichkeit selbst. – ⁷⁰ Zum Folgenden s. Onom. I, S. 153*ff. – ⁷¹ BAR II, §§ 498/499. – ⁷² BAR II, §§ 588f. – ⁷³ BAR II, § 531 (statt »the cities« lies »three villages«); Urk. IV, S. 730. – ⁷⁴ ANET, S. 244; Urk. IV, S. 1246, 1248. – ⁷⁵ PM II, S. 148. – ⁷⁶ Hayes, RS, S. 22ff. – ⁷⁷ P. Bucher, Les textes des tombes de Thoutmosis III et d'Aménophis II, Kairo 1932, Taf. 24. – ⁷⁸ H. E. Winlock, The Treasure of three Egyptian Princesses, New York 1948. – ⁷⁹ PM I, S. 175, Nr. 16. – ⁸⁰ BAR II, § 592. – ⁸¹ F. Chabas, Œuvres diverses, I, S. 225ff.; Th.Devéria, Œuvres diverses, I, S. 35ff.; Urk. IV, S. 999ff. – ⁸² JEA 11, S. 225ff. – ⁸³ Urk. IV, S. 1441ff. – ⁸⁴ BAR II, §§649/650. – ⁸⁵ Gurney, S.26. – ⁸⁶ In einer Inschrift: L.Borchardt, Geschichte der Zeitmessung, Berlin 1920, Taf. 18. – ⁸⁷ Urk. IV, S. 1366. – ⁸⁸ ZÄS 66, S. 105ff.; 68, S. 7ff. – ⁸⁹ ANET, S. 244. – ⁹⁰ ANET, S. 243. – ⁹¹ Urk. IV, S. 1343/1344. – ⁹² Siehe S. 220. – ⁹³ Urk. IV, S. 1448. – ⁹⁴ PM VII, S. 65ff. – ⁹⁵ ANET, S. 247/248. – ⁹⁶ Urk. IV, S. 1441ff. – ⁹⁷ Die Kartuschen beider Könige stehen nicht nur im Tempel von Amada, sondern auch in den thebanischen Gräbern Nr. 41 und Nr. 200 nebeneinander. Schlüsse aus einem solchen Befund sind jedoch bedenklich. – ⁹⁸ ANET, S. 245–247; s. auch die bibliograph. Angaben S. 526. – ⁹⁹ Onom. I, S. 166*. – ¹⁰⁰ Am. 126, 5; s. auch Onom. I, S. 165*. – ¹⁰¹ Am. 174, 4. – ¹⁰² In der Nähe der Küste zwischen dem Karmel und Joppe; auch mehrfach von Jesaja und an anderen Stellen der Bibel erwähnt. – ¹⁰³ Onom. I, S. 168*ff. – ¹⁰⁴ Siehe dazu die bibliograph. Nachweise S. 527. – ¹⁰⁵ Siehe S. 213. – ¹⁰⁶ BAR II, §§ 823–829; Urk. IV, S. 1545ff. – ¹⁰⁷ PM I, S. 123, Nr. 93. – ¹⁰⁸ BAR II, §§ 810–815. – ¹⁰⁹ Urk. IV, S. 1548ff. – ¹¹⁰ PM II, S. 159. – ¹¹¹ PM II, S. 149. – ¹¹² PM I, S. 29, Nr. 35; Hayes, RS, S. 23–25. – ¹¹³ PM I, S. 30, Nr. 43; Hayes, RS, S. 25–27. – ¹¹⁴ BAR II, §§ 842–845; Urk. IV, S. 1661ff. – ¹¹⁵ BAR II, §§ 851–855. – ¹¹⁶ PM VII, S. 166/

167. – ¹¹⁷ PM VII, S. 169–172; BAR II, §§ 893–898. – ¹¹⁸ BAR II, §§ 860ff.; Urk. IV, S. 1737ff. – ¹¹⁹ PM I, S. 30–31, Nr. 46. – ¹²⁰ Zu dieser Kontroverse s. Vandier, S. 383/384. – ¹²¹ ZÄS 65, S. 98ff. – ¹²² A. Gayet, Le Temple de Louxor, Kairo 1894, Taf. 63, Abb. 205. – ¹²³ JNES 10, S. 35ff. – ¹²⁴ H. Frankfort, The Mural Painting, London 1929 – ¹²⁵ Siehe H. Bonnet, Reallexikon der äg. Religionsgeschichte, Berlin 1952, S. 158–160. – ¹²⁶ T. Säve-Söderbergh, Index unter Kari. – ¹²⁷ Siehe die bibliograph. Angaben S. 527. – ¹²⁸ Am. 17, 5. 41. – ¹²⁹ Am. 24, 1, 47; 29, 18. – ¹³⁰ Am. 17, 11–20. – ¹³¹ Am. 29, 16–18. – ¹³² Am. 1, 10–14. – ¹³³ Siehe die bibliograph. Angaben S. 527. Die wichtigste Inschrift BAR II, §§ 911–920. – ¹³⁴ Der eine von beiden ist der Tönende Memnonskoloß; s. auch S. 8. – ¹³⁵ PM II, 160. – ¹³⁶ Siehe W. C. Hayes, Inscriptions from the Palace of Amenhotep III, JNES 10, S. 35ff., 82ff., 156ff., 231ff. – ¹³⁷ BAR II, §§ 878–892; 899–903; Texte: Urk. IV, S. 1646ff., 1722ff. – ¹³⁸ Urk. IV, S. 1668. – ¹³⁹ G. Lefebvre, Grands prêtres, S. 90ff.; auch ZÄS 72, S. 62/63.

Der religiöse Umbruch und die Zeit danach

¹ JNES 10, S. 35–36. – ² PSBA 24, S. 246; Ann. Serv. 40, S. 651–657; 45, S. 123/124. – ³ Am. 1, 11–14. – ⁴ Am. 17, 5–6; 19, 6. – ⁵ Am. 20, 8–16. – ⁶ Am. 22. – ⁷ Am. 20, 1–3; 21, 1–6. – ⁸ Am. 23. – ⁹ Siehe S. 228. – ¹⁰ Am. 26. – ¹¹ Hayes, R S, S. 27–30. – ¹² Bull. Inst. ég. 1898, S. 109, 111; Elliot Smith, RM, S. 46–51. – ¹³ Am. 41; dieser Brief gibt allerdings seltsamerweise den Namen des Königs mit Ḥuria wieder. – ¹⁴ Am. 27. – ¹⁵ Am. 28,8; 29, 3. – ¹⁶ Siehe darüber Vandier, S. 384. – ¹⁷ Benremut, Davies, Am. VI (Index), S. 39. – ¹⁸ JNES 14, S. 170/171. – ¹⁹ ZÄS 59, S. 109ff. – ²⁰ Bull. Inst. fr. 41, S. 25ff. – ²¹ Gauthier, LR II, S. 343–345. – ²² PM V, S. 220. – ²³ JEA 9, S. 168ff. – ²⁴ Petrie, Tell el Amarna, Taf. 22. 3. – ²⁵ ZÄS 52, S. 73, Abb. 1. – ²⁶ Davies, Ramose, Taf. 29. – ²⁷ Op. cit., Taf. 33. – ²⁸ PM IV, S. 192ff. – ²⁹ Petrie, op. cit., Taf. 42; PSBA 23, S. 219. – ³⁰ PM IV, S. 202/203. – ³¹ PM IV, S. 235/236. – ³² PM IV, S. 230–232. – ³³ PM VII, S. 169/170. – ³⁴ JEA 43, S. 14, Anm. 8. – ³⁴ᵃ Der Bestandteil maʻa.t wird hier in dem Namen mit ma wiedergegeben, weil dies der wohl schon seit dem Alten Reich üblichen Aussprache näherkommt. – ³⁵ JAOS 14, S. 1ff. – ³⁶ Davies, Am. III, Taf. 4. – ³⁷ Gauthier, LR II, S. 343–345. – ³⁸ BAR II, §§ 973–976. – ³⁹ JEA 6, S. 34–35. – ⁴⁰ Säve-Söderbergh, S. 162. – ⁴¹ Davies, Am. VI, Taf. 2–10. – ⁴² JEA 9, S. 133ff. und Taf. 23. – ⁴³ PM IV, S. 206. – ⁴⁴ Davies, Am. IV, Taf. 37. – ⁴⁵ Op. cit. IV, Taf. 35. – ⁴⁶ Op. cit. IV, Taf. 39. – ⁴⁷ Op. cit. VI, Taf. 22ff. – ⁴⁸ Op. cit. IV, Taf. 14ff. – ⁴⁹ Op. cit. V, Taf. 15. – ⁵⁰ Sandman, 61. 12–16. – ⁵¹ Op. cit., 92. 8–9; 60. 6. – ⁵² Op. cit., 1. 7–9; 80. 17–81. 1. – ⁵³ Op. cit., 93–96. – ⁵⁴ Allgemein übliche Bezeichnung für das Meer. – ⁵⁵ Palästina und Syrien, s. Onom. I, S. 180*R. – ⁵⁶ Der Regen. – ⁵⁷ Die Ägypter blickten nach Süden, so daß für sie »Westen« und »rechts« identisch waren. – ⁵⁸ Davies, Am. IV, Taf. 32, Apy 4. – ⁵⁹ JEA 9, S. 168ff. – ⁶⁰ ZÄS 52, S. 78, Abb. 9. – ⁶¹ Davies, Am. III, Taf. 4. – ⁶² ZÄS 55, S. 2–4; JEA 43, S. 19. – ⁶³ PM III, S. 220. – ⁶⁴ Am. 53. 11ff.; 54. 26ff.; 55. 16ff. – ⁶⁵ Am. 59. 13ff. – ⁶⁶ Mercer [II], S. 836/837. – ⁶⁷ Siehe oben Anm. 13. – ⁶⁸ PM IV, S. 236. – ⁶⁹ CoA I, S. 155 und Anm. 3. – ⁷⁰ JEA 14, Taf. 4. – ⁷¹ JEA 5, S. 10ff. – ⁷² Davies, Am. II, Taf. 41. – ⁷³ JEA 14, Taf. 10ff. – ⁷⁴ PM III, S. 220. – ⁷⁵ Ann. Serv. 31, S. 102, Anm. 2. – ⁷⁶ Ann. Serv. 40, S. 537ff. – ⁷⁷ JEA 43, S. 10ff. – ⁷⁸ Bull. Inst. fr. 12, S. 151ff. – ⁷⁹ Ann. Serv. 31, S. 103ff. – ⁸⁰ Ann. Serv., S. 115ff. – ⁸¹ JEA 43, S. 23. – ⁸² Gardiner, Mes., S. 23, Anm. 82; JEA 24, S. 124. – ⁸²ᵃ Auf erst kürzlich veröffentlichten Vasen aus dem Metropolitan Museum of Art und dem Britischen Museum findet sich der Name einer Kyia, die als »große geliebte Gemahlin von« König Achenaten bezeichnet ist, s. JEA 47, S. 29/30. Dies sind die ersten eindeutigen Belege dafür, daß der Ketzerkönig neben seiner offiziell anerkannten Gemahlin Nofretete eine Nebenfrau hatte, die vermutlich eine von vielen war. Über die verschiedenen

Gemahlinnen Thutmosis III., s. S. 215, über die Sethos' I. und Ramses' II. s. S. 284. -
⁸³ Petrie, Tell el Amarna, Taf. 15. - ⁸⁴ ZÄS 74, S. 104. - ⁸⁵ JEA 18, S. 50. -
⁸⁶ PM II, S. 16/17; JEA 25, S. 8ff. - ⁸⁷ Diese konventionelle Formel braucht nicht
unbedingt zu bedeuten, daß Tutanchamun wirklich ein Sohn Achenatens war. -
⁸⁸ W. Wolf, Das schöne Fest von Opet, Leipzig 1931. - ⁸⁹ Th. M. Davis, The
Tombs of Harmhabi and Touatânkhamanu, London 1912, S. 128, Abb. 4. -
⁹⁰ Op. cit., S. 133. 15. 3. - ⁹¹ Ann. Serv. 38, S. 641ff. - ⁹² Ann. Serv. 40, S. 136ff. -
⁹³ PM V, S. 22. - ⁹⁴ Th. M. Davis, The Tomb of Iouiya and Touiyou, London 1097,
S. 5. 7. - ⁹⁵ PM V, S. 17. - ⁹⁶ JNES 14, S. 168, Anm. 2. - ⁹⁷ JEA 43, S. 30ff. -
⁹⁸ PM I, S. 28, Nr. 23. - ⁹⁹ Übersetzung ANET, S. 319. - ¹⁰⁰ ANET, S. 395. 4. -
¹⁰¹ Diese zeitliche Ansetzung ist jedoch zweifelhaft, s. CoA III, S. 157/158. -
¹⁰² JEA 39, S. 13ff. mit Taf. 1. - ¹⁰³ PM III, S 195-197; JEA 39, S. 3ff. - ¹⁰⁴ Gauthier,
LR II, S. 382. - ¹⁰⁵ JEA 39, S. 5, Abb. 1. - ¹⁰⁶ ZÄS 38, S. 47ff. - ¹⁰⁷ JEA 10, S. 1ff. -
¹⁰⁸ ZÄS 33, Taf. 1; 60, S. 56ff. - ¹⁰⁹ PM II, S. 62 (65); Urk. IV, S. 2140ff. -
¹¹⁰ Seele, Coregency, S. 7ff. - ¹¹¹ PM II, S. 59ff. - ¹¹² PM II, S. 102/103. - ¹¹³ PM V,
S. 208ff.; Wreszinski II, Taf. 161/162. - ¹¹⁴ Hölscher, Temples of the Eighteenth
Dynasty, S. 63ff. - ¹¹⁵ Siehe Anm. 89.

Die Ramessidenzeit: Die 19. Dynastie

¹ Ann. Serv. 14, S. 29ff. - ² PM VII, S. 130; BAR III, §§ 74ff. - ³ PM VII,
S. 129. - ⁴ JEA VI, S. 36ff. - ⁵ PM II, S. 16 (25)-(26); Seele, Coregency §§ 22ff. -
⁶ Bull. Inst. fr. 56, S. 189ff. - ⁷ JEA 32, S. 27ff. - ⁸ PM II, S. 146 (XXIX). - ⁹ PM
VI, S. 31-33. - ¹⁰ Ann. Serv. 51, S. 167ff.; Rev. d'Ég. 11, S. 1ff. - ¹¹ Siehe S. 68. -
¹² ZÄS 58, S. 45ff.; 66, S. 1ff. - ¹³ PM 6, S. 1ff. - ¹⁴ JEA 13, S. 193ff.; 38, S. 24ff.
- ¹⁵ JEA 4, S. 241ff. - ¹⁶ Wreszinski II, Taf. 34ff.; JEA 33, S. 34ff. - ¹⁷ JEA 10,
S. 6ff. - ¹⁸ JEA 6, S. 99ff. - ¹⁹ BAR III, § 88. - ²⁰ PM VII, S. 392. - ²¹ PM VII,
S. 383. - ²² B. Grdseloff, Études égyptiennes, II, Kairo 1949. - ²³ PM VII, S. 380. -
²⁴ Säve-Söderbergh, S. 168. - ²⁵ PM I, S. 175, 18. - ²⁶ PM VI, S. 33ff. - ²⁷ PM III,
S. 218. - ²⁸ PM VII, S. 106; BAR III, §§ 394ff. - ²⁹ PM VII, S. 95ff. - ³⁰ ZÄS 41,
S. 53ff. - ³¹ Siehe S. 149. - ³² Siehe S. 171. - ³³ BAR III, §§ 259ff. - ³⁴ Sethos I. -
³⁵ Seele, Coregency, S. 23ff. - ³⁶ ZÄS 44, S. 30ff. - ³⁷ JEA 5, S. 127ff., 179ff. - ³⁸ PM
4, S. 9. - ³⁹ Ann. Serv. 52, S. 443ff. - ⁴⁰ PM VII, S. 83; BAR III, §§ 282ff. - ⁴¹ Onom.
I, S. 194*ff. - ⁴² Kêmi 10, S. 63ff. mit Taf. 6. - ⁴³ ANET, S. 476. - ⁴⁴ PM VII,
S. 385. - ⁴⁵ BAR III, §§ 298ff.; s. auch die bibliograph. Angaben S. 528. - ⁴⁶ Kuentz,
S. 237ff. - ⁴⁷ Die ersten drei sind die Namen von südwestlich des Hethiter-Reichs
gelegenen Ländern, ebenso der letzte (Luka = Lykier). Die Keschkesch sind die
Gaschgasch der Keilschrifttafeln im Nordosten. Arwen läßt sich nicht identifizieren. Kizzuwadna entspricht etwa Kilikien, Chaleb ist Aleppo. Über Ugarit
siehe S. 222. Die in dem »Gedicht« an anderer Stelle erwähnten Dardani sind
zweifellos Homers Dardaner. Im einzelnen s. Onom. I, S. 123*ff. und die Karte
Gurney, S. XVI. - ⁴⁸ Kuentz, S. 319. - ⁴⁹ Siehe die bibliograph. Angaben S. 528. -
⁵⁰ Das Ubě der Amarna-Tafeln, s. Onôm. I, S. 152*, 181*. - ⁵¹ BAR III, §§ 356ff.;
Wreszinski II, Taf. 90, 91, 107, 108. - ⁵² Wreszinski II, Taf. 58. - ⁵³ BAR III,
§ 365; ZÄS 44, S. 36ff. - ⁵⁴ JEA 6, S. 179ff. - ⁵⁵ PM II, S. 49. 2. - ⁵⁶ Ann. Serv. 25,
S. 181ff. Eine kürzere Version Ann. Serv. 25, S. 34ff. - ⁵⁷ RAD 23, 23a. - ⁵⁸ BAR
III, §§ 427/428. - ⁵⁹ Lefebvre, Romans, S. 221ff. - ⁶⁰ Petrie, History, III (3. Aufl.),
S. 35ff., 82ff. - ⁶¹ Lep. Denkm. III, 174e, 175h. - ⁶² Gauthier, LR III, S. 84ff;
s. die bibliograph. Angaben S. 528. - ⁶³ Gauthier, LR III, S. 102/103. - ⁶⁴ Gauthier,
LR III, S. 75-77. - ⁶⁵ PM I, S. 45, Nr. 66. - ⁶⁶ PM I, S. 175, Nr. 17. - ^{66a} [Seit 1959
sind die Mumien der Könige wieder im Museum von Kairo ausgestellt.] - ⁶⁷ Petrie,
History, III (3. Aufl.), S. 89ff. - ⁶⁸ von Beckerath, Tanis, S. 59ff. - ⁶⁹ Lefebvre, Grands
prêtres, S. 157ff. - ⁷⁰ Bekenchons, op. cit., S. 132ff.; Roma-Roy, S. 139ff. -
⁷¹ Der hier verwendete Name Mose statt des früheren Mes; s. die bibliograph.

ANMERKUNGEN 485

Angaben S. 528. – [72] BAR III, §§ 580, 586. – [73] PM VII, S. 368/369. – [74] Bull. soc. fr. d'Ég. Nr. 6 (1951), Taf. 1. – [75] Onom. I, S. 196*. – [76] Onom. I, S. 128*. – [77] PM II, S. 49 (6); BAR III, §§ 569ff. – [78] Ann. Serv. 27, S. 19ff.; ZÄS 19, S. 118. – [79] PM II, S. 159. Letzte Übersetzung ANET, S. 376–378. – [80] Palästina und Syrien, s. Onom. I, S. 180*ff. – [81] Wortspiel mit dem Namen Chor. – [82] Siehe S. 481 Anm. 17. – [83] ANET, S. 320; bestätigt in 2. Könige 3, 4ff. – [84] Rec. trav. 18, S. 159. – [85] Caminos, Misc., S. 108ff. – [86] Op. cit., S. 293. – [87] Zuletzt übersetzt ANET, S. 475–479. – [88] Caminos, Misc., S. 303. – [89] P. Salt 124, s. JEA 15, S. 243ff. – [90] PM I, S. 12, Nr. 10. – [91] Siehe zum folgenden JEA 44, S. 12ff. – [92] PM II, S. 149. – [93] PM II, S. 159. – [94] JEA 44, S. 20.

Die Ramessidenzeit (Fortsetzung): Die 20. Dynastie

[1] P. Harris 75. 2–5, übersetzt in ANET, S. 260. – [2] PM I, 29, Nr. 35. – [3] Säve-Söderbergh, S. 173ff. – [4] Hist. Rec., S. 19ff. – [5] JNES 10, S. 91. – [6] Onom. I, S. 119*ff. – [7] Med. Habu [I], Taf. 34. – [8] JEA 25, S. 148ff. – [9] Onom. I, S. 124*ff.; s. aber Gurney, S. 42/43. – [10] Onom. I, S. 199*f. – [11] Onom. I, S. 200*ff. – [12] Hist. Rec., S. 53ff. – [13] Palästina und Syrien, s. Onom. I, S. 145*. – [14] Siehe S. 223/24. – [15] Hist. Rec., S. 42. – [16] Nelson in JNES 2, S. 40ff. Der Ausschnitt, um den es hier geht, Abb. 11. – [17] BAR IV, § 405. – [18] Vermutlich nahe bei Abukir. – [19] Der kanopische (westlichste) Nilarm. – [20] Das heutige Sachá am kanopischen Nilarm. – [21] Hist. Rec., S. 74ff., S. 87ff. – [22] Med. Habu [II], Taf. 75. – [23] Op. cit. [II], Taf. 70. – [24] Op. cit. [II], Taf. 87. – [25] Op. cit. [II], Taf. 88. – [26] Op. cit. [II], Taf. 94. – [27] BAR IV, § 404. – [28] Kêmi 5, Taf. 3. – [29] BAR IV, § 182. – [30] JNES 10, S. 137ff.; RAD, S. 49ff. – [31] BAR IV, §§ 416ff.; s. auch die bibliograph. Angaben S. 529. – [32] BAR IV, §§ 454–456. – [33] JEA 23, S. 152ff. – [34] BAR IV, S. 175/176. – [35] Vollständige Übersetzung und Deutung BAR IV, §§ 151–412. – [36] S. 311. – [37] BAR IV, § 407. – [38] BAR IV, § 408. – [39] BAR IV, § 409. – [40] BAR IV, § 354. – [41] BAR IV, § 410. – [42] BAR IV, § 361; O. Berlin 10633. – [43] BAR IV, §§ 397ff. – [44] Siehe S. 509. – [45] Siehe dazu die bibliograph. Angaben S. 529. – [46] Elliot Smith, RM, Index; die Särge: PM I, S. 29, Nr. 35. – [47] Wörtlich »Erster Gottesdiener«, oft wiedergegeben mit »Erster Prophet«, s. S. 92, Anm. 32. – [48] PM VII, S. 333. – [49] Bull. Inst. fr. 48, S. 1ff. – [50] Siehe dazu die bibliograph. Angaben S. 529. – [51] Wie Anm. 50. – [52] Darüber JAOS 70, S. 299ff.; Bibl. Or. 16, S. 220f. – [53] Rev. d'Ég. 6, S. 115–124. – [54] JEA 4, S. 130ff. – [55] Elliot Smith, RM, S. 91. – [56] PM I, S. 9–12, Nr. 9. – [57] JEA 25, S. 143. – [58] PM VII, S. 76; BAR IV, §§ 474ff. – [59] JEA 12, S. 257/258; 14, S. 68. – [60] Siehe S. 129, 178ff., 190. – [61] JEA 12, S. 254ff. – [62] PM II, S. 75ff. – [63] Nims in JNES 7, S. 157ff. – [64] Gauthier, LR III, S. 232ff. – [65] Die Daten des Originals passen nicht zusammen. – [66] Siehe S. 314. – [67] Von diesem Gottesbild erhoffte man sich den erfolgreichen Ausgang von Wenamunes Mission. Beispiele anderer »reisender« Götterbilder s. 234, 296. – [68] Tjikarbaal will damit sagen, er brauche nur den Mund aufzutun, und schon regne es Baumstämme. – [69] Sutech ist hier der Donnergott. Offenbar will der Fürst sagen, Wenamun werde Schiffbruch erleiden, da er völlig unausgerüstet gekommen sei, und dann werde Amun nur donnern. Tjikarbaal gibt dann zu, daß Amun zunächst in seinem eigenen Lande Kunst und Wissenschaft gestiftet und sie dann über alle anderen Länder verbreitet habe. Da Amun damit aber alles gegeben habe, was er habe geben können, sei Wenamuns gegenwärtige Reise völlig zwecklos. – [70] Sicher eine beleidigende Stichelei; möglicherweise wollte er damit zum Ausdruck bringen, Wenamun und der Pharao seien gleich übel beleumundet. – [71] Möglicherweise Ramses IX., auf jeden Fall ein König; Wenamun hält ihm entgegen, sogar Könige seien Menschen, er aber stehe im Dienst eines Gottes. – [72] Wird heute allgemein für Zypern gehalten; s. auch Onom. I, S. 131*; ANET, S. 356, Anm. 3. – [73] Abkürzung für Ne-rese, »die Süd-Stadt« = Theben; in der Bibel unrichtig No vokalisiert.

Ägypten unter fremder Herrschaft

[1] BAR IV, §§ 627–630. – [2] PM III, S. 5. – [3] PM III, S. 225. – [4] PM V, S. 78, 80. – [5] Psus., S. 16/17. – [6] Op. cit., S. 136, Abb. 51. – [7] Rec. trav. 14, S. 32. – [8] BAR IV, §§ 738–740. – [9] PM II, S. 54 (16). – [10] Daressy, Cerc., S. 112. – [11] In Thinis. – [12] Achmîm. – [13] Stadt etwas nördlich von Asjût. – [14] PM IV, S. 124. – [15] PM I, S. 173 ff. – [16] S. z. B. S. 164. – [16a] [S. aber S. 297, Anm. 66a]. – [17] JEA 32, S. 24 ff. – [18] Gauthier, LR III, S. 307. – [19] S. 353. – [20] BAR IV, §§ 650–658. – [21] PM II, 61 (58); s. die bibliograph. Angaben S. 530. – [22] JEA 41, S. 83 ff. – [23] Rec. Trav. 30, S. 87. – [24] Gauthier, LR III, S. 293. – [25] Psus., S. 173–175. – [26] Onom. I, S. 120*. – [27] PM III, S. 205–215. – [28] PM III, S. 209; BAR IV, §§ 785 ff. – [29] JEA 27, S. 83 ff. – [30] BAR IV, §§ 783 ff. – [31] JEA 19, S. 19 ff. – [32] Siehe die bibliograph. Angaben S. 530. – [33] Gemeint sind die Meschwesch-Libyer. – [34] Ann. Serv. 18, S. 246 bis 249. – [35] Gauthier, LR III, S. 345. – [36] Siehe S. 371. – [37] JEA 28, S. 46 ff. – [38] PM VII, S. 381 ff. – [39] PM VII, S. 388. – [40] ZÄS 34, S. 111 ff. – [41] Festival Hall, Taf. 6. – [42] Der »schöne Gott« ist Osorkon selbst. – [43] Rec. trav. 22, S. 55; 31, S. 6; 35, S. 138. – [44] Vandier, S. 567 f. – [45] Op. cit., S. 528, 560. – [46] Gauthier, LR III, S. 430/431. – [47] BAR IV, §§ 771 ff., 778 ff. – [48] Gauthier, LR III, S. 397–398. – [49] Die Zahlen in Klammern sind die Angaben von Eusebius. – [50] JEA 35, S. 149. – [51] Siehe die schöne Zeichnung JEA 32, Taf. 11. – [52] BAR II, § 1022. – [53] PM VII, S. 217; BAR IV, §§ 796 ff. – [54] JEA 21, S. 219 ff. – [55] PM VII, S. 197. – [56] PM III, S. 209. – [57] 2. Könige 16, 9; ANET, S. 283. – [58] 2. Könige 15, 29/30; ANET, S. 284. – [59] 2. Könige 17, 3 ff. – [60] ANET, S. 283. – [61] ANET, S. 285. – [62] ANET, S. 286. – [63] Nach anderer Ansicht 715 v. Chr., s. Bull. Inst. fr. 51, 27. – [64] PM VII, 196/197. – [65] PM II, S. 220, 226. – [66] PM II, Index, S. 201. – [67] Kawa I, S. 119/120. – [68] Bull. Inst. fr. 51, S. 28. – [69] ANET, S. 287 f. – [70] ANET, S. 293. – [71] ANET, S. 294. – [72] ANET, S. 295. – [73] BAR IV, §§ 919 ff. – [74] Der Ort in den Deltasümpfen, an dem der Gott Horus seine Kindheit verbrachte. – [75] PM VII, S. 223. – [76] Dazu die Aufsätze von Legrain in Rec. trav. 33 ff. – [77] PM V, S. 78. – [78] PM II, S. 92; BAR IV, §§ 901 ff. – [79] Ann. Serv. 7, S. 226. – [80] PM VII, S. 196. – [81] PM VII, S. 217.

Die letzten Kämpfe um die Unabhängigkeit

[1] ANET, S. 295. – [2] F. Ll. Griffith, Rylands Papyri, III, S. 44, 201. – [3] BAR IV, §§ 959–962. – [4] So auch hieroglyphisch; im Assyrischen Niku; Nechao bei Manetho ist ungenau. – [5] D. D. Luckenbill, Ancient Records of Assyria, II, §§ 784/785. – [6] BAR IV, §§ 935 ff. – [7] PM I, S. 165, Nr. 279. – [8] PM I, S. 69, Nr. 36; Ann. Serv. 5, S. 94–96. – [9] Ann. Serv. 5, S. 84 ff. – [10] BAR IV, §§ 967 ff. – [11] ZÄS 44, S. 42 ff. – [12] Bibliographie bei Kienitz (s. S. 531), S. 39, Anm. 2. – [13] BAR IV, §§ 989–995. – [14] PM VII, S. 384. – [15] Wisemann, Chronicles (s. S. 531), S. 23, 67. – [16] Op. cit., S. 25, 67/68. Zu dieser Zeit umfaßte die Bezeichnung Chatti ganz Syrien und Palästina, s. S. 255 f. – [17] Wisemann, S. 28, Anm. 5. – [18] Kienitz, S. 41/42. – [19] Bull. Inst. fr. 50, S. 157 ff. – [20] Kienitz, S. 25. – [21] Op. cit., S. 26. – [22] Op. cit., S. 28. – [23] Op. cit., S. 29, Anm. 1. – [24] Manetho gibt diesen Namen wie den des ersten Königs der 18. Dynastie mit Amosis wieder; im Ägyptischen heißen beide 'Aḥmose. – [25] Rec. trav. 22, S. 1 ff. – [26] Wisemann, S. 94/95. – [27] PM IV, S. 50. – [28] Posener in CAH IV, S. 30 ff. – [29] ANET, S. 492. – [30] Siehe die bibliograph. Angaben S. 531. – [31] Posener, S. 48 ff. – [32] PM VII, S. 277 ff. – [33] Posener, S. 41 ff. – [34] Op. cit., S. 88 ff. – [35] Op. cit., S. 1 ff. – [36] Op. cit., S. 123, 178. – [37] Kienitz, S. 69, nach Thuk. I, 104; Herodot III, 12; VII, 7. – [38] Thuk. I, 109. – [39] Thuk. I, 110. – [40] Thuk. I, 112; Hdt. II, 140; III, 15. – [41] Kienitz, S. 72/73; s. aber auch CAH V, S. 469–471. – [42] ANET, S. 492. – [43] Kraeling, S. 283. – [44] Kienitz,

S. 76. – [45] Op. cit., S. 84. – [46] Op. cit., S. 86/87. – [47] Vandier, S. 624/625, Kienitz, S. 199. – [48] Aufgeführt bei Kienitz, S. 199–212. – [49] Ann. Serv. 52, S. 375 ff. – [50] Djeḥo im Ägyptischen. – [51] Diod. XV, 90, 92. – [52] Kienitz, S. 193–212, 214–230. – [53] Bull. Inst. fr. 30, S. 369 ff.

ZURÜCK ZU DEN ANFÄNGEN

Die Vorzeit

[1] W. M. F. Petrie – J. E. Quibell, Naqada and Ballas, London 1896. – [2] Recherches sur les origines de l'Égypte, 2 Bde., Paris 1896/1897. – [3] Früher als Moustérien bezeichnet. – [4] J. Ball, Contributions, S. 29, 176. – [5] Zum ersten Male erläutert in seinem Werk Diospolis Parva, London 1901, S. 4 ff. – [6] D. Randall-MacIver und A. C. Mace, El Amrah and Abydos, London 1902; s. auch PM V, S. 106/107. – [7] Ausgegraben von G. A. Wainwright, s. Petrie–Wainwright–Mackay, The Labyrinth, Gerzeh and Magzhuneh, London 1912. – [8] J. E. Quibell – F. W. Green, Hierakonpolis II, London 1902, Taf. 75–79. – [9] Zu Derrys Äußerungen s. S. 533. – [10] PM V, S. 104 ff., 194. – [11] PM V, S. 193. – [12] PM V, S. 105, Nr. 6. – [13] ZÄS 52, S. 56. – [14] Bull. Inst. fr. 31, S. 121 ff. – [15] ZÄS 52, S. 56. – [16] PM V, S. 104, Nr. 3. – [17] Daß die Leute auf der Narmer-Palette und die im folgenden genannten gefangenen Häuptlinge keine Federn tragen, ist vielleicht ein Hinweis auf ihre Niederlage; vgl. das Zitat Seite 303 Mitte. – [18] L. Borchardt, Das Grabdenkmal des Königs Saḥureʿ, II, Leipzig 1913, Taf. 1, 5. – [19] In dem PM V, S. 104, Nr. 3, genannten Aufsatz. – [20] Nachr. Göttingen 1922, S. 197 ff. – [21] Ann. Arch. und Anthrop. Liverpool 5, S. 132 ff. – [22] PM V, S. 105, Nr. 4. – [23] Siehe auch Abb. 12. – [24] PM V, S. 107. – [25] AJSL 58, S. 355. – [26] Siehe E. J. Baumgartel (die hier Petrie folgt), The Cultures of Prehistoric Egypt, durchges. Aufl., Oxford 1955, S. 44. – [27] Engelbach in Ann. Serv. 42, S. 201 ff. – [28] In: The Making of Egypt, S. 9. – [29] The Development of the Egyptian Tomb, Cambridge, Harvard Univ. Press, 1936.

Manethos 1. und 2. Dynastie

[1] PM V, S. 78 ff. – [2] In Petrie, Royal Tombs; s. S. 533. – [3] ZÄS 35, S. 1 ff. – [4] Ann. Serv. 44, S. 284 ff. – [5] C. M. Firth – J. E. Quibell, The Step Pyramid, Kairo 1935, Taf. 88, 1; 105, 3. – [6] Ann. Serv. 49, S. 217 ff., 547. – [7] Junker, Turah, S. 7. – [8] RT II, Taf. 3, 19. – [9] Petrie, Royal Tombs, II, Taf. 13, 93. Siehe hier Abb. 13. – [10] PM V, S. 118. Hier zusammen mit später gefundenen Bruchstücken, Ann. Serv. 33, Taf. 1, 2. – [11] Ann. Serv. 44, S. 279 ff. – [12] ZÄS 30, S. 43 ff. – [13] Pläne in Emery, Great Tombs (s. S. 533), I, S. 2–18; II, Taf. 1, 2; III, Taf. 2. – [14] Emery, op. cit., II, S. 142. – [15] Petrie, Royal Tombs, I, Taf. 30. – [16] Emery, op. cit., III, Taf. 39. – [17] Petrie, Gizeh and Rifeh, London 1907, S. 2 ff. – [18] Petrie, Royal Tombs, I, S. 27, 64. – [19] Emery, op. cit., III, Taf. 39. – [20] PM V, S. 79. – [21] OLZ 1957, S. 12–20; 1959, S. 566–570. – [22] Pal. recto 3. 2. – [23] ZÄS 35, S. 7. – [24] ZÄS 48, S. 113. – [25] Oder Scha, s. Borchardt, Saḥureʿ, S. 74; auch JEA 14, S. 220 ff. – [26] Ann. Serv. 44, S. 295. – [27] JEA 20, S. 183–184; Hierakonpolis I, Taf. 2. – [28] RT II, Taf. 24, Nr. 210. – [29] J. Garstang, Mahâsna and Bêt Khallâf, London 1902, Taf. 10, Nr. 7. – [30] Sethe in ZÄS 35, S. 22–23. – [31] JEA 1, S. 233–235. – [32] PM VII, S. 390. – [33] Ann. Serv. 44, S. 295–298. – [34] Hierakonpolis, II, Taf. 58. – [35] Ann. Serv. 44, S. 294. – [36] Ägyptische Inschriften aus den Königl. Museen zu Berlin, I, Leipzig 1913, S. 30. – [37] Beiträge, S. 3 ff. (s. S. 70, Anm. 30). – [38] Two Hieroglyphic Papyri (Egypt Exploration Fund), London 1889, Taf. 9, Fragm. 10. – [39] JNES 14, S. 210 ff. – [40] Siehe die bibliograph. Angaben S. 533. – [41] RT II, Taf. 3 A, 5. – [42] Schott, Hieroglyphen, in Abhandlungen der Mainzer Akademie der Wissenschaften 1950, Taf. 7, Abb. 15. – [43] JEA 30, Taf. 3, Abb. 3. – [44] BAR I, §§ 172–174. – [45] JEA 30, 23 ff. – [46] JEA 46, S. 104. – [47] JEA 46, S. 80 ff.

ANHANG

DIE ÄGYPTISCHEN KÖNIGE
NACH MANETHO, DEN KÖNIGSLISTEN
UND DEN DENKMÄLERN

In der Rubrik *Manethos* bezeichnet A die Version des Africanus, E die des Eusebius.

In der Rubrik der *Königslisten* bezeichnet A die Liste von Abydos, S die Liste von Sakkara, T den Turiner Königspapyrus und P den Palermostein; die beigefügten Zahlen geben die genaue Stelle in der Liste an; f = fehlt. Bei T sind in der Regel nur die Jahre der Regierung angegeben, Monate und Tage weggelassen.

Wo die im Text verwendeten Umschreibungen der Namen der ägyptischen Könige von denen dieses Anhangs erheblich abweichen, sind sie in den Tabellen, nicht in den Erläuterungen und Anmerkungen, jeweils in Klammern beigefügt; kh = ch, sh = sch.

VORDYNASTISCHE KÖNIGE (*nicht bei Manetho*)

P, recto, oberstes Register; 7 Namen vollständig, 2 nur teilweise erhalten, alle tragen die ᛉ Krone Unterägyptens; Spuren weiterer Determinative an jedem Ende des Registers. Bei dem wichtigsten Fragment in Kairo sind alle Namen verloren, doch tragen von den 10 Determinativen 6 die Doppelkrone ᛉ des vereinigten Ägypten[1].

König Skorpion, siehe S. 446.
Ka, siehe S. 452.

[1] Bull. Inst. fr. 30, S. 709 ff.

DIE ALTÄGYPTISCHEN KÖNIGE   489

FRÜHDYNASTISCHE ZEIT

Erste Dynastie

Manetho: »acht Könige aus Thinis«[1]. Mutmaßliche Datierung: seit 3100 ± 150 v. Chr.

Manetho	Königslisten
1 Měnēs,[2] A 62 J., E 60 J.	Meni, A 1; S f.; T 2. 11
2 Athōthis[3], A 57 J., E 27 J. }	Teti, A 2; S f.; T f.
	Iti, A 3; S f.; T 2. 12; P Itit.
	Ita, A 4; S f.; T 2. 15(?)
3 Kenkenēs, A 31 J., E 39 J.	
4 Uenephēs[4], A 23 J., E 42 J.	
5 Usaphais, AE 20 J.	Zemti(?), A 5; S f.; T 2. 16
6 Miebis, AE 26 J.	Merbiape, A 6; Merbiapen, S 1; T 2. 17
7 Semempsēs[5], AE 18 J.	Ein Priester, A 7, P; S f.; Semsem, T 2. 18
	Ḳebḥ, A 8; S 2; T 2. 19
8 A Biěnechēs } 26 J. E Ubienthēs	A f.; Biunūtje S 3; T 2. 20

Summe: A 253 Jahre, E 252 Jahre.

[1] Manetho verwendet das Adjektivum thinitisch; das zugehörige Thinis findet sich im Griechischen nicht, ergibt sich aber aus dem ägyptischen Ortsnamen. Bei Girga, nördlich von Abydos.
[2] A, »er wurde von einem Nilpferd davongetragen und ging zugrunde«.
[3] A, »er baute den Palast in Memphis; seine Bücher über Anatomie sind noch vorhanden, denn er war Arzt«.
[4] A, »eine große Hungersnot suchte Ägypten heim; er erbaute die Pyramiden bei Kōchōmē«.
[5] A, »während seiner Regierung widerfuhr Ägypten ein sehr großes Unglück«.

Auf den *Denkmälern* entsprechen die folgenden Könige denen der Königslisten oben; wie auf S. 444 ausgeführt, fand im allgemeinen der Horusname Verwendung, allerdings gelegentlich auch zusammen mit ihm oder statt seiner ein durch den Titel »König von Ober- und Unterägypten« (nswt-bjtj-Titel, abgekürzt I) und/oder den Die-beiden-Herrinnen-Titel (nbtj-Titel, abgekürzt N) eingeführter Name. Schwierigkeiten bei der Identifizierung treten hier nur im Zusammenhang mit den ersten vier Namen und insbesondere bei Menes auf.

Horusname	nswt-bjtj- und/oder nbtj-Name	Name in den Königslisten
Naʻrmer	Men, N	Meni
ʻAḥa	–	Teti
Djer (Zer), P	Itit, P	Iti
Edjō (*Djed*, Zet, Uadji)	Iterti(?)[1], N	Ita
Den (Udimu)	Zemti(?), I	Zemti(?)
ʻAndjyeb (Enezib)	Merpibia, I	Merbiape
–(?), P[2]	Ein Priester, N, IN	Semsem
Ḳaʻa[3]	Ḳaʻa, N, IN oder Śen, N	Ḳebḥ

[1] JEA 44, S. 38.
[2] Nicht Śekhemkhe, s. S. 77.
[3] Ann. Serv. 44, S. 281, Abb. 28.

Zweite Dynastie

Manetho: »neun Könige aus Thinis«.

Manetho	Königslisten	Reg.zeiten im Turiner Königspap.
1 Boëthos[1], A 38 J.	Bedjau, A 9; ST f.	
2 Kaiechōs[2], A 39 J.	Kakau, A 10; S 4; T 2. 21	verloren
3 Binōthris[3], A 47 J.	Banütjeren, A 11; S 5; T 2. 22	,,
4 Tlas, A 17 J.	Wadjnas[4], A 12; S 6; [T 2. 23]	,,
5 Sethenēs, A 41 J.	Sendi, A 13; S 7; T 2. 24	,,
6 Chairēs, A 17 J.		
	ʿAka, T 2. 25; AS f.	
7 Nephercherēs[5], A 25 J.	Neferkarēʿ, S. 8; AT f.	
8 Sesōchris[6], AE 48 J.	Neferkaseker, S 9; T 3. 1; A f.	8 J.
	Ḥudjefa, S 10; T 3. 2; A f.	11 J.
	Beby, S 11; Bebty, T 3. 3; Djadjay, A 14	27 J.
	Nebka[7], A 15; T 3. 4; S f.	19 J.
9 Chenerēs, 30 J.		

Summe: A 302 Jahre, E 297 Jahre.

10 Manetho fügt als Nr. 1 der 3. Dynastie einen Necherōphēs[8] mit 28 Regierungsjahren hinzu, dessen Authentizität allerdings äußerst zweifelhaft erscheint.

[1] A, »während seiner Regierung öffnete sich bei Bubastis ein Abgrund, und viele kamen um«.
[2] A, »unter seiner Regierung wurden die Stiere Apis in Memphis und Mnevis in Heliopolis und die Ziege von Mendes als Götter verehrt«.
[3] A, »unter seiner Regierung wurde entschieden, daß Frauen das Königsamt bekleiden könnten«.
[4] Siehe S. 462 und S. 491 oben Anm. 5.
[5] A, »unter seiner Regierung, so geht die Sage, floß der Nil elf Tage lang mit Honig vermischt«.
[6] A, »seine Höhe war fünf Ellen und drei Handbreit«.
[7] Siehe oben S. 467.
[8] A, »unter seiner Regierung erhoben sich die Libyer gegen Ägypten, und als der Mond unvorhergesehen zunahm, ergaben sie sich unerwartet aus Furcht«.

DIE ALTÄGYPTISCHEN KÖNIGE

(*Zweite Dynastie. Fortsetzung*)

Auf den *Denkmälern* finden sich, abgesehen von Nebka am Ende der Dynastie, nur die Nr. 3, 4 und 5 der manethonischen Überlieferung und statt der Nr. 1 und 2 andere Könige, deren Stellung genau feststeht.

Horusname	nswt-bjtj- und nbtj-Name	Name in den Königslisten
Ḥotepśekhemui[1] [2]	Ḥotep[2], IN	
Nebrē' oder Ra'neb?[1] [3]	Nubnūfer[3], I	
Ninūtjer oder Nūtjeren[1]; P. recto 4.	Ninūtjer[4] oder Nūtjeren, IN	= Banūtjeren
	Weneg[5], I, IN	= Wadjnas
	Śend, I[6]	= Sendi

[1] Diese drei zusammen auf einer Statue in Kairo: L. Borchardt, Statuen, Berlin 1911, Nr. 1.
[2] Beide zusammen: Ann. Serv. 3, S. 187. Ḥotepśekhemui allein: RT II, 8. 8–10; Hotep allein: Ann. Serv. 28, Taf. 2. 1.
[3] Nebrē', Ann. Serv. 3, S. 188. Nubnufer, Ann. Serv. 28, Taf. 2. 7, 8. Identität unsicher.
[4] Nach Nebrē' anzusetzen, siehe RT II, Taf. 8. 12.
[5] Ann. Serv. 44, S. 288 ff.
[6] Ann. Serv. 44, S. 292 ff.

Die nächsten sechs Könige der Königslisten finden sich auf keinem zeitgenössischen Denkmal erwähnt; ihre Stelle nehmen dort die folgenden ein:

Horusname	nswt-bjtj- und nbtj-Name
a) Śekhemyeb-Perenmā'e[1]	Śekhemyeb-Perenmā'e, IN[2]
Seth-Name	
b) Peribśen(i)[3]	Peribśen(i), I[4]
Horus- und Seth-Name	
c) Kha'śekhemui-Nebuiḥotpimef[5]	Kha'śekhemui-Nebuiḥotpimef, IN[6]
Horusname	
d) Kha'śekhem[7]	

Wegen der Wahrscheinlichkeit, daß a) nur der frühere Name von b), und der Möglichkeit, daß c) der frühere Name von d) war, siehe den Text.

[1] Petrie, Abydos III, Taf. 9. 3; auch ohne Perenmā'e, RT II, Taf. 21. 164 ff.
[2] Ann. Serv. 28, Taf. 2. 2, 3.
[3] RT II, Taf. 21, 22.
[4] RT II, Taf. 22. 190.
[5] RT II, Taf. 23. 191–200; ohne Nebuiḥotpimef, Taf. 24.
[6] RT II, Taf. 23. 201.
[7] Quibell, Hierakonpolis I, Taf. 36–40; die Stele, op. cit. II, Taf. 58.

ALTES REICH

Dritte Dynastie

Manetho: »neun Könige aus Memphis«. Mutmaßliche Datierung: seit 2700 v. Chr.

Manetho	Königslisten	Regierungszeiten im Turiner Königspapyrus
1 Necherōphēs[1], 28 J.		
2 Tosorthros[2], 29 J. =	...Djośer-za, A 16; Djośer, S 12; Djośer-it(?), T 3. 5[3]	19 J.
	Teti, A 17; Djośer-teti, S 13; Djośer-ty, T 3. 6	6 J.
	Sedjes, A 18; Nebkarēʻ, S 14; ...[djefa?], T 3. 7	6 J.
3 Tureis, 7 J.		
4 Mesōchris, 17 J.		
5 Sōuphis, 16 J.		
6 Tosertasis, 19 J.		
7 Achēs, 42 J.		
8 Sēphuris, 30 J.		
9 Kerpherēs, 26 J.		
Summe: 214 Jahre.		
	Neferkarēʻ, A 19; ST f.	
	Ḥuny, S 15; A f.; Ḥu..., T 3. 8	24 J.

[1] Der 2. Dynastie angefügt, damit Djośer, wie in T., als erster König der 3. Dynastie erscheint.
[2] A, »⟨unter welchem Imuthes war⟩, er galt ⟨bei⟩ den Ägyptern als Asklepios wegen seiner Heilkunst und als der, welcher das Bauen mit behauenen Steinen einführte; er widmete seine Aufmerksamkeit auch der [Entwicklung der] Schrift«.
[3] Mit ihm beginnt eine neue Rubrik.

Von den obengenannten Königen kommen auf den *Denkmälern* nur der erste (Djośer, Horusname Netjrikhe) und der letzte (Ḥuny, Horusname unbekannt) vor. Wegen dreier weiterer Könige mit den Horusnamen Śekhemkhe, Khaʻba und Zanakht siehe den Text.

Vierte Dynastie

Manetho: »acht Könige aus Memphis, die einem anderen Hause angehörten«. In der Spalte der Königslisten unten bezeichnet H eine Reihe von fünf Königen der 4. Dynastie, von denen eine (vielleicht aus der 12. Dynastie stammende) Felseninschrift berichtet, die im Wâdi Hammâmât[1] entdeckt wurde. Mutmaßliche Datierung der 4. Dynastie: seit 2620 v. Chr.

Manetho	Königslisten	Herodot	Turiner Königspapyrus
1 Sôris, 29 J.	= Śnofru, A : o; S 16; T 3. 9		24 J.
2 Sûphis[2], 63 J.	= Khufwey [für Khnomkhufwey], A 21; S 17; T [3. 10]; H 1	Cheops	23 J.
	Ra'djedef, A 22; S 18; T [3. 11]; H 2		8 J.
3 Sûphis, 66 J.	= Ra'kha'ef[3] oder Kha'frē', A 23; S 19; T 3. 12; H 3	Chephrēn	verloren
	Hardjedef[4], AS f.; H 4; [T 3. 13?]		verloren
	Ra'baef[4], AST f.; H 5		f.
4 Mencherēs, 63 J.	= Menkaurē', A 24; S 20; T [3. 14?]	Mykerīnos	18 J.[5]
5 Ratoisēs, 25 J.	⎱ A f.; S hatte 4, jetzt zerstört	T [3. 15?]	4 J.
6 Bicheris, 22 J.		T [3. 16?]	2 J.
7 Sebercherēs, 7 J.	⎰		
	Shepśeśkaf[6], A 25; S f.; T f.?		
8 Thamphthis, 9 J.			
Summe: 277 Jahre.			

[1] Bull. Soc. fr. d'Eg., Nr. 16 (1954), S. 41ff.
[2] A, »er errichtete die größte Pyramide, von der Herodot sagt, sie sei von Cheops erbaut worden; Suphis vernachlässigte die Götter, und er verfaßte das Heilige Buch, welches ich bei dem Besuch in Ägypten als ein kostbares Gut erwarb.«
[3] Siehe im Text S. 85.
[4] Im späteren Schrifttum nur als Prinzen, nicht als Könige bekannt.
[5] Dem Mykerinos versuchsweise zugeschrieben; vielleicht nicht 18, sondern 28 Jahre.
[6] Geht in dem S. 95 Anm. 35 genannten Grabe Uśerkaf, dem 1. König der 5. Dynastie, voraus.

Auf den *Denkmälern* tritt der Horusname von nun an zugunsten des Geburtsnamens an Bedeutung zurück, der gewöhnlich in einer Kartusche geschrieben wird und sich häufig als Bestandteil in den Namen der Verwandten und Höflinge wiederfindet. Auf Denkmälern kommen nur die folgenden Könige vor:

Horusname	Geburtsname	Herodot
Nebmā'e	Śnofru	
Medjdu[1]	Khufwey	Cheops
Kheper[2]	Ra'djedef	
Uśeryeb	Kha'frē'	Chephrēn
Kakhe[3]	Menkaurē'	Mykerīnos
Shepśeśkhe[4]	Shepśeśkaf	

[1] Oder Medjuro als nbtj-Name, Wb. II, S. 192. 11.
[2] Gauthier, LR 1, 84.
[3] Ann. Serv. 45, S. 53.
[4] Urk. I, S. 160, berichtigt.

Fünfte Dynastie

Manetho: »acht[1] Könige aus Elephantine«. Eusebius bringt diese Dynastie mit der 6. durcheinander. Mutmaßliche Datierung: seit 2480 v. Chr.

Manetho	Königslisten	Turiner Königspapyrus
1 Usercherēs, 28 J.	= Userkaf, A 26; S 25; T 3. 17?	7 J.
2 Sephrēs, 13 J.	= Śaḥurē', A 27; S 26; T [3. 18]	12 J.
3 Nephercherēs, 20 J.	= Kakai, A 28; Neferirkarē', S 27; T [3. 19]	verloren
4 Sisirēs, 7 J.	= Shepśeśkarē', S 28; A f.; T [3. 20]	7 J.
5 Cherēs, 20 J.	? = Ra'neferef, A 29; Kha'neferrē', S 29; T [3.21]	$x+1$ J.
6 Rathurēs, 44 J.	? = Niuserrē', A 30; S f.; T [3. 22]	11 J.
7 Mencherēs, 9 J.	= Menkauḥōr, A 31; S 30; T 3. 23	8 J.
8 Tancherēs, 44 J.	= Djedkarē', A 32; Ma'karē'? S 31; Djed, T 3. 24	28 J.[2]
9 Onnos, 33 J.	= Uniś, A 33; S 32; T 3. 25	30 J.
Summe: 248 Jahre	T3.26 »Summe. Könige von Meniti(?) bis [Uniś]«	verloren

[1] Er zählt aber neun auf.
[2] Einer der auf S. 92 erwähnten Papyri spricht von Djedkarē's »sechzehntem Male«, womit vermutlich das 32. Regierungsjahr gemeint ist.

Auf den *Denkmälern* führen von diesen Königen einige einen mit dem Namen des Sonnengottes Rē gebildeten Namen, in dem man einen Vorläufer des späteren Thronnamens sehen darf; er steht in einer Kartusche. Der Geburtsname wird weniger häufig gebraucht.

Horusname	Rē'-Name	Geburtsname
Irmā'e	keiner	Userkaf
Nebkha'u	Śaḥurē'	keiner
Userkha'u	Neferirkarē'	Kakai
?	[Shepśeśkaı ē'][1]	Izi?[2]
Neferkha'u	keiner	Ra'neferef
Setibtowĕ	Niuserrē'	Iny
Menkha'u	keiner	Menkauḥōr[3]
Djedkha'u	Djedkarē'	Izozi
Wadjtowĕ	keiner	Uniś

[1] Nur ein einziger Skarabäus ist bekannt, Gauthier LR. I, S. 119.
[2] ZÄS 50, S. 3.
[3] Eine Variante Ḥorikau, ZÄS 42, S. 8.

DIE ALTÄGYPTISCHEN KÖNIGE 495

Sechste Dynastie

Manetho: »sechs Königs aus Memphis«. Mutmaßliche Datierung: seit 2340 v.Chr.

	Manetho	Königslisten	Turiner Königspapyrus
1	Othoës[1], 30 J.	= Teti, A 34; S 33; T [4. 1]	verloren
		Uśerkarē', A 35; S f.; T [4. 2]	verloren
2	Phios, 53 J.	= Piopi, S 34; Meryrē', A 36; T [4. 3]	20 J.
3	Methusuphis, 7 J.	= Merenrē', A 37; S 35; T [4. 4]	44? J.
4	Phiōps, 99 J.[2]	= Neferkarē', A 38; S 36; T [4. 5]	90[+x] J.
5	Menthesuphis[3], 1 J.	= Merenrē'-'Antyemzaef A 39; T [4. 6]	1 J.
6	Nitōkris, 124 J.	= Nitoḳerty, T 4. 7 (oder 4. 8?); A?	?
	Summe: 203 Jahre	T 4, 14. [Summe]. Könige [von Teti bis.....]	181 Jahre

[1] A, »er wurde von seiner Leibgarde ermordet«.
[2] A, »begann im Alter von sechs Jahren zu regieren und brachte es auf hundert Jahre«.
[3] Manetho deutet den Falken in dem Boot (Anty?) fälschlich als Month.
[4] A, E, »die edelste und lieblichste der Frauen ihrer Zeit, von bräunlicher Hautfarbe, die die erste Pyramide errichtete. Über einen möglichen Thronnamen siehe S. 497, Anm. 2.

Die ersten fünf dieser Könige sind von *Denkmälern* unter folgenden Namen bekannt:

Horusname	Rē'-Name	Geburtsname
Sḥeteptowĕ	keiner	Teti
	Uśerkarē'[1]	keiner
Merytowĕ	Neferzaḥor[2], später Meryrē'	Piopi (Pepi I.)
'Ankhkha'u	Merenrē'	'Antyemzaef
Netjerkha'u	Neferkarē'	Piopi (Pepi II.)

[1] Zwei Rollsiegel, Hayes, Scepter, I, S. 125.
[2] ZÄS 44, S. 129; 59, S. 71; Vandier, S. 232.

(Sechste Dynastie. Fortsetzung)

Nach Nitokerty enthielt der Turiner Königspapyrus vor der Gesamtsumme, die die 6. Dynastie abschließt, noch fünf Könige, doch sind nur von den drei ersten die Namen und nur von den vier letzten die Angaben über die Dauer ihrer Regierung erhalten:

Thronname	Geburtsname	Turiner Königspapyrus	
verloren	Neferka, Kind...	T 4. 9	verloren
verloren	Nūfe	T 4. 10	2 J., 1 M., 1 T.
Ḳakarē'[1]	Ibi[1]	T 4. 11	4 J., 2 M.
verloren	verloren	T 4. 12	2 J., 1 M., 1 T.
verloren	verloren	T 4. 13	1 J., 0 M., $^1/_2$ T.(?)

[1] Verfallene Pyramide bei Sakkara, siehe Vandier, S. 234.

Keiner der Nachfolger von Merenrē'-'Antyemzaef in der Liste von Abydos läßt sich mit Sicherheit mit einem der obengenannten Könige indentifizieren; sie sind unten bei der 8. Dynastie aufgeführt. Im Wâdi Hammâmât finden sich zwei nicht unterzubringende Könige Ity und Imḥōtep[1] genannt, die möglicherweise zur Zeit der 6. Dynastie lebten.

[1] Vandier, S. 233 f.

Siebente Dynastie

Manetho: »siebzig Könige aus Memphis, die siebzig Tage regierten«, A.
Diese Dynastie scheint es gar nicht gegeben zu haben.

DIE ALTÄGYPTISCHEN KÖNIGE

ERSTE ZWISCHENZEIT

Achte Dynastie

Manetho: »siebenundzwanzig Könige aus Memphis, die 146 Jahre regierten«, A. E gibt fünf Könige mit 100 Jahren an. Namen nennen beide nicht.

Wegen der achtzehn Nachfolger Pepis II., die mit ihren Thronnamen und Geburtsnamen in der Liste von Abydos aufgeführt sind, siehe S. 110, 116. Die Anmerkungen unten führen Inschriften oder Gegenstände an, die ihre Existenz bestätigen.

A 39, Merenrē'-'Antyemzaf[1].
A 40, Netjerkarē'.
A 41, Menkarē'[2].
A 42, Neferkarē'.
A 43, Neferkarē'-Neby.
A 44, Djedkarē'-Shema'.
A 45, Neferkarē'-Khendu[3]
A 46, Merenḥōr.
A 47, Sneferka[4].

A 48, Nikarē'[4].
A 49, Neferkarē'-Tereru[5].
A 50, Neferkaḥōr.
A 51, Neferkarē'-Pepysonb.
A 52, Sneferka-'Anu.
A 53, Ḳaʔkaurē'[6].
A 54, Neferkaurē'.
A 55, Neferkauḥōr[7].
A 56, Neferirkarē'.

In einem Dekret von Koptos findet sich ein nicht unterzubringender König mit dem Thronnamen Wadjkarē'[8] erwähnt; von zwei Horusnamen derselben Quelle, Kah'[bau] und Demedjibtowē[9], ist vermutlich der eine der des Vorgängers, der andere der des Nachfolgers von A 55.

[1] Siehe unter der 6. Dynastie.
[2] Nach Newberry vielleicht der Thronname der Nitokris, JEA 29, S. 51ff.
[3] Auf einem fremdländischen Zylinder, JEA 12, S. 92, Abb. 6.
[4] Diese beiden zusammen auf einer goldenen Schmuckplatte, Brit. Mus. 8444.
[5] Auf einem Siegel bzw. Skarabäus, Petrie, Scarabs and Cylinders, Taf. 10, 7, 10.
[6] Vielleicht der Thronname des Ibi, siehe 6. Dynastie unter T 4. 11.
[7] In Dekreten, die in Koptos gefunden wurden, JEA 32, S. 5/6, j bis q.; Horusname Netjribau.
[8] Urk. I, S. 306, 13.
[9] JEA 32, S. 21–23.

Neunte Dynastie

Manetho, A, E: »neunzehn Könige aus Herakleopolis, die 409 Jahre regierten[1]. Achthoes, der erste von ihnen, schrecklicher als alle vor ihm, tat Übles allen Ägyptern, fiel aber später in geistige Umnachtung und wurde von einem Krokodil getötet«.

[1] E, 4 Könige und 100 Jahre.

Zehnte Dynastie

Manetho: »neunzehn Könige von Herakleopolis, die 185 Jahre regierten«.

Die 9. und 10. Dynastie sind hier zusammengefaßt; sie sind in den Listen von Abydos und Sakkara völlig übergangen, dagegen nannte der Turiner Königspapyrus einst die Namen von achtzehn Königen. Siehe auch die Summe bei 5. 10. Von diesen ist der dritte der Name des Neferkarēʿ (4. 20), Akhtoy ist erst der vierte (4. 21); dann folgen weitere fünf, die sämtlich beschädigt und nicht zu identifizieren sind. Ein Papyrusstückchen (Nr. 48), auf dem die Namen von Neferkarēʿ und Akhtoy noch einmal vorkommen, kann nicht zu Kolumne 5 gehören, wo man es fälschlicherweise eingefügt hat.

Auf *Denkmälern* findet sich über die drei Könige mit Namen Akhtoy und über den im Text (S. 121 ff.) behandelten Merikarēʿ[1] nur wenig.

[1] Siehe auch Gauthier, LR I, S. 209 f.

MITTLERES REICH

Elfte Dynastie

Manetho: »sechzehn Könige aus Diospolis (Theben), die 43 Jahre regierten; nach ihnen Ammenemēs, 16 Jahre«.

Der Turiner Königspapyrus gab unter einer roten Überschrift (5. 11) sechs Namen, doch sind nur die beiden letzten erhalten; die Listen von Abydos und Sakkara führen auch nur diese beiden Könige auf. Unter Heranziehung auch der Liste von Karnak und der *Denkmäler* läßt sich etwa folgende Reihenfolge aufstellen:[1]

Horusname	Thronname	Geburtsname	Königslisten	Turiner Königspapyrus
		[Inyōtef][2]	T [5. 12]	verloren
Sehertowĕ	keiner	Inyōtef(*Intef*) (I.)	T [5. 13]	verloren
Waḥ'ankh	keiner	Inyōtef (II.)	T [5. 14]	49 J.
Nakhtnebtepnufe	keiner	Inyōtef (III.)	T [5. 15]	8 (oder 18?) J.
S'ankhibtowĕ ⎫				
Nebḥedje ⎬ [3]	Nebḥepetrē'[4]	Mentḥotpe (I.)	T 5.16; A 57; S 37	51 J.
Samtowĕ ⎭		(*Mentuhotep*)		
S'ankhtowef	S'ankhkarē'	Mentḥotpe (II.)	T 5.17; A 58; S 38	12 J.
Nebtowĕ	Nebtowerē'	Mentḥotpe (III.)	TAS f.	f.

[1] Mitt. Kairo 14, S. 42 ff.
[2] Nur Erbprinz; in älteren ägyptologischen Werken: Antef.
[3] Offensichtlich drei verschiedene Horusnamen Mentḥotpes I. während der verschiedenen Stadien seiner Herrschaft.
[4] Wegen der veränderten Schreibung in der letzten Phase seiner Herrschaft siehe S. 131.

Der Turiner Königspapyrus gibt für die 11. Dynastie eine Gesamtsumme von 143 Jahren an. Rechnet man von 1991 v. Chr. bis auf Ammenemēs I. zurück, so ergibt sich für den Beginn der Dynastie das Jahr 2134 v. Chr.

Zwölfte Dynastie

Manetho: »sieben Könige von Diospolis«. Wegen Ammenemēs I. siehe bei der 11. Dynastie. In T 5. 19 steht als Überschrift: »[Könige.........der] Residenz It-towĕ«.

Manetho	Königslisten	Turiner Königspapyrus
Ammenemēs, 16 J.	= Sḥetepibrēʿ, A 59; S 39; T 5. 20	[2]9 J.
1 Sesonchosis[1], 46 J.	= Kheperkarēʿ, A 60; S 40; T 5. 21	45 J.
2 Ammanemēs[2], 38 J.	= Nubkaurēʿ, A 61; S 41; T [5. 22]	10+ (oder 30+ ?)
3 Sesōstris[3], 48 J.	= { Khaʿkheperrēʿ, A 62; S 42; T [5. 23]	19 J.
	{ Khaʿkaurēʿ, A 63; S 43; T [5. 24]	30[+x]
4 Lacharēs[4], 8 J.	= Nemaʿrēʿ, A 64; S 44; T [5. 25]	40[+x]
5 Amerēs, 8 J.		
6 Ammenemēs, 8 J.	= Maʿkherurēʿ, A 65; S 45; T 6. 1	9J., 3M., 27T.
7 Skemiophris[5], 4 J.	= Sebekkarēʿ, A f.; S 46; Sebeknofrurēʿ, T 6. 2	3J., 10M., 24T.

Summe: A 160 Jahre; E 245 Jahre.

[1] A, E, »Sohn des Ammanemēs«.
[2] A, E, »er wurde von seinen eigenen Eunuchen ermordet«.
[3] A, E »innerhalb von neun Jahren unterwarf er ganz Asien und Europa bis nach Thrazien und errichtete überall Denkmäler über die Eigenart der Völker, indem er für die edlen männlichen Schamteile und für die unedlen weiblichen Schamteile auf den Stelen einhauen ließ, wie er denn auch bei den Ägyptern als der Erste nach Osiris in hohem Ansehen stand.«
[4] An anderen Stellen kommt der Name in ganz verschiedenen Formen vor, von denen die Form Labarēs der hieroglyphischen Schreibung am nächsten kommt, siehe Waddell, S. 224, Anm. 1. Manetho merkt an: »Er erbaute das Labyrinth im arsinoitischen Gau für sich als Grabmal«.
[5] A, »seine (Nr. 6) Schwester«.

T. 6. 3 schließt folgendermaßen: »Summe, Könige der Resid[enz It-towĕ], 8 [Könige] macht 213 Jahre, 1 Monat, 16 Tage«. Auf A 65 und S 46 folgt unmittelbar Nebpeḥtirēʿ, Amōsis I. der 18. Dynastie.

DIE ALTÄGYPTISCHEN KÖNIGE

(*Zwölfte Dynastie. Fortsetzung*)

Aus den *Denkmälern* geht hervor, daß die ersten drei Könige Mitregenten gehabt haben, und es gibt Anhaltspunkte dafür, daß auch Ammenemēs III. nacheinander gemeinsam mit Ammenemēs IV. und dem weiblichen Pharao Sebeknofru regierte[1].

[1] Siehe S. 154 f.

	Horusname	Thronname und Geburtsname	Höchstes Reg.jahr	Beginn der Mitregentschaft	Mutmaßliche absolute Daten v. Chr.
1	Weḥammeswe	Sḥetepibrē' Amenemḥē (I.)	30	21	1991–1962
2	'Ankhmeswe	Kheperkarē' Senwosre (I.)	44	43	1971–1928
3	Ḥekenemmā'e	Nubkaurē' Amenemḥē (II.)	35	32	1929–1895
4	Seshemutowě	Kha'kheperrē' Senwosre (II.)	6		1897–1877
5	Netjerkhepru	Kha'kaurē' Senwosre (III.)	33		1878–1843
6	'Abau	Nema'rē' Amenemḥē (III.)	45	(43?)	1842–1797
7	Kheperkhepru	Ma'kherurē' Amenemḥē (IV.)	6		1798–1790
8	Meretrē'	Sebekkarē' Sebeknofru	–		1789–1786

Daraus ist zu ersehen, daß die in den Denkmälern angegebenen Zahlen mit denen des Turiner Königspapyrus ziemlich genau übereinstimmen.

[1] Parker, S. 69. Siehe auch Edgerton, JNES 1, S. 307 ff.

ZWEITE ZWISCHENZEIT

Über *Manethos* 13. bis 17. Dynastie siehe S. 160 ff.; außer für die Hyksos-Herrscher finden sich keine Namen genannt. A und S übergehen diesen Zeitabschnitt gänzlich. K gibt eine Anzahl von Namen, jedoch in verkehrter Reihenfolge. Die Könige des Turiner Königspapyrus (T) sind hier vollständig aufgeführt; zusätzliche Namen aus anderen Quellen in eckigen Klammern [ ]. Ein Stern * zeigt an, daß der betreffende König auch von Denkmälern oder anderen Gegenständen bekannt ist. Die Angaben über die Länge der Regierungszeiten aus T, soweit erhalten.

6. 5 ⟨Sekhem⟩rē'-khutowĕ [Amenemḥē-Sebekḥotpe][1], K* [er übte die] Königsherrschaft [aus], 2 J., 3 M., 24 T.
6. 6 Sekhemkarē' A[menemḥē-sonbe]f?*...........[Lücke], 6 J.
6. 7 Rē'?-[A]menemḥē*?[2]......3 J.
6. 8 Sḥetepibrē'*?[3].....1 [J.] (Ein anderer seines Namens 6. 12)
6. 9 Afnai
6. 10 S'ankhibrē' [Ameny-Inyōtef-Amenemḥē]*, K (Ein anderer seines Namens 8. 18)
6. 11 Smenkarē'
6. 12 Sḥetepibrē'*[3] (Ein anderer seines Namens 6. 8)
6. 13 Swadjkarē' (Ein anderer seines Namens 8. 6)
6. 14 Nedjemibrē'
6. 15 Rē'?-Sebek[ḥot]pe (I.?), Sohn des Nen(?)...., 2 [Jahre]
6. 16 Ren[so]nb, er regierte 4 Monate
6. 17 Auibrē'....7 [Monate?] (Ein anderer seines Namens 8. 12)
6. 18 Sedjefakarē' [Kay-Amenemḥē]*.... Jahre
6. 19 Sekhemrē'-khutowĕ-Sebekḥotpe (II.?) [Wegef], K?*....Jahre
6. 20 Woser[ka]rē'-Khendjer, *....Jahre
6. 21 [Smenkh]karē' der General*
6. 22 ......ka[rē'] Inyōtef*?
6. 23 ....ib?sēt
6. 24 Sekhemka?rē'[4]-Sebekḥotpe (III.?), * 3 J., 2 [M.]....
6. 25 Kha'[sekhem]rē'-Neferḥotep, Sohn des Ḥa'onkhef, K*, 11 J., 1 M.....
6. 26 Rē'?-Siḥatḥōr,........3 [Monate?]
6. 27 Kha'neferrē'-Sebekḥotpe (IV.?), K*
7. 1 Kha'ḥōteprē' [Sebekḥotpe V.?], 4 J., 8 M., 29 T.
7. 2 Waḥibrē'-Ia'yeb, * 10 J., 8 M., 28 T.
7. 3 Merneferrē', * er übte die Königs[herrschaft] aus 23 J., 8 M., 18 T.
7. 4 Merḥōteprē' [Inai], K*, 2 J., 2 M., 9 T.
7. 5 S'ankhrē'enswadjtu, 3 J., 2 M......[T.]
7. 6 Mersekhemrē'-Ind, K, 3 J., 1 M., 1 T.
7. 7 Swadjkarē'-Ḥōri, 5 J., 8 [M.?]

DIE ALTÄGYPTISCHEN KÖNIGE

7. 8 Merka[w?]rē'-Sebek[ḥotpe], ★ K, 2 J., 4 [M.?]
7. 9 ....11 [M.?]
7. 10 ....3 [M.?]
7. 11, 12 verloren
7. 13 .....mose
7. 14 Rē'....mā'e Ibi★
7. 15 Rē'......weben Ḥor....
7. 16 Rē'......ka
7. 17–21 verloren
7. 22 Merkheperrē'
7. 23 Merka[rē']
7. 24–27 verloren
8. 1 Neḥasy★...J., ...3 [M.?]
8. 2 Kha'tyrē'....[J.], 3 [M.?]
8. 3 Nebfaurē', 1 J., 5 M., 15 T.
8. 4 Sḥebrē', er übte die Königsherrschaft aus 3 J.,.....M. 1 T.
8. 5 Merdjefarē', 3 J......
8. 6 Swadjkarē', 1 J...... (Ein anderer seines Namens 6. 13)
8. 7 Nebdjefarē', 1 J......
8. 8 Webenrē',...[1?] J......
8. 9 ...., 1 J., 1 M.,....
8. 10 ....[djefa?rē'], 4 J.
8. 11 ....[we]ben[rē'], 3 [J.]
8. 12 Auibrē'...... (Ein anderer seines Namens 6. 17) [Lüc]ke, 18 T.
8. 13 Heribrē'.......29
8. 14 Nebsenrē'.......5 [M.] 20 T., Lücke ....
8. 15 ......rē'......21 [T.?]
8. 16 Skheperenrē', 2 J., 1 [T.?]
8. 17 Djedkherurē', 2 J. 5 [T.?]
8. 18 S'ankhibrē'......19 [T.] (Ein anderer seines Namens 6. 10)
8. 19 Nefertemrē'...........18 [T.]
8. 20 Sekhem.....rē', er übte [die Königs]herrschaft aus ....Monate
8. 21 Kakemurē'......J......
8. 22 Neferibrē'★.....J....
8. 23 Ya...... .....J.
8. 24 Kha'....rē'......
8. 25 'Aakarē'........
8. 26 Smen...rē'......
8. 27 Djed....rē'......

[1] Dazu Vandier, S. 322f.
[2] Vandier, S. 323f.
[3] Vandier, S. 325.
[4] Vielleicht zu korrigieren in Sekhemrē'-swadjtowĕ.

DIE ALTÄGYPTISCHEN KÖNIGE

Die Papyrusbruchstücke, die heute zu den Kolumnen 9 und 10 zusammengefügt sind, tragen überwiegend unvollständige Namen, aber auch einige, insbesondere 9. 17–22 und 10. 1–11, die offensichtlich erfunden sind; Könige mit diesen Namen hat es nie gegeben. Dagegen sind die folgenden Namen solche von Königen, die wirklich gelebt haben:

9. 7 Snefer[ka?]rē', K
9. 8 Men......rē'
9. 9 Djed......rē'
9. 14 Ink....
9. 15 Ineb?....
9. 16 Ip....
9. 29 ....ka[rē'?] Nebennati
9. 30 ......ka[rē'?] Bebnem

Versuchsweise in die Kolumne 10 eingefügt wurde das wichtige Fragment, das sich auf die Hyksos bezieht:

10. 20 [Häuptling eines Fremdlandes], Khamudy[1]
10. 21 [Summe, Häuptlinge] eines Fremdlandes, 6, sie regierten 108 Jahre[2].

Die jetzige Kolumne 11 besteht aus zwei Stücken; das untere enthält fast nur noch die Angaben über die Länge der fünf Regierungszeiten, und zwar: 2, 2, 4, 3 und 3 Jahre. Vom oberen Teil der Kolumne läßt sich noch folgendes lesen:

11. 1 Sekhem..rē' 3 J.
11. 2 Sekhem..rē' 16 J.
11. 3 Sekhems..rē' 1 J.
11. 4 Swadj[en?]rē' 1 J.
11. 5 Nebiri⟨er⟩au*[3] 2(?) 9 J.
11. 6 Nebitau......
11. 7 Smen..rē' ..J.
11. 8 Seweser..rē' 12 J... Lücke.. Tage
11. 9 Sekhemrē-shedwīse....J.
Fünf Namen sind verloren
11. 15 [Summe], 5 Könige.......
11. 16 Woser...rē'
11. 17 Woser...

Über die Hyksos-Herrscher siehe S. 163 f. und 170 f.

[1] Nicht in einer Kartusche.
[2] Die 100 sind sicher, die 8 nicht ganz.
[3] Wegen einer Stele, auf der der Thronname des Königs Swadjenrē' ist, wie bei 11. 4, siehe S. 177.

DIE ALTÄGYPTISCHEN KÖNIGE

Im folgenden sind Könige genannt, die der 17. Dynastie zugezählt werden, weil a) sich von ihnen Särge oder andere Gegenstände in Theben gefunden haben, oder sie b) in dem Inspektionsbericht aus der Zeit Ramses' IX. genannt sind, oder c) sich mit Namen in dem Turiner Königspapyrus identifizieren lassen. Die Reihenfolge ist lediglich bei den Königen Nr. 9 bis 11, die der 18. Dynastie unmittelbar vorausgingen, gesichert. Gegenstände, auf denen diese Könige genannt sind, sind aufgeführt bei Vandier, S. 318–321; ausführliche Erörterung: Vandier 296f., 328–333.

1. Sekhemrē'-waḥkha' Ra'ḥotpe, c = T. 11. 1?
2. Sekhemrē'-wadjkha'u Sebekemsaf, c = T 11. 2?
3. Sekhemrē'-smentowĕ Djeḥūty, a; c = T. 11. 3?
4. Swadjenrē' Nebirierau, a; c = T 11. 5
5. Nubkheperrē' Inyōtef, a; b
6. Sekhemrē'-wepmā'e Inyōtef-'o, a; b
7. Sekhemrē'-herḥimā'e Inyōtef, a
8. Sekhemrē'-shedtowe Sebekemsaf, a; b; c = T 11. 9?
9. Senakhtenrē'? Ta'o, a; b
10. Seḳenenrē' Ta'o, a; b
11. Wadjkheperrē' Kamose, a; b

Wegen weiterer Könige der Zweiten Zwischenzeit siehe die bibliographischen Angaben S. 177.

Die Hyksos-Herrscher

Africanus beschreibt Manethos 15. Dynastie als bestehend aus »sechs fremden phönizischen Königen, die Memphis in Besitz nahmen und die auch eine Stadt in dem sethroitischen Gau gründeten, von der aus sie Ägypten unterwarfen«. Er nennt dann die sechs Könige mit unbedeutenden Abweichungen in der Form und in der Reihenfolge gegenüber Josephus (siehe S. 171), und zwar: 1. Saitēs, 19 Jahre; 2. Bnōn, 44 Jahre; 3. Pachnan, 61 Jahre; 4. Staan, 50 Jahre; 5. Archlēs, 49 Jahre; 6. Aphōphis, 61 Jahre.

Abgesehen von T (S. 504 ob.) erwähnen die Königslisten sie nicht, wohl aber nennt die memphitische Priesterliste (S. 51, 175) einen 'Aḳen (? = 'Aḳenenrē') nächst Ibi (? = T 7. 14), dann, nach fünf Priestern, einen Sharek, und schließlich unmittelbar vor Amāsis der 18. Dynastie einen Apōp.

Auf den Denkmälern finden sich nur vier Namen von Bedeutung:

Thronname und Geburtsname

'Aḳenenrē' Apōpi	keine Zeitangaben
Nebkhepeshrē' Apōp	,, ,,
Seweserenrē' Khayan	,, ,,
'Aweserrē' Apōpi	einzige Jahreszahl: 33. Jahr

NEUES REICH

Achtzehnte Dynastie

[Vom Verfasser verwendete Namen]	Thronname und Geburtsname	Höchste Jahreszahl	Mutmaßl. Datierung v. Chr.
Amōsis (*Ahmose*)	Nebpehtirē' 'Ahmose	22	1575–1550
Amenōphis I.	Djeserkarē' Amenhotpe	21[1]	1550–1528
Tuthmōsis I.	'Akheperkarē' Dhutmose	4 (oder 9?)	1528–1510
Tuthmōsis II.	'Akheperenrē' Dhutmose	18[2]	1510–1490
Hashepsowe (*Hatschepsut*)	Ma'karē' Hashepsowe	20	1490–1468[3]
Tuthmōsis III.	Menkheperrē' Dhutmose	54	1490[4]–1436
Amenōphis II.	'Akheprurē' Amenhotpe	23[5]	1436–1413
Tuthmōsis IV.	Menkheprurē' Dhutmose	8[6]	1413–1405
Amenōphis III.	Nebma'rē' Amenhotpe	37	1405–1367
Amenōphis IV. / Akhenaten	Neferkheprurē'-wa'enrē' Amenhotpe / Akhenaten	17	1367–1350
Smenkhkarē'	'Ankhkheprurē' Smenkhkarē' / Nefernefruaten-merwa'enrē'	3	1350–1347
Tut'ankhaten / Tut'ankhamūn	Nebkheprurē' Tut'ankhaten / Tut'ankhamūn	9	1347–1339
Ay (*Eje*)	Kheperkheprurē' Itnūte-Ay	4	1339–1335
Haremhab[7]	Djeserkheprurē' Haremhab	27?[8]	1335–1308?

[1] Siehe S. 193, Anm. 76.
[2] Ann. Serv. I, S. 99.
[3] Davon etwa 22 Jahre Regentin für Thutmosis III.
[4] Parker, JNES 16, S. 42.
[5] Urk. IV, S. 1343.
[6] Urk. IV, S. 1545.
[7] Er steht zwischen der 18. und der 19. Dynastie.
[8] Siehe S. 268, Anm. 101.

DIE ALTÄGYPTISCHEN KÖNIGE 507

(*Achtzehnte Dynastie. Fortsetzung*)

Manetho: J = Josephus; A = Africanus; E = Eusebius.

A, »Diospoliten, 16 Könige«; E, Diospoliten, 14 Könige«.

J, Tethmōsis[1], der die Hirten aus Ägypten vertrieb, 25 J., 4 M.; A, Amōs, die Dauer seiner Regierung ist nicht angegeben; E, Amōsis, 25 J.
J, Sein Sohn Chebrōn, 13 J.; A, Chebrōs, 13 J.; E, Chebrōn, 13 J.
J, Amenōphis[2], 20 J., 7 M.; A, Amenōphthis, 24 (21)J.; E, Ammenōphis, 21 J.
J, Seine Schwester Amessis[3], 21 J., 9 M.; A, Amensis, 22 J.; E f.
J, Ihr Sohn Mēphrēs, 12 J., 9 M.; A, Misaphris, 13 J.; E, Miphrēs, 12 J.
J, Sein Sohn Mēphramuthōsis[4], 25 J., 10 M.; A, E, Misphragmuthōsis[5], 26 J.
J, Sein Sohn Thmōsis[6], 9 J., 8 M.; A, E, Tuthmōsis, 9 J.
J, Sein Sohn Amenōphis[7], 30 J., 10 M.; A, E, Amenōphis, 31 J.[8]
J, Sein Sohn Ōros[9], 36 J., 5 M.; A, Ōros, 37 J.; E, Ōros, 36 oder 38 J.

Hier folgen vier Namen, die unzweifelhaft Vorgängern des Ōros (= Ḥaremḥab) gehörten, der dann unter dem erweiterten Namen Harmais noch einmal erscheint:

J, Seine Tochter Akenchērēs, 12 J., 1 M.; A, Acherrēs, 32 J.; E, Achenchersēs, [12 J.]
J, Ihr Bruder Rathōtis, 9 J.; A, Rathōs, 6 J.; E f.
J, Sein Sohn Akenchērēs, 12 J., 5 M.; A, Chebrēs, 12 J.; E, Acherrēs, 8 J.
J, Sein Sohn Akenchērēs II., 12 J., 3 M.; A, Acherrēs, 12 J.; E, Cherrēs, 15 J.
J, Sein Sohn Harmais[9], 4 J., 1 M.; A, Armesis, 5 J.; E, Armais, 5 J.

[1] Korrupt für Amōsis.
[2] Amenōphis I.
[3] Ḥashepsowe?
[4] Tuthmōsis III.
[5] »Unter seiner Regierung ereignete sich die Flut der Zeit des Deukalion«, A.
[6] Tuthmōsis IV.
[7] Amenōphis III.
[8] »Er ist derjenige, von dem man glaubte, daß er der Memnon und der sprechende Stein sei«, A, E.
[9] Ḥaremḥab.

Manethos 18. Dynastie endet (nach Josephus, Contra Apionem) mit vier Nachfolgern des Harmais (= Ḥaremḥab), die er eigentlich bei der 19. Dynastie hätte einreihen müssen, wo sie hier aufgeführt werden. Wie schon S. 171 erwähnt, zitiert Josephus Manetho als Beleg für seine Ansicht, daß der biblische Bericht des Exodus und der Vertreibung der Hyksos unter Tethmōsis sich auf ein und dasselbe historische Ereignis beziehen, eine Ansicht, die von Rowley in seinem S. 171 Anm. 17 genannten Buch zurückgewiesen wird. Die langen Auszüge enthalten freilich auch mancherlei Geschichten aus dem Volke der phantastischsten Art, was von Josephus ausdrücklich zugegeben wird.

Neunzehnte Dynastie

[Vom Verfasser verwendete Namen]	Thronname und Geburtsname	Höchste Jahreszahl	Mutmaßl. absolute Datierung v. Chr.
Ramesses I. (Ramses)	Menpeḥtirēʿ Raʿmesse	2	1308
Sethōs I.	Menmaʿrēʿ Sety-merenptaḥ	11[1]	1309–1291
Ramessēs II.	Usimaʿrēʿ-setpenrēʿ Raʿmesse-miamūn	67	1290[2]–1224
Merenptaḥ[3]	Binerēʿ-meramūn Merenptaḥ-ḥotpḥimāʿe	10	1224–1214
Sethōs II.	Usikheprurēʿ-setpenrēʿ Sety-merenptaḥ	6	1214–1208
Amenmesse[4]	Menmirēʿ-setpenrēʿ Amenmesse-ḥekawīse	–	–
Siptaḥ	Sekhaʿenrēʿ-setpenrēʿ Raʿmesse-siptaḥ	(1)	(1208)
Siptaḥ (später)[5]	Akhenrēʿ-setpenrēʿ Merenptaḥ-siptaḥ	6	1208–1202
Twosre	Sitrēʿ-meryamūn Twosre-seteptenmūt	8?	1202–1194?

Auf den weiblichen Pharao Twosre folgte eine königlose Zeit von kurzer Dauer.

[1] Stele von Gebel Barkal, ZÄS 69, S. 74.
[2] Parker, INES 16, S. 43.
[3] Oft in der Form Meneptah, siehe unten unter Manetho; auch OLZ 6, S. 224.
[4] Sehr kurz, entweder vor oder während der Regierung Sethos' II.
[5] JEA 44, S. 12ff.

18. Dynastie (Fortsetzung) und 19. Dynastie bei *Manetho*: J = Josephus; A = Africanus; E = Eusebius.

Nach Harmais (siehe S. 507) folgen bei ihm, nach A und E, am Ende der 18. Dynastie:

J, Sein Sohn Ramessēs[1], 1 J., 4 M.; A, Ramessēs, 1 J.; E f.
J, Sein Sohn Harmessēs Miamūn[2], 66 J., 2 M.; A f.; E, Ramessēs, 68 J.
J, Sein Sohn Amenōphis[3], 19 J., 6 M.; A, Amenōphath, 19 J.; E, Ammenōphis, 40 J.
J, Sein Sohn Sethōs[4], »auch genannt Ramessēs, dessen Stärke auf Wagentruppe und Flotte beruhte«, [10 J.]; A, E f.

Hier beginnt Manethos 19. Dynastie; A, Diospoliten, 7 (6) Könige; E, Diospoliten, 5 Könige.

A, Sethōs[5], 51 J.; E, Sethōs, 55 J.
A, Rapsacēs[2], 61 J.; E, Rampsēs, 66 J.
A, Ammenephthēs[3], 20 J.; E, Ammenephthis, 40 J.
A, Ramessēs[6], 60 J.; E f.
A, Ammenemnēs[7], 5 J.; E, Ammenemēs, 26 J.
A, E, Thuōris[8] (als König bezeichnet), 7 J.

[1] Ramessēs I.
[2] Ramessēs II.
[3] Merenptaḥ.
[4] Sethōs II.
[5] Sethōs I.
[6] Sethōs II, siehe oben Anm. 4. Verwechslung mit Ramses II.
[7] Amenmesse?
[8] Königin Twosre, »der bei Homer Polybus heißt, Gemahl der Alkandra, zu dessen Zeit Troja eingenommen wurde«; der Fall von Troja wird heute allgemein auf das Jahr 1183 v. Chr. angesetzt.

Zwanzigste Dynastie

[Vom Verfasser verwendete Namen]	Thronname und Geburtsname	Höchste Jahreszahl	Mutmaßl. absolute Datierung v. Chr.
Setnakhte	Usikha'urē'-meramūn-setpenrē' Setnakhte-mererrē'-meramūn	2	1184–1182
Ramessēs III.	Usima'rē'-meramūn Ra'messe-ḥeḵaōn	32	1182[1]–1151
Ramessēs IV.	Ḥeḵama'rē'[2]-setpenamūn Ra'messe-ḥeḵamā'e-meramūn	6	1151–1145
Ramessēs V.	Usima'rē'-sekheperenrē' Ra'messe-Amenḥikhopshef-meramūn	4	1145–1141
Ramessēs VI.	Nebma'rē'-meramūn Ra'messe Amenḥikhopshef-nūteḥeḵaōn	7[3]	1141–1134
Ramessēs VII.[4]	Usima'rē'-meramūn-setpenrē' Ra'messe-itamūn-nūteḥeḵaōn	–[5]	1134
Ramessēs VIII.[4]	Usima'rē'-akhenamūn Ra'messe-Setḥikhopshef-meramūn	–	1134
Ramessēs IX.	Neferkarē'setpenrē' Ra'messe-kha'emwīse-mereramūn	17	1134–1117
Ramessēs X.	Kheperma'rē'-setpenrē' Ra'messe-Amenḥikhopshef-meramūn	3	1117–1114
Ramessēs XI.	Menma'rē'-setpenptaḥ Ra'messe-kha'emwīse-mereramūn-nūteḥeḵaōn	27	1114–1087

Im 19. Regierungsjaht Ramessēs, XI. begann die kurze Ära der »Wiederholung der Geburten«, während welcher Ḥriḥōr, Hoherpriester des Amun-Rê in Karnak, sich vorübergehend die Königswürde anmaßte.

Die 20. Dynastie bei *Manetho*. Diospolitanischer Herkunft, 12 Könige: A, »sie regierten 135 Jahre«; E, »sie regierten 178 Jahre«. Namen werden nicht angegeben.

[1] Ed. Meyer und andere: 1200 v. Chr.; Rowton, JEA 34, S. 72, setzt die Thronbesteigung auf 1170 v. Chr. an.
[2] Zu Beginn seiner Regierung Usima'rē'-...
[3] Varille, Karnak I, Taf. 68 mit Seite 22.
[4] Die Reihenfolge ist möglicherweise umzukehren, Bibl. Or. 14, S. 138.
[5] Zweifelhaft, siehe JEA 11, S. 72ff.; 41, S. 60.

SPÄTZEIT

Einundzwanzigste Dynastie

Mutmaßliche Datierung: 1087–945 v. Chr.

Manetho, der hier die Hauptquelle ist, nennt sieben Könige aus Tanis.

Africanus	*Thronname und Geburtsname*
Smendēs, 26 J.	Ḥedjkheperrē'-setpenrē' Nesbanebded-meramūn
Psusennēs [I.], 46 J.[1]	'Akheperrē'-setpenamūn Psibkha'emnē-meramūn
Nepherchērēs, 4 J.	Neferkarē'-ḥeḳawīse[2] Amenemnisu(?)-meramūn
Amenōphthis, 9 J.	Usima'rē-setpenamūn Amenemope-meramūn
Osochōr, 6 J.	nicht identifiziert
Psinachēs, 9 J.	nicht identifiziert
Psusennēs [II.], 14 J.[3]	Titkheprurē'-setpenrē'[4] Psibkha'emnē-meramūn.

Manetho nennt als Gesamtsumme 130 Jahre, doch ergibt die Addition nach A 114. Zu dieser Dynastie gehörte zweifellos König Siamun, dessen Namen sind:

Nūtekheperrē'-setpenamūn Siamūn-meramūn; höchste Jahreszahl: 17.

Wegen der gleichzeitigen Hohenpriester des Amun-Rê in Karnak siehe oben S. 352 und Gauthier, LR III, S. 229–285. Die Datierungen, die sie begleiten, scheinen sich auf die tanitischen Könige zu beziehen, ein Datum aus einem Jahr 48 bezieht sich allerdings bestimmt auf den Hohenpriester Menkheper.

[1] So A; E, 41 Jahre.
[2] Siehe oben S. 352, aber auch Ann. Serv. 47, S. 207–211.
[3] E, 35 Jahre.
[4] Gauthier, LR III, S. 301, dort jedoch einem dritten Psusennēs zugewiesen.
[5] Gauthier, LR III, S. 249ff.
[6] Gauthier, LR III, S. 265.

Zweiundzwanzigste Dynastie

Mutmaßliche Datierung: 945–730 v. Chr.

Manetho nach Africanus: 22. Dynastie: »neun Könige von Bubastus, 1. Sesŏnchis, 21 J.; 2. Osorthōn, 15 J.; 3., 4., 5. drei weitere, 25 J.; 6.Takelōthis, 13 J.; 7., 8., 9. drei weitere, 42 J.; Summe: 120 Jahre.« Eusebius gibt Nr. 1 als Sesŏnchōsis, dann fehlen Nr. 3, 4, 5, 7, 8, 9, übrig bleibt nur als dritter und letzter der Dynastie Takelōthis.

Auf den *Denkmälern* entsprechen diesen Königen:

[Vom Verfasser verwendete Namen]		Thronname und Geburtsname	Höchstes Regierungs- jahr
Shōshenḳ[1] I. (*Scheschonk*)	1	Hedjkheperrē'-setpenrē' Shōshenḳ-meramūn	21
Osorkōn I.	2	Sekhemkheperrē'-setpenrē' Osorkōn-meramūn	36
Takelōt I. (*Takelothis*)	3	Usima'rē' Takelōt	7? 23?[2]
Osorkōn II.	4	Usima'rē'-setpenamūn Osorkōn-meramūn	29
Takelōt II.	5	Hedjkheperrē'-setpenrē' Takelōt-siēse-meramūn	25[3]
Shōshenḳ III.	6	Usima'rē-setpenamūn Shōshenḳ-sibast-meramūn	39
Pemay (*Pemu*)	7	Usima'rē'-setpenamūn Pemay-meramūn	6
Shōshenḳ IV.	8	'Akheperrē' Shōshenḳ	37

Die Reihenfolge von 1 bis 4 wird durch die Stele des Harpson (S. 362f.) bestätigt; Montet schiebt jedoch nach Osorkōn I. einen bisher unbekannten

Ḥeḳakheperrē'-setpenrē' Shōshenḳ-meramūn

ein, dessen silbernen Sarg mit Mumie er in Tanis entdeckte[4]. Vorläufig mag dieser König als Shōshenḳ II. geführt werden, anstelle des sehr problematischen Königs, der bisher als Shōshenḳ II. gezählt wurde[5] – wenn er nicht in Wirklichkeit Shōshenḳ I. ist. Takelōt II. (5) war der Sohn Osorkōns II. und Shōshenḳ III. mit Sicherheit der Nachfolger Takelōts II. Über Shōshenḳs Regierungszeit von 52 Jahren siehe oben S. 371.

Zur Chronologie der 22. bis 25. Dynastie siehe Ed. Meyer, Geschichte des Altertums (2. Aufl.) II, S. 56ff.

[1] Wohl so nach dem Assyrischen zu vokalisieren, nicht Sheshonk; das Alte Testament bietet unrichtig Shishak (Sisak), 1. Könige 14. 25.
[2] Siehe aber Gauthier, LR III, S. 333, Anm. 3.
[3] Regierte gemeinsam mit Osorkōn II. seit dessen 23. Regierungsjahr, siehe BAR IV, § 697.
[4] Montet, Osorkōn II, S. 11; Psu., S. 37ff.
[5] Gauthier, LR. III, S. 350.

Dreiundzwanzigste Dynastie

Mutmaßliche Datierung: 817(?) – 730 v. Chr.

Manetho nach Africanus: »vier Könige von Tanis, 1. Petubatēs[1], 40 Jahre; 2. Osorchō[2], 8 Jahre; 3. Psammūs, 10 Jahre; 4. Zēt, 31 Jahre; Summe 89 Jahre.« Bei Eusebius fehlt Zēt; er gibt an: 1. Petubastis, 25 Jahre; 2. Osorthōn, 9 Jahre; 3. Psammūs, 10 Jahre.

Unter den Inschriften auf der Ufermauer bei Karnak finden sich verschiedene Zeitangaben nach König Petubastis, die höchste aus seinem 23. Regierungsjahr. Thronname und Geburtsname lauten:

Usima'rē'-setpenamūn Pedubast-meramūn

Die anderen von Manetho genannten Könige haben sich mit hieroglyphisch geschriebenen Namen nicht absolut sicher identifizieren lassen. Vandier hat (S. 567ff.) in leichter Abwandlung der Argumente Ed. Meyers vorgeschlagen, die Thronbesteigung des Petubastis auf 817 v. Chr. anzusetzen, was eine weite Überschneidung mit der 22. Dynastie bedeuten würde. In die Zwischenzeit bis zum Einfall des Pi'anchy (730 v. Chr.) sind fünf Könige mit kurzen Regierungszeiten angesetzt, unter ihnen zwei Könige mit Namen Osorkōn. Die Inschrift des Petubast auf der Ufermauer aus dem Jahr 16 fällt in das Jahr 2 eines Königs Iuputi, dessen Name an den des Iuwapet auf der Pianch-Stele erinnert, S. 373 ff.

[1] A, »während seiner Regierung wurden zum ersten Male die Olympischen Spiele gefeiert«; dafür wären also die Jahre 776/775 v. Chr. anzunehmen.
[2] A, E »die Ägypter nennen ihn Hēraklēs«.

Vierundzwanzigste Dynastie

Mutmaßliche Datierung: 720–715 v. Chr.

Manetho (vgl. oben S. 372) nennt nur Bochchōris von Sais, dessen Vater nach Plutarch, De Iside, Kap. 8, Technactis und nach Diodor, I, 45, Tnephachthos war. Er regierte nach A 6, nach E 44 Jahre.

Auf den *Denkmälern* entsprechen ihnen:

Shepsesrē' Tefnakhte[1], einzige Jahreszahl: Jahr 8
Waḥkarē' Bekenrinef[2], einzige Jahreszahl: Jahr 6

Siehe auch unter der 25. Dynastie.

[1] Gauthier, LR III, 409.
[2] Gauthier, LR. III, 410.

Fünfundzwanzigste Dynastie

Manetho: »drei äthiopische Könige«: 1. Sabakon[1], regierte nach A 8, nach E 12 Jahre; 2. Sebichōs, A 14 Jahre, E 12 Jahre; 3. Tarkos, A 18 Jahre, E Tarakos 20 Jahre. Im folgenden ist das gesamte aus sechs Königen bestehende Geschlecht aufgeführt, obwohl erst Shabako Herrscher über ganz Ägypten war. Über die Verwandtschaftsbeziehungen siehe JEA 35, S. 141 ff.

[Vom Verfasser verwendete Namen]	Manetho	Thronname und Geburtsname		Höchste Jahreszahl	Mutmaßl. absolute Datierung v. Chr.
1 Kashta Vater von 2 und 3	–	Kashta		–	–
2 Pi'ankhy (*Pianchi*) Vater von 4 und 5	–	Usima'rē' Sneferrē'	}[2]	21	751–730

[Hier wären die Könige Tefnakhte und Bochchōris der 24. Dynastie zeitlich einzuordnen; ihre Regierungszeiten überschneiden sich mit denen von 2 und 3.]

3 Shabako (*Schabaka*) Sabakōn Bruder von 2		Neferkarē' Waḥibrē'[2]	}[2] Shabako	15	716–695
4 Shebitku (*Schabataka*) Sebichōs Bruder von 5		Djedkaurē' Menkheperrē'	}[2] Shebitku	3	695–690
5 Taharḳa Sohn von 2	Tarkos	Khunefertēmrē' Taharḳa		26	689–664[3]
6 Tanuatamūn[4] Sohn von 4	–	Bakarē' Tanuatamūn		8	664–656

Etwa um 668 v. Chr. wird Nekō von Sais, den die assyrischen Könige Asarhaddon und Assurbanipal begünstigten, Taharḳa in seiner Herrschaft in Memphis abgelöst haben.[5]

---

[1] A, E, »welcher Bochchōris gefangennahm und lebendigen Leibes verbrannte«.
[2] Wegen der verschiedenen Thronnamen siehe ZÄS 66, S. 96.
[3] Diese beiden Jahreszahlen sind gesichert.
[4] Assyrisch Urdamane.
[5] ANET, S. 294, 297.

Sechsundzwanzigste Dynastie

Manetho: »neun Könige aus Sais«.

[Vom Verfasser verwendete Namen]	Africanus	Eusebius	Regierungs-jahre nach Herodot (II, 157ff.)
–	–	1 Ammeris der Äthiope, 12 J.	
–	1 Stephinatēs, 7 J.	2 Stephinathis, 7 J.	
–	2 Nechepsōs, 6 J.	3 Nechepsōs, 6 J.	
Nekō I. (*Necho*)	3 Nechaō, 8 J.	4 Nechaō, 8 J.	
Psammētichus I.	4 Psammētichos, 54 J.	5 Psammētichos, 45 J.	54 J.
Nekō II.	5 Nechaō II.[1], 6 J.	6 Nechaō II. 6 J.	16 J.
Psammētichus II.	6 Psammūthis II. 6 J.	7 Psammūthis II. auch genannt Psammētichos, 17 J.	6 J.
Apriēs	7 Uaphris, 19 J.[2]	8 Uaphris, 25 J.	25 J.
Amasis	8 Amōsis, 44 J.	9 Amōsis, 42 J.	44 J.
Psammētichus III.	9 Psammecheritēs, 6 M.	f.	6 M.
	Summe: 150 Jahre, 6 Monate	Summe: 163 Jahre	

[1] A, E, »er nahm Jerusalem ein und führte König Iōachaz gefangen nach Ägypten«.
[2] A, E, »der Rest der Juden floh zu ihm, als Jerusalem von den Assyrern erobert wurde«.

Diesen Königen entsprechen auf den *Denkmälern:*

[Vom Verfasser verwendete Namen]	Thronname und Geburtsname	Dauer d. Reg. n. d. Apisstelen u. a.	Datierung v. Chr.[1]
Nekō I.	–	–	
Psammētichus I.	Waḥibrēʿ Psamtek	54	664–610
Nekō II.	Weḥemibrēʿ Nekō	15	610–595
Psammētichus II.	Neferibrēʿ Psamtek	6	595–589
Apriēs	Ḥaʿaʿibrēʿ Waḥibrēʿ	19	589–570
Amasis	Khnemibrēʿ ʿAḥmose-si-Nēit	44	570–526
Psammētichus III.	ʿAnkhkaenrēʿ Psamtek	1	526–525
		Summe: 139 Jahre	

[1] Parker, Mitt. Kairo 15, S. 212.

Siebenundzwanzigste Dynastie

Manetho: »acht persische Könige«. Diejenigen, deren Namen sich in ägyptischen Hieroglyphen geschrieben finden, sind mit einem Stern★ bezeichnet.

Africanus	Eusebius	Datierung v. Chr.
1 ★Cambysēs[1], 6 J.	1 Cambysēs[1], 3 J.	525–522
	2 Magi, 7 M.	
2 ★Darius, Sohn des Hystaspēs, 36 J.	3 Darius, 36 J.	521–486
3 ★Xerxēs der Große, 21 J.	4 Xerxēs, Sohn des Darius, 21 J.	486–466
4 Artabanos[2], 7 M.		
5 ★Artaxerxēs, 41 J.	5 Artaxerxēs Langhand, 40 J.	465–424
6 Xerxēs, 2 M.	6 Xerxēs II. 2 J.	
7 Sogdianos, 7 M.	7 Sogdianos, 7 J.	
8 Darius, Sohn des Xerxēs, 19 J.	8 Darius, Sohn des Xerxēs, 19 J.	424–404
Summe: 124 Jahre, 4 Monate	Summe: 120 Jahre, 4 Monate	

Artaxerxes I. hat Ägypten nie betreten, auch Darius II. nicht, der jedoch den Auftrag zu einigen Bauarbeiten im Tempel von Hibis in der Oase Chârga gegeben zu haben scheint[3]. Über Artaxerxes II. (404–358 v. Chr.) siehe S. 412 f., 417.

[1] A, E, »im fünften Jahr seiner Königsherrschaft über die Perser wurde er König Ägyptens«.
[2] Ein Höfling, Mörder des Xerxes, des Sohnes des Darius.
[3] Kienitz, S. 73, Anm. 8.

Achtundzwanzigste Dynastie

Manetho: »Amyrtoos (E: Amyrtaios) von Sais, 6 Jahre«. Datierung: 404–399 v. Chr. Erwähnungen in Hieroglyphenschrift finden sich nicht, wohl aber kommt dieser König in demotischen und aramäischen Papyri vor[1]. Im Griechischen: Amonortais.

[1] Siehe S. 413 f.

Neunundzwanzigste Dynastie

Manetho: »vier Könige von Mendēs«. Die, welche auch auf Denkmälern vorkommen, sind mit einem Stern* bezeichnet.

Africanus und Eusebius	Thronname und Geburtsname	Höchste Jahreszahl	Datierung v. Chr.
1 Nepheritēs, 6 J.	*1 – Nef'aurud	4	399–393
3[1] Psammūthis, 1 J.	*2 Usirē'-setpenptaḥ Pshenmūt	–	[393]
2 Achōris, 13 J.	*3 Khnemmā'erē'-setpenkhnūm Hakōr	6	393–380
4 Nepheritēs [II.], 4 M.	4 – Nef'aurud (nur demotisch)	–	–

[5 Muthis, 1 J.] nur bei Eusebius; möglicherweise hat er nie regiert.

Summe: 20 (21) Jahre.

[1] Manetho ordnet Achoris vor Psammuthis ein, siehe S. 414.

Dreißigste Dynastie

Manetho: »drei Könige aus Sebennytos«.

[Vom Verfasser verwendete Namen]	Africanus	Thronname und Geburtsname	Höchste Jahres-Datierungszahl	v. Chr.
Nekhtnebef	Nektanebēs, 18 J.	Kheperkarē'Nekhtnebef	16	380[1]–363
Teōs oder Takhōs	Teōs, 2 J.	Irmā'enrē'Djeḥo-setpenanḫūr	–	362–361
Nekhtḥareḥbe	Nektanebos, 18. J.	Snedjemibrē'-setpenanḫūr Nekhtḥareḥbe	18	360–343

Summe: 38 Jahre

[1] Kienitz, S. 173 ff.

Einunddreißigste Dynastie

»Drei persische Könige«. Diese Dynastie wurde dem echten Manetho von irgendeinem späteren Chronographen hinzugefügt. Der im folgenden wiedergegebene Text des Eusebius ist etwas ausführlicher als der des Africanus (A):

»1. Ōchos wurde im 20. Jahr seiner Königsherrschaft über die Perser König über Ägypten und regierte 6 Jahre (A: 2 Jahre),
2. nach ihm Arsēs, Sohn des Ōchos, 4 Jahre (A: 3 Jahre),
3. nach ihm Dareios [III.], 6 Jahre (A: 4 Jahre), den Alexander von Mazedonien überwand.«

Ōchos Artaxerxēs III. folgte seinem Vater Artaxerxēs II. im Jahre 358 v. Chr. und eroberte Ägypten im Jahre 343 v. Chr.[1]. Dem Ōchos folgte nach seiner Ermordung im Jahre 338 v. Chr. sein jüngster Sohn Arsēs, der selbst im Jahre 336 v. Chr. ermordet wurde. Arsēs folgte Dareios III. Kodomannos im Jahre 335 v. Chr.[2]. Alexander kam nach Ägypten gegen Ende des Jahres 332 v. Chr.[3].

[1] Kienitz, S. 173 ff.
[2] Kienitz, S. 110.
[3] Kienitz, S. 112.

LITERATURHINWEISE

[Die folgenden Literaturangaben ergänzen das in den Anmerkungen nachgewiesene Schrifttum. Verlagsorte sind nur bei außerhalb des deutschen Sprachraums erschienenen und bei im deutschen Sprachraum erschienenen fremdsprachigen Veröffentlichungen angegeben. — Besonders hingewiesen sei auf die sehr ausführlichen bibliographischen Angaben in W. Wolf, Kulturgeschichte des Alten Ägypten (Kröners Taschenausgabe, Band 321), S. 456-511. - *Der Übers.*]

I. Allgemein

1. BIBLIOGRAPHIEN

B. Porter - R. Moss, Topographical Bibliography of Ancient Egyptian Hieroglyphic Texts, Reliefs, and Paintings, 7 Bde., Oxford 1927-1951; Bd. I, Teil 1, ebd. ²1960, Teil 2 ²1964. — *J. A. Pratt*, Ancient Egypt. Sources of Information in the New York Public Library, New York 1925; Supplement: Ancient Egypt 1925-1941, ebd. 1942. — *J. A. M. Janssen*, Annual Egyptological Bibliography (erstmals für das Jahr 1947), Leiden 1948 ff.; Indexes 1947-1956, ebd. 1960.

2. ZUSAMMENFASSENDE DARSTELLUNGEN, NACHSCHLAGEWERKE

Zur Geschichte:

J. H. Breasted, A History of Egypt, New York 1905 (deutsch: Geschichte Ägyptens 1908, unveränd. Neudruck 1954). — *W. M. Flinders Petrie*, A History of Egypt, Bd. 1-3, Rev. Ed. London 1924/1925. — *Eduard Meyer*, Geschichte des Altertums, Bd. 1-3, 1925 - 1937. — *H. R. Hall*, The Ancient History of Near East, London ⁷1927. — Cambridge Ancient History, Bd. 1-3, Rev. Ed. Cambridge 1961 ff. (mit Beiträgen von *H. R. Hall, W. C. Hayes, T. E. Peet, W. St. Smith* u. a.). — *A. Scharff - A. Moortgat*, Ägypten und Vorderasien im Altertum, 1950. — *E. Drioton - J. Vandier*, L'Égypte (Les peuples de l'orient méditerranéen II), Paris ⁴1962. — *E. Otto*, Ägypten. Der Weg des Pharaonenreiches, ³1958. — *E. Drioton* L'Égypte pharaonique, Paris 1959.

Zur Kultur- und Geistesgeschichte:

A. Erman - H. Ranke, Ägypten und ägyptisches Leben im Altertum, 1923. — *W. Wreszinski*, Atlas zur altägyptischen Kulturgeschichte, Teil I-III, 1923-1938. — *H. Kees*, Ägypten (Handbuch der Altertumswissenschaft, 3. Abt., 1. Teil, 3. Bd.: Kulturgeschichte des alten Orients, Erster Abschnitt), 1933. — *S. R. K. Glanville* u. a., The Legacy of Egypt, Oxford 1942 (Neudruck 1953). — *P. Montet*, La vie quotidienne en Égypte au temps des Ramsès, Paris 1946 (deutsch: So lebten die Ägypter, 1960). — *W. C. Hayes*, The Scepter of Egypt. A Background for the Study of the Egyptian Antiquities in the Metropolitan Museum of Art, bisher 2 Bde., New York 1953, 1959. — *W. Wolf*, Die Welt der Ägypter (Große Kulturen der Frühzeit III), (1955), ⁵1962. — *J. A. Wilson*, The Culture of Ancient Egypt, Chicago 1956. — *Helck - Otto*, Kleines Wörterbuch der Ägyptologie, 1956. — *G. Posener*, Dictionnaire de la civilisation égyptienne, Paris 1959 (deutsch: Knaurs Lexikon der ägyptischen Kultur, 1960). — *W. Wolf*, Die Kultur Ägyptens (Handbuch der Kulturgeschichte, Lieferung 11–13, 24), 1960f. — *J. Pirenne*, Histoire de la civilisation de l'Égypte ancienne, 3 Bde., Paris 1961f. — *C. Aldred*, The Egyptians, London 1962 (deutsch: Ägypten, 1962). — *W. Wolf*, Kulturgeschichte des Alten Ägypten, 1962 (Kröners Taschenausgabe, Bd. 321). — *W. Wolf*, Individuum und Gemeinschaft in der ägyptischen Kultur (Leipz. Ägypt. Studien, Heft 1), 1935. — *H. und H. A. Frankfort* – *J. A. Wilson* – *Th. Jacobsen*, The Intellectual Adventure of Ancient Man, Chicago 1946 (deutsch: Frühlicht des Geistes. Wandlungen im Weltbild des alten Orients, 1954). — *J. Spiegel*, Das Werden der altägyptischen Hochkultur, Heidelberg 1935.

Zur Religion:

J. H. Breasted, Development of Religion and Thought in Ancient Egypt, New York 1912 (Neudruck 1959). — *A. Erman*, Die Religion der Ägypter, 1934. — *J. Vandier*, La religion égyptienne (Les anciennes religions orientales, Bd. 1), Paris 1944. — *G. Jéquier*, Considérations sur les religions égyptiennes, Neuchâtel 1946. — *H. A. Frankfort*, Ancient Egyptian Religion, New York 1948. — *J. Saint Fare Garnot*, La vie religieuse dans l'ancienne Égypte, Paris 1948. — *S. A. B. Mercer*, The Religion of Ancient Egypt, London 1949. — *H. Junker*, Pyramidenzeit. Das Wesen der altägyptischen Religion, 1949. — *J. Černý*, Ancient Egyptian Religion, London 1952. — *G. Roeder*, Volksglaube im Pharaonenreich, 1952. — *E. Drioton*, La religion égyptienne (Histoire des religions, Bd. 3), Paris 1955. — *H. Kees*, Der Götterglaube im alten Ägypten, ²1956. — Ders., Totenglauben und Jenseitsvorstellungen im alten Ägypten, ²1956. — *S. Donadoni*, La Religione dell' antico Egitto, Bari 1959. — *S. Morenz*, Ägyptische Religion (Die Religionen der Menschheit, 8), 1960. — *H. Bonnet*, Reallexikon der ägyptischen Religionsgeschichte, 1952.

Th. Hopfner, Fontes historiae religionis Aegyptiacae, 5 Teile, 1922–1925. — *H. Kees*, Ägypten (Religionsgeschichtliches Lesebuch, hg. v. *H. Bertholet*, 10), ²1928. — *G. Roeder*, Die ägyptische Religion in Text und Bild, 4 Bde. 1959–1961.

Die Pyramidentexte: Siehe S. 523 unter: *Die Pyramiden*.

Die Sargtexte: *A. de Buck*, The Egyptian Coffin Texts, 7 Bde., Chicago 1935 bis 1961. — *E. A. Wallis Budge*, The Book of the Dead, 3 Bde., London 1898.

Zur Mumifizierung und dem Bestattungsritual: *G. Elliot Smith* – *W. R. Dawson*, Egyptian Mummies, London 1924. — *E. A. Wallis Budge*, The Mummy. A Handbook of Egyptian Funerary Archaeology, Cambridge ²1925. — *Nina d. G. Davies* – *A. H. Gardiner*, The Tomb of Amenemhêt, London 1915.

Zur Archäologie und Kunst:

W. M. Flinders Petrie, Methods and Aims in Archaeologie, London 1904. — Ders., The Arts and Crafts of Ancient Egypt, London ²1923. — *G. Jéquier*, Manuel d'archéologie égyptienne. Les éléments de l'architecture, Paris 1924. — *S. Clark* – *R. Engelbach*, Ancient Egyptian Masonry. The Bulding Craft, Oxford 1930. — *R. Engelbach*, Introduction to Egyptian Archaeology with special reference to the Egyptian Museum, Cairo, Kairo 1946. — *A. Lucas*, Ancient Egyptian Materials and Industries, London ³1948. — *J. Vandier*, Manuel d'archéologie égyptienne; I, Les époques de formation; II, Les grandes époques; III, La statuaire, Paris 1952 bis 1957.

L. Curtius, Die antike Kunst I: Ägypten und Vorderasien (Handbuch der Kunstwissenschaft), 1913 (Neudruck 1959). — *W. Wolff*, Das ägyptische Kunstgewerbe (Geschichte des Kunstgewerbes aller Zeiten und Völker, hg. von *H. Th. Boßert*, Bd. 4), 1931. — *Fr. W. Freih. von Bissing*, Ägyptische Kunstgeschichte von den ältesten Zeiten bis auf die Eroberung durch die Araber (in Lieferungen: Band I: Text, Band II: Erläuterungen, Bd. III: Tafeln), 1934/1935 (unvollendet). — *A. Scharff*, Ägypten (Handbuch der Archäologie I. Textband: Die Denkmäler),

1938. — *H. Schäfer*, Die Kunst Ägyptens, in: Schäfer-Andrae, Die Kunst des Alten Orients (Propyläen-Kunstgeschichte II), ³1942. — *R. Hamann*, Die ägyptische Kunst, 1944 (in Geschichte der Kunst von der Vorgeschichte bis zur Spätantike, 1952). — *C. Aldred*, The Development of Ancient Egyptian Art from 3200 to 1315 B. C., London 1952. — *W. Wolf*, Die Kunst Ägyptens, 1957 [mit sehr umfangreichen bibliographischen Angaben]. — *W. St. Smith*, The Art and Architecture of Ancient Egypt, Harmondsworth 1958. — *Nina M. Davies*, Ancient Egyptian Paintings, 3 Bde., Chicago 1936. — *A. Mekhitarian*, Die ägyptische Malerei, 1954. — *K. Lange* – *M. Hirmer*, Ägypten. Architektur, Plastik, Malerei in drei Jahrtausenden, 1955. — *H. W. Müller*, Altägyptische Malerei, 1959.

W. Wolf, Die Stellung der ägyptischen Kunst zur antiken und abendländischen und Das Problem des Künstlers in der ägyptischen Kunst, 1951. — *H. Schäfer*, Von ägyptischer Kunst, 4. Aufl. (aus d. Nachl. hg. von *E. Brunner-Traut*), 1963.

Zur Literatur:

A. Erman, Die Literatur der Ägypter, 1923. — *G. Roeder*, Altägyptische Erzählungen und Märchen, 1927. — *G. Lefebvre*, Romans et contes égyptiens de l'epoque pharaonique, Paris 1949. — *S. Schott*, Altägyptische Liebeslieder, 1950. — *Fr. W. Freih. von Bissing*, Altägyptische Lebensweisheit, 1955. — *E. Brunner-Traut*, Altägyptische Märchen, 1963. — Handbuch der Orientalistik, hg. v. *B. Spuler*, 1. Bd.: Ägyptologie, 2. Abschn.: Literatur, Leiden 1952. — *S. Donadoni*, Storia della letteratura egiziana antica, Mailand 1957.

II. Zu den einzelnen Kapiteln

EINFÜHRUNG

DIE ÄGYPTOLOGIE IM ALTERTUM UND HEUTE

Die *Texte der klassischen Autoren* (Herodot, Diodor, Strabon, Plinius d. Ä., Plutarch) im Original mit engl. Übersetzung in der Loeb Classical Library, London. — *Herodot*, Historien, übers. von *A. Horneffer*, ³1964 (Kröners Taschenausgabe, Bd. 224).

Zu Horapollo:

Fr. Sbordone, Hori Apollinis Hieroglyphica, Neapel 1940 (Text und Kommentar). — Franz. Übersetzung: *B. van de Walle* – *J. Vergote*, Traduction des Hieroglyphica d'Horapollon, Chron. d'Ég. Nr. 35 (1943), S. 39ff., 199ff.

Zu Kircher:

J. Janssen, Chron. d'Ég. Nr. 35 (1943), S. 240 ff.

Zur Geschichte der Ägyptologie:

Wallis Budge, The Rosetta Stone, London 1922. — *H. Hartleben*, Champollion. Sein Leben und sein Werk, 2 Bde., 1906. — *A. Erman*, Die Entzifferung der Hieroglyphen (SB Preuß. Akad. d. Wiss.), 1922. — *F. Ll. Griffith*, The Decipherment of the Hieroglyphs, JEA 37 (1951), S. 38ff. — *H. Brugsch*, Die Ägyptologie, 1891. — *K. Sethe*, Die Ägyptologie. Zweck, Inhalt und Bedeutung dieser Wissenschaft und Deutschlands Anteil an ihrer Entwicklung (Der alte Orient, 23. Jahrg., Heft 1), 1923. — *T. E. Peet*, The Present Position of Egyptological Studies, Oxford 1934. — *P. Montet*, Isis ou à la recherche de l'Égypte ensevelie, Paris 1936. — *W. Wolf*, Wesen und Wert der Ägyptologie (Leipz. Ägypt. Studien, Heft 8), 1937. — *S. R. K. Glanville*, The Growth and Nature of Egyptology, Cambridge 1947. — *H. Kees*, Geschichte der Ägyptologie, in Handb. d. Orientalistik, 1. Abt., 1. Bd., 1. Abschn., S. 3ff., 1959. – *W. R. Dawson*, Who was who in Egyptologie, London 1951.

DIE ÄGYPTISCHE SPRACHE UND SCHRIFT

Zur Sprache:
G. *Lefebvre*, Sur l'origine de la langue égyptienne, Chron. d' Eg. 11 (1936) S. 266ff.
Zur Verwandtschaft mit dem Hamitischen: E. *Zyhlarz*, Ursprung und Sprachcharakter des Altägyptischen, Zeitschrift für Eingeborenensprachen Bd. 23 (1932f.), S. 25ff., 81ff., 161ff., 241ff. — Ders., ZÄS 70 (1945), S. 22.
Zur Verwandtschaft mit dem Semitischen: T. W. *Thacker*, The Relationship of the Semitic and Egyptian Verbal System, Oxford 1954. — W. *Vycichl*, Grundlagen der ägyptisch-semitischen Wortvergleichung, Mitt. Kairo 16 (1958), S. 367ff. — Ders., Is Egyptian a Semitic Language, Kush 7 (1959), S. 27ff.

Grammatiken:
A. *de Buck*, Grammaire élémentaire du moyen égyptien, Leiden 1952. — G. *Lefebvre*, Grammaire de l'égyptien classique, Kairo ²1955. — A. H. *Gardiner*, Egyptian Grammar, London ³1957. — H. *Brunner*, Abriß der mittelägyptischen Grammatik, 1961. — E. *Edel*, Altägyptische Grammatik I (Analecta Orientalia 34), Rom 1955. — A. *Erman*, Neuägyptische Grammatik, ²1933.

Zu den verschiedenen Schriftarten:
N. M. *Davies*, Picture Writing in Ancient Egypt, Oxford 1958. — G. *Möller*, Hieratische Paläographie, 3 Bde., 1909–1912. — F. Ll. *Griffith*, Demotic Papyri in the John Rylands Library, 3 Bde., Manchester 1909. — W. *Erichsen*, Demotisches Glossar, Kopenhagen 1954.

Wörterbücher:
A. *Erman* – H. *Grapow*, Wörterbuch der ägyptischen Sprache, 6 Bde. und 5 Bde. Belegstellen, 1926–1955. — R. O. *Faulkner*, Concise Dictionary of Middle Egyptian, Oxford 1962.

Die Sinai-Schrift:
A. H. *Gardiner*, in: S. R. K. Glanville u. a., The Legacy of Egypt, Oxford 1942, S. 55 ff.

DAS LAND, SEINE NACHBARN
UND SEINE NATÜRLICHEN HILFSQUELLEN

Das Land:
J. *Ball*, Contributions to the Geography of Egypt, Kairo 1939. — Ders., Egypt in the Classical Geographers, Kairo 1942. — P. *Montet*, Geographie de l'Égypte ancienne. I, La Basse Égypte, Paris 1957; II, La Haute Égypte, ebd. 1961. — K. *Baedeker*, Ägypten und der Sudan, ⁸1928 (Engl. Ausg. ⁸1929). — A. *Mekhitarian*, Introduction à l'Égypte, Brüssel 1956. — H. *Kees*, Das alte Ägypten. Eine kleine Landeskunde, ²1958. — E. *Brunner-Traut und V. Hell*, Ägypten. Studienreiseführer mit Landeskunde, 1962.

Die Nachbarländer:
T. *Säve – Söderbergh*, Ägypten und Nubien, Lund 1941. — W. *Hölscher*, Libyer und Ägypter (Ägyptologische Forschungen 4), Glückstadt 1937. — Die östlichen Nachbarn: W. *Max Müller*, Asien und Europa, 1893 [überholt, aber immer noch nützlich].

Zu den Ortsnamen und geographischen Bezeichnungen:
H. *Gauthier*, Dictionnaire des noms géographiques, 7 Bde., Kairo 1925–1931. — A. H. *Gardiner*, Ancient Egyptian Onomastica, 3 Bde., Oxford 1947.

Die Rohstoffe und ihre Verarbeitung:
A. *Lucas*, Ancient Egyptian Materials and Industries, London ³1948.

GRUNDLAGEN UND WESENSZÜGE
DER WISSENSCHAFT VOM ALTEN ÄGYPTEN

Gesamtdarstellungen zur Geschichte siehe S. 518

Zu den Königslisten (siehe Anhang):

W. Helck, Untersuchungen zu Manetho und den ägyptischen Königslisten, 1956. — Der hieroglyphische Text der Listen von Abydos und Sakkara: *Ed. Meyer*, Ägyptische Chronologie (Abh. Berlin, Phil.-hist. Klasse), 1904, Taf. 1. — Der Turiner Königspapyrus: *G. Farina*, Il Papiro dei Re, Rom 1938 [überholt durch das folgende Werk, aber noch wertvoll wegen seiner Tafeln]. — *A. H. Gardiner*, The Royal Canon of Turin, Oxford 1959. — Die Liste von Karnak: *K. Sethe*, Urk. IV, S. 608–610. — Der Palermostein: *H. Schäfer*, Ein Bruchstück altägyptischer Annalen (Abh. Berlin, Phil.-hist. Klasse), 1902. — Der Text zusammen mit dem der Fragmente in Kairo: *K. Sethe*, Urk. I, S. 235–249. — Manetho: *W. G. Waddell*, Manetho, London 1940.
H. Gauthier, Le livre des rois de' Égypte, 5 Bde., Kairo 1907–1917. (Dazu Index in Bull. Inst. fr. 15, S. 1ff., Zusätze in Rec. trav. 40, S. 177ff.)

Texte zur Geschichte:

Die hieroglyphischen Originaltexte sind zusammengestellt in: Urkunden des ägyptischen Altertums: Bd. 1: Altes Reich, hg. von *K. Sethe*; Bd. 3: Äthiopen-Zeit, hg. von H. Schäfer; Bd. 4, Die 18. Dynastie, hg. von *K. Sethe*, fortgeführt von *W. Helck*. — Texte der 11. Dynastie: *J. J. Clère* und *J. Vandier*, Textes de la première période intermédiaire et de la XIme Dynastie (Bibliotheca Aegyptiaca X), Brüssel 1948.
Historische Texte in Übersetzung mit Anmerkungen: *J. H. Breasted*, Ancient Records of Egypt, 5 Bde., 1906–1907. — Jüngste Übersetzungen von *J. A. Wilson* in ANET.

Kalender:

K. Sethe, Beiträge zur ältesten Geschichte Ägyptens (Untersuchungen 3),1905.— Ders., Die Zeitrechnung der alten Ägypter im Verhältnis zu der der anderen Völker (Nachr. d. Ges. d. Wiss. Göttingen), 1919 und 1920. — *O. Neugebauer*, The Origin of the Egyptian Calendar, JNES 1 (1942), S. 396ff. — *S. Schott*, Altägyptische Festdaten, 1950. — *R. A. Parker*, The Calendars of Ancient Egypt, Chicago 1951. — Ders., Rev. d'Eg. 11, S. 85ff. — *J. v. Beckerath*, Der Stand der Forschung auf dem Gebiet der ägyptischen Zeitrechnung, ZDMG 105 (1955), S. * 26f.

Zur Chronologie:

Ed. Meyer, Ägyptische Chronologie (Abh. Berlin, Phil.-hist. Klasse), 1904.— Ders., Nachträge zur ägyptischen Chronologie (ebd.), 1907. — Ders., Die ältere Chronologie Babyloniens, Assyriens und Ägyptens, 1925. — *L. Borchardt*, Die Annalen und die zeitliche Festlegung des alten Reiches der ägyptischen Geschichte (Quellen und Forschungen zur Zeitbestimmung der ägyptischen Geschichte, Bd. 1), 1917. — Ders., Die Mittel zur zeitlichen Festlegung von Punkten der ägyptischen Geschichte (Quellen und Forschungen zur Zeitbestimmung der ägyptischen Geschichte, Bd. 2), Kairo 1935. — *R. Weill*, Bases, méthodes et résultats de la chronologie égyptienne, Paris 1926 (Nachträge Paris 1928). — *O. Neugebauer*, Die Bedeutungslosigkeit der „Sothisperiode" für die älteste ägyptische Chronologie, Acta Orientalia 17 (1939), S. 169 ff. — Ders., Again the Sothiac Period, ebd. 19 (1943), S. 138 ff. — *H. J. Kantor*, The Chronology of Egypt and Its Correlations with that of Other Parts of the Near East in the Periods before the Late Bronze Age, in: R. W. Ehrich, Relative Chronologies in Old World Archaeology, Chicago 1954. — *P. van der Meer*, The Chronologie of Ancient Western Asia and Egypt, Leiden ²1955. — *W. C. Hayes – M. B. Rowton – F. H. Stubbings*, Chronology: Egypt, Western Asia and the Aegean Lands (The Cambridge Ancient History, Rev. Ed.), Cambridge 1962.

VON DEN ERBAUERN DER PYRAMIDEN ZU ALEXANDER

DAS ALTE REICH

W. St. Smith, The Old Kingdom in Egypt (The Cambridge Ancient History Rev. Ed.), Cambridge 1962.

Zur Kunst:

C. *Aldred*, Art in Ancient Egypt: Old Kingdom, London 1949. — *W. St. Smith*, A History of Egyptian Sculpture and Painting in the Old Kingdom, London ²1949.

Die Pyramiden:

I. E. *S. Edwards*, The Pyramids of Egypt, London 1961. — *W. M. Flinders Petrie*, The Pyramids and Temples of Gizeh, London 1883. — *L. Borchardt*, Gegen die Zahlenmystik an der großen Pyramide bei Gise, 1922. — Ders., Längen und Richtungen der vier Grundkanten der großen Pyramiden bei Gise, 1926. — Ders., Die Entstehung der Pyramide, 1928. — *J.-Ph. Lauer*, Le problème des pyramides d'Égypte, Paris 1948. — *H. Ricke*, Bemerkungen zur ägyptischen Baukunst des Alten Reiches II und *S. Schott*, Bemerkungen zum ägyptischen Pyramidenkult (Beiträge zur ägypt. Bauforschung und Altertumskunde 5), Kairo 1950.
K. Sethe, Die altägyptischen Pyramidentexte, 4 Bde., 1908 ff. — Ders., Übersetzung und Kommentar (unvollendet), 4 Bde., 1935–1939. — *S. A. B. Mercer*, The Pyramid Texts (Übersetzung u. Kommentar), 4 Bde., New York 1952.

Zur Verwaltung:

R. *Weill*, Les décrets royaux de l'ancien empire égyptienne, Paris 1912 (Texte auch Urk. I, S. 280 ff.). — *H. Kees*, Beiträge zur altägyptischen Provinzialverwaltung und der Geschichte des Feudalismus (Nachr. d. Gesellsch. d. Wiss. Göttingen, Phil.-hist. Klasse) 1932, S. 85 ff, 1933, S. 579 ff. — Ders., Beiträge zur Geschichte des Vezirats im Alten Reich (Nachr. d. Gesellsch. d. Wiss. zu Göttingen, Fachgruppe I, Neue Folge Bd. IV, Nr. 2), 1940, S. 35 ff. — *M. A. Murray*, Index of Names and Titles of the Old Kingdom, London 1948. — *W. Helck*, Untersuchungen zu den Beamtentiteln des ägyptischen Alten Reiches, 1954. — *K. Baer*, Rank and Title in the Old Kingdom. The Structure of the Egyptian Administration in the Fifth and Sixth Dynasties, Chicago 1960.

Zur 3. Dynastie:

Die Stufenpyramide: Edwards, Pyramids, Kap. II. — *J.-Ph. Lauer*, La pyramide à degrés, 4 Bde., Kairo 1936–1959. — *H. Ricke*, Bemerkungen zur ägyptischen Baukunst des Alten Reichs[1], 1944. — *E. Drioton – J.-Ph. Lauer*, Sakkarah, the Monuments of Zoser, Kairo ²1951. — *M. Zakaria Goneim*, Horus Sekhem-khet. The Unfinished Step Pyramid at Saqqara, I, Kairo 1957 — *J. Garstang*, Mâhasna and Bêt Khallâf, London 1902.

Sâwijet el-Arjân: Edwards, Pyramids, S. 67/68.

K. Sethe, Dodekaschoinos, das Zwölfmeilenland an der Grenze von Ägypten und Nubien (Untersuchungen 2), 1901.

Zur 4. Dynastie:

Die Große Pyramide: W. M. *Flinders Petrie*, The Pyramids and Temples of Gizeh, London 1883.

Das Grab der Königin Hetepheres: G. A. *Reisner*, A History of the Giza Nekropolis, Bd. 7: The Tomb of Hetep-heres the Mother of Cheops, Cambridge (Mass.) 1955. — *U. Hölscher*, Das Grabdenkmal des Königs Chephren, 1912. — G. A. *Reisner*, Mycerinus, Cambridge (Mass.) 1931.

Schepseskaf: G. *Jéquier*, Le Mastabat Faraoun, Kairo 1928, S. 9, Abb. 2.
W. *Federn*, Zur Familiengeschichte der 4. Dynastie, WZKM 42 (1935), S. 165 ff.

Zur 5. Dynastie:

Das Sonnenheiligtum des Userkaf: Ann. Serv. 54, S. 75 ff., 305 ff.; 55, S. 73 ff.
Sahurê: L. *Borchardt*, Das Grabdenkmal des Königs Saḥurēʿ, 2 Bde., 1910, 1913.
Neferirkarê: L. *Borchardt*, Das Grabdenkmal des Königs Neferirkarê, 1909. Siehe auch Ann. Serv. 53, S. 319 ff.
Neuserrê: L. *Borchardt*, Das Grabdenkmal des Königs Ne-user-rê, 1907. — Ders., Das Re-Heiligtum des Königs Ne-woser-rê, Bd. 1: Der Bau, 1905.
Zu den Pyramiden von Sahurê, Neferirkarê und Neuserrê siehe auch PM III, S. 73 ff., zu der des Onnos S. 92, Anm. 33.
W. *Kaiser*, Zu den Sonnenheiligtümern der 5. Dynastie, Mitt. Kairo 14 (1956), S. 104 ff. — E. *Winter*, Zur Deutung der Sonnenheiligtümer der 5. Dynastie, WZKM 54 (1957), S. 222 ff.

Zur 6. Dynastie:

Das Heiligtum Pepis I. in Bubastis: *Labib Habachi*, Tell Basta, Kairo 1947, S. 11 ff. — G. *Jéquier*, Le Monument funéraire de Pepi II, 3 Bde., Kairo 1936 bis 1940. — Die Inschrift des Uni: BAR I, §§ 291–294; 306–315; 319–324; jüngste (teilweise) Übersetzung: ANET, S. 227 ff. — G. *Jéquier*, Les femmes de Pepi II, in Griffith-Studies, S. 9 ff. — P.-E. *Newberry*, Queen Nitocris of the Sixth Dynasty, JEA 29 (1943), S. 51 ff.

AUFSTIEG UND NIEDERGANG DES MITTLEREN REICHES

Zur ersten Zwischenzeit:

T. J. C. *Baly*, The Relations of the Eleventh Dynasty and the Herakleopolitans, JEA 18 (1932), S. 173 ff. — H. *Stock*, Die erste Zwischenzeit Ägyptens (Studia Aegyptiaca), Rom 1949 (besprochen von Posener in Bibl. Or. 8, S. 165 ff.). — R. *Anthes*, Die Felseninschriften von Hatnub, 1928. — H. *Brunner*, Die Texte aus den Gräbern der Herakleopolitenzeit von Siut (Ägyptologische Forschungen 5), 1937. — Die Dekrete von Koptos: W. C. *Hayes*, JEA 32 (1946), S. 3 ff. — J. *Vandier*, Moʿalla (Bibliothèque d'étude 18), Kairo 1950. — Ders., La famine dans l'Égypte ancienne (Recherches d'archéologie 7), Kairo 1936, S. 3 ff.

Zu den Literaturwerken der ersten Zwischenzeit:

Die »Mahnworte eines ägyptischen Weisen«: A. H. *Gardiner*, The Admonitions of an Egyptian Sage, Leipzig 1909. (Jüngste Übersetzung v. J. A. *Wilson* in ANET, S. 441 ff.). — J. *Spiegel*, Soziale und weltanschauliche Reformbewegungen im Alten Ägypten, 1950.

Die »Lehre für König Merikareʿ«: A. H. *Gardiner*, The Instruction for King Merykareʿ, JEA 1 (1914), S. 20 ff. (Jüngste Übersetzung von J. A. *Wilson* in ANET, S. 414 ff.). — A. *Scharf*, Der historische Abschnitt der Lehre für Merikarê (SB d. Bayer. Akad. d. Wiss., Phil.-hist. Abt., Jahrg. 1936, Heft 8), 1936. — A. *Volten*, Zwei altägyptische politische Schriften (Analecta Aegyptiaca 4), Kopenhagen 1945.

LITERATURHINWEISE

Die Weissagung des Neferti: A. H. *Gardiner,* JEA 1 (1914), S. 100ff. (Jüngste Übersetzung von J. A. *Wilson* in ANET, S. 444ff.). — G. *Posener,* Littérature et politique dans l'Egypte de la XIIe dynastie (Appendice), Paris 1956.
Die »Klagen des Bauern«: A. H. *Gardiner,* The Story of the Eloquent Peasant, JEA 9 (1923), S. 5ff. — *Fr. Vogelsang,* Kommentar zu den Klagen des Bauern (Untersuchungen 4), 1913.

Die 11. Dynastie:

L. *Borchardt,* Der zweite Papyrusfund von Kahun und die zeitliche Festlegung des mittleren Reiches der ägyptischen Geschichte, ZÄS 37 (1899), S. 89ff. — J. *Couyat* - P. *Montet,* Les Inscriptions hiéroglyphiques et hiératiques du Ouâdi Hammâmât, Kairo 1912/1913. — H. E. *Winlock,* The Rise and Fall of the Middle Kingdom in Thebes, New York 1947. — J. J. *Clère* - J. *Vandier,* Textes de la première période intermédiaire et de la XIme Dynastie I (Bibliotheca Aegyptiaca X), Brüssel 1948. — W. C. *Hayes,* The Middle Kingdom in Egypt. Internal History from the Rise of the Heracleopolitans to the Death of Ammenemes III, CAH, Rev. Ed. Cambridge 1961. — É. *Naville,* The XIth Dynastie Temple at Deir el-Bahari, 3 Bde. London 1907-1913. — H. E. *Winlock,* Excavarions at Deir el Bahri, New York 1942. — H. E. *Winlock,* Models of Daily Life in Ancient Egypt, Cambridge (Mass.) 1955.

Die 12. Dynastie:

Lischt: PM IV, S. 77ff.
El-Lâhûn: PM IV, S. 107ff.
Medînet Mâdi: Berichte von A. *Vogliano,* Mailand 1936/1937.
Dahschûr: PM III, S. 229ff.
Faijûm: PM IV, S. 98ff.
Beni Hasan: PM IV, S. 141ff.
Karnak: P. *Lacau* - H. *Chevrier,* Une Chapelle de Sésostris I, Paris 1956.

Zur Literatur des Mittleren Reiches:

Zu Sinuhe: Text: A. M. *Blackman,* Middle-Egyptian Stories I (Bibliotheca Aegyptiaca II), Brüssel 1932. — A. H. *Gardiner,* Notes on the Story of Sinuhe, Paris 1916. (Jüngste Übersetzung von J. A. *Wilson* in ANET, S. 18ff.).
Die Lehre des Königs Ammenemês: Jüngste Übersetzung von J. A. *Wilson* in ANET, S. 18ff.
Die El-Lâhûn-Papyri: F. Ll. *Griffith,* The Petrie Papyri, 2 Bde., London 1898. — Die Briefe: A. *Scharf,* ZÄS 59, S. 20.

Die Beziehungen zu fremden Völkern:

K. *Sethe:* Die Ächtung feindlicher Fürsten, Völker und Dinge (Abh. Berlin, Phil.-hist. Klasse), 1926. — A. *Alt,* Die asiatischen Gefahrenzonen in den Ächtungstexten der 11. Dynastie, ÄZ 63 (1927), S. 35ff. — G. *Posener,* Princes et pays d'Asie et de Nubie, Brüssel 1940. — T. *Säve-Söderbergh,* Ägypten und Nubien, Lund 1941. — A. H. *Gardiner* - T. E. *Peet,* The Inscriptions of Sinai, 2 Bde., hg. von J. *Černý,* Bd. 1 London ²1952, Bd. 2 ebd. 1955.

VOM ZUSAMMENBRUCH ZUM WIEDERAUFSTIEG

Die Könige der zweiten Zwischenzeit:

Gauthier, LR II, S. 1-153. — R. *Weill,* La fin du moyen empire égyptien, 2 Bde., Paris 1918. — H. *Stock,* Studien zur Geschichte und Archäologie der 13. bis 17. Dynastie Ägyptens, 1942. — *Vandier,* S. 313-317.

Die Hyksos:

W. *Wolf*, Der Stand der Hyksosfrage, ZDMG 83 (1929), S. 67ff. — *Pahor Labib*, Die Herrschaft der Hyksos in Ägypten und ihr Sturz, 1937. — R. M. *Engberg*, The Hyksos Reconsidered (Studies in Ancient Oriental Civilisation 18), Chicago 1938. — P. *Montet*, Le drame d'Avaris. Essai sur la pénétration des Sémites en Égypte, Paris 1941. — H. *Stock*, op. cit., S. 63ff. — *Vandier*, S. 317/318. — R. *Weill*, XIIe dynastie, royauté de Haute-Égypte et domination Hyksos dans le Nord, Kairo 1953. — A. *Alt*, Die Herkunft der Hyksos in neuer Sicht (Ber. üb. d. Verh. d. Sächs. Akad. d. Wiss. zu Leipzig, Phil.-hist. Klasse, Bd. 101, Heft 6), 1954. — Z. *Mayani*, Les Hyksos et le monde de la Bible, ZDMG 108 (1958), S. 390ff. — W.C. *Hayes*, Egypt. From the Death of Ammenemês III to Seqenenre II, CAH, Rev. Ed., Cambridge 1962.

Zu den als 17. Dynastie geführten thebanischen Herrschern:

H. *Winlock*, The Tombs of the Kings of the Seventeenth Dynasty at Thebes, JEA 10 (1924), S. 217ff. — H. *Stock*, op. cit., S. 75–81. — *Vandier*, S. 297/298; 318–321.

Der Königssohn von Kusch: G. *Reisner*, JEA 6 (1920), 28ff., 73ff. Ergänzungen von H. *Gauthier* in Rec. trav. 39, S. 182ff.

Der Schmuck der Königin Ahhotep: F. W. Frh. v. *Bissing*, Ein thebanischer Grabfund aus dem Anfang des Neuen Reiches, Berlin 1900.

DIE THEBANISCHE VORHERRSCHAFT

Gräber und Sarkophage der Zeit: W. C. *Hayes*, Royal Sarcophagi of the XVIII Dynasty, Princeton 1935.

Hatschepsut und das »Hatschepsut-Problem«:

K. *Sethe*, Das Hatschepsutproblem (Abh. Berlin, Phil.-hist. Klasse), 1932. — W. F. *Edgerton*, The Thutmosid Succession (Studies in Ancient Oriental Civilisation 8), Chicago 1933. — W. C. *Hayes*, op. cit., S. 3 Anm. 14. — *Vandier*, S. 381 bis 383. — S. *Schott*, Zum Krönungstag der Königin Hatschepsût (Nachr. d. Akad. d. Wiss. in Göttingen I, Phil.-hist. Klasse, Jahrg. 1955 Nr. 6), S. 195ff.

H. *Brunner:* Die Geburt des Gottkönigs. Studien zur Überlieferung eines altägyptischen Mythos (Ägyptologische Abhandlungen, Bd. 10), 1964.

Senenmut: Winlock, Excavations, S. 145–153.

Die Annalen Thutmosis' III.:

Jüngste Übersetzung: ANET, S. 234ff.

H. H. *Nelson*, The Battle of Megiddo, Chicago 1913. — R. O. *Faulkner*, JEA 28 (1942), S. 2ff. — M.*Noth*, Die Annalen Thutmoses III. als Geschichtsquelle, ZDPV 1943, S. 156ff. — H. *Grapow*, Studien zu den Annalen Thutmosis des Dritten (Abh. Berlin, Phil.-hist. Klasse), 1949.

Die palästinensischen Ortsnamen:

J. *Simons*, Handbook for the Study of Egyptian Topographical Lists, Leiden 1937. — M. *Noth*, Der Aufbau der Palästinaliste Thutmoses III., ZDPV 61, S. 26–65.

Gräber der großen Zeitgenossen Thutmosis' III.:

N. de G. *Davies*, The Tomb of Rekh-mi-rē' at Thebes, 2 Bde., New York 1943. — *Nina* and *Norman de G. Davies*, The Tombs of Menkheperrasonb..., 1933.

Die asiatischen Feldzüge Amenophis II.:

Urk. IV, S. 1299ff. — A. *Alt*, Amenophis II. in Syrien und in Palästina, Forschungen und Fortschritte, 26. Jahrg. 1950, S. 85ff. — *E. Edel*, Die Stelen Amenophis' II. aus Karnak und Memphis mit dem Bericht über die asiatischen Feldzüge des Königs, ZDPV 69 (1953), S. 98–176. — *A. Alt*, Neue Berichte über Feldzüge von Pharaonen des Neuen Reiches nach Palästina, ZDPV 70 (1954), S. 33ff.

Die Apiru: E. Edel, l. c., S. 170. — *R. Borger*, ZDPV 74 (1958), S. 121–123. — *T. Säve-Söderbergh*, Orientalia Suecana 1, S. 1ff.

Amenophis III.: W. C. Hayes, Inscriptions from the Palace of Amenhotep III, JNES 10 (1951), S. 35ff., 82ff., 156ff., 231ff.

Die Amarna-Korrespondenz:
J. A. Knudston – *O. Weber*, Die El-Amarna Tafeln, 3 Bde., Leipzig 1915. — *S. A. B. Mercer*, The Tell el-Amarna Tablets, 2 Bde., Toronto 1939. — *E. F. Campbell jr.*, The Chronology of the Amarna Letters, Baltimore 1964.

Amenhotep, Sohn des Hapu: C. Robichon – *A. Varille*, Le temple du scribe royal Amenhotep, I, Kairo 1936. — *W. Helck*, Der Einfluß der Militärführer in der 18. ägyptischen Dynastie, Leipzig 1939, S. 2–13.

DER RELIGIÖSE UMBRUCH UND DIE ZEIT DANACH

W. M. Flinders Petrie, Tell el Amarna, London 1894. — *N. de G. Davies*, The Rock Tombs of El Amarna, 6 Bde., London 1903–1908. — *H. Schäfer*, Amarna in Religion und Kunst, 1931. — *J. D. S. Pendlebury*, Tell el-Amarna, London 1935. — *M. Sandmann*, Texts from the Time of Akhenaten, Brüssel 1938. — *L. G. Leeuwenburg*, Echnaton, Den Haag 1946. — *K. Lange*, König Echnaton und die Amarna-Zeit, 1951. — *Die Ausgrabungen der Egypt Exploration Society in Amarna: Peet-Wolley–Frankfort–Pendlebury:* The City of Akhenaten, 4 Bde., London 1923 bis 1951 [In Bd. 2 eingehende Behandlung der Inschriften von *H. W. Fairman*].

Zu der vermuteten Mitregentschaft Amenophis' III. und Amenophis' IV.: H. W. Fairman, CoA III, S. 152–157. — *C. Aldred*, The Beginning of the El-Amarna Period, JEA 45 (1959), S. 19.

Zur Amarna-Kunst: H. Frankfort, The Mural Painting of El'Amarneh, London 1929. — *W. St. Smith*, The Art and Architecture of Ancient Egypt, 1958, Kap. 15.

Das Grab des Tutanchamun: H. Carter – *A. C. Mace*, The Tomb of Tutankhamen, 3 Bde., London 1923–1933. — *P. Fox*, Tutankhamun's Treasure, London 1951.

Der Sarg des Achenaten: A. H. Gardiner, The so-called Tomb of Queen Tiye, JEA 43 (1957), S. 10ff. Siehe aber auch JEA 45 (1959), S. 10 und weitere Aufsätze in JEA 47 (1961).

Zum Ausgang der 18. Dynastie:
K. C. Seele, King Ay and the Close of the 'Amarna Age, JNES 14 (1955), S. 168ff. — *C. Aldred*, The End of the El 'Amarna Period, JEA 43 (1957), S. 30ff. — *P. van der Meer*, The Chronological Determination of the Mesopotamian Letters in the El-Amarna Archives, in: Ex Oriente Lux, Jaarbericht Nr. 15, Leiden 1957/1958, S. 75ff. — *Haremhab: K. Pflüger*, Haremhab und die Amarnazeit, 1936. — *A. H. Gardiner*, The Memphite Tomb of the General Haremhab, JEA 39 (1953), S. 3ff. — *Das Dekret in Karnak: W. Helck*, Das Dekret des Königs Haremhab, ZÄS 80 (1955), S. 109ff. — *Nubien: Nina de G. Davies* – *A. H. Gardiner*, The Tomb of Ḥuy, London 1926. — *Die Hethiter: O. R. Gurney*, The Hittites, Harmondsworth 1952.

DIE RAMESSIDENZEIT: DIE 19. DYNASTIE

Ramses' II. Weihinschrift im Tempel Sethos' I. in Abydos: H. Gauthier, La grande inscription dédicatoire d'Abydos, Kairo 1912. — Ders., Übersetzung, ZÄS 48, S. 52 ff.

Der Krieg Ramses' II. gegen die Hethiter: J. H. Breasted, The Battle of Kadesh. A Study in the Earliest Known Military Strategy, Chicago 1903. — Die Texte: Ch. Kuentz, La Bataille de Qadech, Kairo 1928–1934. — A. Alt, Zur Topographie der Schlacht bei Kades, ZDPV 55 (1932), S. 1 ff. — J. Sturm, Der Hettiterkrieg Ramses' II., WZKM (Beiheft 4), 1939. — A. H. Gardiner, The Kadesh Inscriptions of Ramesses II, Oxford 1960. — *Die Keilschrifttafeln:* Übersetzt von A. Götze, OLZ 32 (1929), S. 832 ff., auch ANET, S. 319. Siehe auch E. Edel, Zeitschrift für Assyriologie, Neue Folge 15, 1949, S. 195 ff — Ders., ebda., Neue Folge 16, 1952, S. 253 ff.

Der Vertrag des Jahres 21: Die jüngsten Übersetzungen: des ägyptischen Textes von J. A. Wilson in ANET, S. 199 ff, des hethitischen von A. Götze ebd., S. 201 ff.

Die Briefe Ramses' II. und der Angehörigen seiner Familie an Chattuschil und seine königliche Gemahlin: E. Edel, Zeitschrift für Indogermanistik und allg. Sprachwissenschaft 60 (1949), S. 72 ff. — *Die Briefe um die hethitische Heirat:* Übersetzung in S. Schott, Altägyptische Liebeslieder, S. 96 ff. — E. Edel, Jahrbuch für kleinasiatische Forschung 2, S. 262 ff. — Ders., Geschichte und Altes Testament S. 29 ff.

Tanis und Pi-Ramesse: A. H. Gardiner, siehe S. 484 Anm. 37 dies. Kap. — P. Montet, Tanis, Avaris et Pi-Ramsès, Revue biblique 39 (1930), S. 5 ff. — A. H. Gardiner, Tanis and Pi-Ramesse. A Retraction, JEA 19 (1933), S. 123 ff. — B. Couroyer, La Résidence ramesside du Delta et la Ramsès biblique, Revue biblique 53 (1946), S. 75 ff. — J. v. Beckerath, Tanis und Theben (Ägyptologische Forschungen 16), 1951. — Labib Habachi, Khatâna-Qantîr, Ann. Serv. 52 (1954), S. 443 ff. — A. Alt, Die Deltaresidenz der Ramessiden, in: Festschrift für F. Zucker, 1954, S. 1 ff.

Der Prinz Chaemweset: F. Ll. Griffith, Stories of the High Priests of Memphis, Oxford 1900, S. 2–5. Studies presented to F. Ll. Griffith, London 1932, S. 128 ff.

Die Sed-Feste Ramses' II.: R. Mond – O. H. Myers, Temples of Armant, London 1940, S. 143/144.

Die Hohenpriester des Amun: G. Lefebvre, Histoire des grands prêtres d'Amon de Karnak, Paris 1929.

Die Klage des Mose: A. H. Gardiner, The Inscription of Mes (Untersuchungen 4), Leipzig 1905. — R. Anthes, Das Bild einer Gerichtsverhandlung und das Grab des Mes aus Sakkara, Mitt. Kairo 9 (1940), S. 93 ff.

Die Libyer: W. Hölscher, Libyer und Ägypter, Glückstadt 1937.

Die Seevölker: G. A. Wainwright, Some Sea-Peoples and Others in the Hittite Archives, JEA 25 (1939), S. 148 ff.

Die thebanischen Ostraka: J. Černý, Chron. d'Ég. Nr. 12, S. 212 ff.

Der Tempel Sethos' II. in Karnak: H. Chevrier, Le Temple reposoir de Séti II, Kairo 1940. — L.-A. Christophe, La fin de la XIXe dynastie égyptienne (Bibliotheca Orientalis 14), 1957, S. 10 ff.

Das Ende der 19. Dynastie:

A. H. Gardiner, The Tomb of Queen Twosre, JEA 40 (1954), S. 40 ff — Ders., Only one King Siptaḥ and Twosre not his Wife, JEA 44 (1958), S. 12 ff. — W. Helck, Zur Geschichte der 19. Dynastie, ZDMG 105 (1955), S. 27 ff.

DIE RAMESSIDENZEIT (FORTSETZUNG): DIE 20. DYNASTIE

Der Tempel von Medinet Habu: Eine vollständige Veröffentlichung durch das Oriental Institut der Universität Chicago befindet sich im Erscheinen; von den bereits vorliegenden Bänden enthalten die Bände 1 und 2 (1930, 1932) die historischen Reliefdarstellungen und die Inschriften. Übersetzung in: *W. F. Edgerton - J. A. Wilson,* Historical Records of Ramses III, Chicago 1936. Der bauliche Teil wurde von U. Hölscher betreut: *U. Hölscher,* Excavations of Medinet Habu. Oriental Institute Publications, Bd. 21 (1934), 41 (1939), 54 (1941), 55 (1951), 66 (1954) (= Medinet Habu I-V). — Übersicht: *U. Hölscher,* Medinet Habu (Morgenland Heft 24), 1933. — Ders. Die Wiedergewinnung von Medinet Habu im westlichen Theben, 1958.

Die Harems-Verschwörung:

Der große Turiner Papyrus und die Papyri Lee und Rollin wurden übersetzt von *Breasted* (BAR IV, §§ 416ff.) und *de Buck,* The Judicial Papyrus of Turin, JEA 23 (1937), S. 152ff.; siehe außerdem RAD, S. XVIII, und Bull. Inst. fr. 50, S. 107ff., ferner JEA 42 (1956), S. 8, 9. — *C. H. Sander-Hansen,* Bemerkungen zu dem juridischen Turiner Papyrus, in: Studia Orientalia Joanni Pedersen, 1953, S. 316/317.

Der große Papyrus Harris:

Text: *W. Erichsen,* Papyrus Harris I (Bibliotheca Aegyptiaca 5), Brüssel 1933. — *A. Erman,* Zur Erklärung des Papyrus Harris (SB d. Kgl. Preuß. Akad. d. Wiss., Jahrg. 1903), S. 456. — *V. V. Struve,* Ort der Herkunft und Zweck der Zusammenstellung des großen Papyrus Harris, Aegyptus 7 (1926), S. 3ff. — *H. D. Schaedel,* Die Listen des großen Papyrus Harris, 1936. — *L. Borchardt,* Wo wurde der große Papyrus Harris gefunden, und wer hat ihn zusammenstellen lassen?, ZÄS 73 (1937), S. 114ff. — *H. D. Schaedel,* Der Regierungsantritt Ramses' IV., ZÄS 74 (1938), S. 96ff.

Die Nachfolger Ramses' III.:

K. C. Seele, Some Remarks on the Family of Ramesses III, in: *O. Firchow,* Ägyptologische Studien, 1955, S. 296ff. — *CH. F. Nims,* Bibl. Or. 14 (1957), S. 137/138. — *J. Černý,* Queen Ese of the Twentieth Dynasty and Her Mother, JEA 44 (1958), S. 36f.

Zum Titel »Königssohn des Ramses«: W. M. Flinders Petrie, Hist. III, S. 242. — *G. Roeder* in *Pauly–Wissowa,* Realencyclopädie, unter Ramses, Spalte 225.

Denkmäler Ramses' IV.: L.-A. Christophe, Cahiers d'histoire égyptienne 3 (1950), S. 47ff. — *W. Helck,* ZÄS 82, S. 98ff. — *Die große Stele von Abydos:* BAR IV, §§ 469-471; Bull. Inst. fr. 45, S. 155ff.

Der Elephantine-Skandal: Text: RAD, S. 73ff.; Übersetzung: *T. E. Peet,* A Historical Document of Ramesside Age, JEA 10 (1924), S. 116ff. — *S. Sauneron,* Trois personnes du scandale d'Eléphantine Rev. d'Eg. 7, S. 35ff.

Der Papyrus Wilbour: Hg. von *A. H. Gardiner,* 4 Bde., Oxford 1941, 1948 bis 1952.

Der Hohepriester des Amun-Rê Amenhotep: G. Lefebvre, Grands prêtres, S. 185ff., 267ff. — Siehe auch ders., Inscriptions concernant les grands prêtres d'Amon Romê-Roy et Amenhotep, Paris 1929.

Die Grabräubereien: T. E. Peet, The Great Tomb-Robberies of the Twentieth Egyptian Dynasty, 2 Bde., Oxford 1930; enthält den Papyrus Amherst. Als später dessen fehlende obere Hälfte gefunden wurde, erhielten beide Teile die Bezeichnung Papyrus Leopold II.; dieser wurde veröffentlicht von *J. Capart* und *A. H. Gardiner*, Brüssel 1939. — Siehe auch *J. Capart – A. H. Gardiner – B. van de Walle*, New Light on the Ramesside Tomb-Robberies, JEA 22 (1936), S. 169ff. — *T. E. Peet*, The Mayer Papyri A and B, London 1920. — Siehe auch S. 485 Anm. 60.

Pinhasi: Als Vizekönig in Nubien: Rec. trav. 39, S. 219/220; als Rebell: *Peet*, Tomb-Robberies I, S. 124; später in Nubien: *J. Černý*, Late Ramesside Letters, Brüssel 1939, S. 7/8; sein Grab in Aníba: PM VII, S. 79.

Herihor: G. *Lefebvre*, Grands prêtres, S. 205 ff., 272 ff.; im Tempel des Chons: PM II, S. 79/81; seine Gemahlin Nedjem und seine Familie: *Gauthier*, LR III, S. 236ff. — *H. Kees*, Herihor und die Aufrichtung des thebanischen Gottesstaates (Nachr. d. Gesellsch. d. Wiss. zu Göttingen, Phil.-hist. Klasse, Fachgruppe I, Bd. 2 Nr. 1) 1936.

Die »Renaissance: J. *Černý*, A Note on the »Repeating of Births«, JEA 15 (1929), S. 194ff. — Ders., Zu den Ausführungen von Sethe über die whm msw.t Datierungen, ZÄS 65, S. 129/130.

Wenamun: Text: *A. H. Gardiner*, Late-Egyptian Stories, S. 61–76. Jüngste Übersetzung von *J. A. Wilson* in ANET, S. 25–29.

Zur Korrespondenz der Schreiber Dhutmose und Butehamun: Siehe oben bei Pinhasi das Werk von *J. Černý*, ferner *A. H. Gardiner*, A Political Crime in Ancient Egypt, Journal of Manchester University Egyptian and Oriental Society, 1912/1913, S. 57ff.

ÄGYPTEN UNTER FREMDER HERRSCHAFT

Die Cachette bei Dêr el-Bahri: Fundbericht und allgemeine Übersicht: *G. Maspero*, Les Momies royales de Déir el-Baharî, Kairo 1889. — Die Mumien: *G. Elliot Smith*, The Royal Mummies, Kairo 1912. — Die Särge: *G. Daressy*, Cercueils des cachettes royales, Kaïro 1909. — Das Grab der Inhapi: *J. Černý*, JEA 32 (1946), S. 24–30.

Das Grab der Priester und Priesterinnen des Amun: Bibliographie: PM I, S. 198. — Vollständiges Verzeichnis der Särge, ihrer Besitzer und ihres Inhalts: Ann. Serv. 8, S. 3ff.

Zur Charakterisierung der 21. und der 22. Dynastie: Ed. *Meyer*, Gottesstaat, Militärherrschaft und Ständewesen (SB d. Kgl. Preuß. Akad. d. Wiss., Phil.-hist. Klasse) 1928. — É. *Naville*, Inscription historique de Pinodjem III, Paris 1883. — Zu den Titeln »Gottesgemahlin« und »Gottesanbeterin«: *C. E. Sander-Hansen*, Das Gottesweib des Amun (Kong. Danske Videnskabernes Selskab, hist.-fil. Skrifter, Bd. I Nr. 1), Kopenhagen 1940. — *M. F. Laming Macadam*, The Temples of Kawa I, Oxford 1949, S. 119ff.

Tanis: P. Montet, La Nékropole royale de Tanis, 3 Bde., Paris 1947–1960. — *H. Kees*, Tanis. Ein kritischer Überblick zur Geschichte der Stadt (Nachr. d. Akad. d. Wiss. Göttingen, Phil.-hist. Klasse) 1944, S. 145ff.

Die 22. Dynastie:

Die Bubastidenhalle: Reliefs and Inscriptions at Karnak, III, Chicago 1954. — Übersetzung und Kommentar: *R. Caminos*, The Chronicle of Prince Osorkon (Analecta Orientalia 37), Rom 1958. — *E. Naville*, The Festival-Hall of Osorkon II in the Great Temple of Bubastis, London 1892. — *Zur Bedeutung von Herakleopolis:* F. Ll. *Griffith*, Catalogue of the Demotic Papyri in the John Rylands Library, III, Manchester 1909, S. 71 ff. — *Die Stele des Nimrod, des Sohnes Scheschonks I.*: *P. Tresson*, in: Mélanges Maspero, Kairo 1935–1938, [II] S. 817ff.

Das Serapeum von Memphis: PM III, S. 205-215.

Ägypten und Palästina: T. E. *Peet,* Egypt and the Old Testament, Liverpool 1922. — *Der Feldzug Scheschonks I.:* D. M. *Noth,* Die Schoschenkliste, ZDPV 60, S. 277-304.

Die Äthiopenzeit:

H. *von Zeissl,* Äthiopen und Assyrer in Ägypten (Ägyptologische Forschungen 14), 1944. — *Die Ausgrabungen von* G. *Reisner und Dows Dunham bei Kurru:* PM VII, S. 195ff.; *bei Gebel Barkal:* PM VII, S. 203ff.; *bei Núri:* PM VII, S. 223ff.; *die von* F. Ll. *Griffith bei Kawa:* PM VII, S. 180ff. — *Ein guter zusammenfassender Bericht der amerikanischen Unternehmungen: Dows Dunham,* The Egyptian Department and Its Excavations, Boston 1958, S. 100ff.

Die assyrischen Berichte: ANET, S. 282ff. — *Winton Thomas,* Documents from Old Testament Times, London 1958.

Meroë: PM VII, S. 235ff. — *Dows Dunham,* op. cit., S. 119ff.

DIE LETZTEN KÄMPFE UM DIE UNABHÄNGIGKEIT

Zum gesamten Zeitabschnitt: H. R. *Hall,* The Ancient History of the Near East, London [8]1932. — F. K. *Kienitz,* Die politische Geschichte Ägyptens vom 7. bis zum 4. Jahrhundert vor der Zeitwende, 1953. — Cambridge Ancient History, Bde. 3, 4, 6.

Die Juden in Elephantine: Außer den bei *Kienitz,* S. 39 Anm. 2, genannten Werken: E. G. *Kraeling,* The Brooklyn Museum Aramaic Papyri, New Haven, 1953.

Die 26. Dynastie: Zur Chronologie: R. A. *Parker,* The Length of Reign of Amasis and the Beginning of the Twenty-Sixth Dynasty, Mitt. Kairo 15 (1957), S. 208ff. — JEA 31, S. 16ff. — *Necho II.. Der aufgegebene Bau eines Kanals zum Roten Meer: Herodot* II, 158. — *Die Umsegelung Afrikas: Herodot* IV, 42. — *Amasis und Apries: Herodot* II, 161-163, 169. — *Geschichte und Charakter des Amasis: Herodot* II, 172-182.

Der Aufstieg Mediens: Herodot I, 95ff. — *Zu den babylonischen Königen Nabopolassar und Nebukadnezar:* D. J. *Wisemann,* Chronicles of Chaldaean Kings, London 1956, S. 5ff. — *Kienitz,* S. 18ff.

Der Aufstieg Persiens zur Großmacht: CAH IV, S. 1ff. — *Über Kyros: Herodot* I, 107ff. — *Über die Perser: Herodot* I, 131-216.

Die 27. Dynastie:

Die hieroglyphischen Inschriften: Hg. und übersetzt von G. *Posener,* La première domination Perse en Égypte (Bibliothèque d'étude 11), Kairo 1936. — *Kambyses:* CAH IV, S. 15ff.; *Kienitz,* S. 55ff.; *Herodot* III, 1ff. — *Zur Amtssprache:* G. R. *Driver,* Aramaic Documents of the Fifth Century B. C., Oxford 1957. — *Darius I.:* CAH IV, Kap. 7. — *Die Kodifikation des ägyptischen Rechts:* W. *Spiegelberg,* Die sogenannte demotische Chronik (Demotische Studien 7), 1914, S. 30ff. — *Die Bittschrift des Peteese:* F. Ll. *Griffith,* The Demotic Papyri in the John Rylands Library, III, Manchester 1909, S. 60ff.; *eine Deutung:* G. A. *Wainwright,* in: Bull. Rylands Libr. 28, Nr. 1, 1944.

Die 28. bis 30. Dynastie:

Die Beziehungen zu Persien auf Grund griechischer Quellen: Kienitz, S. 76-112. — *Denkmäler und Inschriften: Kienitz,* S. 190-230. — Die Datierungen sind ausführlich erörtert bei *Kienitz,* S. 160-180. (Fundstellen in den Anmerkungen). — *Ed. Meyer,* Ägyptische Dokumente aus der Perserzeit (SB d. Kgl. Preuß. Akad. d. Wiss., Phil.-hist. Klasse), 1915, S. 287ff.

Die 31. Dynastie:

Artaxerxes' III. Ochos Eroberung Ägyptens (zweite Perserherrschaft): CAH VI, S. 21-24; 151-154. — *Papyri und Inschriften: Kienitz,* S. 231. — *Chababasch: Kienitz,* S. 185 ff., 232.

Alexander der Große:

Die Eroberung Ägyptens: CAH VI, S. 154 ff., 373 ff. — *Seine Nachfolger: E. Bevan,* A History of Egypt under the Ptolemaic Dynasty, London 1927. — *W. Schubert,* Ägypten von Alexander dem Großen bis auf Mohammed, 1922.

ZURÜCK ZU DEN ANFÄNGEN

DIE VORZEIT

Zur Vorgeschichte:

C. Bachatly, Bibliographie de la préhistoire égyptienne (1869–1938), Kairo 1942. — *A. Scharff,* Grundzüge der ägyptischen Vorgeschichte (Morgenland Heft 12), 1927. — *H. Junker,* Die Entwicklung der vorgeschichtlichen Kultur in Ägypten, in: Festschrift für P. W. Schmidt, 1928, S. 865 ff. — *W. M. Flinders Petrie,* The Making of Egypt, London 1939. — *H. Kees,* Probleme ägyptischer Vorgeschichte, Götting. Gelehrt. Anz., 201. Jahrg., Nr. 11/12,1939, S. 485 ff. —*É. Massoulard,* Préhistoire et protohistoire de'Égypte, Paris 1939. — *J. Vandier,* Manuel d'archéologie égyptienne, Bd. I, Paris 1952. — *W. Kaiser,* Stand und Probleme der ägyptischen Vorgeschichtsforschung, ZÄS 81 (1956), S. 87 ff. — *E. J. Baumgartel,* The Cultures of Prehistoric Egypt, I, Oxford 1955, II, ebda. 1960.

Zur Geologie:

J. Ball, Contributions to the Geography of Egypt, Kairo 1939, Kap. 2. — *Zu den »Terrassen«: J. Ball,* op. cit., Kap. 3. — *K. S. Sandford - W. J. Arkell,* Palaeolithic Man in Nubia and Upper Egypt, Chicago 1933. — Dies., Palaeolithic Man and the Nile Valley in Upper Egypt and Middle Egypt, Chicago 1934. — Dies., Palaeolithic Man and the Nile Valley in Lower Egypt, Chicago 1939. — *G. Caton-Thompson - E. W. Gardner,* The Desert Fayum, 2 Bde., London 1934.

Merimde-Beni Salame:

H. Junker, Bericht über die nach dem Westdelta entsendete Expedition, Denkschr. d. Akad. d. Wiss. in Wien, Phil.-hist. Klasse 68/3, 1928. — Ders., Vorläufiger Bericht über die Grabung der Akad. d. Wiss. in Wien auf der neolithischen Siedlung von Merimde-Benisalame, Anzeiger der Akad. d. Wiss. in Wien, 1929, S. 156 ff.; 1930, S. 21 ff.; 1932, S. 36 ff.; 1933, S. 54 ff.; 1934, S. 118 ff.; 1940, S. 3 ff. — Ders., Die Grabungen d. Akad. d. Wiss. in Wien auf der vorgeschichtlichen Siedlung Merimde-Benisalame, Mitt. Kairo 3 (1932), S. 168 ff. — Zusammenfassung: *J. Vandier,* op. cit., Bd. I, S. 15 ff — *E. J. Baumgartels* abweichende Auffassung siehe op. cit., S. 14 ff. und 120 ff.

Dêr Tâsa:

G. Brunton, Mostagedda and the Tasian Culture, London 1937. — *J. Vandier,* op. cit., Bd. I, S. 167 ff.

Badâri:

G. Brunton, Qau and Badari, 3 Bde., London 1927–1930. — *G. Brunton - G. Caton Thompson,* The Badarian Civilisation, London 1928. — *J. Vandier,* op. cit., Bd. I, S. 191 ff.

Zu den Schieferpaletten:

Der frühe Typus: W. M. Flinders Petrie, Prehistoric Egypt Corpus, London 1921, Taf. 52–59. — *Der spätere reliefgeschmückte Typus:* W. M. Flinders Petrie, Ceremonial Slate Palettes, London 1953.

Die Unterschiede im Körperbau zwischen den Bewohnern des nördlichen und des südlichen Ägypten: Erörterung der Untersuchungsergebnisse D. E. Derrys bei *Vandier*, op. cit., Bd. 1, S. 11 ff.

MANETHOS 1. UND 2. DYNASTIE

W. B. *Emery*, Archaic Egypt, Harmondsworth 1961. — K. *Sethe*, Beiträge zur ältesten Geschichte Ägyptens (Untersuchungen 3), 1905.

Umm el-Kaâb: E. Amélineau, Les Nouvelles fouilles d'Abydos, 4 Bde., Paris 1899–1905. — W. M. Flinders Petrie, Royal Tombs of the Earliest Dynasties, 2 Bde., London 1900–1901. — Ders., Abydos, Bd. 1–3, 1902–1904.

Kôm el-Ahmar: J. E. Quibell – F. W. Green, Hierakonpolis, 2 Bde., London 1900–1902.

Nakâda: Das Königsgrab: J. de Morgan, Recherches sur les origines de l'Égypte, Paris 1897, [II] Kap. 4.

Sakkâra: W. B. Emery, The Tomb of Hemaka, Kairo 1938. — Ders., Ḥor-Aḥa, Kairo 1939. — Ders., Great Tombs of the First Dynasty, 3 Bde., Bd. 1 Kairo 1949, Bd. 2 London 1954, Bd. 3 London 1958.

Zur 2. Dynastie: Ausführlich behandelt in *Vandier*, S. 163 ff.

Ablehnung eines unabhängigen Königreichs von Buto in vordynastischer Zeit: H. Frankfort, Kingship and the Gods, Chicago 1948, S. 19 ff. — *Ablehnung eines heliopolitanischen Königreichs:* E. J. Baumgartel, The Cultures of Prehistoric Egypt, Oxford ²1955, S. 3 ff.

Zur vordynastischen Geschichte: K. Sethe, Urgeschichte und älteste Religion der Ägypter, 1930. — *Die entgegengesetzte Ansicht:* H. Kees, Der Götterglaube im Alten Ägypten, Leipzig 1941.

Zu Osiris: H. Bonnet, Reallexikon der ägyptischen Religionsgeschichte, Berlin 1952, S. 568 ff.

ABKÜRZUNGEN

Abh. Berlin	Abhandlungen der Königlich Preußischen Akademie der Wissenschaften, Berlin.
Äg. Stud.	O. Firchow, Ägyptologische Studien, Berlin 1955.
AJSL	American Journal of Semitic Languages and Literatures, Chicago 1884 ff.
Am.	Keilschriftbrief aus Amarna.
Amenemhet	Nina de G. Davies – A. H. Gardiner, The Tomb of Amenemhet, London 1915.
ANET	J. B. Pritchard, Ancient Near Eastern Texts relating to the Old Testament, Princeton 1950.
Ann. Serv.	Annales du Service des Antiquités de l'Égypte, Kairo 1900 ff.
Anthes	R. Anthes, Die Felsinschriften von Hatnub, Leipzig 1928.
Arab.	Arabisch.
Baedeker	K. Baedeker, Egypt and the Sûdân, 8. Aufl., Leipzig 1929. (engl. Ausgabe von Ägypten und der Sudan, 8. Aufl., Leipzig 1928).
Ball, Contributions	J. Ball, Contributions to the Geography of Egypt, Kairo 1939.
BAR	J. H. Breasted, Ancient Records of Egypt, 5 Bde., Chicago, 1906/1907.
von Beckerath, Tanis	J. von Beckerath, Tanis und Theben, Glückstadt 1951.
Beiträge	K. Sethe, Beiträge zur ältesten Geschichte Ägyptens, s. S. 533.
Bibl. Or.	Bibliotheca Orientalis, Leiden 1944 ff.
Borchardt, Mittel	L. Borchardt, Die Mittel zur zeitlichen Festlegung von Punkten der ägyptischen Geschichte, Kairo 1935.
Borchardt, Sahurê	L. Borchardt, Das Grabdenkmal des Königs Saḥurēʿ, Leipzig 1913.
Brunner-Traut	E. Brunner-Traut, Altägyptische Märchen, Düsseldorf 1963.
Bull. Inst. fr.	Bulletin de l'Institut français d'Archéologie orientale, Kairo 1901 ff.
Bull. MMA	Bulletin of the Metropolitan Museum of Art, New York 1915 ff.
Bull. soc. fr. d'Ég.	Bulletin de la société française d'Égyptologie, Paris 1949 ff.
CAH	The Cambridge Ancient History, 6 Bde., Cambridge 1923–1927.
Caminos, Misc.	R. A. Caminos, Late-Egyptian Miscellanies, London 1954.
Chron. d'Ég.	La Chronique d'Égypte, Brüssel 1925 ff.
Cl.-V.	J. J. Clère – J. Vandier, Textes de la première période intermédiaire et de la XIme Dynastie, I., Brüssel 1948.
CoA	The City of Akhenaten, 3 Bde., Egypt Exploration Society, London 1923–1951.
Couyat	J. Couyat – P. Montet, Les Inscriptions hiéroglyphiques et hiératiques du Ouâdi Hammâmât, Kairo 1912/1913.

ABKÜRZUNGEN

D. el. B.	É. Naville, The Temple of Deir el Bahari, 6 Bde., London 1895–1908.
Daressy, Cerc.	G. Daressy, Cercueils des cachettes royales, Kairo 1909.
Davies, Am.	N. de G. Davies, The Rock Tombs of El Amarna, 6 Bde., London 1903–1908.
Davies, Ramose	N. de G. Davies, The Tomb of the Vizier Ramose, London 1941.
Davies, Rekh-mi-rê	N. de G. Davies, The Tomb of Rekh-mi-rē' at Thebes, 2 Bde., New York 1943.
Edwards, Pyramids	I.E.S.Edwards, The Pyramids of Egypt, West Drayton 1947.
Eg. Gr.	Alan H. Gardiner, Egyptian Grammar, 3. Aufl., London 1957.
Elliot Smith, RM.	G. Elliot Smith, The Royal Mummies, Kairo 1912.
Emery, GT	W.B. Emery, Great Tombs of the First Dynasty, Bd. 1, Kairo 1949; Bd. 2, London 1954; Bd. 3, London 1958.
Erman, Lit.	A. Erman, The Literature of the Ancient Egyptians, engl. Übers. durch A.M.Blackman, London 1927, von A.Erman, Die Literatur der Ägypter, Leipzig 1923.
Festival Hall	É. Naville, The Festival-hall of Osorkon II in the Great Temple of Bubastis, London 1892.
Frankfort	H. Frankfort, The Mural Painting of El-'Amarneh, London 1929.
Gardiner, Late-Egyptian Stories	Alan H. Gardiner, Late-Egyptian Stories, Brüssel 1932.
Gardiner, Mes	Alan H. Gardiner, The Inscription of Mes, in K. Sethe, Untersuchungen zur Geschichte und Altertumskunde Ägyptens, IV, Leipzig 1905.
Gauthier, LR	H. Gauthier, Le Livre des rois d'Égypte, 5 Bde., Kairo 1907–1917.
Gurney	O. R. Gurney, The Hittites, Harmondsworth 1952.
Hayes, RS	W.C. Hayes, Royal Sarcophagi of the XVIII Dynasty, Princeton 1935.
Hayes, Scepter	W. C. Hayes, The Scepter of Egypt, bisher 2 Bde., Cambridge/Mass. 1953, 1959.
Hist. Rec.	W.F. Edgerton – J.A. Wilson, Historical Records of Ramses III, Chicago 1936.
Huy	Nina de G. Davies – A.H. Gardiner, The Tomb of Ḥuy, London 1926.
JAOS	Journal of the American Oriental Society, Boston u. a. 1849 ff.
JEA	Journal of Egyptian Archaeology, London 1914 ff.
Jéquier	G. Jéquier, Le Monument funéraire de Pepi II, 3 Bde., Kairo 1936–1940.
JNES	Journal of Near Eastern Studies, Chicago 1942 ff.
Junker, Turah	H. Junker, Bericht über die Grabungen ... in Turah, in: Denkschriften der Kaiserlichen Akademie der Wissenschaften in Wien, Bd. 56, Wien 1912.
Kawa	M.F.Laming Macadam, The Temples of Kawa, 4 Bde., Oxford 1949, 1955.

ABKÜRZUNGEN

Kêmi	Revue de philologie et d'archéologie Égyptiennes et Coptes, Paris 1928 ff.
Kienitz	F. K. Kienitz, Die politische Geschichte Ägyptens vom 7. bis zum 4. Jahrhundert vor der Zeitwende, Berlin 1953.
Kraeling	E. G. Kraeling, The Brooklyn Museum Aramaic Papyri, New Haven 1953.
Kuentz	Ch. Kuentz, La Bataille de Qadech, Kairo 1928.
Kush	Journal of the Sudan Antiquities Service, Chartum 1953 ff.
Lefebvre, Grands prêtres	G. Lefebvre, Histoire des grands prêtres d'Amon de Karnak, Paris 1929.
Lefebvre, Romans	G. Lefebvre, Romans et contes égyptiens, Paris 1949.
Leps., Denkm.	R. Lepsius, Denkmäler aus Ägypten und Äthiopien, 6 Bde., Berlin 1849–1858.
Luckenbill	D. D. Luckenbill, Ancient Records of Assyria and Babylonia, 2 Bde., Chicago 1926/1927.
Med. Habu	J. H. Breasted u. a., Medinet Habu, 5 Bde., Chicago 1930–1957.
Mercer	S. A. B. Mercer, The Tell el-Amarna Tablets, 2 Bde., Toronto 1939.
Mes	s. Gardiner, Mes.
Mitt. Kairo	Mitteilungen des deutschen Instituts für ägyptische Altertumskunde in Kairo, Augsburg und Wiesbaden, 1930 ff.
Nachr. Göttingen	Nachrichten der Kgl. Gesellschaft der Wissenschaften zu Göttingen.
OLZ	Orientalistische Literatur-Zeitung, Berlin 1898 ff.
Onom.	A. H. Gardiner, Ancient Egyptian Onomastica, 3 Bde., Oxford 1947.
PM	B. Porter – R. L. B. Moss, Topographical Bibliography of Ancient Egyptian Hieroglyphic Texts, Reliefs and Paintings, 7 Bde., Oxford 1927–1951.
Parker	R. A. Parker, The Calendars of Ancient Egypt, Chicago 1950.
Peet, Tomb-robberies	T. E. Peet, The Great Tomb-robberies of the Twentieth Egyptian Dynasty, 2 Bde., Oxford 1930.
Petrie, History	W. M. Flinders Petrie, A History of Egypt, 3 Bde., verb. Aufl., London 1924/1925.
Petrie, Royal Tombs	W. M. F. Petrie, The Royal Tombs of the First Dynasty, 2 Bde., London 1900/1901.
Petrie, Scarabs	W. M. F. Petrie, Scarabs and Cylinders with Names, London 1917.
Posener	G. Posener, La première domination Perse en Égypte, Kairo 1936.
PSBA	Proceedings of the Society of Biblical Archaeology, 1879–1918.
Psu.	P. Montet, Les constructions et le tombeau de Psousennès à Tanis, Paris 1951.
RAD	Alan Gardiner, Ramesside Administrative Documents, London 1948.
Rec. trav.	Recueil de travaux relatifs à la philologie et à l'archéologie Égyptiennes et Assyriennes, Paris 1870–1923.
Rev. d'Ég.	Revue d'Égyptologie, Paris 1933 ff.
RT	s. Petrie, Royal Tombs.

Rylands	F. Ll. Griffith, The Demotic Papyri in the John Rylands Library, Manchester 1909.
Sandman	M. Sandman, Texts from the Time of Akhenaten, Brüssel 1938.
Säve-Söderbergh	T. Säve-Söderbergh, Ägypten und Nubien, Lund 1941.
Seele, Coregency	K. C. Seele, The Coregency of Ramses II with Seti I, Chicago 1940.
Sethe, HP	K. Sethe, Das Hatschepsut-Problem, in Abh. Berlin 1932.
Sinai	A. H. Gardiner – T. E. Peet, The Inscriptions of Sinai, 2. Aufl., hg. v. J. Černy, 2. Bde., London 1952–1955.
Untersuchungen	Untersuchungen zur Geschichte und Altertumskunde Ägyptens, hg. v. K. Sethe u. a., Leipzig 1896 ff.
Urk.	Urkunden des Ägyptischen Altertums, hg. von G. Steindorff u. a., Leipzig 1903 ff.
Vandier	É. Drioton – J. Vandier, L'Égypte, 3. Aufl., Paris 1952.
Winlock, Excavations	H. Winlock, Excavations at Deir el Bahri, New York 1942.
Winlock, Rise	H. Winlock, The Rise and Fall of the Middle Kingdom in Thebes, New York 1947.
Wiseman	D. J. Wiseman, Chronicles of Chaldaean Kings, London 1956.
Wreszinski	W. Wreszinski, Atlas zur altägyptischen Kulturgeschichte, 2. Teil, Leipzig 1935.
WZKM	Wiener Zeitschrift für die Kunde des Morgenlandes, Wien 1886 ff.
ZÄS	Zeitschrift für ägyptische Sprache und Altertumskunde, Leipzig 1863 ff.
ZDMG	Zeitschrift der Deutschen Morgenländischen Gesellschaft, Leipzig 1878 ff., Wiesbaden 1950 ff.
ZDPV	Zeitschrift des Deutschen Palästina-Vereines, Leipzig 1878 ff., Wiesbaden 1953 ff.

REGISTER

[In dem Register ist nicht auf die Anmerkungen und nicht auf den Anhang mit den Königslisten verwiesen.]

A

Aacheperkarê
→ Thutmosis I.
Aam (=Asiaten; Mehrz. Aamu) 38, 144, 156, 172
Aba 292
Abana 185f.
Abar 382
Abd er-Rasûl 354
Abdiaschirta 255
Abessinien 29, 46
Abisko 132
Abraham 367
Abu Gurâb 90
Abu Rawâsch 87, 456
Abu Simbel 33, 41, 151, 283, 288, 294, 398
Abusir 91, 93
Abydos 8, 62, 99, 129, 140, 151, 159, 168, 169, 176, 177, 189, 190, 196, 275, 276, 277, 278, 279, 282, 283, 284, 285, 288, 327, 338, 351, 363, 387, 433, 435, 443, 446, 454, 455, 456, 457, 459, 466
–, Königsliste von 48, 50, 51, 71, 79, 88, 97, 100, 116, 117, 120, 134, 135, 155, 160, 268, 445, 450, 467
– am Hellespont 2
Achaemenes 411
Achämeniden 402, 421
Achäer 301
Achenaten (Amenophis IV.) 50, 57, 89, 221, 234f., 238, 239, 241, 242ff., 245, 246, 250ff., 255, 257ff., 263, 266, 268ff., 272, 276, 358

Achetaten 242, 244, 246, 260
Acheuléen 428
Achilleus 2
Achmîm (Chemmis) 4, 98, 124, 227, 266, 386, 431, 440, 473
Achoris → Hakor
Achthoes (Könige) 70, 115, 121, 122, 135
– I. Meriibtaui 121
– II. Wahkarê 122
– III. Nebkaurê 122
– (Fürst) 123
– (Kanzler) 132, 134
– (Siegelbewahrer) 133
Ackerbau 31
Aden 37
Adikran 400
Ächtungstexte 145
Ägyptologie 13, 19
Aeizanes 389
Aelius Gallus 7
Aeneolithikum 432
Äthiopen 403
Äthiopien 34, 147, 383, 384, 388, 395, 398, 420
Affixe 26
Afghanistan 46
Africanus 46f., 49, 71, 115, 161, 163, 172, 267, 311, 359, 372
Agatharchides 5, 278
Agathodaimon 469
Agesilaos 415, 418
Aha 450ff., 454, 457f., 471
Ahhijawa 301
Ahhotep 190, 191
Ahmose I. (Amosis) 51, 53, 160, 174f., 185, 186, 187, 189f., 298
– (Königin) 194, 198, 204
– (Vizekönig) → Turi
– (Soldat) 185, 195

(Ahmose)
– -Nofretiri 189, 191f.
– -Pennecheb 186, 187
Aitugama 255
Aka 463
Akati 331
Akawascha 301
Aken 175, 176
Akenenrê → Apophis
Åkerblad 13, 15
Akizzi 255
Alasija (→ auch Zypern) 230, 315, 348
Aldred, C. 259f., 266
Aleppo (Chaleb) 213, 217, 224, 289, 290
Alexander der Große 5, 15, 37, 46, 64, 404, 414, 422, 424
Alexandrette 424
Alexandria 7, 361, 402, 411, 473
Alphabet, ägyptisches 24
Amada 219, 220, 304
Amara 331
Amarna 229, 242, 244ff., 252, 253, 257, 258, 260, 261, 266, 294
Amarnakorrespondenz 224, 229, 230, 234, 255, 263, 314
Amarnazeit 358
Amarna-Kunst 240
Amasis (König) 400ff., 403, 405 406
– (Beamter) 406
– (Offizier) 398
Amélineau, E. 443, 444
Amenemhab 214, 220
Amenemhet (Astronom) 193
– (Wesir) 136f.
Amenemope (König) 351, 352, 359
– (Schreiber) 305
Amenerdis I. 381

REGISTER

Amenhiwenamef 296
Amenhotep → Amenophis (Könige)
Amenhotep
- (Beamter) 231, 233
- („erster Königssohn") 194
- (Hoherpriester) 331, 334, 336
Ameni (Gaufürst) 141, 147
Ameni-Intef-Amenemhet → Sanchibrê
Amenisoneb 168
Amenmesse 308
Amenmose (Wesir) 308
- (Prinz) 149
Amennacht 307
Amenope 369
Amenophis (Amenhotep) I. 69, 186, 191, 193, 196, 206, 217
- II. 218ff., 222, 225f., 227, 234, 307, 308, 309, 312, 320, 326, 330
- III. Nebmarê 226ff., 238, 239, 245, 255, 257, 261, 265, 267, 268, 272, 296, 303, 306, 313
- IV. Nefercheprurê → Achenaten
Amenophtis (König, 18. Dyn.) 359
- (Kg., 21. Dyn.) 193
Amenpnufe 178
Amen-user-het 345
Ammenemês (Amenemhet) I. Sehetepibrê 56, 71, 116, 135, 137ff., 143, 144, 150, 152, 238, 275, 338
- II. 143, 146, 147, 151, 152
- III. 2, 144, 145, 150, 153ff., 160
- IV. 145, 154, 155, 160
Ammon → Amun
Amor 255, 280, 291, 292, 315
Amosis → Ahmose I.

Amratien (Nakâda I.) 432, 433, 434, 435, 436, 439
Amun (Ammon) 2, 138, 147, 166, 183, 191, 193, 198, 202, 204, 209, 220, 223, 227, 231, 234, 239, 258, 262, 271, 280f., 285, 289, 291, 318, 330, 334, 337, 339, 341ff., 347ff., 352f., 355f., 363, 365, 367f., 374f., 377, 381, 386f., 391f., 404, 406, 408, 424
- -Rê 52, 138, 193, 206, 208, 216, 219, 232, 236, 238, 244, 245, 252, 262, 298, 316, 323, 324, 326, 327, 331, 333, 336, 337, 338, 339, 341, 344, 345, 347, 349, 352, 353, 356, 358, 364, 368, 369, 370, 373, 380, 382, 386
Annalen 62, 65
Anweisung an den Wesir 59, 215, 278
Apries (Hophra) 399
Amyrtaios (König) 413, 414
- (Rebell) 411
Anaharath 223
Anascha 238, 329
Anastasi 17
Anat 172
- -her 172, 174
Anatolien 230
Anchefenamun 333
Anchcheprurê → Semenchkarê
Anchesenamun (Anchesenpaaten) 261, 267f.
Anchesenpaaten → Anchesenamun
Anchnasneferibrê 392
Anchtifi 120f., 128, 135
Anchu 167
Andjyeb 459
Anhur-Schu 353
Anîba 331, 335

Ankara 256
Antaeopolis → Kâw el Kebîr
Antalkidas 416
Antef → Intef
Anthes, R. 245
Anti 237
Antilibanon 208, 288
Antilopengau 140, 141, 147
Anubis 461
Anville, J. B. Bourguignon d' 12
Apachnan 171
Apamea 195
Aphek 223
Aphrodite 2
Aphroditopolis (Atfîh) 129
Apiru (Habiru, Hapiru) 224, 281
Apis 361, 362, 390, 395
- -Stier 371, 379, 404, 406, 423, 424
Apollon 2
Apophis (Apopi; Könige) 171, 175, 189
- Akenenrê 172f., 175, 176, 179, 189
- Aweserrê 172, 179, 181, 183, 184, 187
- Nebchepeschrê 172
Apries (Hophra) 12, 392, 395, 399, 400
Araber 177, 395
Arabien 403, 427
Arabische Schrift 24
- Sprache 20
Aradus 255
Aramäisch 410
Argo 169
Arkell, W. J. 428
Armais → Haremhab
Armant (Hermonthis) 120, 127, 128, 167, 207, 435
Armenien 46, 217
Arsames 410, 412
Arsaphes 364, 422
Arses 421
Arsu 311
Artaphernes 409
Artatama I. 229

Artaxerxes I. 410, 411
- II. 412, 416f.
- III. Ochos 418ff.
Aruna 209
Arwen 290
Aryandes 404
Arzawa 230, 256, 290, 315, 319
Asbat 318
Asch 464
Aschmûnên → Hermopolis Magna
Aschru 353
Aschschur → Assur
Aschschuruballit 396
Asdod 396
Asiaten 38, 94, 102, 107, 116, 118, 126, 132, 140, 144, 145
Asiru 255
Asjut (Sauti; Lykopolis) 29, 122f., 125, 132, 135, 150, 156, 167, 215, 237, 385, 431
Askalon 145, 292, 304, 397
Asklepios 75
Asosi Djedkarê 61, 73, 89, 91, 92, 115
Aspelta 389
Asphynis 237
Assarhaddon 37, 384, 389
Assis 171
Assur (Aschschur)
→ auch Assyrien
- (Gott) 385, 391
- (Stadt) 213, 380
Assurbanipal 385ff., 395f.
Assyrer 383, 385, 388, 390, 395, 396
Assyrien 230, 257, 360, 372, 379, 384, 389, 396
Astarte 94
Astyages 402
Aswân 12, 29, 30, 33, 60, 93, 98, 107, 126, 130, 197, 246, 383, 388
Atbara 29, 35, 146, 388
Aten 238ff., 243ff., 258, 260

„Atenismus" 244
Athen 409, 411, 412, 416, 424
Athener 412
Athribis 231, 325, 377, 390
Atum 86, 141, 238, 324
- -Harachti 262
Auaris (Haware) 170, 173, 179, 180ff., 183, 184, 185
Augustus 68
Ausîm (Letopolis) 471
Aweserrê → Apophis Aweserrê
Axum 389

B

Baal (Ba'al) 28, 181, 290
Ba'alat 28
Baalmahar 321
Baba 185
Bâb el-Hosân 133
Bâb el-Mandeb 203
Babylon 389, 396f., 403, 410, 420, 425
Babylonien 6, 43, 73, 230, 233, 399, 402, 441
Babylonier 396, 397
Babylonische Schrift 24
Bachtan 296
Badâri 431, 434, 442
Bagdad 173
Bagoas 412, 420f.
Bahrija 35
Baj 309f., 312
Bahr Jusuf 36, 152
Bakan 318
Ball, J. 9
Bankes, W. J. 15
Barsanti 78
Bastet 237
Baumgartel, E. 442
Bawerded 61
Beby 463
Beder 341
Bedjau → Boethos
Befreiungsprivilegien 99
Begriffszeichen 25
Behdet (Behde) 240, 473
Beirut 287

Beisân 281, 289, 305
Beischriften 21, 26
Bek 246
Bekenptah 364, 370
Bekenrinef → Bokchoris
Benha → Athribis
Beni Amrân 242
Beni Hasan 124, 140, 147
Beni Salame 430
Beni Suef 121
Berber 34, 106
Berenike 14f.
Berlin 235
Bersche 159
Berufe 32
Bes 253
Bestattungssitten 436
Bêt Challâf 78f., 466
Bethschael 281
Beth-sean → Beisân
Bibân el-Molûk 127, 196, 214, 226f., 234, 259, 263, 267, 272, 282, 297, 306ff., 325ff., 330, 339f., 351
Bijahmu 154
Bilderschrift 20f.
Binothris (Nutjeren, Ninutjer, Neterimu) 462
Bintanat 297
Birch, S. 19
Birket Habu 228
Birket Karûn 36, 431
Bnon 171, 174
Bochchoris 372, 379f.
Boethos (Bedjau) 462
Boghazköi 256, 283, 292f., 297
Bologna 17, 169
Borchardt, L. 65, 90f., 93, 451
Boston 87
Bottì 163
Boulaq 17
Breasted, J. H. 18, 54, 322
Briefe 62, 230, 293, 349, 410
Britisches Museum → London
Brooklyn 167, 329

Bruce, J. 12
Brugsch, H. 19
Brunton, G. 431
Brüssel 191
Bubastis 4, 55, 87, 99, 137, 170, 173, 237, 361, 368, 375, 420
Bubastidenhallen, Bubastidentor 365, 366, 368, 370
Buchstabenzeichen 26
Buck, A. de 322
Bündnisvertrag 293
Buhen (→ auch Wadi Halfa) 186, 274
Burton, J. 17
Busiris (Djedu) 472
Busiris (König) 6
Butehamun 349
Buto (Pe; Kôm el-Faraîn) 237, 423, 446, 469ff.
Buyuwawa 362
Byblos (Gublu) 36, 42, 82, 94f., 107, 144ff., 168, 175, 213, 255, 305, 341f., 349, 367, 467

C

Cachette 192, 215, 282, 323, 340, 357
Caesar 5
Caminos, R. 368
Caphtor → Kreta
Carnarvon, Earl of 181, 264
Carnarvon-Tafel 182, 184, 188
Carter, H. 18, 133, 205, 226, 261, 264
Caton Thompson, G. 428, 431
Censorinus 68
Černý, J. 312, 349
C-Gruppe 146
Chaba 78, 79
Chababasch 423
Chabas, F. J. 19
Chabrias 416, 417, 418
Cha'emtir 329
Chaemweset (König) 347

Chaemweset (Prinz) 296
— (Wesir) 333
Chaeremon 11
Cha'frē' → Chephren
Chaironeia 424
Chajan (Seweserenrē) 173, 184, 189
Chakaurē → Sesostris III.
Chaleb → Aleppo
Chalkolithikum 432
Chamasin 30
Champollion, J. F. 14ff., 21, 23, 46, 47, 49, 51
Chamudi 163
Chaneferrē Sobekhotep 169
Chârga 35, 406, 428
Chartûm 34, 35
Chaschabu 222
Chasechem 465, 466
Chasechemui 463f. 466f., 474
Chassinat, É. 362
Chatâna-Kantîr 285
Chatti (→ auch Hethiter) 213, 256, 290, 294, 304, 315, 397
Chattusa 256
Chattuschili 292, 293f., 300
Chay 298f.
Chelléen 428
Chemmis → Achmîm
Chendi 120
Chendjer 168
Chen-nechen 138
Chen-sedjru 102
Chenthennufe 197
Chentkaus 88, 92
Cheops (Chufu, Chnumchufu) 4, 41, 83ff., 87, 93, 106, 116, 467, 470
Chephren (Cha'frē', Ra'cha'ef) 4, 41, 83, 85ff., 93, 95, 96
Chepre 238
Chicago 18, 369
Chnemibrē 406

Chnum 79, 94, 204, 219, 236, 237, 328, 386, 412
Chnumchufu → Cheops
Chnumhotep 140f.
Chons 192, 296, 304, 324, 336, 353, 356, 358
Chor 249
Chorileute 224
Christentum 10, 23
Chronologie 63, 64, 66, 135
—, babylonische 72
Chufu → Cheops
Chui 101
Chuni 108
Churriter 172, 217
Chuye 100
Cicero 4
Clemens v. Alexandria 11, 21, 22
Cyrenaika 302

D

Dâchla 35, 363
Dahschûr 82, 83, 152, 153
Damanhûr 473
Damaskus 292, 379
Damiette 30
Danaer 314
Danaos 268
Danu (Danuna) 314, 315
Daphnai 395
Dapur 292
Dardaner 300
Dareios I. 404ff., 413
— II. 412
— III. Codomannus 64, 421, 424
Daressy, G. 197, 259, 356, 359
Datierung 73
David 365, 366
Davies, N. de G. 18, 43
Davis, Th. M. 227, 259, 263, 272, 309
Deirut 36
Delphi 401
Delta 1, 28, 30

Demokrit 412
»Demotische Chronik« 413, 415, 416, 420
Demotische Schrift 22 ff.
Den 445, 457, 459, 461
Dendera 98, 99, 121, 237, 285, 425
Dep 471
Dêr el-Bahri 127, 133, 136, 180, 189, 191, 196, 200, 201, 202, 204, 205, 206, 215, 227, 275, 282, 297, 323, 340, 354, 355, 357, 359, 381
Dêr el-Medîna 192, 306, 332, 381
Dêr Tasa 431, 436, 443
Derry, D. E. 459, 460, 476
Determinativ 14, 25, 26, 72
Devéria, Th. 19
Dhouti 216
Dhutemhab 296
Dhutmose (Schreiber) 349 f.
- (Vizekönig) 246
Dialekte, hamitische 20
Did 300
Didimose 172
Diodoros Siculus 5 ff., 10, 11, 46, 149, 153, 278, 378, 379, 405, 413, 415, 417, 419, 420, 453
Diospolis → Theben
Djahi (Syrien) 262, 315
Djanet → Tanis
Djari 135
Djati 132
Djau (Fürst) 110
Djaʿu (Wesir) 101
Djedet (→ auch Mendes) 350, 351, 472
Djedefrê 87, 89, 95
Djed-esut 126
Djedkare → Asosi
Djedu → Busiris
Djemdet-Nasr-Zeit 441
Djedptahefanch 355
Djefti 209

Djer 450, 459, 461, 471, 474
Djet → Schlange (König)
Djoser 71, 75 ff., 466, 467, 471
Djuef 353
Dodekaschoinos 79
Domitian 15
Dor 314, 341
Dra Abu'n-Naga 127, 166, 177
Dreikonsonantenzeichen 25, 26
Drovetti 17, 49, 332
Dualität 111 f., 350
Dunand 94

E

Ebgîg 152, 154
Edel, E. 224
Edfu 33, 98, 120, 278, 393, 417, 425, 446
Edgerton, W. F. 200
Edjo (Uadjet) 52, 237, 446, 470
- → auch Schlange (König)
Edom 305, 319, 360, 365, 401
Edwards, A. B. 19
Efni 165
Egypt Exploration Fund 18, 444
Eid 243, 333
Eje 235, 247, 248, 261, 263, 265 f., 267, 268, 271, 272
Ekbatana 402
Ekron 383, 417
Elam 389, 407
El-Alamein 300
El-Amra 433
El-Arîsh 37
El-Bersche 122, 124
El-Bikâ 208, 288
Elektron 43
Elephantine 4, 8, 33, 79, 98, 102, 105, 106, 107, 119, 125, 138, 148, 182, 185, 203, 219, 262, 291, 294, 328, 330, 386, 394, 395, 398, 410, 412, 414
Eleutheros 291
El-Hîba (Teudjoi) 354, 367, 369, 370, 376, 408
Elkâb (Necheb) 52, 120, 177, 185, 186, 187, 194, 195, 197, 263, 446, 465
El-Kantara 280
El-Kenîsa 34
El-Lâhûn 152, 153, 157, 377
- -Papyri 69, 161, 164
El-Minja 329
El-Omâri 435
Eltheke 383, 384
El-Till 242
Emery, W. B. 454, 455, 456, 458, 459, 460
Enchorial 22
Enene 196 ff.
Engelbach, R. 259
Entartungserscheinungen 273
Epagomene 67, 68, 74
Epistolographisch 22
Ercheye 447
Eretria 409
Erman, A. 19, 422
Er-Retâba 122
Etrusker 301
Esdrelon 207
Ese (Isis) 198, 215
Esna 29
Es-Sebûa 300
Euagoras 415
Euphrat 195, 213, 217, 218, 222, 257, 360, 397
Eusebius 46, 47, 49, 115, 161, 267, 268, 311, 372
Evans, A. 173
Exodus 171, 304

F

Fabeltiere 441
Fachrî, A. 82
Faijûm 2, 28, 35, 69, 78, 152, 159, 165, 246, 295, 321, 377, 428, 435, 442

REGISTER

Faråfra 35, 302
Farina, G. 163
Feldvermessung 157
Fellachen 191
Felsengräber 59, 98, 140, 193, 352
Festungen 148, 302, 313
Fetisch 237
Feudalismus 96, 142, 154
Firth, C. M. 100
Florenz 17
Frankfort, H. 441
Frühaufgang, heliakischer des Sirius 68, 69

G

Gardner, E. W. 428
Garstang, J. 151
Gauabzeichen 440
Gaugamela 422
Gaumata 404, 405
Gautier, J.-E. 139
Gaza (Kanaan) 208, 280, 304, 305, 380, 424
Geb 237, 284, 469
Gebel Barkal (→ auch Napata) 34, 207, 373, 385, 388
Gebel el-Ahmar 41, 231
Gebel el-Arak 440, 441
Gebelên (→ auch Pi-Hathor) 173, 184, 188, 351
Gebel Silsile → Silsile
Geburtslegende 204
Geburtsname 52
Genezareth, See 223, 281
Georg der Mönch (gen. Syncellus) 46
Gerichtshof 272, 298, 334
Gerichtsverfahren 298, 320, 333
Gerzéen 433, 434, 437, 440
"Geschichte des Bauern" 122
Geschwisterehe 190
Gezer 304, 366

Giluchipa (Kirgipa) 229, 230, 233
Girza 433, 435
Gise 41, 59, 78, 83, 86, 87, 88, 90, 225
Götterneunheit 468, 475
Göttingen 19
Gold 43, 147, 263, 278, 286
Goléischeff, W. 340
Goneim, Z. 77
Goodwin, C. W. 19
Gottesgemahlin 200, 353, 381, 391 f.
Gotteshand 381
Gottesurteil 333
"Gottesvater" 265
Grabausstattung 264
Grabräuberei 196, 333
Grdseloff 281, 452, 465
Greaves, J. 12
Grébaut, E. 355
Green, F. W. 434
Griechen 1, 7, 21, 27, 34, 35, 394, 401, 402, 412, 422, 424
Griechenland 6, 301, 395
Griffith, F. Ll. 14, 18, 19, 158, 382, 389, 408, 444, 450, 469
Große Pyramide 83
Guignes, de 14
Gunn, B. 86
Gyges 391, 394

H

Habachi, Labib 182, 286
Hadad 365
Hakor (Hagor, Hakoris, Achoris) 47, 414 ff.
Hall 133
Hamath 281, 397
Hammâmija 434
Ha-Ninsu → Herakleopolis
Hanno 380
Hapdjefai 150, 156
Hapiru (Habiru) → Apiru
Hapu 231, 232, 233

Harachti 238, 239, 245, 362
Haraga 157
Harchuf 60f., 107 ff.
Hardai → Kynonpolis
Harem 233, 241
Haremhab (Armais) 181, 267 ff., 270 ff., 285, 298, 336
Haremsverschwörung 320
Harmachis (Harmache, Hor-em-achet) 86, 225
Harnachti 368
Harpson 362 ff.
Harran 385, 396
Harsiese (zwei Hohepriester gleichen Namens) 371
Hasa 318
Hasengau 124, 130, 159, 374 f.
Hathor 28, 87, 89, 94, 151, 237, 285
Hatiba 348
Hatnub 100, 105, 124, 130, 132, 151
Hatschepsut 56, 134, 187, 198 f., 200 ff., 208, 227, 310
– → auch Meritrê
Hatschepsutproblem 199 ff.
Haurân 281
"Haus der Ewigkeit" 55, 265
Haware → Auaris
Hawwâra 151, 153
Hay, R. 17
Hayes, W. C. 77, 168, 200, 202
Heboinu 376
Hebräer 224
Hebräische Schrift 24
Hebron 181
Hefat 120
Hekajeb 130
Hekataios v. Abdera 3, 5
Heliopolis (On) 2, 57, 80, 89, 90, 99, 159, 193, 198, 231, 238, 240, 244, 253, 262,

277, 282, 298, 324, 329, 377, 385, 469, 472
Helios 469
Hellenen 3, 5
Hellespont 2
Helwân 435
Hemaka 457, 459
Hemen 237
Henu 135f.
Henut-Taui 353
Hepenma 466
Hephaistos 2, 469
Herakleopolis (Ha-Ninsu, Ihnâsja el-Medîna) 70, 115, 116, 121ff., 135, 363f., 374f., 377, 385, 391, 393, 408, 422
Herakleopolitenzeit 122, 126
Herihor 335ff., 345, 349, 352, 354
Hermonthis → Armant
Hermopolis Magna (Schmun, Aschmûnên) 124, 132, 138, 182, 183, 184, 188, 192, 237, 261, 369, 374, 375, 376, 385, 417
Hermotybier 394
Herodot 3ff., 6, 7, 13, 22, 28, 30, 36, 46, 83, 85, 86, 87, 109, 110, 149, 152, 153, 154, 313, 378, 381, 383, 390, 391, 392, 394, 395, 396, 400, 401, 402, 403, 404, 405, 407, 409, 412, 453
Hesekiel 399
Hetep → Neith-hotep
Hetep-heres 84
Hethiter (→ auch Chatti) 44, 172, 213, 217, 224, 230, 255, 256, 257, 281, 288, 289ff., 294, 300, 314, 319
Hierakonpolis (Nechen) 94, 99, 120, 187, 245, 434, 437, 446, 452, 465, 467, 469, 470, 472

Hieratische Schrift 22, 24
Hieroglyphenschrift 21ff.
Hikuptah → Memphis
Hincks, E. 19
Hirtenkönige 161, 175
Hiskia 383
Homer 1
Homophonie 14, 15
Homs 146, 221, 224
Hophra → Apries
Hor (Baumeister) 239
- (Offizier) 393
Horapollo 11
Hor-em-achet → Harmachis
Hori 305
Horus 2, 9, 10, 38, 51, 52, 53, 79, 86, 101, 120, 128, 142, 219, 236, 237, 240, 253, 262, 269, 271, 277, 279, 337, 353, 369, 376, 386, 393, 417, 423, 446, 448, 451, 452, 460, 461
Horusname 52, 445
Horusverehrer 444, 467, 469
Hosea 379
Hotepsechemui 462
Howtenufe 334
Hrere 336
Hudjefa 463
Hui 263
Huje 245
Huni 79, 81, 82
Huy 298
Hwer 374
Hyksos 50, 51, 161, 164, 170ff., 179ff., 185, 187f., 311, 360, 396
Hyksoszeit 40
Hypselis 237
Hystaspes 404

I

Iah 132
Iannas 171, 173
Iba 392

Ibhe 226
Ibi (König, 6. Dyn.) 117
- (König, 2. Zwzeit.) 175
- (Gaufürst) 99
- (Wesir) 134
Ibscher, H. 162, 163
Ichernofer 159
Ideogramm 24
Idi 117
Ihnâsja el-Medîna → Herakleopolis
Iken 149
Ikita 286
Iku 128, 139
Imhotep (Imuthes) 75, 79, 113, 231
Immunitätsdekrete 110
Imuthes → Imhotep
In → Neuserrê
Inai → Merhotep
Inaros 411, 413
Indien 425
Inhapi 180, 354
Inini 321
Inscription dédicatoire 284
Intef (Antef, Könige) 116, 121, 123, 177, 178
- der Große (Fürst) 128, 139
- I. Seher-taui 128f.
- II. Wah-anch 128f., 135
- III. Nachtneb-tepnefer 130, 132
Inzestehe 261
Ionien 1, 413
Ionier 1, 391
Ipt-swt → Karnak
Iphikrates 417
Ipip 334
Ipu 353
Iput 100
Ipuwer 119
Iran 396
Iri 107
Irtje (-Nubier) 102, 106, 107, 108
Irtjetj 107
Ischhupri 384
Ischtar 234, 296
Isi (=Schepseskarê?) 89

REGISTER

Isinofre 296, 297
Isis 4, 9, 10, 27, 236, 277, 351, 353, 458, 469
- -Kult 9
- -Priester 27
Isis-em-Chebet 353, 357
Ismâilija 305
Isokrates 416
Israel 172, 304, 360, 379
Israeliten 171, 256, 314
Issos 424
Ita 450
Iti 450
It-taui →Lischt
Iuntiu 461
Iuput 364f.
Iuwapet 373, 377

J

Jablonski, P. E. 13
Jahr 67
-, astronomisches 68
Jahreszeiten 67
Jahve (Jahu) 394, 412
Jakob 172
- -her 172
Jam 102, 107ff.
Jehem 208, 223
Jenes 335
Jenoam 281
Jéquier, G. 108, 109, 117, 139, 168
Jeremia 398, 399
Jericho 399
Jerobeam 365, 367
Jerusalem 366, 383, 399
Joab 365
Jojakim 398
Jordan 305
Josephus 46, 47, 161, 170ff., 180, 187, 274, 281, 392
Josia 396
Josua 185
Juda 365, 366, 383, 396, 399, 412
Juden 394, 399, 410
Juja 227, 265f.
Junker, H. 88
Juvenal 9

K

Ka 173, 204
Ka (Kebh; König) 445, 452, 459
Kaau-Nubier 103
Kadaschman-Enlil I. 230
Kadesch (Tell Nebi Mend) 208, 211, 214, 220, 222, 255, 280, 281, 282, 288ff., 292, 300, 314
Kadeschgedicht 288
Kaiechos 462
Kaikasch 318
Kairo 12, 29, 41, 75, 83, 89, 229, 231, 242, 269, 361, 400, 430, 435, 471, 473
-, Museum 18, 65, 81, 84, 92, 153, 191, 196, 226, 258, 297, 340, 392
Kairoer Fragment d. Palermosteins 81, 439, 452, 459, 461, 475
Kakai → Neferirkarê
Kalasirier 394
Kalender, ägyptischer 67, 69
- Julianischer 68
Kambyses 37, 403f., 406, 407, 409, 413, 421
Kamose 175, 179, 181ff., 184f., 188, 190, 191, 192
Kanaan → Gaza
Kanaanäer, Kanaaniter 223, 366
Kanal 30, 405
Kanopus
- Dekret von 67, 425
Kantara 37, 208
Kantîr 180, 310
Karamanien 403
Karer 1, 391
Kares 191
Karkemisch 213, 315, 397
Karmel 104
Karnak (Ipt-swt) 52, 55, 59, 113, 127,
129, 137, 159, 177, 181, 182, 190, 191, 191, 192, 193, 196, 198, 201, 202, 203, 204, 206, 207, 212, 216, 219, 220, 221, 226, 232, 235, 239, 240, 242, 262, 263, 271, 272, 273, 274, 279, 280, 281, 282, 283, 284, 285, 288, 293, 294, 300, 301, 302, 308, 324, 325, 330, 331, 332, 333, 336, 338, 339, 340, 352, 353, 357, 358, 364, 365, 367, 368, 369, 372, 375, 380, 383, 387, 391, 392, 398, 414
-, Königsliste von 50f., 128, 161, 176
Karoma 363
Karoy 228
Karthago 403
Kartusche 14, 15f., 51
Kaschta 373, 381
Kaspisches Meer 172, 402
Kasr Ibrîm 33
Katna 146, 213, 221
Kawa 246, 382
Kâw el-Kebîr (Antaeopolis) 237, 429
Kebh → auch Ka (König)
Kebsi 177
Kees, H. 460, 472, 476
Keftiu (=Kreta?) 151
Kehek 287, 300, 325
Keilschrift 24
Keimer, L. 438
Kenamun 225
Keper 318
Kerkis 398
Kerma 109, 150, 169, 173
Keroben 318
Keschkesch 290
Kilikien 44
Kimmerer 391
Kimon 412
Kimuchu 397
Kina, Bach 210

Kipkipi 385
Kircher, A. 12
Kirgipa → Giluchipa
Kizzuwadna 290
Kleinasien 1, 44, 419
Kleinias 420
Kleomenes 424
Kleopatra (Königinnen) 15, 16
Klima 30, 42
Knickpyramide 82
Knossos 173
Kode 315
Königsgräbertal (→ auch Bîbân el-Molûk) 129, 309
Königslisten 49, 50, 54
Königsmumien 354f.
Königstitulatur 50, 51, 89, 131, 132, 155, 172, 337
Königtum 98, 142
Kolchis 4, 6
Kôm el-Ahmar 446
Kôm el-Farâîn → Buto
Kôm Medînet Ghurâb 246
Kôm Ombo 428
Komplement, phonetisches 25, 26
Konon 415, 416
Konservativismus 58
Konstantinopel 53
Kopenhagen 125
Kopten 444
Koptische Sprache 12, 13, 23, 26
Koptos 37, 41, 43, 62, 99, 100, 117, 120, 132, 136, 138, 176, 177, 216, 277, 324, 382, 409, 438, 442
Korosko 147
Krankheiten 30
Kreidezeit 427
Kreta (Caphtor) 36, 151, 173, 232, 314
Kreter 45
Kroisos 402
Krokodilopolis (Medînet el-Faijûm) 329
– (bei Theben) 165
Krone, Rote 448
–, Weiße 448

Kronos 2, 469
Kûbân 286
Kumma 34, 148
Kunaxa 413
Kurn 127
Kurna 127, 225, 258, 275, 282, 284, 354f., 392
Kuramati 397
Kurru 378, 380, 388,
Kursivschrift 13
Kûs 473
Kusae 167, 182
Kusch (Kȝs, Kȝš) 34, 146, 147, 182, 184, 197, 216, 249, 321, 331, 352
–, Königssohn von 186, 274, 278, 282, 286, 335, 339, 349, 352
Kusêr 37, 151
Kyaxares 299, 396, 402
Kynonpolis (Hardai) 335
Kyrene 400, 401
Kyros II., d. G. 402f., 410
– d. J. (Prinz) 413, 415

L

Labares, Lamares (Ammenemês III.) 2
Labyrinth 2, 154
Ladike 401
Lakedaimon 402
Lamares → Labares
Lansing 202
Laodicea 146, 222
Lauer, J. Ph. 78
Lautwert 24f.
Lautzeichen 24f.
Lefebvre, G. 340
Legrain, G. 55
„Lehre für König Merikarê" 125
Leiden 17, 118, 340
Leningrad 125, 137
Lepsius, R. 17, 18, 176
Letopolis → Ausîm
Levalloisien 428

Libanon 36, 42, 82, 94, 208, 217, 255, 280, 288, 344
Libu → Libyer
Libyen 94, 95, 395, 439
Libyer (Libu) 35, 82, 140, 281, 287, 301, 302, 303, 313, 314, 318, 321, 332, 360, 394, 400, 411, 438, 439, 440
Lischt (It-taui) 136, 139, 152, 156, 168, 374, 377
Literatur, ägyptische 118
Liverpool 338
Löwenjagdpalette 440
London 19, 177
–, Britisches Museum 17, 131, 149, 155, 169, 173, 177, 178, 226, 288, 307, 392
–, Soane Museum 282
Loret, V. 100, 226, 234, 307
Louvre → Paris
Lucas, A. 44
Luka → Lykier
Luxor 8, 30, 55, 120, 227, 231, 232, 242, 262, 272, 275, 285, 288, 351, 357, 375
Lydien 399, 402
Lykier (Luka) 290, 300, 301, 321
Lykopolis → Asjût

M

Ma → Meschwesch
Maâdi 435
Ma'ajebrê 174
Maat 113, 236, 245
MacGregor, Sammlung 160, 461
Magie 146, 322
Mahasna 434, 435
„Mahnworte eines ägyptischen Weisen" 119, 138
Mahornefrurê (Manefrurê) 294

REGISTER

Makarê (Tochter Psusennes' I.?) 353, 381
– (Tochter Psusennes' II.) 353, 356, 363
Makedonien 424
Manefrurê → Mahornefrurê
Manetho 4, 9, 14, 16, 46f., 49, 50, 51, 52, 54, 64, 71, 75, 78, 79, 81, 85, 88, 97, 100, 109, 110, 115, 116, 117, 121, 137, 138, 139, 143, 149, 155, 161, 163, 164, 170, 171, 173, 174, 175, 176, 180, 186, 187, 189, 193, 267, 268, 274, 310, 311, 326, 340, 351, 359, 360, 364, 365, 379, 380, 390, 403, 413, 414, 416, 421, 426, 444, 445, 456, 462, 463, 468, 469, 476
Maori 429
Marathon 409, 422
Maraye 300, 302f.
Marea 395, 411
Mariannu 222, 223, 224
Mariette, A. 17, 129, 169, 181, 190, 327, 361, 362, 373
Maspero, G. 55, 283, 284, 290, 323, 352, 354, 355, 362
Mastaba, Anlage der – im Innern 97
Mastabat el-Faraûn 88
Matâana 382
„Mauern des Ammenemês" 150
„Mauern des Herrschers" 144
Maxyer 313
Mecher 107
Medâmûd 127, 167, 220
Meder 396, 413
Medien 402
Medina 63
Medînet el Faijûm → Krokodilopolis

Medînet Habu 59, 192, 228, 312, 315, 318f., 320, 323, 332, 334, 380, 383
Medinet Mâdi 159
Medizin 158
Medjaju 34, 106, 147, 149, 183
Medja (-Nubier) 102, 106, 109, 132, 167, 183
Medjneye 102
Mêdûm (Meidum) 78, 82, 96, 377, 435
Megabyzos 411
Megiddo 207ff., 367, 396
Mehetemwasche 363
Meidûm → Mêdûm
Meir 98
Mekamar 341
Meketaten 243, 257
Mekka 63, 240
Memnon 2
– (Amenophis) 47
Memnonskoloß, Tönender 8, 267
Memphis (Hikuptah) 1, 6, 50, 75, 98, 100, 111, 115, 121, 124, 127, 170, 182, 187, 193, 213, 215, 218, 221, 222, 223, 224, 237, 253, 258, 262, 270, 271, 273, 277, 283, 285, 289, 297, 298, 299, 303, 318, 321, 324, 329, 351, 375, 377, 380, 382, 384, 385, 386, 403, 410, 411, 417, 420, 424, 453, 455, 456, 459, 469
Menas (Menes) 6
Menat - Chufu 141
Mencheperrê → Thutmosis III.
– (Hoherpriester) 352, 354, 356, 357
Mencheperrêseneb 216
Mencheprurê → Thutmosis IV.
Mendes (Djedet) 350, 414, 417, 472

Menes 4, 6, 20, 44, 46, 49, 50, 64, 66, 67, 70, 71, 97, 426, 442, 444, 445, 447ff., 453, 457ff., 469, 471
Mengebet 341
Menkaurê → Mykerinos
Menmarê → Sethos I. 281
Menmarê - setpenptah → Ramses XI.
Menophres (Meri-n-Ptḥ) 275f.
Mentalität, ägyptische 58
Mentor 419, 420
Mentuhotep I. Nebhepetrê (Sanch-ib-taui) 116, 128ff., 130, 136, 137, 146, 192, 202
– II. Sanchkarê 135f., 137, 139
– III. Nebtauirê 136
– (General) 147
Mêr 122
Merenptah 35, 187, 267, 296, 300ff., 314, 360
Merenptah-Siptah → Siptah
Merenrê 43, 101, 104, 106ff., 226
Mereruka 100
Merhotep (Inai) 170
Merihathor 124
Merikarê 123, 125f. 135
Merimde 430f., 435, 436
Merirê 240, 247
Merirê → Pepi I.
Merirê-'anch-naś (Prinzessinnen) 101
Meritamun 257, 258
Merit-Neith 455, 457
Meritrê (Hatschepsut) 215, 218
Merka 459
Mermescha 164, 173
Mermose 226
Merneferrê 170
Meroë 388, 389
Merpibia → Miebis

REGISTER

Mersurê (Mesedsurê) 321
Merwoser 174
Mescha 304
Mescher 318
Meschwesch (Ma) 287, 300, 316, 318, 332, 360, 363, 364, 374
Mesopotamien 410, 441
Mesopotamische Einflüsse 37, 441, 442, 455
Metjen 96, 471
Meyer, E. 64, 70, 71, 154, 163, 200
Miam 219
Miebis (Merpibia) 51, 445
Min (Gott) 117, 138, 227, 236, 266, 274, 277, 353
– (Menes) 4
Minhotep 178
Minmose 217, 219, 220
Minoische Kultur 151
Mitanni (→ auch Naharina) 195, 213, 217, 218, 229, 230, 254, 256f.
Mitregentschaft 104, 142, 220, 234, 263, 285
Miwer 295, 321
Mnevisstier 244, 328
Moab 304, 360
Moalla 120, 128, 135
Modelldarstellungen 132, 134
Moirissee 2, 36, 152, 154
Momemphis 400
Monotheismus 237, 251
Montemhet 387f., 392
Montet, P. 94, 181, 285, 351, 352, 368, 371
Month 127, 128, 129, 130, 133, 138, 147, 167, 290, 315, 327, 369
Morgan, J. de 152, 153, 426, 450
Mose (Privatmann) 298f.
– (= Amenmesse?) 308
Moses 10, 53, 181

Moskau 125, 160
Murschili II. 281
Musru (= Ägypten) 380
Mut 202, 231, 252, 262, 324, 353, 356, 358, 373, 387, 414
Mutemwija 227
Mutnedjem 269
Mutnofret 196
Muwatalli 287, 292
Mykene 232
Mykerinos (Menkaurê) 4, 83, 87f., 89

N

Nabonid 401, 402
Nabopolassar 396, 397
Nabuschezibanni 390
Nacht (Wesir) 246
Nachtneb-tep-nefer → Intef III.
Naga ed-Dêr 435
Naharina (→ auch Mitanni) 195, 208, 213, 217, 223, 224, 228, 229
Nahr el-Kelb 287
Nakâda 426, 450, 451, 454, 457, 458, 473
– I →Amratien
– II → Gerzéen
Napata (→ auch Gebel Barkal) 207, 211, 212, 213, 217, 220, 228, 263, 373, 375, 378, 386, 387, 388
Napchuria → Amenophis IV.
Napoleon 13
Naptera → Nofretirimeri-enmut
Narmer (→ auch Menes) 448, 450, 452, 459
Narmerpalette 58, 437, 438, 441, 446, 461, 462, 465
Naukratis 401f., 412, 417, 424
Nauridekret 278

Naville, E. 8, 133, 200, 368
Nbtj-Titel 52, 470
Ne → Theben
Neapel 422
Neapolis 4
Nebamun 197
Nebchepeschrê → Apophis
Nebhepetrê → Mentuhotep I.
Nebirierau 176
Nebka 463, 467
Nebkarê 79
Nebmarê → Amenophis III.
Nebrê 462
Nebtauirê → Mentuhotep III.
Nebtu 197
Nebukadnezar 397, 399f., 401, 425
Nebunenef 285
Nebye 117
Nechbet 52, 446, 465
Necheb → Elkâb
Nechen → Hierakonpolis
Nechepsos 390
Necho [I.], Fürst von Sais 389, 398, 390
– [II.] (König) 395, 396, 398, 405
Nechtharehbe (Nektanebos II.) 361, 416, 418ff.
Nechtnebef (Nektanebes, Nektanebos I.) 416ff.
Nedjem 336, 340, 350
Nefercheprurê → Amenophis IV
Neferhotep (König) 168f., 175
– (Arbeiter) 307f.
Neferirkarê (Kakai) 66, 73, 89, 92, 93, 99
Neferkarê → Pepi II.
– (Nephercheres; König, 2. Dyn.) 463
– (König, 3. Dyn.) 79
– (König, 8. Dyn.) 120
– (König, 9. od. 10. Dyn.) 122

(Neferkarê)
- (Nephercheres;
König, 21. Dyn.)
47, 352
Neferkaseker 463
Neferkauhor 117
Nefernefruaten
→ Nofretete
- → Semenchkarê
Nefersahor → Pepi I.
Neferti 137, 144
- „Weissagung des
137, 144
Nefri 122
Nefrusi 183, 374
Negasu 224
Nehasju (Nubier)
34, 146
Nahasy 164
Neheri 125
Nehmetawai 417
Neith (Göttin) 5, 363,
375, 378, 406, 407,
417, 457, 458, 471
- (Königin) 110
Neith-hotep (Hetep)
457, 458, 464
Neko (Necho) 53
Nektanebos I. (Nekta-
nebes) → Nechtnebef
- II. → Nechtharehbe
Neolithikum 429
Nephercheres → Nefer-
karê
Nephereus → Nepher-
ites I.
Nepherites (Könige) 47
- I. (Nephereus)
414, 415
- II. 414, 416
Nephthys 469
Nero 11
Nesamun 331
Nesbanebded (Smendes)
340, 341, 343f., 350,
351
Neschi 298 f.
Neschons 353, 355, 357
Neshor 395
Nesmonth 145
Nesnimu 393
Neterimu → Nutjeren
Netjriche → Djoser

Neujahrstag 67, 68, 69,
74
Neuserrê (In)
66, 67, 89, 90, 91, 93
Newberry, P. E.
438, 440, 452, 266
New York, Metro-
politan Museum
18, 134, 139, 153
Ni → Theben
Nil, Blauer 29, 35
-, Weißer 35
Nilmesser bei Elephan-
tine 8
Nilüberschwemmung
29, 66, 79
Nimmuaria (Nebmarê
Amenophis III.) 229
Nimrod („König")
373 f., 378
- (Vater Scheschonks
I.) 363
- (Sohn Osorkons II.)
364
-(Heerführer) 363,
364
Ninive 234, 296, 383,
385, 390, 396
Ninutjer → Nutjeren
Nitokerti → Nitokris
Nitokris (Nitokerti;
Königin) 110, 116,
135, 155
- (Gottesgemahlin)
391 f., 409
Niy 195, 214, 221 f.
Nofretete (Nefer-
nefruaten) 235, 241,
250, 252 f., 257, 261,
266
Nofretiri (Nofretiri-
meri-enmut) 293, 297
Nofrurê 202
Norden, Fr. L. 12
Nswt-bitj-Titel
52, 470, 474
Nubchaes 178
Nubcheperrê 178
Nubien 33 f., 43, 45, 80,
106, 107, 132, 146 ff.,
186, 195, 197, 208,
212, 214, 217, 219,
220, 226, 232, 253,

254, 274, 282, 283,
286, 296, 300, 312,
321, 326, 330 f., 335,
382, 398, 427, 434
Nubier (→ auch Medja,
Nehasju) 33, 34, 38,
45, 103, 106, 107,
148, 149, 164, 272,
439
Nubnofre 298 f.
Nuchaschsche 224
Nummulitenkalkstein
427
Nuri 387
Nut 469
Nutjeren (Ninutjer,
Neterimu) 73, 462,
463

O

Oasen 35
Ochos → Artaxerxes
III. Ochos
Ombos (Onbo),
181, 464, 473
- → auch Nakâda
On → auch Heliopolis
262
Onbo → Ombos
Onnos 89, 92, 93, 97, 98
Onuris 238, 285
Opet 285
Ophois → Upuaut
Orakel 193, 199, 338,
356, 357
Orontes 146, 208, 220,
221, 280, 288, 289,
291, 292
Oros (Gott), → auch
Horus, 2, 4
- (Haremhab) 267,
268
Ortsgottheit 235
Osiris 4, 6, 9 f., 12, 99,
140, 142, 159, 169,
176, 180, 196, 236,
253, 273, 276, 277,
279, 323, 356, 362,
459, 468, 469, 473,
475
- Grab des 140
- -Apis 362
- -Onnophris 285

Osirismythos 473
Osmanen 53
Osochor 359
Osorcho (Osorthon) 372
Osorkon (Könige) 47, 360, 361
- I. 363, 367, 371
- II. 364, 368
- III. 373, 375, 381
- (Hoherpriester) 364, 368 ff.
Osorthon 372
Ostraka 306
Osymandias (Ramses II.) 6
Othoes (Teti) 97
Oxford, Ashmolean Museum 151, 465
Oxyrhynchos 367, 376

P

Padi 383
Paheri 194
Paibekkamen 320
Paiis 321
Paläolithikum 428, 429
Palästina 36, 38, 105, 151, 156, 171, 173, 185, 197, 208, 212, 218, 254, 256, 295, 300, 304, 306, 314, 319, 360, 379, 410, 419, 442
Palastfassade 454, 456, 458
Palermostein (→ auch Kairoer Fragment) 65, 70, 71, 72, 81, 89, 94, 373, 452, 460, 461, 467, 468
Papremis 411
Papyrus 23
Papyrus Abbott 178, 179, 333, 338
- Amherst 333
- Harris Nr. I 323, 326
- Mayer A 333, 335, 338
- Salt 328
- Wilbour 329, 330
Parennufe 246

Paris, Louvre 17, 101, 122, 167, 168, 177, 216, 288, 295, 362, 440, 459
Pasargadae 402
Pbes 392
Pe (Buto) 470
Peftuabast 373, 377
Pehel 281
Peheti 334
Pekah 379
Peleset (Philister) 314, 315
Peluka 321
Pelusium 37, 383, 395, 403, 417, 419 f.
Pemu 371
Penamun 346
Pendlebury, J. D. S. 258
Penne 331
Penreschnas 364
Pentawer (Schreiber) 288
Pentawere (Prinz) 322
Pepi I. Merirê (Nefersahor) 82, 98 ff., 104, 106, 142, 150
- II. Neferkarê 59, 60, 72, 73, 99, 101, 109 f., 113, 116, 117, 119, 204
- (Fürst?) 183
Pepinacht 107
Peribsen 463 ff., 474
Persepolis 402
Perser 3, 403, 406, 409, 411, 413, 415 ff., 422, 423
Persien 402, 409, 411 f., 416, 417 f., 419, 425
Persischer Golf 402
Peru-nufe 218, 225
Pesiur (Königssohn von Kusch) 274
- (Bürgermeister) 178
Pessimismus 119
Peteese (Fürst) 377
- (Schreiber) 408
Petrie, (Sir) W. Fl. 18, 19, 27, 70, 122, 153, 154, 157, 189, 242, 295, 401, 426 f., 432, 434, 442, 444, 445, 446, 450, 451,

454, 457, 463, 468, 473
Petubastis (Könige) 372
Pferd 40, 188, 230
Pfortenbuch 273
Phaophi 375
Pharao 53
Pharnabazos 417
Pherendates 420
Philae 10, 27, 33, 197, 417
Philipp II. v. Mazedonien 424
Philister (→ auch Peleset) 314, 360
Phinehas 146
Phönizien 360, 398, 403, 415, 419
Phönizier 27, 403, 418
Phonogramm 24
Phraortes 396
Pianch (Hoherpriester) 339, 349 f., 352, 356
Pianchi 372 ff., 381, 384, 389
Pianchi-Stele 385, 388
Pidasa 290
Pi-Hathor (Gebelên) 183, 184
Pinhasi 335, 336, 349
Pinodjem (Pinudem) I. 234, 352, 353, 354
- II. 352, 353, 355, 357, 358
Pi-pek 375
Pi-Ramesse (Ramsesstadt, Raemses) 282, 285, 286, 299
Pir'u 380
Pi-Soped 387
Pithom (Pi-Tum) 305
Pi-yer 302
Platon 5, 412
Pleistozän 428
Plinius d. Ä. 8, 42, 86
Pliozän 428
Plutarch 9 f., 379
Pneb 307, 308
Pnubs 388, 398
Pococke, R. 12
Polizist 34, 106, 350
Polykrates 401
Pompeji 421
Potasimto 398

REGISTER

Präfixe 26
Praemhab 308
Pramesse → Ramses I.
Prê → Rê
- -Harachti → Rê-Harachti
Prosopitis 411
Prunkschminktafeln 440, 441
Psammetich I.
I, 4, 390 ff., 408, 413
- II. 392, 398
- III. 403, 406
- (Thukydides I, 104) 411
Psammus 372
Psammuthis 414 f.
Psinaches 359
Psusennes (Könige) 359
- I. 351 ff., 359, 381
- II. 353, 359, 363
Ptah 1, 236, 246, 262, 276, 283, 289, 298, 302, 324, 375, 377, 386, 453, 469
Ptahemhab 333
Ptahhotep 115
Ptahmose 232
Ptolemäer 5, 23, 36, 46, 192, 362, 425
Ptolemaeus (Geograph) 9
Ptolemaios I. Soter 423, 424
- III. Euergetes 68
- V. Epiphanes 13, 14
- VII. Physcon 15
Punt 37, 43, 45, 61, 95, 107, 136, 151, 203, 294, 325
Pwah 258
Pwero 333
Pyramidenanlage 89
Pyramidentexte 93, 99, 393, 452, 468, 473, 474, 475, 476
Pythagoras 10, 412

Q

Quarzit 41
Quibell, J. E. 100, 426, 427, 446, 470

R

Ra'cha'ef → Chephren
Raemses → Pi-Ramesse
Rahotep 176
Rameses, Ramesses → Ramses
Ramesse 296
Ramessenacht 327, 330, 331
Ramesseum 6, 59, 283, 320
Ramessiden, Ramessidenzeit 74, 334, 364, 373, 394, 462, 468
Ramose 241
Ramses (Rameses, Ramesse; Könige) 16, 326
- I. (Pramesse) 273 ff.
- II. 6, 49, 50, 51, 59, 181, 267, 268, 272, 282 ff., 306, 308, 312, 319, 340, 398
- III. 56, 59, 312 ff., 321, 322 ff., 325, 326, 328, 336, 360, 365
- IV. 187, 320, 323 f., 325 f., 327, 328, 330, 337, 371
- V. 329 f.
- VI. 264, 326, 330, 331
- IX. 129, 178, 190, 326, 331 ff., 334, 335
- XI. Menmarê-setpenptah 326, 330, 334 f., 337, 338 f., 340, 350
- -Siptah → Siptah
Ramsesstadt → Pi-Ramesse
Raneferef 89
Ranke, H. 85, 439
Raphia (Rapihu) 280, 305, 380
Raschaph 221
Râs esch-Schamra 222
Rassam-Zylinder 385, 387, 390
Rê 52, 89, 90, 124, 138, 173, 174, 176, 182, 184, 187, 206, 209, 238, 245, 250, 281, 289, 290, 321, 324, 337, 353, 375, 406, 463
- -Atum 90, 469
- -Harachti 179, 219, 236, 239, 240, 251, 277
Rebi 222
Rechmirê 215 f.
Rechtswesen 156
Regierungsjahre 64, 72, 74
Rehabeam 365, 366
Rehob 281
Religion, ägyptische 9
Reisner, G. 18, 84, 85, 87, 150, 443
„Renaissance" 338 ff.
Renseneb 165
Retjenu 144
Rhakotis 424
Rhodos 415
Ribaddi 255
Ribla (Schabtuna) 289
Ricke, H. 90
Righa 90
Rischi-Särge 177, 191
Robawi 290
Rockefeller jr., J. D. 18
Römer 23, 425
Rom 9, 226
Roma (Roj) 331
Rosette 30
- Stein von, 13, 16, 22, 52, 228, 425, 453
Rossellini, J. 17
Rotes Meer 36, 37, 43, 107, 136, 151, 278, 395, 405, 410, 427, 442
Rougé, E. de 19
Ruddjedet 89

S

Sabakon (Schabaka) 372, 373, 380
Sabakos (→ auch Schabaka) 381, 390
Sabu (Fürst) 459
- (Hoherpriester) 100
Sachâ → Xois

Sachebu 88
Sachmet 422
Säve-Söderbergh 188
Saff-Gräber 129, 133
Sahurê 59, 89, 93, 94, 95, 438f.
Said Pascha 17
Sais 5, 57, 375, 378, 390, 400, 401, 406f., 417, 457, 471
Saitenkönige 1, 194, 398
Saitenzeit 35, 74, 393
Sakkara 12, 59, 75, 78, 82, 92, 98, 109, 110, 117, 126, 168, 204, 269, 298, 361, 455, 456, 457, 458, 459, 460, 467
—, Königsliste von, 48, 50, 51, 79, 88, 97, 155, 268
Salamis 409, 416
Salitis 170f.
Salmanassar V. 379
Salomo 365f.
Salt, 17
Samaria 366, 379
Samos 401
Samtauitefnachte (Bürgermeister) 391
— (Priester) 422
Sanacht 78f.
Sanchibrê (Ameni-Intef-Amenemhet)165
Sanch-ib-taui
→ Mentuhotep I.
Sanchkarê → Mentuhotep II.
Sandbewohner 103, 104
Sandford, K. S. 428
Sangar (Schinar) 213, 224
Sanherib 383, 384
Sardes 402
Sardinien 286
Sargon II. 379f.
Satu 108
Sauti → Asjut
Sâwijet el-Amwât 98
Sâwijet el-Arjân 78
Schabaka (→ auch Sabakon) 373, 380, 381
Schabako (→ auch Schabataka) 385

Schabataka (→ auch Sebichos) 380, 381, 382, 384
Schabtuna → Ribla
Schachtgräber 153, 444
Schäfer, H. 65
Schaeffer, Cl. 222
Schajtep 318
Schamasch-Edom 221
Schamasch-schum-ukin 389
Scharek 175
Scharff, A. 72
Scharon 223
Scharuhen 185
Schashotep 123
Schatt er-Rigâl 132
Schêch Abd-el-Kurna 136, 194, 205, 216
Schêch Said 124
Scheintür 80
Scheklesch, Schekresch 301, 314, 315
Schellâl 147
Schemai 117
Schemsu-Hor (Horusverehrer) 469
Schepenupet II. 381, 387, 391
Schepseskaf 88
Schepseskarê (Isi?) 89
Scherden 287, 314, 325, 360
Scheri 467
Scheschonk (Könige) 47, 51, 360, 364,
— I. (Sisak, Schischak) 355, 363, 365, 366, 367, 368
— III. 364, 370, 371
— IV. 363
— (Hoherpriester) 371
Schichtpyramide 78
Schischak → Scheschonk I.
Schlange (Edjo, Uadji, Djet, Zet), König 445, 450, 459
Schminkpaletten 436, 437, 440, 448, 471
Schmun → Hermopolis Magna
Schosu (Beduinen) 224, 305, 319

Schreibmaterialien 23
Schriftsystem, hieroglyphisches 25
Schu 237, 239, 251, 469
Schuppiluliuma 218, 234, 256f., 267, 268, 281, 287, 293
Schwarzes Meer 4, 7, 256
Sebennytos 416
Sebichos (→ auch Schabataka) 372, 380
Sebîl 428
Sébilien 428, 429, 430
Sechem-chet 77, 79
Sechemjeb 465
— -Perenma 465
Sechemkarê Amenemhetsonbef 164f.
Sechemrê-chutaui Amenemhet-Sobekhotep 164f.
Sechemrê-sehedtaui Sobekemsaf 178
Sechetmafka 400
Sedeinga 226, 227
Sedfest 76, 91, 100, 228, 297, 319, 368
Sedjer 102
Sedjes 79
„Seevölker" 300, 314
Sehêl 79, 149
Seher-taui → Intef I.
Sehetepibrê
→ Ammenemês I.
Seïr (Edom) 319
Seïriter 319
Sekenenrê → Ta'a II.
Sekmem 145
Semempses 77, 445, 459
Semenchkarê (Nefernefruaten) Anchcheprurê 257f., 259, 261
Semiten 172, 321
Semken 174
Semna 34, 148, 149, 165, 219
Senachtenrê → Ta'a I.
Send (Sethenes) 462, 467
Senenmut 202ff.
Seniseneb 194
Senmut (Insel Bigga) 215
Senwosre → Sesostris

REGISTER

Seråbît el-Châdim, 44, 144, 151, 325
Serapeum 361f.
Serapis → Osiris-Apis
Serech 52f., 463
Sese (Ramses II.) 283
Sesonchosis 47
Sesoosis → Sesostris 7
Sesostris (Könige) 4, 150, 283
- I. 47, 57, 138, 139, 141ff., 145, 147, 150, 152, 156, 159
- II. 149, 152
- III. Chakaure 69, 71, 145, 148, 149, 153, 154, 159, 217
- (Vater Ammenemês I.) 137

Seth 9, 173, 180, 181, 236, 276, 277, 285, 305, 447, 463, 464, 465, 466, 467, 469, 472ff.
Sethe, K. 19, 65, 72, 138, 149, 199, 200, 275, 439, 444, 445, 450, 451, 453, 472, 475, 476
Sethenes → Send
Sethichopschef 293
Sethnacht 310, 311, 312
Sethos (Seti) I. Menmarê 8, 50, 51, 181, 221, 274, 275ff., 284, 285, 286, 288, 292, 296, 297, 300, 334, 338, 340, 355
- II. (Seti-merenptah)
- 307ff., 331
Sethroitischer Gau 170
Seti → Sethos I.
- (Hauptmann) 273
- -merenptah
  → Sethos II.
Setje 461
Setyu 37, 144, 156, 182f.
Seweserenrê → Chajan
Seyffarth, G. 49, 163
Siamun 180, 351, 252, 355, 359
Sib'e (So) 379f.
Sicard, C. 12

Sichem 145
Sidon 344, 396, 399, 419
Siese 331
Sihator 169
Sikeler 301
Sikeler 301
Sile (Selle) → Tjel
Silsile 33, 132, 239, 272, 365
Sinai 27, 37, 44, 77, 81, 105, 109, 120, 144, 151, 154, 194, 206, 280, 310, 325, 326, 427, 461
Sinai-Schrift 27
Sinuhe 143f., 156, 238
Siptah (Merenptah-S., Ramses-S.) 309f.
Sirius → Sothis
Sisak → Scheschonk I.
Sitamun 233
Sîwa 35, 404, 424
Sizilier 301
Skarabäus 45, 171, 173, 227f.
Skorpion (König) 446ff.
Skythen 396
Skythien 4
Smendes → Nesbanebded
Smerdis 403, 404
Smith, E. 226, 259, 308
- St. 85
Snofru, 43, 78, 79, 81ff., 96, 106, 137, 152, 460, 467
So (Sib'e) 379f.
Soane Museum → London
Sobek, Sobek-Rê 238, 329
Sobekchu 145, 159
Sobekemsaf 176
Sobekhotep (Könige) 166
- III. 167, 168
- V. (?) 170
Sobekkarê (→ auch Sobeknofrurê) 155
Sobeknacht 177
Sobeknofru (Sobeknofrurê) 110, 154ff., 160, 165
Socho 223
Soleb 227, 245

Somaliküste 151
Sonnengesang 239, 248ff.
Sonnenheiligtum 90, 91, 92
Sonnenkult 89, 90
Sopdet (Sothis) 68
Sopdu 237
Soris (Snofru) 81
Sothis 68, 69
Sothisdatum 69, 70, 161
Sothisperiode 275
Sparta 415f.
Sped 313
Sphinx 3, 86
Staatseinkünfte 166
Stadtplanung 157
Staffeldaten 432
Standarten 434, 447, 461
Stephinates 390
Steuern 157, 329, 330
Stock, H. 131
Strabon 7f., 152, 153, 154, 361
Strafen 271, 333
Streik 319
Struve, W. 275
Stufenpyramide 42, 71, 75, 76, 79, 82, 92
Suchoth 305
Sudan 8, 33, 34, 109, 146, 147, 174, 443
Suez 37, 208, 280
Susa 402, 410
Sutarna → Schuttarna
Sutech (→ auch Seth) 179, 181, 281, 289, 294, 295, 345
Suti 239
Syene 4
Sykomore 237
Syncellus (Georg der Mönch) 46
Syntax, ägyptische 20
Syrer 45, 208, 224, 394
Syrien 43, 44, 45, 94, 171, 172, 195, 208, 212, 217, 218, 230, 254, 256, 262, 280, 287, 295, 305, 306, 314, 315, 324, 340, 346, 360, 379, 384, 397, 399, 401, 424

REGISTER

T

Ta'a I. Senachtenrê 179, 190, 192
- II. Sekenenrê 179, 180, 181, 190, 185, 187, 190, 192
Taanach 209
Tacharu 298
Tachat 308
Tachos (Teos) 418
Tachsi 219, 220
Taduchipa 233, 234
Taharka (Tarkos) 59, 380, 382ff., 384, 387, 390, 391, 398
Tahpenes 365, 366
Taima 403
Takelothis (Könige) 360, 361
- I. 367
- II. 368, 369, 371
Ta-meri (Timuris) 179, 303, 304
Tamos 413
Tanganjikasee 34
Tanis (Djanet) 47, 55, 164, 173, 180, 181, 273, 283, 285f., 287, 340, 341, 350, 351, 352, 359, 361, 368, 371, 382, 398
Tanitenkönige 381
Tanutamun (Urdamane) 385ff., 390, 398
Tarchân 456
Tarkos (Taharka) 372, 380
Tarku (Taharka) 384, 385
Ta-Sti 138, 197
Tefibi 123
Tefnachte 374, 375, 377f., 389
Tefnut 469
Tei 235, 266
Teje 227, 228, 233, 235, 239, 245, 253, 259, 265, 266
Tell Balamûn 473
Tell el-Amarna → Amarna
Tell el-Jahûdîja 188
Tell esch-Schihâb 281

Tell Nebi Mend → Kadesch
Tempelbesitz 329
Tempelverwaltung 157
Tennes 419
Tentamun 341, 343, 345f., 351
Tentne 348
Teos 413, 418
Terâna 400
Tereros 107
Tereru 120
Teti (König) 98, 99, 100, 101, 104, 110, 126
- (Tempelbeamter) 178
- (?) 183
Tetischeri 189, 190, 460
Teudjoi → El-Hîba
Thales 10, 412
Thebais 364, 381, 391
Theben (Ne, Ni, Diospolis) 2, 3, 4, 6, 8, 12, 45, 51, 52, 59, 98, 115, 116, 120, 124, 126, 132, 138, 147, 161, 168, 178, 182, 188, 190, 193, 194f., 195, 197, 202, 210, 214, 219, 220, 226, 228, 232, 233, 234, 238, 239, 241, 258, 260, 262, 263, 266, 269, 271, 272, 273, 275, 277, 282, 283, 285, 293, 297, 298, 303, 308, 310, 311, 312, 318, 324, 326, 329, 332, 333, 335, 339, 348, 349, 350, 351, 352, 357, 361, 367, 368, 369f., 373, 374f., 376, 379, 380, 381, 382, 385, 386, 387, 388, 391, 392, 398, 409, 414, 424
Thendhout 357
Theokles 398
Theon 275
Thinis 119, 126, 131, 135, 238, 285, 462
Thirhaka (Taharka) 383
Thot 5, 16, 192, 236, 237, 369, 376, 417

Thotmes → Thutmosis
Thronname 51, 52
Thukydides 7, 411
Thuoris 310
Thutmosiden-Thronfolge 199ff.
Thutmosidenzeit 67, 74, 373
Thutmosis (Könige) 14, 16, 47, 54
- I. Aacheperkarê 34, 194f., 196, 198ff., 204, 206, 208, 213, 217, 254, 262, 263
- II. 196ff., 202, 204
- III. Mencheperrê 34, 50, 52, 53, 56, 69, 113, 195, 196, 198, 199, 200f., 204, 206ff., 223, 225, 254, 256, 280, 310, 351, 355, 366
- IV. Mencheprurê 225ff., 229
- (Bildhauer) 242
Ti (Magnat) 97
Tiberius 15
Tiergestaltige Gottheiten 237
Tiglatpilesar III. 379, 380
Tije 320f.
- -merenese 312
Tissaphernes 413
Tjalchi 222
Tjehnu, Tjehnyu 35, 82, 300, 302, 313, 382, 438
- -Land 143, 303, 304, 438
- -Palette 437ff., 446
Tjekker 314, 315, 341, 347f.
Tjeku 305
Tjel (Sile, Selle) 208, 271, 280
Tjemeh, Tjemhu 35, 103, 108, 143
Tjene 456
Tjenen 211
Tjenenti 128
Tjetji 129

Tjikarbaal 341 f.
Tjuneroy 50
Tlas (Weneg) 462
Tnephachthos 379
To 319, 325
Tôd 127, 128, 145
Tomâs 109
Tombos 195
Toschka 106
Tosorthros (Djoser) 78
Traian 15
„Traumstele" 385
Tresson 422
Tripoli 291
Troja 2
Tuia 293
Tuja 227, 266
Tunip 213, 255, 289, 292, 319
Tunis 313
Tura 41, 100, 102, 191, 219, 446
Turi (Ahmose) Vizekönig 186, 195
Turin 17, 43, 49, 269, 271, 295, 320, 328, 330, 332
Turiner Königspapyrus 48 ff., 64 f., 67, 69 ff., 75, 78, 79, 85, 87, 97, 109, 110, 116, 117, 122, 135, 136, 139, 154, 155, 160, 161, 162, 163, 164, 168, 170, 171, 174 ff., 322, 463, 467, 468, 469
Turscha 301
Tuschamilki 391
Tuschratta 229 f., 233 f., 256
Tutanchamun (Tutanchaten) 18, 44, 58, 153, 187, 228, 259, 261 ff., 267, 268, 271, 372
Tutanchaten → Tutanchamun
Tutchalija II. 217, 256
– IV. 300
Tutimaios 170, 172
Tutu 247
Twosre 309, 310, 312
Typhon (→ auch Seth) 9, 10, 469, 473

Tyrsener 301
Tyrus 304, 305, 342, 399, 400, 416, 424

U

Uadji → Schlange (König)
Udimu 445
Udjaharresne 406 ff.
Ugarit 146, 222, 290
Umm el-Kaâb 443, 445, 446, 449, 452, 463
Uni 95, 101, 103 ff., 106, 109, 113
Upuaut (Ophois) 123, 237
Uräusschlange 52, 241, 438
Urdamane → Tanutamun
Usaphais (Zemti) 445
Uschebti-Figuren 31, 32
Userkaf 89, 90, 92
Userkarê 100
Usimarênacht 330

V

Valle, Pietro della 12
Vatikan 406
Verbrechen 328
Verschwörung 143
Verwaltung 112
Verwandtschaftsbezeichnungen 195
Vidaranag 412
Vipergau 99
Virchow, R. 215
Völkerwanderung 300
Vokalisation 26

W

Wah-anch → Intef II.
Wahkarê → Achthoes II.
Wâdi Abbâd 278, 286
Wâdi Allâki 286

Wâdi el-Hûdi 136, 151
Wâdi es-Sebûa 296
Wâdi Halfa 8, 33, 109, 132, 147, 148, 168, 184, 186, 195, 246, 274
Wâdi Gasûs 151
Wâdi Hammamât 41, 100, 135, 136, 151, 176, 327, 406, 409, 442
Wâdi Maghâra 44, 77
Wâdi Natrûn 122
Wâdi Tumîlât 305
Wadjkarê 132
Wadjmose 194
Wahibrê-Iajeb 170
Waraktir 344
Waret 341
Wawat (W3w3t) 34, 106, 107, 108, 109, 132, 146, 147, 331
– -Nubier 102
Weill, R. 117, 187
Weisheitslehren 63
„Weissagung des Neferti" 144
Weiße Mauern 411
Weißfiguriger Stil 433
Wellenhenkelgefäße 434
Wenamun 340 ff., 349, 350, 351
Weneg (→ auch Tlas) 462
Wernero 298
Weschesch 314, 315
Wesirat 112 f., 298, 325
Westgriechen 409
„Wiederholung der Geburten" 275, 338 f.
Wilkinson, (Sir) John Gardner 17
Wilson, J. A. 470, 471
Winkler, H. 256
Winlock, H. E. 18, 127, 129, 132, 134, 136, 177, 178, 179, 200, 205
Wolley, Sir Leonard 145

X

Xenophon 7, 415
Xerxes 409, 411, 423
Xios (Sachâ) 161, 164, 318

Y

Young, Th. 13, 14

Z

Zedekia 399
Zeitrechnung 64
Zemti → Usaphais
Zet → Schlange (König)
– (König, 23. Dyn.) 372
Zeus 2
Zoan (→ auch Tanis) 181, 285
Zoega, G. 13, 14
Zweikonsonantenzeichen 24, 26
Zwischenzeit, erste 48
– zweite 48, 160, 176
Zypern 44, 401, 403, 411, 412, 416, 419